本书为国家社科基金重大项目《法国大通史》（编号：12&ZD187）的最终研究成果

大国通史丛书

总主编 钱乘旦

法国通史

A History of France

沈 坚 主编

【第五卷】

共和制度的确立和危机考验
（1871—1944）

董小燕 著

江苏人民出版社

图书在版编目(CIP)数据

法国通史. 第五卷, 共和制度的确立和危机考验:
1871—1944/沈坚主编;董小燕著. 一南京:江苏人
民出版社,2024.11

(大国通史丛书/钱乘旦总主编)
ISBN 978 - 7 - 214 - 29084 - 7

Ⅰ.①法… Ⅱ.①沈…②董 Ⅲ.①法国-历史
Ⅳ.①K565.0

中国国家版本馆 CIP 数据核字(2024)第 086800 号

书　　名	法国通史·第五卷　共和制度的确立和危机考验(1871—1944)
主　　编	沈 坚
著　　者	董小燕
策　　划	王保顶
责 任 编 辑	汤丹磊
装 帧 设 计	刘葶葶
责 任 监 制	王 娟
出 版 发 行	江苏人民出版社
地　　址	南京市湖南路 1 号 A 楼,邮编:210009
照　　排	江苏凤凰制版有限公司
印　　刷	南京爱德印刷有限公司
开　　本	652 毫米×960 毫米　1/16
印　　张	211　插页 24
字　　数	2831 千字
版　　次	2024 年 11 月第 1 版
印　　次	2024 年 11 月第 1 次印刷
标 准 书 号	ISBN 978 - 7 - 214 - 29084 - 7
定　　价	880.00 元(全 6 卷)

(江苏人民出版社图书凡印装错误可向承印厂调换)

各章作者：
董小燕：第一章、第二章：第一节—第二节、第三章—第四章、
第六章—第九章、大事年表

沈坚：第五章

张柏榕：第十章—第十一章

杨磊：第二章：第三节—第四节

周志颖：大事年表

董小燕：浙江大学历史学院教授

沈坚：浙江大学历史学院教授

张柏榕：浙大城市学院讲师

杨磊：河南大学历史文化学院讲师

周志颖：浙江省杭州第二中学教师

目　录

第一章　共和政体浴火重生(1871—1879)

法国近代史给人的印象是战乱不断。1792 年,法国在大革命中建立了法国历史上第一个共和国,但持续时间短暂。18 世纪末发生的革命与战争,一直延续到 19 世纪。进入 19 世纪,法国的社会依然动荡不宁。1815 年拿破仑·波拿巴被囚禁圣赫勒拿岛,波旁王朝复辟。法国人以为革命就此结束。未料 15 年后,革命再次来临。1830 年,七月革命把"金融王朝"(即七月王朝)推向前台。此后,社会政治进入了革命、反革命的循环模式。1848 年,二月革命建立起法兰西第二共和国。1852 年,路易·波拿巴(Charles-Louis-Napoléon Bonaparte,1808—1873)通过政变建立了法兰西第二帝国。

法兰西第二帝国的建立,与法国人的拿破仑情结有很大关系。这种情结也从某种方面表达了法国人希望社会稳定、生活安乐的政治心理。事实上,帝国在经济与社会等方面的发展颇有成就,一些社会政策和文化措施也受到人们的赞赏。1870 年 5 月 8 日,法国举行全民公投。1053.5 万张选票中赞成帝国的有 753.8 万张,占 71.6%之多,可见选民中的绝大多数还是信任帝国的。人们相信帝国事业会蒸蒸日上,就算当时最激进的共和派人物莱昂·甘必大(Léon Gambetta,1838—1882)也不由得承认,"帝国比任何时候都更强大"①。但历史的吊诡就在于此。由于普法战争,自信满满的帝国在不到 4 个月的时间里就坍塌了,连皇帝也成了俘虏。

大革命的共和理想再一次在战火中被点燃,共和政体即将浴火重生。

第一节 普法战争与巴黎"九四"革命

综观 19 世纪以前的欧洲国际关系,法德关系似乎并没有法英关系来得显要,彼此之间的纷争也没有太过激烈。但随着 19 世纪中叶德意志经济的发展,尤其是普鲁士王国的崛起,法德之间的矛盾开始显现。

1861 年威廉一世(Wilhelm I, Wilhelm Friedrich Ludwig, 1797—1888, 1861—1888 年在位)任普鲁士国王,任命俾斯麦(Otto Eduard Leopold von Bismarck, 1815—1898)为首相。俾斯麦注重行动,讲求现实,精力充沛,有着极强的权力欲。他主张以"铁血"统一德意志,使它迅速崛起为一个强国。俾斯麦的这一强国梦,对拿破仑三世与法国来说,都是一种威胁。

1866 年普奥战争结束后,德意志统一的最大阻力来自法国。拿破仑三世一心想恢复法兰西第一帝国的版图,谋求法国在欧洲的霸主地位,因而并不愿意有一个统一而强大的德意志出现在他的东边。由此,法德关系紧张起来,直到走向战争。

一、帝国的雄心与普法战争的爆发

普法战争是 19 世纪后半期在欧洲发生的一次重要战争。它不仅重构了欧洲格局,也对法国的政治与社会发展产生了深远的影响。有意思的是,战争是普鲁士为统一德国而蓄意谋划的,但实际发动或者说挑起

---

① Jean-Pierre Azéma et Michel Winock, *La Ⅲ e République*(*1870 - 1940*),Paris: Hachette, 1978,p. 14.

战争的是法国。其中的原因耐人寻味。

路易·波拿巴的第二帝国,一心想继续第一帝国的辉煌业绩,皇帝也是这样向民众承诺的。事实上,拿破仑三世以叔父为榜样,励精图治,法国的工业革命在帝国时期大体完成,经济有了很大的发展。帝国后期在社会政策上也有所放宽,结社和自由开业的氛围都比以往有所好转,史称"自由帝国"。因此,整个帝国上下都认为国家强大起来了,有实力扩张势力,进而在外交上采取强硬政策,谋求欧洲的霸权。

在欧陆国际关系中,能构成法国霸权图谋之阻碍的国家,主要是俄国、普鲁士和奥地利。1866年普奥战争前,法国视俄国和奥地利为自己取得欧陆优势的主要威胁,并没有把普鲁士放在眼里,这也是法国积极参加克里米亚战争以及在普丹、普奥战争中保持中立的重要原因。1866年普奥战争结束后,普法关系发生了微妙的变化。一是奥地利战败使法国所希望的普、奥相互牵制的格局已不复存在,普鲁士统一了北德意志,转而成为法国欧陆优势的主要挑战者。二是普鲁士拒不履行在普奥战争期间让法国保持中立换取莱茵河以西领土的口头承诺,并操纵1867年的欧洲国家会议通过了卢森堡中立化的决议。这不仅使法国的领土要求落空,也使拿破仑三世的外交颜面尽失。法普关系从缓和走向了紧张。

普法战争前,法国在欧洲外交上处境孤立,表现在:一是英法关系一如既往的紧张,法国在印度支那、非洲和叙利亚一带的殖民扩张,尤其是在苏伊士运河一带的积极渗透,严重威胁英国的利益;二是邻国意大利对法国也颇为不满,1859年拿破仑三世在意奥战争中"背信弃义",1867年又大肆镇压加里波第义勇军,因此意大利认定法国是其统一道路上的障碍。普法一旦开战,国际形势对普鲁士是有利的。

普法战争的导火线是西班牙王位继承问题。1868年9月,西班牙革命推翻了波旁王朝西班牙女王伊莎贝尔二世(Isabel Ⅱ,1830—1904,1833—1868年在位)的统治。① 革命后建立的临时政府建议由普鲁士的

---

① 女王被推翻后,逃亡法国。

霍亨索伦-锡格马林根（Hohenzollern-Sigmaringen）家族的利奥波德亲王①继承西班牙王位。对于这个提议,普王犹豫不决,首相俾斯麦与陆军参谋长毛奇（Helmuth Karl Bernhard von Moltke,1800—1891）等则表现出极大的热情。俾斯麦在劝说普王的奏折中分析说:拿破仑三世如果对西班牙的提名持支持立场,无异于允许霍亨索伦王朝左右夹击法国,如果否定提名,就会激怒西班牙,从而使法国在欧洲的地位进一步陷入孤立。俾斯麦认为,让利奥波德任西班牙国王,对于扩大德国在西班牙及其殖民地的利益都有裨益。他还不忘提醒普王,如果拒绝这一提名,那么下一位可能的继承者就会倒向法国一边。很明显,俾斯麦等军方人士的意向是要普王接受利奥波德亲王为西班牙国王的提议。

1870年7月1日,西班牙报纸报道了提议利奥波德亲王为新任国王的消息。如俾斯麦所言,在法国看来,普鲁士的远亲继承西班牙王位,无异于查理五世"神圣罗马帝国"的复活,法国将受到夹击,面临困境。为此,法国朝野一片哗然,民众批评帝国政府无能,政府内反对亲王继位的声浪高涨,法国外长格拉蒙（Agénor de Gramont,1819—1880）在议会中发表演说,愤怒地指出,法国没有义务容忍一个外国把自己的一名亲王捧上"查理五世"的宝座来破坏欧洲势力的均衡,进而危害法国的利益和荣誉。

普鲁士国王威廉一世想息事宁人,表示自己并不赞成其堂兄任西班牙国王。一心想掣肘法国的俾斯麦深感失望,竭力说服普王改变态度。

1870年7月9日,法国驻普鲁士大使贝内代蒂（Vincent Benedetti,1817—1900）奉命求见正在科布伦茨东郊埃姆斯温泉疗养的威廉一世,要求普王作为霍亨索伦王朝的首领,做出"正式保证":今后任何时候都不再由霍亨索伦家族成员担任西班牙王位候选人。威廉一世觉得这是对普鲁士的轻视,委婉地拒绝这一要求。但法驻普大使不依不饶,7月

---

① 利奥波德亲王（Léopold de Hohenzollern-Sigmaringen,1835—1905）的确是一个较合适的人选。他是普鲁士军队的现役军官,与拿破仑三世也有亲戚关系（利奥波德亲王的祖母是欧仁妮·博阿尔内的女儿）,且有着较好的国际人脉。

13 日，贝内代蒂在公园再次拦住普王威廉，非要他就此事做出承诺不可。惊愕之余的威廉一世将上述情况电告远在柏林的俾斯麦，并暗示他倘若有合适的时机，可以将电报内容转述新闻界与普鲁士驻外使节。老谋深算的俾斯麦认为时机来了，遂与陆军参谋长毛奇、陆军部长罗恩（Albrecht von Roon，1803—1879）合谋，将有些委曲求全的电报内容做了删改，突出表达了法驻普大使贝内代蒂对普王的傲慢无礼以及普王对法国特使之要求的严厉拒绝等内容。电文当晚就在普鲁士《北德意志报》刊登。

如俾斯麦所愿，埃姆斯电报起到了一箭双雕的作用，不仅引发了普鲁士国内的民族主义情绪，也像一块红布触动了"高卢牛"的神经，点燃了更为猛烈的法国民族主义怒火。电文消息传来不久，整个巴黎就充满了一股愤懑与狂怒的气氛，《马赛曲报》等一些激进报纸热血沸腾，甚至刊出了"打到柏林去"的口号。7 月 14 日，法国国庆节当晚，大批巴黎群众上街，举行抗议示威。人群中喊出了"普鲁士忘记了耶拿，我们要让它重新想起"的口号。

法国的主战派觉得战机已到，皇后欧仁妮也坚决主战。犹豫不决的拿破仑三世询问军方的态度，陆军部长埃德蒙·勒伯夫（Edmond Le Bœuf，1809—1888）认为普鲁士人没什么了不起，根本不放在眼里，并担保说："我们准备好了，完全准备好了，连最后一个士兵绑腿上的最后一颗纽扣都准备好了。"这提振了波拿巴的信心。战争如箭在弦上，不得不发。

7 月 15 日，第二帝国元老院和立法团同时通过了政府的军事拨款议案。7 月 17 日，法国婉言拒绝了英国政府的居间调停。19 日，法国政府正式向普鲁士宣战。

关于法国首先宣战的原因，国内一些学者认为主要是第二帝国后期内部的种种危机：时局动荡，工人罢工频繁，国内"第三派"反对力量兴盛，等等。拿破仑三世借机发动战争是想转移国内视线，确保帝国不被推翻。这有一定的道理，但"危机说"并不能全面反映第二帝国后期的历史发展状况。

我们认为,1870年前后,帝国危机的确存在:农业歉收,工厂失业,对外贸易开始由顺差转为逆差,外交的失利也严重损害了法国在欧洲的地位。但从表面看,帝国仍然是强大繁荣的,帝国政府从主观上也认为帝国实力雄厚,工业革命大体完成,民众生活比以往有了很大的改善。经奥斯曼(Georges-Eugène Haussmann,1809—1891)改造后,一座典雅大气的现代巴黎城呈现在世人面前。从另一个角度看,工人频繁罢工和帝国末年以费里①、格雷维(Jules Grévy,1807—1891)、甘必大为首的共和派能够成为"不可调和"的反对派,一方面固然是由于帝国危机,另一方面也是因为"自由帝国"的结社法通过,罢工与结社"合法"了。正因为帝国给人以强大繁荣的表面错觉,国内民族沙文主义势力也有所抬头。他们认为重新确立法国在欧洲的霸主地位的时机已到且刻不容缓,因为一旦德国完成统一,法国的欧洲霸主梦想就越发遥远。

综合考虑这些因素,我们认为法国挑起战争并不是因为帝国内外交困,统治者需要转移民众视线,而是自认为帝国繁荣强大,不容坐视德国崛起,并试图谋求欧洲霸权而采取主动行动。转移视线一说,是后来历史研究的一种解释。因为没有资料表明路易·波拿巴及其政府从主观上清晰地认识到帝国已处于危急状态,需要通过战争来转移国内各种反帝国势力的视线。只不过帝国皇帝及其政府错误地估计了外交形势和普鲁士的实力,高估了自己。普法战争最后的惨败,对路易·波拿巴皇帝自己和全体法国民众来说,都是始料未及的。所以,民众被战败激怒,帝国在大众的愤懑中被推翻也在情理之中。

二、战争与第二帝国覆灭

普法战争从1870年7月19日开始到1871年3月1日结束,历时7个半月。整个战争可分为两个时期:从7月19日法国向普鲁士宣战到9

---

① 朱尔·费里(Jules Ferry,1832—1893),也译作茹费理。

月 2 日色当战败,为第一阶段;从 9 月 4 日到和约签订,为第二阶段。其实,法普双方都想通过打仗达到自己的目的,但战争结果对两国来说,影响截然不同。

战前,实行普遍征兵制的普鲁士军队实力强大。法国军队也有很好的声誉,久经战场,作战经验丰富。但是,法国实行的是常备军制度,平时除近卫军外,不设军、师两级编制,临战组编军队的协调指挥存在不足。7 月 19 日法国向普鲁士宣战,直到 7 月底,法方才将 22 万人的军队集结于法德边境。

这场战争,尽管是法国方面先宣战的,但战前的准备并没有像之前陆军部长夸口的那样准备好了"最后一颗纽扣",而是明显准备不足。法军由拿破仑三世为总司令,陆军部长勒伯夫为总参谋长。拿破仑三世的战略意图是先发制人,并对军队做出自以为周密的部署:第一线为主力莱茵军团,辖 3 个军,配置在法德边境的蒂永维尔和比奇之间,开始由法皇亲自指挥,后由巴赞元帅(François Achille Bazaine,1811—1888)指挥;第二线为 2 个军,配置在斯特拉斯堡和梅斯,由麦克马洪元帅(Patrice de Mac-Mahon,1808—1893)指挥;第三线为预备队 2 个军,配置在南锡和沙隆。法方计划集中兵力迅速越过国界,向法兰克福突进,切断南、北德意志的联系,迫使南德意志各邦保持中立,以最快速度全力击败普鲁士,结束战争。路易·波拿巴认为闪电战略至少有三大好处:一是先发制人,在普鲁士方面没有完全准备好的情况下,可以弥补法军在人员与装备方面的不足;二是占领普鲁士,可以截断南德四邦与北德意志邦联的联系,促使本来就与普鲁士不和的南德四邦保持中立;三是,如能速战速决,击退普鲁士,对奥地利和意大利也是一个警醒,使它们与法国交好,从而孤立普鲁士。法方的如意算盘打得好。不过,当 7 月 28 日拿破仑三世带着年仅 14 岁的皇太子来到梅斯前线时,发现自己的军队并没有做好准备,无奈只得推迟进攻。

普军则是严阵以待:普军方面也由威廉一世为总司令,毛奇为总参谋长。与法国不同,德国方面早在一年多前就有了战争计划,也料到了法国会先有军事行动。与法国的意图相同,德方一样希望快速结束战争,所以也计划集中优势兵力,进攻阿尔萨斯和洛林,力图将法军主力歼灭于普法边境或将其赶到法国北方,继而直接进攻巴黎。不同的是,普军动员积极、战争计划周密,并先行由铁路运输部队。至7月底,普鲁士已在法德边境集结3个军团约47万人,火炮1 584门,其中有最先进的克虏伯兵工厂制造的钢管线膛炮,有效射程约3.5公里。

1870年8月2日,普法战争正式打响。当日,法军以3个师的兵力在普方边境城市萨尔布吕肯首先向普军发起进攻,并一度占领了该城市。8月4日,普鲁士王储威廉(Friedrich Wilhelm Viktor Albert, 1859—1941)的第三军团开始反攻,德军越过阿尔萨斯边界,在维桑堡以10倍之众击败法军杜艾将军(Félix Charles Douay,1816—1879)的师,法军伤亡惨重。

8月6日,麦克马洪率4万法军在维桑堡西南方向的沃尔特与普军再战。尽管法军重骑兵发起了勇猛的冲锋,但普军由腓特烈亲王(Friedrich Wilhelm Nikolaus Karl,1831—1888)率领的第二军团有13万之众,法军寡不敌众,再次受到重创。同日,巴赞军团的弗罗萨尔将军(Charles Auguste Frossard,1807—1875)率领第二军也在洛林的福尔巴克不敌德军,铩羽而归。普军进入洛林的大门就这样敞开了。三天之内,法军三战三败,陆军的整个作战计划被打乱,法国已然失去了战争的主动权。

前线的失利,使波拿巴的形象大损。雪上加霜的是,后方的法国帝国议会中所谓的自由主义"第三派"开始质疑波拿巴皇帝的军事能力,打算追究他的战争责任。以法夫尔[1]和西蒙[2]为首的共和派提出要剥夺拿破仑三世的指挥权和行政权,将权力移交给一个由立法团组成的15人特别委员会。8月7日,相关议案提交到立法团,引起了各派的争议。波

---

[1] 朱尔·法夫尔(Jules Favre,1809—1880)是拿破仑三世的坚决反对者,也是后来《法兰克福条约》谈判中俾斯麦的对手。从1830年革命起,他就自称是共和派。

[2] 朱尔·西蒙(Jules Simon,1814—1896),大学教授,法国政治家、哲学家。1848年以自由派的身份当选议员,1876—1877年任总理。

拿巴派认为剥夺权力不可取,最多只能牺牲皇帝特权,由立法团主持更换内阁①,以安抚民心。8 月 9 日,奥利维耶(Émile Ollivier,1825—1913)内阁辞职,波拿巴派中的主战分子八里桥伯爵蒙托邦(Charles Cousin-Montauban,Comte de Palikao,1796—1878)授权组织新政府。八里桥伯爵任内阁总理兼陆军部长,由于是战时组织的政府,新内阁自称"国防内阁",宣称其唯一的使命是"保卫祖国"。

8 月 14 日,法、普两军在梅斯以西的马斯拉图尔继续交战。普军在腓特烈亲王指挥下,集中兵力向法军连续冲击,一场恶战之后,法军被迫撤退。8 月 18 日,在格拉沃洛特,腓特烈亲王的军队与巴赞元帅的队伍再次相遇,两军表现都十分勇猛,双方损失也十分惨重,法军伤亡 1.6 万余人,普军伤亡 1.7 万余人。最终普军用战士的血肉之躯,拦住了法军的退路。巴赞军团被普军合围于梅斯。

鉴于战况,拿破仑三世改变了原定计划,准备死守梅斯。8 月 17 日,拿破仑三世从被普军合围的梅斯郊外来到沙隆,与麦克马洪元帅会面。麦克马洪原打算诱敌深入,在巴黎城下与普军决战。摄政的欧仁妮皇后和帝国总理八里桥伯爵担心继续退却会在国内引起动荡或革命,坚决要求皇帝与麦克马洪元帅继续抗敌。8 月 22 日,麦克马洪率军队从兰斯出发,前往梅斯救援,行军途中一直遭到普军的追击。与此同时,普军还从右路迂回,对法军实施包抄与合围战术。8 月 30 日,包括拿破仑三世、麦克马洪元帅在内的 8 万多法军将士被困色当。

9 月 1 日早晨,普军向色当发起总攻。差不多同时,被围困梅斯的巴赞元帅率领队伍进行突围,遭到重挫。消息传来,法军士气急剧低落。在色当,决定法国命运的大会战开始了。普军先用大约 700 门大炮猛轰法军营地,接着 20 万普军向色当发起猛攻,法军多次突围未果,中午过后就已经支撑不住了。下午 3 时,拿破仑三世被逼无奈,写信给威廉一世,表示将他的佩剑"交到陛下手中"。9 月 2 日,法军正式向普军投降。

---

① 根据帝国宪法,更换内阁的权力属于皇帝。

拿破仑三世和麦克马洪元帅、39 名将军、8.6 万名士兵全部缴械。普法战争第一阶段结束。

至此,法军在整个战场中损失 12.4 万人,而普鲁士则只损兵 0.9 万余人。皇帝在色当投降的消息传来,举国哗然。

色当战败后,普法战争转入第二阶段。

9 月 4 日,巴黎的资产阶级趁民众革命之机,发动政变,推翻法兰西第二帝国,成立法兰西第三共和国,组成以特罗胥将军(Louis Jules Trochu,1815—1896)为首的"国防政府"。在这一时刻,对普鲁士而言,德意志统一的障碍已消除,但普鲁士当局决心将战争继续下去以削弱法国,故而增兵向巴黎进军。从此,普鲁士所进行的战争转变为侵略战争,对法国来说,则成了一场正义的民族解放战争。

三、巴黎革命与共和国再生

帝国末期的巴黎仍然是西方世界的中心,人文荟萃,经济繁荣,一片欣欣向荣的景象。但是,普法战争开始后不久,巴黎就骚乱起来。8 月上旬,前线失利的消息就陆续传来,引起了公众对政府的不满。8 月 7 日,巴黎发生了多次小规模的群众示威。里昂、马赛等一些城市也开始有了反政府的抗议与示威活动。示威的人群甚至喊出了废除帝制、建立共和的口号。

前线不断传来坏消息,国内原先掩盖着的种种矛盾也随之凸显。

1866—1867 年西方世界的经济危机对法国的波及实际上在 1867 年底就开始了。那年,法国农业歉收,工业生产水平急剧下降。民众的生活水平也不及从前,尤其是工人为增加工资常常举行罢工[①],第一国际法国支部还领导工人进行了政治性的罢工。随着帝国后期政治控制的放松和《勒沙普利埃法》的初步废除,代表一般工商业阶级和金融资产阶级的各种势力与共和派议员一起,组成了政府中的"第三派"势力,希望通

---

① 1864 年 5 月的法律开启了行业协会合法化的道路。这对罢工活动也是一种促进。

过合法的议会斗争,建立资产阶级的共和国。

拿破仑三世率军在外打仗,战败的消息不时传来,国内政治形势吃紧。如何应对巴黎日益高涨的革命情绪,国内留守政府十分头疼。为解燃眉之急,以法夫尔和西蒙为首的共和派提议剥夺皇帝的军事指挥权和行政权,将统治国家的权力交由立法团组成的 15 人特别委员会,为此,共和派与波拿巴派辩论激烈,标志着法国政局开始不稳。最终,这些政治家决定将奥利维耶内阁作为替罪羊,为战事失利担责,缓解国内的不满情绪。奥利维耶内阁被迫辞职,波拿巴派的八里桥伯爵组织新内阁。8 月 10 日,一届以右派为主的新内阁出炉。

以八里桥伯爵为首的新内阁为稳定局势做了一定的工作。比如,为防止舆论进行革命鼓动,新政府成立的当天就取缔了新雅各宾派的《觉醒报》和激进共和派的《号召报》;为保证巴黎的稳定,还决定派 4 万士兵驻守巴黎城。8 月 13 日起,政府对一些省份实行了戒严,并对在巴黎的布朗基派起义进行了镇压。为加强国防,新政府还在各地组建了国民自卫军。

一系列的高压与紧缩政策,使国内的骚乱局势得到了一定程度的缓解。但是,费尽心机的八里桥内阁并没有力量改变战争局势。前线颓势不改,新政府依然不得人心。共和派和奥尔良派开始酝酿建立一个新的"联合政府",以重拾政治信心。

9 月 1 日晚,巴黎政府就收悉了拿破仑三世在色当战败的消息,疑惑之外,更加不知所措。2 日,政府又收到来自布鲁塞尔的密电,得知皇帝已经投降。3 日下午,皇后欧仁妮也收到了皇帝投降和被俘的电报。战争惨败已经是不争的事实,真相再也无法隐瞒。3 日晚上,政府公布了色当惨败与皇帝投降的消息。

消息一经公布,巴黎就像炸开的锅。晚 7 时,就有民众自发走上街头,示威游行。队伍呼喊着"打倒帝国""建立共和"的口号,涌向波旁宫和卢浮宫。与此同时,政府反对派也在波旁宫召开立法团紧急会议,再次提出废黜波拿巴的权力、把政权移交立法团的动议。晚 10 时,以法夫尔为首的议会反对派向立法团议长施奈德(Joseph Eugène Schneider,1805—1875)报告了上述要求。翌日凌晨1时,施奈德紧急召开了立法团会议,会上各派分歧严重,没有达成实质性意见。会议决定当天下午继续讨论法夫尔的提案。

1870年9月4日早晨,巴黎民众继续游行示威,人群挤满了巴黎各大要道,群情激奋,革命的氛围日渐浓厚。上午,刊出的共和派报纸号召民众去波旁宫,向立法团会议施压。1848年革命失败后,一直希望有机会再次实现理想的布朗基派也积极行动,力图将自发的示威演变成"一场革命的尝试"。

中午,示威的民众开始向协和广场附近涌动。与此同时,各派政治势力代表在波旁宫就如何移交政权展开激烈的辩论。当时政坛上分为三大派别:以法夫尔、甘必大为首的资产阶级共和派,以梯也尔(Adolphe Thiers,1797—1877)为代表的奥尔良派,貌似忠于皇帝的波拿巴派。三派的政治诉求各异。共和派要求废黜皇帝,政权移交立法团,最终建立一个梦想已久的共和国;奥尔良派满足于建立一个"政府与国防委员会",以解决当务之急,至于新政权的政权形式就待以后的立宪会议决定;波拿巴派则主张由八里桥伯爵的国防委员会来接管政权,试图维护现状,继续帝国的事业。三派代表都从自己的利益与立场出发讨论法国的前途问题,丝毫没有妥协的可能性。

然而,巴黎民众对这种无休止的辩论已经失去了耐心,从下午2时多起,示威队伍开始冲击波旁宫。这时,议会大厅里只有议长施奈德和包括法夫尔、费里在内的十几名议员。专门委员会还在为政权如何移交而讨价还价。

面对广场上的群众,共和派议员甘必大出面要求大家保持秩序,场面一度得到了控制。不久,布朗基派高呼着"共和国万岁"的口号,率领群众冲进了议会大厅。"只是在这时候,共和派议员才感到已经不是和波拿巴派谈判的时候了;才感到如此狂热程度,共和国已不可避免,他们最紧迫的任务是把共和国——既然它已经存在——掌握在自己手中,以免它被革命派控制。"①甘必大和法夫尔以尊重传统的名义,要求队伍去市政厅。在他们的带领下,示威队伍离开波旁宫,沿着塞纳河两岸向市政厅涌去。

下午 4 时,甘必大和法夫尔带领的群众队伍来到市政厅广场时,那里已是人潮涌动,气氛热烈。国民自卫军在市政厅升起了红旗,布朗基派和一些新雅各宾党人则拟好了新政府名单,准备宣读。甘必大赶到市政厅后,匆忙与一些左派领袖商议草拟了一份新的临时政府名单,希望成立一个由共和派和奥尔良派组成的联合政府。为了提高联合政府的威望,由温和派领袖费里出面斡旋,共和派将刚从狱中营救出来的政治家罗什福尔②吸收进新名单,并授权罗什福尔宣布新政府成立。不久,罗什福尔便出现在市政厅的一个窗口前,大声向民众宣布新政府的名单。第二帝国就这样在民众的示威、各派力量的交易和一片混乱中被推翻。

共和国又一次诞生了!差不多同一时间,皇后欧仁妮出逃巴黎,流亡英国。第二帝国时期被迫出走的自由派们,则陆续回到了巴黎。终于结束了流亡生涯的大文豪雨果,在回巴黎的途中,火车经停每一站,都受到了民众的热烈欢迎。到达巴黎北站时,雨果开心地对前来欢迎的民众说:"公民们,我曾说过:'共和国回来的那天,我会回来。'现在,我在这里了。"是的,共和国回来了,法国民众欢欣鼓舞。

这是大革命以来法国的第三个共和国。与前两个一样,这个共和国也是在"革命"中产生的。不过,"九四"革命在法国史家乔治·杜比看来"几乎难以看成是一场革命",它只是"一系列出乎意料的事件导致的后果","当时的当务之急并非赋予国家一种新的政体,而是保护她免受普

---

① 让-皮埃尔·阿泽马、米歇尔·维诺克:《法兰西第三共和国》,沈炼之、郑德弟、张忠其译,唐祖培校,北京:商务印书馆,1994 年,第 33 页。

② 亨利·罗什福尔(Henri Rochefort,1831—1913),新闻记者,反波拿巴主义的刊物《明灯》的创办人,也是第二帝国时期著名的反对派,因控诉帝国对路易·夏尔·德莱克吕兹(Louis Charles Delescluze,1809—1871)的审判等反政府行动,被捕入狱。

鲁士的入侵"。①

1871 年 1 月 18 日,普鲁士国王威廉一世在法国凡尔赛宫加冕为德意志帝国皇帝,俾斯麦任宰相,标志着德意志的统一。

第二节　停战期间的国防政府

色当会战的直接后果是第二帝国的垮台和一个共和新政府的建立。但普法战争并没有完全结束,停战期间的国防政府面临着种种两难的困境。

一、国防政府的和平策略

9 月 4 日,共和派人士在巴黎市政厅宣布成立共和国新国防政府。这个政府由 11 名帝国反对派和 1 名奥尔良党人组成,其中共和派议员 10 人,包括法夫尔、费里、甘必大等。另外还有《明灯》编辑罗什福尔和奥尔良党人、巴黎总督特罗胥将军。当晚 8 时,新政府就组阁问题召开了第一次会议。共和派议员原打算让特罗胥任陆军部长,因为战事仍在继续,希望利用他的军人身份与威望来稳定巴黎局势,并得到军队势力的支持。特罗胥将军则强调新政府的使命是"拯救秩序与合法性",要求大家承诺维护"上帝、家庭和财产三原则",并坚持由他担当政府首脑。迫于形势,共和派只得同意这一选择。甘必大则在新政府中谋得了内政部长一职,法夫尔任副总理兼外交部长,奥尔良派领袖梯也尔感觉时机未到,表示不愿参与政事,退出了政府。当晚,新政府在杜伊勒里宫宣告了共和国的成立,发布了《致巴黎居民书》《致国民自卫军书》和《致法国人民书》等公告,要求巴黎居民保持冷静,别忘记目前正是战争时期,敌人正在迫近;并声称新政府首先是一个"国防政府",只有一个目的、一个愿望——拯救祖国。

---

① 杜比:《法国史》,中卷,吕一民等译,北京:商务印书馆,2010 年,第 1142 页。

巴黎民众听到共和国建立的消息，兴高采烈。一些人还兴奋地用锤子敲打了象征皇帝的"N"和雄鹰标志，热切地迎接新的共和国的诞生。

历史似乎又在巴黎重演：一个新的共和国诞生在"祖国的危急"中。特罗胥新政府定位为"国防政府"，应该说是符合当时战争形势的。普法战争仍在继续，普军正兵分两路向巴黎进军。为护卫巴黎，国防政府让巴黎在各个防御工事上架设了大炮，给各个兵营补充了弹药，还增加了巴黎卫戍部队和国民自卫军的人数，并在巴黎城区储存了 3 个月的粮食，以备不时之需。

看起来国防政府是想抗战到底，但其实，国防政府处于两难境地：它倾向与德停战，认为这是恢复秩序和实现共和国合法性的先决条件；但它又要主张抗战，这是战争中的巴黎赋予它的不可推卸的责任。① 不过当时真正主张抵抗到底的可能只有甘必大一人，因为包括总理特罗胥将军在内，政府中的大多数成员都很清楚这是一场无法取胜的战争。特罗胥说："当我 9 月 4 日在巴黎接管国防政府事务时，我知道它在军事上和政治上都是无望的。"②新生的共和国国防政府做出抵抗的姿态，是出于以下多方面的考虑。

首先，抵抗能平息巴黎甚至全国的愤懑情绪。战败导致的巴黎动荡与革命其实是人民不满现政府和爱国激情的表达，民众的抗战热情若得不到抚慰，秩序就不能恢复。对此，特罗胥等人是很清楚的，"对国家而言，1870 年 9 月 4 日的临时政府便是 1848 年 2 月 25 日的拉马丁政府。它挽救了败局，阻止了蛊惑人心者掌握巴黎防备，并使之无法在全法国制造巨大的社会动乱"③。所以，不抵抗，就无法向巴黎民众交代，更称不上"国防政府"。

其次，抵抗至少能做出一种姿态，向普鲁士释放一种誓死抵抗的信号。这对法国和国防政府来说都是有利的，可以在接下来的外交与媾和

---

① 让-皮埃尔·阿泽马、米歇尔·维诺克：《法兰西第三共和国》，第 36 页
② 让-皮埃尔·阿泽马、米歇尔·维诺克：《法兰西第三共和国》，第 34 页。
③ 让-皮埃尔·阿泽马、米歇尔·维诺克：《法兰西第三共和国》，第 34 页。

谈判中增加砝码,如果和谈不成,这些储备的军事和物质力量还可抵抗一阵,以争取时间,再见机行事。

最后,巴黎国防政府还想当然地认为:普法战争是普鲁士与拿破仑三世的第二帝国开打的,现在帝国已然不复存在,战事就该结束;普鲁士王国政府会与法国新政府和谈,欧洲列强也不会听任德意志帝国漫天要价;法国战败后不割地赔款的和平还是有望实现的。

既想抵抗,又要和平。外交部长法夫尔的心路历程就体现了国防政府这种两难困境。法夫尔在公开场合强调法国不能出让一寸土地和一个堡垒;如果得不到体面的和平就抵抗到底,但他最想看到的还是在不割地的前提下尽快与普军和谈。

正因为对普鲁士和欧洲邻国抱有幻想,新成立的政府虽然定位于"国防",但还是把主要精力放在了争取欧洲列强的外交支持和与普鲁士的和谈上。9月7日、8日,外交部长法夫尔分别会见了俄、英、奥、美等国驻巴黎的外交使节,希望他们向普鲁士政府转达法国政府要求停战与和谈的信息。新政府还把宝押在了俄国身上,恳请沙皇出面提议设立中立国外交调停,以向普鲁士施加压力。担心新政府在欧洲列强眼中缺少合法性,国防政府还特别将国民议会的选举提上了日程,确定于10月16日进行国民议会代表选举。也许是法夫尔声望与资历欠缺的缘故,法国的外交努力收效甚微。

于是,新政府决定让梯也尔出马。资深政治家、外交活动家梯也尔是第二帝国的反对派,普法战争爆发前,他是坚决反对向普鲁士宣战的少数清醒人士之一,因为他深知法国并没有做好战争的准备。梯也尔虽没有参加这届国防政府,但当法夫尔建议他代表政府出访英国时,梯也尔表示他不仅同意出使英国,还愿意去奥地利、意大利和俄国等国游说。9月12日,梯也尔如期出访上述四国。在约一个半月的时间里,梯也尔奔波于伦敦、维也纳、罗马和圣彼得堡之间,试图说服列强承认并支持共和国。毕竟,在当时的欧洲,共和国仍然是一个听起来令人恐惧的名词。欧洲列强对法国"共和国"的历史记忆总是和动荡与无序联系在一起,也并不愿为这个共和国而得罪于普鲁士。因此,尽管梯也尔在欧洲各地受到了体面的接待,但没有取得实质性成果。只有美国、土耳其等国家承认共和国的合法性。

普鲁士方面在得悉法国新政府和平外交的意图后,旋即宣布不承认国防政府,也拒绝和谈。普军仍然按照原计划向巴黎进军。以俾斯麦为首的普鲁士王国政府的如意算盘是等合围巴黎成功后再议和,以此强迫法国割地赔款,进而削弱法国,实现德意志统一的强国梦。

巴黎国防政府由于一心寄望于所谓不割地赔款的"体面和平",并没有尽心尽力在军事上做充分的抵抗。普军则趁机长驱直入,很快逼近巴黎。9月18日,两路普军基本完成了对巴黎的合围。巴黎与外界的联系被切断,成了一座孤城。至此,老谋深算的俾斯麦才表示愿意与法国政府谈判。

1870年9月19日,巴黎被困的第二天,国防政府委派外交部长法夫尔前往普军设在巴黎附近的费里耶尔大本营,与俾斯麦和谈。至此,法夫尔还乐观地提出要与德意志建立和平友好的双边关系,相互谅解,公正缔约,和平相处。俾斯麦倒是直言不讳告诉法夫尔,普鲁士需要一条安全的边界来防止法国的对德复仇。因为他认定"在不久的将来,我们两国之间将会有一场新的战争。我们必须获得优势"[1]。为此,俾斯麦开出的和谈条件是:割让阿尔萨斯全部和洛林的部分地区;交出还未被普军攻陷的斯特拉斯堡、图尔和瓦莱里安山要塞。苛刻的条件终于使法夫尔和国防政府放弃幻想,无奈地重新拾起抵抗的大旗。

可是,巴黎被围,陡然增加了法国抵抗的难度。特罗肯将军组织了3次出击,可每次都是损兵折将,作用不大。巴黎民众也开始起来保卫自己的城市。在巴黎工人倡议下,人们或募捐筹款,或想方设法铸炮。像文学家雨果因受拿破仑三世迫害,在国外流亡了近19年,回到巴黎后也加入捐钱铸炮的行动。民众甚至用巴黎教堂的钟、旺多姆圆柱和国王的

---

[1] Jacques Chastenet, *Histoire de La Ⅲ^e République*, *Tome Ⅰ*, Paris: Hachette, 1952, p. 22.

铜像等来做原料,铸造了许多火炮。10 月 13 日,法军在巴黎南部的沙蒂永一线抵抗失利。10 月 27 日,困守梅斯的巴赞元帅率近 18 万官兵向普鲁士投降。[①] 28 日,巴黎东北的勒布尔歇失守。一系列失利之后,国防政府又想重提和谈,10 月 30 日决定任命梯也尔为全权代表,立即恢复与普方的停战谈判。次日,巴黎发生了民众起义,政府被迫取消了和谈的计划。

11 月抵抗战事稍有好转,但从 12 月起,法军的前线形势再度恶化。12 月初,由特罗胥将军亲自指挥的巴黎突围战惨败。几乎同时,由甘必大组织的卢瓦尔军团向巴黎方向移动,试图解救首都,不幸在途中被普军拦截,损失严重。1871 年初,甘必大组织的第二卢瓦尔军团和东方军团又分别在勒芒和埃里库尔战役中败北。连续的战败,加上长期围城之困,巴黎民众的情绪越来越急躁,革命的风险也陡然增大。1871 年 1 月 22 日,国防政府决定再次启动和谈。次日,法夫尔赶到德军驻守的凡尔赛宫,停战和谈正式开始。

经过为期 5 天的拉锯式谈判,国防政府做出了让步。1 月 28 日,双方正式签订了停战协议。协议规定:停战期限为 3 周;停战期间,法国须向德国赔付 2 亿法郎;法国只许在巴黎保留 1 个师的正规军和别动队,其余部队一概解除武装,并成为战俘;巴黎的大部分防御工事移交普军;法国须再召开国民议会,正式讨论战和问题。普法战争似乎到此该结束了。

二、甘必大等的抵抗努力

早在巴黎被围时,共和派人士莱昂·甘必大就不甘心战败。在国防政府和与战的犹豫之际,甘必大乘气球离开被围的巴黎,到外省组织了长达 5 个月的抵抗,从一个侧面体现了法国人民的爱国气节。

[①] 巴赞元帅身经百战,功勋卓著,在梅斯投降后被军事法庭判处死刑,经法国总统麦克马洪元帅核准,减为 20 年徒刑。翌年他离开监狱,在流亡中因贫病交加而死。

莱昂·甘必大出身于食品杂货商家庭,是法兰西第二帝国和第三共和国初期著名的政治家、律师。第二帝国时期作为立法团"第三派"势力的主要成员,甘必大在推动波拿巴政权从专制走向"自由帝国"的过程中起了重要的作用,成为"新一代共和派"的著名人物。甘必大也是一个强烈的爱国主义者,普奥战争期间,甘必大就清醒地认识到此后与法国在欧陆争雄的必定是普鲁士,法国必须尽早扼制普鲁士王国的强大。

第三共和国初期,甘必大出任国防政府的内政部长。与其他官员对普鲁士抱有幻想不同,甘必大坚决主张抗战。巴黎被围后,甘必大主张政府撤出巴黎,迁都去外省组织抗战。因为在甘必大看来,一个行动自由的政府是凝聚民族力量和鼓舞战士斗志的重要保证,否则共和国将是一句空话。1871年2月19日,甘必大在给父亲的一封信中就提到,"此刻,在我们赶走入侵者的努力失败以后,让我牵肠挂肚的只有一点:至少要竭力拯救共和制"。不过,国防政府中的大多数官员并不认同甘必大的主张。作为折中方案,政府只同意派遣一个以克雷米厄(Adolphe Crémieux,1796—1880)为代表的政府代表团去图尔组织并领导外省的抗战。

1870年10月7日,甘必大受政府委派,乘气球离开巴黎去图尔视察并主持政府代表团工作。途经鲁昂时,他发表了誓死抗战的演说:不是胜利就是死亡。到达图尔后,甘必大才真正感到抵抗战争是如此艰难。图尔几乎没有正规军,只有一支未经训练、缺乏装备的别动队;大炮、弹药与军事指挥官都奇缺。但甘必大意志坚定,一边要求大家团结一心,不要犹豫,不要动摇,将抗战进行到底;一边积极着手各项工作,最大限度地担负起领导抗战的重任。

领导抗战首要在于切实的军事指挥权。甘必大作为内政部长是无法有效地掌控军队权力的。当时与甘必大一起去图尔的代表团中有克雷米厄、富里雄(Léon Martin Fourichon,1809—1884)和格莱-比佐昂(Alexandre Glais-Bizoin,1800—1877)。三人早在巴黎就有矛盾。富里雄已于10月3日辞去了陆军部长职务,暂由克雷米厄代理此职。但克雷米厄的精力与能力都不足以有效担当起抵抗的重任。在离开图尔前,甘必大就要求军队的授权,但遭到拒绝。到图尔后,甘必大又多次向代表团提议由他担任陆军部长,理由是危急时刻,内政与陆军由一人领导是必要的。代表团同意了他的要求。就这样,甘必大取得了在外省领导抗战的行政与军事权力。

在掌握了领导外省抗战的最高领导权后,甘必大着手建立一支能够战斗的部队。10月11日,甘必大下令各省都必须装备1个旅的国民自卫军,且营级以下的军官要由士兵选举产生,高级军官则由陆军部长任命。10月26日,甘必大任命帕拉迪纳(Louis d'Aurelle de Paladines,1804—1877)为2个军的司令,指挥图尔的抵抗。在1个多月的时间里,甘必大建立起了约11支军队,共约60万兵力。为了装备新建立的军队,甘必大除了设法在各地收罗旧武器,还向英国和美国购买了一些大炮,在里昂、里尔等地设立训练营,操练新兵。

在完成了一系列的准备工作后,甘必大踌躇满志,准备实现自己的爱国抱负。10月29日,驻守在城郊的帕拉迪纳准备向奥尔良进军。但由于梅斯传来投降的不祥消息,进攻被迫推迟。11月初,卢瓦尔军团约7万兵力向巴黎进发,以配合特罗胥将军在巴黎的突围。在行进过程中,军团在库尔米耶与2万人的巴伐利亚军队发生激战,终以多胜少,击败敌军,进而收复了被德军占领近1个月的奥尔良城。遗憾的是,军团没有乘胜进军巴黎,只是在奥尔良巩固战绩,修筑工事整整两个星期,不仅贻误了战机,也使德军有了喘息的机会以等待援军到来。果然,12月初,卢瓦尔军团在向巴黎运动途中被普军击溃,奥尔良陷落。

奥尔良失守后,图尔城就危在旦夕了。出于安全考虑,12月8日,抵抗政府代表团迁往波尔多,继续领导抵抗战争。甘必大将撤退出的卢瓦尔军团改编成第二卢瓦尔军团和东方军团,在卢瓦尔河一带不懈地与普军展开战斗,但战果甚微。

1871年1月,外省的抗战越发艰难。1月中旬,第二卢瓦尔军团和东方军团又分别在勒芒和埃里库尔战役中失利,伤亡惨重。与此同时,北方省的武装抵抗力量也在军事上严重受挫。1月29日晚,甘必大收到来自巴黎的电报,被告知法、德已于28日订立了停战协议,要求他立即停止外省的军事行动。甘必大实在不甘,争辩说,战争并没有结束,巴黎不能代表政府停战。但特罗胥将军指责他"感情用事"。梯也尔也抱怨法国如果不无谓地延长战争,原本可以少失去些土地,少付些赔款。似乎坚持抵抗的甘必大倒成了替罪羊。不过平心而论,外省的抵抗,只是给法国与普鲁士的谈判增加了些许砝码。在当时的历史情境下,法国要战胜普鲁士王国的确是困难重重。

三、国民议会与梯也尔内阁

从某种意义上说,1870年9月建立的国防临时政府是缺少合法性的。根据停战协议,法国方面必须在3周内举行国民议会选举。只有经过国民议会的批准,停战协议内容的履行才是合法与可行的。为了表示自己的正当性,国防政府决定在1871年2月8日举行新议会选举。

在前途不确定的战时特定形势下,法国新议会的选举显然还是围绕着"是战还是和"这一重大议题展开。各派别根据不同的价值与态度,在选举中很快分为两大阵营:主战或主和。主战派多数为政治激进分子,包括共和派中的激进人士、新雅各宾派等小资产阶级民主派和各种社会主义派别。他们希望不顾一切抗战到底,以维护民族与国家的尊严。主和派主要为政治保守派,包括法国的三大君主派——正统派、奥尔良派和波拿巴派,以及共和派中的温和派等。他们则希望不惜代价与德国议和,以稳定政局。相形之下,主和派人士在当时的法国政坛上具有较大的影响力。

从理论上说,主战派从民族与国家利益出发,既正义又正当。但从当时的实际形势看,主战派的确面临着很多难题:在议会选举期间,法国已有43个省被普军占领;法国外省原本就具有相对保守的特质,尤其占人口优势的广大农民并不希望战争扰乱按部就班的生活,普遍具有厌战情绪;战争所需的军事优势又不在法国一边,加上普鲁士政府禁止在占领区内举行选举集会,主战派的主张并不能传达到普通民众那里。尽管在选举之初,甘必大曾以内政部长的名义提议各省官员取消王室成员及帝国官员的选举资格,但遭到国防政府的抵制和以西蒙为首的温和共和派的拒绝,理由是选举必须体现民意。另外,主和的温和共和派也在各地及时更换省长,开动宣传机器,希望赢得选举。在外省,除了马赛、里昂等少数城市,大多数省的选举也是由支持临时政府的省长主持。在政府的压力下,甘必大无奈辞去了内政部长和陆军部长的职务。所以说,主战派的活动空间很小。

1871年2月的国民议会选举,是在有利于议和的气氛下举行的。2月2日,政府发布选举号召,8日开始投票,一天之内就完成了选举,可见人们希望尽快稳定局势的急切心态。被匆忙召集起来的"'可怜的人民'这一天投了他们主人的票","名门世族:拉罗什富科、诺阿耶、布罗伊、达尔古;大企业家卡齐米尔·佩里埃或埃尔努尔等,其他朝代的亲王多马尔、德·儒安维尔等也重新出现"在议员的名单里,"由于法国人焦虑不安,这些传统的右翼势力象一家人似的重新围坐在权力桌旁"。①

自然,选举结果是后来被称为"秩序党"的主和派占据了国民议会的大多席位。在645名当选议员中,主和派约有400名。外省几乎都是主和派的天下,首都巴黎由于受激进派的影响较大,主战派赢得了选举(36人当选)。议会中,三大君主派取得了绝对的优势(420席),共和派占145席(其中激进派不到40席),自由派人士占80席。值得一提的是,梯也尔受到大多数选民的支持,在26个省份中获选。这样的议会政治结构,是普鲁士政府希望看到的,也从某种角度反映了当时法国的民意。不过,这种结构不仅预示着法兰西在普法战争中的命运,也使刚刚诞生的共和制度前途难料。

2月12日,新的国民议会在波尔多歌剧院召开,同时,国防政府宣布

---

① 皮埃尔·米盖尔:《法国史》,蔡鸿滨等译,张芝联、桂裕芳校,北京:商务印书馆,1985年,第409页。

卸任。16 日，议会推举温和共和派领袖、律师格雷维为议长。但 4 名副
议长和 9 名议会专门委员会主席中的 8 名主席人选，皆为君主派人士。
17 日，议长格雷维及 7 名议员联合提名梯也尔为共和国行政首脑，得到
议会的首肯。但保守派右翼占多数的保皇党和保王党同意的前提是梯
也尔在"和平和秩序尚未恢复前，不就涉及国家未来的宪法"即不对国家
体制采取行动，也就是说暂缓对新生的共和国进行确认。看来，三大君
主派都还对恢复自身的旧体制抱有期待。

　　阿道夫·梯也尔，法国政治家、历史学家，法兰西学院院士，一个对
法国社会有重大影响力的奥尔良党人。早年，梯也尔当过律师、新闻记
者，并著有《法国革命史》《欧洲文明史》等高质量的史学著作。七月革命
时期，梯也尔曾先后任职内阁大臣、首相、外交部长等，所以作为资深的
国务活动家，在当时法国政界有很好的人缘与口碑。1848 年革命后，梯
也尔隐居并专注于第一帝国史研究，完成了《执政官统治史和法兰西帝
国史》。1863 年，梯也尔重返政坛，即以"自由派"自居向路易·波拿巴要
求 5 个必要的自由——个人自由、出版自由、选举自由、议员质询权、大
臣负责制，由此成了自由帝国时期"第三派"的领袖人物。1870 年 9 月 4
日巴黎革命后，他一面拒绝参加临时政府，一面却利用他的政治影响力
与普鲁士当局斡旋，是一个不可或缺的"特殊政府成员"。这些经历，当
然也为他赚足了政治资本。

　　1871 年 2 月 18 日，梯也尔正式组阁。颇有政治经验的梯也尔懂得
非常时期的联合内阁对稳定政局的重要性，所以，他在组阁时注意联合
共和派和君主派不同派系，旨在维护秩序，因而新内阁也被戏称为"秩序
党"内阁。在梯也尔新内阁的 9 名部长中，奥尔良派占 4 名，温和共和派
占 3 名，正统派和波拿巴派各 1 名。总体来说，新政府是偏向资产阶级
温和派性质的，或者说是偏中右性质。这种性质的政府本身有其复杂性
的一面，在执政方针上往往也倾向实用主义。

　　梯也尔内阁执掌权力后的当务之急是结束战争，因为国防政府时期
签订的停战协议最后期限是 2 月 23 日。21 日，梯也尔派法夫尔去凡尔

赛与俾斯麦商谈,要求把期限推迟到 2 月 27 日。在得到俾斯麦的同意后,梯也尔又马不停蹄地先后与德国①皇帝、皇太子和俾斯麦本人沟通议和的具体条件。德国政府提出的议和前提是法国必须割让阿尔萨斯的全部和洛林的 1/3 土地;赔款 60 亿金法郎;德军以胜利者的姿态开进巴黎。可以说,俾斯麦开出的 3 个条件是极其苛刻的。而此时巴黎仍被围困着,外省的抵抗又无甚结果,梯也尔政府与俾斯麦的议和谈判同样仍然是没有足够的筹码。不过,经讨价还价,德国同意将尚未投降的贝尔福地区剥离出阿尔萨斯,留给法国,并减少赔款 10 亿法郎。

2 月 26 日下午 5 时许,以梯也尔、法夫尔为代表的法方,与以俾斯麦和符登堡、巴伐利亚、巴登大公国为代表的德方,在凡尔赛镜厅签订了和约草案。按照之前的约定,法国割让(除贝尔福之外的)阿尔萨斯全部和洛林的部分地区,总计面积为 1.487 万平方公里,162.8 万人口;赔款 50 亿金法郎,其中 10 亿必须在 1871 年底前付讫,余款在 1874 年 3 月 2 日前付清;法军在塞纳河右岸炮台保留少量军队,在巴黎留驻 4 万兵力;待和约批准后,德军从塞纳河左岸撤离,法国方面付完 5 亿法郎后,德军再撤出其余炮台和与巴黎相邻的省份;在全部赔款付清前,德军将继续占领 6 个北方省份。此外,双方还有一项特别协议:为批准和约,停战期延至 3 月 12 日;德军从 3 月 1 日起进驻巴黎,直至国民议会正式批准和约。

这个和约对法国来说是一种耻辱。战败使法国丧失了土地和财富,也使法国的民族自尊心受到强烈的刺激与挫败。3 月 1 日,国民议会开始讨论和约草案。一些左派议员对该草案提出了强烈的抗议,并坚决要求抗战到底。但大多数议员认为法国迫切需要的是秩序与和平。最终投票结果是 546 票赞成,107 票反对,23 票弃权,和约草案获得了通过。包括甘必大在内的少数主战派议员为此宣布辞去议员。驻守巴黎的国

---

① 威廉一世于 1871 年 1 月 18 日,即普鲁士王国成立 170 周年纪念日,在法国凡尔赛宫镜厅登基,成为德意志帝国的皇帝,宣布建立以普鲁士王国为首的德意志帝国,即所谓的第二帝国。

民自卫军拒绝和约,他们选举组成了自己的中央委员会,脱离了政府的指挥,成了一个拥有自己武装力量的抵抗中心,这也为日后巴黎公社的武装起义埋下了伏笔。

3月2日,经梯也尔签署的和约批准文本由法夫尔送达俾斯麦手中,俾斯麦终于如愿以偿。第二天,3万德军开进巴黎。和约的签订,标志着普法战争的最后结束。梯也尔政府也算是完成了战争所赋予的最后"使命"。但苛刻的条约"将在接下来的数十年中对法国公众的思想产生巨大的影响"[1]。

"秩序党"政府紧接着要做的事情自然是建立秩序、稳定政局。这样一来,共和政体的最终确认成为一件重要的大事。如乔治·杜比所说,1870年底,共和制实际上远非大多数法国人所希望建立的政体。因为当时的欧洲还没有一个大国的政体是共和制的;欧洲只有一些小国家,如瑞士、圣马丁等采取的是共和制,大国是不屑于此的。再者,法国历史上的共和国在民众的心中并没有留下很好的形象,因为共和总是与专政和恐怖联系在一起,"对很多人来说,共和派几乎等同于'嗜血者'"[2]。而事实上,在战火中成立的共和国,也一直是在动荡之中,革命团体在1870年10月5日、10月31日和1871年的1月22日,多次举行起义,旨在武装夺取政权。1871年2月8日的议会选举就表明,选民中的绝大多数对共和国不以为然。外部战争的失利与国内政局的动荡,使原本脆弱的共和国雪上加霜。

另外,国民议会也必须要面临政体的选择问题。当时各右翼派别同意任命梯也尔为政府行政首脑时,就明确表示这种共和体制是临时性的。和约签订后,君主派就提出要修宪,以对国家政体做出最后裁决。

为了稳定政局,3月10日,梯也尔在议会发表了著名的演说,认为制宪时机尚未成熟,目前的政府体制仍然是临时性的;法国还有更迫切的事情

---

① 杜比:《法国史》,中卷,第1144页。
② 杜比:《法国史》,中卷,第1143页。

要做,重建是第一要务,政体问题留待以后解决。君主派也认可这一策略。梯也尔的演说,有效地制止了君主派的挑衅,给共和制留下了一定发展空间。这种立法权与行政权的妥协,被后人称为"波尔多协定"①。

但是,巴黎民众难以忍受围城导致的食品短缺、饥荒等一系列灾难。和约签订后的德军以胜利者姿态开进巴黎,耀武扬威,使巴黎人民更难接受。3月18日凌晨,当政府军企图夺取巴黎市内由国民自卫军据守的蒙马特尔高地和梭蒙高地时,巴黎人民奋起反击,再一次举行大规模的起义。这次著名的巴黎公社起义,在法国乃至世界社会主义运动史上都抹下了浓重的色彩。公社进行了民主的选举,建立和推行了自己的政府和各项社会改革。一时间,里昂、马赛等地民众先后起义,并效法巴黎成立了自治的公社。但自治公社的存在,对法国政府的权威是一种挑战。梯也尔政府②是绝不允许巴黎有第二个独立、自治的政府存在的。他们对巴黎公社进行了"不间歇的、不留情的战争"。起义与镇压起义之间的斗争持续了整整72天。终因力量对比悬殊,在经历了惨烈的"五月流血周"后,巴黎起义宣告失败。镇压巴黎公社,也是梯也尔政治生涯中的一个污点。

第三节 巴黎公社及其影响

1871年3月18日巴黎人民起义,成立巴黎公社,组成了具有一些社会主义特性的政府。短短72天,巴黎公社既是对法国公社自治传统的接续,也是法国历史上革命的最后终结。尽管巴黎公社存续期间并不完美,发布的一些改革法令也没有机会得到进一步落实,因为公社很快失败了,来不及或未能检验其社会改革的效果,公社的某些领导人甚至没有马克思所体会的那种觉悟和意义,但巴黎公社的平等与理想主义终究成了法国人心中的记忆与历史象征。

---

① 当时议会与政府的驻地都在波尔多。
② 巴黎起义后,梯也尔政府迁往凡尔赛。

一、巴黎被围与 3 月 18 日起义

色当战败,不仅对第二帝国是致命的,而且对法国的民族自尊与爱国热情都是一种挫伤。巴黎民众原先指望着新建立的国防政府可以有效地领导抗战,因而,包括小资产阶级民主派和社会主义派别在内的巴黎各界都对临时政府表示支持。当看到国防政府的工作重点不在抵抗而在议和时,巴黎民众对政府的信任度就开始下降,一些社会主义民主派和激进分子甚至对国防政府产生了对立情绪。1870 年 10 月 31 日和 1871 年 1 月 22 日,巴黎民众在布朗基派等的召唤下,先后发生了一定规模的反政府起义。尤其是和约草案的签订,更使革命者无法接受,这种情绪就连梯也尔都感受到了,"从签订和约以后,我马上就看到,我们将要经受一场与这些人(指巴黎革命群众)作战的残酷斗争"①。

巴黎公社起义,一部分原因是民众对政府投降的不满,但更重要的原因是战败与巴黎被围直接导致了民众生活的艰难。帝国后期展开的工业革命,使法国人民的生活水平有了一定的提高,巴黎民众对帝国后期的生活一度是满意的。但战败尤其是巴黎被围后,城内的生活每况愈下。起先是缺衣少药,然后日常的食品供应日益紧张。"不久,四分之三的巴黎居民赖以维持生计的,就只有政府和私人的救济了。"②从 10 月开始,巴黎出现了饿死人的现象。巴黎民众希望国防政府能采取措施来缓解饥荒,比如配给制或免费供应制等,但政府对"积存在巴黎的大批粮食始终不愿实行定量供应,也不愿意公平合理地免费分配给每一个公民"③,只是最后实在无奈,才开始赈济。11 月,巴黎已发展到了严重饥荒的地步。每人每天的面包供应只有 300 克,并且常常得不到保障。为了果腹,一些人不得不食用猫、狗甚至是老鼠、乌鸦等动物。这年的冬天

---

① 楼均信主编:《法兰西第三共和国兴衰史》,北京:人民出版社,1996 年,第 30 页。
② 阿尔蒂尔·阿尔努:《巴黎公社人民和议会史》,中国社会科学院世界历史研究所编译室译,北京:中国社会科学出版社,1981 年,第 35 页。
③ 阿尔蒂尔·阿尔努:《巴黎公社人民和议会史》,第 33 页。

来得特别早,11 月 11 日巴黎就下起了大雪,到月末气温降到零下 15 摄氏度。饥寒交迫下的巴黎,死亡率剧增。令人愤愤不平的是,经常有消息说资产阶级和政府人士依然过着适意的生活。"市政厅的那些人也吃上了小牛肉和新鲜的黄油,而且一直吃到最后一天。"[1]这更加重了下层民众的愤懑情绪。

巴黎"九四"革命建立了共和国,但临时国防政府并没有能够满足民众的愿望,群众继续革命的热情依然高涨。从某种程度上说,巴黎公社是法国 1789 年以来革命传统的继续,自治的"公社"是法兰西民族的历史印记。当政府无法有效治理时,建立"自治公社"的呼声就能得到民众的认可与响应。所以,当国防政府不再回应民众的诉求,巴黎市民尤其是中产阶级下层和工人阶级,就打算建立一个民主自治的公社,管理自己的事务。何况巴黎人民的手里还有一支武装力量——巴黎国民自卫军可以倚靠。普法战争前,巴黎就有 60 个国民自卫军营队。色当战败后,为加强巴黎城防,内政部长甘必大下令新建 60 个营队,每营 1 500人。革命热情高涨的巴黎人在 3 个星期内就组建 194 个新营。新营成员以工人为主,通称"工人营队"。1871 年 3 月 15 日,各营队联合成立了国民自卫军中央委员会。所以,巴黎公社起义前,巴黎实际上已经有了一支统一的武装力量:巴黎国民自卫军。这支由爱国者组成的队伍人数约 30 万,大炮 417 门[2],其领导成员大多来自工人阶级,包括一些激进分子和社会主义者,其中一些人与第一国际的关系密切,他们的思想和社会价值也受到第一国际的社会主义与无产阶级专政理论的影响。

梯也尔承认,"当我被授予政权时,我最关心的是两项任务:缔结和约与制服巴黎"[3]。如今和约已签,"制服巴黎"就成了头等大事。因为梯也尔意识到这支国民自卫军武装力量的存在,对新成立的国防政府来说

---

[1] 阿尔蒂尔·阿尔努:《巴黎公社人民和议会史》,第 35 页。

[2] 据说大炮是由巴黎国民自卫军自己筹款置备的。

[3] Alexandre Zévaès, *Histoire de La Ⅲ^e République 1870 -1940* , Paris:Nouvelle revue critique, 1946,p. 38.

是一个不稳定的因素,尤其是国民自卫军中央委员会的成立,意味着在巴黎形成了另一个政治和军事权力的中心,这是任何一个政府都不能容忍的。另外,根据停战协议,巴黎也不能保留这等规模的自卫军。所以,从3月初起,梯也尔就开始陆续从外省调集军队入驻巴黎。在国民自卫军中央委员会成立的第二天,梯也尔召开内阁会议,决定解除这支武装。

3月18日凌晨,梯也尔派正规军去收缴国民自卫军存放在蒙马特尔高地及城内其他一些地方的大炮。清晨起早开门的小商小贩和早起的市民们都看到了这样一则布告:"巴黎的居民们,为了你们的利益,政府决定采取措施,善良的市民最好是和恶人分开,你们要帮助政府。你们要效忠共和国,……有罪的人一定要交付法庭审判。必须立即恢复良好的、稳定的秩序。"①不过,派去收缴武器的政府军士兵,大多因战败而心灰意冷,不但没有执行命令,反而与在场的国民自卫军和市民走到了一起,有些甚至联欢起来。

中午,巴黎各区的国民自卫军开始越出本区,向巴黎市中心推进。下午2时,巴士底广场的自由柱上升起了起义者的3面红旗。不久,一些人指认当时指挥蒙马特尔高地收缴工作的勒孔特将军(Claude-Martin Lecomte,1817—1871)下令向国民自卫军开枪,愤怒的人群把勒孔特掀下马,并把他抓了关起来。巴黎四周各个炮台、各个营队的士兵和民众都行动起来了。下午4时左右,梯也尔坐着事先准备好的马车,离开了巴黎。几乎同时,凡尔赛方面乔装来到国民自卫军工事侦察的托马将军(Clement Thomas,1809—1871)被自卫军捉住,很快被愤怒的民众枪杀。关在一起的勒孔特也同时被枪杀。到晚上7点半左右,巴黎市政厅几乎全被愤怒的民众包围了。

于是,梯也尔下令部队撤出巴黎,政府也一起迁至凡尔赛。晚上8点半左右,费里、法夫尔等离开了市政厅。与此同时,他们以自己和梯也尔的名义发表了一份致巴黎国民自卫军呼吁书,再次表明"共和国政府

---

① 普·利沙加勒:《一八七一年公社史》,柯新译,北京:人民出版社,1972年,第74页。

除了拯救共和国以外,没有也不可能有其它目的。政府采取的措施都是为了维护秩序所必须的",指责国民自卫军中央委员会这样做"将使巴黎遭到洗劫,使法兰西遭到灭亡的危险"。[①] 共和派政府成员离开,巴黎权力又一次真空了,填补它的国民自卫军中央委员会也就成了巴黎唯一有效的政府。

巴黎民众为保卫自己的武装、保卫大炮起义了。历史上一般把从1871年3月18日蒙马特尔高地的战斗到5月28日巴黎公社"五月流血周"的失败划定为"巴黎公社革命"时期。72天的战斗历程共分为3个阶段。

3日18—28日为革命的第一阶段。这一时期,巴黎国民自卫军掌握着巴黎的领导权,他们要在没有原先的中央政府和国家军队的前提下,自己保卫自己,保证巴黎的自治。为此,国民自卫军中央委员会一方面致力于巴黎的粮食供应,积极与外省联系;另一方面积极组织抵抗,保卫巴黎安全。

3月19日下午,国民自卫军中央委员会下令国民自卫军各营队迅速接管政府各部和其他国家机关。对此,巴黎普通民众是欢迎的,但也有人攻击质疑中央委员会"强占市政厅",是"篡权者",不承认它的合法性。所以,中央委员会首先面临的挑战不是来自凡尔赛的反扑,而是巴黎城内的所谓"秩序之友"[②]。21日,100多名"秩序之友"在交易所至旺多姆广场一带集会,受到自卫军的谴责后散去。次日,1 000多人的更大规模示威游行出现在歌剧院广场至旺多姆广场一带,示威者夺取国民自卫军的武器,中央委员会成员夏尔·马尔茹纳尔(Charles Maljournal,1841—1894)还遭示威者枪击,身负重伤,整个公社期间都养伤未痊(公社失败后,马尔茹纳尔在养伤中被政府军抓捕,遭到流放)。

为了增强巴黎国民自卫军的自身防卫,中央委员会发出公告:凡战

①《凡尔赛公报》,转引自朱庭光主编:《巴黎公社史》,北京:中国社会科学出版社,1982年,第188—189页。
② 指巴黎城内反对公社、希望恢复原有的合法政府秩序的人群。

争中溃败的、无法返回家园而留在巴黎的士兵，一律编入国民自卫军，领取同等津贴；国民自卫军战士从 21 日起照常领饷。这样，国民自卫军的力量得到了一定的扩充。3 月 24 日，中央委员会任命布吕内尔（Brunel，1830—?）、厄德（Émile Eudes，1843—1888）与杜瓦尔（Émile Duval，1840—1871）为将军，以更好地加强城防。

与此同时，在凡尔赛的政府军也做好了镇压公社的准备，曾在色当战役中表现英勇的加利费侯爵（Gaston-Alexandre-Auguste，Marquis de Galliffet，1830—1909，曾是波拿巴皇帝的传令官）担当军队首领与前锋。

3 月 28 日—5 月 1 日为巴黎公社第二阶段。这一时期，巴黎公社独立自主地进行政治、经济与文化教育的全面革新，尝试着建立一种前所未有的新型政权。

填补政府外迁后巴黎出现的权力真空，需要一个合法有效的政府。国民自卫军中央委员会决定进行公社选举。3 月 26 日，选举以不记名的方式进行，共收到选票 28.7 万张，有 92 人当选，但由于有人在一个以上区当选，所以，实际公社委员为 86 人。① 公社委员中许多是技术工人、记者、医生、教师等，他们很少甚或没有行政经验，全凭着一腔革命激情，投身到公社的事业中。

1871 年 3 月 28 日，巴黎公社成立大会在市政厅广场举行，20 万巴黎人见证了这一历史性的时刻。成立大会现场气氛颇为喜庆，讲台上放置着共和女神的雕像，四周由红旗与红绸衬托，若干面三色旗也镶上了红边。新当选的第二十区②公社委员加布里埃尔·朗维埃（Gabriel Ranvier）代表公社宣布："我以人民的名义，宣告公社成立。"刹那间，台下"公社万岁"的欢呼声响彻广场。会后，中央委员会发表公告，宣称："今天，我们经历了从未见过如此宏伟、如此激荡人心的群众场面：巴黎在庆贺，在欢呼这次革命。巴黎揭开了历史上新的一页，把自己雄伟的名字

---

① 不久，有 17 名委员陆续退出。4 月 16 日，公社又进行了补选。调整后的公社委员共 89 人。
② 第二十区在巴黎公社革命中有着主导地位，起着领导作用，尤其是第二十区的中央委员会，
　一直是巴黎最重要的革命组织。

载入了史册。……二十万获得自由的人民前来欢告自己的自由,并在隆隆的炮声中宣布新制度的建立。"①当日,国民自卫军中央委员会将权力移交给了公社。29日,公社委员会接受厄德的建议,正式定名"巴黎公社"。至此,巴黎公社成了巴黎的一个合法政府。

第三阶段是5月1日至5月28日。这一时期,凡尔赛国防政府开始军事反扑。公社组建"救国委员会",军事斗争成了公社的主要工作,直至"五月流血周",巴黎公社失败。

二、巴黎公社的社会改革

公社(commune)意为"自治",在法国有着悠久的历史,可以追溯到11—13世纪刚刚兴起的城市反抗封建领主的城市公社(自治)运动。当时,市民们为争取城市自由与自治的权利而奋斗,并且往往得到王权的支持。大革命以来,这种争取自治的公社传统得到延续。普法战争失败后,国防政府无力有效控制全国局势。为了抵抗德国军队、争取自由,1871年3月22—28日,里昂、马赛、图卢兹、圣太田等地,都先后成立了自己的自治公社。从某种意义上说,巴黎公社(La Commune de Paris)也是法国这种传统的继续。巴黎公社虽然存在时间不长,但其进行的一系列社会改革有着深远的意义。

巴黎公社成立后,公社委员会第一次会议推举由最年长的委员、时年76岁的夏尔·贝莱②主持。4月初,大会决定每日选举主席与副主席,其职责仅为主持会议,以示公社的民主性。不过,由于特殊的环境,公社实际上是一个高度集中的机构,既承担了立法机关的职责,也是一个行政机构。公社主要领导人是瓦尔兰(Louis-Eugène Varlin,1839—1871)、杜瓦尔、布朗基(Louis-Auguste Blanqui,1805—1881)③等。86名公社委员

---

① 罗新璋编译:《巴黎公社公告集》,上海:上海人民出版社,1978年,第63页。
② 夏尔·贝莱(Charles Beslay,1795—1878),银行家和企业家,1848年制宪会议的议员,巴黎公社驻法兰西银行的代表,是个蒲鲁东主义者。
③ 布朗基于3月17日被捕,整个公社期间他都被关在一个秘密监狱里。

中,30%以上是工人出身,知识分子包括记者、艺术家、医生、教师等也占了近30%。公社委员的派别各异,有国际社会主义者、布朗基派、自由激进的共和派、无政府主义者等,甚至还有希望恢复1789年法国大革命时期革命专政时代的雅各宾派,一些在其他国家诸如俄国、比利时、波兰、意大利等被驱逐和流放的政治避难者,狂热的政治活动家,等等。所以,尽管委员会成员都是由巴黎的一般民众中普选产生,但还是代表着不同的利益与阶层,尤其在一些重大问题上,委员之间分歧很大。总的说来,公社委员大致可分为多数派与少数派。多数派由布朗基派和新雅各宾派组成,成员大多是职业革命家,比如杜瓦尔、瓦扬(Édouard Vaillant,1840—1915)、弗卢朗(Gustave Flourens,1838—1871)等。他们大多对政治与军事领域的问题比较感兴趣,革命热情比较高。少数派主要为蒲鲁东派,以瓦尔兰、弗兰克尔(Leo Franckel,1844—1896,匈牙利籍,公社财政委员会委员)等为首领。蒲鲁东派委员主要从事公社经济方面的领导工作。

在机构设置上,公社设有10个委员会:执行委员会,具有广泛的权力,负责执行公社的一切法令和其他委员会的一切决议;财政委员会,负责编制公社预算、解决财政拨款、征税、发行公债、管理公社经费等;司法委员会,主要主持司法的民主改革并保障诉讼程序的执行等;治安委员会相当于警察局,负责维持秩序与社会治安;军事委员会取代原先的国民自卫军中央委员会,负责保卫公社的安全;粮食委员会,负责巴黎的粮食与食品供应;劳动与交换委员会相当于公共工程部,主要负责巴黎的公共工程;对外关系委员会,主要负责巴黎与外省的联系,也负责与欧洲各国特别是普鲁士的外交事务;社会服务委员会,负责领导和监督邮政局、电报局、公路总局的工作,也监督铁路公司,并负责与外省的服务部门联络等;教育委员会,主要负责教育改革,制定免费、世俗的教育法案等。可以说,公社作为一个国家权力机构,基本涵盖了社会政治生活的方方面面。起初,公社的执行委员会起了重要作用。5月开始,为应对来自凡尔赛的军事威胁,公社成立了救国委员会,体制上有了比较大的变化。

尽管巴黎公社存在时间不长,但作为第一个由普选产生的政府,其许多社会与经济政策都具有特殊的意义。首先,把国家政权与军事权力归属公社,以表明公社的唯一合法性:公社的第一份公告即宣布,凡尔赛政府及其附庸发出的政令与通告,今后对国家各机关的职员,一律无效;同天的另一份公告是废除征兵制,确认国民自卫军是国家唯一的军事力量,由一切能服军役的公民组成。[①] 其次,扫清不利于公社的一些政治障碍:解散了原来的军事法庭,授权军事代表设立暂时的军事法庭,释放了政治犯;旧法官、法警、公证人等皆为公社的公职人员;查封不利于公社的报纸,4 月 18 日至 5 月 8 日先后 4 次查封了 27 种报纸。

4 月 12 日,公社会议通过了拆除旺多姆圆柱的决定。[②] 5 月 6 日下午 3 点半,拆除仪式正式开始。两个小时后,巨大的旺多姆圆柱在人群喧嚷中倒了下来。紧接着,在市政厅,公社宣布把旺多姆广场改为"国际广场"。

总的来说,两个多月的执政期间,公社在战乱的特殊环境下进行了一系列的社会改革:

1. 保障公社民众的基本权利。明确公社保障公民的人身、信仰和劳动自由权;未经司法代表批准,不得逮捕公民;禁止非法搜查民宅、随意征用物资等。

2. 废除官员高薪制。公社要求官员是为民众服务的革命者,4 月 1 日,公社通过了公社委员和官员的最高年薪为 6 000 法郎(相当于巴黎较好行业中的优秀技术工人的年收入)的法令。其理由是"鉴于直到今天,国家机关的高级职务由于薪金高,遂至有人钻营,视为美差;而在真正的民主共和国中,既不允许任何人拿钱不办事,也不允许领取过高的薪金;

----

① 《巴黎公社公报集(第一集)》,李平沤等译,北京:商务印书馆,1995 年,第 211—212 页。
② 1870 年 9 月,艺术家、后来的公社第六区委员古斯塔夫·库尔贝(Gustave Courbert,1819—1877)向国防政府提出过拆除旺多姆广场上的铜圆柱,上面有拿破仑一世的雕像。公社失败后,圆柱于 1873 年重新竖立。

因此决定：〔仅此一条〕公社各机关职员的最高薪金定为每年 6 000 法郎"[1]。公社担任最高行政领导职务的委员的年薪为 5 400 法郎。另外，公社还规定了兼职不兼薪的原则。

3. 改革教育体制，由公社教育委员会组织与负责教育的具体改革事务。瓦扬任第二届教育代表后，主要致力于 3 件事：一是明确政教分离，实行教育世俗化。4 月 28 日，瓦扬签署命令，要求"把宗教教育加速改造成世俗教育"作为一项紧迫的工作。为此，公社规定取消宗教预算，教堂的财产收归公社所有，教堂可以继续从事宗教活动，但在夜间必须开放，以便公众举行政治性会议。学校不得从事宗教教育。二是着眼于基础教育的普及。第十区的一所学校明文规定，凡 6—15 岁的儿童，不分民族、宗教信仰，只要持有区政府的证明文件，即可入学。第三区规定凡是在公社学校就学的小学生，今后的一切学习用品由公社分发。三是决定提高小学教员的薪金，以调动教师的积极性。

4. 保障巴黎的供应，实行食品限价政策。3 月 18 日起义很大一部分原因是巴黎民众对凡尔赛政府食品供应的不满。巴黎被围后，面临的首要问题是如何保障食品供应，以免挨饿。为保障巴黎的供应，公社刚成立就禁止食品运出巴黎，对于运入巴黎的粮食和货物予以优待。鉴于不法商人的趁机提价，4 月 21 日，公社宣布了面包限价：每公斤 50 生丁。此外，粮食、肉类、酒类、鱼类、食油、干酪等由公社定出牌价。凡囤积居奇、盗窃国家资产、私自倒卖设备者，一律没收所得资产。为了切实解决巴黎工人的生活难题，公社还要求任何企业不得实行罚款和扣款，工人工资应全额发放，违者依法处置。

5. 接管私人企业，实行公社化。鉴于许多企业主出逃巴黎，影响了城市生活与民众生计，4 月 16 日，公社决议由工会召开会议，调查被弃的工厂数目，编制企业状况与设备清单，准备将企业交由工人协作社管理，同时保证企业主有权获得一定补偿。为了贯彻这一决议，公社拟定了工

---

① 《巴黎公社公报集（第一集）》，第 288—289 页。

人协作社章程草案,成立仲裁委员会,为接管工厂准备条件。公社还设想了未来工厂的管理体制:由全体工人大会选举一名代表承担工厂的领导工作,车间主任和工长也由工人产生,若不称职可随时更换;工厂事务由理事会掌管;工人代表每两周改选一次,每次轮换其中的50%;工人代表既负责向工人传递理事会的决定,也负责向理事会表达工人们的意见;工人代表向公社负责,若工人代表提议召开理事会,经半数工人代表同意,理事会必须照办,若理事会拒绝,工人代表可直接诉诸车间工人。此外,工人代表组成监督委员会,负责审查账目和工厂的业务往来。这种设想,真正把工人放到了工厂主人翁的地位。但由于公社很快失败了,这些具有社会主义性质的美好愿景没有完全付诸实施。

6. 激发妇女参与公社的热情。公社期间,有的巴黎妇女参与了委员会的市政工作,有的组织合作工厂,有的还参加国民自卫队等。4月11日,巴黎妇女成立了"保卫巴黎和护理伤员妇女联盟",积极参与公社的各项工作。在劳动与交换委员会的倡议下,巴黎组建了缝制军服工场,几百名妇女在那里就业。另外,约有3 000名妇女在弹药制造厂工作。为了保障妇女权益,公社提出了男女平等、同工同酬的主张,并要求取得妇女的主动离婚权,世俗指导(非牧师的)权和女孩的专业教育权。在妇女组织的坚持下,巴黎还关闭了抚慰院(合法的官方妓院)。巴黎公社著名的妇女活动家有路易丝·米歇尔[1]、安德烈·莱奥[2]、伊丽莎白·德米特里耶夫[3]等,她们都为公社鞠躬尽瘁。为此,马克思也赞扬"巴黎公社期间,妇女们表现了比男人们更多的热情"。

巴黎公社执政期间的这些社会和经济政策与措施,很大程度上是当

---

[1] 路易丝·米歇尔(Louise Michel,1830—1905),被誉为"蒙马特尔高地的红色姑娘"。
[2] 安德烈·莱奥(André Léo,1824—1900),新闻记者,"保卫巴黎和护理伤员妇女联盟"组织者。
[3] 伊丽莎白·德米特里耶夫(Elisabeth Dmitrieeff,1850—?),俄国人,16岁就参加了俄国革命组织。大概是受马克思的直接指示,在巴黎第二十区成立了一个以她为首的中央委员会妇女联合会,号召妇女拿起武器。在"五月流血周",她率领的妇女营英勇地反击凡尔赛分子。巴黎公社失败后,辗转回到俄国。

时风行西欧的空想社会主义思潮的反映。尤其是无产阶级革命导师马克思,对巴黎公社表达了由衷的赞颂,认为它是社会主义和无产阶级专政的一次尝试。当然评价者所持的意识形态和立场不同,对巴黎公社意义的看法也会有所不同。

三、"五月流血周"与革命的终结

巴黎公社成立之初,就一直处在德军与凡尔赛政府军的双重包围之中。尽管公社成员励精图治,但撑到4月底,巴黎城内的资金和食品供应越来越难,局势变得异常严峻。公社内部各派的力量在一些问题上常常发生分歧,而公社委员会又没有明确自身与下属各委员会之间的权限,导致一些行政与军事工作无法有效展开。4月20日,公社改进了领导体制,用代表制替代委员会制,但情况并未太多好转。5月1日,公社决定成立"救国委员会",并赋予它"广泛的权力"。在一些人看来,救国委员会使人联想起过去山岳党、雅各宾统治的"恐怖"岁月,尤其是蒲鲁东派和第一国际的成员认为救国委员会权力过分集中,"侵犯了人民主权"。尽管表决时有约1/3的人反对(68人与会,45人赞成,23人反对),但救国委员会还是如期成立了。不过,成立后的救国委员会工作效率并没有太大的提升,因为这一机构受到公社少数派的抵制。不久,少数派领袖韦莫雷尔[①]被免去了治安委员会的职务,瓦尔兰被迫离开了军需机构,龙格[②]也被排挤出了《公报》。

5月1日,国防政府的凡尔赛军队开始攻击巴黎城郊。4日,穆兰-萨克棱堡失守,巴黎的西南城防被撕开。5日,克拉马尔又落入政府军之手。公社军事代表罗赛尔(Rossel)下令筑起街垒。为了切实加强领导,

---

[①] 奥古斯特·韦莫雷尔(Auguste Vermorel,1841—1871),新闻记者,第二帝国时期的反对派报纸《法兰西信使报》的编辑。公社期间被选入委员会,并同时担任司法委员会、执行委员会和治安委员会的委员,与少数派一起抵抗救国委员会。最后时刻组织了蒙马特尔的抵抗,在街垒战中身负重伤,落入凡尔赛分子手里。1870年6月20日,因伤重身亡。

[②] 夏尔·龙格(Charles Longuet,1800—1903),蒲鲁东主义者,劳动与交换委员会委员,《公社直属法兰西政府公报》的编辑。

公社决定采取战时专政:军事代表拥有作战的指挥权;中央委员会接管陆军部下属各署,并对其实行行政领导权;中央委员会无权任命官员,但可提出人选;军事委员会决定官员的任命等。

5月8日,梯也尔政府向巴黎公社发出最后通牒:"政府召集一支军队来到城墙下,……不是为了征服你们,而是为了解放你们。"夜里,杜艾将军的军队渡过塞纳河,在离巴黎公社城防不到两公里的左岸建筑炮台。10日,凡尔赛政府与德国正式签订了《法兰克福条约》(谈判时有一项秘密协定,允许凡尔赛军队越过德军防线进入巴黎),德军司令部向公社发出拆除城防工事的最后通牒,并切断了巴黎的粮食供应线。在政府军和德军的联合绞杀下,公社的军事形势堪忧。11日,凡尔赛军队便攻克了巴黎西南的伊西炮台。13日,旺弗炮台也失守,巴黎城告急。15日,巴黎公社下令组建革命义勇队。

危急当头,公社内部的派系斗争却在发展。

5月15日,21名少数派公社委员发表声明,认为当前至关重要的是军事问题,他们将不计前嫌,投身于为人民而战的斗争。但因为与多数派存在分歧,所以他们只愿意为本社区的人民负责,不承认也不依靠"某个上层的专政",也不出席公社会议。该声明发表于5月17日《人民之声》上,引起了公社内部的骚动。

17日,凡尔赛军队进入阵地,轰击巴黎西面的各个城门。与此同时,公社则在召开会议。会上,多数派对少数派所发表的宣言进行了激烈的批评,指责少数派搞分裂,是"新吉伦特派"。也有人呼吁两派团结一心对付敌人。瓦扬声明自己既不是少数派也不属于多数派,只是要求公社会议切实负起领导抗战的重任。最后,公社通过一项决议,说明救国委员会一直属于并服从公社,"公社的最高权力从来也没有而且也不可能被篡夺"。

18日、19日两天,凡尔赛军队继续进攻巴黎。在19日的公社会议上,公社的两派继续就补选立法委员会和《公报》是否刊文谴责少数派分裂公社等事项争吵不休。公社委员会内部的分歧,也引发了巴黎社区的舆论战。《杜歇老爹报》猛烈攻击少数派，要求将他们交付军事法庭审判；《复仇者报》谴责少数派在巴黎危急时刻脱离公社，只会削弱革命的力量和破坏斗争的成果。《人民呼声报》则替少数派辩护，认为少数派并没有走向分裂，只不过是把自己的活动中心转移到社区，以行动来代替言论；《公社报》甚至攻击多数派，要求逮捕和枪毙救国委员会全体成员；《真理报》支持少数派，煽动少数派公开提出辞职，退出公社。《无产者报》则说出了一般巴黎民众的心声，认为人民对这一派或那一派都无所谓，他们被"无休止的空谈"折磨得够受了，希望"今后讨论一下实际行动"，该报还对少数派把工作中心移到社区的做法表示支持，要求他们严肃行事，坚守岗位。

直到 20 日，派系斗争开始有所停息。但这时巴黎已经处于迫在眉睫的危急时刻了。当天，凡尔赛方面试图进入城内，300 门海军炮和迫击炮协同轰击巴黎。也就在这天，巴黎召开了国际工人协会巴黎支部联合会会议，有 27 个支部出席了会议。大会听取了公社委员中的国际成员关于两派分歧的报告，并对少数派宣言进行了讨论。会后，联合委员会做出决议，认为少数派行动的动机是真诚的，无可指摘，同时号召少数派继续坚守岗位，捍卫工人阶级的利益，竭尽全力维护公社的团结。会议表示支持少数派提出的关于公开会议内容与修改成立救国委员会法令中第三条款的要求。21 日，少数派回归公社，参加委员会会议。至此，两派同心协力，为保卫自己的公社而拼死斗争。

5 月 21 日下午，亲政府分子迪卡泰尔（Ducatel）向凡尔赛军队告密说圣克鲁门地区无人防守①，据此，杜艾将军率领的凡尔赛军队最先从圣克鲁门和普安迪茹尔门进入巴黎城内，巴黎西南角被政府军占领。震撼历史的"五月流血周"就此开始。

鉴于巴黎危急的形势，救国委员会于 20 日发布了数份公告，要求公

---

① 据记载，迪卡泰尔在圣克鲁门附近溜达，发现四周无人后，爬上第六十四号棱堡，挥动着一块白手帕，向城外堑壕里的凡尔赛士兵呼喊："只管进来吧，这里没有人啦。"

社人员到街垒去,"为了共和国,为了公社,为了自由,拿起武器"。

22日凌晨,麦克马洪到达特罗卡德罗广场,并在那里设立了凡尔赛军队总指挥部。不久,梯也尔也来到了指挥部。上午9时,公社决定每个公社委员都回到本社区,领导防御战。与此同时,13万政府军先后进驻巴黎市区,占领了香榭丽舍、圣拉扎尔车站和蒙帕尔纳斯车站。城里大约1/3的地区落入政府军之手。尽管巴黎公社进行了顽强的抵抗,但仍然无法阻止装备精良的凡尔赛军队。救国委员会一边对政府军进行策反,说巴黎"不相信你们会杀害自己的同胞",一边号召巴黎民众"到街垒去",誓死抵抗,并授权救国委员会征用民房及其物资,同时开具借条,承诺日后由公社偿还,还要求所有房屋的百叶窗或挡板一律打开,规定凡攻击公社武装的房屋,立即烧毁。

23日,拥有良好装备并在数量上占绝对优势的政府军,同时在城北与城南推进,先后攻占了巴蒂尼奥尔、荣军院、蒙马特尔、蒙帕尔纳斯公墓等地。24日,卢浮宫、市政厅、诺尔火车站、拉丁区、交易所、卢森堡宫、先贤祠等市中心地区也先后被政府军占领。

公社在军事上严重失利,这固然与军事装备和人员的劣势有关,战略的失误也是重要的因素。公社武装抵抗力量实行的是区域防卫,缺乏统一的有计划的防御战略。每个街区都各自为战,最后被各个击破。另外还有一个因素是,众多曾经在过去的革命岁月中几乎坚不可摧的狭窄小巷,已在奥斯曼男爵对巴黎的现代改造中变成了宽广的大道。政府军也学会了巷战的技巧,只要简单地把房屋的墙壁凿穿就可以完成对公社街垒的侧翼包抄,街垒战已是时过境迁了。当天,在一些群众的坚决要求下,公社枪毙了凡尔赛的6名人质,即巴黎大主教达尔布阿、神父德盖里、最高法院院长邦让和3名教士。

25日,救国委员会朗维埃等人与第二十区公民一起,相继支持了一些街区的战斗,但为时已晚。城区东部的争夺战开始,夏托多广场(今共和国广场)战斗比之前的更加惨烈,不幸的是,救国委员会也已瘫痪。很快,巴士底广场、里昂火车站、奥尔良火车站、意大利广场等陆续失守。

至此,巴黎 4/5 的地区由政府军占领。

最惨烈的战斗发生在拉雪兹神父公墓区域。27 日下午,200 名公社战士凭借墓地的地形与 5 000 名政府军激战。最后大批战士被围困在墓地东南角的围墙下,遭到集体枪杀。公社最后的战斗发生在贝尔维尔地区。28 日,公社战士坚守在第十一区和第二十区的部分街区。这是公社手中的最后一小块区域。中午,在贝尔维尔街的街垒上,公社武装发射了最后一炮。29 日,文森炮台的 400 名公社士兵放下武器,交出炮台,标志公社军事斗争的最后失败。至此,大约有 3 万名公社战士牺牲在巴黎街头。

战斗结束后,麦克马洪元帅签署了一项公告:"巴黎居民们,法国军队来解救你们了。巴黎自由了!……今天战斗结束了。秩序、工作和安全将被重建。"[1]然而事实是,凡尔赛政府对巴黎公社展开了严厉的镇压与报复。凡以任何方式支持过公社的人士都被视为政治犯遭到起诉,处死、流放、监禁或流亡国外的公社战士约 4 万多名,迫害持续到 1874 年。直到 1880 年,共和政府才决定大赦公社。

1871 年 6 月,公社委员、工人诗人鲍迪埃(Eugène Pottier,1816—1887)躲过凡尔赛军队的搜捕,在巴黎郊区小巷一所老房子的阁楼上怀着满腔热血和悲痛,写下了英雄的诗篇——《国际歌》。17 年后,工人音乐家狄盖特(Pierre De Geyter,1848—1932)为诗歌谱曲,从此《国际歌》在共产主义者心中唱响。

1871 年巴黎公社在法国历史上仅存 72 天,它是巴黎民众在应对战争期间政府组织缺位而自我组织起来的自治制度,民众自我管理、自我掌权,具有明显的"市政性质的革命"。当时的人们对巴黎公社就有不同的评价。包括梯也尔在内的资产阶级认为巴黎公社是一场暴乱,必须全力镇压,以恢复社会秩序。以马克思为代表的无产阶级革命者和第一国际则把巴黎公社看成无产阶级建立政权的尝试,巴黎公社的一些经济与

---

① 福舍:《公社的真实史》,第 2 卷,第 271 页,转引自朱庭光主编:《巴黎公社史》,第 473 页。

社会改革措施也具有社会主义性质;梯也尔政府对巴黎公社的绞杀,是反动的暴虐,"工人的巴黎及其公社将永远作为新社会的光辉先驱受人敬仰。它的英烈们已永远铭记在工人阶级的伟大心坎里。那些杀害它的刽子手们已经被历史永远钉在耻辱柱上,不论他们的教士们怎样祷告也不能把他们解脱"[1]。

第四节　从"保守共和国"到"道德秩序"

一、梯也尔与"保守共和国"

　　平息了巴黎公社的革命后,梯也尔在法国资产阶级心目中的声望得到了进一步提升,一般民众认为是梯也尔给法国带来了和平、安全与秩序。议会中各政治派别对梯也尔也抱有厚望:共和派眼里梯也尔是个奥尔良党人,但他无意于君主制,相反"波尔多协议"对延缓君主制起了作用,是一个值得信赖的人;而在君主派看来,梯也尔既温和又有魄力,尽管对君主制冷淡,但也是个可以忍受的政治人物。因此,此时的梯也尔可谓是左右逢源。1871年8月31日,议会以491票对94票的多数,通过了《里韦法案》(议员里韦的提案),授予梯也尔"共和国总统"的职务。这样,梯也尔身兼议员、政府首脑、总统三职,大权在握。

　　政治头脑清晰、行政经验丰富的梯也尔知道,经历了战乱与动荡后的法国再也经不起折腾了,法国需要的是稳定与秩序。也就是说,法国既不能回到君主派需要的君主制,也不能立即实行资产阶级自由派所追求的自由的共和制。由此,在梯也尔任总统的1871—1873年,法国经历了一个特殊的时期:一个没有君主而有强力人物的政府,一个没有共和党领导的共和国。梯也尔成了"全国公认的主宰""共和制度的拯救者"。

　　梯也尔之所以能够成为众望所归的人物,与当时法国政坛的政治力

---

① 马克思:《法兰西内战》,载中共中央马克思恩格斯列宁斯大林著作编译局编:《马克思恩格斯选集(第二卷)》,北京:人民出版社,1972年,599页。

量结构也有关系。派别之间的较量和政治上缺乏重量级的人物，也给梯也尔成功执政提供了机会。

当时法国政坛上的主要派别可分为左、中、右三类。

右翼派别是主张恢复君主制度和天主教统治的正统派，主要代表着西部和中央山脉的顽固保守势力。他们不满大革命以来法国的整体发展，尤其是政体的变化，主张回到过往的旧制度。为此，他们拥立被1830 年七月革命推翻的查理十世的孙子尚博尔伯爵（Henri Charles Ferdinand Marie Dieudonné，Comte de Chambord，1820—1883，复辟后的波旁王朝的第三位继承人），希望建立以他为首的旧王朝。派别中 80%都是死硬的顽固派，但以法卢伯爵（Frédéric-Alfred-Pierre，Comte de Falloux，1811—1886)和布罗伊公爵①为首的小部分人则较为温和，他们赞同议会制，也容忍某些政治和经济自由，反对教皇的绝对权威。这部分温和派中也有一些人在政府部门任职。右翼派别中还有少数极右翼的波拿巴分子，希望有朝一日能重建波拿巴家族的统治。

奥尔良派属于议会中的中间派。该派以路易·菲利普的孙子巴黎伯爵（Louis Philippe Albert d'Orléans，1838—1894，1842 年封为巴黎伯爵)为首，主张恢复七月王朝时期的金融贵族统治。在政治上，他们信奉自由主义与共和制，但程度上与共和派有所差异。奥尔良派内部还可以细分为两派：以梯也尔为代表的中左翼不希望复辟王政，也不赞成教会在政治与社会方面有过多的特权，主张建立"保守共和国"；中右翼则坚持君主立宪制，强调教会的尊严与其所享有的利益。

共和派是议会中的左翼。根据思想倾向不同，共和派也可分为温和派与激进派。温和派一般代表大资产阶级，是其中的多数派，主要代表人物有格雷维、费里、西蒙和法夫尔等。他们主张共和制，也更崇尚秩序与稳定，因此在与德国关系上属于主和派。激进派主要以甘必大为首，

---

① 布罗伊公爵（Jacques-Victor-Albert，4^e duc de Broglie，1821—1901）除了政治家和君主派的身份，还是文学家和法兰西学院院士。

要求抗战到底,维护法兰西尊严,该派别在巴黎受到小资产阶级的拥护。

社会主义派别在巴黎公社失败后,力量严重受挫,在法国政坛上消失 10 年之久。路易·勃朗(Louis Blanc,1811—1882)仍是在任议员,但他的思想倾向已发生改变,对于巴黎公社本身开始持批评态度。

法国政坛上各派的势均力敌,给梯也尔的改革创造了机会。梯也尔的政治倾向,也对共和制的确立起了重要作用。前面说到,梯也尔是个资深的政治家,但不是一个君主派。早在复辟王朝时期,梯也尔就为君主立宪制呐喊;七月王朝时期,一直运用其较大的政治影响力反对专制。第二共和国成立时,梯也尔选择接受并支持共和国。当 1851 年波拿巴政变时,梯也尔与共和派一起坚决反对,在政变的当天被波拿巴流放。期满回国后,梯也尔作为帝国的反对派而闻名政界,公开向皇帝要求人身自由、出版自由、选举自由等。正因为倾向共和制,梯也尔总统大权在握时,就在组阁上,把内政、外交和国民教育部 3 个重要的部长职位留给了共和党人,这为日后共和制的全面确立奠定了一些基础。

梯也尔"保守共和国"政府在镇压了巴黎公社起义后,开始着手稳定秩序、发展经济的各项改革,取得了一定的成效。

首先是偿清赔款,解放国土,厘清与德国的关系,重拾法兰西民族的自信心。根据战败后与德国签订的《法兰克福条约》,法国必须在 1874 年 3 月 2 日前向德国赔款 50 亿法郎,其中的 20 亿须在 1872 年 5 月 1 日前付清。付清赔款后,德军才会撤出占领区。这意味着要尽早收回国土,就需要尽快赔付款项。但钱从哪里来?一些左派议员提议通过没收资本的方法来筹集资金。但梯也尔认为政治剥夺的方式不妥,应该用经济手段来解决。为此,在多数议员的支持下,1871 年 6 月 27 日,政府决定向全国发行 20 亿法郎的公债,募集赔款和弥补上一年度的财政赤字。政府公债的发行工作得到了法国民众的理解与大力支持。发债开始后 6 小时,就有 33 万人认购,募集款项达 48.79 亿法郎,远超预定的款项一倍多。法国政府用这笔钱付了第一笔赔款 5 亿法郎。次年 7 月,政府又发行了 30 亿法郎公债,民众购买踊跃,93 万多人认购,额度突破了 400

亿法郎。[1]公债的发行,对法国金融资本来说也是有利的,像通用公司、里昂信贷银行等都从公债中赚取了相当丰厚的利润。据估计,罗特希尔德银行仅从法国1871—1872年发行的公债中就至少获利7 500万法郎。由于"公债还广泛渗入民众阶层。有价证券的交易活动蔓延到了新的社会领域,而大批靠百分之五利率的定期利息为生的人的存在,又增加了新制度的力量。总之,资本主义和共和国是赢家"[2]。

两次公债的成功发行,充实了国库,不仅为赔付提供了资金保证,也为恢复战后秩序与经济重建提供了保障。1873年3月,法国较条约规定的期限提前一年付清了赔款。9月,德军全部撤出法国(比约定提前了18个月),梯也尔因此获得了"领土解放者"的美誉。

其次,进行军队改革,恢复法国的强国地位。普法战争失败,法国军队士气大挫。为重振军威,梯也尔于1871年6月29日在龙尚举行了大型阅兵仪式,约有12万名官兵参加了这场阅兵式,士兵们精神抖擞,高喊"法兰西万岁""共和国万岁"等口号,士气得到提振。在军队改革方面,梯也尔以普鲁士为榜样,进行军队职业化的改革。当时议会中对于义务兵役制的年限是3年还是5年的问题争执不下。梯也尔以辞职为要挟,否决了3年兵役制的提议。1872年7月27日,议会通过了新的兵役法,解散国民自卫军,实行普遍义务兵役制,重申"每个法国人都有服兵役的义务",规定凡年龄在20—40岁的公民,均可应征入伍,服役期原则上为5年,但入伍满1年后可返乡作无限期休假;教师、大学生、艺术家和教士免役。为使军队不卷入派系斗争,新兵役法规定,现役军人不参加任何选举,严禁军人参与政治斗争。此外,还拨款改进军队装备,在全国范围内实施战略部署等强军措施。

再次,改革行政制度,维护社会秩序。梯也尔政府很明白,共和制是法国面对现实的明智选择。1872年11月13日,梯也尔在议会中明确指

---

① Jacques Chastenet, *Histoire de la Ⅲ^e République*, Tome I, p. 127.
② 转引自让-皮埃尔·阿泽马、米歇尔·维诺克:《法兰西第三共和国》,第59页。

出,"共和制是存在的。它是国家合法政体。要求另外的东西,将引起一场新的革命并且是最可怕的革命"[1]。为了有效维护社会秩序,梯也尔坚持行政集权,规定省长和大城市的市长由中央政府任命;小市镇行政长官虽由选举产生,但必须受制于省长。鉴于巴黎公社的教训,政府先后在29个省实行戒严,并严格控制结社。1872年3月14日,国民议会通过了由司法部长杜弗尔(Jules Dufaure,1798—1881)提议的旨在限制工人结社的法案——《杜弗尔法》,法案明确指出"任何国际协会,不论它用什么名称,它在法兰西土地上的存在及其分支机构的建立,就构成了对社会治安的危害"[2],凡从事建立国际工人组织者,一律处以罚款和监禁。因为在梯也尔看来,法国的当务之急是结束一切混乱局面,所以宁可矫枉过正。

最后,恢复与发展经济。稳定社会秩序,提高国际地位,最终还是要靠国家的实力,尤其是经济发展的支撑。所以,能否快速恢复经济,是能否实现上述目标的关键。在经济建设方面,梯也尔政府首先致力于集中力量修复战时遭破坏的交通设施。1872年底,战时毁坏的道路、桥梁全部得到修复。与此同时,投入大量资金铺设铁路,开凿运河。克莱蒙费朗—贝济耶、克莱蒙费朗—尼姆、格勒诺布尔—马赛等铁路新干线相继建成。水陆交通的顺畅,为日后国内贸易的发展创造了条件。在微观的经济活动方面,提高关税,以保护民族经济;不开新税而对烟草、咖啡、葡萄酒等征收20%—50%附加税,以稳定人心。

一系列的社会发展措施,以及战乱结束后民众所激发出的社会积极性,使法国经济很快复原。1872年底,法国经济就基本恢复,某些方面甚至超过了战前的水平。在这过程中,梯也尔的保守且强硬的治国态度和措施,获得议会多数的支持,在客观上也起了重要的积极作用。

1873年3月,法德两国签订了撤军协议,法国的重建也基本完成。梯也尔为此受到了朝野人士的大力追捧,国民议会通过了"梯也尔有功

---

[1] 皮埃尔·米盖尔:《法国史》,第419页。

[2] Jean Bron, *Histoire du mouvement ouvrier français*, Paris: Les editions ouvrières, 1973, p. 237.

于祖国"的决议,他被增为法兰西学院院士,威望似乎达到了鼎盛。但也正因为德国撤军,重建事业基本完成,原先掩盖的共和派与保守派的矛盾日渐突出,两派斗争又成为左右法国政坛的重要因素,梯也尔的政治地位开始动摇了。

在法国选择何种政体的问题上,共和派与保守派势不两立。在两派互不相让的情况下,梯也尔"保守共和国"对于避免法国分裂来说不失为一种明智的选择。但这也容易给反对派制造口实,从而受到来自左、右的双重攻击。

法国右翼分子强烈主张按英国模式建立君主制,他们对梯也尔的"保守共和国"是不满的,认为他背叛了"波尔多协定"。尽管梯也尔在一些问题上向君主派妥协,但并不是总能奏效。1873年1月,拿破仑三世死于肾结石。其子年幼,波拿巴派复辟帝国梦碎,便开始与保守派接近,从而增添了要求复辟波旁君主立宪制的保守派的力量。

随着经济发展和法国重建的成功,共和派的势力大大增强。从客观上说,"保守共和国"的各种业绩是有利于共和制的。1873年的市政选举中,共和派就大获全胜。尤其是以甘必大为首的激进派积极行动,他们周游全国,深入市镇演说宣传,出版图书、创办报纸等,向民众宣传爱共和就是爱祖国的理念,预示着广大的中间资产阶级组成的"新阶层"将走上政治舞台。但在"保守共和国"的议会中,共和派仍是少数派。

面对共和势力的加强、梯也尔政府日渐增加的共和倾向等新情况,右翼派别感到十分紧张。他们决心扳倒梯也尔,换上令人满意的人选。为此,君主派团结在奥尔良党人布罗伊公爵周围,频频向梯也尔政府发难。由于君主派在议会中占多数,他们往往可以操纵议会决议。1873年2月底,议会通过法令,禁止梯也尔在未经议会许可的情况下直接登台发表演说。4月2日,温和共和派议长格雷维被迫辞职,议长之位由右派议员比费(Louis Buffet,1818—1898)替代。4月27日至5月11日,有11名共和派在议会选举中获胜。这对君主派又是一个刺激,保守派倒阁活动的步伐加快了。5月18日,右翼骨干在布罗伊公爵家里密会,决定抛弃梯也尔,推举麦克马洪为总统,为复辟君主制作铺垫。

温和共和派也开始对梯也尔失望了。4 月 27 日,在巴黎补缺选举中,梯也尔的朋友、前外交部长雷米萨(Charles de Rémusat, 1797—1875)与共和左派候选人、里昂前市长巴罗德①(Désiré Barodet, 1823—1906)竞争议员空缺。温和派是倾向雷米萨的,甘必大等左派支持巴罗德。最终,共和左派和巴黎民众把巴罗德推上了议员的位置。这次选举的后果之一是"使工商资产阶级头面人物感到了不安",因为从总体上说,他们都把"赌注押在了梯也尔身上",但结果反而有利于左派。"中左派塔尔热集团 15 名议员从此撤回了对共和国总统的信任,转到了梯也尔的对立面——这就凑足了推翻'领土解放者'的票数。"②

5 月 20 日,议会提议对梯也尔政府进行质询,320 名议员签名表示同意。24 日,议会召开会议,布罗伊公爵亲自上台,猛烈抨击梯也尔在选举中向共和派妥协、拒绝君主派入阁;指责政府并没有实施坚定的保守主义政策,等等。梯也尔则对自己的政策进行了辩护,认为法国已经不能实行君主制,他之所以支持共和制是因为绝大多数人都站在共和国一边。梯也尔明白,他在说明了自己政见的同时彻底地失去了右翼保守派的信任。当天,议会即以 360 票对 347 票的微弱多数通过了对政府的不信任案。当晚,梯也尔无奈宣布辞去国家元首和政府首脑的职务,议会以 368 票对 339 票通过了他的辞呈。下台之时,梯也尔明确告诫大家:"你们不要弄错,民众绝大多数都站在共和国一边。"

"保守共和国"宣告结束。梯也尔离开政府后,继续向共和派靠拢,这充分说明了他的精明与审时度势的政治敏锐性。1877 年 9 月 3 日,梯也尔逝世,共和派为他举行了隆重的葬礼。

二、麦克马洪与"道德秩序"

麦克马洪是军人出身,早年毕业于军校,长期过着军旅生活。1830

---

① 巴罗德因在里昂禁止天主教的仪式,被保守派议会取消了里昂市长的职位。
② 让-皮埃尔·阿泽马、米歇尔·维诺克:《法兰西第三共和国》,第 63 页。

年,麦克马洪参加了阿尔及利亚远征,而后参加过 1855 年克里米亚战争、1859 年意大利战争等,因军功卓著,晋升为元帅。1864—1870 年,任阿尔及利亚总督。普法战争期间,麦克马洪将军的军队是波拿巴皇帝的主力。色当战役失败后,麦克马洪与皇帝一起被俘,后被遣送回国。1871 年 5 月,麦克马洪因平息巴黎公社起义而受到资产阶级各界的赞赏。不过,麦克马洪的政治倾向比较保守,对君主制抱有好感。因而,保守派也视其为可以利用的复辟工具。

梯也尔去职后,国民议会很快就举行了总统选举。这次,左派议员对选举进行了抵制,集体弃权。尽管在出席选举的 721 名议员中只有 390 票赞成,但麦克马洪还是以微弱多数当选为第三共和国的第二任总统。按法国历史学家阿泽马的说法,这是一名集军人、保守派和天主教徒于一身的新总统。

麦克马洪果然不负保守派之望,在当选总统的第二天,即授权布罗伊公爵改组内阁,同时免去了 20 多名具有共和倾向的省长。5 月 26 日,麦克马洪在议会上宣读了由布罗伊公爵起草的总统咨文,表明他的政治理想:"在上帝的帮助下,在依靠绝对服从法律的军队的忠诚和一切有教养的人们的支持下,我们将继续进行领土解放事业,并重建我国的道德秩序。"法国史学家阿泽马分析说,这一理想除没有暗示复辟王政之外,实际上阐明了保守派的全部纲领:"上帝"即指教会和军队,是担负"道德秩序"的两大支柱;"有教养的人"就是指产业主或大资产阶级等,他们是麦克马洪统治依靠和服务的对象;解放领土只是虚晃一枪,因为自 1873 年 3 月 15 日起,这一问题已经解决。至于"道德秩序",它概括了一切,是一种统治阶级的老观念:建立或恢复公共道德及个人道德,"确切地说,就是恢复教会自 1789 年以来所丧失的有益影响,那么,混乱、骚动和革命就可以避免"[1]。所以,尽管保守派内部在王位归属、政体形态和政教关系上各持己见,但在"道德秩序"的旗号下打击共和派是他们共

---

[1] 让-皮埃尔·阿泽马、米歇尔·维诺克:《法兰西第三共和国》,第 65 页。

同的意愿。

布罗伊公爵组建了清一色的君主派内阁。尽管根据前例,麦克马洪兼任内阁总理,布罗伊公爵任副总理兼外交部长,但实际的内阁领导权掌握在布罗伊公爵手里。为了确立所谓的"道德秩序",布罗伊内阁可谓是费尽心机。

首先是整肃社会秩序。监督酒店、报社、咖啡馆等,防止"激进分子"聚众闹事。管理非宗教的丧葬,罗讷省省长就下令禁止白天举行隆重的世俗葬礼,提倡重归宗教葬礼。

其次是打压共和派。5 月 24 日,梯也尔下野后,右派重新执掌了政权,控制着议会多数。在布罗伊内阁免去了 20 多名具有共和倾向的省长后,议会又规定取消市政选举,所有市长均由省长任命,期望通过这一改革来打压共和派;规定禁止纪念 7 月 14 日革命日,撤除各市政府中陈列的象征共和国的玛丽安娜塑像,试图以此来消除民众的革命记忆。在此期间许多共和派遭到迫害,甘必大的密友朗克甚至被判处死刑,只得流亡国外。

再次,大力扶植教权派势力,重振天主教的精神支柱地位。1873 年 5 月 28 日,庇护大主教在沙特尔主教堂举行的朝圣活动中声称:"法国需要一个首领、需要一个主人。"不久,在圣母升天修道会的组织下,大批民众前往帕赖勒莫尼亚勒、卢尔德等地朝圣,听从教权主义者的布道,进而煽动起了一场宗教狂热。十字架重新竖了起来,"马利亚月""童真女怀胎"的活动与传说风靡各地城乡。宗教报刊也有所增加,如《十字架报》《朝圣者报》等。各地还大兴土木,修建教堂。坐落在巴黎公社起义地蒙马特尔高地的圣心大教堂就是这一时期议会通过法案开始修建的。

最后,在保守派看来,恢复"道德秩序"的最终目的是复辟王政。可以说,复辟王政也是麦克马洪的最大愿望,"从我被任命为总统以来,我始终这样说,我永远不会因我个人的影响而成为尚博尔伯爵殿下复辟的障碍"。为了尽快达成复辟,君主派内部在特定的情形下也摆出和解姿态。1873 年 8 月,奥尔良派的巴黎伯爵亲自到奥地利向尚博尔伯爵致敬,承认他为"法兰西君主制原则的代表",双方达成谅解并约定:复辟后先由尚博尔伯爵为国王,因其无嗣,死后由奥尔良家族继位。两大君主派为同一目标而握手言和。

麦克马洪借"道德秩序"打压共和势力、教权派的复活以及君主派的复辟活动等,引起了法国各界的普遍不满。左倾知识界人士开始了反教权主义的斗争,其中有共和派领袖甘必大、著名语言学家利特雷。教育联盟和共济会等团体在各地散发小册子,宣传共和主义与思想启蒙。一些报纸加入其中,如《马赛人》报。共和派也在一些城市组织了反教权的游行示威。

三、王党分子的君主立宪活动

麦克马洪和布罗伊政府把恢复"道德秩序"的希望寄托在君主派中奥尔良派和正统派的合作与谅解上。事实上,奥尔良派和波旁正统派为恢复君主制,也在竭力"融合"。1871 年 7 月 5 日,波旁家族的核心代表尚博尔伯爵发表声明,保证自己尊重"共和自由""权力分散",同意"普选权"和建立两院的监督机制。谈话一时间迷惑了一些人,就连梯也尔也认为尚博尔伯爵是一个可以选择的人,会成为"共和国的奠基人"。但不久,两派又出现了分歧。1872 年 1 月,尚博尔伯爵表示不会放弃王位,因为"抛开君主继承的原则,我一文不值,遵从君主原则,我将威力无比",并念念不忘他们家的"白旗经受了挫折",必须重新树起它的威力。巴黎伯爵也在 1872 年 1 月表示,"奥尔良家族的亲王们只承认一种旗帜,即法兰西民族的旗帜与军队的旗帜(即三色旗)"。

1873 年 8 月,两大君主派首领的会面从表面上看似已经就政权问题达成了默契,但实际上"所谓的和解不过是误会:尚博尔伯爵恪守其祖父查理十世的信念,他尤其不能放弃这些信念的象征——白旗"[1]。但在大多数王党分子看来,英国式君主立宪政体才符合当时的情势,君主只是

---

① 让-皮埃尔·阿泽马、米歇尔·维诺克:《法兰西第三共和国》,第 66 页。

国家与秩序的象征,并且要服从于议会。他们知道大多数法国人是不会欢迎象征波旁王朝的"白旗"复辟的。于是审时度势的君主派想方设法让尚博尔伯爵改变主意,建立所谓的"君主立宪政体"。他们先后派议员去伯爵的流亡寓所——奥地利的弗罗斯多夫宫游说,甚至请出教皇本人斡旋。"法国人是打着三色旗让我在罗马重新站稳脚跟的。"①教皇说。尚博尔伯爵只是保持缄默,其实从未改变主意。

君主派把尚博尔伯爵的缄默理解为让步,因而十分高兴,开始为"三色旗"的君主立宪工作做起了准备。他们列好了宫廷官职的清单,组建了国王加冕时的仪仗队,还定制了迎接国王返国的四轮轿式马车、国王登基时的礼服和巴黎庆祝用的彩灯。一切准备就绪,只等在 10 月底举行尚博尔伯爵这位"亨利五世"的返国登基大典。

10 月 27 日,尚博尔伯爵致信谢纳隆②,表示"我们需要共同去完成一项伟业。我已准备好,完全准备好,只要大家需要我去做,我随时准备去做,从明天开始,从今晚开始,不是从此刻开始,都可以。……我个人是微不足道的,我的原则才是一切",并间接表达了伯爵对正统及其波旁"白旗"的执着信念。30 日,正统派机关报《联盟报》刊登了这封公开信,"我是唯一有能力把航船引进港口必不可少的领港员,因为我负有这项使命和具有必要的权威"③。尚博尔伯爵的顽固与自负,以及对"白旗"和波旁君主制的执着,使王党人士沮丧。经济利益与政治愿望原本就不同的正统派和奥尔良派的暂时和解因"一块破布"④而瞬间破裂。君主派的复辟计划也随之流产。

此后,两股复辟势力都把麦克马洪视为加强自身力量的重要支撑。

---

① 让-皮埃尔·阿泽马、米歇尔·维诺克:《法兰西第三共和国》,第 67 页。
② 谢纳隆(Charles Chesnelong,1820—1899),正统派领袖,1875 年议会选举为终身参议员。曾作为保守派密使赴弗罗斯多夫宫参见尚博尔伯爵。
③ 楼均信、郑德弟、张忠其选译:《一八七一——一九一八年的法国》,北京:商务印书馆,1989 年,第 7 页。
④ 罗马教皇庇护九世很不满正统派对波旁白旗的执念,称正统派与奥尔良派在复辟问题上的旗帜之争是"只为一块破布"。

尚博尔伯爵在意识到他的失策后,先后两次潜回巴黎和凡尔赛进行活动,期望通过他本人在议会露面,而一举迫使全国接受复辟,但遭到麦克马洪拒绝。尚博尔伯爵复辟的时机已经错过了。

奥尔良派把君主立宪制复活的希望寄托在麦克马洪身上。为此,布罗伊公爵说服正统派在议会复会之际提议延长总统的任期至 7 年。在他们看来,延长总统任期,既能阻止其他派别复辟(如波拿巴派),又能保证自身的利益不受损害。若年老体弱的尚博尔伯爵在 7 年内去世,奥尔良派继位,建立君主立宪制的胜算很大。在布罗伊的操纵下,议会于 11 月 20 日通过了将麦克马洪总统任期延长至 7 年的法案①:7 年之内,行政权委托给麦克马洪元帅;行政权继续以共和国总统名义在目前的条件下行使,直到宪法对本法案做出修改为止。

虽然总统任期 7 年议案通过了,但形势并没有朝着奥尔良派希望的复辟方向发展。

首先是共和派的力量在持续增长。为了反对复辟、宣传共和,信仰共和主义的人士做了大量的工作,也得到了一些民众的支持。比如 1873 年 10 月至 1875 年 2 月的议会补缺选举,共和派在 29 个议席中取得了 23 席。1874—1875 年的补缺选举有 13 个议席,其中北滨海省只选出 1 名拥护"道德秩序"的议员,而各类共和派赢得 7 席。到 1875 年初,议会中的共和派席位数与君主派的总席位数相当,远超君主派(正统派、奥尔良派和波拿巴派三派)中的任何一派。

其次是波拿巴派势力抬头。可能是正统派与奥尔良派的内斗,给波拿巴派的复兴提供了机会,也可能是皇太子已长大成人②(拿破仑三世于 1873 年 1 月去世),提振了支持者的信心。前面提到的 1874—1875 年的 13 个议席补缺选举中,波拿巴派拿到了 5 席。第二帝国的前司法部长(1849—1851)、商业和社会劳动部长(1855)、现任国民议会议员欧仁·

---

① 议会无意中制定了法国宪法中沿用时间最久的法律之一,直至 2002 年,总统任期正式改为 5 年。

② 到 1874 年 3 月,皇太子年满 19 岁,帝国宪法规定 19 岁为"政治上的成年年龄"。

鲁埃(Eugène Rouher,1814—1884)发起了一场拥戴皇太子的运动,居然参加者众多,并且在全国引起了一定的反响。涅夫勒省原本是共和派甚至是激进共和派的地盘,但在 1874 年 5 月的补差选举中,波拿巴派布尔古安男爵(Baron de Bourgoing,1748—1881)当选,他"有恃无恐地宣称:'我忠于帝国'"①。波拿巴派在外省与农村的影响力也在日益增长,这不仅使共和派感到忧虑,也使正统派和奥尔良派感到了威胁。

1874 年 5 月,在左右两派的夹击下,布罗伊领导的中右翼内阁倒台。

面对法国社会政治形势的变化,共和派和奥尔良派改变了政治策略,彼此之间开始结成权宜的暂时联盟。

共和派尤其是甘必大,之前并不承认在他们看来反共和的保守议会的制宪权,并要求解散议会,现在他们已不再要求解散议会,而开始接近中右派,以确保共和制。奥尔良派也做出让步,愿意保持现有体制,但主张两院制,由上院控制下院。这种妥协使原本因各派争吵不休而进展缓慢的宪法起草工作②也顺利起来。

在宪法问题上,共和派一致要求在宪法条文中写上"共和国"字样,但尚未抛弃复辟幻想的君主派并不愿意接受这一主张。1874 年 7 月,保守派卡西米尔-佩里耶(Auguste Casimir-Périer,1811—1876)提出的关于"共和国政府"的议案以 341 票对 369 票被否决。1875 年 1 月 6 日,议会绕开"共和国政府"等问题,只就共和国总统的选举与任期问题展开讨论。30 日,中右派瓦隆(Henri Wallon,1812—1904)提出了一个颇为巧妙的议案,他在关于政权组织的报告中,首先对立法权做了番解释,然后说"共和国总统由多数选出"。经过辩论,该议案以 354 票对 353 票的一票之差,惊险通过。瓦隆修正案规定,"共和国总统,由参议院与众议院联会而成的国民议会,依绝对多数票选出,总统任期 7 年,连选得连任",修正案仅以一票的多数、用隐匿的形式承认了共和国总统的职衔,也就

① 让-皮埃尔·阿泽马、米歇尔·维诺克:《法兰西第三共和国》,第 69 页。
② 第二帝国灭亡后,法国一直没有一部宪法。1873 年 11 月,国民议会组成了宪法起草委员会,希望给共和国以一部新宪法。

间接承认了共和制。因此也有人调侃法兰西共和体制是"从窗缝里潜入的共和国"①。

1789年大革命以来,法国经受了多次战争与革命的考验,其间在国家政体上也是曲曲折折,但最终大革命中的共和理想还是变成了现实。当然,"共和国"以一种特殊的形式被确认,说明这时的法国在某种意义上对共和政体仍然心怀疑虑。1875年的法国仍称不上是个纯粹资产阶级的"民主共和国",因为它的总统仍然是一名君主派元帅,或者说它仍然是一个贵族、公爵的"共和国"。共和国要真正稳固仍需要一番艰苦的努力。

---

① 皮埃尔·米盖尔:《法国史》,第423页。

第二章 共和制的确立与稳定(1879—1899)

无论共和国体制的建构多么艰难曲折,1879 年后,法国终于还是摆脱了近百年的国家体制摇摆,走上了共和制的轨道,开启了法兰西历史上的黄金时代(1880—1918)。在这一时期内,共和派,尤其是温和共和派积极致力于共和意识的宣传与培养,务实地进行了有利于共和体制巩固的各项改革,成功地应对了来自各方的种种挑战。1879—1899 年,可谓是法国政治史上不同寻常的 10 年。

第一节 共和制度的最终确立

一、不具宪法特征的"1875 年宪法"

至 1871 年共和国建立之前,法国近代历史上已经存在过两个共和国,每个共和国建立之初,都会出台一部宪法来确保共和政体的合法性。不过,第一共和国在大革命与战乱中夭折,第二共和国在路易·波拿巴的政变中消失。那么,这个第三共和国的命运又会是如何呢? 第三共和国是在战火中诞生的,社会政治动荡、经济不稳,新生的资产阶级共和国面临诸多危机。要确保共和政体,共和派还有诸多问题与挑战需要克服。

1871 年 8 月召开的国民议会初衷是结束战争,但议会也需要制宪来显示合法性。8 月 31 日,议会通过了《里韦法案》。这项法律宣称:"行政权首脑的称呼是法兰西共和国总统。他将在国民议会的监督下,继续履行 1871 年 2 月 17 日法令所给予的职责。"这样,"共和国总统"便有了合法性。1872 年 11 月 12 日,梯也尔在议会中发表演说,宣布:"共和国是存在的,它是国家的合法政府,要求某种新的东西都将引起一场革命。"鉴于各派势力的压力,梯也尔表态,一个"中立性质的共和国"比较有利于各方,为共和国定了基色。共和体制就是在这样艰难的环境中一步步地向前走着。

1875 年 1 月 21 日,30 人宪法起草委员会①向议会提交了一项关于公共权力的法律草案,一些共和派议员发现草案中没有提到"共和国"一词,因而表示不满。其中,中左翼代表拉布莱建议对法案做出修正,写上"共和国政府由两院与总统组成"。29 日,国民议会对修正案表决,结果修正案以君主派 359 票对 336 票的多数被否决。30 日,瓦隆又提出了修正案,"为选举共和国总统,由参、众两院组成国民议会,选举以绝对多数进行,总统任期 7 年,可连选连任"。瓦隆修正案以一票之险获得通过,共和国从"窗缝里潜入"。据此,也有人称瓦隆为"共和国之父"。

要确保共和体制的合法性,必须给她一部宪法才行。总统 7 年任期法的通过,标志着 1873 年建立的宪法起草委员会的工作有了新的进展。但是,当时的政治形势并不允许也不可能使宪法起草委员会真正从事实质宪法起草工作,在激烈的派系纷争中,他们只能就政府组织形式等问题起草一些法律文件。2 月 24 日、25 日,经过激烈的辩论,议会先后通过了宪法起草委员会提出的《参议院组织法》《政权组织法》。7 月 16 日,《政权机关间关系法》也获得通过。一般认为这 3 项法律是具有宪法性质的文件,称为"1875 年宪法"。② 不过,从国家体制的完整性来说,8 月

---

① 这个委员会大多数是君主派,少数的自由派人士希望能够有一个普选的共和国,但最终出台的组织法还是认可了间接选举制。

② 参见 Jacques Chastenet, *Histoire de la Ⅲ^e République*, Tome Ⅰ,附录部分。

2 日通过的《关于参议员选举的组织法》和 11 月 30 日通过的《关于众议员选举的组织法》也应该属于共和体制法律的重要组成部分。

"1875 年宪法"可谓是法国"最简单、最经验主义的一部宪法"。组成"宪法"的 3 项文件仅 34 条内容,另外两项组织法是 52 条,"宪法"没有序言,也不是完整的文本,是一部非规范的"宪法"。按照法国学者阿泽马的说法,"宪法"是在"一片冷漠中通过的",人们既无热情,也无掌声。对温和的右派来说,这是无奈的选择,是最小的坏事;而对于左派来说,则是一种妥协的选择,还有许多共和民主的事情没有来得及做,这个共和国的体制还需要进一步完善。

但是,这个"1875 年宪法"的最大成就是确立了共和国基本体制。

其一,议会制原则得到肯定。

共和国议会由参众两院组成,但共和国体制中的参议院与众议院的关系十分微妙。"宪法"规定,立法权由参议院和众议院两院行使,两院联合组成国民议会,共有创议并制定法律的权力,但财政法案应先在众议院提出并通过;参议院组成最高法院,负责审判共和国总统与部长及审理危害国家公共安全的法案;两院有权根据各自依绝对多数票分别做出的决议,或自动或经共和国总统之要求,宣布有必要修改宪法。参议院将在国民议会解散前 1 个月内进行选举,并在国民议会解散之日组成,开始行使权力。由于众议院拥有财政提案权,从某种意义上说,众议院的经济权力要稍大些,但与后来的第五共和国相比,这时的众议院权力要小了些。而参议院组成司法机构,所以,在政治上它的权力又大于众议院。

总统由参、众两院联合组成的国民议会依绝对多数票选出,任期 7 年,连选得连任。[①] 总统有统率武装部队、任命全体官员、主持国家典礼、特赦等权力。但总统的每项任命须经由各部部长一人之副署。总统在征得参议院的同意后,可解散众议院,并在 3 个月内召集选民团重新选

---

① 尽管法律规定可以连选任,但 1939 年前,总统不得连任成为惯例。

举产生新的众议院。共和国总统对议会通过的法案有 1 个月的延搁权，紧急法案有 3 天的延搁权。非经两院同意，总统不得宣战。总统也不得出席两院的议会发言，只能向两院发表咨文。所以，第三共和国的总统权力与后来的第五共和国相比也是极其有限的。

组织法还对两院的召集方式、会期及其会议程序和两院的职责与权限做出了规定。

不过，"宪法"对司法权未予以足够的重视，只提到高等法院由参议院组成，行使必要的司法职能，包括起诉与审判总统、审判由议会起诉的部长等。

其二，确立了普选制原则，当选议员无财产资格限制。

宪法规定，参议员间接选举，众议员直接选举。具体来说，参议院由 300 人组成，其中 225 名由法国各省及殖民地选出，75 名由国民议会选出。组织法对各省区的名额做出限定：其中塞纳省和诺尔省各有 5 名参议员；塞纳滨海省、加来海峡省、吉伦特省、罗纳省、菲尼斯泰尔省和北滨海省各选 4 名参议员；其余省份各选 2—3 名；贝尔福地区、阿尔及利亚的 3 个省和法属殖民地各选 1 名参议员。参议员的资格为年满 40 岁并享有公民权和政治权的法国人。各省和殖民地的参议员以绝对多数票选出，若有必要，也可由当地政府召集的选民团①以名单投票方式选出。由国民议会选举的参议员则以名单投票的方式依绝对多数选出。由各省选出的参议员任期 9 年，每 3 年改选其中的 1/3；由国民议会选出的 75 名参议员则终身任职。终身参议员（sénateur inamovible）的设置为以后共和制的民主改革埋下了隐患。

众议院议员约 600 名，由直接选举产生，任期 4 年。凡年满 21 周岁、在本市镇居住满 6 个月的男性公民，皆有选举权。年满 25 周岁的男性公民皆有被选举权。但"从事由国家经费会给工资的公职人员与众议员

---

① 选民团由众议员、省议员、专区议员以及每一个市镇议会从本镇选民中选举一名代表组成。所以，参议员是间接选举制。

的权责不相容",即国家公务人员不得当选众议员。

从法律制度史的角度看,"1875 年宪法"只是几个司法文件的汇编。文件对国家的体制未做出任何说明,政权间的关系也比较含混,只能算是权宜的法律文件。

从政权关系组织法中可以看出,两院的权力有所增强。比如,内阁要得到众议院的信任,否则就要辞职。另外,总理的职衔也未经"宪法"规定,其正式职衔是"内阁主席"(Président du Conseil)。因此,在法国政治架构中,议会的权力要大于内阁,这与英美体制有很大不同。当两院联合组成国民议会时,其领导机构由参议院议长、副议长和秘书组成。再比如修宪权,1873 年 11 月法律规定修改宪法由授权总统执行,1875 年的组织法则把修宪的倡议权归属于议会两院与总统,总统与议会两者在修宪问题上权力几乎是相当的。参、众两院的地位也相当,两院同时开会、同时闭会,两院会议公开。两院所通过的法律也要求表述方式相同,若有不同,须重新表决,直至一致为止。这种二元性政体架构为日后第三共和国的政局动荡埋下了伏笔。

但毕竟,"宪法"的通过为共和制提供了合法性,也给君主派的复辟活动设置了法律障碍。当然,"宪法"没有严格规定总统的职责以及总统与议会之间的关系,只是说总统用咨文与两院联系,一些政策如宣战等须两院同意。这种议会制究竟是二元化代议制(即内阁既向议会又向总统负责),还是一元化代议制(即内阁向议会负责),诸如此类一些重要的议会制度安排都并未确定,这也是随后"5·16 危机"的制度性原因。

最关键的一点,相关文件主要是关于政府间关系架构的初步建构,"1875 年宪法"没有涉及公民的基本权利问题。复杂的政治环境和派系斗争,使宪法起草委员会更多地关注府院之间的关系,人权与公民权利被制宪者暂时搁置了。这就需要共和国日后用各项改革来进一步完善体制。

有意思的是,这部语义含混、略带残缺的"宪法"却在法国通用了 65

年,直至第四共和国时期废除,成为迄今法国历史上寿命最长的宪法之一①。

二、派系斗争与"5·16"宪法危机

大革命以来,法国政坛的派系斗争就没有消停过。这固然与法国政治传统有关,也与其阶级分层复杂、利益分歧大等因素有很大关系。

第三共和国初期,随着工业化进程的加快和社会经济的发展,法国社会的阶级分层与利益分化相比之前更加复杂。以平等为圭臬的大革命虽然已过去了近一个世纪,但法国的阶级结构并没有随着社会的进步而扁平化,仍然是金字塔型的等级社会。

金字塔最上层依然是贵族精英和大资产阶级。贵族分为两类,一是长期栖身巴黎或大城市的贵族,他们以地租为生,与乡村的联系较为松散。另一类则是直接经营地产的旧贵族,这类人作为乡绅在乡镇拥有一定的地位与影响,但在政坛上的影响已大不如前。总体来说,这一时期的贵族在文化教养上可能比过去时代的贵族逊色些,但他们宗教意识浓厚,执着于回归天主教崇拜,是共和国初期宗教崇拜活动的主要参与者。另外,由于自身经济力量的渐趋衰弱,他们往往与大资产阶级联合或联姻,以图保持其社会影响力。大资产阶级是指拥有巨大财富和收入丰厚的银行家、商人、企业主和高级政府官员,以及年收入在 10 万法郎以上的享有盛名的艺术家、律师、医生等社会名流,他们不仅在经济上是社会主力,也是政坛上的主导力量,这些人大多生活在首都,构成所谓的"巴黎之魂"。

法国上层精英们主导着国家的政治生活。据统计,1871 年贵族和大资产阶级的议员在议会中占了约 70%。随着共和国的巩固与发展,这一比例才开始下降。1893 年,他们在众议院中占比下降至 55%(其中上层资产阶级出身的占 32%,贵族出身的占 23%),到 1919 年,这些所谓的精

---

① 可能也正是因为其简要、模糊,可以随着社会的发展变化而加以灵活运用来适应新形势。

英在议会中的占比还有 40％,可见其力量不容小觑。① 在内阁中,几乎总有为大资产阶级利益服务的忠实仆人。在政府机构中,他们也是各个高级行政管理机构的精英,像政府各部的行政主管,行政法院、高等法院、财政监察等部门大多是这些人的天下,省长、外交官等也是非他们莫属。不仅如此,为了继续他们在政治上的优势,大资产阶级和贵族于 1872 年出资办了所私立的政治科学学院,专门培养自己阶层的子弟,以顺利进入政界。这些贵族、大资产阶级还染指法国的新闻业,运用他们的钱财和政治影响力办报纸,宣扬教权主义和民族主义。不过,由于思想价值和利益的不同,这些所谓的社会上层的政治倾向也十分复杂,君主派和共和派等都自成派系,并都在政治生活中起着重要作用,这使法国第三共和国前期的派系斗争显得更加复杂。

从 1870 年代起,法国的中小资产阶级被称为"新阶层",相比之前,这一阶层也有了新变化。"新阶层"这一名称的流行据称源于激进共和派领袖甘必大。1872 年,甘必大在格勒布尔的著名演说中提到,"一个新的社会阶层已经降临和出现在政治生活中;可以断定,它远不比其他人逊色"②。这个"新阶层"实际上是介于工人和大资产阶级之间,并排除了农民阶层的一种通称。他们住在城镇,但与普通工人有着一些隔阂;他们向往上层,希望社会能提供更多的上升空间;数以百万计的"小字号"(小手工业者、小商人、小业主)是其主要的构成基础,另外还有律师、医生、公证人等自由职业的中产人士,工程师、教师、政府公务人员等领薪的小资产阶级。所以,这个"新阶层"地位跨度大,社会成分复杂,利益诉求各异。但总体来说,"新阶层"是共和政体的坚定拥护者,其中一些主张较为激进,积极反教权主义,主张社会世俗化,成为法国政坛的共和激进分子。

居于社会底层的是广大的农民和工人。作为一个工业不够发达的

---

① Georges Dupeux, *French Society*, *1789 - 1970*, Law Book Co of Australasia,1976,p. 172.
② 转引自让-皮埃尔·阿泽马、米歇尔·维诺克:《法兰西第三共和国》,第 61 页。

老牌资本主义国家,占了人口大多数的农民是法国人民的主体。不过,农民的处境有所不同,有土地的小农和出卖劳动力的农业工人的利益诉求就大不相同。农民的政治倾向较为保守,但也有很大一部分是共和政治的支持者。正如伊泽尔省的一名行政长官所说,"农民适应了共和国,他们对它不再反感。他们既反对君主派政变,也反对蛊惑人心的暴力行动"①。与农民一样,法国工人的特点也是分散型、复杂化的,有在较大型的企业工作的现代产业工人(尽管数量很少),但大多数是分散在各个小企业工作的。直到1906年,法国还有1/3的工人在不到10人以下的小工场做工,一半以上的企业雇用工人不到50人。在一些特殊行业,如珍珠制造、制帽、针织业等,则是女工和童工占人数优势。第二帝国后期以来,工人的生活水平有了一定的提高,但与其他阶层相比,进步幅度不大。工人群体对于社会主义情有独钟,是社会主义与工人运动的支持与参与者。

对于共和国来说,广大的农民、自由职业者、小企业、公务人员等中小资产阶级是重心也是基础。他们信奉"不要反动,也不要革命"的原则,希望政局稳定,生活安定。

就政治倾向与立场而言,当时法国众多复杂的阶级、阶层主要分为共和派和君主派,他们在各自的领袖带领下,在政治舞台上角逐,是政治主角。

共和派以中小资产阶级为主。他们是资本主义经济和日益完善的工业化进程中的主要参与者与受益者,崇尚自由与共和,拥护共和政体,但在思想倾向与政治偏好上共和派仍有差别,有激进派与温和派之别。

君主派,又称保守派,包括正统派、奥尔良派和波拿巴派,他们反对共和制,主张恢复君主政体。正统派主要是波旁旧王朝的拥趸,念念不忘恢复波旁王朝,在当时的现实表现是支持尚博尔伯爵复辟。奥尔良派是"金融王朝"的支持者,以自由贵族和大资产阶级为主,希望法国能重

---

① 转引自让-皮埃尔·阿泽马、米歇尔·维诺克:《法兰西第三共和国》,第61页。

新回到自由保守的君主立宪政体,为以金融资产阶级为首的法国资产阶级服务。波拿巴派顾名思义就是拿破仑帝制的拥护者,帝国时代的荣光是他们挥之不去的记忆。

1875年,共和制已经是大势所趋,但各派仍然围绕着政府权力与议会席位争斗不已,尤其是君主派,总是念念不忘自己的政治利益,希望有朝一日可以恢复王室统治。由于政治的惯性作用,共和初期(1871—1879)他们在国民议会和参议院中占据多数席位,在法国政坛上仍然具有很大的影响。

当时,国民议会中的君主派各派别分布主要是:极右派,由主张复辟正统王朝者组成,人称"近卫骑兵队";中右派,即奥尔良派,拥护君主立宪制,但在政治主张上比较灵活;左派,立场也有较大分歧,由旧奥尔良派成员如梯也尔、卡西米尔-佩里耶等组成中左派,赞成共和制,但这个共和国在他们眼里应该是"保守"的。

共和派也是分层的。温和共和派即共和派中的温和分子,是共和初期共和派的主体,由资产阶级如格雷维、费里、法夫尔和西蒙等领导。温和共和派成员大多出身律师、记者和大学教授,信奉科学的实证主义。甘必大领导的共和联盟为激进派。还有由激进分子组成的极左派,以克雷孟梭(Georges Clemenceau,1841—1929)、赫里欧(Édouard Herriot,1872—1957)等为主力。

在随后的议会选举中,法国政坛上围绕府、院权力的派系斗争再次开场。依照"1875年宪法"的组织法规定,必须选举新一届的议会来替代国民议会。在300人组成的参议院中,按规定有225名代表是由各省及殖民地选出,议会鞭长莫及。于是,由国民议会选出的75名终身参议员名额的竞选便成了议会斗争的主要议题。

选举开始前,奥尔良派领袖布罗伊公爵先行抛出一份候选人名单,其中有君主派62人和接受共和的奥尔良派13人,名单完全把共和派排除在外。不过,这份名单在君主派内部也摆不平,某些波拿巴派和正统派(如近卫骑兵队首领拉罗歇特)不愿看到奥尔良派在选举名单中,而坚持反对这份名单。

君主派内部的矛盾争斗,使共和派有了争取的活动空间。激进派甘必大利用矛盾,在右翼君主派议员中进行游说,承认他们在共和国中的重要性,允诺他们好处,利诱他们选举共和派。"这种危险的联盟"使以甘必大为首的共和派得到了一些右派和议会左派的选票。最后,共和派在终身参议员中占了 60 席,余下的一些席位大多给了正统派,奥尔良派在议会选举中失利。但各地的参议院选举中,选举制度(选民由市政议会代表组成)对在乡镇颇有影响力的君主派有利,从而,君主派的议席占有微弱多数。

共和派渴望能在接下来的 2 月 20 日、3 月 5 日众议院两次选举中,再次获得胜利。由于"1875 年宪法"所规定的选举法(选区内两轮单名投票制)对传统的贵族(他们大多是君主派)的胜选更为有利,为了降低风险,甘必大奔走在各个选区,要求共和派在第一轮就推出单一候选人,以集中选票,但大多数选区未采纳这一建议。不过选举结果还是共和派取得了优势,在众议院 500 席中占了 340 席(激进派 98 席,共和左派 193 席,中左派 48 席),这说明当时大多数民众还是倾向共和的。4 月 2 日,甘必大被任命为众议院预算委员会主席。共和派在众议院取得了多数,为日后共和国的各项改革提供了基础。

共和派占多数的众议院和君主派占多数的参议院,这种选举结果使两派之间的矛盾更加难解,一场新的冲突即将开始。

冲突首先体现在组阁方式上。共和派甘必大要求按英国的议会制惯例,由多数派领袖组阁,这样组阁权就会掌握在共和派手里。但麦克马洪总统对此持保守态度,总统对甘必大有成见,再说甘必大也不能完全摆平共和派内部的分歧。为了平衡矛盾,麦克马洪总统最后选择了中间派人士杜弗尔为政府总理。尽管杜弗尔时年已 78 岁,但仍然受到众议院共和派和参议院反对派的左右夹击,很难打开工作局面。1876 年12 月 2 日,杜弗尔辞职。

10 天后,更为温和、灵活的共和派领袖西蒙被总统选为政府总理。

西蒙早年毕业于巴黎高师,是著名的哲学家和法兰西科学院院士,也是资深政治家。据说西蒙曾在参、众两院公开声明,"我是一个根深蒂固的共和派",随后又小声补充说"我也是一个根深蒂固的保守派",足见其政治上的圆滑与灵活。但共和派和保守派之间的矛盾根深蒂固,众议院中的共和派认为西蒙是共和派人士,常常把麦克马洪难以接受但有利于共和派的一些经济与社会的政策强加给西蒙内阁,而在君主派与总统看来这是对他们权力的一种挑衅,弄得西蒙左右为难。

对于共和派的一些作为,君主派一直耿耿于怀。1877年市镇选举中,共和派在3.6万个市镇中控制了近2万个,占55%以上;而右派在87个省议会中,只控制了21个,占24%。可见,共和派在基层民众中的影响。[①] 为打压共和派,君主派与议会内外的教权势力结成联盟,共同指责共和派罔顾道德,不尊重教会,不尊重"1875年宪法"。1877年3月,教权派的机关报《社会和宗教卫报》刊文,指责"香榭丽舍宫从未把1875年宪法放在眼里。元帅只是因惊人的克制才容忍了朱尔·西蒙先生……麦克马洪元帅正在等待宣布结束(共和制)试验的时机……以后,他再也不许(共和派)越雷池一步了"[②]。麦克马洪宣称,他的让步已到了极限。激进共和派领袖甘必大对此做了反击,在一次演讲中指出教权派"反对我们的制度",应坚决制止,发出了"教权主义就是敌人"的宣言。众议院在政府的支持下,开始禁止教权主义者的活动。

共和派与君主派教权主义的矛盾日益白热化。众议院接连通过的法案,大都是由共和派主导,西蒙政府对此不置一词,给予默认。在甘必大的鼓动下,1877年5月15日,众议院通过了恢复陪审团就新闻出版违法案件的审理权。5月16日,麦克马洪总统写信给西蒙,对他让激进共和派在众议院的为所欲为的软弱深感遗憾,表示总统即使不在议会面前负有一种责任,那至少也应对"法国负有某种责任",所以"宁肯被推翻,

---

① 让-皮埃尔·阿泽马、米歇尔·维诺克:《法兰西第三共和国》,第78页注3。
② Jacques Chastenet, *Histoire de la Ⅲ^e République*, Tome Ⅰ, p. 222.

也不愿受甘必大指挥"。这封总统对总理充满指责的信,直接导致了西蒙内阁的下台,故而被称为"5·16危机",也有人称为"5·16政变"。

5月16日当天,总统向参、众两院提交咨文,表示与西蒙存在分歧,决定解除西蒙的内阁总理职务,由布罗伊公爵取而代之。此举引起共和派议员的强烈不满。第二天,布罗伊公爵组阁,并任命波拿巴派的核心人物富尔图(Oscar Bardi de Fourtou,1836—1897)为内政部长。以甘必大为首的众议院共和派对总统无视议会多数意愿、一意孤行迫使西蒙辞职的做法很是愤慨。363名共和派议员签署了"363人宣言",对新内阁表示不信任。甘必大指责这届政府是"教士的政府,神父的政府",抨击麦克马洪总统违背议会多数原则,是反民主的行为。

6月19日,众议院以363票对158票的多数,通过了对布罗伊政府的不信任案,总统、政府与众议院的关系就此僵化。依据议会原则,要么内阁辞职,要么议会解散。在参议院的同意①下,麦克马洪解散了众议院(这也是第三共和国历史上唯一的一次)。对此,甘必大愤愤地说:"离开时,我们是363人;回来时,我们将是400人。"依规,众议院的重新选举预定在10月14日,共和国的前途到了生死攸关的时刻。

从制度演进的角度来说,这场总统与议会之争对法国议会体制的推进至关重要。"1875年宪法"本身是含糊与不确定的,从总统一方而言,麦克马洪认为共和国总统拥有与议会相等的权力,有权制定自己的政策,撤换总统不信任的内阁,总统的行政权并不亚于议会的立法权。或者说,麦克马洪接受的是总统制共和国而非代议制。而在共和派看来,总统只是一个象征性的人物,在施政方针与政策上应该与众议院一致,因为议会是普选产生的,所以议会权力至高无上。争执的双方都有法律可循。平心而论,"1875年宪法"下的二元政治体制可能对法国共和体制的稳定起到了某种平衡作用,但就政局而言是不稳定的。当时的政治气氛也是不适合这种二元政体架构的,因为共和派的力量不够强大,党派

———————————

① 5月22日,参议院以149票对130票同意解散众议院。

斗争仍在继续,共和制本身还不稳定,共和派需要的是一个议会至上的共和国或者说是一个代议制的共和国。

不过,"5·16危机"还是给第三共和国带来了一个副作用。由于君主派的总统"悍然使用解散议会的权力,恰恰使其政治声誉大受损伤。在接下来的差不多一个世纪里,没有一位政府总理再敢于要求共和国总统行使这一有害的武器",由于"议员们对解散议会的顾虑消除了,他们确信可以在正常的立法任期(四年)内保有自己的席位",难免会"以最恶劣的方式来运用这种豁免权"。[①] 这也成了第三共和国内阁不稳的制度原因之一。

从众议院解散到重新选举的5个月里,君主派对共和派进行了大肆打压。富尔图就任内政部长不久就撤掉了200多名共和派官员。全国撤换了25名共和派省长,3 087名共和派市长、副市长,6 184名共和派的官员被解职或调离要害部门。344个共和派团体遭到查禁。教士们也不甘寂寞,在这场打压共和派的斗争中推波助澜。"布罗伊-富尔图内阁的杰作,就是在五个月内集中了专制帝国在十八年里专横跋扈地所干的一切。"

甘必大再次成为共和派的领军人物,比任何时候更像"民主政体的推销员"。甘必大推出梯也尔这个温和节俭的总统作为共和国的化身,试图通过颂扬"秩序与节俭"使害怕共和国的正统人士放下心来;又巧妙地唤醒了农民对恢复封建领主权的恐惧,提醒农民封建王朝的复辟就意味着他们小私有者地位的丧失,教权势力意味着什一税,呼吁农民支持共和派。9月3日,正当竞选方兴未艾之时,梯也尔去世,巴黎为他举行了如英雄般隆重的葬礼。走在葬礼队伍最前面的是坚持共和制并在"363人宣言"上签字的议员。

为了赢得竞选的胜利,甘必大号召共和派议员们团结一致,363人结成团体,不要成为相互竞争的对手。同时,甘必大还联络了共和派报纸

---

① 杜比:《法国史》,中卷,第1153页。

等新闻媒体,把《法兰西共和报》《法国》《十九世纪》等联合在一起,抢滩舆论中心。甘必大明确指出,这次竞选不仅是为了政体的形式和宪法的完整性,更是为了1789年革命的伟大原则。竞选前夕,甘必大写信给布里松,告诫他在竞选中要亲民,必须"访问选民,尤其要访问农村选民,要很好地向他们解释当前法国所处的形势,让他们了解已经取得的进展和新制度的优越性"[①],俨然成了指挥共和派的"船长"。麦克马洪总统也针锋相对,到处演说,指责共和派分裂国家,并表态说,要是共和派赢得选举,他仍然会解散众议院。甘必大也不甘示弱,8月在里尔发表演说,"当千百万法国人民发表了意见,别以为还有什么人——不管这个人在政治上和行政上占据了多高的位置——可以抗拒他们。一旦全国表达了意志,(总统)要么屈服,要么辞职"[②]。

1877年10月的选举结果对共和派来说,并不尽如人意。[③] 共和派虽然仍在众议院占多数,但与议会解散时相比还是少了一些,彼时,共和派议员是363人,现在则是321人当选。君主派有208名代表当选众议员。11月7日,新的众议院开幕,甘必大任议会议长。对此,麦克马洪总统感觉十分不爽,右翼君主派提议动用军队逮捕共和派多数议员,波拿巴派卡萨雅克甚至扬言:"只需一个指挥得当的营,便能奇妙地弥补宪法的缺陷。"[④]不过,这一明显违犯议会原则的动议,遭到了军队的反感。当时一名贵族少校军官就表态说:"政变是罪恶,我不愿充当这一罪恶阴谋中要我扮演的角色。"[⑤]军队中很多军官是倾向共和的,麦克马洪没有动用军队,这看来是比较明智的。

---

① Daniel Halévy et Émile Pillias, *Lettres de Gambetta 1868 - 1882*, Pairs: B. Grasset, 1938.

② Alexandre Zèvaès, *Histoire de La Troisième République 1870 - 1926*, Paris: Georges-Anquetil, 1926, p. 158.

③ 议会解散时,甘必大说:"回来时,我们将是400人。"议会中,共和派占大多数。但从竞选得票看,右翼仅比共和派少60万张票(共和派420万票,君主派360万票)。这表明,两派的斗争仍然激烈。

④ Daniel Halévy, *La République des ducs*, Pairs: B. Grasset, 1937, p. 316.

⑤ Alexandre Zèvaès, *Histoire de La Troisième République 1870 -1926*, p. 126.

　　11 月 10 日,布罗伊内阁解散,共和派要求总统召回共和派内阁。在共和派议员占多数的众议院的胁迫下,"出于牺牲精神,同时为保全保守派尚能挽救的利益"①,麦克马洪总统决定做出让步。经过数周考虑后,12 月 15 日,麦克马洪向两院递交了召回共和派内阁的总统咨文。他说:"宪法建立了代议制共和国,它规定我对议会不负责任,同时规定了内阁部长间的连带责任及个人责任。这就确定了我们各自的权利与义务:内阁部长的独立是他们承担责任的条件。从宪法中引申出的这些原则也是我们政府的原则,部长和我个人再也无法改变了。"②这篇咨文可以说是对"1875 年宪法"做出了最终的解释,确认了共和国的代议体制,至此,梯也尔时代创造的总统制共和国宣告结束。

　　1877 年 12 月 14 日,律师、温和共和派人士杜弗尔再次受命组阁,共和派重新执掌了行政大权。

　　共和派在众议院的胜利只是第一步,因为参议院里君主派仍然拥有优势,众议院遭解散的可能性还是不能排除。共和派要取得完全胜利,还需要在参议院获得多数,并完全摆脱具有君主倾向的麦克马洪总统。对此,共和派也只能指望"宪法"规定的参议院改选早日到来,趁那个时机一举夺取权力。

　　1879 年 1 月 5 日,第三共和国参议院 1/3 的补缺改选举行。由于在市镇代表中,大批的共和派参议员选了出来,所以在补缺席位中,共和派得 66 席,君主派得 16 席。这样,连同原先的共 300 个参议员议席中,共和派共得到了 174 席。共和派在参议院也取得了相对多数。

　　共和派控制了两院多数席位后,随即对政府行政机关中的君主派展开了清洗。杜弗尔政府拟定了第一批罢免和退职的文件,名单上多数是君主派人士。法案提交麦克马洪总统,总统无奈地同意了,并签署了法令。1 月 30 日,当杜弗尔再次向总统提交波及军队中君主派的任免名单

---

① 让-皮埃尔·阿泽马、米歇尔·维诺克:《法兰西第三共和国》,第 78 页。
②《法国和法国人史》,第 7 卷,第 494 页,转引自楼均信主编:《法兰西第三共和国兴衰史》,第 57 页。

时,这次麦克马洪元帅就拒绝签署了,并当即宣布辞职,提前一年结束了他的总统生涯。同日,71岁的资深共和派领袖格雷维当选总统,第三共和国终于迎来了一个共和派的总统。在2月7日新总统的致议会咨文中,格雷维表示"真诚地服从议会制定的大法,永远不与由宪法机构所表达的国民意志作对"①,这项总统服从议会的说明被称为"格雷维宪法"。从此,第三共和国确立了议会至上的共和体制。

到了这一时刻,议会、内阁和总统都执掌在共和派手里。由甘必大控制的《法兰西共和报》在1879年2月1日一期中热情洋溢地写道:"从昨天开始我们真正是共和国了。"②为了使共和意识深入人心,共和派还不遗余力地进行共和形象的塑造。1879年2月,众议院在议长甘必大的主持下,提议恢复获月法令③,《马赛曲》这首铭刻在法兰西人民心灵之上的传世之歌在时隔80多年后,最终成为法兰西第三共和国的国歌。1880年7月6日,议会在经过激烈的讨论后通过法令,"共和国以7月14日为一年一度的国庆日"④。7月14日,巴黎举行了隆重的国庆盛典和阅兵仪式。法国各地的人们种植自由树,施放烟火,高唱《马赛曲》,以各种方式庆祝节日,共和国得到了民众的支持与拥护。

1879年夏天,参、众两院从凡尔赛搬回巴黎,巴黎重新成为法国的政治首都。正如甘必大所说,从此,"法国只承认、只热爱、只服从一个观

---

① Jean Jacques Chevallier, *Histoire des institutions et des régimes politiques de la France de 1789 à nos jours*, Paris:Dalloz,1981,p. 156.

② Jacques Chastenet, *Histoire de la Ⅲ^e République*, *Tome Ⅱ*, Pairs:Hachette, 1954, p. 10.

③ 1792年4月,工兵上尉利勒(Claude Joseph Rouget de Lisle,1760—1836)在法国边境城市斯特拉斯堡谱写了《莱因军战歌》("Chant de guerre pour l'armée du Rhin")。1792年7月,马赛的义勇军一路高唱着这首歌曲,走向首都巴黎。因此,1793年这首歌曲被定名为《马赛曲》。1795年7月14日获月法令,被督政府定为国歌,使《马赛曲》成为共和国的象征。

④ 1880年5月、6月,法国议会两院围绕确立7月14日为国庆日的议案展开讨论。有人认为不应该将一个流血的日子定为国庆节,还有人指出巴士底狱在1789年仅监禁了7个囚犯,而且巴士底狱只是关押扰乱国家秩序的政治犯,攻克巴士底狱代表了一种街头暴力。但多数议员认同7月14日是人民的节日,尤其是1790年7月14日的联盟节,体现了法兰西民族的团结,是法兰西现代国家的诞生的标志。该法令通过后,当天即由格雷维总统签署后得以颁布。

念:共和国"。

三、共和制确立的因素分析

共和与民主,是法国大革命的崇高理想。1789 年以来,法国人民为了追求民主、自由、平等、共和,不懈地与旧体制抗争,其过程十分曲折,影响也极其深远。经历了两次共和、两次帝制后,1879 年终于确立共和体制,并且一直延续至今(第五共和国)。为什么法国的共和追求经历了一个世纪? 又是为什么在 19 世纪后期最终完成共和的事业? 其间有许多值得思考的问题。

从西方国家的政治发展看,法国的君主专制体制相对于英国、德国来说是比较完备的。从路易十一世(1461—1483 年在位)开创法国中央集权体制以来,法国的专制政治一直相对较好地控制着社会的各个层面,在贵族精英的支持下,官僚机器运转也相对顺畅。18 世纪,随着资本主义的发展,资产阶级的启蒙思想相继诞生,但旧势力依然顽固。旧制度的强势,在大革命中就已经有所显示。难怪托克维尔在《旧制度与大革命》中感慨万千,"旧制度有大量的法律和政治习惯在 1789 年突然消失,在几年后重又出现,恰如某些河流沉没地下,又在不太远的地方重新冒头,使人们在新的河岸看到同一水流"①。

传统旧制度的强势,使法国制度变革与新体制的确立充满了难题。由于资本主义市场经济发育程度不够,法国的经济结构也不甚健全,金融业和香水、酒业、时装等奢侈业占了很大比重,而制造业规模较小,小企业占优势。相应地,工业资产阶级力量薄弱,小企业主、手工业者、小资产阶级占多数。与经济结构相适应的是,法国的工业化与城镇化水平也比较低,广大的乡村也是小土地所有制占优势,小农长期占法国人口的多数,而一般来说,小农对专制政治有着天然的情愫。这种经济与社

---

① 托克维尔:《旧制度与大革命》,冯棠译,桂裕芳、张芝联校,北京:商务印书馆,1992 年,第 31—32 页。

会结构也是法国共和制追求的负面因素,建立共和体制需要冲破来自政治、经济、社会的种种藩篱。这就使法国的共和历程走了近一个世纪。

19世纪中后期,法国终于确立了共和政体,尽管内阁与议会的斗争长期存在,导致政坛不稳,但令人惊奇的是政体一直稳固,再也没有党派或利益集团跳出来说要推翻共和政体,共和国一直延续至今。究其原因有如下4点:

第一,工业化大体完成以后,法国共和国的经济基础已经夯实。资产阶级的支撑力量也日益强大。如上所述,法国的经济结构不甚健全,但工业化的步伐一直没有停下来。从七月王朝开始,法国的工业革命便有了很大的进展。第二帝国时期,工业革命大体完成,工业总产值翻番,跃居世界第二。与工业化程度提高相应的是工业资产阶级力量增长,他们要求与之利益相匹配的权力。而共和制正是工业资产阶级分享政治与社会权力的最好途径之一。与现代化发展一起成长起来的"新阶层"如教师、医生和小业主等,天然地具有强烈的共和倾向,他们也成为共和制的坚实的社会基础。

第二,各派政治力量的有效妥协是重要因素。从理论上说,工业化并不必然地导致共和民主,法国工业化最快的时候恰巧是第二帝国时期。从推翻帝制、宣布共和国的成立,到共和体制在1879年的最终确立,其间也充满了变数,君主派和共和派的斗争可谓是异常激烈。但最终各派之间的妥协占了上风。通常人们认为"1875年宪法"含混、不明确,其实这就是各派妥协的结果。正是由于妥协,所以各派暂时不提出明确的原则,使这部"宪法"没有明确立法目的(前言),也没有规定公民的权利义务,没有明确总统、议长的职责,甚至连政体形式都没有规定。正如瓦隆在提出总统任期修正案时所指出的,"在法国所处的形势下,需要牺牲我们的偏爱和理论。我认为这是所有好公民的职责"①。君主派

---

① Gabriel Hanotaux, *Histoire de la France Contemporaine* (1871 – 1900), *Volume 3*, Paris: Nabu Press, 2010, p. 13.

卢罗在议会中承认,"我们未能使国家建立我们所偏爱的制度,这是令人遗憾的,但我们必须有勇气对此表示赞同,在那些不要君主制而要共和制的人和那些不要共和制只要君主制的人的争执中,必须接受唯一可能的事物,虽然不一定是最好的,然而,只有一件事你们能去干,那就是共和国"①。因为在君主派看来,共和国的总统有可能变为"共和国的君主"。"1875 年宪法"的弹性,不仅使各派乐意接受,也有利于保持政体的稳定。正如 1872 年甘必大所指出的,共和国已经是既成事实,改变它会引起大混乱。第三共和国前期派别斗争不休,各种利益相互掣肘,使极左和极右都没有可能得势或起决定作用,只能取中间利益或走中庸之道,这是"公爵的共和国"能向"共和派的共和国"转变的重要原因。

第三,共和政体本身的良好声誉是促成法国共和成功的关键。如果说 1789 年法国资产阶级追求的共和国在欧洲仍是一种政治理想,那么一个世纪后的 1879 年,共和政体在西欧已经是一种相对成熟的体制。尤其是英国议会制、美国共和制的实践,使两国的社会政治与经济都有了很大的进步。尽管法国的两次共和未能带来稳定,但其他国家的成就多少使法国的公爵贵族和农民都对共和体制有了较好的体认。

第四,君主派自身的弱点,如力量分散、缺乏重量级的人物等,一方面使其在工农等下层民众中影响减弱,另一方面也使共和派能有效号召工农,使中下层民众支持共和,进而在斗争中胜出。在共和国之初,君主派分成了三派,形成了一个王位有三个觊觎者的尴尬局面,同时又缺少一个众望所归的人物,三派内耗,削弱了彼此的力量。② 共和派则凭借强大的宣传与政治攻势(比如甘必大的强有力活动,舆论说他是"共和国的推销员"),影响很大。而共和派的胜出无疑对共和制的确立起了重要作用。

---

① Gabriel Hanotaux, *Histoire de la France Contemporaine* (1871 - 1900), *Volume 3*, p. 184.
② 1879 年拿破仑三世的儿子在英军服役时死于祖鲁战争。他的叔父热罗姆·拿破仑和儿子维克多(指定继承人)之间不和,波拿巴派内部混乱了。1883 年正统派王位觊觎者亨利五世去世。

与前两个共和国在国内革命的炮火中诞生而很快陨落不同的是,第三共和国尽管诞生于普法战败和巴黎公社起义的号角中,但共和国最终确立是得益于各派政治力量的博弈与妥协。共和体制确立了,但面临的困难很多,共和国需要一系列的适时改革,才能巩固与发展。

第二节　共和制在改革中逐步稳固

一、共和派的内部分野

从 1871 年推翻帝制、成立共和国,到最终确立共和体制,法国走过了长长的 8 年时间。其间有战争、有革命、有内乱,还有派系的纠葛,充满了动荡,共和国实属来之不易。1879 年共和国的权力终于到了共和派手里,但共和派并不是铁板一块。1879 年后,共和派内部因政治价值与执政策略的不同,仍然可分为激进派和温和派。前者在八九十年代主要是"在野派",温和派主要的执政时期是 1879—1899 年。

激进派即由 1870 年代的原甘必大阵营分子和以乔治·克雷孟梭为首的激进分子组成,主要代表中小资产阶级利益。政治上,他们要求全面履行《贝尔维尔纲领》①,彻底实施共和主义学说,取消参议院和总统职位,实行政教分离;经济上要求征收累进所得税,实行铁路、矿山的国有化。在 1880 年代温和派执政的岁月里,激进派不断抨击温和派的执政理念和政策,一有机会就倒阁,克雷孟梭甚至获得了"倒阁专家"的称号。由于这些人士主张彻底执行共和主义理想,被称为激进派。

温和派则分为共和派左翼和共和派联盟两支。前者由费里和格雷维领导,后者则由甘必大②领导。一般来说,共和派左翼在议会中属于左翼中间派,主要代表大资产阶级和金融集团的利益。共和派联盟代表所

---

① 第二帝国后期的自由帝国时期,费里、甘必大等自由派向波拿巴要自由。1869 年,甘必大在贝尔维尔提出实施普选、取消审查制度、获得彻底的媒体自由和集会自由、政教分离、废除常备军等等主张。《贝尔维尔纲领》可以被视作具有代表性的激进党人宣言。

② 此时甘必大的政治倾向发生了很大的变化。

谓的"新阶层":教师、医生和小业主等。在阶级归属上,他们也属于小资产阶级。但由于是新兴起的阶层,他们更注重秩序与稳定,在政治倾向上比较温和。

温和派在 20 年的执政时期内,奉行经验主义的执政理念和机会主义的执政策略。他们认为治理国家应从实际出发,解决实际中出现的一些问题而不是从概念出发革新社会;治理的首要是维持秩序,等待适当的时机进行必要的改革。他们在策略上选择"能够产生效果的政策"而不是"不妥协的政策",因而被称为机会主义共和派。

温和派的机会主义执政方式自然会受到来自君主派和激进派的反对。此时的君主派已经是日薄西山,在议会中也只是少数派。1879 年波拿巴儿子即所谓的拿破仑四世①去世,波拿巴派对复辟帝国已彻底绝望,从此偃旗息鼓。不过,这些右派分子在行政及司法部门、军队和教会中仍然具有相当的影响力,伺机向共和国进攻,日后的布朗热事件、德雷福斯事件中,都有他们活动的身影。激进派作为在野党,能量比较小,但他们在议会中往往会提出一些激进的改革要求,常常干扰温和派政府的策略,加剧了政府的不稳定。

为了解决 1871 年以来法国政坛动荡及宪法的模糊性等问题,以格雷维为首的温和派注意调整了总统、议会和内阁的关系,削减麦克马洪时代造就的总统的权力,加强议会的权力。

律师出身的格雷维总统,曾在第二共和国任立宪议会和立法议会的议员。在第二共和国时期制宪会议工作时,他就反对路易·波拿巴的所谓总统制,是一名议会主义者。1868 年,格雷维作为帝国的反对派在汝拉省当选议员,1870 年入选国民议会,支持梯也尔的保守主义政策。就任总统后,格雷维就在给议会的咨文中表示,真诚地服从议会制度的大

---

① 约瑟夫·波拿巴(Napoléon Eugène Louis Jean Joseph Bonaparte,1856—1879),拿破仑三世的独子,帝国的皇太子,后被波拿巴派尊为"拿破仑四世"。帝国陨落后,他与母亲欧仁妮出逃英国,出任英国军官。1879 年,他自愿前往南非境内祖鲁人的集居区征讨,6 月 1 日,在一次战斗中被祖鲁人刺杀。

法,永远不与宪法机构所代表的国民意志作对。在具体行动上,总统则尽量选择与他合作协调的人物任内阁总理,并让总理来挑选部长,体现了议会制的某些原则。

1879 年 2 月,格雷维以"新的形势需要新的人物"为由,任命亨利·瓦迪托(William Henry Waddington,1826—1894)组阁。这是格雷维总统任内的第一届内阁(1879 年 2 月 4 日—12 月 28 日)[1],不过前一届内阁的大部分成员都得到了留任,而其中最引人注目的是费里被任命为教育部长。费里是资深的共和派政治家,在教育部长和此后的两届内阁总理任期内,进行了一系列有利于共和制巩固的教育改革,在法国历史上有着特殊的贡献。

1879 年 12 月,瓦迪托内阁发生危机。各界推测甘必大主持内阁的可能性很大,但格雷维还是让路易·弗雷西内(Charles de Freycinet,1828—1923)组阁(1879 年 12 月—1880 年 8 月),费里继续留任教育部长。此时,共和国教育世俗化运动如火如荼,引起了天主教教权势力的反弹,弗雷西内原先是支持费里的世俗化改革的,但看到反世俗化势力获得了近 200 万人的签名请愿后,暗中与教皇代表谈判,试图与教权势力和解,致使政府内部思想混乱,分歧日益严重,内阁也很快倒台。1880 年 8 月由温和派费里组阁(1880 年 8 月—1881 年 11 月),这是费里的第一届内阁。

温和派的分歧,给"共和国缔造者"甘必大带来了机会。一直以来,作为共和派元老之一的甘必大长期受共和派左翼的排挤,更不受温和派的待见。尽管甘必大在总统选举时把票投给了格雷维,但格雷维并不领情,费里也对他很冷淡,议员们则担心他上台会刺激德国,影响法德关系,另外也不太喜欢他严厉的行事风格,所以甘必大迟迟没有组阁的机会。不过在实际政治中,甘必大仍是个颇有影响力的人物。在 1877—1881 年间,他一直担任众议院预算委员会的主席,这是一个掌握钱袋子

---

[1] 上届杜弗尔内阁是麦克马洪任期内的。

的要职,权力很大;费里内阁中甘必大原来的一些部下与朋友在遇到重大问题时也常常会征求甘必大的意见。所以费里批评甘必大成了"私密内阁总理",使正式的内阁隶属于一个"无形的内阁"。

1881年议会补缺选举,甘必大派有240席,费里派得168席,右派获90席。11月,费里内阁的突尼斯扩张政策使议会不满,被迫下台。总统格雷维依规任命甘必大组织政府。甘必大弃用了费里、弗雷西内等资深政治家,启用共和派联盟中一批三四十岁的政界新人,并擅自(未经议会同意)增设了农业部和艺术部。为此,法国议会与新闻舆论开始批评甘必大专横、独裁,把他的弃用资深政治家而由新人组成的内阁戏称为"办事员内阁",又因为甘必大增设了两个部,使政府的规模有所扩大,而讥为"大内阁"。这样一来,议会与内阁的关系一开始就较为紧张。

甘必大任内,经济上提出了铁路国有化的政策;政治上要求废除部分参议员的终身制;外交上,也一改过去对德的强硬政策,希望与德国修好,在埃及问题上与英国合作,采取共同行动等。从某种意义上说,此时的甘必大已经放弃了过去激进的理想主义而变得注重实际,但仍然没有得到包括总统格雷维和卸任总理费里在内的温和共和派的好感与支持,反而激起了以克雷孟梭为首的激进派的强烈反弹。因而,甘必大内阁的一些政策往往受到议会的掣肘。1882年1月27日,执政不到两个半月的甘必大以议会未通过废除部分参议员终身制等宪法修正案为由,愤然辞职。10个月后(11月27日)甘必大在练习手枪时走火,身负重伤。12月31日,甘必大去世,享年仅44岁,"一代英雄"陨落。甘必大遗体目前安放在法国先贤祠,以纪念他在共和国建立过程中的卓著功勋。

甘必大内阁之后,弗雷西内再度组阁,甘必大的政策被抛弃。费里重返教育部长岗位。此后,在经历了短暂的夏尔·迪克莱尔(Charles Duclerc,1812—1888,1882年8月—1883年1月任总理)和阿尔芒·法利埃(Armand Fallières,1841—1931,1883年1月29日—1883年2月21日任总理)两届内阁后,1883年2月,费里再度组阁。这届费里内阁(1883年2月—1885年3月)延续时间较长。一方面,甘必大去世后,许多甘必大分子转而支持费里;另一方面,费里的行事方式稳重,作为资深政治家在政界口碑也不错,可以协调温和派内部的不和。在这种日益良好的政治氛围下,温和派政府的机会主义改革措施大多得到落实。

二、温和派的机会主义改革

温和共和派信奉的社会政治价值被称为机会主义,是因为它主张因时制宜,做一些适当的政治与社会改革,以确保法国社会全面的进步,即"需要一个政治的和议会的方法,就是不去同时涉及所有问题……就是谨慎地限制改革的范围,以便较有把握地加以解决,就是避免刺激性的问题和徒劳无益的争辩,最后,就是减少采取个人行动……以便把主动权理所当然地留给政府"①。

温和派的机会主义改革,是以费里为主导的。费里作为第三共和国前期重要的政治活动家、共和派左翼领袖,在1879—1885年的6年时间里,连续5年担任教育部长,两届内阁总理(1880年8月—1881年11月,1883年2月—1885年3月),为了巩固共和制度,进行了一系列切合实际的改革。法国著名史家梅耶在《第三共和国的开端》②一书中,把这6年称为"费里时代"。

费里时代在内政方面的改革主要可归纳为3个方面。

第一,完善共和体制,浇灭反共和分子的复辟梦想。尽管共和派格雷维当选,标志着共和制度的最终确立,但共和制度还是很脆弱的,君主派的波拿巴分子甚至公开说1883年1月必定颠覆共和国。为了使共和制度落到实处,共和政府对"1875年宪法"做了改进,确定议会永久性地址(从凡尔赛转到巴黎),确定1790年7月14日联盟节为国庆日。为了使复辟势力彻底死心,1881年2月,费里政府动议了一项法案,"凡统治

---

① M. Chaulanges, *Textes hisroriques: la fin du XIXe siècle 1871 - 1914*, Tome 1, Paris: Delagrave, 1977, p. 70.

② Jean-Marie Mayeur, *Les débuts de la Ⅲ^e République*, Paris: Armand Colin, 1970.

过法国的王室成员及后裔,无权当选总统"。2月24日,政府公报发布消息,免去奥马勒公爵(七月王朝路易·菲利普之子)、沙特尔公爵以及阿朗松公爵的职位。1882年法令确认除巴黎以外的市议会选举市长的权力(之前市长一直是中央任命的)。共和国初期,法院是右翼分子的集结地,他们对政府的反教权运动也颇多微词。1883年8月议会通过法令,废除了法官终身制,并对政府反教权持不同政见的法官进行了大清洗,让那些具有共和主义信仰的人士接替具有教权主义倾向的法官。1884年8月,议会通过了宪法修正案,明确了"共和制形式"不可更改、神圣不可侵犯,"原统治过法国的家族成员无权当选共和国总统",不仅从宪法的高度保障共和制的合法性,还使王位觊觎者的复辟成为泡影。

第二,确认了一系列政治与社会自由的法则。1881年7月29日,费里政府一改以往拿破仑三世的新闻管制法,确认了出版自由法:"印刷业和出版业是自由的",一切报纸、期刊无须事先许可,也无须交纳保证金,均可自由出版。只要发行前向共和国检察院说明报刊的名称、发行方式、经理的姓名和住址、印刷报纸或期刊的印刷厂的厂名和地址即可。一旦出版界触犯了新闻法,须通过陪审团评议会评判,不能随意定罪。这样,针对新闻出版的轻罪法庭、重罪法庭均取消了,新闻出版自由得以重新建立。7月30日,通过了公共集会法,确立了集会自由原则,政府不对任何集会(包括政治性集会)进行监视。1883年8月,费里政府颁布了大赦法,全面赦免巴黎公社期间流放和流亡的爱国者,大批的爱国志士得以重返祖国。1884年3月,通过了由内政部长瓦尔德克-卢梭(Waldeck-Rousseau,1846—1904)提议的工人结社自由法,"从事同一职业、同类职业的人,或是协作制造某些特定产品的行业,即使人数超过20人,均可自由组织工会或产业联合会,无须征得政府许可。产业工会的唯一宗旨是研究和维护工业、商业和农业的经济利益"[1]。从此,限制工

---

[1] Eric Cahm, *Politics and Society in Contemporary France 1789 - 1971*: *A Documentary History*, London:Harrap,1972, p. 476.

会的《勒沙普利埃法》被最终取消,工会组织成了合法的团体。1884 年 7
月,恢复离婚法,教会确认的婚姻不再神圣不可侵犯,婚姻的世俗性得到
保障。不过,温和共和派执政时期,世俗化改革和结社自由权方面虽有
涉及,但比较彻底的改革与实施要到激进党掌权时期。

　　第三,教育世俗化,开展共和主义思想教育。在费里等实证主义者
看来,共和思想与意识形态的胜利是确保社会安定和现代新秩序的重要
前提。大革命以来的思想分裂导致法国的社会分裂,共和新秩序必须赋
予一个超越阶级差别的共同的灵魂:共和意识。因为"共和国和民主制
只有成功地创设一种相当于国民宗教的事物,它们才能够持续下去"。
为了使共和意识在社会中生根,费里主导了一场"建设共和精神的独创
性的"教育改革。为此,费里也被称为共和国"教育事业的创始人"①。

　　法国素有"教会的长女"之称,天主教会极具势力。第三共和国初
期,由于激进共和派的"教权主义就是敌人"的宣传,教会在政治上的势
力一落千丈,转而更重视对民众的思想控制。他们大办寄宿学校,进行
宗教思想的灌输,十分不利于共和思想的传播。费里认为,"如果国家不
摆脱教会,如果再不消除法兰西愚昧的教条,共和国将会夭折"②。因此,
"反教权与世俗化"成为费里改革的主旨。

　　1879 年 3 月 15 日,费里新任教育部长不久,就向议会动议了两项法
案。一项是改组高等教育的法案,禁止私立机构拥有大学称号,废除私
立大学学位授予权,获取学位的资格考试都由国立院校主持。另一项是
清除教会对学校的控制,把所有天主教会成员清除出国民教育最高委员
会和科学理事会。他紧接着又补充了一个教改文件,其中第七条规定,
解散耶稣会,"禁止未经允许的教会团体和成员掌管国立或私立教育机
构"。该法案一经提出,就引起了各界的震动,教权派组成了保卫宗教委
员会,征集了近 200 万人的签名请愿,抵制法案。就连甘必大主编的《法

---

① 让-皮埃尔·阿泽马、米歇尔·维诺克:《法兰西第三共和国》,第 108 页。
② Pierre Chevaillier, *La Séparation de l'église et de l'école*, Paris:Carmeron, 1981,p. 147.

兰西共和国报》也认为既然共和国拥有真理,就无须对教育进行控制。但费里不为所动,亲自出马,乘议会休会之际,到法国各地游说,说明共和国需要的是反教权,而不是反宗教的斗争,以争取民众对法案的理解与支持。但参议院还是在 1880 年 3 月 15 日以 149 票对 132 票的微弱多数,否决了法案第七条。

3 月 29 日,在弗雷西内总理的支持下,教育部长费里颁布了驱逐法:各级教育中未经允许的修会成员 8 月 31 日前必须离开教育界,否则将遭强力驱逐。法令颁布后,清洗先在巴黎进行。10 月中旬,清洗规模加大,30 多个省都开展了驱逐修士的行动。结果共有 261 个修道院被关,5 643 名修士被逐。一些反对驱逐法的行政官员、法官、警官也大多被解职。

1880 年代,共和派"期待着教育事业能够改变国民精神并使社会道德井然有序"①。1881 年在"全国初等教育第一次会议"上,费里提出了初等教育改革的基本内容:义务、免费、世俗化。1882 年,费里在《教育学》杂志上发表谈话,声称初等教育是"最大的社会改革、最严肃、最艰巨的政治改革……以后,所有的法国年轻人都将得到自由发展,在义务、免费、世俗化三原则下成长,我们将不害怕复辟,因为我们有办法防御它。……一切精神都是新的、年轻的和不可战胜的,保卫民主的共和国,组成科学和理智的学校,用它来反对阻碍思想自由和意识解放的落后精神"②。

义务与免费教育也是费里改革的题中之义。早在 1880 年,费里就向议会提出国立小学、幼儿园不收取费用,取消师范学校的食宿费。1881 年 6 月 16 日,参议院通过了免费教育法,国立小学学生全面免费,教育费用由中央和市政府共同承担。为此,费里政府增加了小学教育经费的预算。1880 年代的最初几年,大约有 5 000 万金法郎花在了学校事业上。1882 年 3 月 28 日,费里政府颁布了义务教育法:凡 6—13 岁的法

---

① 罗桑瓦龙:《公民的加冕礼:法国普选史》,吕一民译,上海:上海人民出版社,2005 年,第 290 页。

② Jean-marie Mayeur, *Les début de la Ⅲ^e République*, Paris, 1930, p. 162.

国儿童,不论家庭富裕与否、家长愿意与否,都必须接受学校教育,超龄少年也应通过补习参加初等文凭的考试;政府承认私立学校和家庭教育也是义务教育的一种形式,但受教育者必须通过国家的文凭考试。同日颁布的教育法还明确了教育世俗化原则:禁止国立小学的宗教教育,宗教教育只可在课外进行,小学教师必须是政府任命的世俗人士。小学教育的内容包括:道德与世俗化教育,阅读书写,语言及法国文学的基本知识,地理历史(尤其是法国地理与历史),日常权利与经济生活方面的知识,自然科学的基本知识,绘画、音乐、模型制作的基本常识,体育训练,等等。当然,法案的颁布并不意味着世俗化教育的全面实现。关于私立小学的世俗化直至1886年才做出规定。

为了体现教育的"阶级与性别"平等,费里政府还致力于公立中学的改革,增加奖学金与助学金,降低私立中学的比重。1880年11月12日,共和派人士卡米耶·塞(Camille Sée,1847—1919)提出了改革法案:女子享有国家的中等教育权。同年,费里政府颁布了建立女子高等师范学校的法案。费里政府希望把"教会膝头"的妇女,培养成共和思想的战士(共和主义者认为,1880年代的女子是未来共和战士的母亲)。

免费、义务、世俗化"三位一体"的教育改革,对法国民众共和意识的养成具有重要意义。

以费里为首的温和共和派的各项改革,对于新生共和国的巩固起到了一定的作用。但法国政坛各派的争斗并未中止,尤其是保守派对抗共和派的斗争仍在继续,共和制度依然面临着极大的考验。

第三节　布朗热事件与共和制危机

一、左右为难的温和共和派

温和共和派执掌政权的前6年,被法国历史学家梅耶称为"费里时代"。这不仅是指费里的内政改革有一定的力度,在对外关系上,他也是大展宏图,重新推进殖民事业。但有些时候,历史的发展往往事与愿违,正当费里踌躇满志时,危机悄悄来临。

1885 年 3 月 23 日,中法战争中占据谅山的法军大举进攻镇南关。在中国军民的英勇抵抗和反击下,法军惨败,战局急转直下。法军失利的消息传到巴黎后,一时间,内阁总理费里为千夫所指,提出的增加军费的议案被议会否决,随即引咎辞职。费里内阁倒台后,由亨利·布里松(Eugène Henri Brisson,1835—1912)组织了新政府。在费里内阁倒台半年后,第三共和国进行了第四次众议院选举,执政的温和共和派遭到了来自各方面的挑战。

在第一轮选举中,教权派、保王派、波拿巴派第一次联合起来,组成"保守派同盟",共同对抗共和派。最终共和派只获得 127 席,而保守派则获得了 176 席。选举结果出来后,共和派大为震惊。面对第一轮投票的惨败,在克雷孟梭的建议下,温和派和激进派再次执行"共和派纪律",结果在第二轮投票中联手战胜保守派。共和派虽然获胜,但是之前执政的温和共和派的绝对优势已不复存在,激进共和派激增至 180 席。这样,温和共和派、激进共和派和保守派三方呈三足鼎立之势,三方都无法单独执政,获得票数最多的温和共和派如果想要获得议会多数、组建内阁,就必须寻找同盟者。

温和共和派先向激进共和派寻求合作。羽翼丰满的激进共和派由于在议会席位增加,对温和共和派的态度变得强硬起来,他们提出组阁的条件包括:开征收入税,对德国实行更加严厉的外交政策。如果与激进共和派合作,温和派不得不再次推进之前自以为已经完成了的改革;如果同保守派合作,温和派之前所进行的反教权主义斗争和世俗化运动则不可避免地要出现倒退。温和共和派事实上处于进退两难的局面,在激进派和保守派中间显得摇摆不定。

温和派先依靠激进派组阁,后来又寻求右翼中间派的支持,结果是内阁更迭频繁(1885—1889 年两次大选间的 4 年中更换了 7 届内阁)。频繁更换的内阁使得温和共和派政府缺乏权威和统一的纲领,政局动荡也使公众对维系共和制的议会产生了强烈不满。

　　1885 年 12 月底,参、众两院在凡尔赛举行联席会议,78 岁高龄的格雷维再度当选为共和国总统。格雷维当选总统后,假意邀请激进派代表人物克雷孟梭组阁。克雷孟梭深知,如果他上台组阁,其所在的激进派不足以单独执政,在各项政策上就必须与温和派妥协,被迫放弃自己的激进纲领,这样一来,被他赶下台的前两任总理的过失就由他来承担。精明的克雷孟梭拒绝了格雷维的组阁邀请。于是,温和派和激进派都能接受的弗雷西内第三次上台组阁。

　　弗雷西内性格温和,为人小心谨慎。在政治上,他多次主张共和派团结起来对抗保守派,"集中"成了他的口头禅,"机会主义"和"联合"是他区别于其他政治人物的鲜明个性。他是连续执政的温和派的典型代表,在第三共和国前期,先后 4 次任总理,9 次成为他人的内阁阁员,以文职人员的身份 7 次担任陆军部长,当选参议员长达 43 年,政坛经验十分丰富。

　　弗雷西内内阁上台后,面临着严重的财政困难和经济危机。无休止的议会斗争和软弱无力的政府使得人们对议会制度乃至共和制产生诸多不满,各政治派别的斗争从议会转移到了法国社会舞台,大部分心有不甘的民众也参与其中。在温和共和派执掌政权的最后岁月里,一系列的社会政治事件发生了。社会动荡与政治分裂,使共和国经历了重大的考验。

二、炙手可热的布朗热将军

　　弗雷西内性格随和,但其政府中有一名激进得引人瞩目的陆军部长布朗热,他的迅速崛起使得反对议会制、共和制的诸多势力看到了希望。

　　布朗热(Georges Ernest Jean-Marie Boulanger, 1837—1891)出身于雷恩的一个中产阶级家庭,是克雷孟梭在南特中学的同学,1855 年进入拿破仑一世创办的圣西尔军校学习。布朗热的军旅生涯战功卓著,在第二帝国时期曾参加萨奥战争、印度支那战争、普法战争,在这些战争中布朗热多次负伤,屡立战功。在第三共和国时期,他在奥马勒公爵的支持下,于 1880 年晋升为准将,1882 年进入陆军部,1884 年成为当时第三共和国最年轻的少将。

第三共和国虽然在政治上实现了共和,但是在军队当中,部分高级军官倾向于保守势力。布朗热在第三共和国成立后,多次表明自己忠于共和制,受到激进派的青睐。在克雷孟梭的举荐下,布朗热得以进入第三届弗雷西内内阁(1886 年 1 月 7 日—12 月 3 日)出任战争部长,后来又在勒内·戈布莱(René Goblet,1828—1905)的内阁(1886 年 12 月 11 日—1887 年 5 月 18 日)中留任。

布朗热是以激进派的代言人这一身份进入内阁的。激进派对布朗热寄予厚望,希望通过拥护共和制的布朗热来清除军队中的保守势力。布朗热也不负众望,在上台伊始就推行一系列改革,极力表示军队是共和国的工具。他开创了在法兰西共和国国庆日进行大规模阅兵活动的先例,又下令将军队的哨棚漆成蓝、白、红三色,以象征军队对共和国的忠诚。在回答议会关于军队在共和国政治生活中地位和作用的质询时,布朗热以激进派的纯正腔调脱口而出:"军队不应当充当仲裁者,它只有服从!"①

1886 年 5 月,巴黎伯爵在马提翁饭店为其女儿和葡萄牙王储举行盛大婚礼,各国使团和所有法国王族前往赴宴,一时间街道上人头攒动,交通拥堵。对于共和派来说,此举无异于一场对共和国的示威。对此,议会出台了 6 月 23 日法令,禁止曾统治过法国的王室和帝国家族的首领在法国居住,这些家族的成员今后不得进入陆、海军服役及担任公职。②担任战争部长的布朗热立即落实,做出了一项令人震惊的举动。他将已经担任军官职务的奥尔良诸亲王和一部分曾统治过法国的王族成员从

---

① M. Ruhemannn, *Le Général Boulanger réformateur de L'armée Francçais*, Paris: Dentu & Cie éditeurs,1887, p. 40. 原文为德文,本文引用的是 1887 年翻译的法文第二版,这一版的副标题为"敌人眼中的布朗热将军"。

② 这项法令不涉及已经服役的亲王们。此法于 1950 年废除。

军队指挥岗位清除出去,其中包括他的老上司、多次提携他的恩人奥马勒公爵。布朗热此举完成了当年杜弗尔要求麦克马洪做而没有做成的事,军队中的王党分子被清除了。布朗热的"大义灭亲"令保守势力大为不满,他们公布了布朗热当年与奥马勒公爵之间来往的信件,意在表明布朗热本人是忘恩负义之徒,布朗热则义正词严地回应道:"我是共和国的部长,只要是法律通过的,我就要使之贯彻。"布朗热的改革措施很快受到激进派的赞赏。他也在共和派的支持下获得了诸如"雅各宾将军""共和派将军""正直的将军"等称号。

按照激进派的意图,布朗热草拟了一项征兵法令,缩短服兵役时间,实行普遍义务兵役制,取消对教士的豁免权和富家子弟缴纳 1 500 法郎就可以免服兵役的做法。[1] 此外,布朗热还对军队实行技术改造,在列强中首先采用以连发装置提高发射速度的勒贝尔步枪[2]和"B 号火药"(2年后,德国和奥匈帝国才加以仿效),从而使法国率先在欧洲建立起小型武器的优势。在推行一系列改革的同时,布朗热也通过各种手段提升个人在军队中的名望,比如在军队中严禁体罚、打骂新兵,采取小锅分食制取代大锅饭,这些举动得到了士兵们的热情拥护。

这名"正直的将军"对工人似乎也很怜悯。在德卡兹维尔矿工大罢工发生后,布朗热受命前去维护秩序。矿工们本以为会面临严酷的镇压,没想到布朗热不但下令严禁士兵对矿工们动武,而且让士兵们与矿工们分享菜汤和面包。在回答议会的质询时,他一再强调军队在社会冲突中是中立的,并说自己把军队和工人间任何可能的冲突视作灾难,为避免这样的不幸他尽了一切努力。布朗热的此番言行,不仅在矿工中赢得了"富人之敌"的美称,也受到了激进派的赞赏。

鼓吹对德复仇是激进派进攻温和派的有力武器。普法战争失败后,民族沙文主义宣传在法国很有市场。然而在爱国民族主义的主张上,温

---

[1] 此项法令于布朗热遭到失败的 1889 年由当时的陆军部长弗雷西内在任内通过。

[2] 勒贝尔步枪是 1886 年由法国上校尼古拉斯·勒贝尔研制,射程和杀伤力都比以往的枪械有所提高。

和派与激进派有所不同。温和派执政后,认为对德复仇的时机不再,而大力推行海外殖民扩张则有助于增强国力。激进派怒斥温和派的这一政策是转移视线,放弃对德国的复仇。布朗热担任战争部长后,将激进派的民族沙文主义推到登峰造极的地步。他严厉批评政府抛弃阿尔萨斯和洛林,发誓要收复失地,并多次在公开场合宣称要对德复仇,正如此,他获得了"复仇将军"的称号。在1886年国庆日的阅兵式上,布朗热身着华服、蓄着金黄色胡须,英气勃发地走在队伍前列,他身后的共和国总统和随行官员倒是相形见绌。布朗热的公开露面给公众传达了一种坚定果敢的形象,让人们觉得军队已经走出了普法战争失利的阴影。

1887年发生的希内贝尔事件为一贯主张对德复仇的布朗热提供了机会。纪尧姆·希内贝尔(Guillaume Schnaebelé,1831—1900)是阿尔萨斯人,普法战争后,阿尔萨斯被割让给德国,希内贝尔随即迁往法国居住,并担任阿尔萨斯边境警官。1887年3月21日,希内贝尔受邀前往位于摩泽尔河畔的阿尔斯与德国边境官员交涉,途中被德国边境检查人员怀疑是间谍而被捕。希内贝尔被捕后,德法双方就他在何处被捕各执一词,德方坚称希内贝尔是在摩泽尔河畔的阿尔斯被捕的,而法方坚称希内贝尔当时位于摩泽尔河畔的帕尼,是在法国境内被两名德国边境检查人员拖到德国境内抓捕的。

此事经媒体报道后,法国上下群情激奋。布朗热极力怂恿内阁总理对德发出最后通牒,并计划召集7.2万名预备兵。一时间法德关系极度紧张,战争一触即发。德国在法国的压力下,被迫释放希内贝尔,法国内阁也认为此时的法国不具备与德国一战的实力,希内贝尔事件也就此不了了之。

布朗热在处置希内贝尔事件中的强硬态度,迎合了当时法国民众对德复仇的心理,他们把德皇威廉一世和俾斯麦的犹豫看作德国当局对布朗热的害怕与退缩,由此布朗热在沙文主义者心目中成了民族英雄。以德鲁莱德(Paul Déroulède,1846—1914)为首的"爱国者联盟"都表示热烈拥护布朗热。《法国军事》《复仇报》等具有较强民族主义倾向的报刊向这名"自 1870 年以来第一个敢于跟俾斯麦对抗的法国部长"致敬。①

布朗热过火的表演引起了温和派的担忧和不满,1887 年 5 月 17 日戈布莱内阁倒台后,温和派和激进派就布朗热去留的问题争执不下。格雷维总统先后要求除克雷孟梭以外的所有共和派领袖组阁,均遭失败。最后,温和派改变立场,寻求右翼中间派的支持,才在 5 月 30 日建立了对保守派"开放"而将布朗热排除在外的第一届鲁维耶(Maurice Rouvier,1842—1911)内阁。鲁维耶内阁是自 1875 年以来,共和派第一次为了反对不同政见的共和派而与君主派结盟。这次长达 12 天的内阁危机,也成为共和派执掌政权以来持续时间最久的危机。温和派与右翼势力结盟引发了激进派的强烈不满,克雷孟梭就对新任陆军部长嗤之以鼻,拒绝与之握手,以表达对布朗热离职的不满。

布朗热被排除出内阁,调往克莱蒙费朗担任第十三军团的指挥官,并被责令在国庆前离开首都。7 月 8 日,布朗热从巴黎里昂车站出发赴任。15 万愤怒不舍的群众闻讯涌入车站,包围列车,阻止布朗热离去。他们高唱《马赛曲》和对布朗热的颂歌:"……当外国人威胁我们的边境,他将回来,人人跟随他,整个法国都是追随他的人群!"布朗热最后不得不潜行溜走。里昂车站事件使克雷孟梭大吃一惊:布朗热的民心来得太快。对波拿巴主义的仇视使他下意识地感到,在法国历史上,一个大得民心的军人是个不祥之兆。从此,以他为首的大部分激进派开始与布朗热疏远并逐渐划清界限。

三、勋章丑闻与布朗热运动

勋章丑闻事件使布朗热东山再起,也给共和国蒙上了阴影。

1887 年 9 月,警方根据举报,破获了副参谋长卡法雷尔将军(Louis Charles Caffarel,1829—1907)通过妇女利穆赞兜售勋章案,一路追查下去,发现勋章来源竟是时任总统格雷维的女婿达尼埃尔·威尔逊(Daniel

---

① Maurice Barrès, *L'Appel au soldat*, Paris:Fasquelle, 1900, p. 51.

Wilson)。威尔逊为了自己竞选议员和岳父连任总统,曾组织一个外省报界公会来展开竞选宣传。为了资助这些竞选喉舌,他利用自己的特殊身份,勾结共和国高级军官卖官鬻爵、贩卖荣誉勋位团的十字勋章来获取资金。此外,他还经常因私事盗打总统府电话。10月,勋章丑闻曝光,舆论大哗。10月7日,卡法雷尔将军被逮捕。11月,上台不到5个月的鲁维耶内阁因力图庇护威尔逊过关而倒台。总统格雷维先后邀请所有当时能出任总理的人组织政府,但一一遭到拒绝,12月2日,格雷维被迫引咎辞职。

1888年2月16日,对威尔逊等人的诉讼开始。次日结果出炉,威尔逊被判无罪释放,卡法雷尔将军仅被判罚款3 000法郎,开除军籍。如此从轻的判罚难以服众,官官相护、腐败无能不仅使共和制反对者的仇视情绪进一步加深,之前部分拥护共和制、主张改革的人也对温和派在勋章丑闻中的表现大感失望。社会党议员尼姆·吉利(Nime Gilly)谴责政府对勋章丑闻的处理是一种既要包庇罪犯,又要保住面子的虚伪行径,并指出在议会预算委员会的33个成员中,至少有20个威尔逊式的人物。

12月3日,两院召开联席会议选举总统。很多议员不愿选择强权人物担任总统,在第一轮得票分散、未能选出总统的情况下,克雷孟梭一反常理,提议选初选中得票最少的卡诺,理由是"他不算太能干,但有着一个共和派的姓氏"。这句话后来被讹传为"我选最蠢的人",在公众中传开。卡诺(Marie François Sadi Carnot,1837—1894)担任共和国第四任总统,开启了第三共和国议会总统选举选弱不选强的先例。

勋章丑闻爆发后,对议会制共和国不满的人喊出了"打倒贪污的共和国"的口号。被调往地方的布朗热不甘心失败,利用外省驻军司令的身份多次潜回巴黎,策划政治阴谋,妄图官复原职。1888年3月,政府以不守军纪为由撤销了布朗热的军队职务,不久又强迫他退役。从战争部长到外省驻军司令再到一介平民,布朗热的宦海浮沉在其支持者和大多数不明真相的人看来是议会政治阴谋的产物,因此布朗热反倒获得了广泛的同情。他本人在担任战争部长期间积聚的声望在反对议会共和制的人看来是足以挑战共和制本身的雄厚政治资本。一个以他的名字命名的运动迅速诞生了,年轻的第三共和国遭到了严峻的挑战。

不久,布朗热的喉舌《徽章报》指出这次运动的纲领是"解散(议会)、修改(宪法)、召开(制宪会议)"。布朗热本人则宣称"当我行动之机到来,我将把议会制的大患连同它所孕育的可怕脓疮统统消灭"①,从而建立"不是议会制的共和国",而是"给我们国家一个强有力的政府"的新政体。②

布朗热对议会制的批评不仅在议会内部得到了支持,而且在社会上产生了广泛的影响。一些对议会制不满的议员宣称,只有"扫帚将军"才能清扫议会制的"奥吉亚斯牛圈"③,把国家从议会制下拯救出来。在社会上,布朗热的支持者发动猛烈的宣传攻势,宣称"在法国,布朗热将军是唯一能把清谈家从议会中驱逐出去的人"。与此同时,各种揭发议员丑闻和议会腐败的新闻层出不穷,各种大型集会的矛头都指向议会制。据不完全统计,当时有 370 首歌颂布朗热的歌曲被传唱,"布朗热④会给我们便宜的面包! 我们的面包师(布朗热)万岁!"的标语铺天盖地。

布朗热因在群众中的巨大号召力,而得到了保守势力的青睐。早在 1887 年 11 月底,布朗热秘密会见了议会中"保守派同盟"的首领马古男爵(Ange-Ferdinand-Armand,baron de Mackau,1832—1918)。拥有雄厚资金的保王派和拥有巨大号召力的布朗热在反对议会制共和国的共同目标上一拍即合。原来因为布朗热驱逐奥马勒公爵而抱仇视态度的保王派也对布朗热达成了谅解,保王派于泽斯公爵夫人(Anne de Rochechouart de Mortemart,Duchesse d'Uzès,1847—1933)资助布朗

---

① O. Voillard, etc, *Documents d'histoire contemporaine*, Paris: Armand Colin, 1964, p. 38.

② Alexandre Zévaès, *Au temps du boulangisme*, Paris: Gallimard, 1930, p. 154.

③ 源于古希腊神话,奥吉亚斯是古希腊厄利斯城邦的国王,他有一个极大的牛栏,里面关了 2 000 头牛,30 年没有打扫,肮脏至极。

④ 法语中 boulanger 作为名词,意为面包师。

热 300 万法郎,伊尔施男爵出资 250 万法郎。波拿巴派也对布朗热表示支持,1888 年初,布朗热与流亡的热罗姆·拿破仑(Jérôme Napoléon Bonaparte Ⅱ,1830—1893)见面,奠定了双方的信任关系。1889 年初的选举中,波拿巴派的领导中枢"号召人民中央委员会"支持布朗热为候选人。在教权派方面,布朗热一反之前的激进主张,在 1888 年 8 月向教权派许诺赞成信仰自由,反对宗教迫害。

左右逢源的布朗热一时间将各种对议会制不满的力量汇集在一起,形成一股冲击共和制的洪流。

1888 年 3 月,脱离军职的布朗热恢复了选举权和被选举权,他利用当时名单投票制和多重候选人资格的选举制度,在地方补缺选举中采取独特的"直接与人民对话"选举策略。法国实行的名单投票制规定,在一个选区内,选举人包括各党候选人在内的名单投票允许多重候选人。布朗热利用这一制度,一旦某省出现缺额补选,就去竞选,当选后再辞去,伺机参加新的选举。布朗热此举不是为了进入众议院,而是要把选举本身变成抗议现有政府和扩大个人影响的工具。1888 年 4 月,布朗热先后在多尔多涅省和诺尔省当选,初战告捷。8 月 19 日,他在索姆、滨海夏朗德和诺尔三省同时当选,举国轰动。

1889 年 1 月 27 日,布朗热以领先共和派候选人 8 万票的巨大优势在共和派传统阵地巴黎当选,其个人声望达到了顶峰。这天入夜,大批"爱国者联盟"成员和成千上万群众涌上街头,要求布朗热"到爱丽舍宫去!"。此时,震天动地的呼喊声已经传到了正在餐厅用餐的布朗热的耳朵里,他的助手们纷纷催促他立即行动。这是第三共和国的危难时刻,在爱丽舍宫,总统召集了一次紧急内阁会议,政府上下陷于恐慌之中,警察作壁上观,巴黎处于无政府状态,只要布朗热走出餐厅与群众会合,前往爱丽舍宫,推翻共和制似乎就唾手可得。但充满戏剧性的是,布朗热本人在餐厅用餐完毕后并没有前往爱丽舍宫,而是返回私人住宅去陪伴他的情妇博纳曼夫人。布朗热之所以没有采取政变,可能是因为之前一系列的选举胜利,使得他误以为在当年秋季进行的众议院选举中自己胜券在握,完全有可能通过合法的手段取得政权。

布朗热运动对共和制的巨大威胁使温和派和激进派暂时抛弃前嫌,再度联手保卫共和制。1889 年 2 月 22 日,旨在"保证维护法定的秩序和共和国的尊严"的第二届蒂拉尔(Pierre Tirard,1827—1893)内阁建立。为了挫败布朗热的"政权梦",新政府采取了一系列的行动。

首先,取消名单投票制,禁止多重候选人资格,从制度上堵死了布朗热通过议会选举合法取得政权的途径。

其次,打击布朗热在各部门的同盟,尤其是对布朗热运动推波助澜的巴黎警察局进行整顿。当时巴黎警察局内部存在不少布朗热的支持者,他们在处理布朗热运动的核心组织"爱国者联盟"的时候往往睁一只眼闭一只眼,致使布朗热的支持者能在街头大造舆论。针对这种情况,内政部长康斯坦(Ernest Constans,1833—1913)利用内政部对巴黎警察局享有的管辖权和人事权,将同情布朗热的警官清除出警察队伍;同时削减了 40％的由内政部提供给巴黎警察局的秘密资金,并组建了大约100 人的秘密警察队伍,专门负责监视布朗热派的主要领导人。

最后,发布特别令,禁止任何公开街头集会和游行。这就迫使频繁举行街头运动的布朗热支持者无法有效集聚民众,从而降低了运动的热度。

由于街头集会成了非法,布朗热运动的核心组织"爱国者同盟"的活动也随之转入地下,但活动还是没有逃过康斯坦的秘密警察的监视。在掌握一些证据以后,康斯坦以密谋推翻共和国的罪名着手取缔"爱国者同盟",并对其重要领导人采取司法措施。"爱国者同盟"的荣誉副主席乔治·拉盖尔(Georges Laguerre,1858—1912)被捕,该同盟的荣誉主席恰好是布朗热。康斯坦故意走漏风声,利用半官方媒体《阿瓦报》和《时代报》放出内阁于 3 月 28 日召开会议,会上已经掌握足够的证据取缔"爱国者同盟"并且要将案件移交到最高司法机关的消息。

3 月 31 日,《时代报》头版刊登消息称政府即将决定逮捕包括布朗热在内的"爱国者同盟"重要领导人,由参议院代替最高法院负责审理。第二天,感觉自身难保的布朗热出逃到比利时。议会乘机剥夺了布朗热的议员不可侵犯权,以"危害国家安全罪"缺席判处他终身监禁,成功地在政治上遏制了布朗热运动。

1889年秋季,众议院大选。经过多方较量,共和派共获得359席,保守派获得172席,布朗热主义者只获得38席。从议员的席位看,共和派取得了胜利,保守派失利。但其实共和派只是险胜,因为双方的得票总数十分接近,共和派共获得4 037 563票,保守派共获得3 878 137票,双方相差总票数的1.97%。如果考虑到每个代表具体的得票差,双方的差距显得更小。据统计,有144名共和派候选人以不到1 500张选票的优势击败了保守派或布朗热主义者。其中有51%的共和派代表以不到500张选票的优势获胜,44%的共和派代表以500到1 000张选票获胜,49%的共和派代表以1 000到1 500张选票获胜。①

1890年4月举行市政选举,布朗热主义者进行了最后挣扎,但群龙无首,很难再复制之前地方选举的奇迹。5月,布朗热宣布解散他担任主席的"全国反抗共和委员会"。随后,关于布朗热和保守派之间相互勾结的秘密协议被前布朗热分子麦尔梅公开,布朗热的神话彻底破灭,以布朗热为核心的布朗热派也树倒猢狲散。1891年9月30日,深感绝望的布朗热在比利时其情妇博纳曼夫人的墓前举枪自杀。布朗热运动也随之告终。

从历史事件的进程来看,布朗热运动具有很明显的阶段性。大致而言,从1886年初到1887年中为第一阶段,这时期的布朗热以激进共和派在内阁中的代言人身份出现,他在军队中进行共和化改革的同时也积聚了大量的声望,为日后真正从政打下了基础。从1887年底到1889年2月为第二阶段,这时,各种反对议会制共和国的力量在布朗热的名义下团结起来,布朗热运动迅速兴起并席卷全国,对共和制度造成了严重的

① Bruce Fulton, "The Boulanger affair revisited: the preservation of the third republic,1889," *French Historical Studies*, Vol. 17, No. 2(Autumnm 1991), pp. 327 - 328.

冲击。从 1889 年 2 月底到 1891 年 9 月 30 日布朗热自杀,布朗热运动在共和派的共同抵抗下,先后在众议院和市政选举中失利,最后以失败告终。

　　总体而言,支持布朗热运动的人大致可以分为三类:一类是从根本上反对议会制共和国的保守势力,他们希望通过布朗热这把利剑先打败共和国,再伺机恢复君主制、波拿巴式的独裁;一类是拥护共和制,但对议会政治暴露出来的低效、缺乏决断感到不满的共和派,他们寄希望于布朗热这样一个强势人物改变这一局面;一类是受布朗热宣传蛊惑的人民群众,他们有的受布朗热对德复仇的迷惑,希望"复仇将军"能够一雪前耻,有的则把自身困窘的生活处境和卑微的社会地位归结于议会的无能和腐败,希望布朗热这个"富人之敌"为他们代言,寄望他来改善他们的处境。1888 年,保王派的报纸《瓦兹日报》写道:"布朗热主义将为后世的历史学家提出一个难题,因为他们很难解释在 1888 年保王党会不遗余力地支持一个共和派。"[1]的确,布朗热的支持者内部意见不一,但在反对议会制共和国上有着共同的目标。"他们所憎恶的方面是一致的,而在他们所追求的方面却是不一致的。"[2]

　　徒劳无益的政治争吵,反复出现的内阁危机,一无所获的议会辩论,对于经常向人民许诺的包括修改宪法在内的基础改革的落实一拖再拖,布朗热运动之所以能够迅速在大众中传播开来,与议会政治暴露出来的这些弊端密切相关。从 1882 年开始的工业经济危机造成 7 000 余家企业倒闭,20 万—30 万人失业,工人群众生活艰辛。第三共和国实行的议会政治,虽然打上了共和国的烙印,还保留着精英政治、党派利益的痕迹。急于要表达自身诉求的工人阶级在议会政治体制下没有渠道传递他们的呼声,布朗热运动为他们提供了一个发声的舞台。

① William D. Irvine, "French Royalists and Boulangism," *French Historical Studies*, Vol. 15, No. 3(Spring 1988),p. 395.
② M. Chaulanges, *Textes historiques: la fin du XIXᵉ siècle 1871 - 1914*, Tome 1, Paris: Delagrave,1966,p. 83.

不过,布朗热运动的冲击促使共和派更加重视人民群众的诉求,加速社会改革。1889 年前,没有一届议会通过 5 项以上的社会立法,但1889—1893 年通过 15 项,1893—1898 年通过 17 项。1890 年 3 月,第四届弗雷西内内阁成立。这届内阁致力于财政改革,通过取消"普通预算"和"特别预算"的区分,提高有价证券的税额,使财政出现盈余。1890 年,作为第二帝国警察制度残余的"工人身份证"制度废除,工人可以派代表监督各矿场有关卫生和安全的各项规定的执行,此项法令在 1893 年扩大到所有工业企业。1891 年,政府规定缩短女工和童工的劳动时间,并着手草拟工人养老金方案。

布朗热运动的失败使保守势力复辟旧制度的希望破灭,此后的共和制在经受了一系列考验之后变得更加巩固。

第四节　共和制度在危机中接受考验

布朗热运动偃旗息鼓,并不意味着共和制度从此高枕无忧。温和派由于有效地阻击布朗热事件,保卫了共和国,从而自豪地称自己是"政府共和派"。但这个"政府共和派"终究还是资产阶级的代言人,与金融家和大资产阶级的利益纠缠是不可避免的。经济诱惑、权力贿赂、政治腐败等,致使其统治后期发生了一系列政治风波,再次把共和国推向了危机的边缘。

一、巴拿马运河事件

布朗热事件的风波平息不久,在卢贝(Émile François Loubet,1838—1929)内阁执政期间,爆发了被称作 19 世纪最大金融丑闻的巴拿马事件,多名政治人物卷入权钱交易的丑闻,共和国再次遭遇了严峻的考验。这次丑闻事件的起因是巴拿马运河的开凿。

1879 年,费迪南·德·莱赛普(Ferdinand Marie Vicomte de Lesseps,1805—1894)经哥伦比亚政府的同意,在中美洲地区开凿连通大西洋和太平洋的运河。莱赛普出生于马赛,1825年进入外交部门,从此开始了漫长的外交官职业生涯。在埃及担任外交官期间,莱赛普主持了苏伊士运河的开凿,1869年苏伊士运河的成功开通使他名利双收。他本可以从此功成身退,安享晚年,但是不甘寂寞的莱赛普在阅读了西班牙殖民者两个世纪前撰写的开凿连通大西洋和太平洋的运河计划后,心潮澎湃地写道:"对这些牺牲自己生命来追寻真理的人最大的回报莫过于将他们的壮志雄心付诸实践。"①

1879年5月15日,国际地理学大会在巴黎召开,莱赛普凭借个人巨大的号召力,邀请了当时各领域最著名的金融家、工程师、地理学家和经验丰富的水手与会,共同商讨在中美洲地峡开凿运河的具体事宜。

会上,由各领域权威专家牵头成立了5个小组来讨论解决修建运河最棘手的5个问题:运河通航对沿线各国经济的影响;运河的通关费用和收益;自然因素对修建运河的影响;在何处修建运河;运河的建造路线。会议商讨的结果是:在巴拿马修建运河,运河从大西洋一侧的科伦开始,沿着查格雷斯河,穿越科迪勒拉山脉,最终到达太平洋一侧的巴拿马城,全长47.5公里。根据之前苏伊士运河的成功经验,巴拿马运河同样是一条海平式运河,估计年通航量为483万吨,年收入为168万英镑。

1879年9月1日,莱赛普创刊《洋际运河公报》,专门负责宣传巴拿马运河的开凿计划。1880年10月15日,《公报》公布巴拿马运河预算为5.12亿法郎,预计1888年可以完工。1881年,巴拿马运河公司成立,公司本金为3亿法郎,需要向社会筹集3亿法郎。值得注意的是,巴拿马运河公司宣称将发行60万份股票,每份面值500法郎,这样做一方面吸引了广大中小投资者,另一方面也避免了被金融寡头操控。由于苏伊士运河的成功,巴拿马运河公司从1881年到1884年的股票被抢购一空。

1881年2月28日,巴拿马运河正式开工。在开凿初期,工程进展顺

---

① Barnett Smith, *The life and Enterprises of Ferdinand de Lesseps*, London: W. H. Allen, 1893, p. 239.

利,但是当工程进展到要开凿库雷布拉隧道时,陷入了停滞,预算即将消耗殆尽。究其原因,主要是在制订预算和工期时,照搬苏伊士运河的经验,作了过于乐观的估计,忽视了巴拿马当地的气候条件①。此外,巴拿马运河公司以 3 500 万法郎的价格从美国手中买下了巴拿马铁路,这个价格是当时这条铁路市值的 4 倍,消耗了大量的建设资金。巴拿马运河公司将挖掘工程分别承包给了大小几十家公司,由于管理协调不善,各公司之间无法有效合作,许多工程陷入困境。

进展缓慢的工程使得人们开始怀疑运河工程能否在 1888 年完工,公司的股票发行也出现了问题。1882 年公司发行股票 1.09 亿,1883 年1.71 亿,1884 年 1.25 亿,3 年筹集的资金已经超过之前承诺的 3 亿,要想继续向社会筹集资金,需要采取特殊手段。巴拿马运河公司希望发行有奖债券来重新吸引投资者,但 1836 年 5 月 21 日的法令规定除了慈善和国家利益,任何机构不得发行有奖债券。要想取得特殊待遇,就需要议会立法授权和政府批准。由于 1868 年建造苏伊士运河时得到过这样的特许,巴拿马运河公司深信此次能再次获得批准。

1885 年 3 月 27 日,莱赛普向政府递交申请,要求批准巴拿马运河公司发行总数为 6 亿法郎的有奖债券。此项申请被总理布里松拒绝,理由是巴拿马运河公司没有证明其能在 1888 年准时完工。为了改变这一局面,莱赛普发动舆论攻势,首先让负责开凿库雷布拉隧道的公司承包开凿从列日到巴黎山间的隧道,邀请媒体记者现场观看开凿的机械设备和工程进展,然后利用喉舌媒体大肆宣传,意在向公众证明公司有能力在短时间内打通库雷布拉隧道;其次,在 7 月 25 日的股东大会上,其子夏尔・德・莱赛普利用当时的民族主义情绪,宣称如果运河公司不能筹集到足够的资金完成建设,运河有可能落入德国人之手,这使得股东们民

---

① 巴拿马地处热带,每年有长达 8 个月的雨季,挖掘运河后产生的泥土往往被堆放在运河的两侧,大雨降临时,先前开挖的泥土又被冲回原地,导致很多重复性作业。巴拿马当地气候闷热潮湿,导致施工的机器设备很容易生锈失效;开挖地带位于热带雨林地区,蚊虫肆虐,导致了大规模瘟疫的发生,黄热病、疟疾、霍乱等疾病夺走了上万工人的生命。

族主义情绪高涨,群情激奋之下同意了再发行 6 亿法郎的方案,并支持公司向政府请愿批准。在巴拿马运河公司的授意下,尼翁的银行家费迪南·马丁首先以公开征集签名的方式向政府和议会递交请愿书,此举在各地被纷纷效仿,强大的舆论压力迫使议会不得不做出正面回应。

1885 年底,议会派遣以工程师阿尔芒·卢梭(Armand Rousseau)为首的代表团前去巴拿马实地考察,目的是掌握巴拿马运河目前的进度,以此来评估运河能否在 1888 年如期完成。卢梭的考察报告主要结论有 4 点:巴拿马运河公司已经花费 4.38 亿法郎,已经挖掘了 409 万立方米,按原计划 1.03 亿立方米的挖掘量还差 9 891 万立方米;要完成运河还需要资金 8.75 亿法郎,其中不包括新企业的安置费、管理费和意外开支;新发行的 6 亿法郎加上公司现有的资产,总额为 15.375 亿法郎,要完成工程还需要再发行 1.2 亿法郎;由气候条件造成的工人死亡率为 7%。[1]随同考察的巴拿马运河公司总工程师布瓦耶(Boyer)也认为,如果坚持现有施工方案穿越库雷布拉山,费用总计达 18 亿法郎,至少到 1893 年才能完工。负责审议这项报告的技术咨询委员会对上述结论予以否决,事后证明,委员会中的 11 名成员收受了巴拿马运河公司共 1.4 万法郎的贿赂。

公共工程部长巴依奥(Charles Baïhaut)看过卢梭的报告后,将消息走漏给了巴拿马公司所属的报纸《时代报》,并通过他的好友布隆丹联系上了莱赛普。莱赛普向巴依奥承诺,如果议会成功批准发行有奖债券的法案,将给予巴依奥 100 万法郎的好处费,并先行支付 37.5 万。巴依奥向议会提交了一项法律草案,但未获批准。在卢梭进行调查时,布里松内阁倒台,弗雷西内上台。莱赛普随即通过好友科纳留斯·赫兹以高价收购了弗雷西内本人拥有大部分股份的《电信报》,在弗雷西内的支持下,最终法案由包括巴依奥在内的 11 人组成的审议委员会以多数票通过。运河公司得以发行有奖债券,暂时获得了资金,解了燃眉之急。

---

[1] Albert Chiché, *L'affaire de Panama*, Pairs:Bordeaux,1894,p. 65.

1887 年,莱赛普亲自前往巴拿马考察运河开凿进度,得到的报告是还有 8 500 万立方米的工程量,资金缺口 1.13 亿。此时,工程技术人员对于之前修建海平式运河的方案提出了异议,主张修建水闸解决太平洋和大西洋之间的水位差,减少开凿山脉的工程量。这个方案之前一直被否决,理由是水闸式运河会减少船只的通航量,进而影响到关税收入。但在运河开凿的实际过程中,水闸式运河似乎成了众望所归的选择。1887 年 10 月,公司通过了修建水闸的方案,由法籍德国犹太裔金融家雅克·德·雷纳克联系上了古斯塔夫·埃菲尔(Gustave Eiffel,1832—1923),希望由埃菲尔的公司来修建 8 个水闸,预算为 1.2 亿法郎,埃菲尔由于当时建造铁塔缺乏资金,答应了这一请求。

1887 年 12 月,莱赛普写信给当时的总统鲁维耶,要求发行新一轮的彩票,遭到蒂拉尔总理的拒绝。莱赛普故技重施,先是通过征集到 15 万人的签名,进行大规模的请愿,利用旗下报纸大造舆论,后又收买议员阿尔弗莱德·米歇尔,向议会提交一份准许发行彩票提案。为了使米歇尔的提案能够顺利通过,公司开始向议员大肆行贿。具体的工作由雅克·德·雷纳克、其侄子约瑟夫·雷纳克以及科纳留斯·赫兹进行。他们通过在政界的人脉,接触到多位议员,主攻那些先前反对发行彩票的议员,通过以低价让议员入股巴拿马运河公司旗下的报纸为诱饵,使议员改变立场。这种手段对议员很有吸引力,因为议员们即将面临大选,如果拥有一家自己掌握的喉舌媒体为其竞选造势,当选的成功率会大得多,许多议员因此而改变立场。最终,米歇尔的提案以 285 票赞成、161 票反对、其余弃权的结果表决通过。

提案在议会通过后,还需要内阁总理蒂拉尔的同意。但蒂拉尔坚持之前的立场,提案陷入僵局。蒂拉尔内阁于 3 月 30 日倒台后,方案终于在 4 月 26 日表决通过,议会同意公司发行 200 万份债券,价值 7.2 亿法郎。但此时的公众已经对巴拿马运河公司能够在 1888 年完工的说辞丧失了信任,这一轮的发行仅筹集到 2.54 亿法郎。

1889 年 2 月,巴拿马运河公司宣布破产,工程仅完成了 1/3。无数中小投资者因此破产,总计损失 15 亿法郎,成为自第二帝国崩溃以来最大的灾难。据不完全统计,102 230 名认购公司股票的股东中,有 80 839 人持有 1—5 股,19 143 人持有 6—20 股,3 028 人持有 21—50 股。① 记名股东中有 16 000 名妇女,当中的很多人都是将多年攒下的积蓄投入了这项诱人的工程中。巴拿马运河公司破产后,对事件的调查工作阻力重重,直到 1891 年,议会才同意政府开启对巴拿马运河公司的调查。

1892 年 9 月,巴拿马运河公司前雇员费迪南·马丁在《自由言论报》上以《巴拿马内幕》为题发表了一系列文章,揭发公司为了得到政府的特许而进行权钱交易的内幕,金融丑闻迅速演变成政治丑闻。

11 月 19 日,众议院议长夏尔·弗洛凯(Charles Floquet, 1828—1896)被指控在 1888 年的选举中收受贿赂。弗洛凯回答道:"我不仅一无所需,也一无所求;(金钱)我一无所得,(尊严)我也一无所失。"弗洛凯做出此番言论,看似大言不惭,不过他本人也确实没有将运河公司的支票塞入自己腰包,而是将其用于竞选。在 1888 年诺尔省的竞选中,弗洛凯的对手是如日中天的布朗热,为了与布朗热抗衡,弗洛凯接受了公司赞助的 30 万"竞选经费",公司以支票的形式将其分给其党派喉舌媒体的 5 个记者,用于反布朗热宣传,交换条件是弗洛凯支持米歇尔的提案。此举被媒体曝光后,舆论大哗,对巴拿马丑闻的揭发进入高潮。负责行贿的雷纳克在绝望之下选择自杀,赫兹逃亡英国。

议会成立了以布里松为主席的巴拿马事件调查委员会。卢贝内阁因对丑闻处理不力而倒台。亚历山大·里博(Alexandre-Félix-Joseph Ribot, 1842—1923)继任总理。但新内阁上台才一个星期,其财政部长因涉嫌丑闻而被迫辞职。里博认为,巴拿马丑闻的根源是仇视共和制的人试图削弱议会制共和国的阴谋,这一态度使得涉事议员以党派斗争的名义成功转移了人们对议员腐败的关注。

在深入调查巴拿马运河公司董事时,董事们将一些用于行贿的支票

---

① Barnett Smith, *The life and Enterprises of Ferdinand de Lesseps*, p. 268.

存根交了出来。议会调查委员会公布了一份包含部长、104名议员、新闻界人士的受贿清单,克雷孟梭也赫然在册。巴拿马丑闻中主要的行贿人赫兹是克雷孟梭的好友,他曾购买后者《正义报》的大量股份。虽然1885年3月,克雷孟梭已经买回所有赫兹所持的股份,《正义报》在1886年11月也发表声明称克雷孟梭本人从未向任何部长和任何个人推荐赫兹办任何事情或要求任何照顾,但仍不能避免受牵连,其政敌借题发挥,攻击他是领取英国津贴的人。克雷孟梭因名声受损而暂时隐退。

政府被迫向议会提出取消5名众议员的豁免权,并控告了另外5名参议员。1893年2月,巴拿马公司的董事们遭到诉讼,88岁高龄的董事长费迪南·德·莱赛普和他的儿子夏尔·德·莱赛普分别被判处5年徒刑和3 000法郎罚款,另外3名同案人,包括古斯塔夫·埃菲尔因被指控挪用3 500万法郎被判处2年徒刑。[①] 在政界人士中,尽管前内阁3个总理、多名部长和议员受到指控,但除了巴依奥,都矢口否认有罪。最后,法庭只判处巴依奥5年徒刑和75万法郎罚款,其余被告人均被宣告无罪释放。对于这个结果,民众普遍感觉难以接受。但是当风波逐渐平息之后,许多之前受到受贿指控的议员为了表明自己与此毫无瓜葛,马上合力将里博内阁推翻。

巴拿马丑闻是19世纪法国最大的金融诈骗事件,也是19世纪最大的政治丑闻。巴拿马丑闻的败露在布朗热运动消散之后,重新给了反对共和制的人宣扬议会制共和国充满腐败的口实,也引发了民众对议员的腐败行径和处理问题时官官相护的丑态的不满,反对共和制似乎和反腐败联系在了一起。很多议员在面临指控时,都振振有词,强调自己受贿不是为了个人享受,而是为了给自己的党派提供帮助,尤其是弥补作为自己喉舌媒体的亏空。鲁维耶在接受指控时说:"我所干的,在我以前的那些有名望的政治家早干过了!""在19世纪末,要管理国家就得有钱,而当众议院给的钱不够时,我们很高兴能通过私人关系搞到钱,而你们

---

① 后来重罪法庭宣布除夏尔·德·莱赛普判刑一年外,其余均无罪释放。

仿佛把这点当作什么新发现！……当初我若不依靠这笔如今使我受到指责的钱,今天打断我发言的人也许就不会坐在这里了!"[1]这么大的丑闻,其调查时间竟比一般的小丑闻还短,很快便不了了之。卢贝后来当选为共和国的总统,鲁维耶在经过八九年的沉寂之后,20世纪初重返政治舞台,继续担任部长甚至总理。

巴拿马丑闻使实业家信誉扫地,许多中小投资者和银行家对政府和实业投资持怀疑态度,转而将资金投入储蓄或购买各种普通债券、固定证券以代替实业投资,或者把资金投向国外,通过放债以低风险稳获高利息。可以说,巴拿马丑闻改变了法国的资金投向。此外,巴拿马丑闻使得犹太人声名狼藉,巴拿马公司成立之初的本金来源于由犹太金融家组成的财团,无论是在原始股的分配还是日后的债券发行上,犹太金融家都是最大的赢家。在丑闻中负责行贿的雷纳克和赫兹也都是犹太人,对于反犹主义者来说,这无疑是最好的宣传素材。著名反犹主义者德律蒙(Édouard Drumont,1844—1917)1892年通过《自由言论报》发表了《为了法国人的法国》,批判巴拿马事件幕后的"犹太阴谋",并协助将赫兹驱逐出境,间接将雷纳克逼得自尽。他在6年前写的《犹太人的法国》一书也借此时机大卖,几乎每个家庭都有此书。巴拿马丑闻为日后德雷福斯事件中反犹情绪的高涨埋下了伏笔。

二、德雷福斯事件

普法战争失败后,法国军方卧薪尝胆,一直渴望对德复仇,情报工作就显得十分重要。1894年9月26日,法国军方安插在德国大使馆的间谍巴斯蒂夫人从德国驻法武官施瓦茨科彭的废纸篓中发现一份涉嫌法国军事机密的清单,并转交给上级亨利少校(Hubert-Joseph Henry,1846—1898)。这份清单上列有5份文件,没有寄信人的署名,也没有注

---

[1] Theodore Zeldin, *A History of French Passions: France, 1848 - 1945: Taste and Corruption*, Oxford: Oxford University Press, 1980, p. 219.

明日期。

这份清单写道：

> 虽然没有接到任何您要见我的指示,先生阁下,我还是寄些有趣的资料给您。
>
> 一、有关120毫米口径野战炮水力闸及其运作方式的字条。
>
> 二、有关掩护军队的文件(新计划可能会有部分修改)。
>
> 三、有关炮兵队形调整的文件。
>
> 四、有关马达加斯加的文件。
>
> 五、有关野战炮发射手册的草稿(1894年3月14日)。
>
> 最后一项文件极难弄到,但我只用几天的时间便得手了。陆军只发给军团一定数目的副本,而军团必须对这些副本负全责,持有副本的军官在演习后必须交还。这份文件若有引起您兴趣之处,而您又想拥有一份副本的话,我会想办法要到一份。您若要我把它放大,寄一份给您,我亦可照办。
>
> 由于大演习的关系,我会离开一阵子。①

亨利少校立即将此份情报交给上司桑德赫尔(Jean Sandherr, 1846—1897),后者仔细研读备忘录中内容后初步判断是部门内部人员走漏消息,此人在备忘录中多次提到炮兵装备,说明此人是炮兵出身。经过逐一排查、核对笔迹后,他们将目光转向了炮兵上尉出身、目前在陆军部担任见习参谋的德雷福斯身上。

阿尔弗雷德·德雷福斯(Alfred Dreyfus),1859年出生于阿尔萨斯,父亲是一个犹太纺织商人。普法战争之后,阿尔萨斯被割让给普鲁士,德雷福斯全家离开阿尔萨斯,加入了法国国籍。1892年,德雷福斯从军事学校毕业后进入法国陆军参谋部担任见习参谋。法布雷上校认为备忘录上的笔迹与德雷福斯的笔迹非常接近,随后桑德赫尔又找到参谋部

---

① 伯恩斯:《法国与德雷福斯事件》,郑约宜译,南京:江苏教育出版社,2006年,第21页。

笔迹鉴定业余爱好者帕蒂,他判定备忘录出自德雷福斯之手。后来参谋部从法兰西银行请来笔迹鉴定专家,得出的结论是备忘录中的笔迹有"多处且重要的差异"。由于怀疑银行笔迹鉴定专家可能与犹太金融家勾结,陆军部长梅西耶(Auguste Mercier,1833—1921)请在司法警务处的笔迹鉴定专家贝蒂荣重新鉴定,得出的结论是德雷福斯的笔迹与备忘录中完全相符。

10月15日,陆军部长梅西耶擅越职权,亲自下令以间谍罪和叛国罪将德雷福斯逮捕,并将他秘密关押在歇尔舍-米迪军事监狱。在德雷福斯被单独关押的7个星期里,帕蒂[1]多次想尽办法对德雷福斯进行逼供,但都以失败告终。从发现备忘录到德雷福斯初步受审的两个星期里,保密工作做得非常好,但是到了10月底,德雷福斯被捕的消息不胫而走。11月1日,极端反犹主义者德律蒙在《自由言论报》上以大字标题发表报道"叛国罪。犹太军官阿·德雷福斯被捕"。为了引起轰动,德律蒙在随后的报道中添油加醋,极力丑化德雷福斯,掀起了排犹反犹的浪潮。

12月19日,军事法庭不顾德雷福斯的辩护律师德芒热(Edgar Demange)的反对,对德雷福斯进行了秘密审判。22日,在没有确凿证据的情况下,仅仅依靠几名笔迹鉴定专家相互矛盾的鉴定结论,军事法庭便判处德雷福斯无期徒刑并革除军籍。1895年1月6日,德雷福斯在其母校被公开拔阶,上万群众围观,反犹口号不绝于耳。同年4月,德雷福斯被押送到法属圭亚那附近的魔鬼岛服刑。尽管德雷福斯本人一直拒绝承认自己有罪,其家属也四处奔走为其喊冤,但是无济于事。一桩冤案就此酿成。

三、围绕德雷福斯案的生死较量

1895年7月,皮卡尔上校(Georges Picquart,1854—1914)接替桑德赫尔上校担任参谋部统计处处长。1896年3月,潜伏在德国大使馆的巴

---

[1] 帕蒂(Armand Mercier Du Paty de Clam)是负责逮捕和在监狱里拷问德雷福斯的军官。

斯蒂夫人获得一份"蓝色便条"。上面写道：

> 先生：有关您还在考虑的事情，我正在等待较您日前给我的说明更为详尽的指示。所以，您若能以书面方式告诉我，好让我决定是否继续与"R"或"C"公司保持关系，那就再好不过了。[①]

上面还附有收信人及其地址：埃斯特拉齐司令，巴黎圣心路 27 号。皮卡尔顺藤摸瓜，很快找到了埃斯特拉齐的相关资料。埃斯特拉齐(Ferdinand Walsin-Esterhazy,1847—1923)是匈牙利某贵族私生子的后裔，出生于巴黎，平时生活腐化，爱好赌博，私生活混乱，经常负债。皮卡尔将这份蓝色便条的字迹与之前认定是德雷福斯所写的备忘录的字迹仔细比对，发现两者完全相同。他将这一发现报告给了负责处理这一案件的贡斯将军(Charles-Aruthur Gonse,1838—1917)，希望重审德雷福斯案件。贡斯将军为了维护军方荣誉，当即表示不能重审，并要求他本人闭口不谈。皮卡尔没有听从贡斯的意见，坚持将两个案件放在一起调查，这引起了参谋部的不满。同年 11 月，参谋部将皮卡尔调往突尼斯前线，由亨利少校继任其职。皮卡尔决心不把这个秘密带到坟墓中去，1896 年 4 月 2 日，他给共和国总统写了一封私人信件，陈述他深信德雷福斯无罪，并指出真正的叛国者是埃斯特拉齐。两个月后，他在临行突尼斯前将自己的这封信交给了好友勒布鲁瓦(Louis Leblois)律师，嘱咐勒布鲁瓦万一他在前线不幸阵亡，务必要将此信交给总统。后来，他同意勒布鲁瓦将事件真相告诉某些关切此案并且可以信赖的议员，条件是不得说明他是消息来源者。不久，关于德雷福斯无罪的消息走漏了出去，并传播开来。

1897 年 7 月，众议院副议长凯斯特纳(Auguste Scheurer-Kestner,1833—1899)率先公开支持德雷福斯，并支持德雷福斯的亲属对埃斯特拉齐提出控告。11 月，巴黎《晨报》刊登了作为德雷福斯罪证的备忘录的

[①] Douglas Johnson, *France and the Dreyfus Affair*, London: Blandford, 1966, p. 229.

照片和埃斯特拉齐的字迹样本,以确凿的证据表明真正的罪犯是后者,从而要求政府重新审理此案。但当时的陆军部长一再声称,德雷福斯已经得到了"公正合法的惩处",总理梅利纳(Jules Méline,1838—1925)出于维护军队荣誉的考虑,于12月24日在议会上郑重宣布"不存在德雷福斯事件"。

德雷福斯的哥哥一再要求军事法庭审讯真正的罪犯埃斯特拉齐,并释放德雷福斯。迫于舆论压力,巴黎军事法庭对埃斯特拉齐进行了走过场式的提审。1898年1月11日,巴黎军事法庭当庭宣布埃斯特拉齐无罪,而皮卡尔因为泄露机密被逮捕。这一判决使反犹主义者弹冠相庆,在大街小巷狂呼"处死犹太人"。心怀良知与担当的正义人士则对这一不公正的判决难以抑制心中的愤慨,开始了为德雷福斯平反的漫长斗争。

早在德雷福斯事件发生之初,对事件真相有所了解且富有正义感的新闻记者贝尔纳·拉扎尔与巴黎高等师范学院图书馆馆员吕西安·赫尔最先开始为德雷福斯伸冤,但由于他们的影响力有限,他们的活动未引起整个社会的广泛关注。德雷福斯事件后来之所以演变成全国性的政治事件,与当时在法国文坛声望日隆的埃米尔·左拉(Émile Zola,1840—1902)的"介入"有着密切关系。

左拉得知这份颠倒黑白的判决,义愤填膺,连夜写了一封致共和国总统菲利克斯·富尔(Felix Faure,1841—1899,1895—1899年在任)的公开信。公开信共1万余字,义正词严,笔锋犀利。当这封信1月13日在《震旦报》上发表时,该报主编克雷孟梭给公开信冠名《我控诉》。信中用激烈的言辞,点名指控制造德雷福斯冤案的军方人士,控诉军方释放真正的叛国者埃斯特拉齐:

> 我控诉陆军中校杜帕蒂·德·克朗制造了一起骇人听闻的冤案;我愿意相信,他当时这样做并不是出于恶意,但是三年来,他一直在用一些荒谬透顶、罪恶昭彰的欺骗伎俩为自己损害他人的行为辩护。

我控诉梅西耶将军参与了本世纪最大的一起冤案,他这样做至少是意志薄弱。

我控诉比约将军,他手中明明掌握着证明德雷福斯无罪的切实证据,但他一声不吭;他出于某种政治目的和为了替卷进事件的参谋部开脱罪责而公然侵犯人权,亵渎法律。

我控诉此案的同谋波瓦戴费尔将军和贡斯将军,波瓦戴费尔参与这一罪行无疑是为了维护教会的利益,贡斯则可能是由于一种小集团的思想作祟,想把国防部的各个机构变成谁也碰不得的禁区。

我控诉德帕利欧将军和拉瓦里侦查长搞了一个伤天害理的调查,我指的是他们的调查偏袒一方,令人发指,其证明是:拉瓦里的报告中,妄加断言之处不胜枚举。

我控诉三位字迹鉴定专家:贝劳姆、瓦里昂和古阿尔。他们的报告无中生有,欺世盗名,如果医生能证明他们患有眼疾或思维混乱,那另当别论。

我控诉陆军部的各个机构无耻地在报刊上,特别是在《闪电报》和《巴黎回声报》上,大肆造谣惑众,掩盖其错误言行。

最后,我控诉第一军法处侵犯人权,不将定案材料向被告披露便将他判罪;我控诉第二军法处根据上面的命令袒护这一非法行为,他们亵渎法律,居然判一个罪犯无罪了。

左拉深知自己可能因言获罪,他在公开信的结尾写道:

在我提出这些控诉之际,我并不是不知道冒着受到 1881 年 7 月 29 日新闻法第三十条和第三十一条的规定的惩处诽谤罪打击的危险,但我甘愿这样做。

至于被我控诉的人,我并不认识他们,从未见过他们,我对他们既无怨尤,更无仇恨。在我看来,他们只不过是心怀社会邪恶灵魂的几个实体罢了。而我在这里所做的工作,仅仅是促使真理和正义早日爆发出来的一种革命手段。

我只有这样一种激情,以全人类的名义看到光明;人类遭受了无穷的苦难,应该有权获得幸福。我的激动的抗议是我灵魂的呼声。让人们把我带到刑庭受审吧,我要求公开的调查!

我正等候着。①

左拉的《我控诉》在《震旦报》第87期以头版的整个版面发表后,引起了强烈反响。许多原先漠不关心的人也站了出来,支持重审德雷福斯案件。刊登此信的30万份《震旦报》很快被抢购一空。有人在大量购买后将它到处张贴,四处分发;也有人对此恨之入骨,成捆成捆地买来销毁。

果然,军方以诽谤罪起诉左拉。在法庭上,以总参谋长布瓦代夫(Raoul Le Mouton de Boisdeffre,1839—1919)为首的军方代表以高级将领集体辞职要挟陪审团追究左拉的"罪责"。左拉回应道:"在这里,人们可以攻击我。但总有一天,法兰西将会因为帮助她拯救了声誉而感激我。"尽管有克雷孟梭和费尔南·拉波里两名著名律师辩护,1898年2月,法庭还是判处左拉1年徒刑和3 000法郎罚款(4月2日,最高法院撤销了此项判决)。

在左拉遭到审判期间,全国舆论的焦点集中在了德雷福斯事件上。德雷福斯事件逐渐由一件司法案件演变成全国性的政治事件。整个法国围绕着是否应该重审德雷福斯案件分裂成了重审派(德雷福斯派)和反重审派(反德雷福斯派)。重审派以左拉、饶勒斯(Jean Jaurès,1859—1914)、克雷孟梭为代表,他们认为纠正德雷福斯冤案不仅能够改变德雷福斯个人的命运,也是捍卫资产阶级民主和法律尊严的战斗。站在这一派主要是资产阶级共和派、开明知识分子、新教徒及广大先进工人、一部分社会主义者。反重审派以巴雷斯(Maurice Barres)、夏尔·莫拉斯②、

① 参见楼均信、郑德弟、张忠其选译:《一八七一——一九一八年的法国》,第65—66页。
② 夏尔·莫拉斯(Charles Maurras,1868—1952),法国作家、诗人,保皇党人,"法兰西行动"的理论奠基人,反对议会政治,反对1789年的革命原则,其思想影响了法国天主教主义和极端民族主义,具有明显的反犹和排外倾向。他的思想成为20世纪早期法国极右知识分子的意识形态源泉。

德律蒙、德鲁莱德等为代表,他们认为德雷福斯案件的重审不仅会败坏军队的荣誉,还会威胁国家安全。站在这一派的主要是极端民族主义者、君主主义者、天主教徒和军国主义者。

在两派的针锋相对中,法国迎来了 1898 年的议会选举,结果阻挠调查德雷福斯事件的梅利纳内阁倒台,主张重审的布里松组阁。然而担任布里松内阁的陆军部长卡芬雅克(Jacques Marie Eugène Godefroy Cavaignac,1853—1905)是反重审派。7 月 7 日,皮卡尔和埃斯特拉齐被同时逮捕,不久埃斯特拉齐再次被无罪释放。卡芬雅克公布了证明德雷福斯有罪的 3 个新文件,还秘密拟定了将克雷孟梭、饶勒斯、左拉等人送交最高法院的名单。左拉闻讯后被迫出逃伦敦。事后证明,卡芬雅克公布的 3 个新文件中,唯一能够证明德雷福斯有罪的文件是亨利中校伪造的。8 月 30 日,亨利中校因阴谋败露而被捕,次日在狱中自杀。亨利的供认和自杀对于反德雷福斯派打击巨大,埃斯特拉齐畏罪潜逃。总参谋长布瓦代夫和陆军部长卡芬雅克被迫辞职。

在反德雷福斯派看来,亨利为了爱国而伪造证据的行为是值得赞扬的,民族主义者莫拉斯提出"替代假设"的说法,即亨利的文件是为了替代某份不能公开的真文件,那份真文件如果发表,就有跟德国发生战争的危险。还说亨利是为了祖国的利益背起了沉重的十字架,是真正的军人。

1899 年 2 月 16 日,58 岁的富尔总统因风流韵事中风去世,新当选的总统卢贝主张重审德雷福斯案件。1899 年 9 月 9 日,雷恩军事法庭经过一个多月的辩论,为了维护军队的声誉,仍以 5∶2 的多数肯定德雷福斯有罪,但迫于形势,将终身监禁改为 10 年徒刑。这份不公正的判决再次引发德雷福斯派的愤慨。几天之后,卢贝总统宣布对德雷福斯实行特赦。陆军部长随即宣布案件已经结束,并号召各派从此和解,表示对反德雷福斯派的军官不予以追究。

德雷福斯本人接受了特赦。作为一名军人,他对军队有着热爱之情,当他看到重审派为了他个人而抨击军队时,内心虽然为自己遭受的不公正待遇感到不平,但也害怕会因他个人而败坏了军队在公众当中的形象,尤其是在国家面临战争威胁的时候。1903年,选择息事宁人的德雷福斯在饶勒斯的支持下再次要求重审,但直到1906年7月,最高法院才宣判德雷福斯无罪,他被授予荣誉勋章并恢复军职。皮卡尔也重返军队,晋升为将军,后来出任克雷孟梭政府的陆军部长。

饶勒斯认为,德雷福斯事件不只是事关一个军官是否有罪的斗争,而是全国进步势力同军队和教权派的反动势力之间的决战,是那些相信《人权宣言》原则的民主人士同那些否认《人权宣言》原则的反民主人士之间的决战,是那些拥护共和政体的人同反对共和政体的人之间的决战。德雷福斯派和反德雷福斯派的斗争可以归纳为是真理至上还是民族利益至上,如果民族利益压倒了正义与真理,共和国将不可避免地走向军国主义道路,共和制也将因此颠覆。

德雷福斯事件使法国政治发生了方向性的转变。自布朗热运动以来,执政的机会主义派长期执行偏右政策。1893年选举后的新温和派对保守势力更加宽容,导致共和国越来越向右滑。德雷福斯事件也使温和派开始分裂,以梅利纳为代表的中右派渐进主义者,放弃反教权主义,亲近保守派;而以雷蒙·普恩加莱(Raymond Poincaré,1860—1934)、瓦尔德克-卢梭为首的共和派左翼则与激进主义缩短距离。普恩加莱在德雷福斯事件中态度极其谨慎,对双方几乎各不得罪,使他后来有条件以法国各派调停者的身份出现。

激进派则因广泛介入捍卫共和与资产阶级民主的斗争而信誉大增。激进派自布朗热运动以来连连受挫,几乎一筹莫展,现在它重新赢得了政治生命,此后在迅速崛起的社会党人帮助下,得以连续执政。

共和派利用德雷福斯事件的胜利,不失时机地调整国家与军队的关系,把军官的晋升权从总参谋部转移到政府手中,军方管辖的反间谍机关也纳入国家安全总局的控制,为军队的共和化开辟了道路。

对于民族主义者来说,此时的民族主义开始与歇斯底里的排犹、反犹思潮结合在一起。犹太人在法国军界、金融界和政界的巨大影响力令保守势力深感不安。反犹主义者德律蒙认为,种族上低劣并信奉原始宗教的犹太人已经控制了法国。1886年,他编写了小册子《犹太人的法国》,后来又创办了副标题是"为法国人的法国"的《自由言论报》,将法国所有的弊端统统归罪于犹太人,呼吁将犹太人驱逐出法国。这些言论得到了一贯厌恶犹太人的保守天主教徒的共鸣,德律蒙的报纸得到了天主教激进派的资助。民族主义者巴雷斯同样宣称,法国自大革命以来发生的坏事和犹太思想、新教思想以及外来思想有关。民族主义者与反犹主义者都成为犹太人最凶恶的敌人,他们还把矛头指向"包庇犹太人的共和国和资产阶级民主制度"。因此,19世纪末的民族主义抛弃了自由主义的传统而转向与保守主义结合,成为一种极端的民族主义。

德雷福斯事件是法国知识分子史上最重要的界标之一,它标志着"笔杆子"向"枪杆子"发出了挑战。德雷福斯事件为法国"知识分子"(intellectuel)的"诞生"提供了时间与空间。法国知识分子在德雷福斯事件中以积极介入的姿态充当社会良心的举动,改变了人们对于知识分子的传统认知和知识分子自身的定位。20世纪法国知识分子史的一些重要现象,如知识分子内部的"两极化"、普遍主义或世界主义与民族主义价值取向的持久对立、知识分子的话语霸权与反理智主义之间的斗争,以及20世纪法国知识界突出的"左倾化"特征等,均发端于这一时期。①

---

① 吕一民:《法国知识分子史视野的德雷福斯事件》,《浙江大学学报(人文社会科学版)》,2001年第1期,第95页。

第三章　共和国向左转 (1899—1914)

　　温和共和派执政后期,经历了种种政治事件与经济丑闻,尽管共和国在危机中经受住了考验,但也表明了共和政体在法国仍然具有一定的脆弱性。

　　从政治发展的角度看,随着政坛变化,这一时期共和国的政治色彩发生了一些微妙的变化:由温和派执政时期的平和、保守的机会主义政治策略和行动方式,转向激进共和派上台后的偏左与激进,比如政教分离、成立工人党与共产党组织、民族爱国主义情绪高涨等等。这种政治倾向的转变固然有深刻的经济与文化背景,也与共和体制建构过程中的脆弱性有关。这种变化对 20 世纪上半叶法国的社会政治有着潜在的影响。

第一节　激进共和派及其崛起

　　共和初期,激进共和派在大多数时间里是作为在野派在法国政坛发挥影响,他们对温和派的机会主义执政理念与政策总体上持批评态度,在对外关系上对德国保持着必要的警惕,并希望有朝一日能够对德复仇。在温和共和派执政后期,共和国面临着一系列的危机:勋章丑闻、布朗热运动、巴拿马运河丑闻、德雷福斯事件等。尽管各种难关最终都平稳地渡过了,但民众对温和共和派的政治信任度在下降,这给激进派上台成为执政党提供了很好的政治机遇。

当然,激进共和派能够执政,也与当时的社会发展,尤其是政治氛围有关。德雷福斯案件及其重新审判,使激进共和派作为"民主与正义斗士"的政治信誉大增,也使温和共和派内部发生分裂,从而给激进派赢得政坛提供了绝好的机会。尤其是一系列政治危机后,右翼势力猖獗使民众深感共和国面临的危险,民族主义和民主主义情绪高涨,使共和国向左转有了一定的群众基础。

一、瓦尔德克-卢梭的"保卫共和"政府

19 世纪末期,围绕着德雷福斯事件,各派政治力量的利益诉求是不同的。重审派和反重审派各执一词,在法国政坛掀起了轩然大波。1899年 2 月 16 日,风流成性的富尔总统中风去世。新当选的总统卢贝是重审派,反德雷福斯派及右翼对此十分不满。1899 年 6 月 4 日,卢贝总统出席一场赛马会时,遭到一批右翼分子的围攻,其中一人是克里斯蒂亚尼男爵,他甚至举起手中的拐杖,狠狠地敲打总统头上的礼帽。这一侮辱总统事件对法国政坛的影响令人始料未及。在左派及民族主义者看来,这是对共和国的挑衅。11 日,巴黎开始了更大规模的反右游行。政府中的共和派左翼借机向政府发难,质询政府的安保工作,要求政府对此事件负责,并声称他们"只支持决定竭尽全力保护共和制的政府"。第二天,杜毕伊(Charles Dupuy,1851—1923,1898 年 11 月—1899 年 6 月在任)内阁被迫下台。

鉴于局势,卢贝总统首先想到的是由普恩加莱组阁接替杜毕伊,因为普恩加莱是温和共和党人,也是德雷福斯的支持者,在议会中有一些威望。但普恩加莱只想在自己的朋友圈子里挑选阁员,名单没有得到议会的认可。在普恩加莱组阁失败后,为了稳住局势,卢贝总统只好决定让瓦尔德克-卢梭组阁。

　　瓦尔德克-卢梭出身于南特的一个律师家庭。一直以来,瓦尔德克-卢梭以善于雄辩和精通法律细节而闻名于政界。1879 年,瓦尔德克-卢梭以律师身份当选议员,并先后在 1881 年甘必大政府和 1883—1885 年费里内阁中任内政部长。1884 年,由他提议并命名的《瓦尔德克-卢梭法》通过,对于工会的合法化起了推动作用。所以,瓦尔德克-卢梭不仅是一名资深、有政绩的政治家,而且看似比较受议会的信任。因为瓦尔德克-卢梭在政治立场上比较圆滑,在派系归属上尽管是温和共和派,但对温和派日益右倾的政策有些不满,属于温和左翼,所以在某些方面也能得到激进共和派的认同。另外,他性格冷峻,思维缜密,辩论条理清晰,令人敬畏,有人把他比作冷血动物,称之为"站着的鱼"①,这从一个侧面恰好反映了瓦尔德克-卢梭有能力在混乱时刻有所担当,卢贝总统选择瓦尔德克-卢梭组阁,也是考虑到他的冷静与理性的处事风格。

　　果然,老练、世故的瓦尔德克-卢梭以"保卫共和"名义出山,以争取议会多数为宗旨竭力组阁。这种组阁方针,使分属于各政治派别的人士都有机会入阁,从而缓和了政局的紧张。比如,为了照顾左派,尤其是社会主义者的情绪,他邀请米勒兰(Alexandre Millerand,1859—1943)任工商部长,开了社会主义者入阁资产阶级政府的先例。右翼分子、陆军部长加利费侯爵曾经对巴黎公社大开杀戒,被同情公社的人士称为"刽子手"。不过,在布朗热运动、德雷福斯事件等政治事件上,加利费侯爵对于其间透露出来的民族主义和反犹情绪表示不满,赢得了左翼的谅解。瓦尔德克-卢梭认为加利费的贵族将军的身份和他在一系列事件中的理性倾向,不但可以消除军队中的反犹主义和民族主义情绪,而且能保证军队对共和的忠诚,所以其也在应邀入阁之列。后来事实证明此举是明智的:加利费利用自己在军队中的威望,使原先保守派占多数的军队在政治上保持了中立。前内阁中的外长德尔卡塞(Théophile

① Jean Jacques Chevallier, *Histoire des institutions et des régimes poliques de la France de 1789 à nos jours*, p. 147.

115

Delcassé,1852—1923,甘必大的信徒)被留任,年轻的约瑟夫·卡约(Joseph Caillaux,1863—1944)任财政部长。两人都是才华横溢的政治人物,在以后的政府中也多次担任同样的职务,约瑟夫·卡约还担任过总理,他们对法国的外交与经济发展产生过重要的影响。公共教育部长乔治·莱格(Georges Leygues,1857—1933)则是著名的激进党领袖。

1899年6月17日,瓦尔德克-卢梭的新内阁组成。从这一届的内阁组成来看,其成员大多是倾向德雷福斯的温和共和派。不过,政府在议会中依靠的是激进共和派,内阁成员中也有一些左翼:温和共和派的左翼、激进共和派和社会主义者。因此,瓦尔德克-卢梭内阁的建立标志着激进共和派开始执掌政权。

1799年6月22日,瓦尔德克-卢梭向议会提交了新内阁的施政纲领,其中提到,当务之急是"竭尽全力去保卫共和制度和维护公共秩序"①,故而被称为"保卫共和"政府。6月26日,议会以263票对237票的微弱多数通过了瓦尔德克-卢梭组阁的信任投票。议员们没想到自己创造了历史:微弱多数不仅使这届政府成了第三共和国任期最长的政府(延续了3年多),也对未来法国政坛的走向起了重要的影响。

瓦尔德克-卢梭内阁以"保卫共和"为标榜,渐渐地在这一旗帜下聚集起一些左翼分子,继而形成了稳定的议会多数。至此,共和国的左派势力在政坛上抬头,共和国的政策开始向左转。有学者认为"瓦尔德克-卢梭内阁的产生为法兰西第三共和国的历史开辟了一个新时代"②。

这一时期,法国政坛的左翼主要由温和共和派左翼、激进共和派和社会主义者等组成。不过,左翼派别之间的分歧并不比左、右两翼的差别小。派别众多的左翼之所以能够聚集,是因为一系列的危机,尤其是德雷福斯事件带来的共和国危机。在灾难面前,在"保卫共和"的旗帜下,左翼各派彼此间才走得更近些。

---

① Waldeck-Rousseau, *La défense Républiciane*,Paris：Charpentier,1902,p. 3.
② 杜比:《法国史》,中卷,第1171页。

德雷福斯案最后以德雷福斯的终身监禁改判为 10 年徒刑告终。对于这一结果,法国各界及国际上富有正义感的人士都感到愤懑与失望:无罪之人仍判有罪,实为司法不公。温和共和派的机会主义政府以"保卫共和"的名义,放弃自由与正义的原则,也使温和派内部的一些人士颇为反感。比如普恩加莱,他声称离开机会主义派是因为觉得机会主义政府不能维护共和国的尊严。在瓦尔德克-卢梭这届内阁中,虽然只有一名社会主义派、两名激进派的部长,但这是一种"保卫共和"的联合象征。如此一来,社会主义派中不管是支持还是反对米勒兰入阁的,甚或是共和激进派还是温和共和派中的左翼等,只要有利于共和制度,都会采取支持的策略。这就使议会中出现了以往法国政坛上少见的团结一致的"保卫共和"阵营。

在第三共和国史上,瓦尔德克-卢梭内阁最大的成就可能就要数 1901 年结社法的通过。鉴于德雷福斯事件以来教权主义的猖獗,如何合法地打击教权势力,成了共和派关心的大事。1884 年的工会合法化法案,实际上已经变相地确认了法国结社的自由。那么,对于那些反共和的右翼教团,还要给予其自由权吗?教团是社团还是政治组织?如何界定教团的法律地位呢?对于这些关系共和国命运的问题,各派进行了激烈的辩论。

的确,自 1801 年《教务专约》以来,法国宗教团体的法律地位一直含混不清。一些宗教团体是经过批准成立的,在管理上也是比照民事法规进行的。一些没有经过批准而事实上存在的教团,政府虽然没有在法律上承认,却在经济上按照企业法人来收缴永久的营业税。另外,教团一直以来在法国具有特殊地位,拥有大量的财产,其中又有外籍人士。它们办教育,办报纸,在社会上影响很大。法学家出身的瓦尔德克-卢梭,迫切希望对于宗教团体的法律地位做出明确界定,厘清政教之间的关系,以利于共和国的发展。

1899 年 11 月 14 日,瓦尔德克-卢梭向议会提交了关于结社问题的草案,试图规范包括宗教团体在内的社团问题。草案规定普通社团只要向省行政当局备案即可,但是外国人领导的社团则需要由法国政府内阁批准。由于"外国人领导的社团"主要涉及宗教团体,草案引起了社会各界的广泛关注。1901年1月,议会对结社法进行了辩论。3个月后,众议院以303票对224票通过了法案。6月,结社法被参议院批准,7月1日正式公布。不久,未经批准的宗教团体遭到驱散,至此开启了激进党政府反教权主义和政教分离的大幕。

瓦尔德克-卢梭的"保卫共和"阵营起初是松散的,随着反对右翼的斗争进一步展开,尤其是1902年的议会选举,这个松散的联盟逐渐紧密起来。他们在一些重大的问题上大多采取了一致的立场,积极支持政府,比如反教权、结社自由等。由于政府受到议会多数的支持,因此相对稳定,政府出台的一系列政策得以顺利通过。不过,这个"保卫共和"的左翼联盟并没有形成组织,也没有明确的纪律,"保卫共和"是他们的原则与底线,这一原则制约他们采取共同的行动,因而也被称为"共和派集团"。有意思的是,这个左翼联盟比任何一次的联盟时间都长,延续了10年之久,这在第三共和国成立以来是罕见的。

1902年,法国议会举行大选,1/3的议员进行了更替。选举结果是激进共和派在议会中占据绝对优势。1902年6月3日,温和共和派左翼领袖瓦尔德克-卢梭以健康原因提出辞呈,激进共和派埃米尔·孔布(Émile Combes,1835—1921)组成新内阁,从而完全确立了激进共和派在法国的统治。孔布内阁在反教权主义的道路上走得更远,最终完成了法国的政教分离。

二、激进党(激进共和派)的崛起

政局的稳定,不仅有利于社会发展,也从一定程度上促成了法国现代政党政治出现并逐渐走向成熟。

现代法国资产阶级政党政治中,最早建立的政党是激进共和党。这一方面与法国激进主义的传统有关,另一方面也是当时的情势使然。

法国的激进主义派别,可以追溯到大革命时代雅各宾俱乐部中的山岳党人。此后,激进主义在法国社会一直颇有影响力。比如七月王朝时期,以赖德律·罗兰为首的新山岳党人,与大革命时期的山岳党人就有一些瓜葛。第二共和国时期,罗兰任临时政府的内政部长,在议会中继续领导着山岳党人。不久,激进派受到打压,罗兰本人也流亡英国。第二帝国后期,以甘必大为首的共和派提出《贝尔维尔纲领》,要求普选,政教分离,出版、集会、结社自由等,他们是第三共和国激进共和党的先驱(尽管1875年前后甘必大本人向右转了)。

第三共和国前期,温和共和派执政。在野的激进派开始作为一支独立的政治派别活跃在政坛上。激进派的主要领袖有克雷孟梭、普恩加莱等,他们在共和国初期就已经提出了较为全面的政治纲领。比如政治上,要求修改"1875年宪法",取消总统和参议院的设置,主张政教分离等;经济上,力主推行累进所得税、遗产税,实行铁路国有化等;在社会生活方面,提倡建立养老保险、缩短工时、雇主负责工伤赔偿、废除工人手册,允许离婚等,一些要求还具有某种社会主义色彩。1890年代开始,受巴拿马丑闻和布朗热运动的影响,激进派的声誉受到损害。德雷福斯事件是激进派重新团结起来的契机,瓦尔德克-卢梭组阁后,激进派在"保卫共和"的旗帜下迅速集结。由于摆脱了政府反对派的地位,原本摇摆不定的温和派偏左议员们开始与激进派走近。

在议会外,这一时期的激进派们仍然保持了过去在野时期注重自我宣传的传统。激进派的全国性报刊如《激进主义者》《明灯》等竭力宣传激进派的政治理念。外省和市镇乡村都有激进派的报纸,比如西南部的《快报》、里昂地区的《进步报》等,从而使激进派的影响力向市镇村庄辐射。

一个成熟的政党,除了要有正式的政治纲领和宣传机器,还要有全国性的正式组织。激进派要晋级为"激进党",还需要联合全法国的激进派别,把它们纳入一个有组织有纪律的团体。当时,组织政党的主要工作是由首都巴黎的接近议会政府的激进派积极分子来做的。可以说,1902年的议会改选是激进党成立的一个契机。

　　为了争取在 1902 年议会改选中取得胜利,1901 年开始,首都巴黎的各激进派组织就开始接触,彼此联络。其中,至少有 3 个激进组织在政党建构中起了重要作用:一是由激进派的社会活动家、众议员古斯塔夫·梅叙勒尔(Gustave Mesureur,1847—1925)和律师勒内·勒努(René Renoult,1867—1946)组织领导的"共和改革行动委员会",这是专门为竞选组织起来的委员会;一是早些年为筹备 1900 年 7 月 14 日国庆游行而建立起来的"共和行动联盟";还有就是 1899 年成立的"工商共和委员会"。1901 年 4 月 8 日,"共和改革行动委员会"呼吁巴黎各同道召开一个激进共和党代表大会,团结起来反教权主义、保卫共和,同时为即将来临的议会选举商定一个选举纲领。该倡议得到了巴黎和外省的各激进派组织的认同与响应。

　　1901 年 6 月 21—23 日,全法国各地的激进派共 1 100 多名代表云集巴黎,召开了激进党的第一次代表大会。激进党领袖克雷孟梭因故缺席。会上,总报告人米卡叶·贝勒当(Camille Pelletan,1846—1915)提出了党纲。这个纲领和从前激进派的主张差别不大,主要包括:取消宗教团体办学;政教分离;缩短军队服役期;废除军事法庭;实行累进所得税和工人退休金,等等。纲领舍弃了以前激进派取消参议院的要求,也没有提到废除私有制。会后不久,激进派正式取名为"激进共和与激进社会党"。

　　1903 年马赛代表大会后,激进党的组织架构也搭建起来。这是个金字塔型组织,从下到上依次是村镇委员会、县委员会、地区联合会、省联合会;最上层是巴黎的执行委员会。会上做出规定:每年召开一次代表大会以保持基层领导人彼此间及与巴黎总部的接触和联系。

　　激进党是法国第一个统一的、具有较严密纪律和组织的资产阶级政党。激进党的社会基础实际上就是甘必大所说的"新阶层",即商人、手工业者、一般公务员和政府雇员等所谓的中产阶级和小资产阶级。他们大多居住在城镇,但又与工人刻意地保持着距离,渴望有朝一日在政治或经济上跻身上层社会。他们是共和国的基石,也是一个最为庞杂的阶层。"新阶层"的上层由一些食利者和城市地产商等构成,尽管人数不多(不到全国人口的7%),但经济实力雄厚,生活优渥,有时间和精力关心政治生活。"新阶层"的中间阶层是激进党的重要支持力量,也是当时法国政坛上最活跃和最有影响力的一批人。他们一般是医生、律师、公证人等自由职业者,还有一些是诸如工程师、新闻记者等领薪的资产阶级。省、市议会的议员大多出身于这一阶层。"新阶层"中人数众多的要数小手工业者、小商人、小业主等。法国独特的工业化进程,使他们能够生存下来,且数量相当可观,到20世纪初还有近400万人。他们是激进党左翼的重要倚靠力量。

"新阶层"成分复杂,诉求也各异。有的支持民族主义,有的倾向社会主义,有的支持教会,还有的是反教权主义者,但保卫共和制是他们的一致立场。到19世纪末20世纪初,他们大多倾向于激进主义,主张社会世俗化,保护私有制,保护"小人物"的权利,其中大部分还是共济会会员或激进党党员。1902年议会选举,把激进党送上了政治舞台。

1902年选举,是德雷福斯事件后各派政治力量的又一次较量。德雷福斯事件使法国各派分化组合为明显的左右两翼。在这次选举中,左右两翼也各自组建了自己的联盟。左翼联盟除激进党外,还有左翼温和共和派的"民主共和联盟",社会主义者中以饶勒斯、白里安①和维维亚尼(René Viviani,1863—1925)为代表的入阁派,等等。右翼联盟包括保守派(保王党人、教会人士)、民族主义者和温和共和派的右翼等。右翼分子大多是法国的富翁,一些人还拥有很高的社会声誉。左右两翼实力与势力相当,竞选也十分激烈,由2 430名候选人中竞选出588个议席。

4月25日,第一轮选举开始。选民的积极性空前高涨,投票率高达79.2%。第一轮选举出议员415席,左翼联盟占优势。5月11日,第二

① 白里安(Aristide Briand,1862—1932),1901年担任法国社会党总书记。当过11次法国总理,是法国著名的政治家。由于他在国际合作、国际联盟和世界和平方面所作的努力,1926年与斯特莱斯曼(魏玛共和国总理)共获诺贝尔和平奖。

轮选举,左右两大阵营的对决更加明显①。选举结果是右翼集团获 220 席,其中保守派和民族主义者获 109 席,温和共和党占 111 席;左翼集团 获 336 席,其中激进党 219 席,左翼温和派 99 席,社会主义者 48 席。② 左翼集团赢得了大选,其中最大的赢家是激进党。

温和激进派总理瓦尔德克-卢梭却担忧如此压倒性的胜利会将赢者 推上滥用胜利和犯严重错误的道路。6 月 3 日,瓦尔德克-卢梭以健康原 因向卢贝总统提交辞呈,并推荐了影响力比较弱的孔布作为他的继承 者。在政坛执政 3 年又在大选中获胜的内阁总理,却在胜利后选择离 开,这在第三共和国史无前例。

从 1899 年起,法国政坛上起主导作用的是共和派左翼集团中的激 进派(激进党),因此,人们习惯上把这一时期的政府称为激进派政府,把 1899—1914 年的历史时段称为激进共和时期。

第二节 激进共和时期的内政

以瓦尔德克-卢梭内阁的成立为标志,第三共和国进入了激进共和 时期。从本质上说,激进共和派与温和共和派的差别并不大,只是执政 理念与政策偏好不同。不过,由于时代要求与社会进步带来的变化,这 一时期激进党的内政也有它自身的特点,相对前一时期来说稍有激进, 比如政教分离、实现社会生活的世俗化等。激进党纲领中提到的一些主 张与承诺也有所兑现,比如较温和派而言,更注意社会保障政策等。择 要而言,激进党的内政亮点主要体现在以下 4 个方面。

一、保证结社、集会等自由权利

结社自由是现代民主社会公民的一项基本权利。不过有趣的是,

---

① 竞选党派会依照选举的规则,让当选无望的候选人退出竞选,以便让选票更加集中到有望当 选的同党伙伴候选人身上。这样,一个选区往往只有两名候选人,分别来自不同的阵营。

② Jean Jacques Chevallier, *Histoire des institutions et des régimes politiques de la France de 1789 à nos jours*, p. 432.

1789 年大革命响彻全球的《人权宣言》并没有明确提到结社自由,此后的法国社会对于结社自由也一直讳莫如深。除了第二共和国时期对结社自由有过一些肯定,法国大多数时期是禁止结社的。比如拿破仑第一帝国和第二帝国都明确规定凡 20 人以上的社团成立必须经政府批准,否则社团的"为首分子、领导和管理者",甚至是普通会员都将受到法律的严厉制裁。

1871 年,第二帝国覆亡,第三共和国建立,结社自由问题就作为法国社会广泛关注的话题不断地被提起。温和派执政时期,先后规定了新闻、出版、集会等自由,扩大了人民的民主权利。1884 年工会法和 1898 年互助会法的颁布,也推动了法国结社自由的进程。不过,在法国这样一个天主教信徒众多、教权势力强大的国家,共和国的结社自由面临着两难困境:如果法律赋予一般团体以结社自由,那么也就意味着给激进共和派所憎恶的教会团体以结社自由;如果结社法把教会团体排除在外,又如何能够很好地体现自由结社原则? 1884 年《瓦尔德克-卢梭法》给予工会结社自由,但回避了"教团"这一敏感问题。

激进党执政后,在经历了德雷福斯事件等一系列危机之后,共和国与教会之间的"和平"局面不再,教团中反共和的势力重新抬头。温和共和派与教皇苦心营造的"归顺"(ralliement)动摇,世俗化运动导致的政治紧张需要新的缓解方式。在德雷福斯事件危机中产生的瓦尔德克-卢梭政府必须面对教会团体是否合法这一棘手的议题。于是,激进党政府选择了从教会团体中突破,以解决自由结社问题。选择从教团入手,除了政教关系的相对紧张,原因还在于教会团体中的外国人和教会财产的界限不明等问题使教团的法律地位有待厘清,更在于教权势力的反共和本质使激进党政府希望借结社法对宗教团体进行规范,进而打击教权主义。

结社自由法的提出与解决,瓦尔德克-卢梭功不可没。瓦尔德克-卢梭称得上是第三共和国时期最重要的政治人物之一。他以甘必大和费里的信徒自居,十分关注社会问题,在共和国初期就致力于推动工会法等的制定。反教权法与结社自由法,牵动的是共和国稳定的神经。1900年 10 月,瓦尔德克-卢梭总理在图卢兹的演说中就表达了这一观点:"我们必须应对由某一组织在民主社会内的持续发展带来的危险。"①

1899 年 11 月 14 日,瓦尔德克-卢梭向议会提交了关于结社问题的草案:普通社团只要向省行政当局声明后就能自由成立,而部分由外国人组成或受外国人领导的社团则由内阁法令批准。乍一看,这只是一项规范社团自由结社的法案。但实际上,外国人或外国组织就是暗指宗教团体。瓦尔德克-卢梭是想借机打击和控制那些职业教士,解除他们对共和国的威胁。在瓦尔德克-卢梭看来,结社自由是大势所趋,是对个人自由与权利的保障。但是普通社团与宗教修会是两种性质的团体。社团是建立在人格平等的基础上的个人的集合,应适用于普通法,可以自由组建;而宗教修会是以否定个体的"圣愿"为基础的,违背了大革命以来法国所崇尚的自由原则,应该用专门的法律进行规约。

瓦尔德克-卢梭在向众议院提交的草案中,比较重要的草案是第十三、十四、十七条。第十三条:如果没有事先征得参议院颁布的法律批准,不得成立如下社团:由外国人和外国人共同参加的社团;法国人组成的社团,但其总部在外国,或领导人属于外国人或者居住在境外。第十四条:凡属于第十三条规定的且没有得到政府批准的社团,皆属非法。凡加入或依附上述非法社团的人,可以依据条款规定进行惩罚。第十七条:废止刑法第二百九十一至二百九十四条、1820 年 7 月 5 日法律的第二十条、1848 年 7 月 28 日法令的第十三条、1881 年 6 月 30 日法律的第七条、1825 年 5 月 24 日法律的第二条第二段、1852 年 1 月 31 日法令。②可以看出,瓦尔德克-卢梭的草案是希望共和国在确认社会结社自由的

---

① Jean Jacques Chevallier, *Historie des institutions et des régime politiques de la France de 1789 à nos jours*, p. 422.
② 以上列举的法令,都是法国各个时期的政府颁发的禁止结社的法律。其中刑法第二百九十一至二百九十四条,就是臭名昭著的"任何人数超过 20 的社团"的成立及社团的一切言论和印刷品等,都必须得到政府批准,否则非法,并要接受处罚。

同时,一举解除教权势力对共和国的威胁。

不过,激进派占绝对多数的议会却没有总理这样含蓄明智与讲究策略。不久,议会组建了议案委员会,审议瓦尔德克-卢梭的草案。议案委员会对内阁的草案做了修正,一是直接用了"宗教团体"这一字眼,并规定宗教团体的成立必须由议会立法批准;二是规定了未经批准的宗教团体在 3 个月内不办手续,一律解散;三是增加了"禁止未获批准的宗教团体成员办学或任教"的条文。议案委员会的灵魂人物是激进派领袖乔治·特鲁约(Georges Trouillot,1851—1916),他在草案的修订、辩论和日后的法案的通过等整个过程中起了重要的作用。在特鲁约看来,天主教团体因其大量的财富和在教育领域的影响,已经对社会与共和国构成了威胁。为了大革命以来伟大国家的荣誉,为了自由不遭受损害,必须消除这个(指宗教团体)随时可能引爆的炸弹。

不久,瓦尔德克-卢梭本人的暧昧态度也发生转变。1900 年 10 月,在图卢兹的讲演中,他公开抨击修会"打着宗教的旗号,妄图在国家内部植入一种政治组织,其首要的目标是争取绝对的独立,然后图谋攫取所有的权力"[1],必须打击,并加以规约。

1901 年 1 月,议会对结社法进行辩论,对其中关于宗教团体的第三部分条款争议更加激烈。各派别都想利用法案,把它作为实现自己政治利益的工具:右翼作为教会利益的维护者,坚决反对法案,希望保持现状,使教会在普通法的名义下继续享有事实上的特权;激进派和社会主义者等左派则期待法案能成为反教权和政教分离的契机,因而要求尽快通过法案,有的激进议员甚至还提出要没收教会团体的财产来建立工人的养老金;温和的中间派人士则希望退回到政府总理先前提出的草案,以免刺激教会集团,以借机弥补德雷福斯事件造成的社会裂痕。

作为法学家和政府总理,瓦尔德克-卢梭则为议案委员会修改后的法案做了有力的辩护。瓦尔德克-卢梭认为,社团是一种契约,是个人自

---

[1] Waldeck-Rousseau, *Associations et Congrégation*, Paris:Charpentier,1902, p. 39.

由与权利的体现,社团不能独立于会员。针对有财产的教团,瓦尔德克-卢梭争辩说,尽管社团为实现会员的共同目标需要一些资金,但自身不能占有财产;能获得法人资格的社团都必须是对公共福祉有裨益的,其事业或目标都不能违反法律、违背社会良俗,或破坏国家领土完整及共和的政府形式。社团都必须得到议会颁布法律的确认。

瓦尔德克-卢梭条理清晰、合乎现代法治逻辑的观点,得到了议案委员会和议会多数的赞同与支持。经过近 3 个月的辩论,法案最终以 303 票对 224 票获得通过。6 月,法案得到参议院的批准。1901 年 7 月 1 日,结社法在《公报》上公布。

1901 年结社法①共有 3 编 21 条。

第一编共 9 条,主要就社团的定义、目的等做出规定,提出结社自由的原则,即"两人或以上人组成社团,无须审批,也无须事先申报,便能自由成立"(第二条),"任何非法、违法、违背良好风俗、破坏国家领土完整或者颠覆共和政府的社团,皆属无效且缺乏效力"(第三条),并对申报的程序、会费交纳、非法社团的处置等做出规范。

第二编共 3 条,主要就社团的公益资格做出规定,明确社团的活动领域、经济权益等,其中特别提到"多数成员为外国人,管理者有外国人或总部设在境外的社团,以及其行为在本质上会扰乱股票市场与商品市场的正常秩序的社团"、危害国家安全的社团,由总统署名的内阁法令宣布解散。

第三编共 9 条,主要是打击和限制宗教修会的条款。任何宗教修会都不得建立,除非它得到一项对其活动条件做出规定的法律的批准。任何未经批准的修会成员都不得直接或通过中间人领导各级教育机构,也不得在各级教育机构从事教育。另外,对宗教修会的财产买卖、捐赠等做出规定。

1901 年结社法可以看作法国走上现代国家、完善国家管理的一个重要转折点。大革命以来,法国政府习惯于用粗暴的方式对待结社问题:

---

① *Lois*, *Décrets*, *Ordonnances*, *Réglemens*, *Avis du Conseil-d'État*, *Tome Cent Uniteme Annee 1901*, Paris: Librairie de La Societe du Recuell, General Lois et de Arretes, p. 261 - 285.

禁止一切结社。结社法通过后则代之以对不合法的结社行为进行处罚，而且把这种处罚的权力交由法庭(法律)，从而结束了政府(行政)对社团粗暴干涉的局面。特别值得一提的是，结社法确认了结社自由，这也表明经历了近一个世纪的曲折，法国人对于民主与自由的关系已经有了很好的体认：视结社自由为公民的一项基本权利。这对于日后法国争取公民权利和民主政治的发展的影响都是极大的。

集会自由实际上是个体对国家的"抵抗自由"(la liberté-résistance)，也是现代资产阶级国家所谓的公民民主权利的基本内容之一。法国公民集会自由是大革命的产物，1791 年宪法把公民集会自由写进法律，使之成为合法。督政府以后，集会自由便开始受到严密的控制。1810 年颁布的刑法第二百九十一条授权政府对超过 20 人的集会可以自由处置，这就是说不需任何理由就可禁止集会，从此，集会自由在法国不同程度地受到限制。拿破仑三世在"自由帝国"时期，对于政治集会自由有所松动，并承认了其他集会的自由，但必须事先由省长等授权。

第三共和国初期，由于受巴黎公社的刺激，集会自由被禁止。温和派执政时期，1881 年 6 月 30 日，费里政府颁布法律废止拿破仑时代的未经警察许可 20 人以上不得集会的条文，恢复了集会自由，但必须事先申报；从 1905 年开始，法令还要求天主教会，必须接受事先申报制度下的宗教集会。此后，天主教会拒绝接受这种需要申报程序的宗教集会制度，鼓动修改有关集会的法律，教皇也反对建立宗教仪式管理协会来指导所谓的宗教集会，而使 1905 年政教分离法陷入僵局。

为了落实政教分离，又不完全与教会撕破脸，克雷孟梭内阁接受了公共教育和艺术部长白里安的折中方案，将宗教协会冠以"公共集会"的形式，许以自由。1907 年 3 月 28 日，议会通过了《公共集会管理法》，规定"任何公共集会，不管其宗旨如何，均可召开，无须事前通报"[1]。不过，

---

① Eric Cahm, *Politics and Society in Contemporary France 1789 - 1971*：*A Documentary History*, p. 638.

"集会不应该在大街上进行"。尽管该法的通过是迫于宗教协会的压力，但法案通过后，便成为关于集会自由的一般法。1935 年法案取消了集会不能在大街上进行的条款。从此，游行示威有了充分的自由。

二、反教权主义，完成政教分离

如前所述，在各派别为结社法争论的同时，各种力量也为 1902 年的议会选举而忙碌。这是德雷福斯事件后的一次大选，对各派政治力量是一种考验。为赢得选举，左派结成了联盟，除激进党外，左翼温和共和派组成了"民主共和联盟"，社会主义者中的入阁派饶勒斯、白里安、维维亚尼等则与共和左翼联盟联合参加议员选举。右翼也组成了自己的联盟，由保守派(保王党人、教会的依附者等)、民族主义者(成分十分复杂，包括"反犹联盟""爱国者联盟""法兰西祖国联盟"等右翼团体)以及温和共和派的右翼组成。当时全国有 2 430 名候选人参加竞选 588 个议员席位。普通民众的投票热情也很高，有的选区投票率高达 90%。两轮投票选举(4 月 25 日、5 月 11 日)都是左翼势力占优势。最终选举结果是左翼集团拥有 366 席，其中激进党占 219 席；右翼集团获得 220 席，其中温和共和派占 111 席。1902 年 6 月 3 日，瓦尔德克-卢梭因健康向总统辞职，并向卢贝总统推荐参议员埃米尔·孔布为总理候选人。

1902 年 6 月 12 日，孔布内阁获得了议会的信任投票。支持孔布政府的主要有 4 个议会党团：民主联盟、激进党团、社会激进党团和社会主义党团。为了争取更多的支持，也为了内阁的各项工作不受干扰，孔布建立了由上述 4 个党团按比例选出的"左翼代表团"。该代表团经常开会，了解政府意图，议会的日程也通常由他们确定，是政府的核心。孔布任内完善了一些议会制度，如规定政府质询会议一周一次，未尽讨论的议题留待下周，避免了议会多次质询而干扰政府工作；建立常设委员会讨论相关议案，以取代以往根据议案组成临时委员会的做法，一则更加专门化，由于是常设机构，也利于与政府相关部门的沟通协调，二则使议会中的少数派断了可以在某个议案临时委员会形成多数的念想，有利于执政党政府的稳定。孔布政府一直持续到 1905 年 1 月,也称得上是第三共和国史上执政时间较长的一届政府。

孔布出身贫寒,早年曾在修会学校上学并服务过教会,由于受到排斥转而加入了反教权的共济会,并成为坚定的反教权主义者。他在激进共和主义者莱昂·布儒瓦(Léon Bourgeois,1851—1925)内阁政府期间(1895—1896)任内政部长时,就积极反对教权主义,但就政界知名度和影响力来说并不大。瓦尔德克-卢梭推荐他为总理候选人,大概是希望他能切实落实结社法,又不至于太过强势。但结果并未如瓦尔德克-卢梭所想的那样。

左翼集团的胜利,对于反教权主义政策的制定与实施是有利的。孔布内阁任内也把反教权主义作为主要工作,内阁会议讨论最多的也是这一议题,这可能是因为在这一问题上,激进派几乎是立场一致,而在其他社会改革问题上则会有很多分歧。而且在反教权问题上,激进派的主张也得到了其他政治派别和社会各界,尤其是知识分子的支持,比如多数社会主义者都响应孔布政府的反教权政策,只有朱尔·盖德(Jules Guesde,1845—1922)为首的法国工人党拒绝加入反教权主义阵营。一些社会团体,如"自由思想者联盟""教育联盟""人权与公民权联盟"、共济会等组织不仅以集会的形式加以支持,还和政府协商策略,成为反教权政策的"智库"。一些媒体,如《世纪报》《震旦报》《小共和报》《人权报》《回声》《激进者》《新时代》《启蒙》等报刊,都发表文章,支持结社法,成为反教权的一种重要推动力量。

孔布政府的反教权主义分为 3 步:首先是严格贯彻 1901 年结社法;然后整饬教会学校;最后,待条件成熟,坚决打击教权主义,实行政教分离。

1901 年结社法要求未经批准的宗教团体向议会申请,批准后即为合法。而孔布政府在执行批准程序的尺度上更加严格,并对原已获准(1901 年前)的宗教团体在办学资格的核准上也近乎苛刻。1902 年 6 月 27 日,政府关闭了 1901 年以来未经审批而擅自建立的 125 所修会学校。

1903 年 3 月 28 日,众议院一票否决了 54 个男修会提出的审批申请。此后,又关闭了宗教机构办的 3 000 多所学校。到 1903 年 10 月,1 万多所教会学校被关闭(不过,其中半数的学校后来以各种方式重新恢复),3 万多名僧侣与修女被迫流亡英国、比利时、意大利、西班牙和加拿大等国。[①]至此,结社法切实得到了落实。

孔布政府进一步的反教权行动是关闭教会学校。《瓦尔德克-卢梭法》的初衷是将修会的活动纳入法律的约束之下,限制它们的反共和活动,使国家对教会团体的管理有法可依,并非想要清除教团。但孔布认为教会教育是一项"害人的事业",必须彻底肃清。1903 年 12 月,孔布向议会提交了进一步清理宗教团体的法案:禁止所有的宗教团体从事任何性质的教育活动,原先已批准建立的教会学校在 5 年内应关闭。1904 年 3 月,该法案在经过了一些细节(清理年限上延长为 10 年,培养殖民地和外国教师的教会学校除外,等等)上的调整后获得通过。

孔布政府对修会的打击并强制关闭教会学校的做法,引起了天主教世界的强烈不满和猛烈抨击。1902 年 7 月,巴黎大主教里夏尔(François-Marie-Benjamin Richard,1819—1908)致信卢贝总统,说孔布关闭教会学校是共济会的阴谋。罗马教皇利奥十三世[②]也专门写信向总统卢贝表达他的不满,甚至是瓦尔德克-卢梭本人也认为孔布政府的反教权行为有点过火了。1903 年 6 月 27 日、11 月 20 日,抱病参加议会的这位前总理批评他的继承人把 1901 年结社法从"一项控制性的法律变成了一项排他性的法律"。

孔布内阁的反教权行动,固然是国内政治的需要,但对孔布而言,也可以说是一种姿态,表达了对罗马教会的不信任。孔布早年深受教会的影响,曾经立志为教会服务。但教会怀疑他的忠诚,没有授予他一级神品。从此,孔布脱离了教会,走上了从政之路。早年的经历可能对他的政治心

[①] Jean Baubérot, *Historire de la laïcité française*, Pairs: Presses Universitaires de France, 2010, p. 82.

[②] 教皇利奥十三世(Pope Leo XIII,1810—1903)因为比较开明,被称为第一个资产阶级教皇。

理产生影响,使他成为一名激进的反教权主义者。政教分离是孔布内阁的一项更重大的事业。在落实1901年结社法,与国内宗教团体斗争的回合胜利后,孔布转向清理与罗马教会的关系,开启了共和国政教分离的进程。

政教分离是国家世俗化和现代化的一个重要标志。现代国家只有世俗化、不受宗教控制,才能更好地保障自由、民主和理性等现代性特征的健康发展。当然,世俗化并不是指完全废除宗教在社会生活中的地位,而是指国家制度的世俗化,即教会与公共治权相分离,宗教归入私人信仰的范畴。

大革命后期,法国开展的"非天主教化运动"在国内造成了一些损害。1801年,拿破仑与罗马教皇签订《教务专约》,承认天主教是"法国大多数人的宗教",并约定在任命新主教时,国家和罗马教廷应事先协商,国家指定的新主教名义上要由梵蒂冈任命。从此,法国的政教关系稳定了下来。

第三共和国初期,罗马教皇利奥十三世从梵蒂冈的现实利益出发,号召法国天主教徒"归顺"共和国,并发表了一系列通谕,对政教关系做出一些新的诠释,表示共和国的形式与天主教会并不冲突。这表明教皇代表的教会在向共和国释放一种和解的信息,务实地接受了法国的共和制度。不过,在德雷福斯事件中,法国的天主教徒们并没有听从教皇的劝告,激烈地反犹并攻击共和国,使法国的政教关系又转向恶化。

孔布时期,在两件事情的处理上,法国当局政府与梵蒂冈关系真正交恶。一是关于主教叙任权的问题。1904年初,孔布没有事先与梵蒂冈方面协商就指定了几名新主教,名单通知到教皇那里,教皇觉得孔布政府不尊重他,也违背了之前的惯例而拒绝向政府指定的这几名教士颁发授予证书。孔布借机指责教皇违反《教务专约》,威胁要与之断绝关系。1903年7月20日,教皇利奥十三世去世,同年8月,庇护十世(Pope Pius X,1835—1914)继位。1904年3月,庇护十世发表了反对法国政府禁止宗教团体从事教育的通谕,遭到孔布政府的强烈抗议。二是法国总统访意事件。4月,法国总统卢贝接受意大利国王的邀请访问意大利。梵蒂冈方面认为意大利国王是个篡位者,"非法吞并罗马城"。所以,法国总统访意,是对教皇的不友好、对教廷的不尊重。卢贝总统会见了意大利国王,为此教皇十分恼怒,拒绝会见卢贝总统。

4月28日,教皇秘密通谕欧洲国家的天主教政府对法总统访问意大利表示抗议。法国外交部对教皇的通谕佯装不知,想低调处理此事。不料,摩纳哥亲王将通谕转给了饶勒斯。孔布认为这是个好机会,决定利用教皇的通谕事件来激起国内的激进主义情绪。不久,通谕被全文发表在《人道报》上,迫使法国政府在5月25日召回了驻梵蒂冈大使。作为报复手段,庇护十世宣布给予两名支持共和国政府的主教"绝罚"。在两名主教是否去梵蒂冈履职的问题上,教廷与孔布政府互不相让,7月30日,法国政府宣布断绝与梵蒂冈的一切外交关系。

对内反教权,对外反教廷,为孔布内阁实行政教分离提供了基础。孔布是坚定的反教权主义者,在1905年的一次演讲中说道:"我个人决不会反对政教分离。正相反,我和内阁中大部分同僚一样,倡导这一主张。在这一点上,我和整个共和党的观点相一致,始终认为政教分离是迈向世俗社会、摆脱教权束缚这一社会进步必然的和合乎逻辑的结果。"[1]

1904年10月,激进党在图卢兹召开代表大会,会上提到要实行政教分离,与会多数表示支持。11月,孔布政府正式向议会提交了关于政教分离的法案。但孔布内阁的一些激进主义策略和风格,使他在议会中的支持率开始下降。比如为了扼制军队中的右翼,孔布内阁一直通过私密渠道监控军官的政治观点与行为,陆军(战争)部长路易・安德烈(Louis André,1838—1913)则在军队中建立了一套较完备的告密制度。不料事情败露,引起大哗,不仅给孔布的政敌留下话柄,一些共和派人士也认为这样做有悖于民主自由原则。11月15日,安德烈辞职,由莫里斯・贝尔托(Maurice Berteaux,1852—1911)接替安德烈为战争部长,但未能平息政界的不满,有人甚至指控孔布在行政机构、警察和学校中也施行告密

---

[1] 参见楼均信主编:《第三共和国兴衰史》,第264页。

制,使内阁发生信任危机。雪上加霜的是,1904 年 8 月 14—18 日,第二国际在阿姆斯特丹召开了代表大会,会上做出了"社会主义者不参与资产阶级政府"的决议,以饶勒斯为首的社会主义议员表示遵守议案,宣布退出左翼联盟。孔布内阁在议会中的主要支持集团——左翼联盟也散了。种种政府危机迫使孔布内阁在 1905 年 1 月集体辞职。

接替孔布的是他的财政部长莫里斯·鲁维耶。鲁维耶是金融家出身,是个务实的政治家。尽管鲁维耶政府在政教分离的态度上仍是坚定的,但在方式上比起前任则温和得多。1904—1905 年的整个冬天,议会委员会都在讨论法案的细节。1905 年 3 月 21 日,白里安向议会做关于政教分离的草案的报告。白里安语气平和、彬彬有礼,与孔布的激进风格截然不同。7 月 3 日,白里安的草案文本在众议院以 341票对 233 票获得通过,12 月 9 日,由参议院附合后公布(又称"1905 年法案")。

1905 年《政教分离法》,可以说是法国走向现代国家的又一重要成果。法案的第一条就明确了"共和国保障信仰自由,保障宗教仪式的自由进行"。法案厘清了政府与教会的边界:"共和国对任何宗教仪式既不承认,也不给予工资或津贴,从 1906 年 1 月 1 日起,凡属举行宗教仪式的开支,均从国家预算、省政府及市镇预算中剔除。""宗教机关的动产与不动产,归宗教机关所有",曾经是国家所有的,但被用来进行宗教仪式的公共活动场所和教士住宅等的宗教建筑物,仍属国家财产,可免费交给进行宗教仪式的机关使用。法案重申并明确了 1901 年的相关规定,剥夺教团的教育权:宗教协会将"以从事一种宗教仪式活动为唯一宗旨","为宗教仪式提供经费、给养,并保证其公开活动的协会,应当按照 1901年 7 月 1 日法令第一编第五条及以下各条规定组成"。[1] 法案对于教产也做了清晰的规定:自法案公布之后的一年内,修道院、教会的制造厂、

---

[1] Eric Cahm, *Politique et société：La France de 1814 à nos jours*, Pairs：Flammarion,1977, p. 420 – 422.

教会理事会、主教会议以及其他宗教仪式公开机关的动产和不动产等都要移交给只以宗教仪式为宗旨的合法的宗教协会。

一开始，法案受到一些宗教人士的抵制，尤其是财产清查造册时还引发了一些骚乱。这主要是因为教团怕一时断了国家的财政支持，生计受到威胁。不过，虽用于宗教活动的财政支出被废除，但明确了教会财产归天主教协会管理，这使教会的财产合法化了。随着时间的推移，国家在政策执行上的宽松，以及教会得到了更多的私人捐助，反对的声音也渐渐弱了下来。

平心而论，法国教会与国家分离后尽管少了份资助，但多了份自由。教会从此远离了政治斗争的旋涡，回归宗教本原，受到了大多数法国人的尊敬，因而在现代社会中仍然具有很强的影响力。

三、保护贸易，发展民族经济

19世纪中后期，资本主义世界市场开始形成。在经济上，欧洲各国一般是贸易自由和贸易保护两种策略并用，两者都对各自国家的经济发展起了重要的作用。

就法国而言，某一时期的经济政策，是与特定的社会发展要求和经济状况相适应的。当经济发展势头喜人时，一般会侧重自由贸易，反之则不然。1860年代，即第二帝国的"自由帝国"时期，拿破仑三世基本上实行自由贸易政策。这一策略对于法国工业革命的开展起了重要作用。1899年激进派执政时，法国工业化接近完成，社会开始进入了垄断资本主义阶段，但小农、小企业依然在法国占很大的比重。经济环境已经发生了变化，周边的许多国家如德国、奥地利和俄国都先后采取了关税保护主义。这样，继续奉行自由贸易反而会对法国的经济产生负面影响。比如从1875年至1889年，法国与比利时的贸易减少了8％，与英国减少了14％，与德国减少了28％，与荷兰减少了55％，与奥地利减少了26％，与俄国减少了83％。与此同时，外国的商品则大量涌入法国，使法国经济大受影响，尤其是农业与农产品受影响更甚。

1891 年 5 月 11 日,时任孚日省议员、海关预算总报告人的梅利纳在议会中发言,强烈要求贸易保护,以更好地发展民族经济。不久,由他起草的《梅利纳法案》以 385 票对 111 票获得通过。1892 年 1 月 27 日,《梅利纳税则》颁布。该法案明确了双重关税制度:一是普通关税,即从 1892 年 2 月 1 日起,自动适用于所有国家,税率则是根据不同的商品,为 15%—30%不等。二是最低关税,在普通关税的基础上,政府可以根据需要与若干国家签订最低关税,税率一般为 12%—20%。政府不得再行最低关税之下的税率。法案还重新厘定了输入殖民地商品的税收办法,将殖民地大致分为 3 类:第一类如阿尔及利亚、安的列斯群岛、印度支那群岛,外国进入的商品按进入法国本土一样的关税征收;第二类如突尼斯、加蓬和大洋洲的殖民地,实行最低关税;第三类一般为落后的非洲地区如刚果盆地,所有商品进出口均免税。

这一法案的公布,表明法国明确恢复了保护关税政策。法案提高了进口工业品的关税,关税的最高额和最低额都有了提高,即使是对于最惠国也只是提供最低税额的保证,不免税。不过,法案确定的关税相比同时期的德国和意大利要低些,比美国就更低了。1892 年以后,法国对于本国生产效率较低的货物进口继续提高关税。直到 1910 年新的税制制订前,《梅利纳税则》一直沿用,并有所增加。可以说,直到一战前,法国是欧洲实施贸易保护主义最严厉的国家之一。激进党的这种经济政策,一方面是法国特殊的经济形态所致,另一方面对垄断集团也是有利的。

除了对外贸易上的保护主义,激进党政府还积极干预国内的经济发展:一是支持垄断托拉斯的兴建。1884 年前,法国工商界的托拉斯因受到刑法第四百一十九条影响而禁止。1884 年后法律有所松动。激进党执政后,一些行业协会的建立得到了允许,如 1890 年成立了磷酸盐协会,因为执法官越来越倾向于认为"自然而自由"的竞争可能是危险的。1902 年隆维商行案件和 1906 年的玻璃联合财团巴黎的镜子总公司案件,"商事法庭承认工商业者联合经营的权利……以缩减企业的寻常开支和免得他们企业的破产"①。政府取消对组建托拉斯等的禁令后,法国的公司数大增。据法国统计局定时公布的公司成立数据,"每年公司成立的平均数在 1879—1883 年为 4 104 家,1909—1913 年为 7 151 家,后者比前者增加 74%。倒闭解散的公司数字上升速度则慢得多,1879—1883 年是 2 681 家,到 1909—1913 年为 3 561 家,只增加了 33%。这样,公司的净增加数上升很快,从 1879—1883 年每年净增 1 423 家到 1909—1913 年每年净增 3 590 家,增长了 152%"②。其中 1909—1913 年成立的公司中有 17%是通过发行股票筹集资本的股份公司。

二是用财政与税收政策来调节经济,通过官方或半官方的银行投资来推进经济。1900—1913 年,法国出现了开办和改组银行的高潮。比如,1901 年,新成立了国民工商银行。1902 年,成立法国动产信贷银行。1904 年,成立巴黎协和银行、外省银行中央联合会等。这些新建的大银行在 20 世纪的最初 10 年中,都有令人瞩目的发展。1889 年起,法国的股份公司开始通过发行股票筹集资金,股份公司的资本从此大增。见表1③:

表1 1889—1903 年法国股份公司的资本数

单位:百万法郎

时期	每年平均数
1889—1893 年	559
1894—1898 年	664
1899—1903 年	1 169

1893 年政府开始对证券交易活动征税,1901 年对遗产税实行部分累进征收等。这些政策对于调节社会的贫富差别、促进社会健康发展都是有作用的。

---

① 弗朗索瓦·卡龙:《现代法国经济史》,吴良健、方廷钰译,北京:商务印书馆,1991 年,第39 页。
② 弗朗索瓦·卡龙:《现代法国经济史》,第70 页。
③ 参见弗朗索瓦·卡龙:《现代法国经济史》,第 71 页。

　　国家财政支持社会经济建设,政府用于经济与社会目的的开支在增长。第三共和国初期的 1880—1884 年,政府用于经济与社会发展的支出为 22%,其中,公共交通的支出占总支出的 6%。到 1910—1913 年,政府用于社会经济的支出为 23.8%;1912 年,公共交通开支占了 9.4%。[1]不过,这种增长是相对缓慢的。

　　经过一番调整,1895 年后,法国经济有了相对高速的发展。1896—1914 年,国内生产总值从 220 亿法郎增加到 388 亿法郎。[2]工业增长率也从 1870—1896 年的年增长率 1.6%,增加到 1896—1914 年的年增长率 2.4%。[3]激进党执政时期可以说是历史上法国经济发展最好的时期之一。

四、改革军队,尝试军队共和化

　　法国军队历来具有强烈的政治特性。自大革命以来,作为民兵组织的国民自卫军,在法国历次革命或战争中起了重要的作用。1871 年巴黎公社时期,国民自卫军在"五月流血周"中力量耗尽,1871 年 8 月 25 日,国民议会通过了解散国民自卫军的法令。次年 7 月,国民议会通过法令,仿照普鲁士模式,建立普遍义务兵役制,至此,法国建立起了一个正规军队组织。但共和国建立之初,法国的军队基本上是保守派的基地。这一方面是由于共和国的军队建制基本承袭了第二帝国时期军队建制,保留了大批帝国时期的军官和军团,另一方面,军人们大多参加过普法战争,也镇压过巴黎公社,麦克马洪任总统期间,军人效忠他们的元帅,忠于总统,但对共和国是三心二意的。

　　1879 年,共和派全面掌权后,倾向君主制的贵族精英和保守势力开

---

[1] François Caron, *Histoire économique de la France XIXe -XXe siècles*, Paris: Armand Colin, 1981, p. 51.

[2] Alain Beltran et Pascal Grist, *La Croissance économique de la France 1895 - 1914*, Paris: Armand Colin, 1988, p. 16.

[3] F. Braudel et E. Labrousse, *Histoire économique et sociale de la France*, Tome 4, Volume 1, Paris: Presses Universitaires de France, 1979, p. 121.

始失去了对政治与社会秩序的掌控,加上工业经济的发展,贵族子弟的成长之路越走越窄,从军成了一条比较好的出路,况且这也是贵族的"传统职业"。这样一来,军队成了保守势力的庇护所和避难所。不仅如此,军队还与教会关系密切,社会与教育领域的世俗化措施并没有涉及军队,许多军官都是虔诚的天主教徒,有些甚至还是反犹分子,比如1887年出任总参谋部情报处长的桑德赫尔,就是一个有强烈反犹倾向的天主教徒。共和国军队也充斥着反共和与反犹的思想,布朗热运动和德雷福斯事件都明显地揭示了这种倾向。

使军队成为共和国支柱的关键是军队的共和化。为此,共和派主要从两方面着手,即观念上培养热爱共和国的军人,体制上为具有共和倾向的军官提供晋升通道。在温和共和派执政时期,费里、甘必大、保罗·贝尔(Paul Bert,1833—1886)等致力于在军队中进行爱国主义教育,把军队视为培养"公民的好学校"。

激进共和派执政时期主要致力于改革军队的体制。鉴于军队中存在大量保守势力,排挤并打击共和派军官,一些激进的共和派认为,保守的军队是共和制的隐患。从历史上看,1799年和1851年两个波拿巴的政变,葬送了第一共和国和第二共和国,成就了法国的两个帝制;在现实中,布朗热运动和德雷福斯事件,使共和制遭受了前所未有的危机。不解决军队的共和化问题,很难保证共和制不再发生危机。为此,激进派政府开始了军队共和化的尝试。

1899年6月,瓦尔德克-卢梭以"保卫共和"的名义组阁,任命加利费为陆军部长。加利费尽管出身贵族,在巴黎公社时期以屠杀起义者而闻名,但有着坚定的共和信念,属于德雷福斯派。加利费上任后不久,就对试图趁富尔总统葬礼①发动政变的反犹军官进行了调离或清洗。协调不力的巴黎军事长官苏兰登将军(Émile Zurlinden,1837—1929,两度出任

---

① 富尔总统是反对重审德雷福斯派,1899年2月16日因服药过量猝死,重审派卢贝继任总统。反犹、反重审组织"法兰西祖国联盟""爱国者联盟""反犹联盟"等试图趁总统的国葬日(2月23日)发动政变。

陆军部长)被免职;涉嫌参与富尔总统葬礼事件的军官佩利厄将军
(Georges-Gabriel de Pellieux,1842—1900)和罗热将军(Roget)调往外
省。1899 年 8 月,在加利费将军支持下,雷恩军事法庭复审了德雷福斯
案件。9 月,"雷恩审判"宣判德雷福斯"有罪,但情有可原",舆论哗然。
支持德雷福斯的加利费将军为德雷福斯写了特赦申请。9 月 19 日,卢贝
总统签发特赦令,21 日,加利费将军向各军团发布通令:告诫军人事情已
经结束,不要再纠缠过去,要展望未来;宣称"军队不属于党派,军队属于
法国"。

的确,军队共和化,首要的是摆脱党派的控制,加强自身的独立与中
立。为此,陆军部长加利费开始对军队人事制度,尤其是晋升制度进行
改革。1889 年,布朗热事件后,时任陆军部长的前总理弗雷西内成立了
军队中的晋升委员会,下设军团委员会(负责步兵军官的晋升)、兵种委
员会(负责技术军官的晋升)、高级军官委员会(负责旅长以上的高级将
领的晋升)等。名义上,晋升委员会提名的晋升人选,必须由陆军部长批
准,但由于第三共和国政坛的不稳定,内阁总理都常常替换,更不用说陆
军部长的人选了。这样一来,军官晋升的实权往往是掌握在晋升委员
会手中,而晋升委员会中的军官委员大多是天主教保守分子,对共和
原则充满了偏见。于是,在军队中,一些贵族出身或者是天主教教徒
的军人往往会优先得到晋升,这也可以解释为什么德雷福斯事件中军
方会成为反犹主义的急先锋。加利费决心改变这一状况,他一方面宣
布晋升委员会只是一个咨询机构,陆军部长在军官晋升人选上具有最
终决定权,另一方面改革晋升委员会的投票规则,改秘密投票为公开
投票,让委员会成员难以公开袒护贵族军官。加利费将军的军队人事
改革尽管比较温和,但开启了军队共和化的第一步。1900 年,加利费
由于与内阁总理瓦尔德克-卢梭政见不合,提出辞呈。在前总理布里松
的大力举荐下,没有从政经历的共和派军官路易·安德烈将军继任陆
军部长。

1902 年 6 月,激进共和派孔布任总理,同样激进的安德烈留任陆军

部长。为了加强对军队的监督与管理,打通共和派军官的晋升通道,安德烈强化了军队中的人事管理,建立了秘密人事档案(卡片档案)①系统。档案主要记录军官们平时的表现,诸如是否参加天主教仪式,有否发表反共和言论。卡片系统分为 3 类:科林斯卷(Corinth),主要记录自由派或共和派的军官行为;迦太基卷(Carthge),用来记录教权派或反犹主义的军官;未分类卷。卷宗的记录在很大程度上成了军官晋升的一个依据。也正因为这个记录,这一时期,大批的共和派军官优先得到晋升。

1903 年底,秘密的卡片事件被曝光,反对派认为这是个军队告密制度,它被定性为卡片丑闻,安德烈将军被迫辞职。卡片事件不仅使军队的信誉受到了影响,也延缓了军队共和化的进程。法国军队中的教会和保守势力影响一直到二战后才最终消除。

激进党时期的内政革新,应该说主要是在执政党政府任期较长的时间内展开或完成的,比如瓦尔德克-卢梭时期的世俗化改革,其进一步的深化就是在孔布时期,从中也可以看到一个稳定的政府统治对法国社会政治的重要性。

第三节　激进共和时期的外交与备战

激进党执政时期面临的外交环境与温和共和派执政时期有些不同。1880 年代,普法战争刚结束不久,法国国内舆论既渴望复仇又惧怕德国,社会心理复杂,复仇与和平的诉求相交织;到 1890 年代激进共和时期,普法战争的阴影已经过去,共和制度稳固了,社会经济也有所发展。共和国面临的外交难题是如何摆脱孤立,重建欧洲大国地位。因此,这一时期法国的外交重点是向英、俄靠拢,与德国和解。其间与外国的关系

---

① 共和国初期,一些共和派军官如甘必大等即已在军队中实行。这种秘密的个人行动记录,通常是记录在一张张卡片上,用以甄别军官们是否适合晋升或是否效忠共和国。

有所反复,比如发生了所谓的希内贝尔事件①,但寻求同盟者、摆脱孤立处境仍是法国外交中压倒一切的中心工作。

一、激进共和时期的外交策略

激进党执政时,普法战争已经过去了 10 多年,战争所带来的负面的社会心理影响有所减弱,民族自信心开始恢复。从现实上讲,法国也急于恢复大国地位。于是,根据欧洲的国际形势和欧洲各大国的实力与外交策略的变化,法国把建立新的欧洲国际关系提上了日程。

激进共和时期,外交家德尔卡塞是影响法国外交的重要人物。德尔卡塞出生于法国南部的阿列日省,曾在里博内阁时期任殖民部的副秘书长,一直致力于殖民事业,对殖民部成为独立机构起了重要作用。在德尔卡塞的整个政治生涯中,他长期担任法国外交部长、殖民部长和海军部长等职,是一个比较有战略眼光的外交家,对欧洲国际关系格局的变动有很好的体认,并能够据此改变外交策略。与以往温和派的外交策略不同,德尔卡塞看到了英、德在国际上的冲突加深,认为可以借机离间德国在欧洲的盟邦,实现法国既定的国家利益。因而,他在对德关系上反对和平,坚持复仇立场,被德皇威廉二世称为"对德国最危险之法国人"。

在德尔卡塞看来,实现对德复仇,就要广结联盟,摆脱外交的孤立地位。作为一个资深的政治家和外交家,又长期在外交部长②的职位上,可以说德尔卡塞的外交理念深深地影响了激进党执政期间的对外政策。为了摆脱孤立,法国把结盟的目标放在了英、俄这两个欧洲大国上。

具体来说,欧洲政策的第一个目标是加强法英俄联盟。

---

① 1887 年 4 月 21 日,特别警官希内贝尔应邀前往德国执行公务,却被德国以间谍罪逮捕。法国舆论大哗,政府强烈抗议,布朗热甚至还强烈要求总统发布动员令,对德进行复仇战。俾斯麦鉴于制造战争气氛的目的已经达到,他要的军事预算案也得以通过,9 天后,希内贝尔被释放,一场战争危机遂告一段落。

② 1894 年,德尔卡塞是杜毕伊政府的殖民部长。1898 年 6 月,德尔卡塞任布里松政府的外交部长,并连续在 6 届政府中续任此职,长达 8 年之久,1906 年摩洛哥危机中下台。1909 年复出,任海军部长。一战前夕,重返外交部长岗位,直到 1915 年退休。

普法战争后,随着经济的发展以及在欧洲军事势力的增长,德国与俄国的关系开始紧张起来,两国一时间打起了贸易战。普鲁士的容克地主反对俄国粮食进口德国,而俄国的实业家也反对进口德国的工业品,两国都提高了彼此的关税。德、俄在经济上的不和谐,为法国寻求与俄联盟创造了条件。

在德尔卡塞任外长之前,法俄之间就有接触,并逐渐建立了联盟。1891年8月,法俄两国达成的政治协定规定,如果遭到和平威胁,特别是两国之中的一方有被侵略的危险,双方就立即同时采取措施,并就相关问题取得谅解。1892年8月17日,法俄草签了军事协定,约定当法国遭到德国或意大利攻击时,或俄国遭到德国或奥匈帝国攻击时,双方都以全部兵力相互支援。

德尔卡塞接任外长后,对那种防御性的联盟并不满意,因为俄国在与法联盟的同时,仍与德国保持着良好关系。1898年俄国提议召开和平与裁军国际会议时,甚至都没有与法国方面事先通气。但争取俄国的军事支持又是此后法德冲突中必不可少的。故而法方认为,与俄的结盟十分关键,双方还须走得更近。为此,1899年8月,德尔卡塞亲赴彼得堡,做试探性访问。未料到,代表团受到了沙皇尼古拉二世和外长莫拉维耶夫的热情接待。这次访问也获得了重大成果:签订了一份秘密文件;修改了1893年的军事协定,协定不受时间限制;扩充了1891年的政治协定的适用范围,包括维护欧洲力量的均衡。1901年2月,法国军事代表团访俄,再一次达成一项两国军队在战时相互支援的秘密协定,俄国答应缩短战时动员的时间,以尽快响应法方的关切。是年秋天,沙皇尼古拉二世偕夫人访问法国,受到法方的友好接待。翌年春天,法国总统卢贝和外长一起回访了俄国。两国的关系日益密切,为日后的三国协约奠定了基础。

其后是缓和英法矛盾,加强彼此理解。历史上,法英关系是极其微妙的,两国王室既有着密切的亲戚关系,但也一直是交战不断的宿敌。19世纪下半叶,随着资本主义经济的扩展,两国在殖民地、海外市场等许多方面都有交集,也存在着尖锐的矛盾。加上英国外交实用、圆滑的特点,要改善法英关系,对法国的外交智慧是个极大的考验。

对法国而言,为了对付德国,在与英国的争夺中也只有忍让为上。在英法双边的接触中法国驻英大使保罗·甘本起了重要作用。作为大使一级的外交家,保罗·甘本认为在一个国家的对外关系中,领导者的战略设想需要通过具体执行者去落实,这就要求大使集远见、灵活、机智与忍耐于一身。甘本正是具有这一素质的外交人员,他提出要主动地、开诚布公地向英国讨论英法之间的分歧。法国的这种友好与忍让获得了英国的好感。从自身的利益考虑,英国也愿意与法结盟。1899 年,英法双方友好地解决了法绍达事件①,为两国结盟提供了基础。1903 年5—7 月,英法两国首脑进行了互访。其间,彼此民间包括普通民众和媒体的气氛都很热烈友好,也增进了相互的理解。

经多次秘密谈判,法英两国终于在 1904 年签订了"诚意协定",就非洲殖民地问题达成谅解:法国不妨碍英国在埃及的行动,英国也不干涉法国在摩洛哥的行动。另外还就北美的纽芬兰、西非殖民地和暹罗、马达加斯加等问题达成协议。尽管双方的"诚意协定"并不涉及战时的相互支援,但由于殖民地问题是 19 世纪以来西欧各国冲突的主要原因,法英在殖民地问题上的协议,从某种角度上说也是针对崛起的德国的殖民要求的联盟,因而,法英实际上构成了盟国。英法协约给了德国以极大的刺激。德国决策者从来没有想到法、英这两个在海外殖民地问题上势不两立的国家会走到一起。

与英国结盟后,法国又积极促成英国与俄国的关系。与此同时,英国为了进一步孤立德国,创造一个新的"均势",也希望与俄改善关系,以

---

① 1898 年,法、英两国为争夺位于尼罗河上游的苏丹小镇法绍达发生冲突。1898 年 7 月,法政府的远征队到达法绍达,9 月,英国在征服了苏丹后,也沿着尼罗河到达了该地。英军坚持苏丹为英国的势力范围,要求法军撤离。双方相持不下,形势异常严峻。法国政府考虑到自己在法绍达的兵力有限,尤其在法德对抗的形势下不宜再同英国发生冲突,遂决定对英妥协,11 月远征队撤退。1899 年 3 月,英法两国达成协议,以尼罗河及刚果河的中心线作为双方势力范围的分界线。

防止德俄接近。这样,从 1906 年 6 月起英俄双方开始正式谈判,1907 年英俄签订同盟协议。至此,法、英、俄三国协约形成。德国在欧洲开始受到孤立。

法国激进政府外交政策的第二个目标是改善法意关系,进一步打击德国。早在第二帝国时期法国与意大利的关系就已经恶化了。温和派执政时期,法意两国在突尼斯的争夺十分激烈。1881 年,法国出兵占领了突尼斯,致使意大利与德、奥结盟,并于 1882 年 5 月签订了反法的三国同盟条约。

在法国看来,尽管法意之间缺乏传统的友谊,但毕竟是一对"拉丁姐妹",有着共同的文化情结。再说,在三国同盟中,意大利是最薄弱的环节,要削弱三国同盟的力量,也只能从意大利入手,于是便积极着手改善与意大利的外交关系。

1896 年,意大利左派政府下台,却使法意关系出现了回暖的迹象。同年,双方就居住突尼斯的意大利人的地位问题达成协议。1898 年 11 月,双方又在一项商业协议的谈判中取得谅解。1900 年,两国就地中海南岸问题订立了密约:法国政府承认的黎波里是意大利的势力范围,意大利则默许法国在摩洛哥自由行动。1902 年 6 月,法国驻意大利大使巴雷尔与意方互换文件,商定若法德之间发生战争,则意大利保持中立。1903—1904 年,意大利国王和法国总统进行了正式的互访。法意的接近使德国有些嫉妒。德国首相皮洛夫把法意的接近比作他的妻子(意大利)与其他男子跳华尔兹。其实,法国跳华尔兹的目的就在于插足三国同盟,为实现对德复仇服务。而意大利则在两个大国之间摇摆,窥探站在哪边更有利。

摆脱了孤立地位的法国,接下来的目标就是对付德国了。

二、摩洛哥危机与德国结怨

两次摩洛哥危机,是 20 世纪初法、德两国在海外的冲突所引发的国际危机。摩洛哥北临地中海,西接大西洋,其中丹吉尔港口扼大西洋进入地中海的门户直布罗陀海峡，具有重要战略地位，遂成为欧洲列强争夺的要地。

前面提到，1904 年英法协议就摩洛哥问题达成谅解。法国承诺不干涉英国在埃及的行动；英国则承认摩洛哥是法国的势力范围。不久，德尔卡塞派法国驻丹吉尔公使团秘书圣·奥莱尔伯爵前往非斯商谈法国向摩洛哥贷款项目，条件是以摩洛哥的海关收入为抵押。1904 年的夏天，巴黎成立了摩洛哥事务委员会，准备开发和吞并摩洛哥。1905 年 2 月，法国又向摩洛哥苏丹提出了一项改革计划：在法国的监督下建立一支警察队伍，同时兴办铁路、开发矿山等。法国希望就此控制摩洛哥经济与司法，使摩洛哥成为法国"保护国"。

德国原本在摩洛哥没有太大的利益，但为了制衡法国，德国随即进行了抗衡。1905 年 3 月 31 日，德皇威廉二世访问摩洛哥城市丹吉尔。德国公使团提交给法国哈瓦斯通讯社一份公告，公告引述了德皇对苏丹代表的讲话，宣称德国要维护摩洛哥的利益，一个自由的摩洛哥将对所有国家的和平竞争开放，没有垄断，没有兼并，立足于绝对的平等。这一公告在法国引起了强烈反响。不仅如此，德国宰相伯恩哈德·冯·标洛（Bernhard von Bülow，1849—1929）还建议把摩洛哥问题提交国际会议讨论，并以战争威胁照会法国。法国方面，尤其是外长德尔卡塞恃有英国的支持而态度强硬，继续敦促摩洛哥苏丹执行法国的计划。法德关系顿时紧张。

6 月 6 日，法国内阁会议就摩洛哥问题展开了激烈争论。总理鲁维耶和一些部长都认为法国军方尚未做好战争准备，应该和平解决危机。坚持强硬对德立场的外长德尔卡塞被迫辞职，由鲁维耶总理兼任外长，同德国展开谈判。7 月 8 日法、德双方达成协议，同意召开《马德里条约》①参加国的国际会议讨论摩洛哥问题。1906 年 1 月，协调会议在西

---

① 1880 年《马德里条约》规定，所有外国及其公民在摩洛哥所享有的通商权利和其他权利均应一律平等。

班牙南部港口城市阿尔赫西拉斯举行,参加会议的有英、德、法、美、西、意、奥、俄、荷、比、葡、瑞典和摩洛哥等十三国代表。美国总统西奥多·罗斯福(Theodore Roosevelt,1858—1919)担当调停人,但在解决事件时则是倾向支持法国,加上又有英、俄支持法国(支持德国的只有奥匈帝国),所以会议结束时签订了有利于法国的条约:承认摩洛哥独立,也承认法国和西班牙对摩洛哥的警察控制权和法国对摩洛哥海关的权利。协议虽然暂时解决了摩洛哥危机,但引起了德国的强烈不满。德国的孤立局面也促使它追求更具野心的外交策略,从而使法德关系更加恶化。

第二次摩洛哥危机发生在 1911 年。是年春天,摩洛哥发生反对苏丹的起义。5 月,法国政府借机派了 6 万军队到达了摩洛哥首都非斯。7 月,德国也以保护本国商人为借口,出动炮舰"豹"号驶至摩洛哥的港口阿加迪尔,因此这次行动也被史家称为"豹的跳跃"。英国担心德国挑战其海上霸权,因而仍然强力支持法国。此时,法国国内的民族主义情绪较第一次摩洛哥危机时更加高昂。战争一触即发。德国感到势单力薄,被迫退让,法国总理卡约(1911 年 6 月—1912 年 1 月在任)也就顺水推舟。11 月 4 日法、德双方达成协议,以取得一部分法属刚果为代价,德国承认摩洛哥为法国"保护国"。1912 年 3 月,法、摩两国签订《非斯条约》,摩洛哥正式沦为法国"保护国"。

德国与英、法两国在这两次摩洛哥危机里结怨更深,而德皇更扬言不会再退让,法德终将有一战。

三、民族主义复兴与备战

法国是近代民族主义的发源地之一。自英法百年战争以来,"为祖国而战"成了法国民族主义者在危急时刻动员大众的口号与旗帜。大革命后,民族主义在法国一直很有市场,它有时表现为爱国主义,有时又表现为极端民族主义,对法国社会的影响是复杂的,但总体来说,法国占上风的是"左"翼的民族主义。

如英国学者霍布斯鲍姆所言,1870—1918 年的欧洲是民族主义的转型期[1],随着现代社会与政治变迁的步伐加快,传统受到了威胁,它们通常以"民族主义"面目示人,由此,西欧各国的民族情感在这一时期从"左"开始向右转变。第三共和国时期,尤其是 1870 年后,法国的民族主义话语也逐渐地被右派掌控。德雷福斯事件期间,左右两派都以爱国和民族情感为旗帜,民族主义在法国的两面性表现得淋漓尽致,也正是在这一时期,法国的民族主义发生了向右的转化。

19 世纪末 20 世纪初,法国经历了所谓的"美好时代"(La Belle Époque)[2],经济快速发展,政治局面相对稳定,人民生活水平提高,社会保障和立法出现,国民的自豪感与自信心增强。随着法德矛盾的日益激化,法国社会的民族主义思潮再次汹涌。此时法国民族主义的统领人物是巴雷斯、莫拉斯、佩居伊、克洛岱尔等,他们组织"法兰西行动"团体,创办报纸(《法兰西行动》半月刊,1908 年改为日报),撰写评论,利用文学、诗歌等形式,大力宣传民族主义。如作家巴雷斯,作为民族主义团体"爱国者联盟"的领袖,1897—1903 年创作了"民族活力小说"三部曲:《离开本根的人》(1897)、《向军人发出号召》(1900)和《他们的嘴脸》(1903)。他认为青年应该扎根土地、热爱家乡,才有发展前途。1905 年,他又发表了《在德国军队中服役》,描写了一个阿尔萨斯省的青年人阿尔曼虽身在德军,但心向往法国,在军队中保持着拉丁文化传统与习惯,赞美法国文化的优越性。巴雷斯的作品在法国青年中很受欢迎。佩居伊也在他的诗歌中,借圣女贞德的形象来鼓动民族情绪。不仅如此,一些人还借"复兴体育"来振兴民族精神,认为普法战争的失败与法兰西教育不注重体育有关,"我们的灾难一结束,就应该立即建立体操协会",当时,报纸杂志上有大量的文章谈论"复兴体育"。1888 年,新闻记者帕夏尔·格罗塞创立了"全国体育教育联盟",得到了许多议员和一些法兰西学院院士的

---

① 参见霍布斯鲍姆:《民族与民族主义》,李金梅译,上海:上海人民出版社,2006 年,第 99 页。
② 参见 Michel Winock, *La Belle Époque：La France de 1900 à 1914*, Pairs:Tempus,2003。

支持。体操作为泛军事训练的手段①被推广,1873年,法国只有9个体操协会,1899年增加到809个。

这一时期的民族主义所针对的是"德国人和坏法国人"。民族主义者夸大来自德国的威胁,认为德国在海洋、陆地、殖民地、经济等全方位包围法国。法国必须不惜一切地维护自身国家与民族的利益,与德国人拼个鱼死网破,这样法国才有未来。法国青年,尤其要担当起民族的重任。民族主义者声称,他们做过调查,法国的青年不怕战争,而是渴望着为国捐躯。在民族主义者看来,那些反对战争、要求和平的国人,是不利于法国的"坏法国人",应该予以摒弃。于是像社会党人饶勒斯(倡导国际主义)、鲁维耶(时任总理兼外长,提倡和平解决摩洛哥危机)就受到民族主义者的强烈攻击。

第二次摩洛哥危机后,卡约政府也受到了来自右翼和民族主义势力的攻击。人们指责他出卖了国家利益。1912年初,卡约政府辞职。接替他的是普恩加莱。

雷蒙·普恩加莱出身于法国洛林大区默兹省巴勒杜克城的一个工程师家庭。10岁时,普法战争爆发,他的家乡沦为了战场,战后法国又被迫割让阿尔萨斯和洛林。整个少年时期,普恩加莱在学校、家庭和社会中都深切感受到一种悲壮的民族情感,这对他日后的政治情感与倾向都有极大的影响。1887年起普恩加莱开始担任议员,1893年、1895年任公共教育部长,1894—1895年、1906年任财政部长等职,是个资深的政治家。1909年当选法兰西学院院士。作为洛林人,对德复仇和收复失地是他的梦想,因此,在政治舞台上普恩加莱总是以强硬的对德复仇形象示人,这就使他得到了右翼的支持。同时,他在任教育部长期间给公众的印象又是个反教权主义的共和派,所以左派也比较认可。在从政生涯中,普恩加莱起初不露锋芒,小心谨慎也使他赢得了一些声誉。在政治

---

① 1806年耶拿战败后不久,德国国民体育之父雅恩(Friedrich Luding Jahn,1778—1852,德国体育家,有"德国体育之父"之称)创造出了一套普鲁士的体操以作为一种泛军事训练的手段。故而普法战争战败后,法国国内有一种说法:法国败给了普鲁士的小学老师。

上他是个强硬派,而为人处世上又比较灵活,这种政治个性也使普恩加莱得到了议会的广泛支持。

1912年1月21日,普恩加莱的新内阁以440票对6票获得了议会的绝对支持。普恩加莱总理兼任外交部长,以强硬的姿态开始了复仇外交。他不放过一切场合,宣传他的民族主义观念,强调法国人应该给世人以这样一种民族形象:"它不要战争,但不怕战争"。

1912年5月,在普恩加莱的提议下,兰斯的传统节日"圣女贞德节"成了法定的节日(每年的5月10日)。8月,普恩加莱出访俄罗斯帝国,同沙皇、总理、外交大臣等分别举行了会谈,签订了军事专约。11月,在普恩加莱的主导下,英法也签订了海军专约,该条约旨在对英法两国的海军力量进行统一部署,规定英国海军重点保护大西洋包括法国西海岸,而法国海军着重布防地中海,并保护英国在地中海的利益。英法两个宿敌似乎抱成一团了。在普恩加莱的外交斡旋之下,法英俄三国协约进一步巩固。

在普恩加莱这里,人们看到了法国复兴的希望。在一些法国人的心中,普恩加莱更是一个忧国忧民、勤力踏实的能人。1913年1月,普恩加莱在右派选民的支持下,以870票中的480张支持票当选法国总统。这是第三共和国自麦克马洪以来第一个"强人"总统,从而打破了人们对"总统懦弱,总理强势"的政治认同心理,也说明了民族主义情绪笼罩下的法国,希望有个强力人物带领人民走向国家复兴的民族心理。普恩加莱也把自己的当选说成"法兰西民族精神的胜利"。他在给众议院的咨文中强调要捍卫法兰西民族,"为了和平,只能准备战争"。为此,他也获得了一个绰号:"普恩加莱——这就是战争"。

普恩加莱政府的备战是从修改兵役法开始的。原先法国的兵役期是两年。1912年,德国政府提出了一项扩军计划,追加10亿马克的特别经费以扩充德国常备军的数量及德军的装备。消息传来,巴黎的最高战争委员会也宣布有必要增加法国常备军的数量。为了唤醒民众的民族自豪感,提防德国的威胁,召唤更多的青年人去军队服役,在普恩加莱的支持下,1913 年 3 月,政府向议会提交了兵役期扩至 3 年的法案。7 月,法案在社会党和激进党的反对声中通过。从此,法国义务服兵役的年龄从原先的 21—45 岁放宽到 20—48 岁。通过提前服役和延长役期,法国军队的人数有了很大的增加。到一战前,法国常备军从新兵役法的 55 万扩充到 85 万,加上殖民地的军队,共有 88 万人。在军队人数上,法国超过了德国。法国在兵员上已经做好了战争的准备。

对于备战,除了战斗部队,军事装备也十分重要。为此,法国政府也与德国政府一样,大幅增加军费。军事预算从原有的 9 亿法郎猛增到 15 亿法郎,占到了国家预算的 38%。一战前,法国有 15 万人从事军火生产,枪支生产增加了 2 倍,大炮生产增加了 35%,甚至有战斗机 137 架。1914 年 4 月沙俄驻法军事代表团给俄总参谋长的报告中说,目前法国军事实力已达到了极限。的确,此时的法国已完成了进攻德国的第十七号作战计划①,法国已经做好了对德复仇的准备。假使没有萨拉热窝事件,法德之间也难免有一场恶战。

第四节　共和体制下的多党政治

所谓政党,其实就是政治团体或组织,其功能大致归结为:组织群众选举,统一和调动公民群众,聚合各种社会阶层为本党谋利;为国家政治机构补充公职领袖,制定和实施公共政策等。一般认为有议会的地方才可称有不同利益代表的政党。② 在西方议会体制下形成的政党制度有两党制和多党制之分。英、美是典型的两党制;而法、德、日等则是多党制国家,其中法国是多党制的典型。这种差别自然是与特定的社会历史机缘有关。

----

① 1914 年 4 月,法军总司令霞飞(Joseph Joffre,1852—1931)制定了对德作战的计划,在法德边境集结 5 个集团军。挫败德军后,法国顺利收复阿尔萨斯和洛林。
② 参见 Mair Peter, *The West European Party System* (I), Oxford: Oxford University Press, 1990,导言部分。

一、共和国后期多党政治的形成

　　法国政党制度的起源可以追溯到大革命时期。革命时期所涌现出来的政治团体如雅各宾俱乐部、斐扬俱乐部、吉伦特派等,是法国政党发展的雏形。由于历史上法国政体转换频繁,政治发展曲折,各种政治团体与派别一直是活跃在法国政治舞台上的重要力量。但从大革命直到第二共和国,法国的政治派系结构松散,派别林立,议员、政治活动家的政治见解与表决投票可能随时变化,尚未形成现代意义的政党。这一特性在法国政党发展过程中长期延续,为法国政治体制带来了不稳定性。

　　第三共和国尤其是激进党执政时期,社会各方面已经走入正轨。经济的发展、结社法的通过、议会政治的相对完善,都为现代政党政治的出现奠定了基础。所以,激进共和时期在政治上的一个新现象是现代政党的出现。从1875年确立共和制到20世纪初,在法国政坛上各政治派别轮番出现,有保守派、温和共和派、激进共和派以及社会主义派等,并没有任何一个政党能够达到或保持绝对多数,多党制的权力格局已然出现。实际上,第三共和国后期法国的政党政治已经走向成熟。法国现代政党的形成与发展,与共和政体的确立与完善是密不可分的。

　　政治派别在体认同一体制基础上的不同政治利益诉求,是成熟的政党政治得以形成的基本条件。在第三共和国之前,法国各派别的分歧主要体现在政体的倾向上,保王派希望回归到旧王朝时期(波旁时期君主制或奥尔良的君主立宪时期),保皇派则支持波拿巴的帝制,共和派强烈要求继承共和传统,建立共和国。第三共和国确立,特别是1879年1月共和派执政后,共和政体巩固了,尤其是激进党执政时期,颠覆共和国已成了天方夜谭,不现实了。这一时期,法国政治派别的主要分歧已不在政体上,而是政治倾向与偏好的不同。第三共和国时期,法国确立了议会内阁制。总统由议会两院的联席会议选举产生,总统受到议会的极大牵制,政府从属于议会,行政权也受到议会的限制。这种议会权力过大的议会至上格局从某种程度上促成了议会中的更多派系与派系间斗争,这也为多个政党活动提供了广阔的舞台。

不过有意思的是,法国最早诞生的政党是法国工人党而不是资产阶级的政党。法国的社会主义和工人运动一直是欧洲各国的典范,但由于受《勒沙普利埃法》的制约,法国工人结社一直受到控制。1864 年《勒沙普利埃法》初步废除,工人结社开始合法,工人的罢工也日益增多。据统计,1871 年法国工人罢工 52 次,到 1876 年就达到了 102 次。共和体制下,一方面,法国的工人组织更加完善,在政治上日渐成熟。1876、1878、1879 年,法国工人组织先后在巴黎、里昂和马赛召开了 3 次全国性的代表大会,为工人党的建立奠定了基础。另一方面,法国的工人组织也从过去主要受空想社会主义影响开始转向接受马克思主义。1880 年 4—5月,法国工人运动的领袖盖德和拉法格(Paul Lafargue,1842—1911)专程前往伦敦与马克思、恩格斯会面,讨论法国工人党的纲领。

法国工人党纲领的导言部分是马克思写的,充满了马克思主义的特色。导言中宣布工人党的努力目标是"从政治上和经济上剥夺资本家阶级,并使全部生产资料归还给集体"。在政治上,要求"废除一切关于限制出版、集会和结社自由的法律,取消工人手册等";经济上,要求法定的最低工资,每周休息一天,实行 8 小时工作制,"男女工人同工同酬";"对全体儿童进行科学和职业教育,其费用由国家和市、镇代表的社会负担";"废除对一切公共财产(银行、铁路、矿山等)的让与契约,并使其国营,所有企业委托在那里工作的工人来经营"。①

1880 年 11 月,法国社会主义工人联合会代表大会在法国北部港口城市勒阿弗尔召开。会上,通过了工人党纲领(也称《勒阿弗尔纲领》),标志法国工人党正式诞生。不过,诞生不久的工人党很快分裂。一些西方学者也不承认它是现代意义上的政党,认为它只是维护工人利益的工人派别,因为它一直奉行与政府当局的不合作态度,也不参加所谓的资产阶级政府。(关于工人党与工人运动,见第五章详述)

---

① Eric Cahm, *Politique et société:La France de 1814 à nos jours*, pp. 65 - 66.

一般认为,共和国的议会体制下的政党是在不推翻现存体制的基础上,积极寻求参政执政、实现自身利益的团体。如此,现代意义的政党才真正出现。从这一意义上说,1900 年左右①是法国党派的活跃期,也是多党体制形成的关键期。

法国的政党诞生途径有两种:一是由议会中的派别或党团合并组建而成。二是议会外各派别借助"结社法"而搭建。其中,激进党被认为是法国政党模式的较早实践者。

激进党(Parti républician radical et radical-socialiste)是法国第一个资产阶级政党,代表中小资产阶级利益。激进党的前身是激进共和派,该派采用的是 1869 年甘必大使用的名称,也承认他所制定的《贝尔维尔纲领》的基本条文。支持者主要是中小资产阶级、公务员、职员、商人和拥有土地的农民。领导人有孔布、卡约、克雷孟梭、赫里欧等。在政治主张上,激进共和派信仰理性,倡导实证主义和个人主义,提倡世俗教育与公民自由,坚决反对教权主义,主张政教彻底分离,建立一个世俗的共和国。1892 年,激进共和派联合社会主义者提出了一些社会改革的要求,被称为"激进社会派"。

1901 年,为了迎接 1902 年议会选举,分散在各地的新、老激进共和派决意联合。4 月 8 日,巴黎的一个政治组织——"共和改革行动委员会"呼吁召开统一大会,得到各派系的热烈响应。1901 年 6 月 21—23日,诞生于第二帝国时期的"教育联盟"、德雷福斯事件时成立的"人权联盟"、共济会的各支部等政治派别和团体共 1 100 多名代表云集巴黎,召开了第一次代表大会。会上,通过了党纲,决定组成"激进共和与激进社会党"(简称"激进党")。

之所以把激进党的成立说成是法国现代政党的形成,是因为它作为一个全国性的政党,政治纲领明确,组织架构也相对完善。

激进党的党纲以《人权宣言》作为党的理论基础,把自己定位为"雅

① 这部分归功于 1901 年结社法。

各宾的继承人,1848 年革命的继承人和第三共和国创始者的继承人",是个"人民的党"和"世俗的党"。1907 年,激进党举行全国代表大会,并对纲领做了全面的修正,此后,连续几年的全国代表大会都对党纲做了补充。在政治方面,党纲要求实现普选,制定以信仰自由为基础的世俗化法律,实行政教分离,改革司法制度以保障和扩大人权。在经济方面,承诺要处理好各生产企业与消费者、国家与个人、工业与农业之间的关系,实行累进所得税,实行矿藏资源、铁路等国有化,大力支持农业。在社会政策方面,加强劳工立法,废除工人手册,缩短劳动时间,实行 8 小时工作制,尊重工会的权利,建立社会保障制度(特别是工伤保险与养老保险)。在教育方面,消除宗教影响,实行教育世俗化,中小学义务教育,教育经费向公立学校倾斜。

激进党的著名政治家和领导人包括格雷维、西蒙、孔布、克雷孟梭等,都是法国第三共和国政坛上叱咤风云的人物。在组织上,激进党在基层设立地区委员会;在各省设立省联合会;在巴黎则设有全国性的执行委员会,负责组织每年的全国代表大会、任命党的主席等事务。1902年起,激进党是法国的执政党,成为议会中拥有议席较多的政党之一,该党还多次与其他政党结成联盟,对于法国政党政治发展有着重要作用。1905 年以后,激进党从左派政党转为中间政党。从此,激进党的组织系统也日臻完备。从 1909 年起,执行委员会由激进党议员和省选出的代表组成。执行委员会设指导局,负责日常工作,由 1 名主席、16 名副主席、1 名秘书长和 1 名司库等共 35 人组成。指导局内又设行政、选举、宣传、调查和公报等 5 个常务委员会。指导局成员每年改选一半。地方则依次设置地区联合会、省联合会、地市行政区联合会、区联合会和市镇及村镇委员会。这些地方组织接受指导局的监督,但具有一定的独立自主性。到 1911 年,激进党已经有 10 个省联合会,800 个委员会,共 25 万名党员。此外,激进党还有自己的附属组织,比如共和青年、世俗青年、工商界共和委员会等。激进党的报刊主要有《召唤》《激进党人》《世纪报》《行动报》《明灯》等。

共和联盟(Fédération républicaine),是一个由温和共和派人士为主体的政党,于 1903 年 11 月在巴黎创立。该党是由莱昂·塞(Leon Say)领导的"共和自由联盟"(Union libérale républicaine)、"进步社团"(Progressistes)和由费里主导的"全国共和联合会"(Association nationale républicaine)等合并而成,故又称为"温和或进步"的共和联盟。联盟的政治纲领是秩序与进步,追求民族团结与和谐,保障公民自由、安全,主张私有财产神圣不可侵犯。经济上,反对国家干预,崇尚经济自由主义。在宗教方面,承认宗教团体和教会组织的合法性,维持与梵蒂冈的外交关系。在教育领域,反对国家对教育的垄断,主张家庭的选择教育的自由。从纲领中可以看出,该党主要代表大资产阶级的利益。比如共和联盟创建之初,党的主要领袖是来自北方省的众议员、纺织工业的大资本家欧仁·莫特(Eugène Motte,1860—1932)。共和联盟著名的领导人大多是那些历任共和国总理的政治家,有梅利纳、费里、瓦尔德克-卢梭、杜毕伊等。

共和联盟建立后,每年召开一次全国性的代表大会,就政治纲领和重大社会经济问题进行讨论。中央设党的主席和指导委员会,省设立省委员会或联合会,市镇设立支部。1911 年,共和联盟共有议员 124 名,委员约 8 000 人。1919 年议会选举,共和联盟加入了"国民联盟"(Bloc national),在议会 613 个议席中,共和联盟 183 席,占议席总数的约 30%。在第三共和国后期,共和联盟是仅次于激进党的一个重要议会党团和政党。

人民自由行动党(Action libérale populaire),是一个比共和联盟规模稍小的议会党团。1901 年,一些同情与支持利奥十三世等天主教势力的众议员在议会中组成"自由行动"联盟,次年更名为"人民自由行动",其创始人是共和右翼政治家、资深议员雅克·皮奥(Jacques Piou,1883—1932)和极右翼议员阿尔贝·德·孟(Albert de Mun,1841—1914)。该党成立之初约有 2 500 名委员、28 万名党员和 70 名议员。1902 年议会选举中人民行动自由党约有 80 个议席。人民行动自由党主要代表与天主教联系紧密的大资产阶级利益,政治立场比较保守,反对革命和一切暴力行为,主张政治自由,强调公民的自由权利,尤其是组织教会和教派的权利,主张取消限制信仰与宗教自由的法律。在政权组织方面,它要求修改宪法来加强总统的权力,用比例代表选举制取代绝对多数的选举制。在社会经济方面,主张国家节制与适度的干预,建立劳动仲裁机构,实行劳动合同制,以消解劳资矛盾。在教育方面,实行教育自由化,大力发展职业教育等。

人民自由行动党的最高权力机构是全国代表大会,代表大会每两年召开一次。该党的组织机构是中央指导委员会,由 1 名总书记、专门办公室、研究室组成。地方设有省委员会、区委员会和市镇委员会,每个地方委员会都有选举产生的办公室和常务书记处,负责日常工作。党的委员每年交纳党费 500 法郎,一般党员则是每年 1 法郎。不过,随着德雷福斯事件和反教权主义的深化,该党的影响力逐步下降。1906 年,人民自由行动党只有 64 名当选议员,到 1910 年,则下降到了 31 名。至 1911年,该党有 2 400 多个基层组织,26.5 万名党员,大多数为天主教徒。1914 年,随着"法兰西行动"等党团的兴盛,人民自由行动党也不再是议会中的重要党团了。

1905 年建立的法兰西行动联盟(Ligue d'action française),也称法兰西行动(L'Action française),是一个极右翼新党。该党的前身是莫拉斯等人组成的一个代表民族主义的派别:法兰西行动。1898 年,记者出身的政治家莫里斯·皮若(Maurice Pujo,1872—1955)在《闪电报》上发表题为《法兰西行动》的文章,提出要把共和与自由的法兰西重新塑造成一个内部有组织、对外足够强大的国家,自此在"建设强大国家"的旗帜下集聚起了一批人物。1899 年 6 月,亨利·沃茹瓦(Henri Vaugeois,1864—1916)组建了"法兰西行动协会"(Comité d'Action française),联络了一批有相同主张的各界人士。8 月,协会在巴黎的福罗咖啡馆创办了《法兰西行动》半月刊,宣传强权政治与民族主义。11 月 15 日,民族主义者、作家夏尔·莫拉斯在《法兰西行动》上发表文章,提出了民族主义的新君主制理论,主张极端的民族主义,认为忠于国王、罗马教会和古典主义的理性,是保持社会统一、秩序和纪律的 3 个基本原则,凡破坏这些原则的都是罪人。他们提倡天主教信仰,反对犹太人。他们认为共和国不适合法国,共和思想妨碍了法国的防务,甚至认为拯救法国的最好途径是重建王国秩序,建立强权政治。1905 年,莫拉斯改组了法兰西行动,正式建立法兰西行动联盟,并成为该党的灵魂人物。当时,法兰西行动联盟在全法国有 200 多个分部,数千名成员。1908 年,《法兰西行动》由半月刊改为日报,在政治上宣传君主政体,直到 1944 年停刊。这个民族主义政党在激进共和后期影响渐长,甚至在当今的法国仍有市场。

　　共和国政党建立的第二种途径是在议会外。借助结社法的颁布,一些政治组织先后建立党派。工人党的建立就是得益于结社自由法,由工人、无产阶级为自身解放、谋求自身利益而组织起来的。工人党成立后,积极参与法国的政治生活。但由于对于社会主义运动的价值与具体实现途径的不同理解,社会主义工人党内部分裂出一些派系。以布鲁斯(Paul Brousse,1844—1912)、马隆(Benoît Malon,1841—1893)为首的一派对《勒阿弗尔纲领》中的无产阶级政治斗争持否定态度,认为工人运动应该在现有可能的框架中展开,通过若干的改良措施,最终实现社会主义。他们认为这是一条可能走通的道路,被称为"可能派"(Possibiliste)。1882 年 9 月,在圣太田代表大会上,可能派与信仰马克思主义的盖德和拉法格为代表的盖德派分裂,宣布放弃《勒阿弗尔纲领》,另组"革命社会主义工人党",次年更名为"社会主义工人联合会"(Fédération des travailleurs socialistes de France,简称 FTST)。盖德派仍然坚持"工人党"的立场,而以布朗基、瓦扬、厄德等为首的一些革命者坚持密谋暴动、革命的方式推翻资产阶级政权、建立无产阶级专政,称为布朗基派(Blanquiste)或瓦扬派(Vaillandiste)。1898 年,瓦扬组建"革命社会主义党"(Parti socialiste révolutionnaire),这一派也从工人党中分化出来。

　　1899 年,独立社会主义者米勒兰参加激进党内阁,此举在社会主义各派①中引起思想震动,围绕米勒兰入阁,各派系分为反入阁派和入阁派,导致社会主义各派别重新分化与组合。以盖德为首的法国工人党、瓦扬领导的革命社会主义党、共产主义联盟和一些自治联合会等反入阁派组成了法兰西社会党(Parti socialiste de France);而以饶勒斯为首的入阁派,包括社会主义工人联合会、革命社会主义工人党、独立社会党(Socialistes indépendants)和一些自治联合会,组合成了法国社会党(Parti socialiste Français)。1905年,法兰西社会党和法国社会党由第二国际出面,联合组成了法国统一社会党,也称"工人国际法国支部"(Section française de l'Internationale ouvrière,SFIO)。

1910年议会选举改革后,游离在工人国际法国支部之外的独立社会主义者分别成立"改良社会党""法国社会主义党"和"社会共和党"。1911年,部分独立社会主义者联合众议院中的社会共和党团以及相关联合会正式组成了社会共和党(Parti républicain socialiste),该党约有6 000名党员积极分子、300名代表和13名议员。它主张推行改良主义,发展劳动者工会和农民集体合作组织,开展公共服务,等等。1912年起,该党分裂为左、右两派。

以上列举的各个党派只是第三共和国时期较有影响力的政党。1901年结社法通过后,法国的政党如雨后春笋般出现,新成立的政党就有30多个。1902、1906、1910年3次议会选举中,众议院的议会党团就有17个,形成了法国政治生态中的多党制特征。

二、政党结构与运作特点

第三共和国的多党制政治,是在议会斗争中形成与发展起来的。法国社会大量"小字号"企业和特定的社会结构,决定了法国政党属性的多样性。第三共和国时期的政党属性主要有3类:一类是资产阶级政党,如激进党、共和联盟、人民自由行动党等;由于代表不同的阶层,加上价

---

① 关于法国社会主义思潮与派别,将在第四章详细讨论。

值取向不同,这类资产阶级政党也不是铁板一块,有左、右翼之分。比如激进党偏左,共和联盟偏右;即使在激进党内部,也有偏向的不同。一类是工人阶级政党,如工人党、统一社会党等。这类政党情况也比较复杂,除了在政治倾向上有所不同,还在行动方式上有分歧,如是否参加资产阶级政府,即是否入阁。还有一类是代表贵族阶级的政党,如法兰西行动党等。这类政党通常立场偏右,思想态度保守,带有强烈的民族主义和宗教情结。

从政治倾向与态度来看,又可以分为左、中、右翼政党等。左翼主要代表中小资产阶级利益或工人阶级等利益,如工人党、统一社会党、激进党等,捍卫民主共和制度、反教权主义、主张社会世俗化,工人党等社会主义政党还要求国有化、反对资本家剥削等。

右翼如共和联盟、人民行动自由党等,虽然也拥护共和制度,但主张保持现有的政治秩序,与天主教和解,反对过激的政治与社会改革。

中间政党,即政治观点、立场等在左右之间摇摆,有时也会根据情势追随左翼或右翼,如民主联盟、社会共和党、民主共和党,其中瓦尔德克-卢梭创建的民主联盟(Alliance democratique)比较有影响力,强调自由与世俗化以及有限度的反教权。该党因为瓦尔德克-卢梭等较长期执政且策略合宜,对保卫共和制起了重要的作用。

还有就是极右翼,如法兰西行动党等。这些右翼政党有的以维护宗教为己任,如共和联盟、人民自由行动党等,有的则以反犹和民族主义为宗旨,如教育联盟。像火十字团(Croix de Feu),到20世纪初,发展成了崇尚独裁的法西斯党。

这些政党代表了各自的阶级利益,为实现其政纲而参加议会角逐,形成了共和制下独特的法国多党政治。

一般认为,多党制的法国,不像两党制的英美在政治运作中轮流执政。不过,第三共和国时期的多党政治也并非无序可循,轮流执政的迹象也是很明显的,一般可以分为5个阶段:从20世纪初法国政党政治形成开始到一战前,多党制的法国政坛由激进党主导政治方向与格局,为第一阶段;一战后到 1924 年的 5 年间,是右翼及中间党组成的国民联盟执政,为第二阶段;第三阶段(1924—1928)左翼政党占主导;1928—1932年的 4 年间,政坛唱主角的又是中右翼集团,为第四阶段;1932—1940 年为第五阶段,又回归至左翼政党占主导,比如 1936 年的"人民阵线"(Front populaire),就是左派各政党的联盟。

当然,由于多党制的特征,尽管一个时期内法国政坛有主流的政治趋向,但往往是以政党联盟形式,政党内不同派别之间的纷争依然存在,这也影响到了共和国政坛的稳定。比如 1902—1919 年,是激进党占主导。其间根据不同的派系之争,还可以细分为几个小时期。

1898—1920 年被一些史家称为"激进共和国"[1]时期,其主要原因就是激进党执政。这一时期,激进党的每届议员数量与其他党相比居领先地位,成为全国的第一大党。比如 1902—1914 年议会历次选举中,590个议席中,激进党平均拥有 200—250 个席位。[2] 就内阁总理的政治属性而言,激进党也占有优势。从 1902 年 6 月孔布内阁到 1920 年 1 月克雷孟梭内阁为止,法国共更送了 20 届内阁,其中激进党任内阁总理的有 12 届。但在激进党占主导的这 18 年里,党派斗争依然激烈,具体表现在:

1902—1910 年,政坛上的政党纷争的特征是左右翼两大联盟的抗衡。围绕德雷福斯事件审判,议会中分成了支持德雷福斯的左翼,以及反对派中民族主义、保王派、教权派和反犹派组成的右翼,双方针锋相对。尤其是在 1902 年的议会选举中,双方的较量呈白热化。最终的结果是左翼联盟获 343 个席位,右翼联盟获 246 个席位。这样占议会多数的激进党左翼才有可能通过结社法、《政教分离法》等。但随着 1906 年

---

[1] 参见 Jean Defrasne, *La gauche en France de 1789 à nos jours*, Paris:Presses Universitaires de France,1989。

[2] 参见 Léon Ernest Jacques, *Les partis politiques sous la Ⅲ^e République : doctrine [et] programme, organisation [et] tactique d'après les derniers congress*, Paris:Nabu Press, 2011。

议会选举中左翼力量的进一步增强,尤其是倒阁能手、激进左派领袖克雷孟梭执政后,一系列左倾的政策,终于导致左翼联盟瓦解。

1910年选举,中右势力上台,法国就开始了对德复仇和备战的工作,民族主义甚嚣尘上,一战爆发。一战期间,为了争取战争的胜利,也为了缓解危机,全国各党派联合成了"神圣联盟",勒内·维维亚尼组成神圣联盟内阁,但战事的失利与经济的危机使联合政府并不长久。1917年当社会共和党人保罗·潘勒韦(Paul Painlevé,1863—1933)组阁,统一社会党拒绝入阁时,左右政党的斗争再次激化,神圣联盟破产。

战争的胜利并没有给法国政坛带来祥和之气,左、右两翼的政治斗争也并没有停歇。1919年议会选举,法国民主共和联盟、共和联盟、人民自由行动党等中右翼政党组成国民联盟,赢得选举胜利。在613个席位中国民联盟占了437席,占了约71%,比1902年的左翼联盟所赢席位更多。法国政坛的格局也发生了变化,左翼政党衰落了。值得一提的是1921年,法国共产党成立,右翼主导下的政局中出现了一抹红色。1924年议会选举,左翼重掌权力。1928年选举,中右翼卷土重来。法国的政党格局就是这样在议会的斗争中摇摆变化。

意大利政治学家乔万尼·萨托利(Giovanni Sartori)在他的名著《政党与政党体制》一书中,以政党数目的多少,将多党制分为简单多党制(政党数目少于5个)、温和多党制、极化多党制和分裂性多党制(政党数目均为5个以上)等4种类型。简单多党制也就是两党制,政府权力在两大党间交替,轮流执政;温和多党制的特征是多个党派力量均衡,相互合作,组成联合政府执掌政权;极化多党制是指政党多极化且离心竞争,具有极化政治的特点;分裂性多党制则是一种极端的例子,政治碎片化。第三共和国时期,政党政治具有温和多党制与极化多党制之间摇摆的特征,左翼联盟政党执政时,右翼作为在野党主要在议会内部活动,反之亦然。由于议会是最高权力机关和立法机关,政府的活动常常受到限制,加之政见不同的政党极易分裂,这就造成了政府更替频繁,政局不稳,但共和体制坚若磐石。

三、多党政治形成的原因及影响

为什么法国多党政治在这一时期形成呢？原因是多方面的。

首先,资产阶级政党的诞生源于资本主义的发展。法国的工业革命在第二帝国时期初步完成,这是现代意义的政党产生的经济基础。工业革命使法国的阶级结构和经济结构都发生了变化。大金融家、大实业家和巨商组成了新的权贵,他们以金融和实业为倚靠,对法国的经济与政治具有决定性的影响。他们人数不多,但占据着内阁大臣、省长、议员等要职。经济结构中的中小企业与小农占优势的特点,使法国资产阶级中的中小资产阶级人数众多,中小企业主、中小商人对金融等大资产阶级在政治与经济上的垄断地位强烈不满,结社并寻找自己的代理人。小商贩、小手工业者和自由职业者(律师、医生、教师)等中间阶层则大多倾向于社会主义,成为社会主义政党的阶级基础。随着工业革命的深入,很早就具有自我独立意识的法国工人阶级的力量也日益强大,在政治生活中争得了一席之地。所以说,社会经济的发展所引发的经济结构变迁,使法国社会分层加剧,不同阶层与利益的人群结成党派,在议会共和制下相互博弈,形成了法国特色的多党政治。

其次,与法国的政治文化与政治传统有关。自大革命以来,法国的政治派别与政治思潮就呈现出多样化的特征。直到 19 世纪末,法国的政治派别的特征之一就是数量众多、属性繁杂。到第三共和国初期,保王派、保皇派、共和派等也继承了这种相互争斗、彼此掣肘的政治传统。现代意义的政党或是从这些政治派别中直接继承而来,或是由其演化蜕变而来。比如激进党,就是从激进共和派演变而来的,其激进主义思潮甚至可以追溯到大革命时期山岳派激进思想;统一社会党主要由法兰西社会党和法国社会党合并而成,后两党又源于工人党,而法国工人党与第二共和国以来工人运动和社会主义运动中的一些派别有渊源。共和初期的保王党、法兰西行动党、波拿巴党等,实际上就是正统派、奥尔良派和波拿巴派的蜕变。正是这种政治基因的影响,使法国进入共和制以后,政党派别更加纷繁复杂。另外,法国的自由主义政治传统允许公民按自己的意愿参与政治生活,公民在参加党派或政党时具有多样性选择。换言之,公民从一个政党"跳槽"到另一个政党,或者同时参加两个以上政党,都被认为是一种可以接受的个人政治自由。所以说,政治文化也是促使法国形成多党制的原因。

再次,共和国成立后,政治事件不断,接踵而来的政治论争撕裂了社会,也使政治观点相似的人更容易集结形成派系。众所周知,第三共和国是在战火中诞生,她一诞生就面对诸多挑战。共和国在发展过程中,一直是险象环生。布朗热运动、巴拿马丑闻,先后都诱发了大规模的政治运动,各派对此都有自己的政治立场,尤其是德雷福斯事件,民族主义、爱国主义、反犹太主义、排外主义、军国主义、反议会派等各持己见,搅得法国政坛一片混乱,社会主义派、开明知识分子、共和派等组成重审派,也不遗余力地表达自己的立场。长达13年的德雷福斯事件及由此引发的全民大辩论,使法国政界与社会动荡不宁,也撕裂了社会,相同立场与观点的人士集聚在一起,使法国政党的多样性特点十分明显。特定的社会政治现实也是法国多党制形成的原因之一。

最后,除了社会历史和政治文化的因素,第三共和国议会的一些机制也是重要因素。其一,在法国,议员是专职的,且实行的是不兼容制度,即议员一旦入阁,必须辞去议员职务。议员职业的专门化,培养了议员的团队意识,结成圈子才能更好地维护利益。其二,1902年底,众议院推出正式建立常设委员会来讨论有关议案的新规,在客观上促成了议员加入议会党团。原先,议会讨论议案是根据议题组成临时委员会,现在改为常设委员会讨论,就使议会少数派可以在临时委员会中形成多数的希望破灭,从而加强了议会多数派的决定权。这就迫使议员必须参加议会党团,才有可能被选入常设委员会,才能在议案问题上有发言权。1910年,议会两院进一步规定,常设委员会改选时,必须由议会党团提交候选人名单。1902年,议会有16个常设委员会,每个委员会有33名成员,常设委员会主席由部长兼任。1914年,常设委员会增加到了18个,与内阁的部门数相当。这样,议员与议会党团的联系更加紧密。其三也是最重要的一点是比例代表的选举制问题。在第三共和国的大部分时间里,议会采取的是单记名多数两轮投票制或多数投票制与比例制相结合的投票制。根据这两种选举法,要进行两轮投票。第一轮投票中候选人要超过半数才能当选,而在一般情形下,第一轮投票候选人是很难超过半数的。要取得多数(或超过半数),各党派必须联合,结成选举联盟。选举获胜的联盟,又按比例制分配议席。这样,无论大小党,都有存在的空间与合理性。多党制的形成也是情理之中。到第五共和国时期,比例代表制改为多数代表制后,法国政党也开始向两极化发展。

这种多党政治对法国社会经济的发展有什么影响呢?

第三共和国的多党制是与法国的社会经济结构相适应的,某种程度上稳定了社会。以往,人们常常把第三共和国描述为政局动荡,内阁总理走马灯似的更换,这是事实。1870—1940 年的 70 年间,法国共有内阁 108 届,每届政府的平均寿命是 8 个月,以 1914 年为界,之前平均 9 个月,之后平均只有 6 个月。最长的是瓦尔德克-卢梭政府,持续 3 年左右,最短的只有几天时间,约有 17 届政府艰难维持 1 个月。相较同期的英美,法国政府的动荡可以说是"剧烈"的。但吊诡的是,动荡的政府并没有动摇共和政体,相反,第三共和国是 1789 年以来延续时间最长的政体,70 年的寿命与 1789 年大革命到 1870 年第二帝国灭亡的 80 年大体相当,而在这 80 年间,法国则是经历了两个共和国、两个君主立宪制、两个帝国。政体的稳定固然有很多因素,而多党制也是其一。上面提到,法国的多党制具有多极化特征,大小政党有上百个,有人戏称与法国奶酪的品种①相当。如此众多的党派,实际上是与经济结构和社会结构多元相适应的,因为这种多党制能够比较完整地反映社会中多种多样的利益、形形色色的思潮,让民众能够通过自己所在的党派反映自身的愿望与利益,从而有效地缓解社会矛盾,保证社会的相对稳定。1870 年以后,

① 法国的奶酪有两三百种,据说戴高乐曾经感慨:"你如何治理一个拥有 246 种奶酪的国家?"

法国不再有大规模的革命运动,也可能与各派利益有一个合法的议会表达场所有关。另外,法国的政坛动荡,往往只表现为内阁更替、总理轮流上下台,政府部门通常是照常运作,高级官员(高级公务员)不受冲击。所以,内阁的更替并不意味着政局的激烈变化。

多党制可以吸纳各方参政,也推动了法国民主政治的发展。在法国各议会政党中,激进党是第一大党,构成了第三共和国最坚实的政治基础。作为法国政党制度的主轴,激进党有过清一色的内阁,更多的时候是组成左翼联盟政府,甚至有时还参加右翼联合政府。其政党策略比较灵活,能够吸收和容纳各方参政。在议会中,法国也常常是20—30个政党参加议会竞选,这些政党基本上代表了法国的所有阶层,囊括了几乎所有的社会意识形态和思潮。为了争取选民的支持,各党派的议员们不得不关注民众的要求,倾听他们的呼声。参加竞选的议员们通常有一半会有机会参与法国各级议会和委员会,他们提出议案,参与社会治理。选民和议员都在这种政治过程中学会了协商、妥协,获得了民主政治所必需的技巧与能力。对政党而言,多个政党参加议会竞选,进入议会,进一步进入政府治理国家,构成了法兰西第三共和国议会民主的重要内涵和基本模式。

第三共和国时期,各政党治理能力和执政理念不同,直接影响了法国社会、经济的发展。从20世纪初法国政党政治成熟到1930年代法国各个执政党不同的竞选纲领,左、右翼之间的差别是十分鲜明的,不过,一旦上台执政,往往都走中间道路。尤其是一战后,各政党基本上采取的是不偏不倚的实用主义政策,这对于法国经济发展、社会安定等都是有作用的。不过,左、右翼的执政能力和偏向不同,还是给法国社会打上了各自的烙印。左翼政党的影响主要在政治上,他们在保卫共和制、社会世俗化、政教分离等方面功勋卓著,也对各项社会改革,如社会保险、国家福利等更热心。右翼政党则在经济治理方面更擅长,一般来说,财政部长大多来自右翼。一战后尤其是鲁尔危机时期,法国经济到了崩溃边缘,中右翼领袖普恩加莱的财政改革,稳定了法郎,工业呈现高速增长。也正是中右翼政党在经济与财政方面的才能,一战后的大部分时段法国都是由中右翼领衔的国民联盟执政。他们不负众望,使法国经济快速发展,并成功延缓了 1929 年世界性经济危机在法国的到来。

当然,法国的多党制也有不可避免的弱点。比如政党结构相对松散,数量多且杂,不能在议会中形成稳定多数,从而导致内阁更替频繁等。这些弱点,使法国不能形成一个强有力的政府,进而对政治治理构成影响。第四共和国时期,这种多党制的格局依然存在,而且弱点被进一步放大。直到 1958 年戴高乐开创第五共和国,建立了半总统半议会的政治体制,极化的多党制才向萨托利所说的温和多党制转变。

第四章 第一次世界大战与战后法国政治

（1914—1936）

对于欧洲,20 世纪上半叶是一个多灾多难的时代。这一时期,危机、战争循环发生,不仅极大地破坏了社会经济,残害了思想文化,也使欧洲社会历史发生了方向性变化。作为欧陆大国,法国也不能幸免。两次世界大战的主战场都在法国,不仅使原本就底气不足的法国经济元气大伤,也极大地影响了法国的社会及文化心理。其间,法国政府竭尽努力,做了一系列的经济与社会改革,但效果不甚明显。

第一节 第一次世界大战中的法国

1914 年,第一次世界大战爆发。这是一场人类前所未有的大战事,先后有 33 个国家、15 亿人口卷入其中,至少有 1 687 万人在战争中死亡,其中军人死亡约 857 万人,平民死亡约 830 万人。战争使各参战国的社会经济遭受了惨重的打击,尤其欧洲的经济发展水平至少倒退了 8 年。战争结束后,欧陆的政治格局发生了巨变:沙俄帝国、德意志帝国、奥匈帝国、奥斯曼土耳其帝国消失了;巴尔干地区的 8 个民族统一进了塞尔维亚-克罗地亚-斯洛文尼亚王国,1929 年该王国改名为南斯拉夫王国。

　　法国是一战的重灾区,大战不仅重创了法国的社会经济,而且对国民的思想和精神面貌造成了极大创伤。

一、法国对战争的态度与立场

　　一战的导火线是萨拉热窝事件。1914 年 6 月,奥匈皇储斐迪南到新近被吞并的波斯尼亚首府萨拉热窝检阅军事演习。演习的假想敌是塞尔维亚,演习开始的日子也是历史上塞尔维亚被土耳其吞并(1386 年 6 月 28 日)的纪念日,即塞尔维亚的国耻日。因而,可以说这次演习极具挑衅性。演习自然引起了塞尔维亚民族主义者的仇恨与不满,其中的一个秘密组织决定予以抗击。塞政府得到这方面的情报后,便通告了奥匈方面,但奥匈政府置之不理。6 月 28 日,奥匈皇储斐迪南在萨拉热窝视察途中遇刺身亡。奥匈政府随即做出强烈反应,一口咬定暗杀事件是塞尔维亚政府一手策划,并就进一步的解决事态等事宜向德国方面咨询。德皇威廉二世听闻消息就暴怒了,因为斐迪南是他的好友。德国方面力主严惩凶手。7 月 5 日,德国正式向奥匈保证将无条件支持奥匈对塞尔维亚的一切行动。

　　1914 年整个 7 月间,欧洲都处在躁动与紧张之中。7 月 23 日,奥匈帝国政府向塞尔维亚发出了条件苛刻的最后通牒。28 日,奥匈帝国向塞尔维亚宣战。一向以斯拉夫东正教小国保护者自居的俄国,于 7 月 30 日表态支持塞尔维亚。德意志帝国立即抓住时机,介入战争。31 日,德国向法、俄提出通牒,要求俄国在 12 小时内停止战争动员,要求法国在德俄的冲突中保持中立。

　　那么,在"七月危机"时刻,法国的立场与态度是什么呢?

　　当时,法国政坛主战情绪浓厚。法国总统普恩加莱是个主战派,被他的堂兄亨利·庞加莱(Henri Poincaré,1854—1912,法国著名数学家)称为"战争的普恩加莱"。普恩加莱是在法国民族主义势力不断升温、第二次摩洛哥危机的背景下上台的,号称"复仇总理"。1913 年担任法国总统后,在国内民族主义力量的支持下,普恩加莱更是积极地鼓动战争。

在普恩加莱等民族主义者看来,战争可以使国家更加团结与强大。在普恩加莱的大力倡导下,议会两院通过了新的军事法案,将兵役期由 2 年改为 3 年,役龄由 21—45 岁改为 20—48 岁,使法国军队的现役人数一下子达到了 77 万,与德国兵力相当。尽管此举招致激进派和社会党的强烈不满,但随着《费加罗报》主编加斯东·卡尔麦特被首相夫人暗杀,尤其是社会党领袖饶勒斯于 1914 年 7 月 31 日遭暗杀,法国政坛上主战势力占据了主导地位。

在战争乌云密布之际,法国政府成了战争的重要推手。

萨拉热窝事件成了发动战争的一个借口。德意志帝国与奥匈帝国等一直在找寻机会扼制俄国在巴尔干地区的称霸企图,而俄国从来就把巴尔干地区视为自己的后院。塞尔维亚危机爆发后,俄国立即做出反应,表示不会袖手旁观,奥塞冲突便转成了奥俄冲突。但实际上,俄国的战争准备是不足的,因而在战争的态度上也是犹豫的。法国因为有俄法盟约在身,又担心有朝一日会单独与德国开战,更一心图谋夺回阿尔萨斯和洛林,决定支持俄国。

为了怂恿俄国参战,7 月 20—23 日,总统普恩加莱和总理维维亚尼专程访问俄国,与沙俄政府进一步商谈政治合作与军事计划,给俄国打气。奥匈则在法国访俄的日子里对塞尔维亚发出了严厉的通牒。7 月 28 日,奥匈向塞尔维亚单方面宣战。第二天,普恩加莱和维维亚尼就立即电告俄国表示坚决支持,鼓励俄国同德国作战,以实现削弱德国、称霸欧洲的目的。法国在鼓励俄国同德战争的同时,为了拖延时间,一面继续与德国展开谈判,一面紧急备战,调兵遣将:完成了边境 5 个军团的部署,停止了全军的休假,确定了战时需要重要保卫的目标。可以说,法国已经完成了战争动员,时刻准备宣战。

法国社会中的民族主义思潮急剧高涨,也从某种方面促成了法国政府对战争的积极态度。1890 年代,随着法国社会经济的复苏,民众的情绪也从原先普法战争失败后的沮丧中缓过来,转向复仇的民族主义。在大战在即的 7 月,社会党领袖饶勒斯为反战、求和平竭尽努力,非但没有获取民众的普遍支持,反而遭到复仇主义者的敌视而遇害身亡。8月1日,法国宣布总动员,法国社会中的各党派,包括社会党、总工会在内的左翼都在"保卫祖国""保卫法兰西"的旗帜下聚合起来,支持政府的战争动员。社会党总书记迪布勒伊认为防御性的战争是正义的;不久前还坚决反战的社会党资深人士瓦扬也发表文章,号召民众"为了法兰西,为了共和国,为了人类"履行自己的战争职责。社会党还在巴黎召开群众大会,要求大家为保卫法国的文化和人民的自由而战。总工会领袖儒奥则公开表示在战争中与政府保持一致,为反对德国而战。巴黎东站等地则爆发了较大规模的游行,后备兵们高喊着"打到柏林去"的口号,群情激昂。

在战争气氛如此浓厚的情形下,法国政府立场也是十分鲜明的:坚决参战。

二、法国参战及战争初期面临的困境

1914 年 7 月底,面对德国要求法国保持中立的通牒,法国方面答复说将"根据自己的利益采取行动"。8 月 2 日星期日,法国开始战争正式动员,教堂、修道院等都敲响了大钟,意味着全国进入了紧急状态。8 月 3 日,德国驻法大使冯·舍恩(Wilhelm von Schoen,1851—1933)以法军侵犯德国边境和所谓的一架法国飞机轰炸了纽伦堡为借口,向法国政府送达了宣战书。在这之前,德国已入侵了卢森堡。4 日上午 8 时,德军侵占了中立国比利时。同日,英国参战。一场搅动世界的大战开始了。

为了有效领导战争期间的各项工作,法国需要实现各党派的联合。8 月 4 日,总统普恩加莱发布文告,号召各派捐弃前嫌,进行"神圣联合"。参、众两院也在这一天召开了联席会议,就战争和党派"联合"问题展开讨论。会上,总统普恩加莱代表全国人民向法国陆、海军战士传达了殷切的信任,希望他们为法国的"自由正义而战斗到底"。同时,议会任命维维亚尼为"神圣联合"内阁总理,着手组阁。维维亚尼在会议上激昂地号召:"公民们准备着!起来!为我们的命运和法国的永生而斗争!"会议宣布法国处于军事状态,通过了军事拨款、贫困家庭的津贴、增加法兰西银行的发行权、实行书报检查制度等。

8月4日两院组成的特别会议,标志着法国各党派"神圣联合"的实现。不久,维维亚尼组成战时内阁,其中有"马克思主义者"朱尔·盖德和社会主义者马赛·桑巴(Marcel Sembat,1862—1922),两人分别任不管部长和公共工程部长;社会党人托马(Albert Thomas,1878—1922)被任命为军事国务秘书;3个前总理白里安、里博、杜梅格也入了阁;资深外交家德尔卡塞重掌外交部,只有克雷孟梭一人没有加入"神圣联合"。尽管"神圣联合"内阁的权力受到法军总司令、总参谋长组成的"总司令部"的掣肘,不过这种包括了国内主要党派的国民联合内阁,在"保卫法兰西"的旗帜下,有效地动员了国内一切力量参战,进而在政治上保证了军事行动的实施。

可是,战争对于法国而言并不轻松。8月4日晚,德国对中立国比利时不宣而战。8月8日,法军总司令霞飞下达第一号战令,确定了在法国东部与中部展开进攻的战斗方案。8月15日,法军进攻阿尔萨斯-洛林,形势一度对法国有利。但很快,局势开始转向,16日,欧洲中心城市列日被德军攻陷。接着,德军第一、二集团军经比利时、卢森堡直插法国。21日,法德双方在法、比边境激战,尽管英国远征军也参加了战斗,但英法联军遭遇德军主力后,损失惨重,其中法军伤亡达30万人,许多军官在战争中身亡,于是联军只好向凡尔登撤退。德军却一直向南追击,越过乌尔克河、马恩河,直接威胁到了巴黎。

9月2日,总统普恩加莱、总理维维亚尼决定政府迁往波尔多,并向民众发表了迁都声明,"为了拯救民族,政府暂时离开巴黎",并宣誓,"一个不愿灭亡的、一个为了生存不怕苦不怕牺牲的民族,一定能够战胜敌人"。[1] 当天,50万巴黎人和政府共同迁往波尔多。加利埃尼将军

---

[1] G. Bonnefous, *Histoire politique de la Troisième République*, Tome 2: *La Grande Guerre 1914-1918*, Paris: Press Universitaires de France, 1957, p. 46.

(Joseph Simon Gallieni,1849—1916)留守巴黎,他表示"将保卫巴黎直至生命的最后时刻"。

战争开局的不利,加上战事的扩大,暴露了法国战备与经济实力的不足。首先是大批工人参军后,工厂开工不足,许多工厂被迫关门,加上农村也有几百万青年参军,造成劳动力奇缺,严重影响了经济的发展。其次是武器装备与实战需要脱节,出现了武器供应危机,陆军部每天需要榴弹约 10 万发,实际只得到 1.2 万发,缺口很大,步枪的储备也只能维持到 1914 年 11 月。再次是战争的破坏已经初步显现,开战之初的几个月,法国的北部就成了主要战场,约有 10 个省不是沦为战场,就是被德占领,使那里的钢铁、化工、纺织业受到沉重打击,几乎全部的铁矿和 80% 的煤矿都落入了德军的手中。最后是国家财政困难重重。庞大的军费使法国 1914 年度预算赤字高达 55 亿多法郎,为了平衡赤字,政府只有向法兰西银行贷款,搞所谓的"量化宽松",允许银行发行货币,造成货币流通量不断增加,推动了物价的上涨。1914 年 8 月 1 日,面上的浮动债务就高达 16 亿多法郎,甚至银行的结算兑现都发生了困难,只得暂时停止钞票的兑现,得以渡过"挤兑"的难关。

放眼欧洲,初期的战事对法国来说也是极为不利。由于德军希望在西线"闪电"胜利,东部的俄国暂时无战事,战斗主要发生在法国一侧。尽管有协约在先,但英国对法国的支持是半心半意的。从一贯均势立场出发,英国并不乐意看到法国最终战胜德国而成为欧洲大陆的霸主,因此采取的是有限援助政策。

8 月 3 日,当得知德国驻法大使向法提交宣战书时,作为法国盟友的英国首相阿斯奎斯(Herbert Henry Asquith,1852—1928)还坚持说:"我们没有任何给法国或俄国提供陆军或海军帮助的义务……虽然我们千万不能忘记与法国所确立的关系和亲密友谊。"[1]所以在战争初期,英国

---

① M. Brock,"Britain Enters the War," in R. J. W. Evans and H . Poggevon Strandmann, *The Coming of the First World War* ,Oxford:Clarendon Press,1988,p. 145.

派往大陆支援法国的远征军只有 4 个步兵师和 1 个骑兵师(连法国陆军的一支集团军的一半的数量都不到),仅仅是象征性地援助法国的陆地战争。负责英、法两国军队联络的法国联络官胡格特(General Huguet)抱怨说:"英国想要尽可能地减少本国军队的伤亡,而让法国以大量的伤亡来赢得战争。"①直到 1917 年春夏,看到战争局势对己不利以及美国参战后,英国才真诚地帮助法国抵抗德国。当然,这同样是出于英国自身的均势考虑。

三、三大战役与西线的初步胜利

早在 20 世纪初年,德国参谋总长阿尔弗雷德·冯·施里芬伯爵(Alfred Graf von Schlieffen,1833—1913,1891—1906 年任参谋总长)就提出了通过广阔的比利时平原侵入法国的战略计划,史称"施里芬计划"。该计划针对的是法国构筑的边境梭堡防线。普法战争失败后,法国为抵御德国进攻,从瑞士阿尔卑斯山开始,经贝尔福、厄比纳尔、图尔和凡尔登构筑了坚固的防御堡垒,仅仅在厄比纳尔和图尔之间留有豁口以通法德边境,并在豁口的两翼部署了密集的交叉火力,作为迎接敌人进入的巨大陷阱。凡尔登以北约 20 英里,就是卢森堡、比利时和崎岖的阿登森林。因此"施里芬计划"的中心与重点,便是如何绕过法国漫长而坚固的防御体系直插内地。

开战之初,尽管德军总参谋长毛奇(Helmuth von Moltke,1848—1916)对德国的计划做了略微调整,总体来说,整个战略思路还是依照"施里芬计划"展开的。毛奇计划将德国全部作战兵力分为对俄国的东线和对法国的西线,兵力分配上西线远远多于东线,比例大约为 8∶1。西线又分为左右两翼,右翼与左翼的军队比例约为 6∶1。一旦战争打响,德国进攻的战略是:东线用少数兵力,与奥匈帝国军队遥相呼应,将俄国牵制于东普鲁士边境;主要的用力是西线,右翼以凡尔登地区为轴

---

① J. Morley, *Memorandum on Resignation*, *August 1914*, New York:Macmillan,1928, p. 10.

心向西南方向旋转,取道比利时,由比法边界进入法国;然后穿越比利时平原、横扫法国沿海后从北、西、南 3 个方向包围巴黎,继而向东,从法军背后包抄其主力,而西线的左翼的任务便是诱敌并抵御法军主力的攻击。

德国的进攻计划是经过了深思熟虑的。西线的法国与德军的较量,是一战的主战场。其中,马恩河战役、凡尔登战役和索姆河战役,是一战中在法国领土上进行的三大战役。它们不仅是西线战场最主要的战役,而且对整个大战的进程和结局都具有决定性的影响。

马恩河战役是大战初期影响最深远的一次战役。大战伊始,德军就按照战前制定的"施里芬计划",把战略重点放在了西线。法、比边境战役后,法国遭到了重创,但部队的有生力量尚存。在政府迁都的同时,总司令霞飞一边下令把军队撤至塞纳河、马恩河和云恩河等天然屏障后进行休整,并新建了一支以福煦将军(Ferdinand Foch,1851—1929)为首的部队(即后来的第九集团军),以加强西线防卫;一边在巴黎配置重兵,修筑防御工事。法军就这样且战且退,保存并加强自己的力量,为尔后的反攻做好准备。

法、比边境战役后,德军则被胜利冲昏了头脑,对法方的战略撤退和军事新布置并不在意,反而认为大捷在握,改变了原来的战略部署:从西线抽调兵力到东线,驰援东普鲁士,对付俄军;从右纵队分兵去封锁法国的莫伯日要塞;让左纵队改守为攻,去进攻法军设防坚固的南锡高地,结果碰上了硬钉子。8 月 30 日,德军第一、第二集团军突然将进攻方向转向东南,从东面越过巴黎,遂使巴黎不仅免除了被德军从西面包围的危险,还使法军可以从西面威胁德军的侧翼。德军西线兵力的削弱、用兵分散等战术上的失误,加上行军过快而后勤供应跟不上等因素,使战局发生了逆转,德军开始处于不利地位。

9 月 5 日,法军开始反攻。由莫努里将军(Michel Joseph Maunoury,1847—1923)指挥的第六集团军在乌尔克河一带与德军交火,拉开了马恩河战役的序幕。总司令霞飞号召各部队"全力以赴,进攻并打退敌人。不能再前进的部队,也要不惜代价守卫阵地,宁可牺牲也不后退"①。6日凌晨,法英联军和法第五集团军向追赶它的德第一集团军发起反攻,巴黎卫戍司令加利埃尼将军也急忙派兵驰援法第六集团军。当天,法第六集团军在乌尔克河以西继续推进,英国也在稍南的方向击退了德国骑兵的进攻;正面,福煦的第九集团军也展开了猛烈的攻击。7日,战斗继续激烈进行,德方派了3个军的兵力阻击法第六集团军,法军失利。为了加强兵力,法军统帅部急忙用火车和汽车来运送部队,加利埃尼征用了巴黎的1 000辆出租车,运送了2个师的兵力到前线,成为一战中的佳话。德第一集团军立即感到后侧翼受到巨大压力,8日,第一集团军撤回了马恩河北岸。德第一集团军撤走后,在它同德第二集团军之间就形成了一个约50公里的大缺口。此时,英军也已抵达马恩河附近,其前进方向正好对着这个缺口。随着法英联军的全线反攻,德国的各个集团军之间受到牵制,也无法驰援在西部主战场作战的德军。腹背受敌的德第一、第二集团军,为了避免被英法军队包围歼灭,被迫于9月9日全部撤退到马恩河北岸。马恩河战役至此告一段落。

9月13日,德军统帅毛奇报告德国皇帝说"德军输掉了战争"。霞飞则在军事公报中宣称"马恩河战役以确定无疑的胜利而结束",马恩河战役之名由此而来。

马恩河战役是一战初期的一场重大战役,双方投入的兵力达200万,大炮6 600门。从9月5日至9日的5天里,马恩河两岸长达200英里的战线上,炮声隆隆,硝烟弥漫。双方伤亡也十分严重,据估计,法军伤亡14.3万人,德军伤亡21.6万人。法国以极大的代价,挫败了德军的"闪电战",战争从此转入了旷日持久的阵地战。这对陷于东、西两线作战而又资源贫乏的德国来说,极为不利。9月14日,德皇威廉二世将毛奇撤职,任命法尔根汉(Erich von Falkenhayn,1861—1922)为参谋总长。马恩河战役对协约国来说,是第一次战略性胜利。

---

① G. Bonnefous, *Histoire politique de la Troisième République*, Tome 2, p. 46.

　　凡尔登是法国北部边境的著名要塞,也是法国右翼防御体系的重要枢纽。马恩河战役以后,德国为了避免两线作战,于1915年初,把战场重点移到了东线,试图一举击溃军事力量比较薄弱的俄国,迫使它退出战争,然后一门心思对付法国,但未能如愿。1915年2—5月,为了支援和配合东线的俄军,英、法联军发动了春季攻势,但德军的防线稳固,攻破不易。1916年初,德军在东线取得了一些胜利后,又把攻势转向了西线。德军参谋总长法尔根汉在呈交德皇的备忘录中,说法国"在军事上的努力差不多已经到了尽头",只要再给以重创,法军便会崩溃。法尔根汉建议以法国的凡尔登为进攻目标。

　　凡尔登在战略上十分重要:它是协约国楔入德军防线的重要部位,又靠近德国的主要铁路系统,对深入法、比国土的德军意义非凡;凡尔登也是通往巴黎的大门和法军阵线的枢纽。法尔根汉估计德军攻打凡尔登,法国必将投入全部力量来保卫,这将成为"碾碎法军的磨盘"。为此,德军在凡尔登附近部署了18个师的兵力和1 200多门大炮,由皇储威廉统率的第五集团军负责实施军事打击。

　　法国方面则对德国的战略部署并不重视,他们正忙着制定索姆河反攻计划。为了建立要塞的永备筑垒工事与野战筑垒工事相结合的全新防御体系,法军拆除了要塞的一些火炮,一些工事还在筑构中。直到2月21日凡尔登战役打响前,霞飞还以为德军新的打击重点是香槟。战前准备不足、统帅判断失误,使凡尔登战役一开始,法国就陷入了被动。

　　凡尔登战役从1916年2月21日开始到12月18日结束,断断续续进行了将近10个月的时间。2月21日早上7时15分,德军以猛烈的炮击拉开了凡尔登大战的帷幕,隐蔽的德军炮群以每小时10万发的密度,持续9小时猛轰凡尔登、布拉邦特和奥尔内之间约14平方英里的三角形地带。同时,德军出动飞机轰炸铁路车站,破坏交通。法军防御工事被瞬间夷平,整个地区也变成了一条死亡地带。

　　当晚,德军开始在默兹河(马斯河)东岸向南推进。法军殊死抵抗,伤亡惨重,其结果使德军推进速度十分缓慢,到23日夜间才行进了两英里。24日,德军突破了法军的主要防线,俘虏了近1万名法军士兵。当晚,霞飞下了死命令,"不惜任何代价将敌人拦阻"在默兹河的右岸。但次日,德军还是占领了被贝当(Henri Philippe Pétain,1856—1951)视为"整个凡尔登防御体系希望所在"的都蒙炮台。此时,法国的防线被分割成了几段,通向后方的公路也被德军切断,情况危急。

为了扭转局势,霞飞任命贝当为凡尔登地区总司令。25日,贝当赶到凡尔登,重组指挥部。他一边调整战术,把整个战线划分成了若干防区,加强了炮兵,规定外线炮台为"统一抵抗阵地",严令士兵坚守;一边组织军民抢修公路,组成了一支近9 000人的运输队,调集了3 900辆汽车,昼夜不停地赶运物资与兵员。从27日开始,在一周内就赶运了19万援军和2.5万吨军火,大大加强了凡尔登的防卫。有人估计,这一期间从巴勒杜克到凡尔登约65公里长的小公路上,每天通过的汽车达6 000辆,平均每14秒通过1辆,为凡尔登的防卫做了很大贡献,因而这条路也被誉为"神圣之路"(Voie sacrée)。27日,法德双方在凡尔登陆地反复冲杀,形成残酷的拉锯战,彼此伤亡均十分惨重。28日,德军的第一次进攻高潮平息下来。

3月6日,在几天的休整后,德军又在默兹河西岸发动第二次进攻高潮。这次,法军在西岸配备有强大的炮兵,防守的部队也装备良好,战斗因此更加残酷。4月,德军几次向凡尔登发动进攻,都被法军成功阻拦。

6月1—7日,德军开始了对凡尔登的第三次进攻高潮。法军坚守在阵地里,每天向德军的阵地发射近10万发炮弹,但到7日,伏奥炮台还是被德军占领了。德军在这次进攻中还首次使用了光气窒息弹,杀伤力很大。但德国的进攻已是强弩之末了,因为其时,俄军在东线发起了猛烈进攻。接着,英法联军又在索姆河地区展开了强大攻势。德军统帅部被迫调遣人力和物资转向东线,从此德军再没有新的兵力和大量弹药运往凡尔登。德军进入了防御阶段,战争的主动权开始转到了法军手里。

1916年秋天,法军开始反攻。此时,贝当已调任北方方面军司令,由尼韦尔(Robert Georges Nivelle,1856—1924)接任凡尔登军司令。10月

24日,法方动用了约17万兵力和700多门大炮进行大规模反攻,夺回了都蒙炮台。11月2日,收回了伏奥炮台。12月15日,法军继续进攻,迫使德军退回到发动战役前的老阵地上。12月18日,法军停止进攻。凡尔登战役宣告结束。

凡尔登战役是第一次世界大战中规模最大、历时最长的一次战役。法德双方都遭受了可怕的损失,法国死伤和被俘的人数合计在55万以上,德国的损失也在45万人以上;战役消耗了大量的物资、弹药,仅2月25日至6月15日不到4个月的时间里,法国就消耗了1450万发炮弹,是战争史上少有的一场消耗战。这次战役也是大战的转折点。此后,德军士气低落,国内的反战浪潮也高涨起来,德国开始陷入了困境。

1916年7月至11月的索姆河战役是协约国1916年战略总计划的组成部分,它与凡尔登战役并行展开。早在1916年初,英法联军就准备发动索姆河战役,商定由法军作为主力,并为此做好了周密的部署与充足的准备。但德军在凡尔登的进攻打乱了联军的部署,直到7月,凡尔登前线的形势有了转机,联军才正式发起战役。为了进一步减轻法军在凡尔登的压力,索姆河战役最后由英军担任主攻。

索姆河阵线对英法联军来说,实在是个难以攻克的地区。德军在索姆河地区的工事极其坚固,在纵深约8公里的距离内修了3道防线,地下坑道达40英尺之深,里面安装了电灯,并有厨房、洗衣房、急救站等设施,而且德军的防线是筑在丘陵地带的,堡垒依坡而建,易守难攻。相反,协约国的阵地则一览无遗地展露在德军眼前。德军的这种筑防,也迫使英法联军在进攻时要冒着火力逐级地往上爬,联军选择这个地方展开进攻,难度可想而知。为此,联军抽调了3500门火炮、300多架飞机参加战役。这样在兵力对比上,联军的步兵超过德军的3.6倍,炮兵超过约1.7倍,航空兵超过约2倍。

6月24日起,英法联军开始对德军陆地展开了持续的猛烈炮击。在6天的炮击期间,总共发射了150万发炮弹,这个数量超过了1914年1—11月英国生产的炮弹总和。火炮摧毁了德军第一阵地的战壕、掩体等工事和部分通信设施,尽管德军的炮兵失去了近 50％的战斗力,但由于掩体坚固,人数伤亡不大。7 月 1 日清晨,在飞机的掩护和强大火炮支援下,英军在索姆河以北,法军在索姆河以南,共同向德军阵地发起了猛攻,但进攻遭到了德军的顽强抵抗。10 日,法军推进到了索姆河以南 6—7 公里,楔入了德军的第二阵地,但英军的进展不大。战斗很快呈现胶着状态,英法联军与德军都在一个狭小的地区进行残酷的消耗战。

此时的东线,盟军也在做进攻的准备。法军总司令霞飞要求英军在盟军东线进攻之前在索姆河地区发动一次总攻击。9 月开始,英法联军开展新一轮的进攻。9 月 3 日,在 1 900 多门重炮的猛烈迫击后,50 多个师的联军兵力在飞机的掩护下,从昂克尔到索姆河的 22 公里战线上向德军发起进攻,不料,进攻遭到德军的封阻。9 月中旬,联军更强大的一波进攻开始。这一次,英军首次使用了新发明的坦克,在 18 辆坦克的支援下,英军艰难地向前推进了 5 公里,其间有 10 辆坦克被德军炮火击毁。9 月底,联军与德军双方仍有一些战斗,但都未有重大的战略突破。11 月中旬,天气渐冷,物资也耗尽了,索姆河的战役就此停了下来。

索姆河战役和凡尔登战役一样,都是在一个狭小地区进行的大规模消耗战。相比凡尔登战役,这次战斗双方投入的兵力更多,消耗也更大。参战的部队计有英军 55 个师,法军 20 个师,德军 95 个师。损失的兵员也更多,英军损兵约 42 万,法军约 20 万;德军损兵约 54 万,其中被俘 10 万。双方付出的代价与战事的收获不成比例,霞飞也因其战略指挥不当而被免职。德军则经过凡尔登、索姆河两场战役而大伤元气,闪电战从此成为泡影,西线战事成功的希望也更加渺茫。

四、从厌战、反战到最后的胜利

1917 年春夏,战争局势开始朝着不利于法国的方向转变了。

一是民众开始厌战。大战已经持续了 3 年,法国北部炮火连天,满目疮痍,社会经济遭到极大破坏。工农业生产下滑,财政赤字却不断攀升。物资匮乏、通货膨胀、物价上涨,民众的生活日益困难。1917 年开始,由于农产品严重不足,法国实行了面包、食糖的配给制,接着,又实行了"供应日制",规定一周内只能有两天供应肉类。复仇、反德的民族主义情绪终究敌不过日常生活的艰难,看不到头的战争,使民众中弥漫着一股厌战的情绪。其实,大战已经进行了近 3 年之久,无论在法国还是德国,民众都已经开始厌倦战争。就法国来说,"原来赞成防御战的某些公众舆论转而对'白色和平'(即不分胜负的和平论调)越来越感兴趣"[1];一些社会主义者组成的"反对派"也开始了反战的活动,他们对战时的"神圣联合"内阁提出批评,一些社会党人在报上发声,谴责民族沙文主义和军国主义的宣传;还有一些议员则拒绝投票通过军事预算等。法国国内出现了明显的厌战情绪。

二是军事的不断失利,使法国军心开始动摇。法军总司令霞飞由于凡尔登战役指挥失误,索姆河战役又损失惨重,于 1916 年底被解职。1917 年初,年届六十的罗贝尔·尼韦尔接任法军总司令。他改变了原先的作战计划,提出在索姆河和瓦兹河之间展开攻势,却遭到贝当、陆军司令利奥泰(Hubert Lyautey,1854—1934)等人的反对。3 月中旬,利奥泰辞职,法国内阁出现危机。与此同时,俄国发生了二月革命,沙皇尼古拉二世被迫退位。俄国国内的反战运动,使德国有可能抽调兵力增援西线。4 月,美国对德宣战。法军总司令尼韦尔盲目乐观,决定在苏瓦松与兰斯之间约 40 公里宽的区域内发起攻击,并希望在 48 小时内结束战争。4 月 16 日,尼韦尔的总动员令充满了胜利的信心:"进攻的时刻到来了!自信!勇敢!法兰西万岁!"[2]但这场冒险的进攻持续了十几天,结果是法军的惨败与重大伤亡,法军伤亡共 27.1 万,被后人讥为"尼韦尔的屠宰场"。5 月,尼韦尔被解职,由贝当接任总司令,福煦任参谋总长。

尼韦尔进攻的失败,挫伤了法国军队的斗志。法国在 1915 年已经损失了 50 万人,1916 年又损失 57 万人,败仗一个接着一个,似乎看不到

---

[1] 皮埃尔·米盖尔:《法国史》,第 494 页。
[2] 转引自楼均信主编:《法兰西第三共和国兴衰史》,第 375 页。

胜利的希望。加上后方生活的困苦、俄国二月革命的影响等因素,法国国内的反战运动迅速开展起来。在战争的前线,士兵们秘密成立了士兵代表苏维埃,他们散发传单,要求"打倒战争、消灭将军",签订不割地的和约等。士兵们在敌人面前放弃战事,有 2/3 的师发生了骚乱,越来越多的士兵拒绝上前线,反而回到巴黎,声援工人的罢工。6 月 7 日,总司令贝当宣布对不执行命令的士兵恢复死刑①,也没有有效阻止士兵的拒战。5—6 月,约 2 万—3 万士兵加入了拒绝战争的集体行动,约 90 个团参加了"哗变"。在后方,工人们则以罢工的方式反战。比如,1917 年 5 月 1 日,巴黎冶金工人举行了开战以来规模最大的一次罢工。一些军工厂的工人在罢工中喊出了"打倒战争""把工厂主送到前线,把士兵送回家"的口号。据统计,1917 年,法国工人共举行了 696 次罢工,参加者达 29.381 0 万人,其中 5—6 月发生罢工 375 次,参加者有 18.506 8 万人。②

　　战争后期,法国国内的厌战、反战的情绪,也影响到了政坛。战场失利,士兵厌战,民众反战,使法国政界精英们对战争的领导与组织问题产生了分歧,"神圣联合"开始破裂。议会与政府就权力执掌问题,尤其是对军队的领导权问题产生争执,政局也动荡不宁。从 1916 年底到 1917 年 11 月不到一年时间里,内阁换了 4 届。其中白里安内阁维持了 3 个月(1916 年 12 月—1917 年 3 月),潘勒维内阁更是只有两个月(1917 年 9—11 月)。若如此下去,法国非得输掉这场战争不可。

　　前线的被动局面、后方的反战活动、经济的衰退、内阁的危机加深,使法国再次陷入了恐慌,因为许多中小资产阶级都认购了国家的国防公债。大多数民众认为要赢得战争,需要一个强势人物,建立一种强力内阁。于是,激进党领袖克雷孟梭被推上了前台。克雷孟梭早年思想激进,做过新闻记者,为德雷福斯叫屈伸冤,与社会党人士也有过接触。战

---

① 有 5 万人被判决,其中判处死刑的有 452 人,最后处死的只有 50 人。参见皮埃尔·米盖尔:《法国史》,第 497 页。
② 楼均信主编:《法兰西第三共和国兴衰史》,第 376 页。

争期间,他创办《自由人报》,大力宣传民族主义与爱国主义,主张对德复仇以捍卫法国的国土安全,在政治上有很大的影响与号召力。1917年11月16日,总统普恩加莱任命克雷孟梭为总理,任其着手组阁。克雷孟梭亲自兼任陆军部长,在议会中发表了讲话:"我的对外政策和我的国内政策是一个整体。国内政策,我进行战争;对外政策,我还是进行战争。我始终进行战争……我继续进行战争,将继续到最后一刻。"①

克雷孟梭组阁后,致力于重振法兰西民族活力,以扭转战局,保证战争的最后胜利。克雷孟梭带着"法国兵"的钢盔,亲赴前线鼓励战士,激发他们的斗志,增强战争必胜的信念,"在法军重新夺回的都蒙炮台中,他在地上整整睡了一夜";对于贪生怕死躲在后方的军人,克雷孟梭则毫不留情地给予惩罚。在后方,克雷孟梭则开始了一场反和平主义的运动,宣传民族主义与爱国主义。具体来说,包括查禁鼓动反战、煽动厌战情绪的报纸,追究反战人士的行为与活动,将一些人判为间谍,并送交军事法庭审判;拉拢社会党和总工会的右翼,分化左派的"少数派"反战分子,逮捕或把他们送往前线;对于罢工的工人和参加骚乱的军人则坚决镇压。

为了迎合战时的需要,克雷孟梭政府还做了一系列强化权力的工作。比如清理政府反对派,树立政府的权威:克雷孟梭指控内政部长马尔维(Louis Malvy,1875—1949)和前总统卡约"通敌"。结果,卡约被解除议员豁免权,遭到逮捕;马尔维经最高法院审判,被判驱逐法国5年。至此,白里安等政府反对派不再发表不同意见,里博作为嫌疑分子也不再对克雷孟梭构成威胁。此外,克雷孟梭设置了"政府特派员"这一行政机构,加强国家对战时经济的干预。为了增强军事实力,克雷孟梭内阁还扩大了军工生产、征兵,加强与英美的军事协作等,以做好各项反攻的准备。各种举措表明,克雷孟梭内阁是与以往战时政府不同的强力政

---

① Georges Clémenceau, *Discours de guerres*, Paris:Société des amis de Georges Clémenceau, 1981,p. 172.

府,加强了法国的军事实力,也得到了多数法国人的认同与支持。政府一直维持到 1920 年 1 月,是第三共和国中少有的持续长届政府,最终迎来了大战的胜利,克雷孟梭也因此被说成是"胜利之父"。

1918 年 3 月,十月革命后的苏俄退出了战争。这使克雷孟梭很恼火,指责俄国"背叛了盟国",法国并不准备与俄国新政府建立外交关系。

俄国退出战争后,德国从东线调集了大量的兵力移向西线,总共 194 个师 400 万兵力,3 000 架飞机、1.5 万门大炮和大量的坦克,试图再次集中力量打垮协约国,在夏季来临前结束战争。3 月 21 日至 7 月的 4 个月时间里,德军共发动了 4 次大规模的进攻。5 月底,德军行进至马恩河的右岸,距巴黎只有 70 公里。彼时,德国有一种叫"大贝尔塔"①的巨型大炮,射程 100 多公里。显然,巴黎在它的射程范围内。一个星期天,当人们在圣热尔韦教堂做礼拜时,炮火击中了教堂,引起民众的极大恐慌,首都再次陷入危急之中。克雷孟梭宣布巴黎为战区,并表示自己与法国统帅部将一起坚守巴黎,与士兵共生死。

在法军的顽强抵抗下,德军的进攻虽取得了局部的效果,但整体进展不大,相反伤亡更加惨重,约 40 万德军兵力损耗在阵地战的僵持中。由于东西两线同时开战,到这一阶段德军的兵力衰竭已开始显现,年老体弱、尚未成年的男子也被驱上了战场,这极大地影响了德军的战斗力。而协约国这边,随着美军的参战,战争的协调工作也越来越顺利。福煦被任命为西线协约国军总司令,负责统一指挥协约国的军队,这对法国来说是一个好机会。福煦决定在德军撤退还未扎稳步子前,向马恩河北岸的德军发起反攻。第二次马恩河战役就这样开始了。

第二次马恩河战役也称雷姆斯战役,是一战西方战线中德军最后一次发动大规模攻击的战役。7 月 15 日,德军集中优势兵力越过马恩河,楔入法军阵地 3—10 公里。但此时的英法联军已经等到了美国的上百

---

① 这种大炮专门用于攻陷堡垒,由德国"大炮王"阿尔弗雷德·克虏伯之子菲利茨·克虏伯研制,炮身连同炮车重达 120 吨。

万援军和一种新型的进攻器材——战车,实力大增。7 月 18 日凌晨,法炮兵集中火力炮轰德军正面阵地,随后,法各集团军在 500 辆坦克、3 000门大炮、850 架飞机的助攻下,向马恩河的德军发起强力攻势,德军伤亡极大。21 日,德军向马恩河北撤退。8 月 2 日,协约国军队收复苏瓦松。招架不住的德军且战且退约 40 公里,直至埃讷河和韦勒河一带才稳住。8 月 4 日,协约国联军肃清马恩河突出部的德军,马恩河战役就此停歇。不久,西线开始了总反攻。马恩河战役的胜利,标志德军由胜转败,从此,协约国联军取得了战略上的主动权。福煦因为指挥得当,晋升为法国元帅。

8 月 8 日,协约国联军为了肃清亚眠突出部的德军,发起了蒙迪迪耶战役。这次战役是以英军为主力,法军配合。是日,英法盟军在 500 多辆坦克、100 多架飞机的支援下,向德军阵地猛攻。一天就击落德军飞机62 架,轰毁大炮 400 门,打死和俘虏德军 2.7 万,难怪德国副总参谋长、步兵上将鲁登道夫(Erich Von Ludendorff,1865—1937)感叹 8 月 8 日是"德军战争史上最黑暗的一天"。8 月 20 日,盟军继续反攻。到 8 月底,德军的整个阵地已经被突破。

9 月,协约国联军在西线发起了总攻势,共集结美军约 55 万、法军11 万。9 月 2 日,鲁登道夫决定向兴登堡防线总撤退,但仍坚守着圣米耶尔的阵地。战争一开始,德军就在凡尔登以南的默兹河和摩泽尔河之间守住一个楔形的突出部,为的是保护梅斯和布里埃铁矿的关键性中心地区,该矿是德国炼钢所需矿石的丰富源泉。突出部的顶端就是圣米耶尔。法国总司令福煦和美国远征军总司令潘兴(John Joseph Pershing,1860—1948)负责部署夺取突出部的计划,两人达成共识:要重点打击南端,必先牵制北端圣米耶尔。

9 月 12 日上午 6 时,以美军为主力、法军配合的圣米耶尔阵地争夺战开打,3 000 门大炮和 330 多万炮弹齐发,但德军仍然借助障碍物,拼死抵抗。德军阵地的铁丝网有效地阻止了美法步兵的进攻。这时,美军创造性的实用战术起了作用:美国工兵用特制的爆破筒,一种装满三硝基甲苯的长铁管,炸开一排排的有刺铁丝,或用锋利的钢丝钳和斧头剪开有刺铁丝,开出宽阔的缺口,或将一卷卷小方格的铁丝网铺在障碍物上,给步兵做铺垫。士兵的进攻顺利起来。傍晚,德军的阵地基本失陷。16 日,战争结束。德军被俘 1.6 万,大炮被缴 450 门,士兵伤亡不计其数,美军伤亡计 7 000 人。

9 月 26 日,是西线协约国总攻的日子。先是美军的第一集团军和法军第四集团军对絮维普河与默兹河之间长达 90 公里的德军阵地发起进攻,随后,英、美、法、比等协约国其他各集团军相继发起进攻。10 月 2 日,德军撤退至索姆河畔的圣康坦。4 日,德军再向阿尔贡和瓦兹河一带撤退,8 日,英军突破了兴登堡防线。就这样,协约国的联军不断推进,德军日渐后退。到 11 月初,德军在西线的战败已成定局。

就在此时,德军的盟邦保加利亚、土耳其、奥匈等先后投降,退出战争,同盟国瓦解了。11 月 3 日,德国基尔水兵起义,德国国内十一月革命爆发。德国内外交困。11 月 6 日,德国巴登亲王政府同意在威尔逊"十四点"计划的基础上与协约国和平谈判。7 日,德国谈判代表到达贡比涅森林的雷通德车站,在一节车厢里与法国元帅福煦开始停战谈判。8 日,法国参谋长魏刚(Maxime Weygand,1867—1965)向德国谈判代表团宣读了要求德国撤出非法侵占的比利时、法国阿尔萨斯-洛林和卢森堡,交出武器大炮等一系列停战条件,并限 72 小时内做出答复。9 日,德皇退位。11 月 11 日凌晨 5 时,德军全权谈判代表在停战协议上签字。上午 11 时,整个西线吹起了停战喇叭,德国战败了。不久,法国首都巴黎也响起了庆祝胜利的礼炮。

第二节　巴黎和会与法国外交

一、巴黎和会中的法国利益

大战结束了。为了解决战争带来的问题与困境,奠定与缔造一个和平的世界环境，1919 年 1 月 18 日，英、法、美、日、意等 32 个国家和地区在巴黎召开和平会议。会议参加者达 1 000 多人，其中全权代表 70 余人。会议由英、法、美三国主导，其中起重要作用的是美国总统威尔逊、法国总理克雷孟梭、英国首相劳合·乔治，史称一战"三巨头"。由于各方利益的纠葛，这个基于分赃的和平会议足足开了 5 个多月。

1918 年《贡比涅停战协定》是 1919 年巴黎和约的预演，其中削弱与限制德国发展的基本思路也是法国在和平会议上处置德国问题的基本原则。巴黎和会上，英、法、美等大国本着自身的国家利益和价值偏好，相互争吵、讨价还价。

法国方面试图利用战胜国的优越地位，在确保自身安全的同时，恢复拿破仑时代控制德国的传统帝国政策，竭力肢解德国、拿到更多的赔款，让德国从此一蹶不振，而同时振兴法国的社会经济，提振人心，重燃民族主义的激情，进而实现梦寐以求的欧洲霸权。

英国则坚持一贯的大陆均势政策，不希望过分削弱德国，也要防止法国建立欧洲霸权。

美国也极力反对过分削弱德国，甚至还想方设法维护其统一。因为能否保持一个完整的德国，关系着美国的欧洲战略能否顺利实施，也涉及美国今后能否顺利地插手欧洲事务。

在肢解德国上，法国是孤立的。参加巴黎和会的总理克雷孟梭，平时言词刻薄，辩论时唇枪舌剑，在国内是个"倒阁能手"，有"老虎总理"之称。由于他在一战期间的作用，战争结束后他被法国人民称为"胜利之父"。当德国投降的消息传到巴黎时，77 岁的克雷孟梭老泪纵横："我总算等到了复仇的日子。"在巴黎和会上，由于年纪稍长且有近半个世纪的从政经历，加上法国又是会议的东道主，克雷孟梭被推举为大会主席。

会议期间，为了最大限度地惩治德国，确立法国的欧洲霸权地位，克雷孟梭可谓是不遗余力。他提出了一个肢解德国的方案：收回阿尔萨斯和洛林，占有矿产丰富的鲁尔地区；莱茵河左岸脱离德国，成为法国控制下的缓冲地带；德国的东部领土分给波兰与捷克；德国赔偿全部战争损失。

　　克雷孟梭的方案遭到了美国的反对。1918年1月8日，号称"百灵鸟"的威尔逊在美国国会发表演讲，提出了战后世界的和平方案，史称"威尔逊十四点"。它的具体内容是：废除秘密外交；海上自由航行；消除经济壁垒；裁减军备；调整殖民地利益；使俄国进入"自由国家的社会"；恢复比利时；阿尔萨斯和洛林还给法国；调整意大利边界；奥匈人民自决；波兰独立；恢复巴尔干各国；保护在土耳其的少数民族；建立国际联盟。此后，美国宣传部门将这个所谓的"十四点"印成上百万份传单，向世界各地散发。"十四点"被认为是美国对战后世界安排的主要旨意。1919年1月，威尔逊总统不顾国内孤立主义者的反对，亲率代表团赴巴黎参会，以实现美国的战略意图。按照威尔逊的理论，欧洲平衡与均势这一古老的原则是战争的根源，解决国际争端必须另辟蹊径。"十四点"是促进世界和平的"唯一可行"的计划，必须成为巴黎和会谈判的基础。其间，威尔逊将成立国际联盟视为头等大事，削弱或肢解德国都不是美国希望看到的。所以，巴黎和会一开始，威尔逊就提出讨论成立国际联盟的问题，然而，美国的提议也遭到英法等国的反对。尤其是克雷孟梭，认为威尔逊的方案脱离实际，抨击其中的理想主义，使威尔逊颇为恼火。

　　法国的核心关切是德国问题，这一议题分两个方面：德国的疆界问题和德国的赔款问题。

　　关于德国的西部疆界，法国要求收回在战争中失去的阿尔萨斯-洛林，英美不持异议。但对于法国的领土新要求，即把莱茵河变为法国的天然疆界，把莱茵河左右两岸的德国诸省合并为"莱茵共和国"，以作为法德之间的缓冲国，英美两国均表示反对。另外，法国还要求将煤产量占德国88%的萨尔南部归属法国，萨尔的全部矿产所有权交给法国。关于德国的东部疆界，法国提出了一个包括波兹南和但泽在内的大波兰计划。这个战后解决方案，完全是从法国的立场出发的。

　　在英国看来，法国的德国疆界方案如果付诸实现，势必使法国在欧洲大陆的经济与战略地位上占有绝对优势,这样英国的"均势"将不复存在。为此,1918 年 3 月 25 日,劳合·乔治给克雷孟梭和威尔逊发出了一份题为"草拟和约条款最后文本前对和会的几点意见"的备忘录,史称"枫丹白露文件"。劳合·乔治明确反对成立"莱茵共和国",他说:"我坚决反对为了其他民族的利益超过必要限度地把德国居民从德国分离出去。""德国人民已经无疑地证明了他们是世界上最有活力与力量的种族之一,但他们竟然被许多小国所包围……有许多国家的人民过去从来没有为自己组织过一个稳定的政府,他们每个国家都拥有人数众多的德国人,这些人吵闹着要与自己的祖国合并。我想象不出还有什么比这种情况更能成为将来产生战争的根由了。"威尔逊十分赞同英国的立场,他告诫克雷孟梭:"对德国应采取温和与克制的态度,德国不可能被摧毁。如果德国复仇心切,那么战胜国就犯下了最大的错误。"

英美的联合压力,迫使法国对自己的立场做出调整。克雷孟梭表示,法国可以在莱茵河问题上让步,但必须得到萨尔。"三巨头"的争论十分激烈,谈判陷入僵局。3 月 14 日,威尔逊愤然乘军舰离开了巴黎。劳合·乔治则向克雷孟梭提议,如果法国放弃对莱茵河左岸的占领,英国或将说服美国共同向法国提供安全保证,以防止德国入侵。为了最大限度地实现法国利益,克雷孟梭以同意美国将"门罗主义"原则列入《国联盟约》为条件,换取美国同意法国的领土要求。

经过几个回合的协商,最终,英美法三方在德国疆界问题上达成妥协:莱茵河左岸仍属德国,但由协约国军根据不同的地段占领 5—15 年;莱茵河右岸 50 公里地带宣布为非军事区;英、美与法签订条约,共同担保法国东部边境的安全。

关于战争赔款问题,战胜国都同意德国必须赔款,这一点没有异议,主要分歧在于德国须支付的总额及其分配原则。法国财政部长克洛茨(Louis Lucien Klotz,1868—1930)提出德国必须赔偿一切损失。他估算法国约损失了 2 090 亿金法郎,各国的损失也与法国的相当,这样损失的总数达到了 4 000 亿金法郎。这比战前德国的总资产还要多。按法国提出的巨额赔款,德国即刻破产,这一点英国是最顾虑的,美国也担心超出德国实际支付能力的赔偿将是"杀鸡取卵",使美国在欧洲的债务泡汤。

这样,三国主导的赔款争论的结果是,和会只提出赔偿原则即德国应负战争的全部责任,并赔偿协约各国的财产损失及抚恤金等津贴;至于赔款总数,则成立专门的赔款委员会,由其确定,于1921年5月1日前做出决定;在确定赔款数额之前,德国应先向协约国交出200亿金马克赔款;赔款委员会设在巴黎。

和会结束后,赔款委员会就赔款总数、分配原则等问题多次召开会议,但德国往往以种种借口逃避赔款。因此,赔款问题也是战后国际政治关系中的重要议题。

除了对上述两个议题争论不休,巴黎和会中列强还对国联的领导权及地区与世界霸权进行争夺。法国由于认识到自己实力有限,则把主要精力放在了对德问题上。

经过几个月的外交斡旋,到4月底,列强才就巴黎和约的草拟文本达成共识,并通知德国方面委派正式代表团到法国签约。4月29日,以德国外交部长勃洛克道夫-兰曹(Ulrich von Brockdorff-Rantzau,1869—1928)为首的德国代表团到达巴黎。5月7日,会议主席克雷孟梭把和约的文本交给勃洛克道夫-兰曹,要求德国在15日之内提出书面意见,并以胜利者的口吻说:"清算的时候到了,你们向我们要求和平,我们把和平交给你们。"

5月20日,德国方面提出了修改建议。勃洛克道夫-兰曹拒绝了协约国提出的大部分要求,并明确表示他不会在和约上签字,随即返回柏林。为了使德国服从和约,6月16日,会议将和约文本以最后通牒的方式交予德国,要求在7天内签字。德国国内对是否接受和约产生了分歧,德国总理谢德曼(Philipp Scheidemann,1865—1931)辞职,勃洛克道夫-兰曹也退出了政府。22日,无可奈何的德国议会开始表决和约,最后以237票赞成、138票反对、5票弃权的结果,授权政府签署和约。

6月23日,德国的新代表宣布接受和约。28日下午3时,5名德国代表来到凡尔赛宫。德国外长米勒(Hermann Müller,1876—1931)、殖民部长柏尔(Johannes Bell,1869—1949)先在和约上签字,随后,协约国各代表按本国国名的第一个法文字母为顺序依次签字。下午4时,签约完毕,克雷孟梭宣布会议结束,101门礼炮齐放,历时5个多月的"和平会议"终于落下帷幕。

6月30日,克雷孟梭向法国议会提交《凡尔赛条约》时如释重负。他说:"令人无比喜悦的是,终于能够在这个讲台上明确地说:通过法国和它的盟国,使世界免遭死亡危险的拯救工作从今以后已经完成了。"①议员们报以热烈的掌声。

巴黎和会后依据《凡尔赛条约》建立的欧洲国际政治秩序称为"凡尔赛体系"。

二、凡尔赛体系中的法国

由法国担任会议主席的巴黎和会以《凡尔赛条约》的签订为标志就此结束。1919年10月2日,法国众议院以372票赞成、53票反对、72票弃权的表决结果批准了该条约。12日,参议院也以217票赞成一致通过,批准条约。条约尽管未能完全满足法国的条件,但由于极大地抑制了德国,对法国的欧陆霸业还是极为有利的。

这一时期,普恩加莱和白里安是影响法国外交政策的两个重要人物。不过,两人的外交理念很不相同。"普恩加莱的政策只信任强硬手段。他认为,不应被德国人蒙蔽,一个民族不会在短短几年内有所改变。如果德国谋求谈判,那只是为了行骗;如果它寻求和解,那只是出于食言的企图,因此,凡尔赛的条约必须无条件执行。白里安的政策表现出乐观色彩,它信任仲裁的优越之处,相信法德和解的可能性以及裁军的必

---

① 吕一民、张忠其、戴成钧选译:《一九一八——一九三九年的法国》,北京:商务印书馆,1997年,第1页。

要性。"①这种差异性,在某种程度上使这一时期法国的外交策略呈现出阶段性的特征。

巴黎和会之后,法国在欧陆外交的主要侧重点是敦促德国落实《凡尔赛条约》条款,削弱德国,孤立苏联。另外,由于和会没有规定德国的具体赔款数字,如何使列强在赔款问题上就法国所希望的达成一致,也是令法国方面颇为伤脑筋的问题。

1920年代,法国采取抑德反苏的外交策略在很大程度上也受到国内政治的影响。1920年1月17日法国举行总统选举,"胜利之父"克雷孟梭未能如愿担任总统,体弱多病的德夏内尔(Paul Eugène Louis Deschanel,1855—1922)②却以绝对多数当选。18日,克雷孟梭向普恩加莱提交内阁集体辞呈。至此,克雷孟梭离开了政治舞台。1929年11月23日,克雷孟梭孤寂地死于旺代省的故居中。

1920年1月20日,米勒兰受命组成"国民联盟"内阁。在外交上,米勒兰政府坚守民族主义的立场,继续克雷孟梭的强硬对德策略,要求德国严格执行《凡尔赛条约》,并在赔款委员会上,多次对英国提出的减少赔款数额持强烈的异议。1920年3月,德国军队以肃清革命力量为由,进入了莱茵非军事区,遭到法国方面强烈抗议。4月2日,米勒兰政府照会德国政府,要求德国方面立即撤军。5日,未及德国方面答复,法军也进入非军事区,占领了一些城市,迫使德军撤退。米勒兰内阁还积极参与对新生的苏维埃政权的干涉,主要表现为通过各种形式帮助波兰进攻苏俄,如武器、弹药支援,派军事代表顾问支持波兰等。

1920年9月21日,总统德夏内尔辞职。24日,米勒兰被国民议会多数选为总统。米勒兰任命莱格为总理,不久,莱格内阁就被推翻。1921年1月,白里安组阁。这是白里安的第七次组阁,在该届政府中,白里安任总理与外交部长。务实的白里安政府就此微调了法国的对外政策,尤其在对

---

① 杜比:《法国史》,第1279—1280页。
② 1920年1月17日的总统选举中,德夏内尔获得888票中的734票,并于2月18日宣誓就职,入主爱丽舍宫。同年9月,因健康问题辞职。两年后病逝。

德关系上有所松动,这主要表现在德国赔款问题上。

1921 年 1 月 24—29 日,协约国领导人在巴黎召开会议,讨论《凡尔赛条约》的执行问题。白里安携财政部长保罗·杜美①一起参加。会上,英、法、德就赔款问题展开了一番讨价还价。法国财长杜美提出德国对协约国的赔款总数应为 2 100 亿金马克。按条约约定 52% 的比例分配,法国有权获得约 1 120 亿的赔款。

对于这个数额,英国首相劳合·乔治表示反对,理由是德国没有能力支付,英国方面力图缩减赔款数额。当然,英国这样做并不是为德国着想。一战后,英国国内掀起了强烈的和平主义运动,影响了英国的对外政策。对于欧洲,一贯的均势政策加上深深的"和平"主义烙印使英国相信,只要统一的德国存在,只要满足德国的正当要求,均势就能维持,和平就能维护;英国也就可能以最小的代价操控欧陆,实现自己的利益。所以英国的策略是包容德国,以德国可以接受的方式约束与规范它。这种外交的保守性也是日后英国绥靖政策产生的原因之一。

白里安希望与英国改善关系,不想得罪英国,又希望能尽快获得德国的赔款,充实国家的实力,不得已做出了一些让步。最终赔款委员会在伦敦会议上确定了德国的赔款总数是 1 320 亿金马克,德国口头表示接受。为了敦促德国尽快履行协约,白里安又派重建部长路易·卢舍尔(Louis Loucheur,1872—1931)与德国新经济部长拉特瑙(Walther Rathenau,1867—1922)讨论赔款的具体细节。经过多次的讨价还价,10 月 6 日,法、德终于正式签订了关于实物赔款的协议。尽管该协议后来并未得到议会的批准,也没有具体实施,但这意味着白里安政府对德和解的开始。

签订了赔款协约的德国,一再借口国内经济困难,要求延期偿付。英国方面则以英法共同签订保证条约为担保,力促法国同意德国延期付款。为了与英国搞好关系、巩固协约国的联合②,白里安同意与英国方面

---

① 保罗·杜美(Paul Doumer,1857—1932),法国资深政治家。曾数任法国财长,法国第 13 任总统(1931—1932),1932 年被暗杀。
② 1920 年左右,只有比利时是法国的忠诚盟友。

进行会谈。1922 年 1 月 4 日,白里安与英国首相劳合·乔治在戛纳会晤。在两人的私人会谈中,白里安借机要求把赔款问题与协约国的债务问题合起来通盘考虑,并把英法联盟扩大为多国联盟,相互保证各国的边境安全,劳合·乔治原则上同意这一建议。6 日,法国、英国、意大利、比利时、日本等国代表和美国观察员参加了戛纳的正式会议。当白里安将戛纳会议的成果电告总统米勒兰时,却碰了一鼻子灰。7 日,米勒兰总统回电白里安,电文明确要求法国不能在赔款问题上做出任何让步;不得召见戛纳德国代表,德国代表只应在赔款委员会里就有关问题做出回答;在做出保证前,不邀请苏俄代表参加经济会议。不得已,白里安于 11 日离开戛纳回到巴黎,试图向总统与议会解释这些成果对于法国的意义。然而白里安的苦心并没有得到总统与议会的理解与支持,第二天,白里安辞职,接任总理的是强硬的普恩加莱。法国的外交政策又转回到了原先的轨道。1922 年 2 月 25 日,普恩加莱接替白里安与劳合·乔治在布伦会晤,继续就法英的保证条件进行商谈,无果。

1921 年 10 月,苏俄政府照会英、法、意、日、美五国政府,表示愿意在西方国家提供优惠贷款的条件下,承认沙皇政府战前所欠外债;照会还声称"同各国进行经济合作"是苏俄政府的主要目标之一。1922 年 4 月 10 日—5 月 19 日,由协约国最高委员会建议并邀请了欧洲各国参加的欧洲经济会议在意大利的热那亚召开。参加会议的有英国首相劳合·乔治、法国副总理路易·巴尔都(Louis Barthou,1862—1934,法国资深政治家)、德国总理维尔特(Joseph Wirth,1879—1956)和外长拉特瑙等 34 个国家的代表,美国政府因担心讨论战前债务问题造成被动,只派了观察员出席会议。

这次欧洲经济会议只有苏俄与德国是赢家。会上,苏俄代表发表声明说,在当前不同社会制度共存的历史时代,为了普遍的经济恢复,两种所有制之间应该经济合作,苏俄愿意在互利、平等的基础上与各国发展经济关系,并承诺说苏俄要"全面裁减军备"。德国代表则提出了修改《凡尔赛条约》和减少战争赔款的要求,被拒绝。德国由于在协约国与苏俄的谈判中被撇在了一边,转而单独试探苏俄是否有意会谈苏德协定问题。4月16日上午,苏俄代表突然电邀德国代表到热那亚近郊的拉帕洛苏俄代表驻地单边谈判,德国欣然接受。当天下午6点半,苏俄与德国签订了《拉帕洛条约》①。虽然从4月11日起,欧洲经济会议分政治、财政、经济和交通运输4个委员会展开工作,但协约国与苏俄在外债的数量上始终无法达成一致,热那亚会议没有取得积极的成果。不过,《拉帕洛条约》的签订却成了苏俄外交的一大突破。会后,苏俄与许多国家签订了贸易协定。1924年,英国成为资本主义世界第一个与苏联建交的国家。

对于德国来说,《拉帕洛条约》也是一个突破口,热那亚会议后,德国开始公然违背《凡尔赛条约》。1922年7月,德国以马克贬值、经济困难为由,正式照会条约各国:要求减少交付煤的数量,暂停以"补偿"名义的付款,延期两年偿付赔款。劳合·乔治同意了德国的要求。普恩加莱则回应说德国应将鲁尔煤矿交给协约国作抵押,实行有条件的延期。但这个"产品抵押"的策略遭到英国的反对,英法关系陡然紧张起来。11月初,德国再次提出赔款延期4年,赔款委员会未置可否。11月27日,法国内阁召开会议,决定若德国拒绝支付赔款,将对其采取强制措施。12月8—11日,普恩加莱到伦敦,与英国的新首相博纳·劳②会晤,力促这个新首相支持法国向德国施压。但博纳·劳坚持其前任的政策,反对法国的"产品抵押"政策。普恩加莱无功而返。

12月15日和21日,普恩加莱分别向法国众、参两院表示,如果德国不向法国支付赔款,法国也不向协约国支付债务;德国的延期支付必须以"产品抵押"为前提。普恩加莱的强硬政策是有底气的,因为在赔款委员会中,法国具有优势地位。1923年初,普恩加莱在记者招待会上公开亮出底牌:德国若再违约,法国将根据福煦的计划,在鲁尔采取行动。协

① 条约约定双方放弃相互要求战争赔款的权利,立即恢复两国的外交关系并根据平等互利和最惠国原则建立贸易和经济关系等。
② 博纳·劳(Andrew Bonar Law,1858—1923),20世纪英国任期最短的首相,任职只有211天。

约国赔款委员会遂做出决定:德国没有履行偿付约定,将以鲁尔为"抵押品"。该决定得到了除英国外的比利时、意大利等国的同意。强占鲁尔提上了日程。

　　1923年1月10日,法国、比利时政府共同向德国提出照会:鉴于德国没有及时交付木材和煤,因此决定派一个技术专家委员会进入鲁尔区,监督煤业辛迪加生产,以保证德国能履行支付赔偿义务。11日,一个由法、意、比三国工程师组成的"协约国工厂和煤矿监督代表团"进驻鲁尔工业区的埃森市。同时,以"保护"为名,德古特将军(Jean-Marie Degoutte,1866—1938)率两个法国师和一个比利时的先遣队也来到了埃森,继而占领了波鸿和多特蒙德,最后占领了几乎整个鲁尔煤区,引发了一场危机。

　　法国占领鲁尔的名义是"监督德国赔款",普恩加莱向议会解释占领鲁尔的目的时说:"我们是为了取得煤矿,就为这个。……我们根本无意扼杀德国、破坏或侮辱德国,也根本不想使它贫穷……我们只想从中获得合情合理的德国应该给的东西。"[1]当然,法国实际的目的十分明显,即控制鲁尔,进而控制德国的经济命脉,巩固法国在欧陆的霸权。

　　德国很清楚法国的目的,总理库诺(Wilhelm Cuno,1876—1933)在国会中就表示,遏制德国"是法国政治的旧目标,400年之久的目标"。在法国进入鲁尔地区后不久,德国便向《凡尔赛条约》签字国发出照会,表示强烈抗议。第二天,总理库诺下令消极抵抗:宣布不同法、比占领当局合作,召回驻巴黎大使和驻布鲁塞尔公使,停止向法国和比利时支付一切赔偿。占领区的矿工和铁路工人也举行了大罢工,还有一些工人怠工。一时间高炉熄火,铁路瘫痪,邮政、电话、电报也停了。占领军与当地居民发生了公开冲突,一些军工厂的工人还在冲突中身亡。

　　面对德国的"消极抵抗",法国也采取了反制措施。一方面,控制煤炭的管理、生产和分配,禁止占领区输出商品,征收煤炭税和其他关税。

① G. Bonnefous, *Histoire politique de la Troisième République*, Tome 3, pp. 47–48.

对所有参加"消极抵抗"的德国人及其家属,进行逮捕、监禁、罚款、驱逐出境以至处死。其间有 10 万"消极抵抗"的德国人遭驱逐,此外还征用了 200 多所学校、关闭了 170 多家报纸,以稳定鲁尔的局势。另一方面,从法国和比利时招收了大量的工人与志愿者,参加鲁尔工业区的生产和运输,以恢复那里的经济与日常生活。

1923 年 5 月,德国政府向协约国和美国政府发照会,说明鲁尔区等地区的状态恢复正常以前,德国将继续进行"消极抵抗",并提议德国赔偿总数缩减为 300 亿金马克,其中部分赔款用国际贷款支付。法国认为德国的这一建议毫无实质性内容,英国对德国建议也感到失望。整个夏天,尽管英国从中斡旋,法国始终拒绝进行谈判。

占领鲁尔和"消极抵抗",致使鲁尔地区的经济陷入困境。工厂倒闭,交通瘫痪,工人失业。经济危机使马克随之暴跌:6 月中旬,10 万马克能兑换 1 美元,8 月 8 日跌为 500 万马克兑换 1 美元。8 月 12 日,内外交困的库诺政府辞职。9 月 26 日,新组建不久的斯特莱斯曼(Gustav Stresemann,1878—1929,1923 年 8 月 13 日—11 月 23 日任德国总理)政府决定结束"消极抵抗"策略并几次要求与法国政府谈判,均遭拒绝。10 月 12 日,英国提议召开非常国际会议讨论鲁尔问题,美国表示赞同。10 月 27 日,普恩加莱也同意召开非常国际会议的方案,但主张将赔款问题交由专家委员会处理。而德国则转而支持由煤业辛迪加同国际工矿管制代表团、法比鲁尔区管制委员会进行谈判。11 月 23 日,双方签订协定,规定:煤业辛迪加重新开始向协约国交付煤和焦炭作为德国实物赔偿,法国和比利时将得到煤炭总产量的 18%,焦炭总产量的 35%;从 10 月 1 日起所开采的煤归煤业辛迪加所有,每出售 1 吨煤,向协约国交纳 10 法郎税款。通过这一协定,法国基本达到了强取德国"生产抵押品"的目的,因而对德国赔偿问题态度有所缓和,鲁尔危机接近尾声。

11 月 30 日,经法国代表巴尔都的同意,赔偿委员会委任了两个专家委员会:一个负责研究德国的财政复兴问题;另一个专门研究赔款问题,由美国芝加哥摩根银行经理道威斯(Charles Gates Dawes,1865—1951)主持。普恩加莱也同意了这一方案,宣布放弃"产品抵押"政策。这可以说是普恩加莱外交的一个转折。1924 年 4 月 9 日,负责研究赔款的专家委员会提出了一项报告(通称"道威斯计划")[1],德国则以法、比两国从鲁尔撤军作为接受该赔款计划的条件。1924 年 7 月 16 日—8 月 16 日,协约国和德国在伦敦召开会议,道威斯计划被双方接受。8 月 16 日,法国、比利时与德国达成协议:从 9 月 1 日开始实施道威斯计划的 1 年内,法国和比利时军队撤离鲁尔等地区。德国赔偿问题暂时得到解决,鲁尔危机宣告结束。

至此,普恩加莱的强硬外交开始向缓和与妥协方向发展,法国对德外交从攻势开始转向守势。如乔治·杜比所说,"从技术层面说,这次行动取得了一定的成功,但从政治上说,它引起了英美的敌意,触怒了德国的民族主义情绪,并引起了渴望和平的法国舆论的不安"[2]。

三、1930 年代法国外交的转向

如果说,1920 年代法国外交的重点是赔款、复仇和强硬的对德关系,那么,鲁尔危机后,法国的外交有了很大的改变,和平与安全成了主要议题。

凡尔赛体系中,法国重点关心的另一个问题是边界"安全"。早在巴黎和会期间,法国就分别与英、美达成《法英保障条约》和《法美保障条约》。两个条约都规定,在法国受到德国的无端入侵时,英美两国应立即提供军事援助;同时规定,两个条约必须一起生效。条约得到了国联理

---

[1] 该计划旨在用恢复德国经济的办法来保证德国偿付赔款。主要内容是:由协约国监督改组德意志银行,实行货币改革,并由协约国贷款 8 亿金马克(折合 1.9 亿美元)以稳定其币制,在赔款总数尚未最后确定的情况下,规定德国赔款年度限额,即由第一年(1924—1925)10 亿金马克开始,逐年增加,到第五年(1928—1929)增至年付 25 亿金马克;德国支付赔款的财源来自关税、烟酒糖专卖税、铁路收入及工商企业税;发行 110 亿金马克铁路公债、50 亿金马克工业公债;德国的金融外汇、铁路运营以及税捐征收事务受国际监管。
[2] 杜比:《法国史》,中卷,第 1280 页。

事会多数国家的认可,英国政府也批准了该条约,但由于美国国会未批准《凡尔赛条约》,也未同意法美两国的军事安全保证,故而英法的保证条约也无法生效,这使法国试图通过安全保证与英美结盟的努力落空。法国与大国结盟不成,转而与德国周围的中小国家结盟。1920年代初,法国先后与比利时、波兰结盟,后又支持捷克斯洛伐克、罗马尼亚和南斯拉夫。虽然这些国家可以在德国东部形成屏障,但由于国家小,力量弱,不能有效地遏制德国。如何保障法国安全,这一问题必须要有新的理念与思路。

1924年5月,法国举行新议会选举,左翼联盟获胜。6月,普恩加莱向总统辞职。赫里欧组阁。赫里欧政府致力于平息鲁尔危机,接受道威斯计划,在对德的赔款问题上,也做出了一些让步。尽管这些外交举措受到国内右翼势力的强烈反对,但毕竟在法德和解的道路上迈了一小步,也为白里安的和平外交作了铺垫。

白里安是法国社会党创始人之一,曾11次出任总理,对法国政治与外交产生了重大的影响。鲁尔危机中法国的单边强硬政策受挫以及左翼联盟执政,使法国的外交开始转向缓和,"仲裁"与"和解"的理念逐渐在公共舆论中占了上风。1925年4月至1932年1月担任外交部长的白里安就是这种"观念的化身"[1]。

1924年9月,国际联盟第五届大会在日内瓦召开,21个欧洲国家的总理与外长出席了会议。当时英国第一届工党政府刚刚上台,首相麦克唐纳(James Ramsay MacDonald,1866—1937)也出席了此次会议。会议盛况空前,新闻记者和政客蜂拥到日内瓦来报道和观摩大会。"当地旅馆拥挤不堪,后到的人到处寻找空房子。听说浴室和走廊都用来供代表们以及和他们同来的专家们作住宿用了。"[2]这从侧面表明了一战后尤其是鲁尔危机后,欧洲社会各界对安全与局势稳定的高度关注与重视。

---

[1] 参见杜比:《法国史》,中卷,第1282页。
[2] 华尔脱斯:《国际联盟史》,汉敖、宁京译,北京:商务印书馆,1964年,第304页。

此届会议的氛围一开始就比较融洽。麦克唐纳与左翼联盟的法国总理赫里欧之间有个共识,就是不希望看到德国复兴与复仇。会上,法国方面提出了"仲裁、裁军和安全"的主张。对于英国而言,既能保证欧洲安全,又不与德国发生冲突的最好办法就是支持与促进法德和解。为了解除法国的担忧,英国积极支持这一方案。从9月4日到10月1日,会议进行了为期4周的紧张讨论,终于达成了"和平解决国际争端的议定书",简称《日内瓦议定书》。议定书共21条,内容主要是仲裁、安全和裁军三大方面,比如:签字国承诺决不对某个国家或相互之间诉诸战争(反抗外国入侵或根据国联盟约和本议定书规定的内容除外);承诺放弃任何可能对其他国家造成威胁的行为;如有冲突,由国联行政院按协定规定的程序和方法进行仲裁;非军事区的存在就是为防止侵略和推行本议定书(第十条中)的规定,各国都同意这种非军事区是预防对本议定书进行破坏的一个手段;签字国承诺保证参加1925年6月15日在日内瓦召开的国际裁军会议。

《日内瓦议定书》对法国来说是一次外交上的胜利,它对法国利益的维护也是显而易见的,不仅保证了《凡尔赛条约》所划定的法德之间边界,也保护了法国与东欧盟国的边界现状。白里安作为外长,不仅出席了会议,而且在《日内瓦议定书》的制订与签字过程中起了重要作用,白里安自己也说,这是他"政治生涯中最值得记忆的事"[1]。

不过,白里安外交生涯中最大的成就要数促成《洛迦诺公约》的签署。在道威斯计划的援助下,德国实力增长很快,威胁着法国在欧洲的利益,也使法国进一步担忧《凡尔赛条约》和《日内瓦议定书》中关于其领土与边界安全等落实问题,因而试图调整与德国的关系。德国希望修改《凡尔赛条约》,加入国联,恢复其大国地位,也急需调整与法国的关系。英国在防止德国东山再起上与法国有着共同的关切,但又不能坐视法国称雄西欧,依然抱着传统的"均势"政策。英、法、德之间复杂的三角关

---

① 华尔脱斯:《国际联盟史》,第312页。

系,使日内瓦会议后的欧洲形势十分微妙。

1925 年初,德国先后向英、法、比、意等国送交了备忘录,建议与莱茵兰地区(即莱茵河左岸地带)有利害关系的国家缔结公约,保障相互间边界安全,这一提议受到相关国家的欢迎。10 月 16 日,在美国的支持下,德国、法国、比利时、英国、意大利、捷克、波兰等欧洲七国在瑞士的洛迦诺召开会议。会议就德国西部领土现状、德国与东部邻国的关系以及德国加入国联等问题进行了讨论或者说是争吵。具体来说,在边界安全问题上,德国主张维持其西部边界现状,不愿缔结保证其东部边界安全的条约;法国力求维护德国东、西部的边界安全,以束缚德国的手脚;英国则支持德国的主张。在德国加入国联问题上,英、法两国都同意德国无条件地加入国际联盟,以利用德国反对苏联;德国要求参加国联,然而拒绝承担《国联盟约》第十六条①关于对违约国制裁的规定。美国虽然没有参会,但在两个问题上都与英国保持一致,支持德国。这下,法国被逼入了绝境。

为了最大限度地实现法国利益,洛迦诺会议期间,白里安邀请德国外长斯特莱斯曼到托洛瑞山村进行秘密会谈。双方都认为,应该对使德国陷入困境的《凡尔赛条约》做些必要的调整,以缓解德国民众的抵触情绪。会谈中,白里安还表示要全力支持德国加入国联。在白里安的努力斡旋下,各国与会代表终于就一些基本问题达成一致。12 月 1 日,一系列文件在伦敦签署,主要内容包括:洛迦诺会议最后议定书;德、比、法、意、英五国《相互保证条约》,又称《莱茵保安公约》,规定德、法、比互相保证德比、德法边界不受侵犯,彼此承诺遵守《凡尔赛条约》关于莱茵区非军事化的规定,并由英、意两国充当保证国,承担援助被侵略国的义务;德比、德法、德波、德捷之间的双边《仲裁条约》,规定德国和比、法、波、捷之间应以和平方式解决彼此间的纠纷,每一组缔约国分别设立一个常设

---

① 第十六条规定:成员国有义务对任何违反盟约进行战争的成员国采取行动,直至使用军事力量。若成员国违背盟约,国联行政院有权予以开除。

调解委员会来处理双方的问题；法波、法捷间的《保障条约》，规定在抵御遭受无端袭击时互相支援。在法国议会就《洛迦诺公约》批准议案进行辩论时，白里安宣称，《洛迦诺公约》是"在欧洲的精神下与在和平的目标下签订的"①。下议院的社会党党团认为《洛迦诺公约》是"对和平的贡献"而予以批准。

1926 年 9 月 10 日，在欢迎德国加入国联的仪式上，白里安发表了关于法德和解的演说。他说："这一天对德法来说意味着什么呢？历史上被过往玷污的一切的痛苦和流血冲突结束了；我们之间的战争结束了……在我们两国的国土上，战争将不复存在，为解决我们之间分歧而使用的粗暴、野蛮和流血的方式也不复存在……从此，我们……将以和平的方式解决我们的分歧。"②《洛迦诺公约》签订后，旨在促进法德经济合作的法德研究和情报委员会成立。1926 年 9 月，白里安以和平的名义为欧洲钢业联合会作辩护。他说："若要欧洲繁荣，法德两国间必须实现和平，这就是说：消除纷争的因素和发展协调的因素。在这些协调的因素中，我认为没有再比两国工业间必须建立的经济和贸易关系更重要的；与其相互竞争和相互残杀，它们不如达成协议并在和谐的秩序中工作。"③

从《洛迦诺公约》的条文看，协约国在对德关系上做出了很大的调整，尤其是法德间的关系有了很大的改善。公约的签订也使欧洲有了相对的和平保证，对德国的政治地位的提高是有利的。相对地，法国在《洛迦诺公约》中得到的并不多，反而从某种程度上说，还是一种损害。所以，对法国来说，《洛迦诺公约》是一个"混杂的恩赐物"，但历史有时是吊诡的，白里安的行动却受到了包括法国在内的欧洲公众的认可。鉴于白

---

① 埃·戴而逊等：《"统一欧洲"的神话与现实》，凌其翰译，北京：世界知识社，1955 年，第57页。
② Jacques Dalloz, *Histoire de la France au XXᵉ siècle par les textes*, Paris: Masson, 1985, p. 21.
③ 埃·戴而逊等：《"统一欧洲"的神话与现实》，第 58 页。

里安在《洛迦诺公约》制订过程中发挥了重要作用①及其对欧洲和平的热衷,1926年,白里安与德国外长斯特莱斯曼共同荣获年度诺贝尔和平奖。

此后,白里安更加积极地投身于和平事业。1927年4月,美国纪念参加第一次世界大战10周年,白里安借机向美国国务卿凯洛格(Frank Billings Kellogg,1856—1937)倡议,法美立即缔结废弃战争的协定,为维护世界和平做出贡献。美国方面对此表示欢迎,并同时建议该条约不应只限于美法两国,而应包括主要大国在内的大多数国家。1928年8月27日,美国、法国、德国、比利时、日本、意大利、波兰、英国、澳大利亚、加拿大、印度、爱尔兰、新西兰、捷克斯洛伐克、南非等15个国家和地区的代表在巴黎签订了《关于废弃战争作为国家政策工具的一般条约》,又称《白里安-凯洛格公约》或《巴黎非战公约》。公约包括序言和3条正文,主要内容是缔约各国谴责以战争解决国际争端,并废弃以战争作为在其相互关系中实施国家政策的工具;缔约国之间的一切争端或冲突,不论性质和起因如何,只能用和平方法加以解决;任何签字国如用战争手段谋求利益,不得享受公约给予的益处。公约签订后,各国议会批准公约花了约一年时间。1929年7月25日,《巴黎非战公约》生效。至1933年,约有63个国家批准或加入该公约。欧洲沉浸在一片和平的幻影中,美国国务卿凯洛格也因此获得了1929年度诺贝尔和平奖。

白里安也一直走在倡导和平的路上。有着理想主义气息的白里安认为欧洲团结的欧洲主义和"泛欧联盟"②是一项值得花大力气去做的事。1929年,白里安出任"泛欧同盟"主席。他数次发表备忘录,试图在政府一级的层面上推动"欧洲合众国"的讨论。1929年9月5日,在日内瓦召开的国联大会上,白里安提出了欧洲联盟的计划,设想在欧洲成立

---

① 白里安被说成是《洛迦诺公约》的设计师。
② "泛欧同盟"是奥地利贵族库顿霍夫-卡勒基(Count Richard Coudenhove-Kalergi,1894—1972)在1923年提议并建立的一个旨在欧洲联合的非官方组织,受到政治家与一些知识分子的支持。其中有捷克外长贝奈斯,法国总理赫里欧、白里安、蓬皮杜,以及后来致力于欧洲一体化的阿登纳。

一个联邦。他说:"我想在那些正在建构地缘集团的人们中间,像欧洲人民一样,应该建立某种联邦契约……这种联合主要是经济方面……因为经济是当前最紧迫的问题……并且和坚信这种联邦形式可能也将会有益于政治和社会方面,而不会影响这个联邦中任何国家的主权。"①1930年,白里安又向欧洲各国政府发出了一份名为《关于组织欧洲联盟体系》的备忘录,即"白里安计划"。备忘录提出了建立欧洲联盟的必要性与迫切性,具体规划了欧洲联盟的进程,确立了经济服从政治、优先解决政治问题的原则。白里安在计划中声称,组建欧洲联盟既不会削弱各个国家的主权,也不会影响国联的权威与职责范围。这个备忘录可以说是第一个关于建立欧盟的官方文件。

此后很长一段时间里,白里安的身体状况欠佳。1932年初,他还是决定参加法兰西总统的竞选,关心他健康的朋友们劝他退出竞选,但他仍然坚持竞选。1932年3月7日,白里安因心脏病发作猝死。英国外交大臣张伯伦给予白里安很高的评价,认为白里安是"他祖国的骄傲,并且珍惜祖国的特权,但他的骄傲只是满足于法国女神一样出现在国际政治的舞台上,领导其他国家在和平与文明的道路上前进。他高尚的思想境界无人能够超过"②。

白里安一心想建立以法国为中心的欧洲联盟,目的是利用它来遏制德国的发展,消解英国在国联的优势,抵制美国在欧洲不断扩大的影响。白里安壮志未酬身先死,其事业的坚定接班人是路易·巴尔都。

1934年2月,极具世界视野的巴尔都出任外交部长,很快提出了他的"大联盟"外交政策。这一策略主要包括4点内容:对德国的毁约扩军行动采取强硬立场,不承认其合法性;坚决维护国联,维护欧洲现存的国际秩序和领土边界;加强法国的欧陆同盟体系;创建一个由若干区域性

---

① René Albrecht-Carrié, *The Unity of Europe: An Historical Survey*, London: Secker & Warburg, 1966, pp. 223 - 224.

② 戴维斯:《欧洲史》,下卷,郭方等译,北京:世界知识出版社,2007年,第976—977页。

防御公约和互助条约构成的欧洲集体安全体系。① 为了构建这个"大联盟",巴尔都东奔西走,呕心沥血。1934 年 10 月 9 日,巴尔都遭暗杀身亡。不久,皮埃尔·赖伐尔(Pierre Laval,1883—1945)出任法国外长,从此法国的外交开始转向。

第三节 第一次世界大战后的法国政治

法国虽是一战的战胜国,但大战对法国的影响是灾难性的。且不说国土满目疮痍、经济倒退,国民的思想和心理也都发生了微妙的变化。大战中,法国打得太苦。在 4 年多的时间里,法国本土动员兵力(18—51 岁的男性)共 794.8 万人,占本土居民的 20%。战争期间,死亡官兵达 131.5 万人,伤残 280 万人。战争后期,军队接连哗变,工人不断罢工,人民生活困苦,社会动荡不宁,可以说是惨胜如败。战后,法国城市和乡村都充斥着对战争残酷的恐惧,以及对和平生活的迷恋。

一战后,法国的政治发展复杂而曲折,统领政坛的派别也较之前庞杂。如果说一战前的第三共和国前期是温和派,后期是激进派执政,那么一战后的法国政坛执政的派别就是杂烩的"联合"。这与法国议会选举制度的改革也有关系。

一、国民联盟

1918 年 11 月 11 日《贡比涅停战协定》的签订并没有打断法国的政治生活。罩着神圣光环的克雷孟梭在总理的宝座上坐得稳稳的。政府成员没什么变化,只是由于战争结束,有些职位做出一些调整。议会的多数也几乎一成不变,还是右派和中间派,其中还有一些从工人国际法国支部里分离出来的社会主义者。总统仍然退居二线,即使《凡尔赛条约》的签订也没有他发表意见的地方,以至于普恩加莱在日记中愤愤不

---

① 楼均信主编:《法兰西第三共和国兴衰史》,第 467 页。

平道:"法国的命运在共和国总统、议会和国家毫不知情的情况下,就这么决定了。"①法国真正的政治变化是从1919年开始的。

法国的议会选举根据规定应该在1918年春天进行,但因战争而推迟了,恢复和平以后,政府决定在1919年11月举行选举。根据1919年7月12日的新选举法,这次选举采用比例代表制。选举以省为单位进行,每省的议员人数按该省的居民人数比例分配,党派和党派联盟的候选人提出候选人名单,选民对候选人名单进行投票,当选议员的席位按党派得票的比例进行分配,但同时还规定,倘若一张名单选票在一个选区获得绝对多数,这个选区的议员席位全部归于这个党派。因此联合起来的党派很有可能在一省取得绝对多数,从中获利。

在当时右派联合、左派分裂的情况下,这种选举制度对左派不利。右翼政党在战争胜利后,为了继续维持"神圣联合"的局面,保持社会的稳定,就联合组成了"国民联盟"参加竞选。该联盟包括了继承甘必大衣钵的民主共和联盟、温和共和派的共和联盟和天主教的"人民自由行动"等。激进派也曾受到邀请,但1919年9月新当选的激进党领袖赫里欧不愿与这些保守派同流合污,就一口回绝了;而在个别省,有些激进派成员也出现在"国民联盟"的选举名单中。左派四分五裂,社会主义者卷入国际社会主义运动的争论之中,左派主张加入列宁领导的第三国际,右派主张留在第二国际里,中间派主张重建国际。风起云涌的工人罢工浪潮也使得资产阶级对左派心存疑虑,他们更害怕布尔什维克式的革命出现在法国,因此当时的激进派也与社会主义保持了距离。

1919年议会选举最终以右派的胜利告终,"国民联盟"获得近400席,而社会党只获得68席,大大少于1914年选举的102席。选举给法国政坛带来两个重要的变化。一是中断了第三共和国政治总是向左转的历史,出现了自1871年以来最右的政府,但这并不说明选民的政治选择发生了根本的变化。右派的胜利主要得益于新的选举制度。社会党所

---

① Jean-Marie Mayeur,*La vie politique sous la Troisième République*,Paris:Seuil,1984,p. 252.

得议席虽少,但总得票数为 170 万张,超过 1914 年的 140 万张。激进派的选票为 180 万张,也没怎么减少。在总票数上左右两派的差距要小得多(350 万对 430 万)。而且在随后举行的市政选举和参议院 2/3 的补选中,激进派取得了胜利。在以后的政府的组成上,温和派也不得不吸收一些激进派成员担任部长。二是议会里的议员多数是新面孔,新当选的议员占了 59%。① 其中许多人是浴血战场的老兵,他们愿意"像在前线一样团结在一起",因此这届议会得了"天蓝色议会"的别号(天蓝色是法军军服的颜色)。

大战以后最后一项国家领导人的更新是总统。普恩加莱的总统任期到 1920 年 1 月届满,克雷孟梭的威信和能力似乎使他成为这一职位的合适人选。克雷孟梭没有公开提出竞选总统,但有意让朋友们推举他。然而,克雷孟梭在参众两院拥有太多的政敌,有些人只是简单地不喜欢他专断独行的作风,有些人却不会原谅某一天他当众给予的侮辱;左派反对他的民族主义,右派不赞成他反教会的精神;有些政治家如白里安等人害怕爱丽舍宫入住一个"老虎"式的人物,使内阁的权力受到削弱,所以也不愿意让他成为总统。结果在准备会议的指示性投票中,克雷孟梭就输给了另一候选人、刚当选众议院议长的德夏内尔。在 1920 年 1 月 17 日的正式选举中,克雷孟梭不再提出参选,两院联席会议以压倒多数选举德夏内尔为新的总统。克雷孟梭旋即提出辞去总理职务,回到旺代老家,在平静和沉思中度过了他最后 9 年的生活。

克雷孟梭的隐退象征着战争动乱时期的结束,对战争的回忆当然还要持续许多年,但人们关切的重心转移了。法国人重新享受着和平,人们希望回到大战前的所谓"美好年代",电影院里重又挤满了人,音乐厅和舞厅里回荡着异国曲调,爵士、探戈和查尔斯顿舞交织出了这个"疯狂"的年代,体育和社会新闻又成了报纸重头报道的消息。政治继续引起人们的关注。

---

① Jean-Marie Mayeur, *La vie politique sous la Troisième République*, p. 257.

应该说,"国民联盟"执政时期的政治乏善可陈,没有重要的政策措施出台,没有政治方面的革新,没有社会改革。外交事务占据了重要的位置,当时先后出任的4名总理都兼任外交部长就是明证。在这届议会期间,共组成4届政府,前3届几乎都昙花一现,重现内阁不稳定局面,直到普恩加莱出来组阁,才又恢复内阁稳定。

在总统选举后的次日,米勒兰接替克雷孟梭组阁。他的政府组成几乎成了后来政府组成的榜样:他在政府中吸收了激进派,让激进派担任内政部长和殖民部长,还让一名右翼天主教徒担任工商部长,但政府的轴心依赖于中间派。1920年9月,德夏内尔因健康故辞去总统职务,米勒兰参加总统竞选并得以当选。他随即任命他的亲信乔治·莱格组阁,并希望以此继续掌握法国的政治实权,还想通过这样的实践,对第三共和国的政治制度做出某些修改。结果议会推翻了这届政府,1921年1月,白里安取而代之。白里安内阁使政府体现出中左的色彩。1922年1月,执政还不到1年的白里安又让位于普恩加莱。普恩加莱继续保持和激进派合作的态度,尽管激进派想和他保持距离,但在他的政府中,一直保留有激进派部长,直到1924年大选来临前几个星期激进派部长自动辞职为止。这一政治倾向表明,政府和议会的"多数"之间有一定的错位,选举是一回事,政府的组成又是另一回事,这种趋向将成为第一次世界大战后法国政治生活的主要特征。而这种当选者和选民观点相脱节的现象,引起选民对制度的不信任,最终将削弱制度本身。

这一时期就政治派别发展而言,涌现出一些新的政治家,这些政治家在1930年代的危机中成为法国最显要的人物。在右翼,值得一提的人物有安德烈·塔迪厄(André Tardieu,1876—1945)和皮埃尔·赖伐尔;在左翼,是爱德华·赫里欧和莱昂·勃鲁姆(Léon Blum,1872—1950)。塔迪厄出身于巴黎的一个中产阶级家庭,是为数极少的巴黎土生土长的政治家之一,因为法国的政坛是由外省出身的政治家们控制的。他于1914年进入议会,在巴黎和会上成为克雷孟梭的左右手,从而崭露头角。他生性高傲,无视公众舆论,敌视议会民主制度,这些都阻碍了他在政治上的进一步发展。赖伐尔来自法国中部偏僻山区的一个小店主家庭,他的政治生涯有点类似他的偶像白里安。在战前,他是一名社会主义者,战后不久他离开了社会党,逐渐转变为无党派的温和派人士。他和白里安一样懂得看风使舵,但缺乏白里安那样的口才和时间观念。

1920年代赫里欧在激进党中脱颖而出,成为杰出的激进党代言人。他是一名军官的儿子,巴黎高等师范学校毕业的高材生,曾在里昂一所中学里教授文学。德雷福斯事件将他卷入政治的旋涡之中,1912年,他进入议会,成为最年轻的参议员。他是一名有才能的演说家,并且懂得将理想的原则性和现实的灵活性结合在一起,成为两次世界大战期间重要的左翼领导者。

莱昂·勃鲁姆是社会党内在饶勒斯被暗杀和盖德年迈后涌现出来的新秀,努力寻求填补他们留下的真空。他也是巴黎高等师范学校的毕业生,出身于一个犹太资产阶级家庭,祖上由阿尔萨斯迁到巴黎。他也是在德雷福斯事件中对政治发生了兴趣,成为饶勒斯的信徒。德雷福斯事件后,他又重操旧业,做过新闻记者、作家和高级公务员。然而饶勒斯的被暗杀和第一次世界大战的爆发,使他重新在社会党内担当起重要的角色。在一战临近结束时,他已是社会党内中间派的领袖人物,1919年当选为众议员。勃鲁姆和饶勒斯一样也是人道主义者。他把马克思主义看作分析问题的方法,而不是教条。他从来没有把自己认同为无产阶级。他的知识修养以及略显柔弱的声音和姿态很适于成为这个越来越接近白领工人阶层的政党的领袖。他虽然缺乏饶勒斯的个人魅力,但他作为党内新的理论家赢得了党内同伴的尊敬。

1920年1月20日,社会主义者米勒兰[①]组阁。为了最大限度地体现"国民联盟"的特征,米勒兰自称自己组阁并无党派倾向,同时吸收了

---

① 1899年,米勒兰未经社会党同意,参加瓦尔德克-卢梭的内阁,任商业部长,引起轩然大波,史称"米勒兰事件"。

民主共和党、共和党和民主党左翼的人士入阁,但其内阁的核心仍然是右翼分子,米勒兰自己兼任外交部长。22 日,米勒兰向议会发表了他的施政纲领,表示要坚决履行竞选时的承诺:坚持议会制度,落实《凡尔赛条约》,给复员和伤残军人以抚恤津贴,平衡预算、减轻债务、平抑物价,等等。米勒兰还提出,当前特殊形势下,公民的义务是"更多生产、更少消费",号召人民为"法兰西共和国努力工作"。

的确,战后百废待兴。稳定秩序与人心当然是首要大事,米勒兰也深知这一点,所以采取的社会政策相对保守。比如在收回的阿尔萨斯-洛林地区继续保留所谓的"宗教协定",由政府负担教士的津贴,保留学校的宗教课程等,尊重当地的语言与风俗习惯,力求相安无事。"反对社会动乱"也是"国民联盟"的纲领之一,为了维护"秩序",政府禁止国家的公务员参加工会与罢工活动,对于工人的罢工活动也坚决予以干涉。由于要"更多生产",政府也支持企业主拒绝工会的"8 小时工作制"要求。在外交上,米勒兰政府继续采取反苏抑德政策,强硬要求德国履行条约;为了争取更多的友好邦国,1920 年 3 月,米勒兰政府派代表与梵蒂冈进行接触,并在该年 11 月,正式与梵蒂冈建立了外交关系。

1920 年 9 月 21 日,德夏内尔总统因病请辞。24 日,米勒兰以多数票当选总统。此后,奉命组阁的仍是"国民联盟"、社会党主将白里安。除了在外交政策上有所调整,白里安在内政上还是遵循"国民联盟"的治国路线:缩减军费、缩短兵役、平衡预算、实行社会改良等。不过,白里安的对德缓和的外交策略是米勒兰和普恩加莱等政治家所不欣赏的。1922 年 1 月 12 日,白里安辞职,接替他的是普恩加莱。强硬的普恩加莱虽然在鲁尔事件中拔得头筹,但也加剧了"国民联盟"的破裂。

二、从左翼联盟到普恩加莱内阁

1923 年 6 月,激进党与"国民联盟"的多数派决裂。10 月,激进党代表大会确定了激进党与左翼政党结盟,组成左翼选举联盟的策略,党领袖赫里欧还提出了"左翼联盟"竞选的 4 项基本原则:尊重社会立法,包括 8 小时工作法;严格实行所得税;真诚地忠诚于国际联盟;尊重政教分离及教会与学校的分离。激进党的提议,得到了社会党的支持。1924 年 1 月的社会党第二十一次代表大会也通过了与激进党组成"左翼联盟"的决定,并号召各联盟积极行动,加入竞选活动。3 月,激进党和社会党正式签订了竞选协定,拟定了竞选纲领和候选人名单。这样,一个不包括共产党在内的"左翼联盟"建立起来了。

　　"左翼联盟"是一个务实的、具有和平民主主义性质的政党联盟。它遵照激进党的 4 项基本纲领提出了一系列可行的竞选策略,比如大赦 1920 年罢工被捕的工人、国家公务员有权组织工会、实行社会保险等;实行 8 小时工作制、累进所得税制;实行政教分离、教会与学校的分离;与德国和解、从鲁尔撤军;恢复与英美的关系、尊重与忠诚国联、承认苏联等。这些目标策略深得法国民众之心。

　　1924 年 5 月,议会立法选举开始,各党派之间展开了又一次激烈的角逐。第一次参加议会选举的共产党,尽管与之前不参加资产阶级政府的战略相比务实了许多,但在策略上仍然执行的是"阶级反对阶级"的路线,认为应该"打倒国民联盟!打倒左翼联盟!他们两个都是资本家的工具"。共产党的竞选纲领是:建立保证推翻资本主义的工农政府,实现工农联盟,支援德国无产者和德国革命。这一纲领明显是不合时宜的。激进党为主力的"左翼联盟"不仅在竞选的纲领上颇得民意,而且不遗余力地进行宣传鼓动。他们分发了 250 万份竞选报纸,印刷了 1 400 万份传单和 4 万份大幅招贴[1],激发了广大选民的投票热情。而"国民联盟"由于之前就开始分裂,纲领策略和力量上都是分散的。据统计,当时法国的登记选民是 11 070 360 人,投票的有 9 191 809 人,占选民总数的 83%。选举结果是,左翼联盟不出所料地大获全胜:581 个席位中占了 327 席,其中社会党 104 席、社会共和党 44 席、激进党 139 席、左翼激进党 40 席。共产党只占 26 席。

---

① Pierre Miquel, *La Troisième République*, Paris: Fayard, 1989, p. 595.

　　很快,"左翼联盟"就开始向"国民联盟"发难。他们指责米勒兰总统"违反宪法精神"[1],公开支持"国民联盟"中的"保守派",维护个人政治;认为米勒兰继续留在爱丽舍宫是对共和意识的冒犯,会是"政府与国家首脑冲突的根源,将对共和制度构成危险"[2],他必须辞职。米勒兰则以任期未到为由,拒绝辞职,并坚持履行总统的职责,先后要求赫里欧、潘勒韦组阁,均遭拒绝。无奈之下,米勒兰找到他的老友、参议员弗朗索瓦·马绍尔(Frédéric François-Marsal,1874—1958)组阁,但当内阁向议会就职时,遭到议会的质询。马绍尔内阁只存在了两天就垮了。第二天(6月11日),米勒兰也被迫辞职。13日,参、众两院开会,以515票对309票选举激进党人加斯东·杜梅格(Gaston Doumergue,1863—1937)为总统。14日,杜梅格召集赫里欧组阁。赫里欧致函勃鲁姆,希望得到社会党议会党团的支持,邀请勃鲁姆入阁。勃鲁姆表示社会党不会参加政府,但会支持新政府为实现"左翼联盟"的纲领而努力。6月15日,一个以激进党为多数的"左翼联盟"内阁出笼,赫里欧任总理兼外长。

　　赫里欧内阁遵守竞选承诺,在内政上,实行大赦,释放了1920年铁路大罢工被捕的工人,赦免了前激进党人部长卡约[3]和马尔维;实施了世俗化法令,使政教分离、教会与学校分离。在外交上,撤回了驻梵蒂冈大使,接受了道威斯计划并如期撤军鲁尔;与德国和解,与国联也保持着良好的关系,尤其是承认了苏联并互派了大使。不过,由于经济危机与财力不足,赫里欧内阁并没有兑现8小时工作法和社会保险法等,这也成了日后被政敌攻击的一个口实。

　　事实上,赫里欧的"左翼联盟"政府不久就受到来自左右两方面的夹击。1922年,墨索里尼在意大利建立了法西斯的政权,这对法国右翼势

---

① 1920年米勒兰当选总统时,宣称要修改宪法,增强总统的权力。而依据宪法,总统应该严守中立原则。

② Édouard Bonnefous, *Histoire politique de la Troisième République*, Tome 4: *Cartel des Gauches et Union National（1924－1929）*, Paris: Presses Universitaires de France, p. 9.

③ 1920年4月,米勒兰政府以勾结德国的名义审讯卡约,并判3年监禁。

力是一种鼓励。一时间,法国国内成立了诸如"爱国青年团""战士和生产者束棒"等法西斯组织,教权主义者更是反对赫里欧的世俗化政策。1924 年 10 月,全国性组织"全国天主教联盟"成立。在这一组织的策动下,雷恩、马赛、波尔多等地都举行了大规模的集会游行,神父们呼吁要求建立"信仰卡特尔,以反对唯物主义的卡特尔",号召教徒们进行抵抗,不惜为信仰而流血,并与军警发生了冲突。如马赛天主教徒的街头骚乱,迫使警察开枪,打死 2 人,伤 60 人。11 月 23 日,"左翼联盟"各党派举行了将饶勒斯骨灰移送先贤祠的集会,共产党却组织了 5 万人的队伍集结在爱丽舍宫门前抗议"左翼联盟"独揽饶勒斯的葬礼。第二天,共产党又组织群众打着红旗,唱着《国际歌》,举行大规模的游行。右派势力则利用这一事件,渲染"红色危险",反对政府与苏联结交的策略。

当然,"左翼联盟"政府遇到的最大挑战还是来自经济。战后重建,百废待兴,鲁尔事件更加剧了经济困难。政局不稳、财政混乱,一些大资本家资金外逃,法兰西银行又拒绝贷款给政府,造成国库空虚。与此相对应的是法郎贬值,通货膨胀。赫里欧希望通过增加资本税和发行国债的方式来解决危机,遭到财政部长和包括左派在内的大多数议员的反对。4 月 10 日,参议院开会,会上多数议员发言谴责赫里欧的财政政策,并否决了内阁发行公债挽救危机的举措,陷于困境的赫里欧政府被迫辞职。

此后,法国政局动荡不宁。1925 年 4 月 17 日至 11 月 22 日,社会共和党人潘勒韦两度组阁;1925 年 11 月 28 日至 1926 年 7 月 17 日,社会共和党人白里安三度组阁,但基本都没有有效地解决经济困难。白里安想通过加强政府的财政权来解决议会与政府之间在经济策略上的对立,从而有效摆脱经济困难。1926 年 7 月 17 日,白里安总理向议会提交了政府"有权实施具有法律效力的政府命令"①、拥有解决财政问题的全权的议案。提案遭到了来自左、右两股势力的一致反对。结果,议会以 288

---

① 在帝国时期,这种所谓的"非常法令"很常见,但第三共和国时期则是第一次出现。

票比 243 票的微弱多数,通过了对白里安内阁的不信任案。白里安政府下台。尽管应总统要求,赫里欧再次组阁,试图挽救"左翼联盟",但这次赫里欧的政府仅仅维持了两天便告结束。"左翼联盟"散伙了。

有效解决财政问题的是接下来的普恩加莱"大内阁"。7 月 21 日深夜,普恩加莱受命组阁。面对困局,普恩加莱希望最大限度地接纳各派参加政府,组成"国民联合"的内阁。但社会党人拒绝参加政府,共产党被排除在外,所以这个所谓的"国民联合"政府只能是中右翼的政府。由于 13 个部长中有 6 个是前总理,这届内阁被戏称为"大内阁"。

普恩加莱政府的首要目标是整顿财政、稳住经济。普恩加莱是资深政治家,又是雷厉风行的实干家,在议会中倒是获得了多数支持,这为他的经济改革创造了一定的条件。普恩加莱上台不久,就增开新税[1],提高税率,要求增加遗产税 115 亿法郎,作为 1926 年最后 5 个月和 1927 年的新收入;另外,提出提高关税至 6%,流动证券所得税至 50%,外国债券的捐税从 18% 提高至 25%,工商利润税率由 6% 提高至 12%。由于全面提高了相关税率,1927 年,光是国家税收就增加了 90 亿法郎。此外,政府发行国债,吸收流动资金,委托法兰西银行收买外汇和黄金,提高贴现率,保证财政收支的平衡。由于有法兰西银行的托底和大资产阶级的支持,普恩加莱的经济策略获得了成功:国库在 1926 年第一次有了盈余,法郎也开始稳定,1926 年 7 月的白里安政府时期,法郎与英镑的比值为199.03∶1,到该年的 12 月稳定为 124∶1,这一比值一直保持到 1928 年6 月。

随着法郎的稳定,1928 年 6 月 24 日,众参两院通过了普恩加莱关于币制改革的法令。该法令决定发行新法郎:1 法郎的含量为 90.0% 的黄金65.5毫克,规定汇率为 1 英镑等于 124.21 法郎,1 美元等于 25.52 法郎。这一措施由于实际上恢复了金本位制,提高了法郎在资本主义世界的信用与地位。

这一时期的外交工作主要由普恩加莱"大内阁"中的资深外交家白

---

[1] 之前赫里欧政府也想这么做,但缺乏议会支持。

里安主持,也取得了不俗的成绩:一系列和平公约签订,对德关系有了缓和,由于德国加入了国联,一些问题可以在国联的框架内解决。荣获诺贝尔和平奖的白里安甚至提出了建立"欧洲联盟"的主张,直到生命的最后一天,他都在致力于和平的事业。

三、"人民阵线"建立与改革

1929 年,资本主义世界大危机从美国开始蔓延。尽管法国的危机姗姗来迟,但到 1930 年底,危机还是显现出来,并愈演愈烈。意大利、德国等国为摆脱危机,先后走上了法西斯的独裁道路。在法国,面对经济与政治危机,各派政治势力也迅速向两极化发展。右翼势力"火十字团""法兰西行动"等法西斯组织上街游行,试图暴力反对现政府,像德国、意大利那样建立起法西斯政府。

1933 年的斯塔维斯基事件,更使分裂的法国雪上加霜。亚历山大·斯塔维斯基(Alexandre Stavisky,1886—1934)出生于基辅的一个犹太家庭,1900 年前后随父迁居巴黎①。据说 22 岁时,斯塔维斯基就因轻微的诈骗,与警局有过交集。1926 年,斯塔维斯基因几名股票持有者控告他诈骗 700 万法郎而被捕入狱 18 个月,1927 年被取保候审。在这期间,斯塔维斯基重操旧业,骗局越做越大,用假的或偷来的珠宝做抵押,购买政府公债、发行股票而越发富有。不久,斯塔维斯基用这些钱,收购了两家报纸、巴黎的帝国剧院和一个赛马训练场,并由此扩大了在政界、警界和新闻界的朋友圈。1933 年圣诞节前夕,由于他发行的债券无法兑付,东窗事发。同伙供认,斯塔维斯基用伪造账目和假珠宝"担保"等手段,共发行了价值 2.39 亿法郎的市政公债,并曾先后贿赂政界人士达 1 200 名。1934 年 1 月初,消息曝出,举国哗然。

---

① 斯塔维斯基的父亲在巴黎的一个穷人区开了一家牙医诊所。

　　1月8日,斯塔维斯基被发现"自杀"①在瑞士边境山区木屋中。消息传来,巴黎民众的情绪上升到了沸点。法兰西行动党等极右组织煽动不明真相的群众举行反政府示威游行,人们喊着"打倒强盗"②的口号,包围波旁宫,企图推翻议会。整个1月,巴黎都处在骚乱之中。由于曝光的事件牵涉到时任总理肖当(其亲弟弟在斯塔维斯基的一家公司任律师)和肖当政府的司法部长,1月27日,巴黎发生了更严重的骚乱,80多名警察在冲突中受伤。当晚,肖当辞职。一个得到参、众两院稳定多数支持的政府,最后屈服于街头政治,这在第三共和国还是第一次。

　　为了稳定局势,也为了"和解民族",总统勒布伦最终找到了没有受到斯塔维斯基事件或者其他任何丑闻影响的激进社会党人达拉第组阁。1月31日,达拉第的新政府组阁完毕,承诺"迅速而坚决"地采取措施处理与丑闻有牵连的人,不管他在"国民议会"还是"警察局或司法部"。不久,达拉第下令调离纵容右派的巴黎警察总监夏普为摩洛哥总督,遭到拒绝。

　　2月6日,法兰西行动党发布了《告巴黎人民书》,号召法国人民"对这类挑衅做出反应","彻底粉碎这种制度,以维护自己的权利。今晚,他们将在散工和下班以后齐聚众议院前,高呼'打倒强盗!'他们将告诉政府及其议会中的支持者,他们已经受够了这种腐朽的制度"。右派们携民众上街示威,引发了暴乱,史称"2·6"事件。事后,左派舆论则谴责政府纵容右派。7日,试图力挽狂澜的达拉第被迫辞职。2月9日和12日,在左翼政党领导下,巴黎工人及群众也上街游行,声势更加浩大,仅2月9日,就有5万群众参加了示威游行,政府下令向群众开枪,有4人被打死。德雷福斯事件以来,逐渐弥合的社会再度撕裂。最终,由前总统杜梅格领导的具有中间色彩的"民族团结"政府上台,结束了这场对共和国的信任危机。

---

① 人们与其相信斯塔维斯基自杀,更愿意相信是因为他牵连的政界、警界等人士太多,警察为保护牵连者而杀了他。当时的舆论是"警察把他谋杀了,因为他知道得太多了"。
② 示威者把矛头对准了国民议会和政府,把它们视为"强盗"。

　　"2·6"事件使左翼党派和群众团体意识到法西斯右翼势力的威胁。为了应对局势,正义力量组织起了广泛的联合阵线。这也是"人民阵线"产生的社会基础。

　　"人民阵线"建立的前提之一是社会党与共产党的合作。作为共产国际的一个支部,法共长期以来采取的是"阶级反对阶级"的宗派主义策略,拒绝与社会党合作,不参加资产阶级政府。1934年5月下旬,法共总书记多列士(Maurice Thorez,1900—1964)在途经莫斯科时,会晤了共产国际新任领导人季米特洛夫[1],回国后,多列士的政治态度有了改变,希望同其他党派合作,共同反击法西斯。5月30日,《人道报》刊登了多列士的文章,表示"愿意肩并肩地、立即地同资本主义敌人和法西斯暴徒作斗争"。对于共产党的策略转变,社会党起初将信将疑,勃鲁姆就说,共产党的"这种突然转变带有一种真正的戏剧性,这种戏剧性使我们不无惊愕"。部分社会党人认为,法共自己无法决定自己的事情,只是在共产国际的操纵下行事,对此需要格外谨慎。但勃鲁姆等人仍然表示欢迎与支持多列士的建议。6月,勃鲁姆与多列士接触。7月14日,勃鲁姆等与多列士、加香进行了一次恳切的谈话。7月27日,社会党与共产党的两党代表在巴黎签署了《统一行动公约》。公约指出,为了共同反对法西斯,两党认为"有必要同心协力坚决行动",并保证以自己的一切手段(各种组织、报刊、积极分子、议员等),共同组织并参加若干全民族的运动;公约承诺,在"统一行动过程中,两党应互相节制,停止对忠诚地参加统一行动的机关进行攻击和批评。……建立行动协调委员会,由两党各派七名代表组成,委员会的任务是规定共同的计划和决定示威游行的性质。这个委员会将审查可能发生的争论与冲突"。[2] 公约的签订,为"人

---

[1] 季米特洛夫(Georgi Dimitrov Mikhailov,1882—1949),保加利亚共产党领袖,共产国际的杰出活动家。1935—1943年主持共产国际8年。1949年在苏联疗养期间猝死,死因成为一个谜团。

[2] 齐世荣主编:《世界通史资料选辑·现代部分·第二分册》,北京:商务印书馆,1982年,北京:第36—37页。

民阵线"的组建奠定了基础。

1935 年 5 月,以达拉第为首的激进党左翼开始加入反法西斯的统一战线。1935 年 7 月 14 日法国国庆日,69 个党派团体的 1 万名代表在布法罗体育场集会,提出要为"给劳动者以面包,给青年以工作,给世界以和平而斗争"。下午,约 50 万人在三色旗和各色红旗的指引下,走上巴黎街头游行,勃鲁姆、多列士、达拉第等并肩走在队伍的前列。7 月 14 日的游行与集会,标志着"人民阵线"的建立。

"人民阵线"的建立,极大地影响了二战前夕的法国政坛。为了迎接即将到来的议会选举,1936 年 1 月,参加"人民阵线"的 98 个组织通过并公布了《人民阵线纲领》。纲领分为政治要求、经济要求两大部分,正如章程所说的"人民阵线既不是一个政党,也不是一个超党派组织,它是一个在保持其自治的同时,为了一项共同行动而联合起来的各个组织和团体之间的联系中心"[1],旨在对抗法西斯,保卫共和国。"人民阵线"的政治诉求是捍卫自由、保卫和平,经济上是摆脱危机、重振法国。所以它的选举纲领受到大多数民众的接纳,比如,取缔法西斯组织及武装,尊重工会的权利,继续学校的世俗化,通过国际组织谋求国家安全,建立国家基金救济失业工人,调整农产品价格、支持农业合作社,实行税制改革,等等,都是进步的,也是反映民心的。

1936 年 4 月底,法国议会选举开始。经过两轮的角逐,"人民阵线"各党派获得了绝对优势,占有 376 席。右翼各派只占 222 席。其中社会党是最大的赢家,占有 147 席,是议会中最大的党团。6 月 4 日,勒布伦总统委派社会党领袖莱昂·勃鲁姆组阁。5 日,由社会党和激进党组成的"人民阵线"政府成立,勃鲁姆也成了法国历史上第一个社会党的总理。

面对社会动荡与经济困难,勃鲁姆政府开始了具有社会主义意味[2]

---

[1] 吕一民、张忠其、戴成钧选译:《一九一八——一九三九年的法国》,第 93 页。

[2] 尽管勃鲁姆一再强调他的政府不是社会主义的政府,而是"人民阵线",但他在宣布"人民阵线"政府成立的广播讲话中,就立即宣布马上向议会提交的议案即 40 小时工作周、集体合同、带薪休假。

的一系列改革,被一些学者称为"勃鲁姆试验"。

作为社会党的政府,勃鲁姆执政时期非常注意协调劳资关系。勃鲁姆上台后不久,法国就爆发了五月大罢工,不仅影响到"人民阵线"权力的稳固,也给右翼法西斯分子有机可乘。为了兑现之前的竞选承诺,政府积极致力于劳资的调解,促使法国雇主协会和法国总工会的代表于6月7日夜间在总理府马提翁宫签订了劳资协议,资方承诺增加工资、签订集体合同,承认工会的权利等。

为了保证协议的落实,政府在6月20日、21日、24日连续发布了3项法令:一是关于带薪休假的法案。规定工人和雇员只要在企业连续任职1年后,就有权每年享受15天的带薪休假。1936年7月,为了落实休假制,勃鲁姆政府与铁路部门协商出台了凡带薪休假者及其家属在休假期间可以享受半价火车票或者优惠特别快车的车票。二是每周工作时间40小时法。规定在工业、商业、手工业和合作企业等部门,不管公营或私有的雇员每周实际劳动时间一律不得超过40小时。地下矿井的工人不得超过38小时40分钟。本法令实施后,不得因此降低工人的生活水平,也不得以此作为理由减少劳动报酬。三是关于集体合同的法案。由劳工部长或其代表发起召集一个混合委员会,以调整某一固定工业或商业部门雇主和雇员间的关系。混合委员会的成员包括雇主和工人工会的代表,以及一定地区的工业或商业部门代表,或在签订全国性合同的情况下包括整个领域的工业或商业部门的代表。集体合同的内容包括工会自由和工作人员发表意见的自由、相关假日、最低工资、解决争端的程序等。法案明确规定,集体合同不得包括与现行法律规章相抵触的条款,但可以订出更为有利劳工的条款。工人集体合同的签订,在一定程度上保障了劳工的权利。

此外,"人民阵线"政府还重组了法兰西银行,加大了国家的控股比例;由国家拨款营建一批较大规模的公共工程,以缓解工人的失业状况,像巴黎博览会大厦等大工程,就是"人民阵线"时期建立的。在农业方面,设立国家小麦管理局,提高农产品价格等,加强国家对农业的干预,也取得了一些成果。

　　但是,"勃鲁姆试验"要想进一步取得更多实效显然不太可能。由于"人民阵线"本身就是众多团体的集合,有着各自的政纲和目标,因此内部矛盾重重;资本主义世界性的危机,也使勃鲁姆的社会改革缺乏必要的经济支撑。1937 年 6 月 21 日,随着勃鲁姆的辞职,"勃鲁姆试验"也宣告失败。

　　总之,为了摆脱经济危机,法国政府采取了经济保护主义和国家资本主义的策略,但收效甚微。在经济危机的重压下,法国社会向右转,法西斯主义与集权政治开始抬头。法国还没有从 1933 年的世界经济危机中缓过神来,第二次世界大战爆发。

第五章　第三共和国的经济和社会发展

第一节　第三共和国前期的经济发展与特点

一、经济发展的一般趋势

法国 19 世纪经济发展分为 3 个阶段：19 世纪初至第二帝国时期为经济快速增长时期；第二帝国末至 1895 年为经济发展减速时期；1896 年后经济又恢复了往日的生机，步入经济发展的"美好时代"。法兰西第三共和国前期的经济发展处在第二、三阶段，经历了停滞至复苏的过程。

在第二阶段中出现的经济衰退现象并不是我们平常理解的经济危机，因为它既没有遭受突然的挫折，也没有出现经济的倒退，仅仅是经济增长速度放慢，有时甚至出现停步不前，其过程也是在不知不觉中缓慢到来和发展的。第三共和国诞生之初，法国还笼罩着普法战争失败的阴影，背负着 50 亿金法郎的赔款重担，但法国人并未完全丧失对前途的信心，他们出于爱国心，踊跃认购公债，使法国于 1873 年 3 月提前一年偿清了战争赔款，显示了法国的国力。战后重建工作同时展开，到 1872 年底，法国的道路、桥梁全部修复。这一年法国的外贸总值达 70 亿法郎，比战前的 1869 年增加了 7 亿。法国经济出现了繁荣发展的一线曙光。

然而,这一切并未挽回经济发展的颓势。从 1875 年起,农业首先陷入困境。葡萄种植园遭严重的根瘤蚜虫病侵害,几乎绝收,加之美国、加拿大廉价粮食大量涌入,小农无力与之竞争,纷纷破产。1880 年以后,工业和金融也面临了严峻的考验,价格下跌,销售不足,利润减少。1882 年,一家较大的商业银行——通用联合会(Union Générale)倒闭,打击了投资者的信心。1882 年后,投资额只占国民生产总值的 6.3%,而 1855—1857 年投资额平均占国民生产总值的 8.2%。整个萧条时期,法国仿佛做了一场梦。入梦时,它的工业经济水平还处在世界第二位,梦醒时已掉至世界第四位,被美、德超过。

表 2　1860—1913 年主要工业国在世界工业生产中所占比重[①]

时期	英国	法国	德国	美国
1860 年	21%	16%	15%	14%
1870 年	32%	10%	13%	23%
1881—1885 年	27%	9%	14%	29%
1896—1900 年	20%	7%	17%	30%
1906—1910 年	15%	6%	16%	35%
1913 年	9%	7%	12%	42%

19 世纪晚期法国经济发展缓慢原因何在? 这是一个较复杂的问题,至今尚无定论。以前我们在分析原因时,往往与法国的政治结构(倾向金融贵族和土地贵族,保护中小企业等)和法国的经济结构(中小企业、小块土地占优势)挂钩。其实这些结构在 1860 年代以前就存在,而那时法国的经济发展速度在世界上仍然名列前茅,甚至不低于美国;并且同样的政治结构和经济结构也没有阻止法国经济在 1890 年代末的振兴,在新的一轮技术革命中保证在汽车工业、铝的冶炼、水电开发等方面的领先地位。

我们认为,法国 19 世纪晚期经济的暂时衰退有深层次的原因,也有

---

① 米歇尔·博德:《资本主义史 1500—1980》,吴艾美、杨慧玫、陈来胜译,吴艾美校,北京:东方出版社,1986 年,第 107、158 页。

表面的直接原因。

首先,经济发展有其自身规律,快慢进退也有自然节律,就如潮涨潮落。对于经济增长的周期性变化,经济学家早有觉察。马克思就曾总结了资本主义经济危机呈周期性变化的规律。以 10 年左右为一个周期是一种短时段的周期。孔德雷杰夫周期则是根据价格的涨落而确定的较长时段的周期。孔德雷杰夫认为,一般在价格上涨时期,经济呈上升趋势,反之,则是经济的下行时期。价格一涨一落的周期大约为半个世纪。这种周期的形成可能是自然的和人为的诸多因素交互影响的结果,解析它十分困难。但经济呈周期性变化的现象则是客观存在的。根据孔德雷杰夫的传统分期,1873—1896 年正巧是价格下降时期,法国的经济衰退发生在这一时期似乎应验了这位经济学家的假设。

其次,更重要的原因可能是法国经济转型时遇到的困难。法国工业化的第一阶段到 1860 年代止,它以国内市场为依托,得益于消费资料需求的稳步增加,生产资料部门则依靠铁路和城市的建设。随着法国经济的转型,法国越来越面向世界市场,法国经济更深入地融入世界资本主义经济体系中。世界农产品过剩、工业品销售竞争加剧使法国旧有的经济结构一下子很难适应。法国经济结构的重构,工业摆脱对农村的依赖,城市市场取代乡村市场成为市场主体,这些均有待时日。同时法国面临第一轮工业国所碰到的共同问题:更新设备,改造旧企业。有意思的是,英国在这一时期的经济增长状况也不好,出现了萧条,不过其程度不及法国而已。所以从这种意义上说,法国 19 世纪晚期的经济缓慢发展实际上是法国工业化克服深层次障碍的调整期和适应期,是为以后的冲刺积聚能量的时期。

最后,也有一些对法国经济发展不利的直接的和表面的原因,大致可列举出以下 4 条:

1. 1860 年《英法条约》打破了外贸的平衡,法国经济难以应对国际竞争。1860 年《英法条约》规定英法两国之间实行自由贸易,彼此给予 10 年最惠国待遇,对进出口产品实行降低关税或免税。法国后来又陆续和欧洲大部分国家签订了类似条约。从长远的眼光看,该条约有利于增强法国工业和农业的竞争意识,提高竞争能力,推动技术革新。从当时利益来说,也有利于丝织品、酒类和奢侈品的出口,而且能利用国外的廉价原料,所以,该条约起过一定的积极作用。然而,它的不利影响不容忽视。一是造成贸易逆差,在 1860 年以前的 10 年,法国的外贸一直是顺差,此后就出现逆差,外贸赤字一直维持在进口产品的 5％左右[1];二是工业产品出口增长减慢,签约后的 10 年增长率仅为 33％,而此前 10 年增长率为 100％;三是进口产品量激增,为原先的 3 倍;四是外国农产品对农业造成冲击,农产品的外贸赤字达到原先的 3 倍。[2] 小麦进口甚至使法国小麦播种面积停止增加。

2. 1870 年普法战争失败,法国割地赔款给经济带来消极后果。根据《法兰克福条约》,法国赔偿德国 50 亿金法郎,并且负担驻扎在法国领土上的德军费用,两者相加达 110 亿法郎。尽管法国提前支付了赔款,但法国的国内投资无疑受到影响。普法战争还使法国割让了阿尔萨斯大部分和洛林一部分地区,由此法国失去了两个工业化程度最高的省份。阿尔萨斯是棉纺织业的中心,集中了全国棉纺织业 1/3 的生产能力,而且在技术上处于领先地位。阿尔萨斯还是机械制造业的中心之一,主要制造纺织机械、蒸汽机、铁路器械等。同时失去两省使得法国在当地的冶金企业也随之而去,再加上洛林铁矿资源的损失,法国的冶金业在 1871 年后步入低谷,直到 1880 年代末才恢复到 1869 年的水平。

3. 农业衰退既是整个经济萧条的一个方面,也是制约国民经济发展的重要原因。法国当时还是农业国,农业的状况对经济有举足轻重的影响。在 19 世纪晚期,法国的农业萧条并非像工业那样仅表现为增长速度的放慢,而是绝对的倒退。葡萄种植园遭严重的根瘤蚜虫病侵害,几乎绝收。大量外国廉价粮食的涌入造成小农破产,农产品价格下跌,产

---

① Jean-Charles Asselain, *Histoire économique de la France du xviiiᵉ siècle à nos jours*, Tome 1:*De l'Ancien Régime à la Première Guerre mondiale*, Paris:Seuil, 1984,p. 158.

② Alain Beltran et Pascal Griset, *La croissance économique de la France 1815 – 1914*, Paris:Armand Colin, 1988, p. 15.

量下降。在整个 19 世纪晚期经济萧条的过程中,农业危机最早发生,虽然这个时期工业的发展已表现出相对的独立性,但农业的萧条对工业市场的影响还是不容忽视的。

4. 经济危机的冲击。法国在这个时期里,曾于 1873、1882、1891 年爆发了 3 次经济危机,打击了经济发展。例如 1882 年的危机,使 7 000 余家企业倒闭,引起了冶金采矿、铁路、建筑、纺织等各个工业部门生产的大幅度下降,致使法国资本主义发展约倒退了 5 年。

法国经济经过了二三十年的徘徊后,在 1896 年奇迹般地重新奋起。从 1896 年起,物价开始回升,出口明显增长,投资增加。1886—1895 年平均每年的净投资为 13 亿法郎,1895—1904 年增加到 16 亿。1890 年国内生产总值为 220 亿法郎,1913 年增至 388 亿。虽然 1901—1904 年法国遭遇严重的经济危机,发展短暂受挫,但并未遏制住经济发展的上升势头。1904—1913 年的年平均投资额比 1886—1895 年高出 72%。同期消费达到 272 亿法郎,而 1886—1895 年只有 190 亿法郎。[1] 法国工业又恢复了活力,主要产品的增长率和德国相等,超过英国。

表 3　1900—1910 年法、英、德主要工业生产增长率[2]

项目	法国	英国	德国
皮棉消耗	33%	6%	17%
生铁	54%	−4%	54%
钢	130%	20%	100%
煤的消耗	24%	0%	20%
工业动力	60%	—	62%[3]

---

[1] Alain Beltran et Pascal Griset, *La croissance économique de la France 1815 - 1914*, p. 16.

[2] Jean-Charles Asselain, *Histoire économique de la France du xviiiᵉ siècle à nos jours*, Tome 1, p. 202.

[3] 据 1895—1907 年资料估计而得的近似数。

这次经济复苏还带来一个重要的变化，通货膨胀在法国第一次成为持久的经济现象。法国经济自此进入一轮新的高涨期，如果除去第一次世界大战的特殊事件，这一经济发展期将延续至 1929 年。

二、农村的重要地位与农业经济

法国近现代经济发展的一个重要特点就是农业生产在国民经济中始终占有很大比重，和工业保持平衡发展。在第三共和国前期，法国逐渐步入工业化社会，但农村仍然在社会中保留着重要地位。

表4　1865—1914 年法国农业、工业和手工业在物质资料生产中的比重[①]

时 期	农业	工业和手工业
1865—1874 年	46.9%	53.1%
1875—1884 年	43.8%	56.2%
1885—1894 年	41.1%	58.9%
1895—1904 年	39.2%	60.8%
1905—1914 年	39.8%	60.2%

表5　1865—1911 年法国乡村人口演变[②]

年份	乡村人口	在全国人口中的比重
1865	26 472 000	62.5%
1872	24 889 000	69%
1876	24 934 000	67.5%
1881	24 575 000	65%
1886	24 452 000	64%
1891	24 032 000	62.5%

---

① Jean Marczewski, *Introduction à l'histoire quantitative*, Genève：Droz, 1965，p. 92.

② J. P. Houssel，et al. *Histoire des Paysans Français du XVIIIᵉ siècle à nos jours*, Roanne：Editions Horvath, 1976，p. 331.

年份	乡村人口	在全国人口中的比重
1896	23 492 000	61%
1901	23 005 000	59%
1905	22 715 000	58%
1911	22 093 000	56%

从表4和表5中我们看到,农业的生产比重虽然已略低于工业和手工业,但由于法国的手工业中很大一部分是乡村手工业,因此从总体上说,乡村的生产仍然占有重要地位。而且从人口上说,尽管乡村绝对人口和相对比重都在减少,但在整个第三共和国前期仍然占据法国人口的大多数。

法国农业经济在第三共和国前期面临了巨大的困难,出现了农业危机。对于不同的农产品,农业危机表现不完全一样。对于葡萄种植来说是产量不足,这完全由偶然因素引起。一种严重的根瘤蚜虫病突然在葡萄产区蔓延,造成葡萄大片死亡,种植面积大大减少。1882—1892年,葡萄种植面积减少了近40万公顷,产量几乎减少了一半。从1880年起,法国从国外进口酒。对粮食生产来说是出现过剩,这是由北美等国粮食的大量涌入引起的。在国际竞争下,法国粮食价格持续下跌,1860—1895年,小麦价格下跌了4.5%,由此造成小麦播种面积缩小,由1885年的695.7万公顷减少到1900年的686.4万公顷。面对农业的萎缩,法国政府及时采取了各种保护政策,1892年实行《梅利纳税则》,大幅度提高关税,限制农产品进口,并强制提高小麦收购价格,降低农业税,对病虫害加强研究和防治工作,拨款资助葡萄种植者,设立农业奖励金,建立农业信贷银行和兴办农业技术学校。由于政府采取种种保护农业的措施,在一定程度上刺激了农业的发展,因此从1895年开始,农业状况有所改善,粮价逐渐回升。

第三共和国前期,法国农业缓慢地向现代化过渡,但各个地区的发展存在着严重的不平衡,而土地结构和经营规模变化不大。在人数上,小农一直占优势,但在土地面积上,大地产仍独占鳌头。我国许多史学著作在分析法国农业结构时常常将土地占有和土地经营混为一谈,两者虽然有联系,但并不完全重合。土地占有更多地表现为社会地位,而土地经营更能说明生产结构。以土地占有情况看,在 1880 年代初期,占有 1—10 公顷小土地者有 1/3,占全国农业土地面积的近 1/3;有 10—50 公顷中等土地者为 5%,占有近 1/3 的土地;而数量只占 1% 的 50 公顷以上大地产主也占有近 1/3 土地(另有近 2/3 的土地所有者占有 1 公顷以下的房基地和花园,他们的土地面积约为 5%)。[①] 许多土地所有者往往将土地转租给他人,当时全法国土地面积的 27% 采取租佃制经营,13% 采用分成制,由此造成经营结构有所变化。据 1882 年统计,撇开 1 公顷以下的花园不计,总经营单位为 350 万个。其中 75% 为 1—10 公顷土地经营者,占全国农业土地面积的 25%;经营 10—40 公顷土地者占 20%,占耕地面积的 30%;超出 40 公顷的大地产经营者人数仅为 4%,但面积达 45%。第三共和国前期,由于农业危机,地价下跌,许多地产所有者变卖土地,土地逐渐转移到中小土地经营者手中,但总的经营结构变化细微。

在农业科技方面,机械化程度有所提高。1862—1892 年的 30 年中,播种机从 10 853 架增加到 52 327 架,收割机从 8 907 架增加到 23 432 架,脱粒机由 100 733 架增至 234 382 架。化学肥料的使用大幅度增加,1890 年消费量为 80 万吨,1900 年达到 160 万吨。[②] 1910 年钾肥的消耗量是 1875 年的 4.5 倍。随着铁路延伸,乡村和城市的联系日益紧密,农业逐渐向市场化发展,农业生产的专业化日趋明显:地中海沿岸以种植蔬菜和鲜花为主,西北部侧重畜牧业和甜菜业,北部以小麦为中心,南部则主要种植葡萄。适应城市消费水平提高的需要,牧场和畜牧业在农业生产中的比重逐渐增加。从 1882 年到 1913 年,自然和人口草场的面积从国土面积的 19.8% 增至 29%,草场面积第一次超过了谷物种植面积。

---

① Alain Beltran et Pascal Griset, *La croissance économique de la France 1815 - 1914*, pp. 64, 66.

② Alain Beltran et Pascal Griset, *La croissance économique de la France 1815 - 1914*, p. 64.

畜牧业是唯一在农业危机中继续发展的部门,从 1862—1866 年至 1892—1896 年,畜牧业每年平均增长 1.2%。牛的饲养从 1892 年至 1912 年增加了 13%。[①]

尽管有这些进步和变化,法国农业在总体上来说还是相对落后,进步缓慢,而且地区间发展水平差距较大。法国农业现代化步伐较快,专业化程度较高、生活较为富裕的地区往往和工业与商业较发达的地区相关联,如北方省和加来海峡省地区、巴黎盆地、卢瓦尔河谷、普罗旺斯地区,此外还加上香槟省、勃艮第、罗讷河谷、朗格多克等盛产葡萄的地区。除此之外的法国大部分乡村却十分原始落后,实行农作物多种经营,自给自足,越来越不适应农业现代化的需要。

三、工业化的新进展

法国的工业化大致可分为两个相互关联的时期:第一时期为 1815—1880 年,这一时期的特征是工厂还很罕见,生产发展主要依靠 18 世纪业已存在的传统结构,工业技术体系以蒸汽机为核心。第二时期也就是第三共和国前期,为 1880—1914 年。从 1880 年开始,法国工业化呈现新面貌,表现为以电为核心的新技术体系出现,生产进一步集中,劳动生产率提高。

19 世纪晚期法国工业产量增长缓慢并未阻止法国工业结构性的变化。相反地,由于经济困境加剧了竞争,企业更注重技术改造和生产结构优化,一些经济效益较差的企业转产,投资新兴工业。

汽车工业是在 1890 年代兴起的,但发展十分迅速。这个部门的发展得益于法国中小企业的发展。许多小企业抓住了新的发展机会,迅速转产,如潘哈尔(Panhard)原来生产木工机械,标致(Peugeot)从自行车生产转产而来。有些是白手起家,如拜尔列(Berliet)刚创办时只有两个人。汽车行业的企业数目增加得很快。1900 年只有 30 家,到 1914 年增

---

① Alain Beltran et Pascal Griset, *La croissance économique de la France 1815-1914*, pp. 54,56.

至 155 家。同时企业的规模逐渐扩大,已经出现了集中的趋向,如雷诺(Renault),1898 年时只有 6 名工人,一年生产 6 辆汽车,而到了 1913 年就已有 4 000 名员工,每年生产 4 500 辆车,相当于全国产量的 1/10。[①] 1913 年法国的汽车生产在全世界仅次于美国,位列第二,但它是第一大汽车出口国。汽车工业的兴起给其他工业部门带来了新的需求,如钢的生产、铝的生产、橡胶和玻璃的生产,带动了这些部门的发展,同时法国引进流水生产线作业方法,也促进了工厂管理制度的变化。

　　法国另一个引人注目的新兴工业部门是电力部门。这个部门在 1890 年代后期的经济增长中扮演了重要角色。电力部门的蒸汽机功率从 1898 年到 1905 年翻了一番,1913 年又是 1905 年的 3 倍。1898 年电力部门的蒸汽机功率占整个工业的 7.2%,1905 年占 9.4%,1913 年达到 22%。[②] 这个部门也出现了大企业,如 1893 年建立的相对独立于美国总公司的子公司汤姆森-胡斯顿(Thomson-Houston)公司,1898 年建立的电力总公司(CGE)。法国的发电总量从 1900 年的 3 亿千瓦小时,增加到 1913 年的 18 亿千瓦小时。[③] 法国电力的发展和水电的发展是相联系的。阿尔卑斯地区凭借丰富的水力资源,从 1880 年代起兴起了水电热,水电带动了涡轮发电机的发明和生产,也推动了修筑大坝和开挖隧道机械的改进。而且廉价的电能推动了其他工业的发展,如造纸、化工和非铁金属的加工等。新兴的工业部门——电化学和电冶金应运而生。

　　电冶金的最大成果是铝的冶炼突飞猛进。法国的铝土矿资源比较丰富,但由于冶炼技术的限制,铝和钢一样昂贵和稀少。在 19 世纪和 20 世纪之交,法国在铝的冶炼上采用了 3 种新工艺,即索尔维(Solvay)的苏

---

① Jean-Charles Asselain, *Histoire économique de la France du xviiie siècle à nos jours*, Tome 1, p. 184.

② F. Braudel et E. Labrousse(Dir.), *Histoire économique et sociale de la France*, Tome 4, Volume 1, p. 300.

③ Roger Price, *An Economic History of Modern France*, 1730–1914, New York: Macmillan, 1981, p. 231.

打生产工艺、贝叶(Bayer)的氧化铝生产工艺和埃鲁尔(Heroult)的电处理工艺,使得铝产量大幅度提高,1905 年产量才 1 900 吨,1913 年猛增到 13 500 吨。[1] 法国成为继美国、德国后的第三大产铝国。

在世纪之交,法国还有一些先锋工业相继诞生,如飞机制造、摄影工业等走在世界的前列。

在工业结构上,从 1880 年代起的趋势是中小企业数逐渐减少,生产的集中程度加强。

随着工业发展,各行业之间的竞争加强了,从而促进了生产的集中和垄断组织的产生。垄断组织首先出现在冶金工业中,早在 1877 年成立的龙维辛迪加,联合了全国 13 家最大的铸铁企业。1887 年出现的西克列达辛迪加,垄断了全世界铜销售量的 30%。20 世纪初,垄断组织又有了进一步发展,这突出地表现在重工业部门和新兴工业部门。在冶金工业中,施耐德和温代尔成了最大的垄断资本家。施耐德发迹于勒克勒佐,20 世纪初作为冶金企业的老板,不仅生产钢铁,也生产铁路和公用事业的设施、军火和工业机械。温代尔以洛林为大本营,控制了法国、比利时和卢森堡的铁,以及荷兰的煤,主要经济活动在冶金业,是名副其实的"钢铁大王"。在化学工业,佩施内、圣·戈班、久尔曼三巨头控制了整个行业;雷诺和标致几乎垄断了全法的汽车工业。

虽然出现了一些垄断组织,但从总体上看,尤其从企业数量上看,中小企业数占优势的格局并未根本改变,生产结构表现为集中垄断化的大企业和中小企业并存、新兴工业和传统工业并存,呈现结构上的二元性或多样性。根据 1906 年的统计,法国仍有 32.2% 的工人在 1—10 个工人的企业中工作,10—100 个工人的企业拥有 27.6% 的工人,只有 40.2% 的工人在 100 人以上的企业工作。[2] 以往人们依据这些宏观数字片面强调法国中小企业的优势地位,并由此指责法国工业发展的落后

---

[1] François Caron, *Histoire économique de la France XIXe - XXe siècles*, Paris:Armand Colin,p. 143.

[2] F. Braudel et E. Labrousse(Dir.), *Histoire économique et sociale de la France*, Tome 4, Volume 1,p. 259.

性,这是有失偏颇的。法国中小企业数量多,一方面有统计上的方法问题,1906 年的调查把面包店和猪肉食品商也算入工业企业中;另一方面和法国生产部门的特殊性有关。和其他工业化国家以重工业为主不同,法国工业生产部门的重心是消费资料的生产,主要是两个部门:一是纺织部门,棉、丝、麻、亚麻等织品并重,与此相关连的还有服装生产;二是食品生产。法国工业品的特点是高质量,精雕细琢。除了纺织业,食品生产、服装生产、奢侈品生产为了迎合上流社会时髦口味,往往坚持手工制作,而不采用机器大批量生产,这就适合小企业生产。如果我们把工业结构按部门分类来分析,就能清楚地看出这点。仍以 1906 年调查为据。

以小企业为主的行业主要有食品行业、织物加工业和木材加工行业。企业平均职工为 4—6 人,60％的工人在 1—10 人的企业里工作,28％在 10—100 人的企业里,仅 12％在 100 人以上的大企业中。

以中等企业为主的行业包括建筑和公共建设、毛皮加工、采石和印刷等行业,企业平均雇工 12—47 人,40％的工人在 10—100 人的中型企业里工作。

上述各部门都是较为古老的传统工业部门,而在工业化过程中兴起的部门,也被称为真正的工业部门,大企业占据了较大优势。这些部门有玻璃陶瓷、化学品、造纸、纺织等工业。企业平均工人数在 100 人以上,在纺织行业甚至达到 200 人。这些工业中 10％的工人分布在 10 人以下的小企业中,11—100 人的中型企业工人数占 30％,而 100 人以上的企业拥有 60％的工人,其中 500 人以上的特大企业雇用工人20％—46％。

金属加工业是较特殊的部门,工人在大中小三类企业中分布较均匀,分别为 47％、26％和 27％,大企业相对多一些。这是由于该部门是一个既古老又变化大的部门,包括了小铁匠铺到生产机器的大工厂这些差别较大的企业。

大企业占绝对优势的部门是冶金业和采矿业,80％以上的工人在500 人以上的特大型企业里工作,如果计算 100 人以上的企业工人比例,分别占 97.2% 和 96.2%。①

可以看出,法国中小企业和大企业长期并存的结构与其说是技术上的落后和工业化的不充分现象,不如说是法国特殊生产类型长期发展的结果。

四、国家加强对交通运输业的干预

第三共和国建立之时,法国交通运输现代化格局基本形成。铁路主要干线已经建成,陆路和水路运输已退居次要地位,铁路运输成为运输行业的主角。然而根据共和派的信念,私营公司只建造大城市之间的铁路,而忽略了乡村铁路的建设。因此,为了实现地区和行业之间的公平和平衡,共和派设想建造乡村铁路,降低运输价格,进一步加强陆路和水路运输建设,恢复运输行业间的平衡。为达目的,国家加强对交通运输建设的干预和控制。"弗雷西内计划"就是这一意志的体现。

1877—1879 年夏尔·德·弗雷西内担任公共工程部长,在任内制订了全力发展交通运输业的计划,即著名的弗雷西内计划。其目标是完成铁路网建设,完善水陆航运体系,使商港拥有现代化设备。这个计划最初拟投资 40 亿法郎,而后上升到 60 亿。其中 35 亿用于 18 000 公里的铁路建设,15 亿用于疏浚河道、开凿运河和港口建设,10 亿用于国家赎回私营铁路。然而 1880 年代开始,尤其是在 1882 年银行倒闭风潮后,国家财政状况恶化。弗雷西内计划虽只是部分实施,但其业绩仍十分显著。在实施计划的 20 年时间内,法国新修筑了近 20 万公里的公路、3 万公里的铁路,开凿了 200 公里的运河,新辟和疏浚了勒阿弗尔、南特、波尔多、鲁昂、敦刻尔克等近 10 个港口。乡村地区铁路的比例也增加了,1883 年在 26 700 公里铁路中,乡村铁路为 2 300 公里;1913 年,全国铁路达 40 770 公里,乡村铁路增长到 10 000 公里。

---

① F. Braudel et E. Labrousse(Dir.), *Histoire économique et sociale de la France*, Tome 4, Volume 1, p. 259.

　　弗雷西内计划的受挫并没有阻止国家干预交通运输业的行动。1883 年,国家和私营铁路公司达成若干协议。表面上国家迫于财政拮据,不得不修改弗雷西内计划,向私营公司让步,其实却加强了对铁路公司的控制。根据协议,国家放弃对已由铁路公司管理经营的这部分铁路的收购,同时把已经建成的 2 823 公里铁路交给铁路公司管理,并将尚需建设的 8 360 公里铁路建设工程转让给铁路公司承建,建设和经营启动资金由铁路公司发行债券获得。国家提供借贷担保,如果入不敷出,还保证提供津贴。同时,国家获得对铁路公司的监督权,尤其是对运输价格的监督权。由于最后这一条,铁路公司逐渐受制于国家,铁路运输逐渐成为公共服务行业。

　　19 世纪末 20 世纪初,物价和工资上涨,铁路员工工时缩短,国家降低和限制运输价格,使铁路公司利润大大减少(1870—1910 年平均减少1/3)。对于一些因不善于经营又无力偿还债务而陷入困难的铁路公司,国家进行收购,例如国家于 1908 年收购了西部公司(la Compagnie de l'Ouest)。其他一些公司也不得不求助于国家的补助,国家俨然成了企业主。[1]

　　随着铁路交通的发展,法国的城市交通也作为公共事业迅速发展起来。在第二帝国时期,巴黎设立了统一的公共马车公司,规划了固定线路。第三共和国前期的发展主要是公共交通工具实现电气化和机械化以及地铁迅速崛起。

　　第三共和国建立之初,公共马车是巴黎主要公共交通工具,另外有轨车也是由牲畜牵引。1890 年以后,有轨车逐渐电气化,获得巨大成功,其作用已和公共马车相当。公共马车在一战前夕也逐渐为公共汽车所替代。地铁建设长期由于国家方案或铁路公司方案不符合巴黎市政府的心意而被搁置。最后还是巴黎市府取得胜利。私营铁路公司被排斥在建设和经营之外,地铁线路以其密度迎合了巴黎交通的需要。1900 年巴黎建成了第一条地铁线。灵活的票价系统、快捷的速度使地铁成了大

---

① Alain Beltran et Pascal Griset, *La croissance économique de la France 1815 - 1914*, pp. 84,85.

众化的交通工具。分程计价或按月按周买票使低收入者也能享受便宜的交通。巴黎星形广场(今戴高乐广场)至民族广场的这条地铁经过巴黎北部的工人区,1913 年这条地铁每天要发售 14.6 万张票,而公交车总公司在相同的路线上每天只售出 2.8 万张票。在 20 世纪初,城市公共交通迅猛发展。1900—1913 年,巴黎公共交通运量翻了一番,乘客从 5 亿人次增加至 12 亿人次。地铁的增长更加突出,从 1 600 万人次增至 4.6 亿人次。巴黎各种车辆数也大大增加,1819—1891 年车辆数只增加了 1 倍,而 1891—1910 年的车辆数则增加了 10 倍。为了维护交通安全,巴黎于 1903 年第一次在警察局设立了交通警服务。[1]

五、国内外贸易的进展与不足

关于工业化与国内外市场的关系,各工业化国家均有自己的特色。美国主要是依赖庞大的国内市场而发展的;英国则是国内国外市场并重;法国的情况则较为复杂。18 世纪的传统工业,如纺织业主要得益于和美洲的贸易而发展。然而在大革命和拿破仑帝国后,殖民地贸易受到重创,因此,自 1815 年起法国工业主要依赖国内市场,同时又努力寻找契机打入国际市场。由于国内市场相对狭小,在国际竞争中只取得部分成功,这就使法国贸易发展面临比其他工业国更严峻的考验。

第三共和国前期,法国国内贸易受到交通业与工农业发展程度的直接制约。随着铁路建设、交通发展和通信进步,国内市场逐渐发育成熟。铁路运输价格低廉、速度快捷,促进了中长距离农产品的运输,铁路经过的中转站和大都市越来越成为商品的集散地,巴黎成为谷类、油类和酒类等产品的大调剂市场,商品市场逐渐全国化,甚至国际化。商品的地区差价大大缩小了,法国 9 个地区谷物的地区差价从 1859 年的 4.61 法

---

[1] Alain Beltran et Pascal Griset, *La croissance économique de la France 1815 – 1914*, pp. 85 – 87.

郎减少为 1878 年的 1.71 法郎。① 这种市场全国化的直接后果是地区经济的专业化,也加剧了地区间发展的不平衡。地区工农业从此进入全国范围内的竞争,一些地区得利,如朗格多克-鲁西荣地区,一些地区则丧失了一些工业,如中东部省份。

　　1890 年代中期以前工业增长速度放慢,农业陷入危机,影响了购买力的提高。农业危机造成农民购买力下降,1882—1892 年,在卡尔瓦多斯省土地所有经营者的实际收入下降了 18%,佃农下降了 28%。在卢瓦尔-歇尔省,1885—1902 年,土地所有经营者实际收入下降约 7%,佃农下降约 16%。因此,在第三共和国的前 20 年,农村市场相对萎缩。

　　在城市,由于物价下跌,工人的实际工资相对提高,实际工资指数从 1880 年代的 81 上升到 1890 年代的 91,在 1900—1910 年到达顶点 101。② 然而这并未立即给市场注入活力。这是因为工人仅仅是人口中一小部分,而且提高的是得益于物价波动的实际工资而不是名义工资,工人自身并不能马上感到工资的增加。相反,城市中产阶级的购买力却并未见提高。利润下降,企业集中,竞争加剧,使一些小企业主和手工业者首当其冲,企业破产率明显提高,中产阶级的下层逐渐无产阶级化。

　　然而即使在这种境况下,商业也没有停止发展。也许正是购买力提高缓慢的缘故,商界开始改变经营方式,采取各种促销形式,在第二帝国时期最初面向中上阶层而创立的大商店,逐渐面向社会大众,人们可自由进出,价格较吸引人,虽不能讨价还价,但常有削价处理商品,商品品种也应有尽有。大商店还采用广告、赊销、寄送样品、发送商品目录等手段促销,成绩显著。如"好价钱"商场(Bon Marché)的营业额从 1862 年的 45 万法郎上升到 1887 年的 6 700 万法郎。③ 随着经济回升,商业进一步繁荣,消费倾向逐渐由农产品消费转向工业品消费;大商场继续发展,而小商人在新的销售部门,如出售奢侈品的商店和出售新技术商品

---

① François Caron, *Histoire économique de la France XIXe - XXe siecles*, p. 93.

② Patrick Verley, *L'industrialisation 1830 - 1914*, Prais: La Découverte, 1989, pp. 54, 56.

③ Alain Beltran et Pascal Griset, *La croissance économique de la France 1815 - 1914*, p. 89.

(如照相机、电器、自行车)的商店,以及在乡村,找到了新的立足点。

法国在对外贸易上扩大国外市场的努力惨遭失败,表现欠佳。直到1860年代快速增长的出口,从1870年代和1880年代起增长速度陡然放慢。法国出口增长从1875年到1895年只有0.86%,1895年后虽有回升,到1913年每年达到2.74%,但仍低于19世纪上半叶,也低于其他工业化国家的增长速度,因此法国的出口额在世界出口额中的比例呈下降趋势。1860年左右法国出口几乎占欧洲出口份额的60%,占世界出口的12.8%,到1913年,只占欧洲的12.6%,占世界的7.2%。[1]

和出口增长放慢形成对照,进口在1870年代却增加迅猛。在1875年到1879年这短短的4年里,进口额从35.4亿法郎增至46亿。[2] 政府被迫重新祭起关税保护主义,限制进口。因此从1880年代后,进口增长的势头有所减弱。从20世纪初起,进口量又回升,1905年到1913年增长了3.8%。[3] 进口增长,出口受阻,使法国从1876年起,贸易逆差司空见惯,多亏资本输出的收益和对外服务性收入才保住了收支平衡(见表6)。

表6　1913年法国收支情况[4]

单位:百万法郎

进口额	8 420
出口额	6 880
差额	−1 540
输出资本收益	1 775
对外服务性收入	1 061
总余额	1 296

---

[1] François Caron, *Histoire économique de la France XIXᵉ - XXᵉ siecles*, p. 100.
[2] Patrick Verley, *L'industrialisation 1830 - 1914*, p. 68.
[3] François Caron, *Histoire économique de la France XIXᵉ - XXᵉ siecles*, p. 101.
[4] Alain Beltran et Pascal Griset, *La croissance économique de la France 1815 - 1914*, p. 162.

　　法国外贸的基本格局在 19 世纪没有多大变化。从通商的国家看，以欧洲为主，但在第三共和国前期，对亚非国家的进出口比例有所扩大（见表 7）。

表 7　19 世纪中后期法国和世界其他地区的贸易比例①

时期	进口			出口		
	欧洲	美洲	其他地区	欧洲	美洲	其他地区
1867—1876 年	72％	14％	14％	76％	13％	11％
1887—1896 年	65％	16％	19％	74％	13％	13％

　　出口的结构也大致如前，农产品占出口总额的比例在 1865—1874 年到 1875—1904 年间大致保持 40％的水平，1913 年为 33％。制造品出口在 50％上下波动。② 出口的主要类别为谷物类以及高品位的消费品，如丝和羊毛纺织品、服装以及被称为"巴黎物品"的奢侈品和半奢侈品（时髦妆饰品、金银首饰和珠宝、皮革制品等）。在 19 世纪晚期和 20 世纪初，法国这些传统出口优势也遇到了美国和德国的强烈挑战。在新科技产品的出口上，法国处于劣势，唯有汽车行业一枝独秀，在一战前一直占有优势地位。

　　法国的进口物品种类仍然以农产品和原材料为主。然而此时出现一个不容忽视的趋向，法国工业制成品的进口在第三共和国前期大幅度增加，进口份额从 1857—1866 年的 5.4％迅速增长到 1877—1886 年的 13.3％和 1907—1913 年的 19.3％（见表 8）。

表 8　19 世纪晚期至 20 世纪初法国进口结构③

项目	1877—1866 年	1907—1913 年
谷类、酒	16.2％	8.1％
其他食物	19.1％	11.9％

---

① Alain Beltran et Pascal Griset，*La croissance économique de la France 1815 – 1914*，p. 153.

② François Caron，*Histoire économique de la France XIXᵉ – XXᵉ siecles*，p. 100.

③ Alain Beltran et Pascal Griset，*La croissance économique de la France 1815 – 1914*，p. 161.

项目	1877—1866 年	1907—1913 年
农产品原材料	28.8%	26.1%
其他原材料	22.1%	34.6%
工业品	13.3%	19.3%

对于这种趋向有两种解释:其一,法国工业化相对英、德要落后,需要进口更多工业品;其二,法国工业迅速复兴,在快速增长时期需要大量工业品,如 1899 年电器材料贸易上的逆差正是举办世界博览会和巴黎实行电气化的结果。

六、金融业的发展与法国帝国主义的特点

从第二帝国开始的金融业现代化在这一时期继续进行,法国银行资本的发展和集中超过工业资本,成为法国垄断资本的显著特点之一。第三共和国前期有别于早期以家族资本为基础的旧式银行的股份制银行继续出现。1872 年成立的巴黎荷兰银行,很快成为法国最强大的金融集团之一,在国外还设立了分行。1875 年又成立了东方汇理银行,其势力范围扩展到亚洲许多国家,成为殖民侵略的有力工具。1901 年开办了法国工商银行和西非银行。这样连同第二帝国时期成立的里昂信贷银行、巴黎贴现银行(1889 年改名为巴黎国民贴现银行)、兴业银行、工商信贷银行等构成了新的银行网络。随着金融业的发展,信用货币逐渐增加,流通的金融面貌有所改观,据估计,1870 年法国货币总量中 69% 为金属货币,17% 为纸币,14% 为存款。确切统计表明,1910 年,它们的比例分别为 33%、23% 和 44%。这个比例仍落后于英国,1913 年英国的比例分别为 11.2%、3.2% 和 85%。① 这一时期,法国的银行迅速走向集中和垄断。以前的一些"高级银行"(巴黎以家族资本为主的私人银行)于 1874 年联合组成巴黎银行,1904 年改为巴黎联合银行。一些大银行的势力由

① Alain Beltran et Pascal Griset, *La croissance économique de la France 1815 - 1914*, p. 146.

巴黎扩展到全国各地,在地方上设立分行,如 1913 年,兴业银行拥有分行 560 个,里昂信贷银行有 411 个。1914 年法国银行资金总额已达 110 亿法郎,其中最大的 5 家银行(法兰西银行、里昂信贷银行、巴黎国民贴现银行、兴业银行和巴黎荷兰银行)占有资金 80 亿法郎,掌握了全国银行资本的 2/3 以上。除法兰西银行执行国家银行的职能之外,其余 4 家银行垄断了全国有价证券的发行,组成了"大银行托拉斯"。

银行全国网络的形成,把原本躺在公证人的钱箱里和传统的羊毛长筒袜里的积蓄汇集到巴黎,全国的存款数大大增加。法国银行资本家为了稳妥地攫取高额垄断利润,也出于外交斗争的需要,把积聚起来的巨额货币资本大量输往国外,只把很少一部分投入国内工农业生产。输往国外的资本也不直接投资于工商业,而是采取借贷资本的形式,坐收渔利。在一战前,法国资本输出额大幅度增加,1890 年,输出资本为 200 亿法郎,1902 年增至 270 亿—370 亿法郎,到 1914 年则猛增到 600 亿法郎。法国资本的输出仅次于英国,占世界第二位。法国把资本主要投放到欧洲,尤其是俄国。到 1914 年,法国借贷给邻国意大利、西班牙、奥匈帝国以及土耳其和巴尔干半岛诸国,总数达 120 亿法郎,而对所属殖民地的投资却很少,只占总投资的 1/10。可见,法国资本输出有着明显的政治目的。

法国借贷资本的大量发放,带来了多方面的经济利益,最突出的是利息收入,每年至少可得 17.05 亿法郎,最高达 30 亿法郎。放高利贷成为十分有利可图的事业,这样,在法国不仅大资本家从事高利贷活动,广大的中小资产阶级也常常将款项存入银行或购买股票债券以攫取高利收入。全国形成了一个庞大的靠剪息票为生的食利阶层,在大战前夕,这个食利阶层总计达 200 万人以上,连同家属约 500 万人,占全国人口的 1/8。法国成了典型的食利国,明显地表现出法国帝国主义的寄生性和腐朽性。所以列宁称之为高利贷帝国主义。

法国帝国主义的另一重要特点是金融资本的不成熟。列宁曾把帝国主义概括为 5 个基本经济特征,其中第二个特征是银行资本和工业资本融合起来形成"金融资本"并在此基础上形成金融寡头。这一特征在法国帝国主义身上表现不够充分,金融资本融合的过程在 20 世纪初的法国还处在开始阶段。

20 世纪,一些工业巨头插手银行事务,如施耐德家族在 1904 年建立的巴黎联合银行中占有重要地位,一些工商银行,如巴黎荷兰银行,法国工商银行,巴黎联合银行及里尔、里昂、马赛、南锡、格勒诺布尔等地的地方银行则积极参与工业投资,金融资本有所发展。

但从整体上说,银行资本的融合不紧密,它们保持着很大的独立性。在工业资本方面,法国的工业企业对银行抱不信任态度,不希望受制于银行,因此它们的扩大再生产往往通过自身积累来解决。据统计,1900 年到 1913 年,在每年的工业投入中,70％来自企业本身的积累,29％来自企业的外部,其中包括银行购买股票和债券。在银行资本方面,从第二帝国起,一些新兴银行起初雄心勃勃,有投资工业的意向,然而在这方面接连遭受挫折,尤其是 1882 年,涉足工商业较深的银行"通用联合会"倒闭,使许多银行逐渐退出在工商业方面的经营活动。从 1880 年代起,法国银行中分出较少染指工商业的存款银行,而另一些银行被称为商业银行。法国的大银行多数为存款银行,如里昂信贷银行、巴黎国民贴现银行、兴业银行、工商信贷银行等。它们逐渐减少工业投资,不参与企业事务,甚至不提供中长期贷款。法国金融资本的不成熟性,反映了法国帝国主义相较于其他帝国主义国家发展的相对落后。

第二节　第三共和国前期的人口变迁

一、人口的缓慢增长

整个 19 世纪法国人口增长呈减速趋势,到第三共和国前期,这一趋势有加剧的迹象,直到一战前几年,这种加剧才稍有缓解。

法国人口增长缓慢的最重要表现是出生率低,是当时工业化国家中最低的。这是法国人口问题的特殊性之一。我们以每 10 年为 1 个统计单位,可以明显看出这一时期出生率持续下降(见表 9)。

表 9　1871—1911 年法国出生率

时期	出生率
1871—1880 年	2.5%
1881—1890 年	2.4%
1891—1900 年	2.2%
1901—1910 年	2.05%

伴随出生率下降,出生的绝对人口数也在减少,第二帝国时期为 19 世纪的最高点,1861—1865 年平均每年出生 1 005 000 人,一战前夕跌入最低谷,1911—1913 年平均每年出生人口只有 746 000 人。[1]

在出生率下降的背景下,死亡率却迟迟降不下去,直到 1895 年,死亡率始终在 2.2%—2.25% 之间徘徊,死亡的绝对数还继续增加。自此之后,死亡率迅速下降(见表 10)。

表 10　1876—1913 年法国每年平均死亡人数和死亡率

时期	死亡人数/千人	死亡率
1876—1880 年	834.7	2.24%
1881—1885 年	840.8	2.22%
1886—1890 年	842.5	2.20%
1891—1895 年	857.6	2.23%
1896—1900 年	800.5	2.06%
1901—1905 年	766.3	1.96%
1906—1910 年	754.8	1.92%
1911—1913 年	723.3	1.83%

---

[1] Alain Beltran et Pascal Griset, *La croissance économique de la France 1815 – 1914*, p. 28.

　　这种死亡率变化的原因在于:前期,法国收入、教育、医疗保健、卫生等条件不足,官方对公共卫生、民众健康问题关注不够。后期,医疗卫生条件明显改善,巴斯德的发明投入实际运用。医生人数增加(1886 年全法不到 12 000 名,1911 年超过了 20 000 名)[1],虽然还不算多,但进步是显而易见的。教育的进步和生活水平的提高使人们在医疗保健方面的投入也增加。政府也采取一些保护健康的措施,如 1893 年设立医疗救济机构;1902 年通过《保护国民健康法》,规定人人必须接种牛痘疫苗,等等。

　　法国出生率急剧下降,死亡率却居高不下,造成法国人口自然增殖缓慢。1861—1865 年,生死相抵,人口每年还增长 143 300 人,1881—1885年,每年只增加 93 800 人。最严重的是 1891—1895 年,死亡人数超过出生人数,平均每年减少 300 人。1906—1910 年,每年平均自然增殖 28 300人。[2] 根据 1881 年和 1911 年的人口统计,法国总人口从 3 767.2 万人增加到 3 960.5 万人。30 年间增加了 193.3 万人,平均每年增加 6.4 万多人。但这些数字不论是和法国 19 世纪前半期比还是和邻国比都是很缓慢的,如同期英国的人口增加了 1 000 万,德国则增加了 2 000 万。[3]

　　因此,法国在欧洲各国中人口增长是比较缓慢的。而且法国人口密度在西欧工业化强国中也比较小。1881 年,法国每平方公里只有 70.2人,1911 年达到 73.8 人。而英国在 1911 年人口密度为 230 人,德国为120 人。[4] 人口增长缓慢,引起了人口的迅速老化,到 1910 年,法国 60岁以上的人口比例达到 12.6%,而同期德国为 7.8%,美国仅为 7%。[5]

① F. Braudel et E. Labrousse(Dir.), *Histoire économique et sociale de la France*, Tome 4, Volume 1, pp. 95,96.

② Alain Beltran et Pascal Griset, *La croissance économique de la France 1815-1914*, p. 36.

③ F. Braudel et E. Labrousse(Dir.), *Histoire économique et sociale de la France*, Tome 4, Volume 1, p. 100.

④ F. Braudel et E. Labrousse(Dir.), *Histoire économique et sociale de la France*, Tome 4, Volume 1, p. 100.

⑤ Alain Beltran et Pascal Griset, *La croissance économique de la France 1815-1914*, p. 36.

人口的缓慢增长已威胁到民族的活力和劳动市场的需求。

二、人口出生率低下的原因

法国人口的缓慢增长主要是人口出生率低造成的,而且这是法国人有意识地节制生育的结果。那么,为什么法国人选择了这样的生活方式呢? 其原因较为复杂,涉及方方面面。法国出生率低绝不是一时形成的,而是贯穿整个 19 世纪的现象,所以不能用某一时期自然灾害、瘟疫和战争的特殊原因加以简单说明。而且出生率低既涉及工业化进程较快的地区,也涉及落后贫穷地区,其出生率不同地区之间是有差别的,但和经济的联系并不十分紧密,所以,也不能用经济作为唯一的或根本的原因。近年来,法国一些史家开始注重文化心态的原因。我们认为,只强调某一方面,都具有片面性,应该进行综合考察,影响人口出生率下降的因素是多方面的,是多种原因交叉发展、相互影响的结果,至少有以下 3 个方面。

第一,生存条件。这里包括收入、城市化影响和劳动条件的变化等。在农业歉收、粮价提高的情况下,出生率往往会急剧下降。19 世纪七八十年代出现严重的农业危机,造成了 1891—1895 年人口的负增长,而同期结婚率也有下降趋势。同时城市化的发展造成城市住房相对紧张,多子女家庭面临住房不足的困境。另外,童工被禁止,一部分家庭减少了补充收入来源,多子女就意味多支出。法国在 1882 年通过法令禁止 13 岁以下儿童做工也是遏制生育的一个因素。

然而,生存条件并不是出生率下降的决定因素。18 世纪的生存条件差于 19 世纪,而它却维持了较高的出生率,现代社会发展也显示,越是生活水平高的地区,生育率越低,多生多育往往是贫穷落后的第三世界国家。因此生存条件必须和精神因素联系起来考虑。

第二,人们对财产和社会地位的追求以及教育的影响。在法国社会里,地位和财产是相联系的,有了财产就有地位。1804 年颁布的《拿破仑法典》中有关遗产瓜分的条款就使维护财产和生育产生了联系。法典取消了长子继承法,遗产在子女中平分。因此,许多土地所有者为了保护地产不被分割,就被迫少生孩子。但对于这方面的影响也不能估计过高,法国有些史家研究表明,18世纪在法国某些习惯上实行遗产平分的地区,出生率还是上升的。同时,社会地位也和金钱相联系,少育孩子少支出,也可以拥有更多的金钱。比如著名的金融家让-巴蒂斯特·赛有句名言:"合适的做法是鼓励人们积蓄而不是生孩子。"社会地位还和教育有关,随着文官制度的推行,受到良好教育,就有了升迁机会。许多中产阶级家庭为了保证子女有更好的教育条件,就少生孩子。根据社会职业统计生育率,人们还发现,生育率的高低和人们受教育程度多少有一些关系。1911年调查统计表明,以100名已婚者为单位,渔民和海员的生育率最高,生育孩子245人;农民为242人,稍次;工人和工业业主为209人和213人;如果军人除外,最少的要数职员和自由职业者,分别仅为150人和165人。[①] 即使在工人中,据1906年调查,短工和体力劳动者、煤矿工人比熟练工人和小工头要多生多育。这也许是由于文化程度高者,更注重自身发展和子女全面发展,注重素质的提高,而受教育低的人则更趋从于人的繁衍本能。

第三,意识形态的影响,包括宗教和思想等方面。法国19世纪经历了非宗教的变化,使人们不再尊重基督教多生多育的信条。法国历史学家阿利埃斯在《法国人口史》一书中,对教规盛行地区和生育率较高地区作了比较,肯定了这两者之间或多或少的联系。在一个特定时间,一般教规非盛行地区要比盛行地区出生率低。同时法国人大多信奉个人主义,而对中产阶级来说,个人主义又和享乐主义相连,为了自身享乐,不愿为抚育孩子付出太多的艰辛。一部分工人则受到阶级斗争理论和新马尔萨斯主义的影响,实行"肚腹罢工"即不生孩子,不愿为资本家提供任人剥削的劳动力以及不充任帝国主义的炮灰。在19世纪末到二战前夕,法国一些新马尔萨斯主义者曾在工人中进行宣传,鼓吹"肚腹罢工"。

---

① Alain Beltran et Pascal Griset, *La croissance économique de la France 1815 – 1914*, p. 30.

三、人口的流动

法国近代人口流动有两个重要特征:第一个特征表现在国际流动上,当欧洲其他各国出现大量向新大陆国家移民的浪潮时,法国却是例外,相反,它大量吸收外国移民。第二个特征表现在国内流动上,法国没有出现大规模的持续高涨的农村流向城市的移民潮,这种人口的流向是渐进式的、分阶段的,呈现周期性特点。第三共和国前期仍旧保持了这两个主要特征,只是在人口流动方面略有加速的倾向。

法国移往国外的人历来较少,主要的原因是法国人口本身增长缓慢,国内缺乏人口压力;此外,法国殖民地在拿破仑战争后也丧失殆尽。没有确切可靠的数字来显示这一点,但有人估计 1871—1910 年,平均每年移往国外的法国人在 28 600—44 500 人之间。也有史学家估计每年为 20 000 人。[1] 19 世纪下半叶,法国向国外的移民数没有明显增加。法国移民最多的地方是阿尔及利亚。

第三共和国前期的主要变化是外国移民人数增多。法国工业化的进步需要补充劳动力,自身人口增殖难以满足需要,就通过吸收外来劳力来弥补。从统计数字看,19 世纪七八十年代移民人数增长最快,以后较稳定(见表 11)。

表 11　1872—1911 年法国的外国居民人口情况[2]

年份	外国居民人口	占全法国人口的百分比
1872	741 700	2%
1881	1 001 100	2.6%
1891	1 130 200	2.8%
1901	1 037 800	2.6%
1911	1 159 900	2.8%

---

[1] Alain Beltran et Pascal Griset, *La croissance économique de la France 1815 - 1914*, p. 37.

[2] Alain Beltran et Pascal Griset, *La croissance économique de la France 1815 - 1914*, p. 39.

其实,这里还忽视了一个重要事实,许多外国人在移入后加入了法国籍,尤其在 1889 年以后,由于法国通过法案,在某些情况下,有些人可以自动加入法国籍,因此入籍的人数大为增加。1881 年加入法国籍的外国人为 77 000 人,到 1911 年增至 253 000 人。所以如果将入籍的外国人计算在内,1911 年他们在法国人口中的比例达到 3.3%,而不是表 11 中的 2.8%。[1] 实际上外国移民的人数增加比表 11 中开列的要多。

法国的外国移民多数来自周边国家,1911 年,他们的人数分配情况如下:意大利人有 419 000 人,占外国移民的 36%;比利时人有 284 000 人,占 24%;西班牙人为 105 000 人,占 9%;德国人为 102 000 人,瑞士人为 73 000 人。[2] 外国移民进入法国一定程度上缓解了法国的人口危机。入境人员中多数为青壮年,据 1911 年统计,20—59 岁的成年人占外国人总数的 79%[3],他们的到来为法国提供了重要的劳动力。而且他们往往愿意接受许多法国人不齿于问津的艰苦工作和重体力劳动,为法国经济的发展做出了贡献。

法国 19 世纪上半叶并不存在如同人们想象的农村向城市的移民潮,甚至农村人口向城市转移的速度还慢于 18 世纪。只是从第二帝国开始才出现农村人口大量流向城市的现象,到第三共和国前期出现新的高潮,然而这种高潮也主要是和 19 世纪上半叶比较而言的。从总体上,农村人口向城市转移的过程还是缓慢的、阶段性和周期性的。根据法国统计局以 5 年为单位的统计数字,第三共和国前期有 3 次移民高潮。第一次发生在 1876—1881 年,5 年里总共有 82 万多人背井离乡,迁往城市。[4] 这是 19 世纪甚至 20 世纪农村移往城市人口最多的 5 年,可谓空

---

[1] F. Braudel et E. Labrousse (Dir.), *Histoire économique et sociale de la France*, Tome 4, Volume 1, p. 105.

[2] Alain Beltran et Pascal Griset, *La croissance économique de la France 1815–1914*, p. 39.

[3] F. Braudel et E. Labrousse (Dir.), *Histoire économique et sociale de la France*, Tome 4, Volume 1, p. 106.

[4] F. Braudel et E. Labrousse (Dir.), *Histoire économique et sociale de la France*, Tome 4, Volume 1, p. 226.

前绝后。这次移民潮出现的原因是农业出现大范围危机,尤其是葡萄病虫害。政府保护性措施还没出台,农民适应性的转产也需时日,再加上工业发展速度放慢还没有明显表现出来,仍然是欣欣向荣景象,交通的发达也促进了这种迁移浪潮。这次高潮后出现大幅度回落,1881—1886年的5年中,城迁人口仅有45万多人,比前5年一下子减少近37万人,以后的两个5年,城迁人口维持在57万—58万人上下。1896—1901年出现第二次移民高潮,农村迁往城市人口达到67万多人,1906—1911年为第三次高潮,达到77万多人。[1] 后两次高潮相距较近,原因相似,主要是工商业进入新的高涨期,同时由于共和国20多年民主化进程以及教育的发展,城市文明的春风吹遍了穷乡僻壤,城市较为舒适的工作环境和较高的生活水准对乡村青年产生巨大吸引力。此外,工业化发展、工业逐渐趋向集中、乡村传统手工业逐渐消亡、农业科技的进步也造成部分劳动力过剩。民主化的发展需要更多的文职官员和自由职业者,也吸引着乡村的一些上层人士往城市发展。凡此种种对移民潮起了推波助澜的作用。1872年,乡村居民还占全国人口的68.9%,1911年减少到55.8%。[2]

需要指出的是,乡村向城市移民问题有其复杂性。其一,乡村人口并不等于农业人口,在城迁人口中,包括了乡村的小手工业者、乡村贵族和神职人员等,也包括了原先并不从事农业生产的农民家庭的子女。这些人在移民潮中往往是先锋。因此,当乡村人口大量涌入城市之时,农业的劳动人口的绝对数不是减少而是增加了。从1856年到1906年,农业男性劳动人数从5 146 000增至5 516 000。[3] 19世纪乡村人口迁往城市的过程其实是乡村的"农业化"过程。其二,在数字统计上往往容易出

[1] F. Braudel et E. Labrousse(Dir.）, *Histoire économique et sociale de la France*, Tome 4, Volume 1, p. 102.

[2] Raymond Huard, et al., *La France contemporaine：Identité et mutations de 1789 à nos jours*, Paris：Editions Sociales, 1982, p. 141.

[3] Alain Beltran et Pascal Griset, *La croissance économique de la France 1815 – 1914*, p. 42.

现误差,某一地区人口的外迁并不完全是迁往城市,有些仅仅是从一个农业地区迁往另一农业地区,有些则是迁往国外。同样在统计城市迁入人口中,有些人并不来自乡村,而仅仅是从较小的城市迁往大城市,是工业内部的转移。这一复杂情况值得我们注意。

四、第一次世界大战前夕的法国人口

法国在一战前夕拥有人口 3 960 万,占世界总人口的 2.5%,欧洲人口的 9%,是欧洲第五大人口国,排名在俄罗斯、德国、奥匈帝国、英国之后。而在 19 世纪初,法国是欧洲第二人口大国, 仅次于俄罗斯。人口的相对衰退显而易见。

法国人口中乡村人口呈减少趋势,城市人口在不断增加,然而乡村人口占大多数的总格局仍然没有变化。1881 年,法国乡村居民为 2 457.6 万人,1911 年减少到 2 209.6 万人,在总人口中的比例由 65.2% 降到 55.8%。同期,城市人口从 1 309.7 万人增至 1 750.9 万人,占总人口的 44.2%。法国实际上还是个农业国。[1]

人口的地理分布极不平衡,一般大工业都市周边地区的人口密度较大,而边远地区人口相对稀少。有 3 个省人口超过 100 万,它们是塞纳省、北方省和加来海峡省。在另一端,有 6 个省(下阿尔卑斯、上阿尔卑斯、阿里埃日、贝尔福地区、洛泽尔和塔尔纳-加龙)少于 20 万人。[2] 在人口密度上,塞纳省达到每平方公里 8 664 人,除此之外,第二位的北方省为每平方公里 340 人,密度最低的是下阿尔卑斯省,每平方公里仅 15.3 人。这种工业省份人口的相对集中反映出时代的变迁。

法国人口中的男女比例为 100∶103,女性稍多。女性稍占人口优势并不是这一时期的新现象,但确有增加之势,主要原因是人口老化,而妇

---

[1] F. Braudel et E. Labrousse(Dir.), *Histoire économique et sociale de la France*, Tome 4, Volume 1, p. 108.

[2] F. Braudel et E. Labrousse(Dir.), *Histoire économique et sociale de la France*, Tome 4, Volume 1, p. 101.

女的平均寿命要长于男性。法国人口在年龄分布上有老龄化趋向,主要表现在 19 岁以下未成年人口比例的下降,60 岁以上老年人口比例的上升(见表 12)。

表 12　1881、1911 年法国人口每千人年龄分布表①

年龄	1881 年	1911 年
0—19 岁	354	338
20—39 岁	296	306
40—59 岁	227	230
60 岁以上	123	126

法国这一时期人口结构的又一重要特征是就业人口大大增加。1872 年,法国就业人口为 1 470 万多人,占人口总数的 40.6%;到 1911 年增至 2 090 万多人,在总人口中的比例上升至 53.3%,这个就业人口比例在当时欧洲国家中是最高的,英国的就业人口比例这段时间始终维持在 45%左右。这种高就业人口格局的形成和法国 20—59 岁成年人口增加有关;法国农业的重要地位也有影响,因为一些被工业部门拒绝的老年人仍能从事农业劳动;另外也由于法国总人口数和人口密度的相对低下。

至于就业人口的结构,农业人口仍占优势,达到 40%,虽然比例有所下降,但如前所述,绝对人数却神奇地增加了。第三产业就业人口增加较快,达到 30%,这一部门包括了佣人、铁路职员、商业部门人员等等。工业就业人口持续增加,但并不迅猛,到一战前,就业人口比例也只有 30%,和第三产业持平,低于农业部门。这种就业人口的结构正是法国经济结构的反映。

法国的人口问题,尤其是人口增长缓慢始终是人们激烈批评的问题。甚至有人把它看作阻碍经济发展的罪魁祸首。然而关于它和经济

---

① F. Braudel et E. Labrousse(Dir.), *Histoire économique et sociale de la France*, Tome 4, Volume 1, p. 109.

发展的关系,仍有许多问题值得探讨。人口增长缓慢有可能削弱国内需求,影响市场扩大,但人们购买力的提高并不取决于人数这唯一因素,人均国民收入的提高、分配方式更加平等合理都有助于提高购买力,扩大市场。人口数下降会造成劳力匮乏,这似乎也有道理,但要具体情况具体分析,法国工业的主流是生产高质量产品的工业,他们对工人质量方面的要求超过数量方面的要求,因此,教育水平如何、有利于人口流动的交通条件是否具备、就业人口的比例大小、机械化程度高低等等因素都制约着劳动力的供求。人口对经济发展的影响只有结合社会各方面条件来考虑才有意义。法国人口增长缓慢最终并未阻止法国 19 世纪末 20 世纪初的经济高涨,也未影响人们生活水平的提高。法国人口的真正危机是在一战以后,那是战争带来的灾难。

第三节　第三共和国前期的社会阶层

一、支配阶级

法国大革命虽然过去了将近一个世纪,法国社会各阶级之间并未实现真正的平等,仍然呈现层次分明的金字塔型,塔尖的顶端是被人们称为"世界"(le Monde)的支配阶级。这是由贵族和大资产阶级两大类组成的上层统治者。到 20 世纪初期,他们随着历史的进步已逐渐失去了政治统治的垄断权,然而在政治上、经济上依然拥有巨大的实力。

呈衰落趋势的旧贵族主要有两类:一类栖身巴黎或省城,坐收地租,以供挥霍;一类直接经营地产。这两类人与乡村和农民的关系大不相同。第一类和乡村联系松散,而常常成为农民痛恨的对象,第二类则依据其传统力量,以家长制作风,迫使传统依附于他们的农民顺从,从而在乡村保持了一定的影响。这些贵族和他们的前辈相比,稍逊文采,但更笃信宗教,类似启蒙时代的贵族哲学家或不拘礼教的贵妇人之类已十分鲜见。他们更热衷于通过联姻跻身大资产阶级,因为他们认识到只有和大资产阶级融合才能保持社会影响,比如格拉蒙公爵娶银行家罗特希尔德的女儿为妻、银行家赛的女儿嫁给布罗伊亲王等等。

所谓大资产阶级是指拥有巨大财富和收入丰厚的大工业家、大银行家、大商人、高级政府官员,还有年收入高达 10 万法郎以上的著名自由职业者、著名艺术家、名医和大律师等等,也即所谓的社会贤达名流。他们大多生活在巴黎,有"巴黎魂"(Tout-Paris)之称。贵族、大资产阶级在经济领域占有绝对优势,建立了他们的世袭王朝。一些实力雄厚的企业巨头控制了银行和工业,如施耐德和温代尔控制了冶金业。财富高度集中,以巴黎为例,在 1911 年,4% 最富有的人,拥有已知全部财产的 67%。[1]

在政治上,他们的地位有所下降,原来他们一统天下的局面被打破,地位比他们低微的中小资产阶级进入政界。这主要表现在议会代表和内阁成员成分的变化。1871 年贵族和大资产阶级的议员在议会中占 70%,1893 年下降至 55%,至 1919 年仅为 40%。[2] 内阁成员也有相应变化。然而政治不仅仅局限于议会和内阁,大资产阶级在其他一些政府机构中仍然保有政治优势,即使在内阁中,他们的地位也不能忽视。像卡西米尔-佩里耶、莱昂·赛、瓦尔德克-卢梭、卡约等都是大资产阶级的代表人物,大资产阶级把持的主要政治地盘是高级行政管理机构(政府各部的主任行署、行政法院、审计法院、高等法院、财政监察署、省长和外交官吏等)。机构成员不是经选举产生,而是通过推荐、考核或会考,由国家任命或录用。大资产阶级为了保住这块世袭领地,于 1872 年出资创办了私立政治科学学院,专门培养大资产阶级子弟,使他们能顺利进入高级行政机构。1901 年,高级行政官员 90% 来自大资产阶级。

此外,大资产阶级也利用自己的经济实力插手新闻界。19 世纪末,以英美报刊为样板的大印张、非政治性的报纸大量涌现,许多大资产阶

---

① Christophe Charle, *Histoire sociale de la France au 19ᵉ siècle*, Paris:Seuil,1991,p. 332.

② G. Georges Dupeux,*French Society*, *1789－1970*,London:Methuen and Co. ,1976,p. 172.

级成为某些报刊的幕后操纵者,在新闻客观性的表象下达到维护现存社会秩序和自身利益的目的。

随着共和制的确立,君主主义逐渐偃旗息鼓,无可奈何之际,许多贵族大资产阶级纷纷归附共和国。但他们在思想倾向上仍是保守的,支持教权主义和民族主义,法国政坛右翼党派正是这一阶层的代表。

二、"新阶层"

1872年,甘必大在格勒诺布尔著名演说中宣告:"一个新的社会阶层已经来到并登上政治舞台。"①

此后,"新阶层"成为社会集团的名词在法国社会流行。作为"阶层",它是介于工人和大资产阶级之间、排除了农民的一些社会集团的通称,即人们通常所说的中等阶层或中小资产阶级。谓之"新"倒并不是说这些社会集团在第三共和国时才脱颖而出,因为其中不少集团早已存在,主要指它是法国政坛的一支新兴力量。他们从1870年代开始,逐步进入政界,分享统治权。

把这些人归为一个阶层,是因为他们之间存在一些共同点:首先,他们几乎都居住在城市或城镇里,有别于农民;其次,他们和工厂的工人之间保持着距离,尽管他们中有些人的收入还比不上熟练工人;最后,他们都渴望在政治、经济上跻身上层社会,希望社会为他们地位的提高提供更多的机会,正是在最后一点上,他们成了保卫共和制的生力军,成为共和国的重要基石之一。然而,这一阶层也是法国社会最为庞杂的阶层,社会经济地位差异明显,社会成分复杂,常常貌合神离。在寻求社会地位上升的途径上,有的借助于经济上的资本,有的则把希望寄托在学校教育上;有的从事体力劳动,有的则从事脑力劳动;有的是老板,有的则是领薪者。这些差异造成了这个阶层政治上的不一致性和不稳定性。

---

① Jean-Pierre Azéma et Michel Winock, *La IIIᵉ République*, *1870 – 1940*, Paris: Hachette, 1978, p. 134.

有的支持民族主义,投身布朗热运动;有的热衷于社会主义,成为工会运动的骨干;有的支持教会,有的则是反教权主义的中坚。

数以百万计的"小字号"构成新阶层的基础,他们是小手工业者、小商人和小企业主等法国传统的小生产者,在工业化浪潮中顽强地生存下来,人数仍然相当可观。统计资料表明,所谓的小老板人数 1896 年为343.6 万人,1906 年达 392.7 万人。在这将近 400 万人中,约 100 万人只雇用 1—2 个人。其余的或只和妻子搭档(36.4 万人)或完全独立工作(244.5 万人)。[1]

"新阶层"的上层由房地产主和食利者构成,他们是相对古老的社会集团,人数和自由职业者相仿,占全国人口的 5.7% (据 1891 年统计)。他们以购买不动产或国家债券为生,悠闲自得,满足于过问地方上的政治事务。

"新阶层"中最活跃的分子是分布在各地的自由职业者,诸如律师、公证人、医生等。尤其是医生的人数在此时增加迅速,1876 年至 1911年,从 1 万人增至 2 万人,翻了一番,而且还不包括兽医和药剂师等。他们在地方事务中有一定的影响力,逐渐取代贵族地主的地位,成为地方新权贵。他们之中的许多人为市议员、省议员或众议院议员。

"新阶层"中的新生力量是领薪的资产阶级,诸如工程师、新闻自由实现以后的新闻记者,还有政府机关和公共部门的职员(政府高级官吏属于资产阶级上层,而大量的下级官员、小学教员、大中学教师和邮电通信部门的职工则属于"新阶层")。

"新阶层"成分复杂,政见不一,但由于他们生活方式、思维定式、社会地位有相似之处,和无产阶级、农民保持距离,又独立于资产阶级上层,因此总体上在政治上有较一致的倾向。我们不排除他们中某些代表人物曾热衷于民族主义,滑向右翼阵营。但他们的大部分人在政治上处于左翼。在共和国确立时期,他们是共和制的坚定支持者。从 19 世纪

---

[1] G. Georges Dupeux, *French Society, 1789-1970*, p. 160.

末起,他们又大多倾向激进主义,其中不乏共济会会员和激进党党员,他们维护共和制,主张社会世俗化,保护小私有制,反对大资产阶级的垄断和无产阶级的集产主义。在保护"小人物"的权利、反对"大亨"的统治上,他们和农民中的小土地所有者有共同的语言。

三、农民

农民占法国人口的大多数,是法国社会的主体,但成分极其复杂,实际上不是一个统一的阶级。

直接从事农业生产的农民大体可分为 3 类。

第一类是承租他人土地者。在法国,有相当一部分土地贵族居住在大都市,把自己的土地租佃给他人经营,用现金或分成制形式收取地租。承租者包括土地经营者和分成制佃农。这些人生活境遇、社会地位大不相同。那些大土地经营者一般都雇工经营,有时还兼营农产品加工业,他们富有,又懂技术,还常常联姻,成为农村中的上流人士。而一些小土地经营者,则靠家庭成员自己经营,生活艰辛,尤其是分成制佃农,处境更艰难。

第二类是私有土地耕种者。据 1892 年统计,这类人占全部农户的75％,包括大土地所有者和中小土地所有者,由于占有土地面积大小和土地肥沃程度不等,他们的社会地位和生活条件也相差悬殊。尤其是小块土地耕种者,处境十分困难。

第三类是主要以出卖劳动力为生的农业工人,可分短工和长工。短工的报酬以日计算,其中约半数有自己的小块土地,既种自己的地,又兼打工作为生计的补充。长工是长期受雇的农场帮工,在 1892 年,他们有183.2 万人,其生活条件也很艰苦。此外,还有一些农民去做季节工和附近的伐木工、烧炭工等。他们农忙务农,农闲流向山区伐木、烧炭,有的还进城做工。在最初的乡村人口向城市的流动中,他们是率先者。1862年尚有长工和短工 2 400 万人,1892 年减少为 305.8 万人。

在上述各类农民中,其主体是小土地所有者和小土地经营者,即通常所说的小农。这些小农构成法国农户总数中的绝大多数。小农经济的广泛存在,成为法国农业的一个特点。在第三共和国前期,由于农业危机,一些大地产主将土地廉价出售,另谋发展,一些小农或农业工人乘机购进土地,使中小地产得到发展,小农人数进一步增加。例如在埃罗省,农业工人在农业就业人口中的比例由 1872 年的 32.2% 降至 1892 年的 27.9%,而同期独立土地所有者从 28.5% 增到 33.9%。[1] 1892 年,小土地所有者和经营者达到 220 万人,比佃农和农业工人多出 30 万人。[2] 土地所有权的普及影响到法国的农业经济和农民生活,也影响到法国的政治生活。

在第三共和国前期,随着生产的发展和国民收入的增加,农民的生活水平有所提高,极端的贫困和饥荒不再逞凶施虐,乞丐在官方正式的登记册上也不再出现,小农在自己的地产上获得了一定的安定感。农业工人的工资也有所提高,农民最基本的物质需要是食物、衣着和住房,此时都有相当的提高。在饮食方面,许多人吃上了白面包,虽然大部分农家的主菜仍然是肥肉蔬菜、洋葱汤、蚕豆糊、四季豆或玉米糊,但肉和家禽的消费量已有明显增加。由于共和国在酒类消费上的宽松政策,乡村小酒店如雨后春笋般冒出来,酒价下降,农民一改以往只逢重大节日才大杯狂饮的习俗而经常到小酒店或咖啡馆小饮,从而使酒的消费量迅速上升。

在服饰上,地区性和传统性的服饰逐渐消失,在发达地区和靠近城市地区,城市的时髦服饰开始在乡村妇女和青年中流行。农民的住房虽然还很原始,大多是茅草屋顶,又缺乏卫生设施,常常是一家数口挤在一间房里,用油灯照明;但随着生活水平提高,瓦房逐渐增多,有些家庭还建造了地窖,铺设了地板,尤其是室内家具不断更新,在 19 世纪中叶还为稀物的挂钟,1900 年已进入寻常农家。

---

① Christophe Charle, *Histoire sociale de la France au 19ᵉ siècle*, p. 143.

② Jean-Pierre Azéma et Michel Winock, *La IIIᵉ République*, 1870 – 1940, p. 131.

　　然而农民的生活和城市人相比还艰苦得多,不仅劳动时间长,劳动强度大,而且其作物往往受自然条件限制,无法抵御自然灾害,农作物一年只产一茬,如市场供求发生变化,就很难采取补救措施,因此收入极不稳定。城乡生活水平差距很大,1882 年,巴黎市民肉类的人均消费量近 4 倍于农民(79 公斤比 21.9 公斤)。1880 年以后,在利穆赞的贫民收容院里,贫民们已能常常食用奶、蛋、糖和咖啡,而在贫困的多姆山省,农妇对糖和咖啡只能望洋兴叹。

　　农民之间的贫富差距也很大。1895 年在卡尔瓦多斯省,农业工人的平均财产是 800 法郎,土地经营者是 6 619 法郎,以地租为生的土地所有者为 11 855 法郎。在小土地所有者占统治地位的地区,差距要小些,例如在上萨伏依省的帕西,1890 年小土地经营者年平均收入达到 1 500 法郎,约相当于农业工人工资 2 倍(每年 900 法郎)。[①]

　　广大小农要求不高,希冀有一份自己的财产和安静稳定的生活,信奉的是狭隘的个人主义。他们不想革命,而且政治态度各异,只有大多数小农才把 1789 年革命视为自己财富的起源,把共和国的前途和个人的命运紧密联系在一起。在选举活动中,农民因其人数之多,越来越受到政治家们的重视,并且驱使农民作为选民积极参与政治生活。随着现代化的推进、交通通信的发展和社会的进步,农民越来越融入法国现代社会。火车的到来、小伙子进城当兵、小学教员的言传身教、报纸的发行给农民送来一阵阵现代文明的春风,使农民开阔了眼界,给农村注入了新思想,农民不再对贵族老爷顶礼膜拜,在南部和中部乡村,宗教活动也明显减少,广大农民的共和意识大大增强。在第三共和国前期,广大小农已成为共和国的牢固基础,成为社会稳定和政治稳定的重要因素。

四、工人阶级

　　法国工人的特点是成分的复杂性和分散性,而这一特点在第三共和

---

① Christophe Charle, *Histoire sociale de la France au 19ᵉ siècle*, pp. 170,171.

国前期依然存在,造成了对工人阶级作为社会集团的整体界定和人数统计的困难。

马克思主义认为,阶级差别在于他们在生产过程中的地位,工人阶级是在生产过程中不占有生产资料,出卖自己劳动力的社会集团,简言之,就是以领取薪金维持生活的人。然而,法国的情形远非这么简单。如前所述,法国社会中的一些部门的职员,虽然也是领薪者,但在生活方式、思想感情、行为模式上均和工人保持距离,在自我意识上从来没把自己混同于工人,而社会也没有把他们认同于工人。法国工人的主体是在现代工业、交通业和服务行业从事生产性劳动的劳动者,但是由于法国传统生产部门的长期存在,工人队伍中也混杂着许多手工业工人、短工、家庭佣工、半农半工的季节工等等。

随着工业化的发展,工人人数有所增加,而且随着生产集中,大企业中工人人数也逐渐增多,工人阶级的内聚力加强了。根据 1906 年统计,领薪者为 1 180 万人,其中体力劳动者为 920 万人。手工业、工业和交通运输业聚集了 380 万工人,占据全国就业人口的 19%。[①] 在第三共和国前期,企业主人数减少,而雇员人数增加,也说明企业兼并加剧,工人队伍扩大。据 1891 年劳动部公布的结果,全国有 90 万名业主,雇员为 540 万名。到 1906 年,业主减少了 10%,而雇员增加了 18%;拿这一年的数据和第二帝国相比,业主减少 43%,雇员增加了 80%。[②] 和工人队伍扩大的趋势并行,工人越来越向大企业集中,在某些行业特别明显。企业平均工人数在冶金行业从 1866 年的 84 人增至 1906 年的 711 人,同期在采矿业,从 21 人增至 449 人。

然而,法国工人的分散性仍然很明显,大部分工人仍然散布在小企业里。据 1906 年统计,1/3 的领薪者在 10 人以下的企业工作,一半以上

---

① Raymond Huard, et al., *La France contemporaine: Identité et mutations de* 1789 *à nos jours*, p. 268.

② Christian Ambrosi et Arlette Ambrosi, *La France* 1870 - 1990, Paris: Elsevier Masson, 1995, pp. 85, 86.

的企业雇用工人不到 50 人,在 90 万家企业里,50 人以上的企业还不到 2%,有 84% 的企业雇工 1—4 人,14% 的企业雇工 5—50 人。在某些行业,女工和童工占据优势,如在珍珠制造业中占 98%,制帽业 90%,针织品业达 84%。

　　工人的工作条件仍很艰苦,工时长,缺乏社会保障,常受失业之苦。随着经济发展和社会进步,工作条件有所改善,尤其对童工。1892 年的法律规定,禁止 13 岁以下儿童做工,16 岁以下的童工工作时数减为每天 10 小时,最高限时 11 小时,每天有一次或多次至少 1 小时的休息。1900 年 3 月 30 日《米勒兰法》规定在 1902 年缩减工时至每天 10.5 小时,1904 年为 10 小时。1905 年,童工的工时减到 8 小时。1906 年 7 月 13 日法令规定除必要的服务行业外,所有的工人和雇员星期天休息。[1]

　　工人的物质生活条件有较为明显的改善。从第二帝国到第一次世界大战,工资普遍增加了 60%—80%。从物价来看,畜产品、水果和蔬菜有所上涨,而其他的食品、纺织品和工业品有所下降或涨幅不大。物价总体水平下降。1872—1885 年,物价下降 28%,而同期工资增加 12%;1885—1901 年,物价下降幅度减少,为 8%,但工资增幅加大,达 34%,实际工资大大提高;1901—1911 年,物价上涨了 18%,而工资只增加了 5%。[2] 总之在第三共和国前期,工人的实际工资普遍增加了。不少工人还略有储蓄,他们大多比过去吃得好,在衣着打扮、家具摆设、消遣方式上开始模仿资产阶级。他们读报,有时上影剧院,星期天或假日则出去郊游或去公园里听露天音乐会,到郊外整理花园。

　　在政治权利上,第三共和国实行了较民主的政治制度,工人也获得了某些权利,如选举权、自由结社权等。但工人并没有从根本上改变自己被压迫的政治地位。在议会里,虽然有了工人议员,但人数微乎其微,在 1881 年,议会里只有 1 名农民和 1 名工人,20 年后,即 1902 年,工人

---

[1] Christian Ambrosi et Arlette Ambrosi, *La France 1870 – 1990*, pp. 85,86.

[2] Christian Ambrosi et Arlette Ambrosi, *La France 1870 – 1990*, p. 87.

议员数仍未增加。

工人阶级成员的复杂性、内部的分散性以及劳动条件和生活条件的不同,造成了阶级觉悟的差异和各自的不同要求,使工人运动长期处于分裂状态,使联合产生了困难。但是,随着工业的集中和垄断,越来越多的工人意识到自己是被压迫的"奴隶",工厂是"兵营",工人必须组织起来,同政府和资方进行斗争,从而掌握自己的命运。所以,他们倾向社会主义,其中的先进分子成为社会主义运动中的骨干力量,参加了工人党,随着马克思主义在法国的传播,成为社会主义的热烈拥护者。

五、知识分子

"知识分子"严格意义上并非是独立的社会集团。但从第三共和国起,法国社会中出现了一个自称为"知识分子"的群体,在思想意识、价值取向和行为方式上有趋同的趋势,尤其在德雷福斯事件中,他们发表《知识分子宣言》,亮出"知识分子"的旗帜,为德雷福斯申冤。此后,这个社会群体也得到社会的认同。

知识分子人数在第三共和国前期增长很快,其中最主要的是两类人:一类是作家、艺术家和记者,另一类是大学教师,即一类是勤用笔的,一类是勤用嘴的。第一类人数从 1872 年到 1901 年增加一倍,另一类在 1881 年到 20 世纪初也有类似的增幅。这两类人尤其在德雷福斯事件中成为知识分子中的排头兵。知识分子人数的增加是社会进步的表现,也是为了适应客观需要。由于实行了出版自由,报业的发展在第三共和国时期可谓黄金时期,众多报刊的诞生呼唤着新闻记者和作家。充实地方中等和高等教育、和德国大学或教会势力抗衡,也需要大批高校教师。

在总人口上,知识分子只占法国人口的 2%,但在社会中的作用不容忽视。知识分子在法国社会中地位较高,从大革命开始,知识分子便积极参政,到第三共和国时期,他们和政权的结合更加紧密。他们在议会和政府中占有很大比重,当时有人称共和国为"律师和教授的共和国"。记者和教授们在社会上又扮演特殊的法官角色。记者利用报刊操纵舆论,构成行政、司法、立法之外的"第四权"。教授利用讲台传授自己的观点,而受这些观点影响的学生成为国家新的政治精英和知识精英。

　　知识分子在总体价值取向上崇尚科学、追求真理和维护正义,但这个群体远不是同质的。知识分子的上层已和现行政治统治融合在一起,他们的理论得到官方的认可,甚至成为占统治地位的意识形态,他们自己也跻身于新政治领袖的行列,成为统治者的一员。知识分子中的先锋派作家和艺术家则厌恶所有的政治形式,追求所谓纯艺术,他们中的许多人倾向无政府主义。有些人也积极投身德雷福斯事件,但这是因为支持德雷福斯符合他们在官方政治渠道之外介入政治的理想。大学里的一些青年教师则表现出对现实的不满。1880 年代末的政治丑闻、政治上的保守主义、学院晋升上的徇私枉法都是他们抨击的对象。他们中的一些人倾向社会主义,如吕西安 ·艾尔、夏尔·昂德莱、夏尔·贝居等,但他们的社会主义实际上是激进共和主义的延伸和扩充。知识分子中也有一部分人经常处于贫困状态,生活水平和体力劳动者相差无几。他们和人民大众的联系较为紧密,其中有些人接受马克思主义,开始与工农相结合,成为马克思主义的传播者。例如拉法格已经认识到知识分子是无产阶级的一部分,并严厉批评那种将知识分子和工人截然分开的错误倾向,强调要把更多的优秀脑力劳动者吸引到社会主义方面来,以便担负领导解放全人类的重任。由于知识分子所处地位不同,观点各异,因此他们也根据各人的要求分别参加不同的党派。

第四节　两次世界大战之间的法国经济

一、第一次世界大战后的不平衡发展(1919—1929)

　　第一次世界大战在法国 20 世纪经济的发展史上是一个大括号,却是不可省略的括号。战争给法国经济带来巨大的冲击和深远的影响。

　　战争造成的第一方面影响是人力和物力的巨大损失。在所有交战国中,法国受到的损害无疑是最重的,因为战争主要在法国的土地上进行。在人力上,战死或失踪的军人达 132.2 万人,占动员兵力的 17.6%,平民因轰炸和其他战争因素死亡人数达 4 万。其中农民的人力损失最重,共有 53.8 万人被杀或失踪。[①] 全法国 10.5% 的就业人口(德国和奥匈帝国不到 10%,意大利、英国和俄国在 5%—6% 之间,美国为 0.2%)由此消失了。[②]

在物质损失上,有 10 个省遭到战争的蹂躏,有 1.7 万座公共建筑和 56.5 万间民房被毁,255.2 万公顷的农田、6.2 万公里的公路、1 900 公里的运河和 5 600 公里的铁路遭破坏,再加上海运的损失,估计总价值达 340 亿法郎。这笔数目的金额相当于法国 1913 年 10 个月的国民收入。此外,还必须加上法国海外投资的损失。同时,法国在战时又向英美盟国大量举债,战后外债高达 320 亿金法郎。

战争的损失还包括经济活动受到的影响,许多生产部门产量下降。1919 年的谷物收成只相当于 1911—1913 年的 1/2,甜菜只相当于 1/5,草料相当于 2/3。1919 年的工业产量相当于 1913 年的 57%。如果以 1913 年的产量为指数 100,那么 1919 年冶金业的指数为 29,纺织业为 60,采掘工业为 44,建筑业为 16,机器制造业为 58。

战争带来的第二方面的影响是冲击了旧的经济体系和结构。在工业上,行业重心出现转移,一些和战争联系不紧密的工业萎缩,如建筑、农具制造、民用冶金等,而一些战争物质生产部门,如机械制造、电力、冶金、化学等部门,投资增加,产值和利润也直线上升。由于人力缺乏,有些生产必须引进机械设备和先进的管理模式,如泰罗制和流水线等。战争也打碎了 19 世纪的金融体系。1914 年 8 月 5 日中止了法郎和黄金的自由兑换,实际上放弃了金本位制;延期偿付商业债务和延期偿付存款

[①] Jean-François Sirinelli, *La France de* 1914 *à nos jours*, Paris: Presses Universitaires de France, 1993, pp. 46 – 47.

[②] F. Braudel et E. Labrousse(Dir.), *Histoire économique et sociale de la France*, Tome 4, Volume 2, p. 602.

等做法,破坏了金融业的传统规则;为了应对战争的投资,大量信用货币涌入金融流通领域,改变了原有的货币结构。

战争对经济造成的第三方面的持久影响是,加强了国家对经济的干预作用。最初,人们认为战争不会拖得太久,所以政府只是采取有限的经济措施,来防止经济形势的恶化。随着战争拖延,原来的法国经济越来越不适应战争的需要,物资匮乏,重工业的相对落后不能为前线提供足够的军火和设备,法国不生产制造炸药所必需的氨和硝酸,大部分的电气设备依赖进口。再加上大量人力被动员上了战场,生产战争必需物资的工厂也缺乏技术人员和劳工,物资的缺乏还由于德国占领了法国的许多工业区而变得更为严重。在这样的背景下,从1915年起,政府开始介入生产的组织。政府首先从前线抽回了一些生产专业人员和管理人员,从国外招募劳工。政府说服一些企业主建造新的工厂,改造旧设备,为达目的,向这些企业增加贷款和补助。政府还通过确定价格的手段,保证生产军火和战争物资的企业主可以获得足够利润。政府还介入物资的分配,对各种生活用品实行定量供应。政府管理经济需要有管理经济的机构和手段,为此政府增设了一些新的部门、新的国务秘书和高级专员等。在这方面,食品配给制度的演变是最为典型的。1914年9月,政府已经建立了食品配给的领导机构,但定价的体系到1916年才全面铺开(糖卡迟至1917年3月)。1916年政府建立食品配给部,赫里欧任部长。食品供应到1918年达到严格限制的程度。军火生产又是另一个受严格计划控制的部门。最早也是建立军火领导机构,1915年已经设立一名副部长负责飞机生产,1916年军火生产领导机构转变为政府的一个部(军备部),由社会党人托马任部长。除此之外,政府要求以行业为单位,建立"财团",负责和政府协商后统一进口物资和购买原料,分配物资,形成政府管理和行业部门自治相结合的混合经济(自由经济中实行一定的组织化)。政府在经济活动中地位和作用的加强,是战时的权宜之计,但无疑对传统的经济自由主义原则提出了严重的挑战和形成了强有力的冲击波。战后,一些领导人曾主张将战时的模式延续下去,商业部长克莱蒙代尔就

持这种观点,而且在政府中设立了"生产部"。但是第一任生产部长卢塞尔
(1918 年 12 月—1920 年任此职)主张取消战时的组织机制。国家干预经
济到了 1920 年代有所收敛,不过这种影响绝没有消失。

尽管法国受到了第一次世界大战的严重破坏,但从 1919 年起直到
1929 年,法国经济重新进入高速增长期,如果扣去世界大战,这轮经济增
长实际上是从 19 世纪末开始的。当然在这 10 年里,经济的增长不是直
线发展的,有下跌,也有加速。从工业生产看,如果以 1913 年为基数
100,1919 年的指数为 57,1920 年稍有改善,达到 62,1921 年又下跌至
55。而从 1921 年至 1924 年,发展相对平稳,至 1924 年指数达到 116,超过
战前水平。然后又稍有回落后,继续走高,指数从 1927 年的 104 上升到
1930 年夏天的 144。[1] 国内生产总值的增长率反映了同样的趋势。我们
注意到,1920—1924 年的增长速度要快于 1924—1928 年的速度。

而且,法国的高增长率甚至弥补了战争造成的损失,假设 1913—
1929 年按 1810—1910 年的平均增长率增长,1929 年的产值正好与 1929
年的实际发展结果相一致。[2] 这一时期法国的增长速度与世界其他强国
相比也毫不逊色。法国人均国民生产总值每年递增1.5%,德国和意大利
为 1.3%,英国为 0.5%,只有美国以 2.3%超过法国。[3]

这一时期法国经济之所以能以这样的高速度发展,主要有以下 4 个
方面的原因:

第一,战后重建的拉动。战后法国许多住房需要重建,被毁的生产
能力需要恢复,成为经济快速增长的支撑点。重建工作进展比较顺利,
到 1924 年底,重建工作的 80%已经完成,到 1930 年实际已经结束。房
屋重建推动了建筑业和建筑材料业的发展,工业设备的补充推动了机械

---

[1] Alain Beltran et Pascal Griset, *L'économie française 1914 - 1945*, Paris: Armand Colin,
1994, p. 12.

[2] Jean-Charles Asselain, *Histoire économique de la France du xviiie siècle à nos jours*, *Tome
2: Depuis 1918*, Paris: Seuil, 2011, p. 25.

[3] Alain Beltran et Pascal Griset, *L'économie française 1914 - 1945*, p. 12.

制造、冶金业等的发展。而事实证明,这些部门在这轮经济增长中是最具活力的。

第二,强劲的外贸出口使法国的市场向外扩展,成为推动经济增长的重要因素。法郎的贬值使得法国的产品在国际市场上更具竞争力,从1923年起,已经实现了出口和进口的平衡,此后一直到1928年,法国的外贸都是出超的,由于国际竞争力的加强,法国还调低了关税,这一时期成为法国商业政策上最自由的时期之一。

第三,工业化进一步发展。工业的快速增长,既是经济增长的表现,也是整个国民经济发展的龙头因素。法国这一时期国民经济快速增长主要是工业快速发展造成的。1924年至1929年,法国的工业生产每年平均递增5%,劳动生产率每年递增3%。

第四,东部省份的回归也是明显的有利因素。阿尔萨斯是棉纺织业的中心,集中了全国棉纺织业1/3的生产能力,而且在技术上处于领先地位。阿尔萨斯还是机械制造业的主要中心之一,它主要制造纺织机械、蒸汽机、铁路器械等。阿尔萨斯回到法国后,法国的机械制造业和纺织业如虎添翼。另外摩泽尔地区和萨尔区的前德国钢厂进入了法国的关税区,可以为法国每年提供550万吨钢,还有大量的半成品,如铁轨和钢梁等。

法国这一时期的高速增长具有重要的特征。第一个重要特征是,通货膨胀伴随着经济增长。在长达近8年的时间里,通货膨胀似乎成了难以摆脱的噩梦。通货膨胀表现为3个方面:一是物价飞涨。在战争结束时,物价比战前翻了一番。1919年至1921年,价格出现波动,涨了又跌;1922年至1926年的4年里,物价暴涨。二是法郎在汇市上的贬值。1914年1英镑兑换25法郎,1924年3月,在左翼联盟获胜前夕,1英镑第一次超过100法郎,1926年7月,1英镑值243法郎。法郎与英镑相比,贬值了90%。三是长期财政赤字。政府的开支超出收入,为了弥补赤字,政府常常扩大借款规模,甚至需要法兰西银行突破规定的限额,贷款给政府,这样损害了政府和银行的信誉,进一步推动了物价的上涨和货币的贬值。

这种通货膨胀的现象尽管在19世纪初曾经短暂出现过,但人们很快淡忘了。19 世纪给人们的印象是货币稳定和物价稳定的世纪,一战后出现的通货膨胀,几乎是新的现象(但在 20 世纪它将重复出现,最明显的有 1936 年、1944—1958 年、1968 年和 1981 年等)。当时不仅老百姓对此感到惶恐,就是政府领导人和经济专家们也一筹莫展。当时的政治家们,无论是左派还是右派,都把减少财政赤字、恢复法郎的稳定作为最重要的工作。

这一时期经济增长的第二个特征是增长的不平衡性。增长存在着部门之间、行业之间和地区之间的差距。如果说工业在这一时期可以用飞速发展来形容,农业的增长基本上停滞不前。根据法国统计与经济研究所事后的计算,农业生产的指数在 1913 年为 96,1920 年为 80,1929 年达到 98,经过 10 多年的发展,刚刚超出战前的水平。[1] 根据图坦的计算,虽然法国农业产量在 1922 年已经达到战前水平,但他认为,1920—1924 年,法国的农业几乎在原地踏步,1924—1929 年增长速度也不到 2%。[2] 法国农业的缓慢发展,战争的严重破坏是主要原因。法国被战争毁坏的土地的恢复工作十分艰苦,也十分危险,土地里遗留着许多未爆炸的炸弹、地雷等,整理土地的任务由于青壮劳力的缺乏,大量地落到老人和妇女的肩上。在农业的增长中,畜牧业的发展略快于种植业,是 1880 年以来发展趋势的继续。请看表 13:

表 13　1905—1934 年法国农产品年增长率[3]

时期	植物产品	动物产品	其他农产品
1905—1913 年	0.22%	1.15%	0.69%
1920—1924 年	−0.18%	0.32%	0.10%
1925—1934 年	1.19%	1.74%	1.48%

---

[1] Maurice Agulhon, André Nouschi, et Ralph Schor, *La France de 1914 à 1940*, Paris: Nathan, 1993, p. 160.

[2] Albert Broder, *L'économie française au XIXᵉ siècle*, Paris: Ophtys, 1993, p. 39.

[3] Albert Broder, *L'économie française au XIXᵉ siècle*, p. 39.

经济发展还扩大了地区间的差别。1930 年初,法国北部的小麦产量,每公顷为 31 公担,超过丹麦;巴黎盆地的产量是每公顷 22.2 公担,超过德国;但在普罗旺斯-朗格多克-图卢兹南部一带,每公顷只有 9 公担,与希腊和葡萄牙相近。

在工业方面,各部门的发展也不平衡。以前龙头产业纺织工业已呈现日薄西山的景象,1929 年的水平仅仅稍高于 1913 年,整个 1920 年代从来没有高出这个水平。相反地,金属加工业是一派欣欣向荣的景象,1929 年和 1913 年相比增长了 50%。

这一时期经济增长的第三个特征是,增长与现代化相伴随。关于这一时期法国现代化的成就,许多著作常常出现互相矛盾的说法,有的著作强调法国工业古典的一面,有的著作强调法国工业的新变化,其实都包含着一定的真理。事实是,法国的现代化是一种渐进的过程,它的最后质变是通过不断的量变实现的,虽然 1920 年代的变化并没有给法国的经济带来质的变化,或者很难说经济已发展到大众消费的阶段,但在现代化发展的过程中,无疑这是一个重要的时期,当然如果用英美模式的标准去看,它还存在着一些"不标准"的地方。这一时期向现代化迈进表现为经济和企业结构的变化、新的经济部门发展迅速和新的生产方式的采用。

在国民经济层面,就业人口在三大产业的分配上出现了有利于第二产业(工业部门)和第三产业(服务行业)的变化,尽管这样的变化的幅度并不大,却是真实的、可以感觉到的。请看表 14:

表 14　1921、1931 年法国就业人口的比例①

项目	1921 年	1931 年
第一产业	38.4%	32.8%
第二产业	38.0%	40.8%
第三产业	23.6%	26.4%

---

① Maurice Agulhon, André Nouschi, et Ralph Schor, *La France de 1914 à 1940*, p.162.

从表 14 中我们看到,第二产业的从业人员人数第一次超过了第一产业,而且第三产业人数也有一定的增长,第一产业的人数则继续减少。

工业内部也出现从业人员从低生产率部门转移到高生产率部门的趋势。1913—1929 年,工业增加了从业人员 71 万,而纺织、皮革和服装行业从业人员减少了 55 万,由此造成其他工业部门增加从业人员 126 万。这种人力资源重新分配的趋势同样通过产品结构的变化反映出来,根据法国经济史专家马可维奇的数据,冶金业在工业总增加值中所占的份额由 1905—1913 年的 2.4% 增加到 1925—1934 年的 3.5%,金属加工业从 12.6% 增加到 14.5%,化学工业从 2.8% 增至 5.3%。①

法国工业企业的结构在这一阶段发生了明显变化,小企业的数目减少,大中型企业有所发展。在第一次世界大战后,微小型企业的雇员所占的比重明显减少,中小型企业的工人比重有增加,但比不上大型企业的增加幅度,结构变化幅度最大的时期是 1906—1931 年,在后来的 30 多年里,微小型、小型企业和大企业的比重都没有多大的变化,只是中型企业有进一步的明显变化,因此这也足以证明 1920 年代在法国企业结构变化上的重要地位。但如果和国外企业相比较,法国的企业结构更接近于日本和意大利的类型,比英国和德国要小。

农业经营结构也有集中趋向,尽管总体上变化不是很大,大量的小土地继续存在。从 1921 年至 1931 年,没雇用任何工人的小地产数目增加了,数目比例从 47% 增加到 58%。但是,只雇用一个工人的农业经营单位数目也有轻微的减少,从 26% 降至 24.3%,而最明显的变化是雇用 20 人以上的农业经营单位数增长得最为迅速,增加了 15%。② 有材料还表明,农业经营的平均规模增大了 36%,从 6.1 公顷增至 8.3 公顷。③

这一时期的现代化进程还反映在法国的新工业迅速崛起、日新月异

---

① F. Braudel et E. Labrousse (Dir.), *Histoire économique et sociale de la France*, Tome 4, Volume 2, p. 649.

② Maurice Agulhon, André Nouschi, et Ralph Schor, *La France de 1914 à 1940*, p. 161.

③ Alain Beltran et Pascal Griset, *L'économie française 1914−1945*, p. 48.

上。在能源生产上,煤还是占第一位的,但石油和电的生产有了重大突破。电的消费从 1913 年至 1929 年以平均每年 8.2% 的速度增长,其中 1/3 来自水电。法国人在 20 世纪初认识了石油,产品主要从美国、俄国和罗马尼亚进口,在战争中,法国人进一步认识了石油的重要价值。战后,法国经过和英国谈判,1920 年接管了英德土耳其石油公司的德国股份,在此基础上,1924 年法国建立了"法国石油公司"。石油的消费量从 1913 年的 68 万吨增加到 1936 年的 620 万吨。另一个发展较快的新兴工业是汽车工业。汽车产量从 1920 年的 4 万辆增加到 1929 年的 25.4 万辆,汽车越来越面向国内市场,车型以中小型为主。化学工业是老的工业,但其中分化出一些新的分支,法国吸收了德国人的技术创立了自己的有机化学工业,生产染料和合成纤维。另一些在这时得到发展的新兴工业还有飞机制造和无线电接收机的生产等。

现代化进展还表现在新的生产方式和管理方式的采用上。机械化在工业中的使用越来越普遍,煤矿中采用了风镐,货物装卸也越来越采用滑车、行车、传送带等机械手段,机床的运用扩展到汽车行业,雪铁龙公司 1919 年的机床总量为 3 450 台,到 1927 年达到 12 260 台。[①]

电力机器的发展速度明显快于蒸汽机的发展,反映出法国的电气化进程的加快。在管理层面,法国还进一步推广了泰罗制,如雷诺汽车公司专门去美国参观学习,引进泰罗的管理方法,简化劳动工序,研究劳动者的动作,减少多余的动作,生产进一步标准化。新的管理方式的采用,使不直接参加生产、主要进行管理的人员增加了,这些管理人员在雷诺厂的人员构成中从 1919 年的 6.5% 增加到 1927 年的 11.7%,在隆维钢铁企业从 1896 年的 2% 增至 1930 年的 12%。[②]

农业机械化进程依然缓慢,采用机械生产更多的是出于缺乏劳动力的考虑,而不是从提高产量和收益来考虑的。根据 1929 年的统计,全法

---

① Hubert Bonin, *Histoire économique de la France depuis* 1880, Paris: Elsevier Masson, 1988, p. 69.

② Alain Beltran et Pascal Griset, *L'économie française 1914 – 1945*, p. 78.

国有割捆机 42 万台,播种机 32.2 万,拖拉机只有 2.7 万台。但法国在农业化学化方面迈出了坚实的步伐。1913 年,法国消费化肥达 41.4 万吨,其中磷肥占了 74.4%,氮肥占 17.4%,钾占 8.2%。从 1913 年至 1938年,化肥的消费增加了 88%,而化肥结构的变化反映了农民施肥更加现代化。在这期间,磷肥只增长了 12%,而氮肥增长了 130%,钾肥增长了618%。[1] 这一时期农业发展还有个新现象,从 1921 年至 1931 年,法国农民对于存款和借债的态度发生了变化,他们越来越借助于贷款,反映出农业资本化的趋势:1922 年,农民的借贷为 3.17 亿法郎,1926 年达9.06 亿法郎,1930 年达 25.59 亿法郎。[2]

二、经济危机和萧条(1930—1935)

1930 年代,法国和其他资本主义国家一样经历了 20 世纪初严重的经济危机。法国 1930 年代的经济危机有自己的特点,最突出的就是法国的经济危机发生晚,但拖延时间长。

从 1931 年起,法国才真正进入经济危机阶段。这次世界性的经济危机是从美国开始的,1929 年 10 月 24 日纽约华尔街股票市场崩溃(黑色星期四)引发了这场危机。但当经济危机的连锁反应沉重地打击美国、德国和英国等国的经济时,法国的经济业绩仍然使人感到心满意足。报纸上充斥着关于外国失业者的描写。法国人似乎相信,法国经济的特殊性可以使法国幸免于难。当国外银行纷纷倒闭之时,大量黄金和资本流入法国,这样的趋势到 1931 年达到最高潮。这种情绪也在政府的政策中体现出来,1929 年 11 月上台的塔迪厄政府提出了雄心勃勃的为期5 年的"国民装备计划"(大型公共工程等),1930 年 4 月 24 日还通过了建立社会保险制度的计划。

就在这样的乐观情绪中,法国渐渐地进入危机之中。不过,这种渐

---

[1] Alain Beltran et Pascal Griset, *L'économie française 1914 - 1945*, pp. 50, 51.
[2] Maurice Agulhon, André Nouschi, et Ralph Schor, *La France de 1914 à 1940*, p. 161.

进性使得某些经济史学家不同意法国较晚进入危机的说法,认为法国受到经济危机的影响要更早些。大量的衰退迹象实际上是从 1929 年开始的:1929 年食品、纺织、皮革、橡胶等产品的批发价下跌;1929 年橡胶、纺织和交通的债券发行量减少;从 1929 年起,外贸出现赤字,法国高附加值的产品的出口,如服装、香水、汽车、酒等尤其受到影响;有些工业生产的季度指数达到了顶点,开始回落,其中羊毛和丝的生产在 1928 年第二季度达到顶点,棉和皮在 1928 年第四季度,铁、钢、汽车在 1929 年第二季度,橡胶在 1929 年第四季度,采掘工业在 1930 年第一季度,造纸和建筑业在 1930 年第二季度达到顶点;1929 年大企业的利润减少(工业总的利润从 1926 年开始下降),其中包括汽车、橡胶和纺织的大企业;从 1929 年 3 月起企业的破产和倒闭数开始增加;交通运输指数从 1929 年第二季度起开始回落;营业税从 1929 年中期创下纪录后,也开始下跌;1928—1929 年,货币的流通量和供应膨胀起来,同时利息减低。

然而,法国真正感受到经济危机的影响是在 1930 年和 1931 年之交。1930 年 11 月,法国乌斯特里克银行破产是危机开始的重要信号。接着,大批银行与企业纷纷倒闭和破产,生产下降,失业人数增加。1931 年 9 月至 1932 年 4 月,工业产量下跌了 17%。1932 年和 1933 年的农业丰收造成了农产品的过剩和积压,价格暴跌,使法国农业陷入悲惨境地。接着的连锁反应将全国进一步拖入经济危机的深渊。利润的下降造成了投资的不足,国内市场萎缩同时伴随国外市场的崩溃,法国经济就这样进入恶性循环。

1933 年正当出现复苏希望的时候,美元贬值引起法国经济的又一轮下跌,这是法国坚守法郎不贬值政策的恶果。1935 年,形势进一步恶化,工业生产比 1929 年下降了 21%。工业的价格指数下跌了 25%,而工人的工资只降低了 6%,引起企业利润大幅度减少。1930 年 5 月至 1935 年 5 月,红利减少了 52%,不分配的利润从 1928 年的 74 亿法郎降为 1935 年的 2 亿法郎。在这样的背景下,一直处于低迷的股市再也没有办法动员足够的资金。1934 年债券的发行量只相当于 1929 年的 20%,企业难以寻觅到足够的资金。对法国人来说最直接和悲惨的后果是失业人数的大量增加。1932 年,失业人口达到 26 万人,1935 年进一步增加到 42.6 万人。[1] 这些数字虽少于英国和德国的失业人数,但对于法国这样一个在战后基本没有失业现象的国家来说,反差是很大的,而且这些数字还没有包括部分失业者。经济活动的衰退十分明显,而且当其他国家开始步出危机阴影的时候,法国长期在萧条的境地徘徊。

法国经济危机旷日持久的一个重要原因是国家经济政策的失误。在危机期间,为了摆脱危机,政府加强了对经济活动的管理。然而法国政府拿不出一以贯之的经济政策,固守"保持法郎稳定"和"维持预算平衡"两个陈旧的观念,只治标不治本。在危机时期,法国的领导人受到舆论的巨大压力,维持预算平衡的学说仍占统治地位。在增加收入无望的情况下,政府恢复预算平衡主要就是依靠压缩公共开支。1933 年减少退休金和公务员的工资成为议会争论的热点。1934 年,采取新的步骤减少退伍军人补助金的 3%。从 1933 年至 1935 年,公共开支从 549 亿法郎降至 499 亿,然而收入也从 434 亿下降至 394 亿。[2] 为了最终弥补赤字,政府大量举贷,结果是维持了借贷的高利率,但损害了向生产部门的投资,到头来还是不利于经济恢复。

法国经济危机的一个重要表现是外贸出现赤字。消灭外贸赤字可以有多种办法,一方面可以通过法郎贬值,降低商品的外部价格,增加国际竞争力,鼓励出口;另一方面采取限制进口的措施。法国政府坚决地实行了后一种措施,而将前者视为不能考虑的。从 1931 年起,法国政府加强了贸易保护主义的措施。对于货币贬值的国家,法国于 1931 年 11 月规定增加 15% 的贸易附加税,当时主要针对英国,1933 年后适用于美国。对进口货物实行定额制度,这种做法甚至比传统的贸易保护主义还走得远,到 1936 年初,法国进口商品的 65% 都有配额。而同时在维持法

---

[1] 以上数据材料均来自 Alain Beltran et Pascal Griset, *L'économie française 1914 - 1945*, p. 14。

[2] Alain Beltran et Pascal Griset, *L'économie française 1914 - 1945*, p. 16。

郎的稳定方面,法国政府又不遗余力。面对英德美等大国的货币贬值,法国于 1933 年 7 月联合一些保持正统货币政策的国家建立了"金本位同盟",其中包括比利时、法国、意大利、荷兰、波兰、瑞士和捷克斯拉伐克。但这个"金本位同盟"到了 1935 年 11 月,由于法国最主要的伙伴比利时实行货币贬值,也分崩离析了。而且 1934—1935 年,国际金融投机开始损害法郎,只有在这时才有人考虑法郎的贬值问题。

最后,由赖伐尔上台实行了财政紧缩政策。1935 年 6 月,赖伐尔政府得到议会授权,获得"保卫法郎、反对投机的特别权力"。赖伐尔的计划是通过降低法国商品的实际价格,提高国际竞争力,而不是通过贬值法郎来实现。他采取的措施包括两方面:一方面是削减财政支出,这基本沿袭了前任政府的做法,不过幅度还要大一些——总的公共开支削减 10%,同时强行降低债务的利息。另一方面是降低物价,房租、面包、煤、电和一些化肥都调低了物价,以此弥补借贷人调低利息的损失。历史的经验表明,限价的措施会殃及生产,然而实际效果却出人意料。经济开始出现复苏的迹象,尤其工业生产有了提高。但是本来想要降低物价的措施,结果引起了物价的上扬,当然原因是另外的,如国际经济形势的变化、农业收成不好、对紧缩政策缺乏信心等。不过,这时经济的恢复还是十分有限的,消费价格的上扬和工资紧缩政策结合在一起,引起社会的众多不满。紧缩政策的最重要的结果是政治上的,即右派的垮台和"人民阵线"的胜利。

三、经济危机对生产部门的冲击

要把握危机期间法国经济的全貌,有必要对两个最为重要的经济部门——农业和工业作进一步的剖析。危机对这两个部门的冲击并不是完全相同的。我们先看一下农业。如果仅仅从产量和产值的角度看,危机对农业的冲击并不大。根据图坦的数据,如果将 1905—1913 年的农业产量指数定为基数 100,那么 1920—1924 年的农业产量指数为 101.4,1925—1934 年为 113.3,1935—1938 年为 116.8。农业的年产值从

1920—1924 年的 437.78 亿法郎增加到 1925—1934 年的 733.56 亿和
1935—1938 年的 742.64 亿。所以法国农业总的情况比美国、加拿大
和中欧的一些国家要强得多。从农业的购买力看,根据让·德西里埃
的数据,如果以 1929—1930 年为基数 100,1931—1935 年的指数跌至
80,相当于 1920 年代的水平,但没有退回到一战之前,接着 1935 年第
一季度又下滑到 67,随后开始回升,达到 80,并将这个水平维持到第二
次世界大战。① 这说明产量的增加在一定程度上弥补了农产品价格的
下跌。

表 15　1920—1938 年法国农业生产年增长率②

时期	植物产品	动物产品	其他农产品
1920—1924 年	−0.18%	0.32%	0.10%
1925—1934 年	1.19%	1.77%	1.48%
1935—1938 年	0.11%	0.77%	0.43%

　　但是从现代化角度看,这次危机无疑产生了严重的不利影响。法
国农业处在停滞状态,就业人口除了农业工人明显减少,在结构上没
有变化。农业产品的结构也没有多大变化。表 16 和表 17 反映了这种
缓慢变化。

表 16　1931、1936 年法国农业人口情况③

项目	1931 年	1936 年
农业就业人口/万人	764	714
占全国总就业人口的比例	36%	36%
农业工人数/万人	212	188
占全国工人数的比例	31%	30%

① Albert Broder, *L'économie française au XIXe siècle*, p. 65.
② Albert Broder, *L'économie française au XIXe siècle*, p. 65.
③ Albert Broder, *L'économie française au XIXe siècle*, p. 66.

表 17　1930—1938 年法国农产品产量和价格(每 3 年平均数)[1]

产品	数量	1930—1932 年	1933—1935 年	1936—1938 年
小麦	总产量/万公担	7 490	8 940	7 920
	单位产量/(公担/公顷)	14	16.5	15.5
	价格/(法郎/公担)	141.1	99.4	181
草料	总产量/亿公担	10.36	9.30	9.55
土豆	总产量/亿公担	1.556	1.526	1.616
	单位产量/(公担/公顷)	109.2	108.7	113.1
	价格/(法郎/公担)	43	31.4	49.6
甜菜	总产量/万公担	8 960	9 130	8 300
	单位产量/(公担/公顷)	289.4	285	262.6
	价格/(法郎/公担)	15.1	13.7	19.4
酒	总产量/万升	560	687	528
	价格/(法郎/百升)	144	86.3	162.7

　　法国的工业危机首先是由工业出口的减少引发的。这些出口商品包括食品、香水、巴黎艺术品、纺织品、钢及其半成品、汽车和电器等。最初,输往海外殖民地的普通棉制品还能维持出口,但输往国外的奢侈品和高质量产品因其他国家遭遇到危机(美国、拉丁美洲国家、瑞士和比利时)或一些国家实行贸易保护主义(德国)而萎缩了。这些出口产品的生产往往是劳动密集型的企业,原材料价格的下降不能补偿工资的上涨。接着,1935 年英国也加强了关税壁垒,33 种货币相继贬值,进一步使法国商品在国际竞争力方面削弱了。国内消费市场也显得疲软。因此,随着出口形势的恶化,法国工业部门一个接一个地受到影响,从消费资料生产部门扩展到生产资料生产部门。

　　在危机期间,大企业的倒闭不太多见,这是法国金融和工业结构的

---

[1] Albert Broder, *L'économie française au XIXᵉ siècle*, p. 66.

相对稳定、国家的干预和私营企业间的互助等因素的作用。倒闭主要殃及的对象是中小企业。法国工业危机最主要的表现是工业生产的萎缩。1929年和1935年之间工业生产倒退了几乎25%,工业的批发价同期也下降了50%,利润大减,工业就业人口在1931年至1936年之间也减少了133万。此外,企业对金融市场也望而却步,股票和债券的发行量的变化如表18[1]:

表18　1929—1936年法国股票和债券发行量

单位:亿法郎

1929年	1932年	1934年	1936年
270.81	161.61	83.28	44.35

各工业部门受危机冲击的程度是不同的,正是从这种意义上说,危机实际上带来了工业产品结构上的某些变化。逃过萧条的工业部门有:化学(从1929年至1938年的年平均增长为0.6%)和电力(同期年平均增长为3.1%)。对这类产品旺盛的需求、国家的支持和国际卡特尔的有效战略可以对此做出合理的解释。同样在能源部门,煤的产量下跌得很快,1930年产量为5 500万吨,到1932年只有4 700万吨,一直到1938年,还是这个水平,1939年才回到5 000万吨。但石油和水力在危机年代改变了自己的地位,进一步对煤的霸主地位提出挑战,互相间比重变化如表19[2]:

表19　1930、1935年法国能源部门变化情况

年份	煤	石油	木材	水力
1930	82%	7%	4.3%	6.7%
1935	76%	10.7%	4.1%	9.2%

纺织部门和服装部门在危机中稍有退步,分别下降了2%和0.9%,

---

[1] Denis Woronoff, *Histoire de l'industrie en France : du XVIe siècle à nos jours*, Paris: Seuil, 1998, p. 465.

[2] Denis Woronoff, *Histoire de l'industrie en France : du XVIe siècle à nos jours*, p. 467.

但这是个平均数,它掩盖了产品之间的差别,同时这种不太严重的衰退的原因是这两个部门在危机前本来的生产水平就不太高。在这两个部门中遭到惨重打击的是里昂的丝织业。它的产值在 1928 年达到 50 亿法郎,1934 年跌至 13 亿。出口值从 1928 年的 38 亿法郎降至 1934 年的 6.7 亿。与之形成反差的是,人造纤维工业却没在危机中遭殃。罗讷-布朗克公司在法国企业的人造丝产量从 1932 年到 1939 年几乎翻了三番。冶金业中遭受经济危机的打击程度也不一样,从全国范围看,退步是严重的,金属产品和金属加工业在 1929—1938 年间,产量平均每年以 4.5％和 4.4％的节奏下降。但有些产品不久就有所恢复,粗钢的产量在 1932 年探到谷底(560 万吨),1937 年虽然回升到 789.3 万吨,但离 1930 年的水平还差得远;铝产品的表现要好一些,1934 年探底后开始回升,等达到 1929 年的水平后,就出现了飞跃,1937 年为 34 700 吨,1941 年达 63 900 吨。

　　法国工业的整体生产在 1935 年退到谷底,然后复苏。研究两次世界大战之间经济的法国专家阿尔弗雷德·索维勾勒了大致趋势(1928 年为基数 100)[①]:

表 20　1931—1939 年法国工业生产整体指数变化情况

1931 年	1933 年	1935 年	1937 年	1939 年
94	88	79	89	95

　　1939 年工业经济复兴的主要原因就在于随着战争日益临近,各国加紧了军火生产,在法国经济复苏中起到龙头作用的工业部门是冶金和金属加工业。而且从这时起,军事工业的强弱也成了衡量一个国家工业实力的重要尺度。从这个角度,我们来比较一下法国和德国的情况,以飞机制造为例,请看表 21:

[①] 转引自 Denis Woronoff, *Histoire de l'industrie en France : du XVIe siècle à nos jours*, p.465。

表 21　1936、1939 年法、德两国飞机年产量①

单位:架

年份	法国	德国
1936	280	2 880
1939	2 000	8 400

我们看到,德国的飞机制造在 3 年时间里几乎翻了三番,而法国的速度更加惊人,增加了 6 倍多,可见法国经济振兴的势头。但也可以看到,法国在绝对数量上远远落后于德国,表明了法国工业和德国工业的差距,也预示了法国在即将到来的战争中不会占优势。

四、走出经济危机

法国从 1936 年开始经济止跌回升,但幅度不大,到 1937 年到达一个高峰,但在 1938 年又跌入谷底,直到 1939 年重又达到新的高度。

勃鲁姆上台后,在经济领域实行了一些不同于以前政府的做法,有的做法并不完全是从经济角度考虑的,有的甚至是工人斗争的结果,如《马蒂尼翁协定》的签订,但这些做法对经济发展必然产生影响。至于这种影响是积极的还是消极的,时至今日还是一桩难以了断的公案。勃鲁姆政府的主要改革措施从经济角度来说,就是扩大消费,实行货币贬值,这是和传统的信条背道而驰的。在扩大消费方面,勃鲁姆政府增加了工人的工资,同时实行了付薪假期和 40 小时工作制(不减薪)。1936 年 9 月,法国和英国、美国达成协议,法郎贬值 30％。从经济效果看,取得了一些成效,但持续时间并不长。经济改善的第一个迹象是,失业人数开始下降,绝对数目减少了 8 万人,比失业人数最多的 1935 年下降了 20％。但这比政府和大众的期望值要小,而且这个时候全世界的失业人数都在减少,因此这样的成绩就得不到称道了。改善的第二个迹象是,经济活动开始复苏,从 1937 年起股市开始上扬,1937 年法国股票的指数

---

① Alain Beltran et Pascal Griset,*L'économie française 1914 – 1945*, p. 69.

比 1936 年 7 月翻了一番,表明企业界已经感受到经济的复苏了。
1935—1936 年工业生产有明显的增长,但这种增长并不令人满意,到
1937 年春,工业指数离 1929—1930 年的历史最高点还差 15%。从 1937
年春天起,工业生产又稍有后退。接替勃鲁姆的肖当内阁也采取了一些
有限的经济措施,为了对付财政赤字,政府对铁路实行国有化,成立了法
国铁路公司。更重要的措施是 1937 年夏进一步对法郎进行贬值,因为
第一次贬值的成果被工资和物价的上涨抵消了。接着法郎比值一直下
滑,到 1938 年 5 月实行第三次贬值,法郎在两年里贬值了近 57%。不过
第二次贬值给法国的经济注射了一剂强心针,1937 年秋天,生产又回到
春天的水平。但在 1938 年,法国经济又一次出现严重下跌,工业生产仅
比 1934 年的最低纪录高出一点点。1938 年 10 月达拉第政府得到议会
法令立法的授权,11 月 1 日,保罗·雷诺(Paul Reynaud,1878—1966)被
任命为财政部长,采取了一系列传统的财政措施,停止实行 40 小时工作
制。从 1939 年第一季度起,经济开始出现新的回升,工业生产到 1939
年 6 月超过了 1937 年的水平,达到 1931 年以来的最高点。

第五节　两次世界大战之间的法国社会变化

一、人口发展趋势及变动

第一次世界大战造成了法国人口的大量减少,大战以后,人口并没
有通过高出生率得到补偿。大战后曾出现高结婚率的现象,1919—1920
年是超纪录的两年,结婚数达到 120 万对,随后稍有回落,但依然保持每
年 38 万对左右,而一战前的 1913—1914 年法国每年新结婚数仅为 32 万
对。[1] 这种现象主要是由于和平到来,原来因战争而推迟婚期的人补上
这一课。但是战后的离婚率也有提高,原因是战争造成夫妻分居多年,
感情逐渐疏远。从 1924 年起,离婚率保持在一个远高于战前的水平上。

---

[1] Yves Trotignon, *La France au XXe siècle*, *Tome I*, Paris:Bordas, 1976, p. 121.

当然,战后出于人口减少的自然反应,也出现出生率提高的现象,1919 年的出生率才为 1.3‰,1920 年突然上升至 2.14‰,1921 年继续维持在 2‰以上。但好景不长,从 1922 年起出生率就开始持续下降。在这个过程中,法国的死亡率一直居高不下,在 1930 年代以前总是在 1.7‰左右徘徊。这一方面是法国社会老龄化的结果,另一方面是因为婴儿死亡率较高。由于第一次世界大战后,法国出生率勉强超出死亡率,因此法国人口的自然增长人数在 1921 年至 1928 年低于每年 10 万人,1929 年甚至出现了近 9 000 人的负增长。

法国在 1930 年代进入经济危机,有三大新因素影响人口增长,一是经济危机造成了马尔萨斯主义的胜利,在人们的眼里到处都是过剩,小麦过剩,酒过剩,人也过剩,人们有意抑制生育。二是进入生育期的正好是第一次世界大战中出生的一代,当时人口出生是低潮,因此生育大军的补充人数明显减少。三是结婚率下降,1921 年结婚数为 455 500,1938 年降至 273 900。[1] 与结婚率下降相伴随,出生率也呈下降趋势,1921—1936 年,每万人生育数从 207 下降至 146,而同时死亡率也在减少,同期每万人死亡数从 177 降到 154。[2] 经济困难、失业和贫穷并没有使死亡人数增加,其主要原因是卫生和医疗条件的改善,延长了人的寿命,减少了疾病造成的死亡,同时婴儿死亡率大幅度降低(1930 年为 7.8‰,1938 年降至 6.6‰)。然而死亡率的下降并不能抵消人口出生率的下降,从 1935 年起,法国死亡人数超过出生人数,1938 年,人口增长为-0.8‰。法国人口出现自然减员。[3]

法国历来缺乏大规模向外移民的传统,长期以来,在大部分时间里,外国移入法国的人数多于法国移往外国的人数。在 20 世纪,第一次世界大战后到 1930 年代曾出现第一次大规模的外国移民潮,外国人占法国总人口的比例迅速增加,1911 年,外国居民只占法国人口的 3%,1921

① Maurice Agulhon, André Nouschi, et Ralph Schor, *La France de 1914 à 1940*, p. 172.

② Maurice Agulhon, André Nouschi, et Ralph Schor, *La France de 1914 à 1940*, p. 171.

③ Maurice Agulhon, André Nouschi, et Ralph Schor, *La France de 1914 à 1940*, p. 171.

年,这一比例达到 4.13%,1926 年增加到 7.11%。然而从 1930 年代起,受经济危机的影响,外国人向法国移民开始退潮。外国人由于缺少技术和种族歧视等,是首当其冲的失业牺牲品,许多人离开了法国,另觅去处。1936 年,外国人的比例下降至 5.71%。[①]

第一次世界大战后到经济危机爆发前,法国人口再次出现从乡村到城市的迁移高潮,这次高潮和 19 世纪晚期的高潮原因相似,但人口迁移的规模更大,从 1921 年到 1930 年,有 200 万人移居到城市,而且重点移居的还是 10 万人以上的大城市,巴黎在 1911—1931 年新增了 130 万人(有些是从小城镇迁移来的),同时一些港口、旅游和工业城市如尼斯、图卢兹、圣太田、土伦、勒阿弗尔、格勒诺布尔等,人口也有很大的增长。到 1931 年,法国城市人口第一次超过乡村人口。不过这一时刻比它的邻国要来得晚,英国城市人口超过半数是在 1850 年,德国在 1890 年。

二、社会新变化:公职人员的大量增加

国家工作人员(不包括军人)从 19 世纪下半叶起人数开始膨胀,20 世纪发展更快。1858 年为 217 000 人,1914 年达到了 397 000 人,1936 年增至 520 000 人。国家工作人员从 19 世纪下半叶起,就享有稳定的职业保障,只要是正式的公职人员,收入和职位不受政治制度变化的影响,而且根据 1853 年 6 月 9 日的法律,凡公务员和国家直接付薪的职工都可以在服务 30 年和 60 岁后享受退休金。当然,在那个时期,正式的公务员和一般的雇员之间是有严格区别的,收入的差距也很大。1900 年,一个办公室主任可以拿 9 000 法郎的年薪,而一个办事员起步时,只有 1 500 法郎。小学教员每年为 800—2 000 法郎,而乡村的邮差为 700—1 500 法郎。

正因为下层公职人员的物质生活条件相对较低,20 世纪初出现了所谓的"公务员"战争,即大规模的公务员罢工浪潮。首先是邮政员工,后

[①] Maurice Agulhon, André Nouschi, et Ralph Schor, *La France de 1914 à 1940*, p. 175.

是小学教员,在斗争中,争取到了组织自己工会的权利。1909年底建立了"公职人员总联合会"。第一次世界大战后,公职人员成立工会组织又成了问题,1919年众议院通过同意公职人员成立工会的法案,但遭到参议院的反对。但在1930年代的经济危机期间,由于物价下跌,公职人员工作又相对稳定,他们基本上还是得利的阶层。

三、妇女地位改善及其局限

20世纪上半叶,仍然是妇女家庭地位逐步改善的时期。1907年,她们获得了自由支配自己工资的权利。1920年,已婚妇女被获准可以不经丈夫同意而参加工会组织。1927年关于国籍的法律修改了以前妻子必须跟随丈夫国籍的规定。1925年和1930年扩大了妇女在处理遗产上的权利。最后在1938年,废除了《民法典》第二百一十三款关于妻子服从丈夫的规定。自此,妻子不必经丈夫批准可以去大学注册,参加考试,在银行开户,开支票,接受捐赠,申请护照。她们还可以就丈夫选择的居住地问题向法院投诉。1938年的法律标志着与旧的《民法典》精神的第一次真正的决裂。不过,丈夫在家庭中仍然具有父亲的权威,而且管理着妻子财产。

20世纪也是妇女进一步走向社会、走向工作的时期。妇女加入劳动者的行列不是20世纪的新现象,19世纪随着机器生产的逐渐普及和第三产业的发展,妇女参加工作的人数越来越多。大量的电话接线员、小学教师、打字员和秘书等岗位上,到处可见到妇女的身影。不过总体上来说,妇女劳动者的人数比男性要少得多,她们所占据的大多是低级的和从属性的劳动岗位。第一次世界大战为妇女走向社会提供了重要的契机,大量的男性青壮年走向前线,战死疆场,妇女必须顶替他们的工作,填补他们留下的空白。当然在战后,一些妇女又停止了工作,所以妇女劳动人数在战后并没有增加,1921年和1911年的人数是一样的,为450万人。所不同的是,更多的妇女走上了负责岗位,而不是单纯从事低级的工作,她们的能力得到了证明,她们赢得了社会的尊敬,社会地位有了一定的提高。同时,被保卫祖国的召唤引上工作道路的妇女,经过这段经历,眼界更加开阔,对外部世界的问题更加感兴趣,并发现了自身的价值,因此开始追求更大的独立性。

劳动地位的上升伴随着教育程度的提高,中学教育逐渐普及,妇女甚至有权进入高等院校深造。妇女在竞争教师职位时在数学、英语和哲学方面占有优势。女性律师和医生已不算例外了。[①]

在越来越多的妇女加入劳动者行列后,有关妇女的劳动保护立法也有了进步。19世纪主要只有关于女工工时的规定。1900年以后的一些法律主要是照顾怀孕的劳动妇女。1900年12月31日的"椅子法案"要求老板在每家商店里必须配备与女工人数数量相等的椅子。1909年,妇女可以享受8个星期的产假,但没有工资,只是保留职位。1910年,小学教员享受两个月的付薪产假,1911年,这一规定扩展到邮局职员。1913年的法案禁止给出月子的妇女强加高强度的劳动。1928年两个月付薪产假扩展到所有国有部门。同时社会保险制度给全体生育妇女提供补偿。

然而,法国的女性在很长的时间里没有政治权利。当周边国家的妇女纷纷获得政治上的选举权的时候(英国是1918年,德国是1919年),法国的妇女还要为此抗争几十年。在20世纪二三十年代,法国一些妇女团体曾为争取妇女的选举权积极活动,其中有布伦茨威格(Brunschwicg)夫人领导的"争取妇女普选权法兰西联盟",舍努(Chenu)夫人领导的"妇女社会行动"和由拉罗什福科(La Rochefoucauld)公爵夫人推动的"争取妇女选举权全国联盟"等。但是在1922年和1932年,参议院两次否决了众议院通过的给予妇女选举权的法案。直到第二次世界大战之后,根据1944年4月21日的法律,妇女在1945年的选举中第一次获得了选举权。

---

① Maurice Agulhon, André Nouschi, et Ralph Schor, *La France de 1914 à 1940*, p. 173.

第六章　社会主义、工会运动与社会保护建设

　　法国是社会主义的故乡,崇尚自由、平等、博爱的法兰西民族也钟爱社会主义。19 世纪晚期,在资产阶级共和派为共和国的稳固殚精竭虑时,法国社会反思资本主义的社会主义运动方兴未艾。各社会主义派别为了自身的理想不懈斗争,最后联合诞生了社会党,走上了议会道路。其间,受马克思主义影响的工人党,致力于工人运动。与社会主义异曲同工的工会组织也发展起来,并作为一种介于政府与个人之间的"中间体"[①],成为法国社会结构中的重要组成部分和不可忽视的力量。在社会主义和工会运动的压力下,激进党政府开始介入社会保护,立法实行了一系列劳工保护措施,为现代法国的社会保障体系建构奠定了基础。

第一节　工业化背景下的社会主义运动

　　自 14—15 世纪西方资本主义兴起以来,其不断扩张的态势和随之

[①] 罗桑瓦龙在《法兰西政治模式》中,把介于国家和个人之间的各种社会或政治形态(比如协会、工会、政党和民间各种自律组织等),都视为"中间体"。参见罗桑瓦龙:《法兰西政治模式:1789 年至今公民社会与雅各宾主义的对立》,高振华译,北京:生活・读书・新知三联书店,2012 年,引言,第 13 页。

而来的一系列社会经济问题及其文化的变化,引起了一些思维敏锐的西方学者的注意。如何避免和消除资本带来的祸害? 在思考与因应这些问题时,社会主义理论便产生了。因为缺乏现实的基础,这些思想被称为空想社会主义。

19世纪,资本主义体系已在西欧(包括北美)居于统治地位,经济与社会发展达到了一定的高度,其内部隐含的各种矛盾也随之激化。进步与贫困、繁荣与萧条、专制与自由等等形成的强烈反差,刺激了西欧的思想家们,迫使他们再次从不同的角度探询社会发展的未来道路,形成了诸如自由主义、功利主义、现实主义和浪漫主义等种种社会思潮。其中一种重要思潮就是社会主义,它认为社会是一个整体,有着共同的公共利益;生产资料、产品分配、公共管理等都应该基于公共利益;民众应该协作互助,共同发展,以实现社会的公共利益,唯其如此,个体利益才能得到保障。所以,社会主义是以实现社会公共利益为宗旨的一项事业。

一、第三共和国的社会主义派别

我们在前面已经探讨了法国社会主义的起源和在19世纪上半叶的发展。第三共和国时期的社会主义运动,由于历史的传承和政治社会斗争的复杂性,从思潮到行动都呈现出多样性的特征。

巴黎公社失败,使法国社会主义运动一度沉寂,蒲鲁东主义的影响也日渐削弱。但到1880年代前后,随着共和体制的稳定和社会经济的发展,社会主义运动重新高涨,各种社会主义思潮包括合作主义、集体主义、革命社会主义、共产主义以及蒲鲁东主义等再次涌动。因为信奉不同的主义,社会主义党派十分复杂,有布朗基派、可能派、盖德派、阿列曼派等,正如胡适所言,19世纪末20世纪初是社会主义的黄金年代。下面择要列举一些社会主义思潮与派别。

1. 集体主义。集体主义的创始人是比利时人科兰(1783—1859)。科兰长期侨居法国,对法国工人运动有很大的影响力。集体主义强调生产资料的集体所有制,在个人与社会的关系上,认为社会是最根本的存在，集体利益高于个体利益。因为，每个个体终究要走向毁灭，但良好的秩序和社会观念会跟共同体一起与世长存。第三共和国时期集体主义的主要代表人物是马隆。但很快马隆转向，成为可能派的干将。马隆信奉的格言是"在形势需要时就做革命者，但永远要做改良主义者"，这也预示着马隆日后脱离可能派，成为独立社会主义者。

2. 天主教社会主义（Catholicisme social），也称基督教社会主义。巴黎公社失败后，法国的天主教势力借工人运动的低潮，宣传所谓的天主教社会主义。这一时期天主教社会主义者的灵魂人物是阿尔贝·德·孟伯爵，他到各地积极鼓动宣传天主教社会主义的主张。在首都巴黎的一些地区，如蒙巴拿斯、贝勒维尔和圣安东郊区，以及外省的里昂、马赛、图卢兹、波尔多，人们常常能听到德·孟伯爵不知疲倦的、热烈而清晰动听的演说。1871 年 12 月 25 日，表达该派政见的《告善良的人们书》发表。文告指出，"我们事业的目的就是要激发和引导统治阶级对工人阶级的忠诚，以便把宗教、道德和爱国主义灌输到工厂中去……为此，要在有教养的阶级中建立受天主教思想影响的协会，把他们组成地方委员会，以建立思想上类似的、采取天主教工人俱乐部这种形式和名称的工人协会。……使所有成员都会从中获得履行宗教义务的支持和帮助，获得反对邪恶、宣传行善的精神的鼓舞力量"[1]。

天主教社会主义者否定巴黎公社革命，但对于公社失败后政府对此的迫害，他们的态度是复杂的。天主教社会主义者相信自己"有把握冲破由革命的过错造成的黑暗，来给人民希望与和平"。他们十分强调仁慈的重要性，"仁慈就是有产者爱无产者，富人爱穷人，有学问的人爱无知识的人，厂主爱工人，统治阶级爱人民大众"。在德·孟伯爵等仁爱观的宣传与影响下，天主教社会主义者创办各种慈善福利机构，来加强他们在工人运动中的影响，还通过提供带家具的廉价住宅、免费的娱乐、增加福利待遇等吸引工人，以实现慈善社会主义的理想。这一理念也真的

---

① 参见 Alexandre Zévaès, *Le socialisme en France depuis 1871*, Paris：Nabu Press，2010。

吸引了一部分虔诚的工人,很快在巴黎及外省如图尔、里昂、波尔多、马赛等一些城市建立了约 200 个"天主教工人俱乐部"。

布朗热运动中,天主教社会主义者是布朗热将军的支持者;德雷福斯事件中,天主教社会主义者组成了反德雷福斯同盟。1890 年代成立的"人民自由行动"与该派有着很深的渊源。

3. 布朗基派。布朗基派的前身是第二共和国前后的布朗基主义者。这一派别属共产主义思潮下的集聚者,领导人是布朗基。恩格斯称布朗基为"老一辈革命家",马克思则评价他是"法国无产阶级政党的大脑与心脏",所以布朗基主义者信奉的是共产主义理想与信念。尽管 19 世纪的共产主义与社会主义思潮很难完全分开,但还是有些差别。共产主义者主张对生产资料共同所有,共同开发,共同分配,大众消费;自称是大革命遗产的继承者,反对圣西门、傅立叶等通过改良方式建立社会主义,称其为"乌托邦";坚持用革命的武器、暴力的手段来为新的社会分娩。他们投身于日常革命的实践,秘密结社来反对现存制度。

巴黎公社失败后,流放中的布朗基派在伦敦重新聚合,组成了一个秘密会社,由瓦扬、格朗热(Ernest Granger,1844—1914)等人领导。1874 年,会社发表了《致公社社员的宣言》,阐发布朗基派的宗旨:无神论、共产主义和革命的观点。1880 年,法国政府迫于各界的压力,大赦巴黎公社社员。布朗基出狱,大批布朗基主义者也从流放地回到巴黎,成为法国社会主义运动的一支重要力量。不幸的是,布朗基出狱不到两个月就去世了。布朗基逝世后,瓦扬、厄德和格朗热成为布朗基派的主要领导人[①]。

1881 年,成分复杂的布朗基派组成一个团体,并正式定名为"中央革命委员会"(Comité révolutionnaire central)。在思想上,中央革命委员会融合了雅各宾派、巴贝夫、布朗基、巴黎公社的革命学说和斗争传统,

---

① 巴黎公社失败后,工运领袖大多被判刑、流放。瓦扬、厄德等被缺席判处死刑,1880 年大赦后回国,继续从事工运,成为布朗基派的主要代表人物。

坚称自己是无神论的、共产主义的、国际主义的革命组织。他们主张密谋暴动推翻资产阶级统治,消灭资本主义私有制,建立工人阶级专政的政权;反对教权主义,要求取缔教会,禁止宗教;反对专制主义和军国主义。在行动上,该组织仍然坚持布朗基的政治路线,秉承布朗基派的作风,以秘密战斗小组的形式活动。比如在 1887 年反对费里内阁时曾经部署了战斗队——"捍卫共和国联盟",准备武装起义,还举行了声势浩大的示威游行。他们不仅组织了"同盟""人民活动日"等,还积极支持工人的罢工,支持失业者的各项斗争,致力于全国的工人联合会。故此,瓦扬的传记作家称赞瓦扬是"法国总工会的鼻祖"[1]。《自由人报》《人民呼声报》和《不妥协报》是布朗基派思想宣传的主要阵地。

布朗基派的外围还有一些群众性的行动联盟,诸如"取缔常备军、组织民兵联盟""保卫共和国联盟""建立社会共和国革命行动联盟""全民复仇和人民直接选举联盟"等,大多通过一些合法的政治斗争,譬如参加议会选举和市镇选举等来彰显自己的力量,跟布朗基派的不合作与不妥协有些微差别。

此后不久,中央革命委员会内部有了分歧。以瓦扬为代表的少数少壮派开始逐步接受马克思的学说,放弃了密谋活动,在组织上也更为开放。1885 年议会选举中与工人党合作,发起联合竞选。但这种在资产阶级共和体制下的新的议会斗争方式遭到以格朗热为代表的正统布朗基主义多数派的抵制。布朗热运动中,两派分化加剧。瓦扬派持中立立场,口号是"不要费里,也不要布朗热";格朗热派则以反对资产阶级政府为由,支持布朗热,成为布朗热主义者。

两个派别渐渐分道扬镳。与同时期的工人党不同,瓦扬领导的少数派中央革命委员会并不热衷于理论建设,而继承布朗基主义的传统,致力于社会实践,并与工人党中的盖德派等一起组织了巴黎国际代表大

---

[1] 克洛德·维拉尔:《法国社会主义简史》,曹松豪译,北京:中共中央党校出版社,1992 年,第 55 页。

会,对第二国际的产生做出了贡献。瓦扬派在巴黎、塞纳省和法国中央高地的北部边区都有大批坚定的支持者,尤其是瓦扬的故乡谢尔省及周边地区。卢瓦尔河下游地区和一些大城市如里昂、图卢兹等都是瓦扬派的坚强堡垒。从行业来看,瓦扬派在冶金业、建筑业、建材业、制革业的工人和手工业者中很有市场。这可能是因为瓦扬派更善于捕捉工人阶级的情绪,关注劳动者的要求。也正因此,瓦扬派在联合竞选中有不俗的表现:1889年,瓦扬派有2名众议员,1893年增至5名,1998年以后保持在8名众议员的水平。

1898年7月1日,瓦扬将中央革命委员会改名为"革命社会主义党",党总部仍称为"中央革命委员会",建立了秘书处、执委会和党的全国代表大会,并与工人党一起成为法国社会主义运动中的重要力量。1902年9月,革命社会主义党同工人党等革命党派合并为法兰西社会党。

作为多数派的格朗热派另建了"中央革命社会主义委员会",继续布朗基主义的激进政策,如反犹太主义等。1890年代后格朗热派日益孤立而被排斥于社会主义运动之外。

4. 独立社会主义联盟,也称独立社会党人(Les socialistesin dépéndants)。其成员大多是从共和派分裂出来的进步知识分子和之前巴黎公社的活动家。这是一个游离于社会主义运动边缘的改良社会主义派别,缺乏严密的组织纪律,是一个较为松散的联盟。第一代独立社会主义联盟领袖是集体主义者马隆和两名巴黎公社委员朱尔·瓦莱斯(Jules Vallès,1832—1885,《人民呼声报》主编)、普罗斯珀·利沙加勒①。

马隆是染布工人出身,文化程度不高,但自学过希腊文、拉丁文、英文和德文,酷爱哲学与经济学。马隆撰写了《完整的社会主义》一书,阐

---

① 普罗斯珀·利沙加勒(Prosper Lissagarary,1839—1901),新闻记者,《战斗报》主编。他的《一八七一年公社史》(*Histoire de la Commune de 1871*)记载了巴黎公社的斗争经过。

述了他的法国式社会主义理想。马隆创办的《社会主义杂志》，旨在成为向一切派别开放的共同论坛，"向当今一切探索社会主义道路的人们——不管是温和派，还是过激派；是自治主义者，还是专制者；是爱好和平者，还是革命者；是互助主义者，还是共产主义者；是实证主义者，还是集产主义者——全部开放的场所"。

不幸的是，死神很快夺走了其中两位领袖的生命，瓦莱斯死于1885年，马隆则死于1893年。

第二代独立社会主义代表人物有米勒兰、饶勒斯、白里安、维维亚尼等。他们大多是资产阶级的进步知识分子，信仰的是1848年前的小资产阶级社会主义。他们关注工人问题，但态度和倾向均比较温和。归纳而言，他们主要提倡生产资料的国有化，并以普选方式和平获得议会的议席，通过与议会中的激进共和派联合，迫使政府自上而下地进行改革。他们提出的主要改革内容也与激进共和派一致。其中，饶勒斯派稍微激进些，重视工人阶级在斗争的作用，也不否认暴力革命的可能性。但相比暴力斗争，饶勒斯等更主张通过渐进、合法的政治斗争来促进社会经济变革，进而实现社会主义。

1905年之前，独立社会主义的理论导师是饶勒斯。饶勒斯是大学教授，22岁便成为哲学教员。饶勒斯性格豁达，知识渊博，品质高尚，深受圈内尊敬。1885年开始，饶勒斯长期担任众议员（代表塔恩省）；1904—1914年，长达10年的时间里任《人道报》主编；1902—1905年，成为法国历史上第一届社会党政府的内阁总理，在法国政坛上可谓是风云人物①。饶勒斯身上汇集了多重角色：独立社会主义者，关注主流社会问题的议员，关心道德革新和文化传承的知识分子。如此，他的思想观念上也汇集多种思潮：法国空想社会主义，激进自由主义，革命的工团主义，马克思主义等。在饶勒斯的观念中，民主与共和是无价之宝，必须无条件地捍卫共和国；社会主义是共和运动脱胎而来，是法国大革命在新的经济

---

① 1895年1月16日《费加罗报》称赞饶勒斯"使社会主义百花盛开"。

条件下的表现形式和完成;在这种新的条件下,工人阶级是民主的基本动力,所以,为了实现社会主义,社会主义者也可以"同某个不愿意倒退的资产阶级派别"一同前进。

独立社会主义联盟起初在巴黎基础较弱,其影响主要在外省,支持者如加来省和塔恩省的矿工、圣太田的矿工和玻璃工人、里昂的丝织工人等。独立社会主义联盟在议会斗争和报刊宣传上颇为出彩。1885年,独立社会主义联盟的议员组织了议会中的第一个工人党团。米勒兰、饶勒斯等人入阁,致力于合法的议会斗争。他们围绕1894年的反无政府主义法、巴拿马丑闻、工会权利等问题在议会中发难,迫使政府让步甚至逼迫政府下台。独立社会主义联盟中也有许多记者、编辑和演说家,人数不多但影响很大。利沙加勒的《战斗报》、瓦莱斯的《人民呼声报》、马隆的《社会主义杂志》、饶勒斯的《人道报》、米勒兰的《呼声报》《小共和报》等独立社会主义联盟阵营的新闻宣传机器十分发达。它们不仅宣传独立社会主义联盟的主张,还广泛邀请其他流派的活跃分子撰稿,传播所谓的社会主义思想。

1896年,米勒兰在议会斗争胜利的时刻提出了一个完整的议会社会主义纲领,史称《圣芒德纲领》[1]。纲领就社会党的目的、手段做出系统阐述。米勒兰指出,社会主义思想归根到底不就是要坚决保证每一个人的个性在社会内部得到全面发展吗? 这必然有两个条件,其中一个是另一个的要素:一是个人为了生活有保障和个人能发展而占有必要的物品,即财产,一是自由,而自由如果没有财产作为基础和保障,就只是一个空洞的、响亮的字眼;资本主义是一种人们生活没有保障的雇佣劳动制度,这种制度绝不会比称为奴隶制度和封建制度的这些以往的奴役和剥削人类的制度更长久。米勒兰承认,一切生产和交换手段从个体所有制形式过渡到资本主义所有制形式是社会学进化的一条规律,社会主义的全

---

[1] 即1896年5月30日米勒兰在金门宴会上发表的演说。演说阐述了独立社会党的基本主张,当时通称为《圣芒德纲领》,此后一直沿用此名。

部主张就在于将资本主义所有制成熟到可为社会所占有的程度并逐步从资本主义所有转变为国家所有,凡不承认社会所有制必将逐步代替资本主义所有制的人,都不是社会主义者;为了实现当前的改良来帮助改善工人阶级的处境,从而使他们更加有能力自己解放自己,为了在客观情况所决定的条件下开始实现生产手段的社会化,社会党必须且只须通过普选获得国家权力。综上,米勒兰的《圣芒德纲领》包括 3 个要点:国家干预,使各种形式的生产和交换手段按其成熟或可为社会所占有的程度逐步从资本主义所有转变为国家所有;通过普选获得国家权力;劳动者的国际协调。

当然,社会主义者的团结与协调一致是一件困难的事情。布朗热运动使独立社会主义联盟开始分裂,德雷福斯事件中,独立社会主义者之间的裂痕进一步扩大。米勒兰和维维亚尼在事件中保持中立,饶勒斯等为首的多数独立社会党人基本站在了支持德雷福斯的一边。米勒兰入阁事件后,独立社会党人的力量得到了加强,工人党和革命社会党等其他社会主义派别的人员由于支持米勒兰入阁而加入了独立社会主义联盟,一时间,独立社会党人的团体迅速发展,一年内增加到 200 个,独立社会党成为当时法国社会主义派别中影响最大的一支。

5. 法国社会主义工人联合会(Fédération des travailleurs socialistes de France),也称布鲁斯派。这是在法国工人马赛代表大会上跟盖德的工人党同时诞生的一个派别,但这对孪生兄弟很快由于政见不一,变成了对手。1880 年勒阿弗尔代表大会后,布鲁斯派分化出来,并在 1882 年圣太田大会正式分离①。该派的主要领导人是布鲁斯、马隆、若夫兰(Jules Joffrin,1846—1890)。布鲁斯派认为社会主义的理想可以分成阶段性的目标,现阶段的任务是集中力量解决当前"可能实现"的某些要求。这种改良主义的策略被盖德派称为"可能主义",所以,这一派也被

---

① 当时盖德派作为工人党的少数派,转到鲁昂去召开代表大会。关于盖德派,本章第二节会专门讨论。

叫作"可能派"。

作为一个改良主义派别,布鲁斯派与盖德派的主要分歧在于组织方式及实现手段上。布鲁斯派反对盖德派统一领导、权力集中的理念,主张在基层小组自治的基础上建立一种权力分散的组织结构;更重要的是,布鲁斯派反对由马克思起草的工人党纲领,认为这是马克思和盖德在"泰晤士河的浓雾中"制订的工人党纲领,既单一又无视法国的地方特点,很难适应法国工人运动的传统及其要求。

布鲁斯发表于1883年的《集体主义和公用事业》一文中提到的"公用事业"理论可以看成可能派的理论基础。布鲁斯认为,资本主义通过竞争和集中的手段,自然进化到了垄断时期;反过来,垄断也会受到国家的干预,因为垄断使国家的权威受到威胁。为了防止这一垄断,国家会倾向于成为公用服务,而公用事业是社会主义的基础,所以,社会主义者的任务是加速这一自然导致社会主义和集体所有制的演变过程。即通过国家干预的方式将资本主义私人垄断的铁路、矿山、自来水、煤气、电力公司等转换为社会所有的公用事业,由社会管理。为了达成这一目标,社会主义者现阶段的斗争方式是参加竞选,尽可能争取到更多的席位,使议会通过有利于工人阶级的立法;同时通过地方自治和工团组织推进实施改良主义措施。这样,由社会主义通过选举掌权的市镇将大公司的垄断改造成由工人行会进行管理的市镇公用服务事业。如果这一设想获得成功,公用服务事业就会像墨迹一样散开来,从而使社会主义在不经过暴力革命的情况下,逐步地取代资本主义。

于是,在布鲁斯派看来,工人在市镇公用事业中的管理能力就显得十分重要。这就构成了该派的主要特征:关注市政建设,强调普选与和平改良。可能派的主要拥护者是那些深受阶级合作影响的小企业主和小手工业者。巴黎地区的工团主义运动和劳动介绍所的领导人和主要骨干都是可能派的成员。《无产者报》是该派的主要宣传刊物。

不过,布鲁斯派的改良主义倾向遭到了派中激进分子的反对。不久,阿列曼派从中分裂出来。

6. 革命社会主义工人党（Parti ouvrier socialiste révolutionnaire, POSR）。这是一个从可能派分裂出来的较为激进的派别，其成员以制帽、木器等手工业者和建筑、铁路工人为主，在巴黎和法国东部城市中有些影响。领袖是让·阿列曼（Jean Allemane，1843—1935），故也称阿列曼派。该派别的思想渊源也是多元的，主要来自巴黎公社传统、大革命时代的埃贝尔派、蒲鲁尔主义等，并且原封不动地保留了可能派的市政社会主义理念。

由于信仰巴黎公社等传统，阿列曼派崇拜工人运动的自发性，崇拜无产阶级实行革命和社会主义的本能，故而排除知识分子，只吸收工人入党，党的领袖大多是从事体力劳动的前巴黎公社社员。在组织方式上，阿列曼派强调集体领导，反对突出个人，摒弃一切凌驾于党之上的职业革命家，当选议员不能同时被选进党的总书记处等领导机构。各省的联合会则完全自治。党的机关报是《工人党报》。

阿列曼派的政治主张有双重性，即可能派中的改良主义加上革命的外衣。该派一方面坚决反对议会制度，反对合法的政治斗争，主张以工人的总罢工来推翻现存体制，另一方面又要求通过市政选举方式控制地方政权，达成"市政社会主义"。不过，阿列曼派的市政社会主义是在可能派理论家布鲁斯的"公用事业"理论基础上的发展，它不倡导国家所有制，而主张"工人自治"，把资本主义的私人企业交给有组织的工人管理，通过建立市营工商业、公用事业等社会主义试点，培训工人成为未来社会的管理者。国家只是其中一个调节者，且国家的职能须尽量弱化。此外，该派还旗帜鲜明地反对军国主义、民族沙文主义。

阿列曼派所设想的未来平等的共产主义社会的基本单位是"自由的、绝对自治的、为管理具有共同的普遍意义的事务而在地区、全国和全世界范围内彼此联合起来的公社"，因而在政治实践中具有工团主义倾向，有工运中心主义的特征：坚持一切政治行动都应当服从工人的经济解放这一主要目标。他们大力发展工团组织与合作社，赋予工会以头等重要的作用，认为工会是无产阶级进行防御和进攻的最好武器。在斗争形式上特别推崇总罢工,认为总罢工是争取经济改革、实现社会改造和无产阶级解放的有效手段。阿列曼派的许多党员在工团和劳动介绍所里担任了重要职务。1896 年,一部分党员分裂出来建立了"共产主义联盟",并与瓦扬派结盟。此后,阿列曼派又经历了阿登、汝拉和杜布等省党组织的分裂,人数越来越少,影响力越来越弱,最终化为了革命的工团主义派别,消失在社会主义视野里。1905 年,阿列曼派中一部分和法兰西社会党、法国社会党等组织合并为法国社会党。

7. 法国社会党。这是独立社会主义联盟(独立社会党人)、社会主义工人联合会(布鲁斯派)和 30 个自治联合会于 1902 年 3 月在图尔代表大会上成立的社会主义组织。其主要领导者是饶勒斯,其中起主要作用的是独立社会党人,所遵循的也主要是独立社会党人的议会改良主义理论与行动策略。

上述关于社会主义思潮与派别的分析,折射出法国社会主义运动的特色,即派别林立,观点各异,力量分散。形成这一特征的原因是多方面的。首先是与法国各阶级,尤其是工人阶级的分散性且力量薄弱有关。相比于同一时期的英国与德国,法国的工人作为一个阶级形成较迟,运动也比较分散。从严格意义上说,法国工人仍然没有统一的力量,尽管有了所谓的工人党,但很快就分裂为多个派别。其次,与法国历史传统有关。工人运动的革命传统、雅各宾的激进主义、空想社会主义、蒲鲁东的无政府主义等传统,都有各自的传人,进而分散了法国社会主义运动的力量。再次,社会主义运动受到当时政治环境的影响,尤其是 1884 年后,共和国的议会民主制所提供的政治自由与合法结社,使社会主义者与工人组织可以按各自的利益结成同盟,难以集中统一。最后,工业化过程中经济发展的不平衡特征使法国社会主义思潮呈现多样性。大企业与中小工厂并存,且中小工业占优势的结构,导致工人的身份意识和思想形态的多样性和混杂性;工人的收入水平与社会地位的不同,也使他们的心理状态和行为取向呈现出复杂性。如此,法国社会主义思潮的分散性与分裂性的原因也好理解了。

　　法国社会主义发展的曲折性,很大程度上也与其领袖的思想和立场的演变和不确定性有关。法国的许多社会主义者是从共和派转变而来。比如饶勒斯,出身于资产阶级家庭,毕业于巴黎高师,受的是大革命以来法国民主主义和共和主义的思想熏陶,在 1892 年前是资产阶级共和派的众议员(1885 年当选)。1893 年以后,饶勒斯才在工人运动的影响下从共和派转变为社会主义者。1893 年,饶勒斯以社会主义者的身份当选众议员,成了议会中社会主义联合党团的一员。他阅读过《资本论》,也接受了马克思的一些思想观点,但始终坚持以和平、渐进、改良的方式赢得社会主义。既要捍卫共和国,又要社会主义,是当时像饶勒斯、米勒兰、白里安等社会党成员的思想写照。每当共和国发生困难时,这些社会主义者大都选择优先保卫共和制,比如饶勒斯就明确不同意《共产党宣言》中关于工人没有祖国的论断,认为"祖国是社会主义所必需的。没有祖国,社会主义就不存在,社会主义就不能有所作为⋯⋯社会主义者为什么要同祖国分离呢? 只有枯叶才会同树干分离开"①。所以,在像布朗热运动、德雷福斯事件等关涉共和国生死存亡的关键时刻,社会主义者都与共和派坚定地站在一起,而不是选择趁势推翻这个资产阶级的共和国。

　　大多数社会主义派别,比如独立社会主义者等都认为和平改良不失为一条通向社会主义的渐进之路。尤其是从 1890 年代开始,随着社会主义力量在议会中迅速增长,包括盖德派在内的工人党对议会斗争也持积极肯定的态度。各社会主义派别在议会中组成党团,在议会的讲台上宣传自己的主张,捍卫自身的利益。1893 年众议院选举中,各社会主义组织有 50 人当选,社会主义议会党团成了左翼的重要力量。这也标志着法国的社会主义运动从少数人的活动开始变成法国政坛的活跃力量。各社会主义派别作为国家和个人之间的"中间体",对于法兰西的政治民主化起着重要的作用。

———————————

① 李兴耕编:《饶勒斯文选》,北京:人民出版社,2009 年,第 130 页。

二、社会主义派别的议会道路

　　法国社会主义派别在夺取政权、实现社会主义蓝图的方式上主要有两种:纯粹的革命派或无政府主义者反对或抵制议会选举,设想通过武装革命或密谋暴动来实现理想;但大多数派别,包括后期工人党在内,都是希望通过选举,即合法的议会道路来建设社会主义社会。当然,对于介入资产阶级议会或政府的程度有所不同,尽管盖德派认为革命推翻资本主义是最好的结果,但工人党的最低纲领并不排除通过普选来实现自己的经济社会目标。

　　1885 年 10 月 4—18 日的议会选举,开启了共和国的社会主义各派所谓的议会道路。此次选举,右翼分子志在必得,他们联名提出的候选人就有 200 多名。而此时的社会主义各派既无经费,又缺乏人才。面对共和国的危机,社会主义各派的策略是抵制右翼,投以克雷孟梭为首的激进共和派的票。因为克雷孟梭等激进共和派的主张是政教分离、实行累进所得税、修改宪法、取消参议院等,相比温和共和派的机会主义纲领,激进派的主张更合社会主义候选人的口味。对于这次议会选举中的策略,盖德于大选后的 11 月 3 日在《人民呼声报》中做了实事求是的评论,"上个月的两次选举表明,我们还没有做好准备。假如资产阶级共和国明天就让位,革命从中得不到任何好处,它将仅仅对极端的反动派有利"。也正因为工人党等社会主义派别的选举策略与支持,激进派在选举中得票率剧增,获 180 席,而原占绝对优势的温和派获 200 席左右。激进派与温和派第一次在议会选举中旗鼓相当。在选举中,一些社会主义者也提出了自己的候选人,比如在塞纳省有 3 个社会主义派别的候选人名单:可能派的名单里有阿列曼、若夫兰、布龙多等 11 人;革命社会主义者联盟的名单里有瓦扬、盖德、拉法格、马隆、厄德、利沙加勒等;还有一个是社会主义联合候选人的名单,包括了上述两个名单中的一些人和激进社会党人。

　　不久,在昂德蒂·布瓦埃(Antide Boyer,1850—1918,社会主义者,罗讷河口省议员）的提议下，新议会里的社会主义议员联合起来组成了第一个议会社会主义党团，称为"工人党团"。党团有个声明，"凡签名接受本纲领的议员即成为社会主义党团成员，凡撰文或投票反对本党团基本原则者即失去成员资格"，体现了全体一致的倾向。工人党团的基本原则与纲领包括：保障个人自由，实行市镇自治；实行普选，保障人民主权，选举方式少数服从多数；要求思想、言论、写作、集会、签订契约、劳动等方面的自由；政教分离；实行免费的科学、职业等各级教育与培训；逐步实现国有化，使一切劳动者均能获益；改革社会制度，对个人财产和遗产征收累进税等；由社会举办公共福利机构、幼儿园、学校、退休基金、意外事故基金等。

1888—1889 年的议会选举，正值勋章丑闻后及布朗热运动甚嚣尘上之际。布朗热将军试图通过普选夺取权力，在各地宣传鼓动，掀起了一股布朗热狂潮。当时，整个法国似乎分裂成了布朗热派和反布朗热派两大营垒。一些社会主义者，如格朗热、布勒耶等站在了布朗热一边，声称要以布朗热为榜样，像他那样去引导群众，让布朗热运动朝着有利于社会主义和革命的方向发展，故而在 1888 年 4 月诺尔省的第一轮议会选举中支持布朗热。而盖德派则面对布朗热和其对手共和派富卡尔，喊出了"不要布朗热，也不要富卡尔"的口号，因为"在霍乱与鼠疫之间无可选择，我们两者都不要"。在诺尔省的复选中，工人党提出了自己的候选人德尔古和德尔克律兹，两人分别得了 5 837 票和 6 347 票，当时德尔克律兹还被关在贝顿的监狱里。这次议会选举中，可能派的策略比较理性，认为当务之急是保卫受到布朗热主义威胁的共和制度。阿列曼的《工人党报》告诫工人们警惕布朗热主义，号召"把所有共和主义和社会主义的力量组织起来，反对军人专政"。这一策略与布朗基派和盖德派发生了分歧。

在议会选举之际，可能派、布朗基派和盖德派都动用了报纸等宣传机器，鼓动工人，有时甚至彼此针锋相对。法国工人党和中央革命委员会共同拟就了竞选纲领，张贴在法国的 100 多个城市；在罗讷河口省，马赛市第二选区社会主义者推举盖德为候选人,得到盖德认可。盖德在工人党的喉舌——《人民呼声报》提到,要"确立劳动共和国,并把那些把持着政府的家伙连同他们那些并不示弱的对手一并装入麻袋,沉到塞纳河底"①。其他一些工人党的积极分子,比如拉法格在圣阿芒,瓦扬在巴黎第二十区的第二选区,也先后被推举为候选人。

可能派也有一些被提名为候选人,比如阿列曼是巴黎第十一区的候选人,若夫兰是巴黎第十八区的候选人。可能派候选人表示他们是拥护社会主义纲领的,但实际上把更多精力和竞选宣传都用来反对布朗热主义。1889 年 1 月 27 日,举行塞纳省议会选举时,可能派与共和派一致提名激进派人士雅克为候选人。中央革命委员会和工人党则推了自己的候选人——石匠布累。可能派的《工人党报》要求选民们投雅克的票,"你们投雅克的票,就表明你们有诚意维护共和国这个现实社会进步必不可少的工具"。选举结果,布朗热以 247 070 票的高票当选,雅克得票142 520 张,布累得票 16 766 张。

1891 年 11 月 8 日,工人党领袖、马克思女婿拉法格在诺尔省议会选举中,以 6 470 票在科尔市第一选区当选众议员,第二天,当局被迫释放了拉法格②。一个月后,12 月 8 日,拉法格向众议院提出了大赦罢工工人的建议,但遭到议会拒绝。

1892 年,法国市政选举开始,社会主义各派都积极地行动起来了。5月 1 日,全国五一国际劳动节游行与市政选举在同一日举行。工人们在选举中表达了对社会主义工会组织的支持,全国有近 50 个市政府被社会党人掌握,比如,弗莱西埃当选马赛市长,昂利·卡雷特当选鲁贝市长,让·多尔莫瓦当选蒙吕松市长,费雷罗当选土伦市长。社会主义者受到市政议会选举胜利的鼓舞,对于议会投入了更多的精力与热情。1893 年 8—9 月的全国选举中,有近 50 名社会主义者选为众议员,其中

---

① 1889 年 1 月 15 日《人民呼声报》。
② 法国政府以"煽动内战"的"罪名"分别于 1883 年和 1891 年两次将拉法格投入监狱。

工人党议员有盖德、古久里、安·茹尔德、索瓦内、勒·沙文、昂·布瓦埃等;布朗基派(中央革命委员会)议员有瓦扬、博丹、肖维埃尔、瓦尔特、马赛·桑巴等;其余的是可能派、阿列曼派及独立社会主义者等代表,比如饶勒斯、拉维、格鲁西埃、米勒兰、维维亚尼等。1892 年 5 月 16 日,保皇派的《太阳报》也承认,"新的市镇选举的特征表明工人党已经正式登上政治舞台"。

为了有效集结力量,布朗基派提议各派社会主义者议员团结起来,组成议会党团。经多方协商,1893 年 11 月 8 日,各派议员正式建立了社会主义议会党团——社会主义联盟,并再次投身 1893 年议会选举。

社会主义者组成议会党团后,捐弃前嫌,一起为社会主义而宣传、呐喊。其中,饶勒斯、米勒兰、盖德、瓦扬等社会主义领导人不仅有理论素养,而且都是口若悬河的辩论家,他们在议会中的作用不可低估。1893 年 11 月,杜毕伊内阁上台,21 日,杜毕伊在议会中宣读了他的反社会主义政策的内阁声明,饶勒斯和米勒兰随即进行了反驳与质询。他们提出,政府的一切言行都意味着对社会主义的宣战;反对社会主义,就不可能不背弃共和主义原则,"你们将受到谴责! 你们背弃共和主义,我们社会主义者来实现它"。社会主义党团也提出了对政府的不信任案。4 天后,杜毕伊政府下台。议会斗争的胜利使包括盖德在内的社会主义者相信和平走向社会主义是可能的。盖德在演说中明确宣称工人党是维护秩序与社会和平的党,主张放弃暴力革命,以合法选举的方式实现自己的纲领与目标。以暴力著称的布朗基派也表示要放弃暴力革命的学说,与现存体制妥协,进而以合法手段实现自己的目标。

1894 年第二届杜毕伊内阁时期,针对总理杜毕伊和司法部长盖兰(Eugène Guérin,1849—1929)提出的许多限制人民民主权利的法案,社会主义党团不懈地反对,为工人争取权益。1894 年瓦扬等提议设立劳动、卫生和公共救济部,下设劳动局、卫生与公共医疗局、公共救济局和统计局。1896 年,瓦扬又提出了 8 小时工作制议案,维维亚尼提出了法兰西银行国有化的议案,尽管没有及时获得通过,但对后续的相关议案具有引导意义。比如,经过长期酝酿,1906 年 10 月 25 日,内阁颁布法案,同意设立劳动和社会救济部,原有的劳动局、社会保险和救济局将保留现有的全部职权,另外还增加了"监督有关劳动日的法令和矿工代表法令的实施,监督有关医疗救济和矿工退休法令的实施"。这可以说是社会主义党团参与共和国制度建设、保障劳工权益的典范。

非暴力、议会斗争的策略,使社会主义各派在 1896 年 5 月的市镇议会选举中取得了极大的成功,不仅继续保持了原先近 50 个市镇的市长席位,还在 150 个市镇参议会中取得了多数席位。这显示了社会主义在民众心中的影响力,也是社会主义派别团结一致的结果。

为了庆祝这一社会主义者的空前胜利,各派决定在巴黎圣芒德举行盛大宴会。1896 年 5 月 30 日,由巴黎第十二区的社会主义共和委员会发起、米勒兰具体召集的"圣芒德宴会"如期举行。参加宴会的有社会主义议会党团的各派议员、著名活动家共 1 000 多人。宴会上,米勒兰发表了长篇演说。他说,要说明社会主义纲领,举出以下 3 个必不可少的要点就够了:国家进行干预,使各种形式的生产和交换手段按其成熟到可为社会所占有的程度逐步从资本主义所有转变为国家所有;通过普选获得国家权力;劳动者的国际协调。为此,他号召社会党人团结一致,停止派系的斗争,步调一致地反对共同的敌人。这一演说得到了各派社会主义者的一致赞同,称为社会主义者的《圣芒德纲领》。纲领成了各派联合的理论基础和社会主义议会党团的行动纲领,也是"改良的社会主义"的标志。

米勒兰入阁,被认为是法国社会主义的一种胜利,也是社会主义议会道路的"高峰"。1899 年 6 月 22 日,米勒兰以拯救共和国、保护社会主义者的利益为由,接受了瓦尔德克-卢梭的邀请,加入了瓦尔德克-卢梭内阁,任工商部长。由于事先未征求议会党团和协调委员会的同意,米勒兰的入阁在社会主义派别内部引起了争议。一些人支持入阁,如饶勒斯、布鲁斯等认为入阁是政治上剥夺资产阶级的开始,是正确的,也是必要的;而盖德、拉法格等领导的工人党和瓦扬领导的布朗基派则认为入

阁是一种危害社会主义事业的背叛行为,作为一个阶级政党,社会党不
应该和资产阶级分享政权,因为资产阶级的国家只不过是维护其统治和
进行社会压迫的工具。社会党应该做的是从资产阶级手中夺取政权,并
把它变成谋求无产阶级解放和进行社会革命的工具。

为了将米勒兰入阁事件带来的思想混乱的影响降到最低点,饶勒斯
提议召集全国社会主义者代表大会。饶勒斯的倡议立即得到各社会主
义派别的支持。是年12月,法国各社会主义党派代表大会在巴黎召开,
800多名代表①了出席大会,其中工人党代表近500人。这是一次社会
主义派别的大集会。人们争辩着,口号声与叫喊声混杂在一起,入阁派
和反入阁派各执一词,会场十分喧闹。经过4天的激烈辩论后,大会通
过了两个文件:一是盖德的决议案(818票对634票②),主旨是阶级斗争
不允许社会党人参加资产阶级政府;另一个决议的主旨则是在特殊情况
下,社会党人可以入阁,但要得到党的同意与审查(1 140票对240票)。
两个决议相互抵牾,实际上是彼此妥协的结果。尽管会议之后,紧张气
氛得到缓解,但社会党能否入阁资产阶级政府这一原则问题仍然没有
解决。

米勒兰入阁所带来的分歧与争论,不仅影响了法国的社会主义运
动,而且影响到了国际共产主义运动。1900年9月召开的第二国际第五
次代表大会上,与会者再次对米勒兰入阁问题展开了激烈的论争。盖德
与饶勒斯之间唇枪舌剑,各抒己见。饶勒斯认为入阁只是个策略问题,
并不影响社会主义主旨,不必大惊小怪。而盖德坚持认为入阁是一个原
则问题,社会党对资产阶级政府应坚决持反对立场。大会仍然没有对米
勒兰的入阁问题得出明确的结论,只是以24票对4票的优势,通过了考
茨基提出的决议案:

---

① 800多名出席会议成员代表了全国1 400多个社会主义团体,所以拥有的代表证是1 400
多张。
② 这里的票数是按代表证数计票,而不是以出席会议的成员计票。

个别社会主义者参加资产阶级政府,不能认为是无产阶级夺取政权的正常开端,而只能认为是迫不得已采取的暂时性的特殊手段。在特定的情况下,如果政治形势需要作这样冒险的尝试,那么它只是一个策略问题,而不是原则问题;国际代表大会不应对此表明态度。①

这个决议案与全法社会主义代表大会模棱两可的态度如出一辙,被称为"橡皮决议案",不仅没有解决社会主义各派的分歧,反而加剧了盖德派等与入阁派之间的对立。9月底在巴黎召开的社会主义各派第二次代表大会上,盖德派与可能派之间由论争发展到斗殴,最终,盖德派全体退出了代表大会。半年后,布朗基派也退出了第三次代表大会。这样,代表大会上实际的赢家就是入阁派了。

1905年后,社会主义各派联合成立统一社会党(工人国际法国支部),逐渐成了法国议会政治中的大党。法国的社会主义派别在走向议会道路的过程中,应该说是有成就的。许多社会主义者成了议员,一些人还进了政府、入了阁,他们推动共和派政府颁布施行了一些有利于工人阶级的措施,对社会的改革与进步是有促进作用的。1920年,工人国际法国支部图尔代表大会上,加香(Marcel Cachin,1869—1958)等为首的多数派从会议中分裂出来,成立了共产国际法国支部。次年,共产国际法国支部改名为法国共产党。

从1871年巴黎公社到1905年统一社会党的组建,30多年来,法国的社会主义运动经历了从探索到艰难发展的曲折过程,其间社会主义各派别有过内部的冲突、相互的倾轧、痛苦的分裂,但到20世纪初,社会主义已经从饶勒斯所说的那种比人民先知先觉、在某种程度上甚至是走在时代前面的少数人,变成了一支拥有120万选民的大军,各派的议员加在一起共有80人左右,许多大城市的市政府也被社会主义者掌控,法国

---

① Paul Louis, *Histoire du socialisme en France*, *de la Révolution à nos jours*, *1789 - 1936*, Paris:Marcel Riviere et Cie,1950,p. 282.

的社会主义事业取得了阶段性的胜利。

第二节 工人运动与工团主义

社会主义与工人运动是一对孪生姊妹。尽管程度不同,但法国社会主义派别都是工人运动的产物,并在工运中成长壮大起来。在工会运动中,起重要作用的首推盖德领导的工人党。它从创立之初起就一直从事与工人自身利益息息相关的解放运动,并努力把工人的罢工运动与社会主义事业相结合,宣示了法国工人阶级的力量,在解放自身的同时,也推进着共和民主事业。

一、工人党与工人运动

巴黎公社失败,3.5 万多名公社社员被害,工人领袖大多被判刑、流放,社会主义与工人运动受到重创。但富于自我意识和独立精神的法国工人很快地又组织起来,为争取权益而斗争。比如,1872 年,巴黎几个行业(诸如印刷装订业、首饰业等)的工人组建的行会重新活跃。5 月,11个行会联合组织了"工会联合会俱乐部",其宗旨是希望通过劳资协调与团结一致,达成不同利益的共同协定,即以合作与和平的方式达到一些职业性目标,比如改善劳动条件、增加工资等,颇有些工联主义的色彩。法国的一些天主教组织也大力宣传劳资合作,让工人放弃斗争,从社会改良中获得希望,许多城市建立了"天主教工人俱乐部",向工人宣传宗教、道德与爱国主义。1876 年 10 月,巴黎召开了公社失败后的第一次工人代表大会,会上仍然把合作主义作为主要的宗旨。当时,参加会议的代表共 348 人,其中巴黎的代表占了大多数,来自各省大城市的代表仅为 95 人。参加者的成分也很复杂,有激进共和派、工联主义者、合作主义者等,其中合作主义者占多数。大会通过了赞成合作社等决议。这是巴黎公社失败 5 年来的第一个全国性会议,标志着工人运动的复兴。但由于会议被合作主义派掌握,决议倡议建立工人合作社、农业合作社等来仲裁和解决劳资问题,劳资联合改革社会,离真正的工人运动还有一段距离。

工人运动从合作主义转向社会主义是由于盖德等人的努力。1876年9月,盖德回国,使法国的工人运动呈现出了一种新的气息。

盖德(即朱尔·巴齐尔[①])1845年11月出生于巴黎。第二帝国时期,盖德作为一名新闻记者,反对帝国的专制政策,开始了他的政治生涯。1870年6月,《人权报》第一期在蒙彼利埃问世,其中的社论就出自盖德之手。1871年巴黎公社期间,作为共和民主主义者,盖德坚决拥护公社,并在《人权报》上撰写了抨击梯也尔政府的檄文。巴黎公社失败后,盖德被判5年监禁。未待案件审判盖德就流亡瑞士,并成为一个巴枯宁主义者。1876年,盖德回到法国,参加了巴黎苏弗勒咖啡馆的青年小组活动,在活动中,盖德接触到了一些新思想,尤其是从德国流亡者卡尔·黑尔希那里了解到了马克思主义思想,并与德国著名社会活动家倍倍尔、李卜克内西建立了联系。从此,盖德决心以德国社会民主党为榜样,将马克思主义的思潮与工人的自发斗争相结合,建立一个工人自己的独立政党。盖德从共和主义到无政府主义再到马克思的社会主义的转变,在一定程度上反映了法国工人运动的发展进程。

要筹组一个政党,宣传工作十分重要。1877年11月,盖德着手创办《平等报》。这是一份周刊,达里埃任社长,盖德任主编。11月18日,《平等报》出版了创刊号,报头的铭言是"自由、团结、正义",副标题是"社会主义共和派"。创刊社论由盖德主笔,社论提到实现生产资料的集体所有制是历史的必然。盖德强调,创刊者们既是共和主义者,也是集体主义和社会主义者。《平等报》开辟了"社会秩序"的每周专栏,向读者揭示国内外发生的大事,阐述工人阶级的学说,在宣传社会主义思想方面起了重要的作用。当时经常给报纸撰稿的有加布里埃尔·杰维尔、埃米

[①] 朱尔·巴齐尔(Jules Bazile)是盖德父母取的名字。巴齐尔成年后,给报社等写文章,署名:朱尔·盖德。此后,他便以这个朱尔·盖德的名字载入史册。

尔·马萨尔等。国外通讯员有德国的倍倍尔和李卜克内西、比利时的德巴普、西班牙的米歇尔·迪戎等。

盖德除了主笔《平等报》，还写了许多小册子，如《社会主义教理回答》《集体主义和革命》《公用事业与社会主义》等，系统阐述集体主义和社会主义理论。在著书立说的同时，盖德还凭借雄辩的口才，以饱满的激情在各地演讲，深入浅出的报告赢得了许多听众。在盖德的影响下，巴黎、波尔多、马赛、尼姆等城市先后成立了社会主义小组。1878 年 1 月 6 日的市政选举，在圣马格里里特区，第一次以"工人党"名义提出了一个候选人——细木工艾米尔·肖斯。肖斯的竞选纲领中就有"废除一切特权和垄断；农业和工业资本以及全部生产工具都交给使用者支配，每个生产者的全部劳动产品归自己所有"等无产阶级的社会主义要求。

1878 年 1 月 28 日，法国工人第二次代表大会在里昂召开，共有 24 个城市的 180 名代表参加了大会。尽管会上的合作主义气氛依然浓厚，但也有了集体主义和社会主义的声音，一些代表提议研究实现土地和生产资料的集体所有制的具体方案。提案虽然没有获得通过，但至少表明工人运动的思想基础开始有了转变。会后，盖德等还不顾政府的禁令，组织了国际社会主义者代表大会。事后，盖德被判刑①。监狱里的盖德为孕育中的工人党起草了《法国革命的社会主义纲领和请愿书》，这可以看作第一个马克思主义的社会主义纲领。

1879 年 10 月，第三次全国工人代表大会在马赛召开。这次大会有来自 45 个城市的 136 名代表参加（盖德因病未能出席大会），说明工人代表大会的影响力在持续增加。与前两次不同的是，这次会议上集体主义者成了多数派。根据组委会的提议，大会改名为"法国社会主义工人代表大会"，并给流亡伦敦的巴黎公社战士发出了致敬信。会上，组委会书记、首饰工人出身的让·隆巴尔（Jean Lombard，1854—1891）做报告，指出改良主义行不通，集体主义才是出路，并主张在思想、经济、政治等

---

① 盖德被判监禁 6 个月，罚款 200 法郎。

各个领域进行一场新的阶级战争,采取一切可能的办法争取实现全部劳动工具和生产资料的集体占有。大会同时宣布,雇佣工人有必要组成类似德国的那种阶级政党——工人党。经过激烈的辩论,大会以 73 票对 27 票多数,通过了一些较为激进的决议,包括生产资料公有化决议、工人夺取政权的决议、工人成立政党的决议等。另外,工人候选人参加议会选举的决议也得到了通过。大会在"革命万岁"的欢呼声中闭幕。

　　从大会决议的措辞中,已经可以隐约感到马克思的社会主义对工人组织的影响——"私有制是物质与精神不平等的根源,它既不能满足人们的愿望,也不能发挥人们的才能;为了人类的集体利益,大会主张对土地、矿藏、机器、交通、建筑物以及积累起来的资本通通实行集体所有"①。代表大会提议建立"法国社会主义工人联合会"。联合会把法国分为 6 个自治地区:中部地区以巴黎为中心,北部地区以里尔为中心,东部地区以里昂为中心,西部地区以波尔多为中心,南部地区以马赛为中心,还有一个是以北非阿尔及尔为中心。联合会设立地区代表大会委员会和全国委员会。

　　为了迎接即将到来的1881年议会选举,更好地开展选举活动,赢得选举,有必要增强工人组织的理论储备。1880 年 5 月,盖德由拉法格②引荐,到伦敦拜会了马克思。在恩格斯的家里,马克思、恩格斯、盖德和拉法格四人讨论并共同拟就了《社会主义劳动者的选举纲领》(纲领日后成了工人党的宪章)。马克思草拟了纲领的导言部分(理论部分),确定了共产主义的奋斗目标。纲领的实践部分主要是近期在政治、经济上要达到的一些目标,比如出版、集会和结社自由,男女同工同酬,每天工作 8 小时、每周休息 1 天,规定工人的最低工资,残疾与老工人社会保护,等等。6 月,纲领在《平等报》上公布,接着又在《无产者报》《社会主义评论》

---

① Paul Louis, *Histoire du socialisme en France*, *de la Révolution à nos jours*, *1789 - 1936*, p. 254.

② 巴黎公社后,拉法格被迫流亡西班牙。1872 年海牙国际大会后,拉法格夫妇侨居伦敦。1882 年返回法国。

上发表,引发了工人组织的大讨论。由于西部和北部工人联盟是合作主义者的天下,南部和东部工人联盟则是无政府主义者的地盘,纲领遭到了拒绝。唯有 7 月 18—23 日在巴黎召开的中部工人联合会上,以绝对多数通过了这一纲领。

　　为了统一思想,1880 年 11 月,工人党第四次代表大会在勒阿弗尔召开,《社会主义劳动者的选举纲领》再次提交大会讨论。会上,集体主义者与合作主义者的冲突并没有消弭,反而进一步扩大,导致双方分开开会。集体主义者在诗人联盟大厅举行会议,经过激烈辩论,结果以 10 票反对、6 票弃权、43 票赞成的多数,通过了工人党纲领,又称《勒阿弗尔纲领》。这样,法国历史上第一个无产阶级政党建立了,从此,工人运动有了自己可以依靠的组织。

　　1881 年的议会选举,法国工人党第一次以组织的名义参加竞选。盖德领导的工人党的竞选策略是否认资本主义制度下的改良主义,宣传生产资料公有的集体主义原则。这与广大工人希望改善生存条件、提高工资与福利的现实要求并不契合。相对于激进共和派对工人的争取①,工人党竞选中对"革命"词汇的滥用,反而使其失去了工人的支持。竞选过程中,工人党内部也出现了一些不和谐的声音,比如阿列曼、若夫兰等。他们提出了自己的竞选纲领,即通过竞选取得更多的席位,进而夺取市政领导权,和平实现社会主义;他们的口号是"为了 1881 年,而不是 2000 年"。这种追求能够实现的东西而不是遥不可及原则的竞选策略很有鼓动性。另外,阿列曼还有针对性地强调党内民主自治,反对统一领导、统一组织等。工人党的这种内部撕裂,一些不切实际的口号,加之工人组织自身的不够强大,这些都可以解释工人党在 1881 年选举中失败的原因。

　　选举的失败反过来又加剧了工人党及工人运动的分解。1881 年 5 月,在中部地区代表大会(巴黎)上,无政府主义者从大会中分离出去,一个月

---

① 激进共和派的竞选纲领可参考甘必大的《贝尔维尔纲领》,1881 年选举,激进共和派获胜,由甘必大组阁,可惜甘必大政府只存在 73 天。

后,布朗基派也搞起了分裂,成立了许多自治小组。6月26日,无政府主义机关报《不要上帝也不要主人》上刊登了一份声明,无政府主义者公开宣告成立"中央革命委员会"。

在合作主义者、无政府主义者和布朗基派等先后离开工人党之后,工人党内部由盖德领导的派别与布鲁斯为首的派别之间的脆弱联盟也开始破裂。与其他派别不同,布鲁斯派并不想离开工人党,相反,他们要的是工人党的领导权。他们抨击盖德和拉法格是马克思的传声筒,指责工人党的《勒阿弗尔纲领》脱离实际,就像是寓言中的蠢驴。他们想用市政社会主义来取代马克思的社会主义,认为取得了市政管理权,公用事业就会像墨迹一样扩散开来,最终使社会主义和平地取代资本主义。布鲁斯将这种改良主义策略说成是一种"可能的政策"。他说:"旧的政策是把人们禁锢在一些无能为力的理论流派中,它是空洞的理论,是梦想,是愿望,是无所事事。新的政策,是伟大的工人政党坚持纲领的共产主义完整性,在党的旗帜上写上所有科学可以预见到的理想;但这个党是站在可能的阵地上进行日常斗争,它的理论是这样通过一点一滴来实现的。"[1]故而,这一派别也称为"可能派"。

可能派与盖德派之争,实际上是工人运动中的改良派与革命派之争。鉴于工人中要求改善生活福利的现实主义思想占上风,在两派的对抗中盖德等革命派是处于劣势的。1881年10月,布鲁斯、马隆等人提议每个联合会派5名代表组成全国委员会,而结果是30个成员中只有5人是盖德派的。在接下来的兰斯代表大会上,可能派争得了工人党的全国领导权。5名盖德派人士则退出了全国委员会。

1882年9月25日,可能派为主的工人党在圣太田召开了第六次全国代表大会,会后改名为"法国社会主义工人联合会"。而盖德派也于第二天(9月26日)在鲁昂召开自己的全国代表大会,并宣布将布鲁斯、马隆等开除出工人党,再次确认党的名称为"法国工人党",强调党的目标

---

[1] 克洛德·维拉尔:《盖德派》,沈炼之译,杭州:杭州大学出版社,1992年,第11页。

是"对资产阶级进行革命剥夺和实行生产资料社会化"。此时,马克思主义的法国工人党的人数仅有百人左右,盖德派似乎是陷入了困境。

相较社会改良主义和无政府主义,马克思主义在法国是一种新的学说,它必须要为赢得自己的支持者而努力。庆幸的是,工人党的 3 个主要人物盖德、拉法格和杰维尔(Gabriel Deville,1854—1940)是坚定的马克思主义信仰者,有才华且充满热情。他们撰写文章,到各地演说,宣传工人党的纲领与主张。尤其是盖德以饱满的热情到各地宣讲,据说"在1882—1889 年之间,盖德主持了 1200 多次演讲会"[1],雄辩的演说吸引了许多工人听众,也由此培养了一大批支持者,比如鲁贝的卡勒特、里尔的德洛里、兰斯的佩特龙、蒙吕松的多尔莫瓦、罗昂的富扬、里昂的法尔雅和波尔多的拉维尼等人,日后都是工人党在各地的主要领导人。

为了宣传工人党的主张,盖德等人还筹资创办了一份新周刊《社会主义者报》,不过因为资金紧张,报纸常常停刊。而当时广大工人一则识字的不多,二则对一些理论问题也不感兴趣,所以工人党纸媒上的宣传没有街头的宣传来得有效。

1884 年温和派政府通过了自由结社法后,工人协会大幅增加:1880年代初,法国大约有 500 个工人小团体,巴黎占了约 150 个。1884 年后,这些孤立的小团体加入了工会,但当时仅有 68 个工会。到 1890 年,全国工会总数增加到 1 006 个,1900 年达到 3 287 个,1900 年激增到 5 354个。[2] 一些大的行业工会也组建起来,如印刷工人联合会、家具制造工人联合会、矿业和冶金工人联合会、皮革工人工会联合会、玻璃工人工会联合会、铁路员工工会联合会等 20 多个行业工会。这些工会组织均致力于保护工人利益,要求工人工资、福利等应与劳动价值相当,强调工人要运用自身的力量去赢得解放。

在工人联合会发展的同时,另一种类型的工人组织——劳动合作所也

---

① 克洛德·维拉尔:《盖德派》,第 22 页。
② 罗桑瓦龙:《法兰西政治模式》,第 232 页。

开始扩展。劳动合作社以地域为基础,相当于劳动就业的办事机构。1885年在马赛成立了第一个劳动合作所后,1887年在巴黎、尼姆、圣太田、利日摩等地都先后建立了劳动介绍所。1890年代,全法国大约有39所此类性质的劳动介绍所。1892年,年轻的工人活动家佩洛蒂埃(Fernand Pelloutier,1867—1901)创办了全国性的劳动介绍所联合会,自任书记。到此,劳动介绍所成为法国工会组织的一支重要力量,也标志着工团主义运动在法国的真正开始。

工人行业联合的发展,给工人党的发展提供了机会。如何有效地担负起领导全国工人运动的重担,也在考验着工人党的组织和领导能力。为了团结全国的工会力量,盖德提议由里昂地方工会发起召开全国性的工会代表大会。1886年10月,全国代表大会如期在里昂召开。会上,代表们一致同意成立全国工会联合会,规定工会必须与一切社会主义组织合作行动,以打倒共同的敌人——资本主义。

工人联合会的壮大也促进了工人运动的发展。1886年1月底,法国南部阿韦龙省德卡兹维尔市附近的煤矿工人因不满公司老板克扣工人工资,引发约3 000名工人的大罢工。罢工第一天就发生了流血事件,在一场斗殴中,煤矿副经理瓦特兰被打死。政府派军警干预,事态扩大,引起了全国的关注。工人党坚决地站在了罢工工人的一边,在工人宣布罢工的第二天,矿工议员巴利(Emile Basly,1854—1928)就赴矿区进行现场调查。2月4日,巴利在议会对政府进行质询,列举了瓦特兰和煤矿公司非法克扣工资的情况,竭力为打死瓦特兰的工人辩护,"当造反的人民愤怒地起来处死那个多年来折磨他们、迫使他们挨饿的人时,难道没有权利说,'让人民起来伸张正义'吗?"①。《人民呼声报》则在极短的时间里募集了10万法郎,支持矿工。在工人党的号召下,巴黎和外省的许多地方举行了游行集会,支持罢工。由于工人党在水塔剧院大厅举行声援

---

① 亚历山大·泽瓦埃斯:《一八七一年后的法国社会主义》,中共中央马克思恩格斯列宁斯大林著作编译局国际共运史研究室译,北京:生活·读书·新知三联书店,1983年,第69页。

德卡兹维尔罢工集会,领袖盖德、拉法格等被控煽动谋杀和抢劫,受到塞纳省刑事法庭的审讯,盖德等据理力争,最后说服了陪审团,被无罪释放。矿工们的罢工持续了近半年,到 1886 年 6 月中旬,工人们的经济要求得到了部分的满足,罢工才平息下来。

与国际社会主义的合作中,盖德派在法国社会主义流派中的地位也开始显现。1888 年,可能派积极谋划与英国的工联主义派联合在伦敦召开国际工人代表大会,并试图筹建国际工人组织。得知这一情况后,在英国的恩格斯希望盖德派也能担负起筹建国际工人组织的任务。为此,法国工人党遂与德国社会党合作,另外筹办了一个国际工人代表大会。1889 年 2 月 28 日,法、德、瑞士、荷兰、比利时等国的工人党代表在海牙召开秘密会议,筹备国际大会,其中,法国工人党起了主要的作用。在国内,盖德派争取到了布朗基派和一些独立社会主义派的支持。1889 年 7 月 14 日,国际社会主义工人代表大会在巴黎罗舍舒阿尔街的佩特勒大厅开幕。会议大厅的正中首次挂起了"全世界无产者联合起来"的标语。参加大会的共有 391 人,分别来自德、法、英、美、俄、意等 20 个欧洲国家的工人政党与组织,具有广泛的代表性。德国社会党领袖李卜克内西、倍倍尔、伯恩斯坦等均出席了大会。第二天,可能派的国际大会也在巴黎朗克里街召开,有 14 个国家的代表参会。两个国际工人代表大会同时在巴黎召开,分裂了国际工人运动的力量。一些人提议会议合并召开,但未能如愿。

盖德派的国际大会达成了一项对日后工人运动有重大影响的议案,即规定 5 月 1 日为全世界劳动者团结战斗的节日,每年的这一天都要举行罢工与游行,以实现提高工资和 8 小时工作日的目标。7 月 20 日,大会在"国际万岁"的欢呼声中闭幕,这次大会的召开标志着"第二国际"的诞生。

第二国际成立后,工人党积极筹备"五一"大游行,在巴黎和外省成立了筹备游行委员会,会同其他社会主义派别发出联合号召,动员工人积极参加游行示威活动。1890 年 5 月 1 日,大批工人走上巴黎街头,举行示威活动。一些人列队来到众议院,提交 8 小时工作请愿书。活动遭到警察的限制,冲突中有 300 人被捕。消息传来,巴黎及外省的工人随即开始增援,当晚,巴黎举行了更大规模的群众集会,以示抗议。马赛、里昂、鲁贝、里尔、加来、兰斯等 130 个市镇约 40 万工人上街,为争取 8 小时工作制而斗争。这场罢工迫使众议院通过了矿工安全代表法,内阁则发出通知,要求企业主遵守 12 小时工作日法令①,并颁布法令,成立最高劳动委员会。

1891 年"五一"节游行的规模更大。在巴黎,一个来自全国 20 多个市镇的工人代表组成全国性代表团,代表 1 000 多个社会主义团体和工会向众议院提交请愿书,要求议会通过保护工人利益的法律,实现 8 小时工作制。代表团被挡在国民议会的门外,工人与警察再次发生冲突。与此同时,外省各地的绝大部分工人也像去年那样走向街头,参加游行集会。政府照例动用了军警、宪兵阻止工人运动。在富尔米市,军队甚至向示威者开枪,造成了 30 多人受伤、10 人死亡的惨剧,事件震惊了整个法国。这是军警第一次使用勒贝尔步枪镇压示威者,并且牺牲的大都是青年,引起了法国各阶层的普遍不满。更令人愤懑的是,游行罢工之后,工人领袖拉法格、朗格朗、克累芒和富尔米市的盖德派领导人居林(Guline)等人还被提起诉讼,尽管米勒兰为他们作了辩护,但拉法格还是被判刑 1 年,居林被处 6 年监禁。朗格朗也在圣康坦被判处 1 年徒刑。在以后的几年中,法国工人"五一"节游行的广度和烈度都有所减弱。不过,在法国工人运动史上,"五一"游行的重要性仍不可低估,它传递的是工人阶级团结的情感与为自身利益而奋斗的信心。

1890 年代以后,全国各种罢工和停工事件增加。1891 年 10 月 6 日,法国玻璃制造业工人响应本行业工会的号召,第一次在全国范围内发动了总罢工,其中里昂玻璃制造业工人的罢工从 2 月 24 日一直坚持

---

① 因为当时很多企业的工作时间实际上是超过 12 小时的。

到 10 月 15 日。① 这一时期,工人罢工的目标除了以往的增加工资等简单的经济要求,还扩展到了社会层面,比如限定工作日、设立退休金等。当然,对以盖德为首的工人党来说,眼前的经济利益并不是他们首要关心的,因为他们认为,着眼于改善待遇的罢工,"对于无产阶级,和对于资本家是同样危险的,假如不是最危险的话",这种罢工注定会失败。盖德派这种政治斗争优先、忽视工人经济利益的立场和策略,使工人党在法国国内的影响很长时间都不及其他社会主义流派如独立社会主义、无政府主义等。

所以,法国工人党与工人运动的关系比较复杂。有些工运是工人党直接支持与鼓励的,而更多的工人运动则是由其他一些社会主义派别鼓动的。这一方面与工人党高调的政治斗争要求与工人关心的眼前切身利益不够贴切有关,另一方面也说明了法国工人组织的多样性与分散性。

工人党与第二国际的关系也比较暧昧。在 1889 年的国际工人代表大会上,工人党和德国社会民主党缔结了"友爱公约",强调工人阶级的国际主义,认为只有社会主义在两个国家取得胜利,才能解决普法战争所遗留的历史仇恨。因此,工人党号召社会主义议员拒绝投票通过战争拨款,对反对"倍倍尔和李卜克内西的德国"表示抗议等。但这种国际主义在强烈的民族主义情绪面前不仅缺乏底气,也不得民心,甚至受到集体主义等其他一些社会主义派别的攻击。他们指责盖德的工人党"没有祖国",是"外国人的代理人"。尽管盖德派的工人党认为"爱国主义和国际主义绝不是相互排斥,而是同一种感情的两种形式的互相补充",但当时的社会并没有这种国际主义精神的土壤。反对派对盖德的指责,甚至在许多工人中引起共鸣。在 1893 年的竞选期间,工人党的国际主义也受到了猛烈的攻击。

此后,以盖德为首的工人党在布朗热运动、德雷福斯事件等社会热

---

① 参见克洛德·维拉尔:《盖德派》,第 34 页。

点事件中积极出击,但他们所持的立场总是与一些社会改良主义派别格格不入,终于在米勒兰入阁事件中与包括可能派在内的社会主义改良派别闹翻。

20世纪初期,法国的工会运动有了新的发展。一方面,因为法国的社会发生了一些变化,资本主义有了更大的发展,工人群体也日渐壮大,资本垄断与战争的阴影使工人阶级的生活日益不安,所以20世纪的罢工规模和持续时间都比较长,但激烈程度有所降低。另一方面,俄国1905年革命也给法国工人以鼓舞。1月3日俄国彼得堡工人大罢工后,法国劳工就开始了大规模的声援行动。1月23日,塞纳省工会发表了《告俄国劳动人民书》,表示对俄国工人正义斗争的支持,认为俄国的斗争给法国工人带来了希望。据统计,1905—1913年平均每年发生罢工的次数达1 254次,参加罢工总人数也超过了英德两国。

由于社会党和一些工会团体热衷于议会与选举活动,在某种程度上制约了工会运动向纵深发展,但不可否认法国的工会运动作为一种社会的重要力量,推动着包括社会保护在内的各项社会事业的进步与发展。

二、法国社会党和法国共产党的建立

进入20世纪,法国迈入资本帝国主义时期,资本与政界的联盟比过去更加紧密。资本集团通过资助竞选,控制报刊、舆论等方式左右法国政坛。1904年起,"左翼联盟"政府内部开始出现裂痕,不过,因米勒兰入阁事件而分裂的社会主义运动倒是逐渐统一起来,在1904年的第二国际阿姆斯特丹代表大会的敦促下,社会主义派别实现了联合。法国社会党就是1905年由法兰西社会党、阿列曼派、法国社会党等合并组成的,也称为工人国际法国支部。

统一后的社会党把自己定位为一个改良主义的党,这可以从社会党的灵魂人物饶勒斯在1908年代表大会提出的决议案中看出。该决议案指出,社会党是工人阶级的、主张社会革命的政党,正因为它是一个革命党,正因为它认为资本主义和资产阶级的所有制已经过时,所以它可以不受其束缚地不断提出自己的要求。所以,社会党是一个最彻底最积极地主张社会改良的党。只有它才能使工人阶级的每一次改良获得圆满的结果,并把获得的每一个胜利作为提出更广泛、更大胆的要求的起点与基础。无产阶级把通过选举来增强自己的议会势力和立法权力作为自己的基本职责。[1] 这种政党定位放弃了盖德派工人党的独立阶级政策和不与资产阶级共和政府妥协的革命立场,不过,从某种意义上说可能更符合当时法国的社会发展阶段与现实条件,因而颇具法国特色。

1906 年以后,社会党的主要领袖饶勒斯、瓦扬等开始关注与工会的合作,对于工会组织的独立自主要求也给予尊重与回应。他们支持工人为改善生产劳动和生活水平而进行的各类罢工,争取 8 小时工作制,尝试使社会党和工会两个组织间建立一种"自由合作关系"。在反对资本主义剥削、防止世界战争等问题上双方的看法也日趋一致,并且开始合作开展斗争。在 1906 年和 1907 年的代表大会上,饶勒斯多次提出,"无产阶级必须开展工会行动和政治行动,这两种行动是不能分割的,若无产阶级不想自杀,就不能分裂这两部分"。不过,由于工会的工团主义倾向,双方的合作关系的进展常常受到阻碍。

总体来说,合并后的社会党在法国影响日渐扩大。这种影响首先表现在党员人数有了显著增加,1906 年合并之初约 4.4 万,1912 年上升到 6.3 万,到大战前夕的 1914 年达到了 9 万。[2] 党员的成分也更加多样化,除了工农无产者,还有手工业者、小商贩、小地产主和一些小资产阶级知识分子。这一时期的社会党仍然把竞选和议会斗争放在首要地位,致力于市政、公共事业管理和企业国有化等社会经济问题,支持总工会的罢工活动,争取 8 小时工作制和一些经济福利要求。议会斗争成果不俗,社会党在众议院的议席超过了 100 个。

1905 年至 1914 年间,战争的阴云开始笼罩欧洲上空。在当时的欧

---

① 楼均信、郑德弟、张忠其选译:《一八七———一九一八年的法国》,第 107 页。

② Madeleine Rebérioux, *La République radicale? 1898 - 1914*, Paris:Seuil, 1975, p. 165.

洲国际舞台上,战争与军国主义成了主流话题。对于这些问题,法国社会党内部各派别的态度并不一致。原先较为左倾的盖德派对战争持中立态度①。不过,这种中立源自盖德的教条主义。起初,盖德认为资产阶级由于害怕战争会引发社会主义革命,不敢贸然发动战争;而后,又觉得战争是资本主义的必然产物,随着资本主义的消失,战争也将消失,所以没有必要展开单纯的反战宣传与活动,反对战争的行动只能是徒劳无益的,甚至是危险的,社会党的唯一行动就是反对资本主义,铲除战争的根源。这种对资本主义的教条认识和对战争的消极态度,是盖德派对战争持中间立场的根本原因。然而大战正式爆发后,绝大多数盖德派成员转向了民族沙文主义。

社会党的精神领袖饶勒斯则坚决持反战立场。不过,在战争与国家关系上,他的认识是比较微妙的。1905 年 7 月左右,饶勒斯的态度是:资本主义条件下,战争是不可避免的;无产阶级必须与战争危险作斗争;一旦战争爆发,就应该尽可能使战争朝向有利于民族独立、人民自由、无产者解放的方向发展。1907 年,在第二国际斯图亚特会议上,饶勒斯呈现了民族主义的一面,认为一旦战争爆发,无产阶级既要利用罢工等一切形式反对战争,又要抵抗外敌进攻,保卫国家的独立自主。在国内各种场合上,尤其是社会党的代表大会上,饶勒斯不懈地宣传反战主张,希望全体人民团结起来,维护世界和平。

以饶勒斯为首的社会党人的反战宣传得到了民众的响应。在第一次巴尔干战争期间,法国至少有 10 万工人参加了反战游行。1913 年,战争已迫在眉睫。饶勒斯等人的反战行动也更加激烈,比如坚决反对政府延长兵役法(原先的 2 年改为 3 年)。1914 年 7 月,社会党在巴黎召开了非常代表大会,会议一致通过了饶勒斯的反战主张,决议采取一切手段制止战争。

饶勒斯在生命的最后岁月,都在竭尽全力反对战争。7 月 25 日,饶

---

① 其中只有拉法格持反战、反军国主义立场。

勒斯到里昂向公众发表演说,号召各国无产阶级联合起来,共同反对战争这个恶魔。28日,饶勒斯与瓦扬等人到布鲁塞尔参加国际局的反战大会。在布鲁塞尔皇家马戏场,饶勒斯再次发表了反对战争、拯救和平的演讲。31日,饶勒斯在《人道报》上发表了他生前的最后一篇文章,题为"冷静是必要的"。他写道:"当前重要的是要不停地开展斗争,工人阶级在思想上的警惕性不能有片刻的放松。只有这样才能保卫和平。"①当晚7时45分,饶勒斯来到《人道报》编辑部,与报社经理和几名编辑商谈工作,并准备再接再厉写篇文章呼吁反战和平。谈完工作后,饶勒斯到离编辑部几步之遥的"新月"餐馆吃晚饭。9时45分,用完餐正准备离开的饶勒斯突然看到旁边座位的窗帘掀了起来,一支手枪对准了他的头……枪响了,饶勒斯应声倒下。据说杀手是沙文主义者拉维尔·乌兰。饶勒斯遇刺后几天,第一次世界大战全面爆发。

　　第一次世界大战和俄国十月革命的爆发给社会党带来很大冲击。法国社会主义何去何从? 社会党处在选择的十字路口。党内少数派已经有了参加第三国际的意向,但大多数的领导者和党员还在徘徊。1919年,议会选举失败使社会党大失所望;1920年春天,基层工会组织发起的铁路工人的罢工斗争又遭到镇压而失败,这一切都给社会党带来思想上的混乱。为了寻找新的出路,更好地了解苏维埃的情况,1920年夏,社会党派遣总书记弗罗萨尔和《人道报》总编加香前往莫斯科考察。加香等在俄国考察了俄罗斯的新制度,会见了他们的领导人,与列宁讨论了工人国际法国支部加入第三国际的可能。列宁认为,要加入第三国际必须接受加入国际的《二十一条》规定。这些条件和法国社会主义的民主传统往往是相冲突的,如要在党内实行铁的纪律,控制本党议员和出版物,政党成为工会组织的核心,策反军队,支持殖民地的民族解放运动,定期清洗小资产阶级因素,与改良主义彻底决裂,等等。弗罗萨尔和加香回

---

① 沙尔·拉波波尔:《饶勒斯传》,陈祚敏、王鹏译,北京:生活·读书·新知三联书店,1982年,第109页。

到法国后,向社会党提出了参加第三国际的建议。1920 年月 12 月 25
日,社会党(工人国际法国支部)第十八次代表大会在图尔举行,会上就
加入第三国际的议题进行了激烈的辩论。桑巴、保罗·福尔、勃鲁姆
等人认为《二十一条》不适合法国,攻击布尔什维克主义是要建立一个
极端专制的政党。加香反驳说,布尔什维克主义是反抗运动的唯一出
路,当人类找不到更好的解放道路时,暴力革命是合法的。12 月 29 日
晚上 9 时,代表大会以 69％的多数通过了加入第三国际的决议。社会
党出现了分裂,共产党也由此诞生了。多数派取名为法国共产党,或
共产国际法国支部(SFIC),保留《人道报》为机关报。少数派以勃鲁
姆、托马斯、盖德等人为代表,仍保留工人国际法国支部的名称,以《民
众报》作为机关报。

三、工会合法化与工团主义

　　1884 年结社法的通过,标志着工会合法化的正式确认。当时,推动
工会合法化的一个重要原因是资产阶级共和派希望法国工人能有个“英
式工会”①,在工人们维护自身利益的同时,也可以防御工人破坏性罢工,
更好地维护“秩序”。议案的倡导者、工人出身的议员波利亚卢(Georges
Brialou,1833—1897)在为提案辩护时说道:“导致罢工频发的元凶,乃是
缺乏严肃的组织,以致各行各业常常放纵个别轻率之人的一时冲动,最
后使大批工人为无谓之事实施罢工。而一旦有了由各行业最严肃最睿
智者组成的工会,你们就能确信在事情不可收拾前,所有的妥协手段都
得到了运用;而诸位也不必再担心那些隔三差五便要爆发的不合时宜的
罢工了,其实这些罢工常常因误会或自尊受损而起,这样的问题本可以
用友好的方式解决。”②以瓦尔德克-卢梭为首的共和派及其法国的雇主

---

① “英式工会”的工联主义特征明显,具有有效地和平解决劳资冲突的能力,因此,现代史上英
　国罕有大罢工。
② 罗桑瓦龙:《法兰西政治模式》,第 205 页。

们十分了解工会在社会统治中意义，"由行业共通的个人组织的协会，与其说是斗争的武器，不如说是物质、精神与智慧进步的工具"①。所以，1884 年后成长起来的法国工会既是工人阶级斗争与表达利益诉求的工具，也是避免不稳定因素、协调社会矛盾的工具。

1884 年在法律上获得承认后，工会如雨后春笋般成长起来。1884 年法国仅有工会 68 个，1890 年达到了 1 006 个，1905 年 3 287 个，1908 年更是激增到 5 354 个。参加工会的成员数量增长也甚是可观，1884 年时，工会成员在法国还只是属于孤立的小团体，20 年后，工会会员就有 60 万之众，到一战前夕的 1914 年，法国工会会员突破了百万大关。

据《法兰西政治模式》的作者罗桑瓦龙所言，19 世纪后期的法国有 3 类协会：群生性协会、合作协会和集体性协会。群生性的团体包括各种性质的俱乐部、联会和社团，例如娱乐性社团和体育社团，比如著名的体操协会②；合作协会旨在增强个体与集体的行动能力，比如一些工人协会和救助性的社团；集体性协会通常具有政治目的，比如政党与工会等。20 世纪初，这 3 类协会的占比是：群生性协会占 48%，合作协会占 30%，集体性协会占 22%。③ 工会在法国作为独立的法人，可以享有永久性财产，按照瓦尔德克-卢梭的理解，它不仅组织罢工，还调节和规范罢工，是国家机体的一部分。作为集体性协会的工会受到工人、雇主和统治阶层的共同青睐，可以说是法国式的例外，由此，工团主义在法国盛行，也是意料之中的。

工团组织在法国既有深厚的传统也有现实的基础。19 世纪中叶的蒲鲁东主义就具有无政府工团主义倾向。工团（syndicate）在法文中意为"工会"或"联合会组织"。工团主义（syndicalisme）是一种社会主义思潮，也是一种非主流的经济思路。其基本立场是要求会员发扬主动性和

---

① Waldeck-Rousseau, *Questions sociales*, Paris: Charpentier, 1900, p. 304.
② 费里曾经称赞说，体操运动员就是具体化的共和国。
③ 参见罗桑瓦龙：《法兰西政治模式》，第 253 页。

战斗精神(包括怠工破坏活动);通过纯粹的工业组织和斗争来推翻资本主义和国家,建设一个由工人民主自治的新社会;他们将薪资制度视为对工人的"薪资奴役",应当在新的社会中加以废除。由于幻想以工团联盟来代替国家,所以也称"无政府工团主义"。在工团主义者看来,这种没有国家与资本主义的工人自治理想是一股能带来革命性社会变革的潜在力量。

无政府工团主义最重要的理论家要数索列尔。索列尔(Georges Eugène Sorel,1847—1922)原来是个木工程师,1892年离职后,专门从事社会主义研究,曾与拉法格一起编纂《新世纪》和《社会进步》杂志。德雷福斯事件中,索列尔是个坚定的挺德雷福斯派。米勒兰入阁事件后,索列尔对社会党失去信任,转向无政府工团主义,并写了大量论证与宣传无政府工团主义的著作,主要有《工团主义的社会主义前途》(1898)、《暴力论》(1908)、《一种无产阶级的理论材料》(1908)、《进步的幻想》(1908)等。其中《工团主义的社会前途》被认为是工团主义思想形成的标志,《暴力论》也是奠定工团主义的理论基础,对后来的列宁主义有较大的影响。

在索列尔看来,社会主义的前途取决于工人联合会独立自主的发展,彻底推翻现存秩序的手段是工人的总罢工,生产资料归工团所有。为此,工团主义反对建立所谓的政党,当然也反对一切议会斗争,因为议会斗争只是一个国家代替另一个国家,不会给工人阶级带来解放;认为工人斗争的有效手段是怠工、示威、破坏机器、罢工直到总罢工,以暴力的形式推翻政府,因为"总罢工孕育着全部社会主义的神迹"。对于未来社会的经济政治制度,工团主义设想是生产资料集体所有与小私有制并存,取消国家与政府。不过,作为工团主义的理论家,索列尔并不重视也不参加实际的工人运动。

著名的工人活动家佩洛蒂埃也是工团主义的重要人物。他出身于中产阶级家庭,受过良好的教育,曾经加入工人党。后来其思想发生转变,对所有政党都失去信心,开始崇仰工会运动,号召劳工行动来建立新社会。《职业介绍所史》(*Histoire des Bourses du travail*)①一书,集中反映了佩洛蒂埃的工团主义思想。他认为工会组织不论在当下为实现新社会的斗争中,还是未来革命成功后的管理中,都始终占有主导地位,未来新社会就是由生产者组成的联合组织;但是,当前法国工人阶级还不具备承担这些职责的条件,因此,当前工会的最大任务是为实现"自我解放"而教育自己的会员。1892年,佩洛蒂埃创办了职业介绍所联合会(Fédération des Bourses du travail)并担任总书记一职。职介所联合会不仅与法国各行业的小工会保持着密切的联系,也为工团主义思想的传播和工团主义活动提供了场所。

我们可以看到,1884年工会合法化后,工团主义发生了一些变化。第一,工会的功能发生变化。共和派和保守派都把工会视为维护社会秩序的工具;一些社会主义者,尤其是其中的议员和政府官员如米勒兰、饶勒斯等,也十分赞赏工会的这一功能。《小共和报》的主笔、议员杰罗-理查德(Alfred Léon Gerault-Richard,1860—1911),1890年就撰文指出,工会合法化"这一做法,使工人组织脱离卑贱的身份,成为国家的机体。这一做法使工人组织成为行政权的一部分,因为负责执行与无产阶级相关法律的人们被置于行政权控制之下并与行政权合作"。饶勒斯也在同年的《社会主义杂志》上称"这是工人阶级首次掌控了资本主义组织","是社会革命的开端"。

第二,与功能变化相适应,工会的地位也发生变化,逐渐成为一个独立的社会机构。工会不仅仅是工人与雇主的协会,还扩展到农业和商业领域,所有雇工都能结成工会。1884年结社法通过后不久,就有两个大型的农会组织先后建立起来。一个是总部设在巴黎雅典街的法国农民协会(Societe des agriculteurs en France),集合了多个农业社团和联盟,旨在捍卫传统的农村社会,政治倾向也相对保守。另一个是相对官方性质的、具有共和倾向的法国国家农业促进会(Societe nationale

---

① 该书在他去世后一年(1902年),在巴黎出版。

d'encouragement a L'agriculture),这个由兽医、医生、小学教员和一些激进派等为主要领导层的农会,1910 年又改组为主要代表小地产阶级利益的国家农业互助联盟(Fédération nationale de la mutualité et de la coopératives)。1892 年,某些自由行业如医师也组成了自己的工会。1910 年,巴黎的房客组成了房客工会等。

工团主义领袖居于全国劳工委员会的高位,负责向政府通报"劳工大众的真正需求",协调劳资关系。1884 年,夏尔·弗洛凯(1888 年 4 月—1889 年 2 月任政府总理)在下议院讨论结社法时说:"迄今为止,我们称为劳动的商品不是零售的,以孤立的个人形式出售;如今应该利用协会的形式为我们称为人类劳动的商品建立大宗的集体买卖制度。"[1]随着大工业的发展,劳资雇佣关系开始从个体与老板的个人劳动合同转向由工会出面的"集体合同"[2]。劳资双方的劳资纠纷由"集体"(工会组织)出面协调。1902 年,天主教社会主义人士、修道院长勒密尔(Jules-Auguste Lemire,1853—1928)向下议院提交"劳动条件集体合同"的法案草案,几经周折,法案于 1919 年通过,并规定集体合同高于个人合同。1920 年 3 月 25 日,政府又通过法令,规定工会有权进行诉讼,可无限制地拥有不动产,创立和管理慈善社团、培训机构与廉价住房,资助生产或消费合作社,与商业机构订立合同或协约,等等。工会的地位得到了前所未有的提升,成了政府与个人之间的独立机构与重要的公共领域。

19 世纪末 20 世纪初法国工团主义运动中最大的事件就是法国总工会(Confédération générale du travail,CGT)的成立。

法国工会组织最大的特点是分散性。在总工会成立前,法国约有 42 万名工会会员,分散在 2 163 个工会。1895 年 9 月,一些工会组织在利

---

[1] 罗桑瓦龙:《法兰西政治模式》,第 236 页。
[2] 集体合同(collective agreement)也称集体协约,是工会代表或雇工代表与工会或其他雇主团体代表协商与签订的以劳动条件为中心内容的书面集体协议。集体合同与雇工个人劳动合同不同,它不规定雇工个人薪酬、工作时间、劳动安全及福利等,而规定劳动者的集体劳动条件。

日摩召开会议,成立了法国总工会。当时总工会的主要成员来自出版界和铁路工人。不过,工会力量并没有就此完全统一,总工会的重要分支劳动介绍所联合会仍然自行其是。1901 年,维克多·格里菲埃尔(Victor Griffuelhes,1854—1922)当选总工会书记,倾向于并力促总工会的团结统一。同年,劳动介绍所联合会书记佩洛蒂埃逝世,新任总书记认为总工会两大支派的分裂不利于工人阶级的目标实现,表示会主动放弃劳介所联合会的中央职能。1902 年,工会组织在蒙特利埃召开全国代表大会,会上各名代表都表达了统一工会组织的强烈愿望,并一致通过了总工会章程。章程明确规定了总工会的宗旨是团结劳动者,保卫他们在精神、物质、经济和职业上的利益;不分任何政治派别,团结一切为争取消灭雇主和雇佣制度而斗争的觉悟的工人。① 这次代表大会可以说是法国总工会的重建,标志着统一的法国总工会的真正诞生。

当然,法国总工会的工团主义倾向是十分明显的。其领导人大多是工团主义者,比如 1901—1908 年总工会书记格里菲埃尔及其继任者儒奥,法国总工会副主席、总工会机关报《人民之声》主笔普杰,都是坚定的工团主义者。总工会成立后,积极支持与策划工人的罢工活动。1902 年法国约有 11 个省的矿工举行了长达 55 天之久的大罢工。工人们要求实行 8 小时工作制、最低工资制和对年满 50 岁、矿井工作 30 年以上的矿工发放养老金。1905 年 4 月,龙维矿区的矿工和冶金工人也举行大罢工,要求言论、集会的自由和工人自治等。这些活动都不同程度地得到总工会的支持。不过,这一时期的罢工尽管次数没有减少,但程度没有过去那样激烈,斗争目标都是指向经济利益。对于执政的共和派来说,罢工的威胁减轻了。正如瓦尔德克-卢梭在 1900 年所说的,"有种新现象非常珍贵,那就是工会不仅组织罢工,还调节和规范罢工。这是 1884 年的立法带来的社会进步"②。工会和工人的基本诉求关乎经济与福利

① 让·勃吕阿、玛尔克·皮奥洛:《法国总工会简史》,卫芒译,北京:生活·读书·新知三联书店,1962 年,第 30 页。
② Waldeck-Rousseau, *Questions sociales*, p. 128.

待遇,共和政府也乐见劳工的社会保护。于是,政府、雇主、工会、雇工之间在罢工前后的协商与调和也成了工人运动的一种形式。

总工会建立后,社会党在工人中的威信反而有所降低,致使无政府工团主义在法国工会中占了主导地位。1906 年,全国总工会在亚眠举行全国代表大会。会上,工团主义分子占绝大多数。大会以 830 票比 8 票(其中 1 票弃权)的绝对优势通过了《亚眠宪章》。这是一个充满无政府工团主义思想的纲领性文件。宪章重申法国总工会不分政治派别,团结一切为消灭雇主和雇佣制度而斗争的有觉悟的工人;强调工会至上,工会领导一切;在工会与社会党关系的处理上,强调工会中立,"为使工会运动能获得最大的效果……作为工会团体,不应去管党政问题。政党在工会以外可以充满自由地进行社会改革","作为个人来说,每个工会会员完全有自由在职业团体以外参加符合他的政治观点或哲学观点的任何形式的活动","工会今天是抵抗性团体,将来会成为生产和分配的团体,社会改造的基础";在斗争的方式上,既反对议会合法斗争也反对无产阶级革命,强调的是经济斗争,"在日常的经济要求行动中,工会致力于配合工人们的努力,实现目前的改善来提高工人的福利,如缩短工时、增加工资等"[1],而经济斗争的有效途径就是总罢工,在罢工中团结全体生产者、剥夺资本家的生产资料,从而实现无产阶级的彻底解放。

同年,在统一社会党利日摩第三次代表大会上,与会代表对于《亚眠宪章》形成了 3 种意见:一是以爱尔威(Edouard Herve,1835—1899)为代表的工团主义社会党人,主张坚决执行《亚眠宪章》,承认总工会独立于一切政党之外,要求尊重并承认工会的自治地位。二是以饶勒斯为代表的中立调和派,认为总工会与社会党各有其存在的合法领域与活动空间,两个组织应该互相支持,彼此协调,寻求可接近的基础,为着共同的目的——无产阶级的解放而斗争。三是以盖德为代表的坚决反对派,反对总工会自治,认为总工会必须与社会党统一行动,并在社会党的领导

---

[1] 参见楼均信、郑德弟、张忠其选译:《一八七一——一九一八年的法国》,第 90 页。

下,实现工会组织的团结。最终饶勒斯的主张占上风。从此,法国总工会成为一个独立于政党之外的工人组织,致力于工人的经济目标,在法国工会史上享有特殊的地位。

总工会依靠一些工人中的积极分子展开了一系列的罢工斗争。1906 年 3 月,法国诺尔省库里埃煤矿发生矿难,1 100 名矿工惨死井下。消息传来,引发了诺尔省和加来海峡省煤矿工人的总罢工。当时约有 8.5 万工人参加了罢工,声援遇难者家属的赔偿要求,并要求增加矿工的工资,实行 8 小时工作制。整个过程中,工人与军警发生了相对激烈的武力冲突。罢工持续了 52 天,迫使矿主做出让步,同意增加 10% 的工资。1906 年 5 月 1 日,巴黎各行业的 20 万工人举行罢工,要求 8 小时工作制。1908 年 6 月,巴黎郊区的采沙工人大罢工,工人们胸前挂着"8 小时"的大纸牌,要求实行 8 小时工作制,增加工资。罢工得到了建筑工人的支持。这次罢工同样遭到以克雷孟梭为首的激进党政府镇压,其中 8 名工人被军警打死,200 多人受伤,总工会的领导人均遭逮捕。

尽管政府明确规定禁止铁路工人和公务员组织工会和参加罢工,但以经济斗争为中心的总工会领导的罢工,还是向教师、铁路工人等公务员系统伸展。1906 年,全国教师成立了教师工会联会。1909 年 3—4 月,巴黎的邮电工人先后两次举行了总罢工。1910 年 10 月,法国铁路工人在罢工委员会的领导下,举行了全国性的总罢工。这些罢工都先后被政府以高压手段平息。此时的社会党沉湎于议会与选举活动,对罢工视而不见,也使工人罢工的成果打了折扣。1909 年儒奥当选为总工会书记。大约到一战前,法国总工会拥有会员约 60 万人。

第三共和国时期,法国农民一直是共和派争取的对象。19 世纪晚期,激进共和派在农村中已有一定的影响。随着工业化的进展,20 世纪初法国的农业工人也组织起工会,经常举行罢工斗争,1904—1906 年约有 5 万次大小不等的农民罢工事件。农民罢工大多发生在法国中部的林场和南部的葡萄产区,朗德地区的农业工人工会还出版了自己的《土地劳动者报》,宣传自己的立场,该组织后来也加入了法国总工会。1907

年,南方四省的酒农发生了大规模的暴动,其中一部分领导者也是总工会的成员。不过,由于力量分散,各自为战,缺乏组织性,农民运动往往昙花一现。

法国工农的罢工斗争最终都被政府平息。罢工运动的失败,不仅使工农大众对经济罢工丧失了信心,也使总工会对自己的方针产生了怀疑。儒奥当选书记后,重新修改了暴力罢工的策略,开始转向改良主义,采取了与政府合作的态度,并加强了与社会党的联系,致力于与雇主的经济协商或协调。随着工会地位的日益提升,以罢工来争取权益的形式也越来越少。第一次世界大战爆发后,总工会支持战争,在"保卫祖国"的口号中转向了民族主义。

1921年底,法国工会运动分成3个组织:法国联合总工会、法国天主教工人联合会(CFTC)和全国团结总工会(CGTU)。法国各级工会组织作为工人社团为争取工人的权益合法化的努力,说明一个新的经济与社会调节的时代已经到来。

第三节　从传统慈善向现代福利制度的转变

从欧洲范围来说,法国的社会主义运动既有组织有理论,也有一定规模。工人们在争取自身权益的斗争中有理论指导,工人党比较注重与国际工运的联系,工会组织也有自身的特色。但工业结构中的小型企业占比高而工业化程度不高,影响了法国工人阶级的力量。不过值得一提的是,法国工人的斗争目标主要是在经济领域,诸如提高工资、保障工作、改善工作条件与退休待遇等,这种诉求成为一种有效的集体调节,是法国社会保护体系建构的主要推手之一。

社会保护制度对于缩小贫富差距、缓解社会矛盾、促进社会和谐与公正以及维护社会稳定都有着重要的作用,所以,现代国家的政府都十分注重社保与福利政策的推进。早在大革命时期,法国革命政府就宣布要建立一种国家管理和支持的社会福利保障体系,这可以说是世界上第一个宣布要建立"福利国家"的政府。但在实际运作上，法国的社会保护工作相较于英、德（普鲁士）等西欧国家，起步是比较晚的。这既与法国的小企业、小农占多数而资本主义大工业不够发达的社会结构与经济结构有关，大革命以来长期的政治动荡、社会发展缺乏稳定的连续性也是重要原因。第三共和国成立后，经济与社会发展环境有所稳定，工会与社会主义运动的发展也在促使政府重视社会保护事业。19世纪下半叶，法国政府开始重视社会保护①，法国的福利体制也进入了由传统慈善向现代福利制度转型的关键期。

一、民间互助与社会救济

　　第三共和国前期，社会保护体系以非官方的民间互助与社会救济为主。这一方面是长期以来社会传统的延续，另一方面是因为共和国刚刚建立，各派争斗危机不断，政局不稳且百废待兴，政府无暇顾及社会保护问题。不过更重要的是社会经济发展水平与人们的思想意识还达不到要求社会福利的层次。所以，这一时期的社会保护事业仍然延续着法国传统的方式。

　　中世纪以来，法国就有相关行业发展福利事业等传统。乡镇贵族、村社、教会、行业等都是慈善救助的主体，城市手工艺者组成的行业协会（compagnonnage）也承担一定的福利服务。1556年，法王亨利二世颁布《穆兰赦令》，要求每个市镇、农村必须负责救助其出生地的穷人，不得让他们外出流浪乞讨，至此形成法国福利保障中"本地救助"的慈善理念与传统。1848年二月革命后，制宪会议把"劳动权和享受社会救济的权利"写进了宪法草案，1850年，正式通过了"公共救济与预防法"，但由于法国工业革命水平低，经济成就不大，国家缺乏足够的资金来化解社会风险，政府的立法往往只是纸上谈兵。

---

① 19世纪后期社会保护（La protection sociale），特指1945年前现代社会保障（La sécurité sociale）体系正式建构前法国社会保护的历史发展。

　　法国的社会保护主要还是由民间相互扶持的互助会或行会来承担。

　　大革命前,法国的各种互助会已经出现,不过规模较小,会员也少,如牙医协会、律师公会、公证人协会、建筑师协会等。行业协会的宗旨是捍卫自己职业的生存和社会地位,为团体成员提供一个交流和相互保障的平台,正如有学者所说,"行会主义自诞生之日起,它的职能便很清楚:在一定地理空间内,稳定社会秩序,调和履行职业角色的个人利益,要求通过政治权力保障集体利益"①。1791年《勒沙普利埃法》禁止劳动界建立任何形式的团体,行会和互助会的发展也因此受到限制。到1830年,法国大约只有300个互助会,且大多数以职业或行业为基础。随着工业革命的展开,互助会也得到了发展,到1848年,全法国约有2 500个互助会,约25万会员,相当于当时法国人口的4.5%。1852年,拿破仑三世创办"帝国互助会"②替代原先的具有请愿与救济双重功能的互助会,从此,互助会不再有组织请愿的功能,而成了一种专职救济与医疗保护的组织,互助会"从此被看作社会改良的公共工具"③。

　　第三共和国时期,社会保护依然以私营为主,互助会也是其中一个重要机构。不过,与过去互助会的职业性和宗教性相比,这一时期的互助会是非宗教性的,并且以行业为主,与政府保持着良好的关系,互助会的许多领导人同时也是政府成员,尤其是市镇一级领导人,因此互助会在政治倾向上也是拥护共和体制的。1883年,第一次全国互助者大会在里昂召开,标志着互助会具有了全国性的特点,并且迈向了与共和派政府合作展开社会保护的时期。1884年,《瓦尔德克-卢梭法》通过,《勒沙普利埃法》废除,工会及各种协会组织合法化,行业互助会在社会保护上的功能也进一步显现。比如,1888年法国建立了重型钢铁工业的保险基

---

① Alain Cotta, *Le corporatisme*, *stade ultime du capitalisme*, Paris:Fayard,2008, p. 7.

② 1852年3月,波拿巴颁布法令,互助会必须得到政府的批准。批准后的互助会享有一些权益,比如市政府要给互助会提供活动的资金与场地;互助会把资金存入社会保险金机构,可以享有4.5%的利率;互助会可以拥有不动产等。

③ Janet Regina Horne. *A Social Laboratory for Modern France:the Musée Social and the Rise of the Welfare State*, Durham:Duke University Press,2002.

金,后在这一基金的基础上建立了两种保险,一是 1891 年针对制铁工人工伤事故的工会互助保险,二是由雇主提供的制铁工人的养老年金基金。但是,由雇主提供的相关保险基金很不稳定。比如,1883 年一家采矿公司破产倒闭,使工人失去了 170 万法郎的养老基金,而这笔款项原先是从工人的工资里扣除的。同时期的一家银行倒闭,也使之前雇员交纳的 140 万法郎养老金付诸东流。民间互助形式急需官方的补充与支持。

相对于中央政府来说,地方政府在社会保护方面投入更多,这可能与长期以来的社会及地方救助传统相关。地方政府往往会在辖区内开办济贫所、医院等,投入一些资金,对弱势群体展开救济。1885 年的一份调查显示,当时的中央政府所提供的仅占全国总社会救助的 4%,省和社区占 45%,私人资助则占了 52%。一般来说,地方救助中城市要远远好于农村,当时每个省府和县府都有济贫院,巴黎、里昂、波尔多、里尔、斯特拉斯堡等大城市都有预算超过 10 万法郎的济贫局,估计全法国共有济贫局 9 336 家,尽管不是太多,但对城市贫民来说也是聊胜于无。相对于城市,乡村的社会救济则主要靠教会、乡村贵族来分担。教会沿袭了中世纪以来的传统,利用各种人力、物力实施社会救助。整个 19 世纪,乡村中都是这种类型的济贫所和医疗机构在发挥着主力的作用。1905 年政教分离后,教会仍没有停止这种救助功能。

二、激进党政府介入社保工作

1880 年代末,法国国家层面的社会保护制度仍处于萌芽阶段。其间,只有少数人,如受雇于国家的职员、军人、海员和矿工等才有权享受一定的社会保险,而国家用于社会保护的支出还不到法国国内生产总值的 0.5%。1890 年代,激进党执政,左翼势力抬头,一些社会主义者入阁,社会经济也有了很大的发展,特别是社会主义工人运动与工团组织方兴未艾。可以说,由国家实行社会保护的政治与经济时机已开始成熟。于是,国家层面开始考虑介入社会保护,法国政府参与到了社会福利制度建设的事业中。

当然,激进党政府开始介入社会保护工作领域,部分的原因是来自外部的压力。1883年,俾斯麦在德国建立起了社会保险体制。德国相对完善的社保制度对法国是个不小的刺激,在欧洲也引起了广泛影响。法国国家社保体系远落后于欧洲国家,这使法国政府很失面子,迫使政府不得不关注社会保护;更重要的是社会主义议会党团与全国互助联合会等的推动,促使政府推行了一系列福利立法。

政府开始与民间力量合作,积极支持各种互助会的工作。如前所述,法国的民间互助协会比较发达,1892年,法国的各种互助会有9 600个,会员人数达150万(不计算会员家人),参加互助会的职业覆盖极广,会员构成甚至包括了小资产者、公务人员、艺术家、技术工人和商业职员等。但许多民间的互助会及养老基金常常会有一些纠纷,需要有所规范。1896年,激进党创始人之一莱昂·布尔热瓦[①]建议法国的合作互助组织签订一份"公平的连带责任的合约",明确个人负责偿还自己的债务,国家保存所有的契约,互助合作受国家法律的保护。1898年4月1日,全国性的《互助宪章》出台。它明确了互助会应确保为其投保人及其家庭成员在疾病、伤残事故等方面提供救助;设立退休金,救助孤寡、失业者;在保障生活、死亡或事故的救助时,应尽量减少个人或集体的风险。宪章规定了互助会的管理者可通过投资来提高资金效益,建立自治的管理机构,进行技术培训等。宪章还原则上允许各互助会组建协会,建立省际乃至全国的联合会等。《互助宪章》提倡公民自愿互保的原则,它的签订,推进了法国互助合作事业的发展,互助会员数量也有了明显增加。也正是在国家的大力倡导下,1902年,一个全国性的"法国互助联

---

① 莱昂·布尔热瓦(Léon Bourgeois,1851—1925),法国政治家,激进共和主义者,曾任政府总理(1895年11月1日—1896年4月29日)。由于创立"国际联盟"(league of Nations)获1920年诺贝尔和平奖。在社会政治领域,他主张社会连带主义(solidarism),认为国家与个人相互具有约束力,双方都因得益于社会而对社会具有义务。社会连带主义理论认为人们共同生活、相互分工,只有与他人相互合作,才能满足各自的需要,利益相关的社会组织是以其社会成员的相互依存为基础的。这种理论在欧洲尤其是法国,很有影响力。

合会"(Fédération nationale de la mutualité française,FNMF)建立,至今存在。除了社会救助,互助会还开办学校和医疗机构,增强自身抵御风险的能力。1913 年,法国全国的互助性社团达 22 500 个,参会人数达350 万。

不过,由于互助联合会的特殊性,它通常只吸收小资产者、公务人员、艺术家、技术工人和商业职员作为会员,却不愿意吸纳收入微薄的领薪者,因为这样会加重互助会的负担。所以,参加互助联合会的人员只占全国人口的 12% 左右。对于大部分劳工的社会保护,政府是有义务的,为此,激进党政府做了一些努力。

1893 年,法国政府颁布免费医疗法,规定每个贫困的法国公民都能在家获得免费医疗,倘若他没有住所,也可以去医院接受治疗。到 1899年,法国 96 个省中除了 10 个省未能参与,其余都参与了免费医疗计划。不过由于政府拨款不多,直到 20 世纪初,全国医院费用的 60% 由地方政府或私人组织支付。

由于资金匮乏,至 1873 年,全国仍有 40% 的人口没有福利局的照应。为了扩大福利局的覆盖范围,1893 年政府颁布法令,劝说各地建立福利局,并承诺提供其中 80% 的费用,20 年后,全国有 3/4 的社区建立了福利局。[1] 福利局的建立使一些贫穷者、无家可归的流浪者有了一些依靠。

之前法国也有事故赔偿的工伤法,承认发生事故时雇主是有责任的,但规定受害者必须自己取证,证明自己在事故中无责任。这给劳工的赔偿造成了很大的难题。在实际的工伤认定过程中,工厂主往往以工人的过失或不可抗力的名义,免除责任。所以,大多数遭受事故的工人得不到赔偿。1898 年 4 月,政府制定了《劳工赔偿法》,规定了工业事故致劳工死亡、伤害,以无过失责任原则[2]确定雇主赔偿责任制度,以切实

---

① Timothy B. Smith, *Creating the Welfare State in France 1880－1940*, Montreal & Kingston:McGill-Queen's University Press, 2003,p. 33.
② 无过失责任是指不管当事人主观上有无过失,都应当承担民事责任。

保障劳工的权益。赔偿法规定了事故当事方的无过失责任,不仅确保了工人工伤事故等的赔偿权,也使雇主增强了保险意识(不管怎样雇主都有赔偿责任)。从此,保险公司介入了事故的赔偿,雇主(企业)投保保险公司,在交纳了一定的保险金后,由保险公司对事故受害者进行赔付,不仅使劳工的权益得到保障,也减轻了企业的负担。1899年,工伤保险制度扩大到因使用摩托化机械而致伤的农业工人。1906年,工伤保险又扩大到商业领域的从业人员。1909年7月21日政府又立法,对铁路部门的不同保险制度予以整合,强制性地建立了一个相对统一的铁路保险制度。1914年,工伤保险扩大到林业人员。法国的工伤保险制度就这样逐步完善起来。

在建立与完善保险制度的同时,第三共和国时期也初步建立起了养老退休制度。法国现代退休制度起步比较晚,但在一些国家特殊部门实行退休制度是比较早的,大约从17世纪起,为使军人效忠于国王,王室创立了"退休"的概念,给军官发放养老金。大革命时代,大凡"为国家效力"的军人和公职人员都有退休金。拿破仑时代,实行国家退休的部门有所增加,如法兰西银行退休制度建立于1806年,法兰西大剧院退休制度建立于1812年,国家印刷业退休制度建立于1824年。第二共和国时期,国家立法开始统一国家员工的退休养老金制度,但一般工人、农民是被排斥在退休制度之外的。

温和派执政时期,有人提出过工人、农民的养老问题,但受到信奉自由主义和古典经济学派等人士的反对。法国的工会尽管对此据理力争,但总体效果不大。激进党执政后,法国工人党进一步提出一些社会改革要求,如1890年法国工会的"五一"示威游行,就是以争取8小时工作制和建立劳动立法等为目标的。

针对工会提出的建立由税收支持的国家养老金计划的要求,杜毕伊的共和左派政府于1894年6月29日立法,建立了矿工退休制度,对地下采掘工人实行预防性的强制参保制度。由于该法案在第一章做出了在工资总额中扣缴一定缴费比例的规定,第二章做出了医疗保险的规定,所以,这个制度的建立被后来社保专家和历史学家视为法国历史上现代社保制度的开端,它标志着公共权力对社会保护领域的正式介入。

政府强制介入,效果是十分明显的。据法国商业部劳工局统计,1898年参加全国性养老年金基金的企业有72家,雇工约40491人,其中有权享受相关养老年金的工人约25 128名,占此类企业工人数的62%。[1]

1910年,政府颁布了工人农民退休法,规定所有的工商业职工,包括65岁以上的农民(1912年起改为60岁)实行强制性养老保险,每月收入不到3 000法郎的职员,在缴纳一定的分摊金后,可得到一笔养老金。当然,工人、农民的退休覆盖率并不是很高,到1930年,受退休法覆盖的大约只有350万人。同年,政府实行了强制的社会保险计划:年收入不超过15 000法郎、巴黎地区不超过18 000法郎的工商业领薪者必须参保。这样,社会保险取代了传统的互助会,承担起了诸如死亡、疾病、生育等风险责任。这可以说是法国的第一部"社会保险法"。1913年的法律则明确了公职人员和国家员工享有"不可撤销、不能转让、不可扣押"的退休权。自此,30万公职人员、20万铁路员工、20万的矿工、10万的工人、海员、军人等都有了退休金。

第一次世界大战的伤亡,迫使政府进一步关注民生,社会保护制度也有了进一步的发展,1919年通过了对战争受害者给予补偿的法案。1936年"人民阵线"政府执政期间,在社会党人和人民群众的共同努力下,法国颁布了每周40小时工作制和每年2周的带薪休假制度的法令,使成千上万的普通工人群众生平第一次有了度假机会。但由于二战的临近,政府根本没有精力关注社会保障方面,维希政府在1941年左右提出重建社会保障法案,也没有成功。

---

[1] Peter Kohier, *The Evolution of the Social Insurance*, *1881 - 1981*: *Studies of Germany*, *France*, *Great Britain*, *Austria*, *and Switzerland*, New York: St. Martin's Press, 1982, p. 105.

　　1945 年 10 月 4 日,戴高乐总统签署法令,确立了著名的"三 U"原则,即统一、全民、均衡(Unité,Univiersalité,Uniformité)的社会保障原则,标志着法国现代社会保障制度建立。

三、共和国社保体制的特色

　　尽管第三共和国时期,法国还没有完全建立起现代的社会保障制度,但这一时期,尤其是共和国后期的社会保护建设还是卓有成就的,很多做法是法国现代社保制度的前奏,这一时期形成的法国社会保障特色,仍然在现代法国延续,成为法国式社保制度的传统,其间面临的一些难题也考验着现代法国政府。

　　从 19 世纪后半期法国的社会保护发展状况看,具有如下一些特点:

　　第一,社会保护的参与者比较多。在法国,参与社保的主体有雇主、工会、互助会、教会、国家等多重主体,他们参与社会保护的目的不同,方式各异,而且有自己特定的对象。比如,雇主参与社保,一方面是为了增进员工对公司的忠诚,另一方面也是工人们争权维权的结果,是企业发展过程中的被迫行善,他们更多的是出于自身企业(雇主)的经济利益考虑。而工会站在雇工一边,要求的是更多的经济保障,而非政治权利。互助会则主要针对生活有保障的群体就意外或偶发事件进行援助与救济。多重主体的社保特征,是有助于法国的社会保护发展和劳工利益保障的,但也影响到整个社保体系的整合,使法国社会保护的力量分散,各自为政,进而也影响现代社会保障体系的建构。

　　第二,社会保护以行业保护为基础,形成了一幅色泽不一、大小不同的社会保护"拼贴画"。在多重主体参与社会保护的同时,19 世纪后期的社保仍然以"行业"为主轴。冶金、煤炭、制衣、制革等行业以各自的企业情况为基础,由雇主与雇员代表协商劳动保护的内容及标准,行业甚至是企业间的雇主、雇工双方分摊资金费用的比例也各不相同。这就造成了法国各行业的员工享有劳动保护的标准与水平也不尽相同。像铁路、银行、矿山,甚至是国家剧院等国家管理的部门,退休金与疾病救助等福利较好,而小私企业的雇工则常常要通过罢工、谈判等方式来赢得必要或者更多的保障。

第三,政府或国家力量长期缺位。与英国、德国等欧洲发达国家不同,法国政府在工人、农民的劳动保护和社会保障方面介入的时间是比较晚的。教会和民间的互助救济一直在法国占主导地位,这种情况直到战后才有所改观。互助会比较发达,从地方互助到全国互助,形成一套制度,也比较规范,比如到 19 世纪后期有全国性的互助会和《互助宪章》;工业化发展后,行业保障成了主要渠道。政府在社会保护中只是承担了配角,起着拾遗补阙的作用。

法国的社会保护之所以具有这些特征,与法国特殊的社会经济状况有关。作为西欧老牌资本主义国家,法国与英国的工业化基础不同,法国是典型的农业国,大革命时期废除了中世纪的行会制度,为资本主义大工业和工厂制度的确立创造了条件。但是,不可否认的是,法国的工业革命仍然是在农业社会的基础上展开的,这使法国的经济有着一些致命的弱点。比如资本原始积累的速度与过程比较慢,小企业与小农比重过高,大企业发展过缓,而非生产性的金融资本活跃,又削弱了实体经济。到 1860 年代,法国的经济就被美国和德国先后超越,经济地位退居世界第四。所以,法国的工业化质量比不上英国,发展速度比不上美、德。也正因此,国家能够支配的物质资源相对较少,发展社会保障的资金也不足,难以全面推进社会保障,只能作为民间或社会救助的补充或补救式保护。长期的政局动荡,也使政界的精英们把主要的精力放在了共和制度的稳定和急需进行的社会改革上,而无暇于普通民众的社会保护。

当政府缺乏足够的资金与精力投入社会保护时,民间行业保险和互助会就弥补了这一空缺。反过来,民间互助保护制的发展和繁荣又促成了政府介入社会保护的迟缓。当然行业保险的发展也与外部竞争的压力有关。工业化的发展,尤其是英、德企业在健康与养老方面的福利,对法国工人颇具吸引力。为了稳定工人队伍,法国的一些大企业如铁路、矿业、冶金、渔业等大公司开始为雇员设立行业互助性的伤残保险和年金制。

应该承认,19世纪法国社会福利制度的迟缓,并没有妨碍二战以后法国现代福利制度的全面构建。欧陆国家社会政治文化中的协调与合作传统,仍然在法国社会的和谐中起着作用。

第七章　教育革新与文化振兴

19世纪中后期是法国社会发展的一个重要时期。政治上,共和制度最终确立;经济上,工业革命近乎完成并开始向垄断资本主义发展。对应于社会的整体发展,文化教育事业也进入了政治改革家与普通民众的视野。以世俗化为核心的适应现代社会需要的教育改革、科学技术的新成就、文学艺术的新思潮等得以进步与繁荣,使经受了近百年动荡的法国再一次散发出文化大国的气息。

第一节　共和国教育的改革与世俗化

第三共和国建立后面临的一个重要课题是如何建构一种适应共和国需要的意识形态,以此来维护与加强共和体制的正当性和合法性。就当时法国的氛围而言,尤其在政治与思想上,对共和体制构成最大威胁的是教权主义①。建设与传播共和主义新思想,必须清除教权主义这一

---

① 教权主义是指以基督教神学为基础,主张由教会统治政治和文化生活的学说。该学说主张一切权力来自上帝,教会或教皇的权力应高于世俗政府或世俗君主的权力。奥古斯都和托马斯·阿奎那是该学说的主要奠基者与鼓吹者。从中世纪以来,教权主义一直是西欧社会的主导力量。1789年大革命后,法国开始反对教权主义。

障碍。事实上,反教权主义也是 19 世纪下半叶以降西欧社会的一个普遍现象。鉴于天主教在社会生活和意识形态上的重大影响,欧洲社会现代化进程中,反教权主义必然是题中之义。

一、温和派开启反教权斗争新篇章

近代以来,随着西欧社会世俗化的发展,教会的影响日渐衰弱。但 19 世纪上半叶起,伴随资本主义发展过程中的种种弊端,人们对社会发展中出现的一些问题有了进一步的反思。由此,人们更加关注信仰与道德的重建,教会也乘机扩大影响。比如 19 世纪后期兴起的浪漫主义思潮认为,历史与传统是社会安定与发展的基础,科学和民主则是无神主义的,是邪恶的。自由与秩序之间的矛盾只有依靠宗教(天主教)才能解决。这些显然有助于教会势力复兴。所以,一时间,教权至上论重新抬头。

1864 年 12 月 8 日,教皇庇护九世发表题为《现代错误学说汇编》的通谕,把现代国家和现代文明赖以为基础的一些原则,如政教分离、学校不分宗派、对各种宗教实行宽容等均视为错误学说,强调以罗马为中心的基督教的正统性;通谕还对之前"罗马宗可能而且应该同意进步、自由思想、现代文明并与之相协调"的主张进行了谴责。在 1870 年的梵蒂冈会议上,天主教主教们以 532 票对 2 票的绝对多数,通过了"教皇永无谬误"的教义,以捍卫教皇的神圣性。正如法国自由天主教运动发起人、著名学院派天主教画家费利西泰·德·拉梅内(Félicité Robert de Lamennais,1782—1854)所说,"没有教皇就没有教会;没有教会就没有基督教;没有基督教……就没有社会"[1],这一逻辑是教权至上论的典型反映。教权至上论和反理智主义与 19 世纪的科学进步的时代精神格格不入。

---

[1] 克劳利编:《新编剑桥世界近代史:第 9 卷:动乱年代的战争与和平:1793~1830 年》,中国社会科学院世界历史研究所组译,北京:中国社会科学出版社,1999 年,第 218 页。

　　据说"反教权"一词第一次在法国出现是在 1852 年诺尔省一个行政长官的报告中。在帝国向共和过渡时期，法国社会各阶层都从自身的角度审视教权主义。一些崇尚自由思想的人士觉得天主教会拒绝理性与进步，与日益进步的科学思想唱反调，禁锢了人们的思想与自由；资产阶级共和派最不能容忍的是教权对政权的干涉，尤其是天主教会伙同君主派破坏共和事业，认为它是共和国的敌人；世俗教师反对教权，是因为宗教教育妨碍了他们的专业发展。不管从哪种利益考虑，政教分离、信仰自由是反教权主义者的共同心声。

　　1872 年，甘必大在圣儒利昂的一次演讲中指出，教会是法国"独立自主、光明与稳定的敌人，因为它公然与现代社会组织中的一切健康有益的事物为敌"。的确，1879 年以前，共和国政府主要控制在天主教保守派手里，尤其是麦克马洪倡导所谓的"道德秩序"的基础就是教权和王权。教会也是"道德秩序"的最忠实的保卫者之一，教士们在教堂的讲坛上污蔑共和国，教权派则在议会的讲坛上斥责共和制度。麦克马洪政府的政策也是有利于教会的。比如议会提高了对教会的预算，给予教会控制慈善机构的权力，把管理国家教育机构的权力也给了教士，并允许教会开办大学等。在政府的怂恿与支持下，一时间，法国各地刮起了一股天主教崇拜之潮：一些人大兴土木，建造教堂；另一些人出版宗教报刊，如《十字架报》《朝圣者报》等，宣传天主教，鼓吹宗教是社会秩序的最好保证，教士是现代秩序最优秀的维护者。教士演说家蒙丹朗尔宣称："在我们的同胞中谁在保卫秩序和财产？……是教士，是当今的教士、普通的教士，尤其是教士团体，他们既是道德秩序的代表，又是政治秩序与物质秩序的代表。"[1]

　　教会与保守派的联合，给共和国带来了威胁。所以，甘必大等激进共和派发出了"教权主义就是敌人"[2]的檄文。教权主义的复兴也遭到了

---

① Georges Coguiot, *Laicité et reforme democratique de l'enseignement*, Paris: Éditions Sociales, 1974, p. 13.

② Alexandre Zévaès, *Histoire de la 3e République 1870 - 1926*, p. 148.

一些左翼人士的反击。一些哲学家和历史学家以启蒙思想为武器,以理性主义抗击教权主义。教育联盟和共济会则在各地散发反教权主义的小册子,普及科学理性知识。不过,1870年代中后期的激进主义式的反教权主义,与当时法国的社会情势有些脱节。当时的社会氛围中民众对教会还是信赖的,尤其是广大的农村,深受天主教势力的影响。1879年,共和派①执掌政权,随即在政治与文化领域拉开了反教权主义斗争的帷幕。如何区分教权主义和宗教信仰,对执政的共和派来说是一种考验。如果说1870年代法国反教权主义斗争的核心人物是激进派甘必大,1880年代的核心人物就数温和派费里了。

费里出身于法国孚日省的一个资产阶级家庭,年轻时修读法律,当过律师,也做过新闻记者。费里崇尚实证主义和自由主义,是第二帝国时期著名的民主斗士之一。1870年普法战争期间,费里先后任塞纳省省长和巴黎市长,德军围城期间,巴黎人民忍饥挨饿,讥讽他为"挨饿的费里"。作为巴黎的共和派,费里、法夫尔等对战火中诞生的第三共和国有重要贡献。梯也尔时期,费里任希腊公使,外交工作表现不俗。

1879年麦克马洪的"道德秩序"被共和派推翻。不久,费里受邀任国民教育部长。在1879—1885年的6年中,费里连续5年担任国民教育部长,又任两届政府总理、外交部长等。由于在任内进行了一系列改革尤其是教育世俗化改革,积极推行殖民扩张等,他被同时代的法国人视为建设共和精神的象征,有些史家还把这6年称为"费里时代"。1893年,费里在巴黎逝世。1896年他的家乡孚日竖起了费里纪念碑。

1879年执政的共和派之所以被称为温和派,是因为他们的思想价值和执政理念是实证主义的。实证主义的思想基础就是理性、科学与进步。温和派政府很清楚,法兰西民族的希望就在于改革与进步,新生的共和国不前进就意味着后退;巩固共和体制,就要从根本上反对教权主

---

① 正如甘必大所说,教权主义是共和国的共同敌人,所以,不管是温和共和派还是激进共和派,执掌政权后都致力于反教权主义以及社会的世俗化。

义。共和派政府一上台就重新审议了"1875 年宪法",政府和立法机构都迁回了巴黎,《马赛曲》成了国歌,国庆节也规定了下来,1880 年 7 月 14 日举办了大规模的国庆活动等,这些都加强了民众对共和国的体认和归属感,有助于挫败教权势力。

与这一时期倾向激进的甘必大不同,费里的反教权主义是"机会主义"的。温和共和派并不是无神论者,他们不反对宗教信仰,他们只是为了共和主义的事业而反教权。1881 年,费里就在参议院宣布:"是的,我曾说过,我们已坚决投入反对教权的斗争;而当我说这些话时,大多数共和党人都鼓掌欢呼。是的,我们需要反教权斗争,但决不进行反宗教的斗争。"

1879 年,费里在一次演讲中提到,"在某些学校里,人们创办了反革命教育",教会通过学校在培养对共和国的仇恨。所以,打击教权主义必须从各级教育机构着手。自 1850 年以来,法国国民教育最高委员会虽由国民教育部长主持,但成员大多是天主教派的保守分子。1879 年温和派领袖费里执掌政府后,就对国民教育最高委员会和科学理事会进行了整顿,以便适时清洗教权派。1879 年 3 月 15 日,根据"教权主义就是敌人"的原则,费里在议会中提出了两项改革议案:一是改组国民教育最高委员会和科学理事会;二是剥夺修士的教育领导权。改组两个委员会的法案得到了通过(而剥夺教会教育权的法案则历经曲折),改组后的国民教育委员会从原来的 40 名成员增加到 50 名,排除了一些教权派人士,增加了 4 名高校教师、7 名高等院校(grande école,大学校)的代表,以及初、中等教育部门的代表各 6 名。在科学理事会,教权派的代表同样被驱逐而代以教师代表。

在清理了最高教育行政机构中的教权势力后,费里着手剥夺修会的教育权,这一招对教权主义更具杀伤力。

修会可谓是法国天主教会中最顽固的势力。19 世纪六七十年代,随着教权势力的猖獗,修会组织也得到发展。从 1861 年到 1872 年,未经政府同意的修会组织从 226 个增加到 398 个,修士总数也从 5 168 人增加到 7 414 人。费里认为它像"网一样伸展着,具有政治色彩,是一种政党——我敢说是乱党"①,"必须关闭那些反革命派聚集的修会,因为在那里,人们学会了对现代法国的理性和荣誉的厌恶与憎恨"②。上文提到,1879 年 3 月 15 日,费里政府提出了旨在剥夺修会教育垄断权的法令,其中法案第七条的主要内容便是禁止未经允许的修会团体及成员领导国立或私立教育机构。这条法案并没有得到顺利通过,反而遭到了教权势力的强力反弹。

剥夺修会教育权法案提出后,引起了社会各界的极大震动。教权派首先坚决反对并抵制,天主教会人士感到法案剥夺了他们的权力——教育权,是对天主教的完全否定。修士们召开集会,反对法案第七条,一些红衣主教和教士还通过发表牧师书信的方法,直接联络政府中的右派议员。顽固教士中的一些积极分子则到处演讲,发请愿书,并征得了近 200 万人的请愿签名。而一些所谓虔诚的右派议员们则在教士的鼓动下,在议会中组织了保卫宗教委员会,试图在参、众两院内部抵制法案。社会舆论也分成两派:甘必大③等主持的《法兰西共和报》认为教育自由,政府无须操心教育;而由路易·勃朗等主持的《法兰西报》则表示法案打击的力度不够,除了剥夺耶稣会等修会的教育权,还要反对教会本身。在法案第七条面前,各政治派别都呈现出了各自的利益考量。天主教右翼势力认为法案触动了他们的利益而强烈反对;共和左派觉得法案只涉及未经允许的修会,反教权主义不够彻底;受传统影响和天主教右翼势力鼓动,普罗大众对法案也表示不理解。比如诺尔省和里尔等地区的民众就希望能够维护修会的教育自由权。于是,从 1879 年 6 月到 1880 年 3 月,关于法案第七条的辩论成了法国社会主要的政治话题。

为使法案得以通过,费里采取了迂回、灵活的策略。在议会中,他积极坚定地为法案辩护,表示法案无意于反天主教,"反天主教,也就是反

① 参见 Piere Chevaillier, *La Séparation de l'eglise et de l'école*, Paris:Carmeron,1981,p. 118。
② Phillippe Guilhaume, *Jules Ferry*, Paris: Ercre,1980,p. 82.
③ 这时的甘必大对教会态度有了转变。

对我们公民的绝大多数,这将是最后和最有罪的疯狂"。费里强调:"就我们和法语而言,'世俗'这个词不是与宗教(religious)对立,而是与教士(ecclesiastic)相对立。正如有一种教会的宗教那样,有一种世俗的宗教,这种世俗的宗教如果不是我们的道德基础,至少也是它的王冠。"①费里还在不同的场合进一步解释法案是尊重经许可的教会组织的,"难道世俗教士、法国真正的教士不能自由教育吗?……我们所要反对的仅仅是未经许可的修会"②。这种温和的口吻和机敏的策略,最终使众议院以333票对164票的优势通过了法案第七条,但议案在参议院受阻了。

为了获得公众的理解与支持,费里趁议会休会期间,奔赴于全国各地,宣传教育世俗化。在宣讲过程中,费里感到民众是理解并支持法案的,坚信法案第七条给共和国打下牢不可破的基础,从而更坚定了反教权主义的信心。1880年3月29日,费里在总理弗雷西内的支持下,颁布了行政法:未经审核的宗教团体必须提出申请,寻求政府批准;各级教育中未经许可的修会,3个月内自行解散。修士在8月31日前,必须离开教育界,否则将遭强力驱逐。

法案颁布5个月后,位于巴黎塞佛尔大街的耶稣会首先被冲击,修士逐个遭驱逐,小教堂被贴上了封条。10月中旬,驱逐修士的行动在30多个省同时进行。到11月初驱逐运动取得初步胜利,261个修道院被关闭,5 643名修士被逐,一些反对驱逐法的官员、警员也被解职。

费里提出的"未经许可的修会不能介入学校事务"的法案第七条,既是反教权主义的重要行动,也是费里教育改革的第一枪。

二、费里时代的教育世俗化改革

从1880年代到20世纪初,法国社会对公共教育的热忱可以说是持

---

① Evelyn Wartha Acomb, *The French Laic Laws 1879 - 1889*: *The First Anti-Clerical Campaign of the Third French Republic*, New York: Columbia University Press, 1941, p. 126.
② Phillippe Guilhaume, *Jules Ferry*, pp. 83 - 84.

续了 20 年之久。这一方面是培养适应新生共和国的"新人类"所必需，另一方面也是提高法国核心竞争力的需要。

从理论上说，西方现代国家的建构是与世俗的公共教育发展相联系的。民族国家要培养的是现代公民，它要求公民具有对世俗国家的认同与对本民族的忠诚，具备现代社会所需要的知识、技能与素养。自大革命以来，法国一些有远见的政治家与政府人士就把学校教育视为建构民族国家、实现社会现代化的重要环节。

教权势力在法国社会影响最大的领域要数文化教育。在共和派眼里，天主教学校教育充满着宗教与保守性，与正在成长的共和国在政治上的要求极不协调。共和派反教权主义与教权主义之间的斗争最主要就体现在教育领导权问题上。教育联盟就明确指出，"谁控制了学校，谁就控制了世界的方向，控制了法国学校的人，就是控制了国家的统治权"①。

如前所述，法国天主教势力在 19 世纪中叶有一个明显的回潮。1850 年 3 月 15 日，以教育部长法卢命名的教育法案在议会通过。根据该法案，道德与宗教教育被置于教学大纲的首条。《法卢法案》的第一条就规定：教师的主要职责是对儿童进行宗教教育，使他们从小就铭记对上帝的责任感。中学每周要有 1 小时的宗教教育，并增加了宗教考试科目；神职人员占据了从国民教育最高委员会到其他各级教育管理机构的领导地位；教育督学对主教和教会学校的事务无权过问，市镇的学校则由镇长与神父共同管理。教师资格证书不再是教育职业的必需，教士只要有传教证即可任教。

尽管《法卢法案》初衷是提倡教育自由与信仰自由，实际上却冲击并影响了学校教育的世俗化。《法卢法案》推出后，法国的天主教会学校大幅增长，从 1850 年的 10 312 所，增长到 1863 年的 17 206 所，而同期世俗

---

① Jeseph N. Moody, *French Education since Napoléon*, Syracuse：Syracuse University Press，1978，pp. 96 - 97.

学校只是从 50 267 所增长为 51 555 所。1863 年,学生总人数中 22％的男生和 54％的女生在宗教学校学习。1870 年,有 150 万名学生接受天主教教育,占学生总数的 40％。1880 年,495 万名学生中有 220 万名接受天主教的学校教育,约占学生总数的 44.4％。天主教会在扩大其教育领域控制力的同时,还不遗余力地阻碍世俗教育的发展。世俗教育系统与教会教育系统的并存,在某种程度上撕裂了国家与社会,不利于民族国家和现代民主政治的建设。这样,反击教权主义,巩固共和国,就与教育的世俗化改革息息相关了。

第三共和国时期的世俗化改革主要有两次,第一次是 1879—1886 年费里教育改革;第二次是 19 世纪末 20 世纪初瓦尔德克-卢梭和孔布的世俗化改革。

费里推行教育世俗化改革的背景,一是普法战争失败后,法国人对战争的反思。当时民众与共和派普遍认为,普法战争是普鲁士小学教师的胜利。此论也有些道理,有文化、懂军事、具有爱国情怀的公民士兵,确实与小学教师的启蒙教育不无关系。法国初等教育的落后,使国家缺少合格的好公民。二是共和国的巩固迫切需要具有共和主义意识形态的教育。改革的目标是"建立一个没有国王(共和制)、没有上帝(世俗性)的国家",即建立一个世俗化的现代社会。

作为一个实证主义的信徒、温和共和派的领袖,费里深知"如果国家不摆脱教会,如果再不消除法兰西人愚昧的教条,共和国将夭亡"①。社会的世俗化必须以学校教育的世俗化为基础,因此,费里的教育改革就是从世俗化开始的。费里说过:"当儿童一代在平等、义务与世俗化的三项原则的照耀下成长起来,我们就不怕旧制度的复辟了,因为我们已经有了自卫的武器……保卫民主的共和国,组成科学和理性的学校,以此来反对阻碍思想自由和意识精神的落后精神。"②

---

① Pierre Chevaillier, *La Séparation de l'eglise et de l'école*, p. 147.
② Jean-Marie Mayeur, *Les débuts de la Ⅲ ᵉ République*, p. 108.

为了保证教育改革的延续性,费里任教育部长不久,就任命了他所信任的同仁,建立了拥护教育改革的朋友圈,以更好地实现他的教改意图。1879 年 2 月 6 日,费里任命了历史学家朗博为部长办公室主任。2月 10 日,又任命了泽沃尔主管初等教育,著名社会活动家比松①主管中等教育,格雷阿尔为巴黎科学院院长。1879 年 5 月,费里力主改组后的国民教育最高委员会成立。该委员会负责制定教学大纲、评定教学业务工作、管理公共教育人员等;有权监督私立学校,禁止私立学校使用违背道德、宪法与法律的教材;有权要求学区和省教育委员会处罚和开除违反规定的私立学校教师等,由此规定了教育最高委员会对全国教育事业负有的领导责任。

在完成了教育领导权的改组后,费里开始着手初等教育改革。与同时期的英、德等国家相比,法国的初等教育并不发达。据 1879 年统计,法国至少有 60 多万名学龄儿童未上学。有些乡村学校农忙时有 48% 的儿童不上学,农闲后返校率也极低。普通农民认为,"为什么我的孩子要学文化的呢? 我没有它不是照样生活得很好!","我们不懂文化,但我们有面包吃,我们的孩子也同样如此,看看那些有文化的人吧,他们并不比我们这些文盲富裕多少!"②。这种教育现状与思想意识,与法国现代社会、大工业技术发展的要求相去甚远。基础教育的落后,甚至还影响到了国家实力。

为使法国儿童从小树立民主、自由的共和观念,具有爱国精神,提高法兰西民族的文化素质,费里立誓要大力发展初等教育。1881 年,由费里召集、巴黎科学院院长格雷阿尔主持的"全国初等教育第一次会议"在巴黎召开。1881 年 6 月,政府颁布法令,决定免除公立小学、幼儿园的学

---

① 比松(Ferdinan Edouard Bujsson,1841—1932)是法国著名教育家和政治家。1876 年任法国初等教育总监,主张免费教育。1913—1926 年,任人权联邦主席。1929 年,86 岁的比松获诺贝尔和平奖。

② Antoine Prost, *Histoire de l'enseignement en France* (1800 - 1914), Paris: Armand Colin, 1968, p. 99.

费,免除师范学校的费用。为了切实执行法案,政府增加了小学教育的经费,1880 年代的最初几年,大约有 5 000 万金法郎花在必要的学校事业上。1882 年,更加细致的义务与免费教育法规定,6—13 岁为义务教育期,无论男女都要接受公立或私立学校的教育。每个地区都要设立学务委员会,市长担任该委员会的当然主席,负责监督法令的实施。如果学生每月旷课 4 天,父亲要去学务委员会做出解释,旷课超出 4 天,家长会被点名批评或予以拘留。免费的义务教育,使以前没有机会就学的儿童有了受教育的权利与条件,小学的在校人数也开始有所增加。

免费义务教育对教会势力的触动还不算太直接,但阻力就已经不小了。而小学教育的世俗化更加成了费里政府整个教改过程中争论最激烈、反抗最强烈的环节。

1882 年 3 月 28 日,费里内阁颁布了初等教育世俗化法案:禁止国立小学的宗教教育,宗教教育只能在课外进行;私立学校的宗教教育则自行决定。公立学校世俗教育的内容包括:道德与公民教育;阅读书写、语言及法国文学的基本知识;地理、历史,尤其是法国历史与地理;日常的法律权利与经济知识;自然科学、物理、数学等基本知识;农业、卫生和工业技术等的实践;绘画、模型制作、音乐等基本知识;体操和体力劳动,男孩要参加军事训练,女孩要学会缝纫,等等。

1882 年 3 月的世俗教育法,把宗教的教义教育安排在必修课之外,同时把道德与公民教育放在了重要位置。宗教教育归家庭与教会,道德与公民教育归学校,目的是教会与学校分离,保障师生信仰自由的同时,又能实现共和观念的教育与发展。

为了把世俗教育落到实处,初等教育总长比松亲自领衔,由众多知名人士参加编写道德与公民教育的教材和读物。仅 1883 年,就有 65 种道德与公民教育的教材和读物被推广使用。这些书籍大多通过历史人物小传和重大历史事件,来宣传爱国、自由与正义等观念。其中有重大影响的要数"小拉维斯",这本由第三共和国著名历史学欧内斯特·拉维斯(Ernest Lavisse,1842—1922)领衔编写的教科书,以通俗易懂的方式向孩子们讲述法国历史,把历史教育与爱国主义做了很好的结合,由此,拉维斯被誉为"整个法兰西民族的历史教师"。

当然,法案的通过与颁布,并不意味着教育世俗化的全面实现。私立小学的世俗化直到 1886 年 10 月勒内·戈布莱任教育部长期间才完成。

1880 年代初期法国的世俗化改革还涉及女子教育、师范教育领域。长期以来,法国女子教育被天主教会垄断,社会一般观念也认为妇女的天然使命在家庭。《法卢法案》后,法国的女子教育开始得到重视,但大多数女孩是在教会学校中就读。比如,1857 年,法国的女子学校中,世俗学校只有 7 900 所,修会性质的学校却有 17 600 所。① 在费里等温和派看来,教会对妇女的控制,对共和制度是极为不利的。费里早在 1870 年 4 月就做过一个题为"妇女应该属于教会还是属于科学"的演讲,提到女子世俗教育的迫切性。他说,当今忏悔、信仰和不被现代民主接受的旧思想与遵循大革命原则的社会之间的冲突是十分艰难的,"在这场斗争中,妇女不应该保持中立……教士们很清楚地懂得:控制了妇女者,就控制了一切……因为教会想重新控制妇女,(我们)就必须用民主来培养她们,必须选择民主……妇女应该属于科学"②。1875 年,费里在友谊俱乐部的演讲中重申了"国民教育,首先是妇女教育知识结构的发展与改革"③。

共和派议员卡米耶·塞反思了普法战争失败的教育因素,尤其是在与各国的交流中看到了法国女子教育与西欧各国的差距,于 1878 年 10 月向议会提交了加强女子中等教育的法案:女子有权接受国家的中等教育,教育经费由国家、省及市镇负担;女子教育分寄宿与走读两种形式,

---

① Matthew Arnold, *Democratic Education*, Ann Arbor: The University of Michigan Press, 1962, p. 94.

② Antoine Prost, *Histoire de l'enseignement en France*(1800 –1914), pp. 268 – 269.

③ Françoise Mayeur, *L'enseignement secondaire des jeunes filles sous la Troisième République*, Paris: Presses de la Fondation nationale des sciences politiques, 1977, p. 20.

课程包括法语、现代语言、民族史和通史、地理、科学、卫生学、家庭经济、缝纫、绘画、音乐、体操等。[①] 法案的提出同样掀起了轩然大波,右派舆论认为女子抛头露面去上学是件伤风败俗的事。部分共和派人士则认为家庭是社会的基础,为了保护家庭,他们并不赞赏妇女脱离传统教育的主张。好在法案得到了以费里为首的实证主义共和派的理解和政府的支持。考虑到法案实施的可能性和女子教育的实际困难,费里认为女子教育应该是非强迫和走读形式,理由是女子中学的住宿形式,不仅费用昂贵,而且管理等各方面比男子的寄宿更复杂,走读是更好的形式。1880 年 12 月 21 日议会通过并颁布了《卡米耶法》,即《1880 年 12 月 21 日关于建立女子中等教育机构的法律》,确立了女子中等教育制度,规定女子中等学校有 3 类,即国立女子中学、市立女子中学和市立或私立的女子中等科[②]。

共和国需要自己的教师,世俗化教育更需要具有共和精神的师范教育。1880 年代前,法国的 87 个省中,有 8 个省未设立男子师范学院,67 个省未设立女子师范学校。1879 年,政府就提出了关于每省设立男女师范学校各 1 所,其经费由地区负担,教师工资则由国库支付的法令。法案推行后,到 1886 年,所有的省份都有了男子师范学校,81 个省设立了女子师范学校。[③] 师范教育的加强,为初等教育的发展提供了保障。

1881 年 3 月 3 日,卡米耶·塞又向内阁提交了一项新的议案,建议由国家建立一所女子高等师范学校,培养女子中等学校的女教师。7 月法案通过并正式颁布,"由国家建立一所寄宿生师范学校,目的在于为女子中学培养女教师。女生通过考试录取,学费食宿免费……所有涉及教学大纲、学业年限、教员、录取条件、毕业考试的内容,将由公共教育高级

① Pierre Albertini, *L'école en France du XIXe siècle à nos jours de la maternelle à l'université*, Paris: Hachette Supérieur, pp. 66 – 67.
② 女子中等科严格来说并非教育实体,一般附设于女子中等学校中,由校长管理,授课教师和课程因时制宜。
③ J.-M. Gaillard, *Jules Ferry*, Paris: Fayard, 1989, p. 507.

委员会制定的章程决定"①。学校选址在巴黎西郊的塞夫尔,名为塞夫尔高等师范学校。12月,学校正式建立起来,第一届40名女学生来自法国各地。

一系列法案实施后,女子师范教育有了很大的发展,1881年全国女子师范是41所,1886年增加到81所。②

为了保证教育改革的顺利进行,发展法国的教育世俗化事业,政府增加了教育经费。1880年,法国的教育经费占国家总预算的2%,1885年占4%,1890年占5%。1887年,国家投在教育上的资金为17 400多万金法郎,地方集资则达到了24 800多万金法郎。

费里的教育世俗化改革取得了积极的效果。1886—1887年,229 300名男孩和1 351 000名女孩进入世俗公立学校。到20世纪初的1906—1907年约有2 069 000名男孩和2 074 000名女孩经统计在公立世俗学校上学,同期在私立教会小学的仅有357 000名男孩和665 000名女孩。③ 一些成人课程也被开发出来,用于普及与提高大众的文化水平。

值得一提的是,世俗化并不仅仅是指在学校中排除宗教教育,还在于社会层面的好公民教育。共和派人士认为好公民同时也是好的士兵和爱国的勇士,"以书本和利剑捍卫祖国"成了公民与世俗化教育的重要口号。作家保罗・德鲁莱德的《战士之歌》在那个年代里被费里政府印2万份,发给各地的小学生。同时,射击协会和体操协会等也与各种民间教育协会一起发展起来,实践了甘必大所说的"应当到处在小学教师身边安置体操教师和军人"的说法。成立于1873年的法国体操协会联盟(Union des Sociétés de Gymnastique de France),在1880年代的共和国

① Emile Picard, *Le Cinquantenaire de l'Ecole Normale Supérieure de Jeunes Filles de Sèvres 1881-1931*, Paris: Printory, 1932, p. 123.

② Antoine Prost, *Histoire de l'enseignement en France(1800-1914)*, p. 337.

③ Brigitte Basdevant-Gaudemet et Germain Sicard, *Les Communes Françaises: L'Enseignement et les Cultes de la Fin de l'Ancien Régime à Nos Jours*, Paris: Honoré Champion, 2005, pp. 137-138.

公民世俗教育背景下开始得到政府的支持。1882 年 6 月,教育部长费里担任了该联盟的名誉主席。在接受名誉主席的荣誉称号时,费里做了演讲,称赞体操协会"展示了与国家复兴伟大工作直接相关的法国青年的风采",认为"体操协会的成员,作为武装祖国的和平先锋……既是力量的标志,也是希望的保证"。① 到 1889 年,参加体操联盟的协会已经多达800 个。博物馆、图书馆、各种讲座等都在致力于培养好公民的教育。一些致力于公共教育的协会也纷纷建立起来,像科学艺术普及学会、富兰克林协会、教育之友等。1881 年后,由让·马赛(Jean Macé,1815—1894)等人在 1866 年建立并由各省教育协会组成的松散文化团体发展而来的"教育联盟"也发展壮大起来,成为一个传播共和主义思想的公共教育联盟。1882 年,全国性的教育联盟大会召开。会议达成了以下共识:在每个区创建一个协会组织,为"离校②至 20 岁之间的年轻人提供体操和军事教学",以保障接受公民教育的连续性;在每个区建立一个公民委员会,协调各个协会活动;发起募捐活动,帮助那些不富裕的区致力于青少年的军事与体育教育。③ 1882 年 5 月 18 日"爱国者联盟"成立,12月,由德鲁莱德任主编的联盟周刊《旗帜》出版,致力于宣扬爱国主义教育。

所以,1880 年代初的世俗化改革与共和主义和爱国主义息息相关。

三、1890 年代激进党政府的世俗化改革

第二次影响较大的世俗化改革是瓦尔德克-卢梭内阁和孔布内阁时期的改革。19 世纪末 20 世纪初的瓦尔德克-卢梭内阁、孔布内阁的世俗化改革是在德雷福斯事件所引发的社会分裂的危机中进行的,加上两位改革者又都是激进派人士,因此,相比费里的以教育为核心的世俗化改

---

① Arnaud Pierre, *Les Athlètes de la République*, Paris:L'Harmattan,1997,p.143.
② 指中小学毕业生或者辍学的青少年。
③ Albert Bourzac, *Les bataillons scolaires*, Paris:L'Harmattan,2004,p.99.

革,第二次改革主要是社会领域的世俗化,尤其是孔布的改革表现得也更为激进些。

瓦尔德克-卢梭生于南特,父亲勒内·瓦尔德克-卢梭是当地的律师和共和党领袖。青年时代,瓦尔德克-卢梭先后在南特东南的普瓦捷和巴黎学习法律,学成后子承父业,也成了一名律师。作为共和派的世家弟子,瓦尔德克-卢梭也是一个共和主义者。1877年,当布罗伊公爵解散众议院,酿成著名的"5·16"危机时,瓦尔德克-卢梭坚定支持共和派,把自己位于圣纳泽尔的律师事务所,变成了卢瓦尔河谷和布列塔尼地区共和派的大本营。坚定的共和主义立场和善于雄辩、精通法律的专业素养,使他的政治生涯具有良好的声誉。1879年,瓦尔德克-卢梭当选为众议员,从此步入政坛。1881年在甘必大内阁中,瓦尔德克-卢梭任内政部长,1883—1885年在费里内阁中继续担任内政部长。1884年提出著名的结社法并获得通过,使法国在倡导结社自由的道路上迈出了重要的一步,也是自由主义和共和主义的胜利。由于1884年结社法使长期遭到禁锢的工会合法化,法国的工人称赞瓦尔德克-卢梭为"工人的代言人"和"职业工会之父"。1894年,瓦尔德克-卢梭当选参议员。

德雷福斯事件就像一把双刃剑,既引发了社会的分裂,也促进了法国各党派的集聚。在共和国的危急时刻,1899年6月,瓦尔德克-卢梭以"保卫共和"的名义成功组阁,并获得了一些激进党人的支持。

德雷福斯事件中,耶稣会士和天主教军官充当了急先锋,使共和国经历了长达12年的动荡。为了"保卫共和",瓦尔德克-卢梭政府同意重审案件。1899年8—9月,经军事法庭重审,德雷福斯仍被判有罪,但改判10年徒刑。9月19日,总统决定赦免德雷福斯。该事件再次说明天主教会在法国的影响与控制力。保卫与巩固共和制度,需要合法地把教会排除出政治社会领域。

1899年11月14日,瓦尔德克-卢梭向议会提交了一项关于结社问题的法案,旨在打击宗教社团。不过,为避免与教会直接冲突而再次引发动荡,瓦尔德克-卢梭的提案把针对宗教团体的特殊法规隐藏在了普通法规的背后。该草案提议,普通社团只要向省行政当局声明后就能自由成立;而由外国人组成或受外国人领导的社团则由内阁法令批准。后者(外国人组成或领导)实际上暗指的是宗教团体。根据程序,议会委员会有权对提案做出修改。然而,经议会委员会修改后的草案直接使用了"宗教团体"一词,并提出该种团体的建立必须由议会立法批准,还新增了"禁止未获批准的宗教团体成员办学或任教,未经批准的宗教团体在3个月内未能办手续者必须解散"的条款。

1899年的这个结社法,由于涉及宗教团体,很快引起了各界的关注。1901年初,议会内就"宗教团体"这部分议案分裂成持3种不同态度的派别。右翼出于对教会利益的维护,坚决反对法案;中间派则要求回到瓦尔德克-卢梭的提案,避免直接用"宗教团体"的字眼,以不刺激教会、平稳过渡为宜;左派则觉得取缔宗教团体还不够彻底,甚至有人还要求没收宗教团体的财产,用来建立工人的退休金。

属于温和共和派的瓦尔德克-卢梭本意是想要以合法的形式把教团的活动纳入法律的轨道,以限制它的活动,并非要清除宗教团体。早在1880年,瓦尔德克-卢梭就"提醒过这些人(教会人士),法律面前人人平等,不存在违反法律或凌驾法律之上的所谓自由;我们要求你们(教会)遵守法律"[1]。但既然宪法草案委员会做了修改,他也就接受了,并为此做了积极的努力。瓦尔德克-卢梭对宗教团体态度的改变,据说是因为巴黎大主教夏尔造访了被法院解散的圣母升天修道会,还对被法院判处罚金的肇事者做了心灵抚慰。这在律师出身的瓦尔德克-卢梭看来是对政府与法律的挑战,不容轻视。1900年10月,瓦尔德克-卢梭在图卢兹发表演讲,批评一些修会"打着宗教组织的旗号,妄图在国家内植入政治组织,先争取绝对的独立,然后再想谋取所有的权威"[2]。他认为,法国宗教团体拥有的惊人的财产和对青年的控制,对共和国是一种严重威胁。

① Waldeck-Rousseau, *L'Eate et la Liberté*（Ⅰ）, Paris : Charpentier, 1906, p. 17.
② Waldeck-Rousseau, *Associations et Congrégation*, p. 39.

1901 年 1 月,议会开始就结社法进行辩论。4 月初,经过约 3 个月的拉锯,结社法案在众议院以 303 票对 224 票的优势获得通过。6 月,参议院也批准了该法案。1901 年 7 月 1 日,《自由结社法》在政府的《公报》上发表。

《自由结社法》的第一、二编主要针对一般的社团,规定了自然人可自由结社,无须经过批准或事先申报,但须满足一定的条件。第三编主要针对宗教社团,规定"宗教协会非经确定其活动条件的法律批准,不得建立;获准建立的宗教协会,只能根据行政法院通过的法令建立新的机构;宗教协会的解散、机构的关闭,可由内阁会议通过的法令宣布";"未经批准的宗教协会所开办的无论什么等级的学校,任何人不得对它直接或间接地加以领导,也不得在其中任教",违者依法处置;"任何未经批准的宗教协会均属非法"。①

应该说,1901 年结社法既是反教权主义和世俗化的一项重要法案,也是自由结社的里程碑。一方面,宗教团体被置于政府的管辖之下。当时有 147 个未经批准的男性宗教团体中的 64 个,606 个女性宗教团体中的 482 个提出申请并获得了议会的批准,其他未申请或申请未批的宗教社团或解散或迁往国外。另一方面,自然人的结社自由得到了保障,从此,法国公民的结社自由权利落到了实处。各种社会主义组织和工人团体在此结社法的背景下发展壮大起来。应该说,法案的通过是法国社会民主化的表征。

孔布内阁时期法国的世俗化与反教权主义又向前推进了一步。

孔布出身于法国西南部塔恩省罗克库尔布一个贫苦的手工匠家庭,早年深受教会的影响,并在尼姆的一所教会学校担任哲学教师。由于教会怀疑其忠诚度,没有授予孔布上级神品,不久,孔布离开了教会,继而学医,并获得执医资格。1881 年,孔布参加圣特斯地方选举,从此开始了其政治生涯。1885 年,孔布当选参议员,成了一名左翼共和党和激进的

---

① 楼均信、郑德弟、张忠其选译:《一八七一———一九一八年的法国》,第 92 页。

反教权主义者。

1902 年 6 月 12 日,孔布接替瓦尔德克-卢梭任内阁总理。作为激进派领袖,孔布在竞选纲领中就宣称,要"镇压教团,将宗教财产世俗化,取消用公共资金向教士支付津贴,我们要将这重要的自由主义信条付诸实践——一个国家拥有最高统治权的自由教会"[①]。孔布当选后,坚定地执行 1901 年结社法,对宗教团体进行打击,要求不管是已经批准还是尚未批准的宗教团体,全部需要重新审批。当时有 500 多个男女教团提交了结社申请,结果只有 5 个教团获得通过。为了防止教团死灰复燃,根据相关法律,孔布把被解散教团的财产约计 10 亿法郎收归国有。这样,到 1903 年 10 月,法国共关闭了约 1 万所未经批准的宗教团体及创办的学校。

取缔了未批准的宗教团体后,孔布政府拟进一步剥夺已获批准的宗教团体的办学权,以实现政教分离。法国天主教历来有办教育的传统,教会举办的各类学校成千上万。1903 年 12 月,孔布向议会提交了一项法案:禁止所有宗教团体或成员从事任何性质的教育活动,原先已获批准的教会学校在 5 年内必须关闭。次年,法案获得通过,不过教会学校在 5 年内关闭的期限改为 10 年。孔布的反教权主义行动,激化了共和国与罗马教皇的矛盾,使政教关系陡然紧张起来。

大革命以来,拿破仑时代的《教务专约》[②]是指导政教关系的基础。第三共和国初期,法国政府的反教权主义活动未及触动《教务专约》。20 世纪初,随着世俗化进程的加快,尤其是孔布内阁强烈的反教权主义倾向,使政府认为《教务专约》束缚了共和国的发展,要求实行政教分离,开始走上了与梵蒂冈的决裂之路。1905 年孔布在一次演讲中说道:"我个

---

① Owen Chadwick, *The Secularization of the European Mind in the Nineteenth Century*, Cambridge:Cambridge University Press, 1975, p. 46 .

② 《教务专约》是 1801 年 7 月拿破仑与罗马教皇签订的。它承认天主教为法国大多数人的宗教,恢复教会的合法地位与财产,但不是法国国教。教会必须遵守国家法律,大主教和主教由国家任命和支付薪俸,由教皇授职。

人决不会反对政教分离。正相反,我和内阁中大部分同僚一样,倡导这一主张。在这一点上,我和整个共和党的观点相一致,始终认为政教分离是迈向世俗社会、摆脱教权束缚这一社会进步必然的和合乎逻辑的结果。"①

　　这一时期主要有 3 个事件引发孔布政府与教皇的冲突,成为政教分离的导火索。一是关于新主教任命上的纷争。孔布内阁在没有事先征得教皇同意的情况下,指定了几名新主教并将名单通知了梵蒂冈。② 教皇认为法国政府不尊重教皇,也违背《教务专约》,因此拒绝向几名新主教候选人授职。孔布也指责教皇拒绝授职是违背了《教务专约》,说是要与教廷断绝来往。二是法国总统访意风波。1904 年 4 月,法兰西总统卢贝接受意大利国王的邀请访意,因为罗马教皇从来就认为现任的意大利国王是篡位者,故而法国总统的访意使梵蒂冈很恼火,教皇秘密通谕各天主教国家表示抗议。不过,摩纳哥亲王将通谕传给了饶勒斯,饶勒斯则将通谕全文发表在《人道报》上,孔布政府被迫回应此事,召回了法驻梵蒂冈大使。三是法国主教去梵蒂冈受阻。彼时,法国有两位主教受到罗马教廷的传唤,孔布觉得有损尊严,阻止他们前往,而梵蒂冈也坚持己见,不愿妥协。双方关系越来越僵,终于在 1904 年 7 月 30 日,法国政府宣布与梵蒂冈断绝一切外交关系。

　　孔布内阁在社会与宗教政策上的激进姿态,致使他失去了大多数议员的支持,被迫于 1905 年 1 月集体辞职。不过,与梵蒂冈关系的恶化,反而给法国的政教分离提供了机会。1905 年 3 月 21 日,社会党创始人之一白里安向议会提交了关于政教分离的草案。白里安平和的语气和礼貌的姿态与孔布的咄咄逼人形成鲜明的对照,提出的议案也更富理性而具有自由主义的气息。7 月,议案在众议院获得通过,12 月,参议院也批准了法案。

---

① 参见楼均信主编:《法兰西第三共和国兴衰史》,第 264 页。
② 根据约定,在任命新主教时,法国政府与教廷要事先协商,指定后的新主教名义上要由梵蒂冈授职。

1905 年《政教分离法》明确指出：共和国保证信仰自由。共和国保障宗教仪式的自由进行。共和国对任何宗教仪式既不承认，也不给工资或津贴。凡曾经是国家所有的宗教建筑物，仍归国家所有；原属教会的财产和建筑物，移交给合法组成的宗教协会。

可以说，从《教务专约》到《政教分离法》是近代以来法国政教关系曲折发展的写照。《政教分离法》颁布后，宗教人士一度感到不安。但随着时间的推移，政教关系反而趋向宽容与理性。不仅政府在法令执行上比较宽松，社会上的反教主义情绪也开始减缓；从一定意义上说，教会本身虽然少了来自政府的资助，但由于政府不再干涉宗教事务，反而使教会远离了政治斗争的旋涡，回归到本该有的在社会中的适当地位，获得它在社会中应有的影响力。《政教分离法》颁布，标志着共和国的世俗化进程至此告一段落。

四、现代国家教育体制的确立与完善

现代法国教育体制属于教育集权下典型的双轨制。第三共和国时期是法国现代教育从确立到完善的重要时期。

拿破仑时代勾画了法国教育现代教育体制雏形。但由于社会的长期动荡，尽管一些思想家对教育理念等问题有过哲学思考，但在国家层面并没有太多的精力来考虑实际中的学校教育问题。1870 年普法战争失败，法国人开始反思他们在基础教育上存在的问题。"1875 年宪法"的颁布，标志着法国共和体制的胜利。此时，法国的工业革命大体完成，经济实力有所增加，在欧洲仅次于英国，居世界第二位，在科技文化方面也取得了相当的成就。相形之下，法国的基础教育就落后些。为此，执政的温和共和派决定整顿教育，理顺教育中的政教关系，开展世俗化的共和思想教育，大力进行教育改革，从而确立和完善了法国的现代教育体系。

在费里任教育部长期间，本着共和精神，政府主持制订了 1881 年、1882 年教育法，即教育史上著名的《费里法案》，提出了共和国教育的"世俗、义务与免费"三原则。根据教育法,法国建立起了一套自己的学校体系,并完成了 1833 年《基佐法案》公布以来开启的初等教育事业。

在法国,属于初等教育范畴的是幼儿学校(école maternelle)和初等学校或小学(petite école)。幼儿学校入学年龄为 2—6 岁,初等学校入学年龄为 6—11 岁。公立的幼儿学校和初等学校免费。初等学校的课程为读、写、算、史地、自然和农业基本知识、手工、图画、唱歌和体操。与初等学校衔接的是小学高级班。

6—13 岁为义务教育期,国家实施强制义务教育。废除公立学校中教会监督和教士担任教师的特权,僧侣等必须通过国家考试取得合格证书才能在学校担任教职。初等学校之上设有 3 年的小学高级班,共同的必修课为法语、算术、代数、几何、工农业基本知识、经济学常识、簿记、会计等。后两年则分为农、工、商及航海等科目。高级班毕业后可升入艺徒学校或师范学校。师范学校学生免膳宿费。穷人家的孩子在高级班毕业后一般都只能读艺徒学校或直接就业。

中等教育主要是为资产阶级子弟设立的,分为国立中学(lycée)和市立中学(collège)。中学的课程以古典人文学科占主导,也增设了现代外国语和自然科学等课程。1891 年,教改法令将实科性的中学改为现代中学(collège moderne),课程以现代语和理科为主。中学不属于义务教育,收费昂贵,一般人是负担不起的。另外还设有私立中学(institution),收费和教学内容均更加具有贵族特色。

20 世纪初,法国对中等教育进行了改革。规定中学为 7 年制,分两段,第一阶段是 4 年,第二阶段 3 年。课程的设置则分为 A、B 两部。第一阶段的 A 部设有拉丁文,B 部则没有拉丁文。第二阶段的前两年为第一阶段修 A 部的设置,有 3 组课程:拉丁语、希腊语;拉丁语、现代外国语;拉丁语和数理科。第一阶段 B 部修完课程后,则升入数理科和现代外国语组。这样的改革明显是加强了数理科和现代外国语在中学里的分量,尽管古典主义的课程在中学里仍然比重很大。

1936 年初,代表进步势力的"人民阵线"在议会选举中获胜,随即也进行了教育民主化的改革。教育部长让·泽瓦(Jean Zay,1904—1944)任内推动了一系列教育法的颁布,比如 1936 年 8 月 9 日法案,将法国义务教育的年限延长到了 14 岁,使更多的贫民子弟有机会接受中等教育。让·泽瓦还推进了法国教育的系统改革,选取了 45 所学校作为改革试点,使各级教育机构和阶段之间做好有机衔接,对教师执业资格也做了全国统一的规定。但进一步的改革因二战爆发而夭折。

法国的高等教育体系在拿破仑时期奠定。按照 1806 年 5 月的《有关帝国大学的构成法律》和 1807 年 3 月的《有关帝国大学组织的勒令》等一系列法令,帝国大学不仅仅指某一特殊层次的教育机构,也是全帝国内所有公共教育的总称。根据帝国大学组织法,国家设立的学部或学院(faculté)属于高等教育机构。当时的学部主要有传统大学中的神学、法学、医学部以及新增设的理学和文学部 5 个大类。各种学院在传授高深学问、培养人才的同时,也负责主持国家统一考试,颁发学位和国立中学教师资格证书。[①] 所以,从某种意义上说,直到 1870 年代初,法国的现代大学还没有真正出现,法国的高等教育实际上局限于培养工程师的大学校、高等师范学院和专业学院(法学院、医学院)等。1875 年,全法国文学院的在校生仅为 238 人,理学院的学生也只有 239 人。[②] 高等教育的落后,不仅使法国的科技发展受到影响,也意味着法国政治与思想方面精英人才的缺失,这使共和派深感忧虑。当时的法国人普遍认为法国大学不如德国大学。对于德国大学的力量,当时的法国也流传着一句口头禅:"在萨多瓦[③]获得胜利的是柏林大学。"为此,共和派执政后十分重视高等教育,并做了一些有益于高教发展的改革。

1878 年,24 名社会知名人士,包括保罗·贝尔、费斯特尔·古朗热、欧内斯特·拉维斯、欧内斯特·勒南、伊波利特·泰纳等,开始不断呼吁

---

① 参见 Jeseph N. Moody, *French Education since Napoléon*。

② Édouard Sylvain Maneuvrier, *L'éducation de la bourgeoisie sous La République*, Ulan Press 2012, p. 384.

③ 指萨多瓦战役,即 1866 年普奥战争的决定性战役。

发展高等教育,加强人文与科学教育。1885 年 7 月 25 日,政府颁布法律,重新恢复了一度被取消的学院的法人资格;1890 年 2 月,政府规定为公立学院提供财政预算,改善学院的办学条件;1896 年 7 月 10 日,议会通过法令,将分散在各地而互不关联的文学院、理学院、医学院、法学院和神学院进行了合并,组成大学(université),以适应工业化与现代化的需要。此外,还组建了 6 所新的大学,改变了长期以来法国"有学院无大学"的现象,也从此加强了国家及大学的科学研究的力量。在发展高等教育的同时,法国加强了大学的制度建设。根据大学法,每所大学都设立了大学理事会;作为法人代表,大学校长行使大学的行政管理权;大学有权决定校内的行政、财政、教学与科研等重要事项。

到 20 世纪初,法国的高等教育有了很大的发展,不论在大学的课程结构上,还是在学生的人数上都有了喜人的变化。比如巴黎大学的文学院不仅从事传统的语言文学研究,也增设了社会学、心理学等实验科学;法学院改变了过去只教授罗马法等做法,引入了法学、政治学、经济学等教学研究,还开设了行政法、国际法、公法、私法等新课程。大学教育中神学院的学生人数减少,文学院的学生人数增长缓慢,而法学院、医学院的学生人数则迅速增长。尤其是理学部中的工科学院和技术学院的学生人数有很大的增幅。据统计,1886 年,法国在校大学生的人数由17 000 多人增加到 36 000 多人,大学教授则由 1880 年的 503 人增加到1909 年的 1 048 人。①

第三共和国高等教育发展的特色之一是工科教育的发展。究其原因,除了法国工业化发展的要求,可能还受到德国工业技术教育促进德国工业发展事实的刺激与启发。工科教育的发展主要体现在工科学校数量的增加、教学内容与当地工业发展与要求密切相关等方面。工科学院的培养目标是造就一个"工程师阶层",所以,学生的构成大多来自中下阶层,毕业后也基本进入工厂和企业,这与其他学院或者巴黎高师等

---

① Antoine Prost, *Histoire de l'enseignement en France*(1800 - 1914), p. 255.

精英教育有很大不同。大多数技术学院则是企业家与地方政府合作开办，直接为地方工业与经济发展服务。1919 年 7 月 25 日，在教育部长阿斯杰(Placide Astier，1856—1918)力主下颁布了《技术、工业、商业教育组织法》，也称《阿斯杰法》，这是法国最早的职业技术教育法。法令明确了职业技术教育由国家组织(起先由工商部管辖，1921 年由国民教育部管理)，目的是通过对科学技术的理论与实践的学习，促进工商业的发展；组成国家技术教育最高委员会，地方各级则设立相应的教育机构；职工有接受职业技术教育的权利，企业主则有提供教育技能培训的义务。该法案作为技术教育基础性法令，促进了法国学校的职业技术教育，所以也有人称其为"法国的职业教育宪章"。这种结合工业实践的高等教育改革，使一直以来信奉古典精英教育的法国高教界改变了一些观念，为法国 20 世纪初期的工业发展提供了重要的支持。正如法国学者所说，"20 世纪初，法国工业的成功可以归结为理学院很早就关注技术教育"①。

　　法国高等教育体制的一个特点是教学机构与科研机构的分离，这也是拿破仑时代的产物。学部(院)主要任务是培养各类专门人才，像法兰西学院、自然历史博物馆、医学研究院等主要是作为科研机构而在法国享有很高的声誉。第三共和国后期，这种教学与科研分离的状况已很不适应时代的要求，必须有所改变。改革后的大学在培养人才的同时，肩负起了科研的责任。比如巴黎大学在科学研究方面的新成就有目共睹，各个实验室设备先进，其中像天文、物理、化学、比较解剖学、实验生物学、航空技术等实验室都是世界科研的中心；还涌现了一大批蜚声国际的著名学者，如居里夫妇(1935 年诺贝尔化学奖得主)，医学科学家夏尔·罗贝尔·里歇(Charles Robert Richet，1850—1935，1913 年诺贝尔生理学或医学奖得主)，物理学家加布里埃尔·李普曼(Gabriel

---

① Craig Zwerling, *The Emergence of the Ecole Normal Superieur as a Centre of Scientific Education in Nineteenth Century France*, Cambridge, MA: Harvard University Press, 1976, p. 31.

Lippmann,1845—1921,1908 年诺贝尔物理学奖得主),等等。

这一时期巴黎大学的科学优势和权威性,尤其是在物理学和现代数学领域的世界领先水平,吸引了来自法国和其他各国的学者和青年学生,他们在那里创造新的辉煌。比如在数学领域,以巴黎大学的一批青年学者为主组成"布尔巴基学派"。他们以创新的研究方法,进行了大量的原创性研究,撰写的《数学原理》极大地拓展了人们对数学本质的认识,对现代数学的发展做出了卓越的贡献。二战前夕,法国国家层面更加重视科学的学术研究。1935 年,法国创办了由诺贝尔物理学奖获得者让·佩兰(Jean Perrin,1870—1942)提议的国家科学研究管理处,专门为青年学者完成国家博士学位提供必要的经费资助,同时给他们毕业后进入大学或者科研机构提供帮助。1939 年,在国家科学研究管理处的基础上,法国又组建了国家科学研究中心(Centre national de la recherche scientifique, CNRS),统筹协调全国的基础科学研究。二战后,研究中心成为国家重要的研究机构,其中一半以上的研究员长期在高校的合作实验室工作,极大地推动了法国高教事业的发展。

第二节　实证主义引领下的文化新发展

社会思潮的出现往往与现实社会的生活特征息息相关。19 世纪下半叶,随着经济发展与政治稳定,社会生活各方面有了很大的变化与进步。尤其是科学的发现与进步,使人们的价值观念、对社会及世界的看法发生了一定的改变。这种变化与改变在社会思潮上的反映即是实证主义与进步主义的盛行。从另一角度看,由于经济变革的节奏加快,加上现代生活压力与随之而来的对生活世界的恐惧,一些人躲避到非理性主义与宗教信仰之中,这使得 19 世纪末 20 世纪初的法国社会思潮更具复杂性。

一、科学与实证主义思潮

19 世纪三四十年代,在经过了革命与战争的洗礼与动荡之后,法国社会渐趋稳定。1870 年代工业革命基本完成，与此同时，科学技术也有了长足的进步。社会的进步，尤其是科技的成就及其传播，促使更多的人相信科学的力量，认识到自己正生活在一个科学的、进步的变化时代，于是信奉实证主义哲学的人也日益增多。相应地，科学、实证、进步逐渐成为一种社会思潮，挤压了长期以来占主导地位的天主教信仰的空间。第三共和国时期，实证主义思潮更是影响了包括政界、学术界在内的法国社会精英与大众阶层，对共和国的稳固和法国公众的生活理念产生了重要影响。

实证主义是一种哲学思潮，由哲学家孔德（Auguste Comte, 1798—1857）在 1830 年代首倡。孔德全面论述哲学、社会科学和科学哲学的 6 卷本巨著《实证哲学教程》（*Cours de philosophie positive*）发表，标志着实证主义的形成。实证主义排斥先验的和形而上学的思辨方式，强调感觉经验；注重用经验、"实证"的科学方法观察、研究事物，探求事实的本原及其变化等现象。在孔德看来，人类的知识发展进程经历了神学、形而上学和实证 3 个阶段，目前已经进入了第三个时代，即实证时代。"在这个时代，人类已不再需要宗教和形而上学，因为科学已经取代了他们，科学在解释并改造着现实。"①

这一时期，科学与实证主义的极佳结合要数亨利·庞加莱，由于在科学哲学上的成就，他甚至被说成逻辑实证主义的始祖。

亨利·庞加莱（Jules Henri Poincaré, 1854—1912），法国数学家、天体力学家、数学物理学家、科学哲学家，生于南锡一个家世显赫的知识分子家庭，家族中有政治家、科学家等，其中堂兄雷蒙·普恩加莱是法兰西学院院士，并于 1913—1920 年任法国总统。

庞加莱虽然视力较差，但智力超群，从小就显示了卓越的数学才华，被他的中学数学老师称为"数学怪兽"，童年时代的一场大病使他的语言表达能力变弱，但丝毫没有影响他敏捷的思维。1873 年，庞加莱就读巴黎综合理工大学，师从著名数学家查尔斯·厄米特（Charles Hermite,

---

① 杜比：《法国史》，中卷，第 1197 页。

1822—1901)。1879 年,庞加莱获巴黎大学博士学位,1881 年任教巴黎大学,从此致力于科学研究。1887 年,庞加莱当选为法兰西科学院院士,1906 年任科学院院长,1908 年入选法兰西学院院士。庞加莱的研究涉足数论、代数学、几何学、拓扑学、天体力学、数学物理、多复变函数论、科学哲学等许多领域,成果卓著。

在物理学领域,庞加莱提出了力学体系运动可逆性(或可复性)的定理,即物体运动中经过足够长的时间后总可以回复到初始状态附近,也称"庞加莱定理"。

庞加莱对现代数学最重要的影响是创立组合拓扑学,提出了著名的庞加莱猜想:任何一个单连通的、闭合的三维流形一定同胚于一个三维的球面。后来这个猜想被推广至三维以上空间,被称为"高维庞加莱猜想"。这种猜想引来了数学家百年来的逻辑推理与数学证明,进而也推动了数学的发展。

庞加莱在天体力学上的成就是通过研究所谓的渐近解、同宿轨道和异宿轨道等,发现即使在简单的三体问题中,在同宿轨道或者异宿轨道附近,方程的解的状况会非常复杂,以至于对于给定的初始条件,几乎是没有办法预测当时间趋于无穷时这个轨道的最终命运。这种天体运动的不确定性,数学家和物理学家称之为"混沌"(chaos)。庞加莱可以说是混沌理论的开创者。

19 世纪后期,随着科学新理论的发展和技术的不断进步,从哲学角度考察科学即科学哲学,开始成为一门独立的学科。庞加莱的哲学著作《科学与假设》《科学的价值》《科学与方法》等也在学界有重大影响。庞加莱还是约定主义哲学的代表人物。约定主义认为科学定理和理论是约定的,这种约定一定程度上是取决于我们从可选择的描述自然界的方式中进行自由的选择,被选择的可供选择方式并不能说比其他事实更真实,只是方便而已。科学公理的方便与约定的思想,不仅启示了像维也纳学派、波普等,也对逻辑实证主义贡献极大。

在实证主义理念与原则的引领下,19 世纪末以降法国科学研究有了更多新的进展,数学、物理、无线电报等领域成绩斐然。比如,巴斯德在生物医学上的重大突破,贝克雷尔发现了放射性物质的辐射原理,居里夫妇发现了放射性元素镭,莫里斯·德布罗意研究了 X 射线的光谱学分析等。

科学的新进展给人以信心:科学不仅可以解释自然,也可以解释人事;人文学科也试图依照科学原理进行自我建构。以泰纳、勒南等为代表的文学、历史、哲学实证主义思潮涌现,并使实证主义原则在人文社会研究领域占据了主导地位。

伊波利特·泰纳(Hippolyte Adolphe Taine,1828—1893),19 世纪后期法国杰出的文学批评家、历史学家和哲学家。泰纳出身于法国北部阿登省一个富裕的律师家庭,13 岁随父来到巴黎,就读负有盛名的孔多塞中学,15 岁进入波旁公学,20 岁进入巴黎高师,学习哲学,表现了极高的哲学天赋。不过,泰纳这位哲学天才没有通过法国教师资格的考试,令人遗憾地失去了成为体制内哲学家的机会,于是泰纳逐渐地从哲学转向了文学与史学研究。泰纳的作品涉及文学史、艺术史、哲学、历史和游记等各个领域,可谓卷帙浩繁。主要著作有《论智慧》《拉封丹及其寓言》《巴尔扎克论》《艺术哲学》《现代法国的起源》等。

泰纳崇尚实证主义和达尔文的进化思想,认为世间的一切事物,无论是精神世界还是物质存在,都可以科学地解释,因而也是有规律可循的。泰纳可谓是在法国美学、艺术领域中试图用纯粹的客观观点来建构文艺理论的开山祖。他以"环境、种族与时代"三因素来分析与理解作家的思想与行为,认为它们是那些有思想性的艺术作品中的"三种原始力量",分别在艺术创作中起着"内部主源""外部压力"和"后天动力"的作用。这种重视环境、时代在人的个性中的作用的实证主义思想直到 20 世纪仍对法国思想界有影响。

泰纳在史学领域的主要贡献是巨著《现代法国的起源》。在该书的序言中,泰纳提到了他的实证主义政治哲学:一所房子(政府形式)的设计图纸并不能说明问题,一个政府形式是不是人民需要,"只有实践之后才知道,需要时间去检验政治寓所是否舒适、坚实、足以抵御恶劣天气,是否适应民风、不同的工作、人民的性格……","我们的偏好毫无作用,自然和历史事先已经为我们做出了选择"①。泰纳写作此书的目的,是要追究当代法国衰落原因,对此,他以科学的语言分析认为,18世纪末那场革命带来的剧变,使法兰西传统根基的深层器官发生变异,从而使新构建的现代法国缺乏坚实的结构:"转变过于猛烈和迅速的民族同样不幸,因为它难以达到内部的平衡与和谐,而且,由于其领导机构行为过度,其深层器官发生变异,其维系生命的养料逐步枯竭,因而注定会失去理智,陷入虚弱无力的境地。"②

涂尔干(Émile Durkheim,1858—1917),又译迪尔凯姆、杜尔凯姆,是法国犹太裔社会学家、人类学家,与马克思、韦伯并列为社会学的三大奠基人。涂尔干出身于法国孚日省埃皮纳尔一个犹太教家庭,从小学习希伯来文及犹太律法。1879年,涂尔干就读于巴黎高师,与亨利·柏格森和饶勒斯是同学。求学期间,涂尔干师从著名学者德·库朗日(Fustel de Coulanges),就此开始追崇实证主义。1887—1902年,涂尔干在波尔多大学执教期间创办了法国第一个教育学和社会学系。1898年,涂尔干创刊《社会学年鉴》(L'Année sociologique),刊出社会学研究的高质量文章。逐渐地,围绕《社会学年鉴》形成了一批年轻社会学家团体——法国社会学年鉴派,为法国社会学研究做出了重要贡献,也使实证主义社会学得到了极大的传播。

作为现代社会学的创始人,涂尔干一生撰有大量的著作,其中《社会分工论》(1893,涂尔干的博士学位论文)、《社会学方法的规则》、《自杀论》(1895)、《宗教生活的基本形式》(1912)等4部著作,集中表达了涂尔干的社会学主要理论与方法。涂尔干认为,社会制度与社会发展历程都具有科学性,是有规律可循的;社会成员间存在一定的向心力,即"团

① 泰纳:《现代法国的起源:旧制度》,黄艳红译,长春:吉林出版集团有限责任公司,2014年,作者序,第2页。
② 泰纳:《现代法国的起源:旧制度》,作者序,第4页。

结",这是成员集合体存在的社会基础。涂尔干进一步将社会团结分成"机械"与"有机"两种,并认为社会团结必然会从"机械"向"有机"发展。涂尔干用统计方法研究自杀现象,用人类学资料研究澳大利亚土著居民宗教问题,实践了孔德的实证主义社会学的构想。

受实证主义和德国兰克学派的进步主义影响,法国一些崇尚科学的史学家开始强调用"客观的事实"来研究客观的历史。1876 年,加布里埃尔·莫诺(Gabriel Monod,1844—1912)、古斯塔夫·法尼耶(Gustave Fagniez,1842—1927)等历史学家创办了《历史评论》(Revue historique)杂志,倡导在确凿的史料上展开历史研究。莫诺等批评之前的历史研究者常常"将自己的气质、性格强加于历史之上",毫不在意史料的考证;强调历史学家的想象应该限制在依赖文献所可以到达的范围之内,并且将"档案馆看作是历史学家的真正的实验室"[1];认为应该用变化与联系的观点看历史。这些思想构成他们所谓科学的历史观。1897 年,历史学家朗格卢瓦(Charles-Victor Langlois,1863—1929)、塞尼奥博斯(Charles Seignobos,1854—1942)合著的《历史研究导论》(Introduction aux études historiques)[2]出版,文中提出"没有史料就没有历史"的观点,大力提倡"历史应该再现事物和理解事物间关系的努力",宣称"历史已开始成为科学,与罗马的、学院式的雄辩传统相决裂,采用自然科学的语言的时刻已经来临"。[3]

这股实证主义的思潮,不仅在学界有影响,也刮到了政界。一些政治精英认为"如果人们以真正科学的精神去处理政治,政治……肯定会出现同物理学、化学和生理学法则一样有确定无疑的法则"[4]。信奉这种实证主义理念的主要是温和共和派,比如费里等,他们把实证主义原则

---

① 参见德克拉鲁瓦等:《19~20 世纪法国史学思潮》,顾杭等译,商务印书馆,2016 年,第 106—107 页。
② 这是两位教授在巴黎大学授课的心得。
③ 参见德克拉鲁瓦等:《19~20 世纪法国史学思潮》,第 116 页。
④ 杜比,《法国史》,中卷,第 1198 页。

引入共和国的治理之中,注重社会团结,强调用科学、进步的观念教育年轻人,从而开启了教育与社会生活世俗化的改革历程。正如法国历史学家乔治·杜比所说,这一时期,"实际上,法国所有的思想流派,从君主主义一直到盖德派,都不同程度地打上了科学主义的烙印"[1]。

二、迈向现代主义的文艺思潮新趋向

文学、艺术作品的创作通常最能集中反映社会思潮发展的新特征。第三共和国时期的文学发展就表达形式而言大致经历了两个时期,即 19 世纪中期的批判现实主义与后期的象征主义。

19 世纪初,法国乃至欧洲的文学舞台上,浪漫主义一枝独秀。到 19 世纪后期,浪漫主义作为文艺思潮已退居次要地位。这一方面与社会发展及社会思潮的影响有关;另一方面,作家、读者,包括许多评论家在内的人士对抒发个人情感、突出个性的浪漫主义作品开始感到乏味。由此,批判现实主义成了主导思潮。

现实主义在 19 世纪欧洲是与浪漫主义并存的两大思潮之一。在法国,到 19 世纪中叶现实主义才作为一种美学原则被突出,也与科学实证主义价值有关。现实主义的倡导者认为文艺作品必须反映现代生活,要求作者客观中立地观察事物,按照生活的本来面目如实地反映现实,既不美化也不歪曲,从而真实地展现典型环境的典型人物。这一时期,现实主义文学的主要代表人物有福楼拜、左拉等。

自然主义思潮可以说是对现实主义的一种继承,它以更忠实地、不加选择地反映现实为宗旨,不带偏见、不进行道德评价地反映真实的"生活侧面"。与现实主义相比,自然主义更注重"科学决定论",在作品中更多地突出人的生理性与感性的意识。崇尚自然主义的作家们认为人是受环境与遗传因素的影响与支配的,个人无法把握自己的命运。由于强调感性与偶然性,自然主义在文学表现上注重描写现实生活的个别现象

---

[1] 杜比:《法国史》,中卷,第 1198 页。

与琐碎细节,在追求事物的外在真实的同时也忽视了对生活现象的概括与分析、忽视了对生活本质的揭示。自然主义的代表人物是龚古尔兄弟、安德烈·安托万,也有人把左拉列入自然主义流派(左拉的作品带有现实主义的倾向)。自然主义作为一种流派持续的时间不长,但它扩展了现实主义思潮的题材,丰富了现实主义的表现艺术。

象征主义是19世纪下半叶又一具有重要社会影响的思潮,是对现实主义的一种反动。当时,法国一部分青年知识分子面对日益变化的社会感到无所适从,彷徨苦闷中希望有所宣泄,有时还难免颓废,进而形成了所谓的颓废主义作家群。他们否认文艺的思想性、现实性以及文艺的社会作用,认为文学艺术必须摆脱生活的桎梏,主张"为艺术而艺术",作品表现应该注重形式而忽视内容,可以说象征主义是这种颓废主义流派的表现之一。

"象征主义"(Symbolisme)一词源于法国。"象征"一词意为"感觉的表现",最早是由法国诗人波德莱尔提出来的。1886年,诗人莫亚雷斯在《费加罗报》上发表宣言,称他们为"象征主义者",象征派开始扬名。彼时,一些对现实不满的青年诗人经常在巴黎和外省的咖啡馆聚会,他们看上去慵懒,也没有确定的信条,但一致反对现实主义,信奉"艺术至上",个人感受至上。他们常常聚在一起,发表一个宣言,起一个夸张的名称,比如"长发派""颓废派""精疲力竭派"等,时间不长,往往是昙花一现。他们的作品或标新立异,用诡谲怪诞的手法迎合读者、观众的好奇心;或求助于一些所谓的超自然的(如诸神显灵、仙女、兽类等)题材来刺激观者的感官。其中一些年轻人依据象征主义的理论也写出了一些有重要影响的作品。

所以象征主义不是一个有组织的统一派别,他们分散活动,但也有一些共通的东西。他们大多认为在熟悉的现实世界之外,还有一个世界。现实世界是虚幻、痛苦和丑陋的,"另一世界"才是真实、幸福和美好的。艺术家的责任是揭示、探索、表达这一个真实美好的"另一世界",使受众感受到它的存在;用"象征"形成某种"意象",表达生活内在的神秘。

其主要代表人物有魏尔兰、兰波、马拉美、莫亚雷斯等。尽管象征主义最终没有形成统一的流派,但它提倡与践行的简约而充满寓意、情感丰富的创作手法与技巧,对 20 世纪的表现主义、超现实主义和荒诞派等都有很大的影响。

印象派(Impressionnisme)是象征主义在绘画上的表现形式,19 世纪 60 年代至 90 年代在法国兴起。作为一个划时代的绘画流派,印象派受到现代科学技术(尤其是光学理论和实践)的启发,关注绘画中对外光的研究和表现。所以,印象派又称"外光派"。据说印象派一词是源于莫奈的油画《日出·印象》,这幅画描绘的是塞纳河上清晨的日出。因为要抓住瞬间的日出印象,莫奈用了大色块的粗放笔法,从而被一些保守的评论家认为是随便的"凭印象"的胡乱画作,印象派可能就是由此而来。

1874 年,一群年轻的画家在巴黎卡皮西纳大道的一所公寓里举办了第一届印象派画展,以此挑战传统。当时包括莫奈、雷诺阿、毕沙罗、西斯莱、德加、塞尚和莫里索等在内的 31 名印象派画家参展。这些所谓的印象派画家们尽管性格、天赋各异,观念、倾向不同,但他们对时代的感受与经历有很大的相似之处。很多年以来,年轻画家们一起工作,相互影响,并一起独立展出作品(只有继续谋求官方赞许的马奈例外),并欣然接受一些杂志的讽刺作家封给他们的略带嘲讽的称号——"印象派"。

上面提到,印象派绘画主要受现代科学尤其是光学的启发,主张根据太阳光谱所呈现的赤橙黄绿青蓝紫 7 种颜色去反映自然界的瞬间印象。由于追求外光和色彩的表现,印象派画家常常把身边的生活琐事和所见所闻作为表现题材,描绘现实中的人物和自然风景,深受民众喜爱。雷诺阿曾说:"自然之中,绝无贫贱之分。在阳光底下,破败的茅屋可以看成与宫殿一样,高贵的皇帝和穷困的乞丐是平等的。"这种平等的意识和只注重形式、忽视内容的技法,也是对传统的一种反叛。

深受象征主义文学与绘画流派影响的印象派音乐,也是 19 世纪下半叶在法国流行的一种音乐样式。与古典音乐描述与表现现实的事件不同,印象派音乐也是建立在色彩、运动和暗示(suggestion)的基础之上。在他们看来,纯粹的艺术想象力比描写真实事件具有更深刻的吸引力。这样,印象派音乐就带有了一种完全抽象的、超越现实的色彩,可以说是音乐进入现代主义的开端。印象派音乐的主要代表人物为德彪西和拉威尔。

可以说,19世纪晚期至20世纪初,法国的文学艺术真正是百花齐放,为20世纪法国现代文学多源头和多元化的发展格局奠定了基础。

三、文化艺术的主要代表人物及其作品

大革命以来,个性与自由一直是法兰西民族崇尚的目标,表现在文学艺术上,则把创作个性的自由奉为最高准则。在各种文化思潮的浸润下,19世纪晚期的法国涌现了大量的文艺作品,成就了许多优秀人物,他们共同织成了法国文化史上的美丽花朵。

19世纪中期到20世纪初,法国知识分子积极参与政治与宗教的社会斗争实践。一些作家利用小说寄托情感,针砭时弊,表达对社会政治与宗教问题的意见。当时小说家对小说与社会关系的看法大致分为两类:一类是科学主义与民主主义的。他们认为随着科学的日新月异,一些神秘的灵异现象终将消散,反映神秘主义的作品也会日趋衰落。社会中的每个人都是平等的,人人都有追求幸福的权力,社会中的政治与经济地位的不平等也将减少甚至取消。所以,民众要团结起来,为美好社会而努力。比如左拉、法朗士、罗曼·罗兰的作品,都致力于表达这种理念。另一类是遵从传统主义的,认为在现实世界中,科学并不能解决一切问题,精神与信仰可以帮助人们沉淀心灵,比如作家巴雷斯、布尔热等。这一时期的作家尽管价值与理念不同,但他们都从不同的视角反映了当时法国的社会真实情境,在法国文学史上写下了不朽的篇章。以下列举有重要地位的一些作家及作品。

古斯塔夫·福楼拜(Gustave Flaubert,1821—1880),19世纪中叶法国伟大的批判现实主义小说家。福楼拜出身于鲁昂的一个医师家庭,中学时便开始写作。15岁时,情窦初开的福楼拜爱上了一名年龄比他大得

多的女士,这一少年时代的情感经历日后启发了他的小说《情感教育》。晚年,福楼拜热心指导莫泊桑写作。

福楼拜的名作《包法利夫人》取材于发生在他身边的故事。据说他父亲的一个学生娶了一个美丽的妻子,但不久妻子就有了外遇,把丈夫搞得身败名裂,最后自己也服毒自尽。福楼拜经过实地的调查与采访,花了4年时间把这个普通的桃色事件写成了长篇小说《包法利夫人》(1852)。小说主人公包法利夫人爱玛是个美丽、热情、善良又处事单纯的农村姑娘。她向往城市的浪漫生活,最终屈服于诱惑与情欲。她的丈夫包法利是一名迟钝而本分的医生,深爱着他美丽的新婚妻子。而爱玛为追求物质与精神的虚荣,不断添置高档衣物,以致家庭债台高筑,精神与物质都不堪重负。爱玛堕落后,包法利才发现命运与他开了个极大的玩笑。爱玛走投无路服毒自尽后,包法利也万念俱灰,在苦恼与绝望中离开了人世间。

福楼拜以一种近似冷漠的态度,"客观"地揭示酿成这一悲剧的前因后果,指出社会所具有的不能推卸的责任。小说深刻的揭示和生动的描述,轰动了法国文坛。法国的书报检查机构指责《包法利夫人》"有伤风化,诽谤宗教",向法庭提出控告;报纸也就作家是否有权如实反映生活进行了辩论。论战反而使该作品有了更大的影响力,福楼拜也成了公认的一代现实主义宗师。一些评论家则认为《包法利夫人》开创了法国文学史的新纪元。

居伊·德·莫泊桑(Guy de Maupassant,1850—1893),法国批判现实主义作家,被誉为短篇小说的巨匠。

莫泊桑出身于诺曼底一个没落的小贵族家庭,普法战争期间自愿应征入伍,战争结束后来到巴黎,先后在海军部和教育部任小职员长达数十年。特殊的经历使莫泊桑对小职员的生活状况和精神境界有深刻的体认,描写小职员的困境也成为他日后创作的重要主题。结识福楼拜对莫泊桑文学生涯有着非凡的意义,1873年福楼拜开始指导莫泊桑的文学创作。1874年,莫泊桑又在巴黎福楼拜的寓所结识了左拉。两年后,莫泊桑、左拉等组建了自然主义文学集团"梅塘集团"①。

1880 年，左拉邀约 6 名作家各写一篇有关战争故事，集结成《梅塘之夜》，其中，莫泊桑写的《羊脂球》备受关注与赞扬，莫泊桑从而一举成名。此后的 10 年间，他创作了短篇小说 300 多篇，长篇小说 6 部，游记 3 部，诗集 1 部，享誉国内外。与此同时，忧郁症也困扰着他。1890 年以后，莫泊桑精神状态日渐堪忧，1892 年自杀未遂，被视为精神病入院治疗。次年逝世。

莫泊桑的长篇小说《俊友》（也译《漂亮朋友》）讲述的是一个体态健美、外表俊朗的外省青年杜阿洛在巴黎的奋斗人生。这个英俊的青年有一颗不安分的心，甚至还有点卑鄙。他到巴黎后，凭着非凡的仪表和精明的手段，赢得了上层贵妇的欢心，进而从一名普通的记者升迁为报纸总编，跻身上流社会。作者透过杜阿洛这个形象折射出的是第三共和国的社会状态和上层社会的虚伪。

莫泊桑的文学成就突出体现在短篇小说上。作为现实主义作家，他所描写的大多是他熟悉的诺曼底农民、贵族和政府小职员。生动细腻的刻画、意境深远的构思，使他的作品不仅很好地反映了人世百态，也具有很强的可读性。比如《羊脂球》《项链》《米龙老爹》《菲菲小姐》等都是娓娓动人、引人深思的作品。评论家认为，莫泊桑把现实主义的短篇小说艺术提高到了空前的高度，与俄国契诃夫和美国欧·亨利一起并称为"世界三大短篇小说巨匠"。

爱弥尔·左拉（Émile Zola，1840—1902），法国自然主义文学的奠基人。左拉虽生在巴黎，但家境贫寒。早年曾研习理科，信奉孔德的实证主义，这些经历对他日后创作自然主义文学是有影响的。在左拉看来，人的性格、思想是由遗传和环境两个因素决定的，尤其受社会和经济条件的制约，因而人们无法决定自己的命运。除了受实证主义影响而坚持

---

① 梅塘（Médan）位于巴黎的郊外，是左拉的别墅。当时有 6 名小说家每周都在此聚会，即保尔·阿莱克西、莫泊桑、莱昂·艾尼克、昂利·塞阿尔、于斯曼，被称为"梅塘集团"。

观察和实验原则、强调资料考证和客观描写,左拉十分崇尚巴尔扎克,尝试"想用事实和感觉描写出这个时代的社会面貌,并且在风俗和事件的细微末节中刻画出这个时代"。

左拉的主要代表作是 20 卷系列长篇小说《卢贡-马卡尔家族》,副题为《第二帝国时代一个家族的自然史和社会史》。在这个系列小说中,左拉追溯了卢贡-马卡尔家族的起源,从生理与遗传的角度讲述这个由一个女子和两个男子结合而成的奇异家族(家族中一男子强壮、一男子孱弱),女主人公先后与这两个男子生下了几个孩子,此后子孙繁衍;他们的后裔中有些身体强壮、精力充沛,有些体质孱弱、气短神疲,说明的是遗传的强大力量;从社会史的视角,左拉通过该家族 5 代人的命运沉浮,反映了第二帝国时期社会生活的形形色色。小说先后出场的人物 1200 多个,如同巴尔扎克的《人间喜剧》,不同人物的坎坷命运折射了第二帝国的社会面貌。其中重要的篇章有《娜娜》《萌芽》《金钱》《小酒店》等。

左拉写作时很少依赖灵感,而是注重收集和运用大量的实证数据和研究资料,在表现手法上,左拉的特点是善于把控全局,着力描写波澜壮阔、气势恢宏的重大事件与盛大场面,给人留下难忘的印象。

左拉不仅信奉实证主义哲学,对功利主义也很推崇,以"最大多数人的最大幸福"为格言,某种程度上还同情社会主义。所以,当德雷福斯事件引发民主与反民主势力大较量时,左拉坚定站在了民主派的一边,并在《震旦报》上发表公开信,开篇第一句"我控诉",勇敢地揭露法国参谋部陷害德雷福斯的阴谋。不久,左拉自己却因诽谤罪被判刑,被迫流亡英国一年多。流亡期间,左拉开始写作《四福音书》:第一部《繁殖》(1899),歌颂家庭和天伦之爱;第二部《劳动》(1901),根据傅立叶的空想社会主义思想,宣传通过劳动社会化达成人类的和谐;第三部《真理》(1902),是用小说的形式反映德雷福斯事件,说明谬误最终必然要失败;第四部《正义》(未完成)。1902 年 9 月 28 日,左拉在巴黎的寓所因煤气中毒不幸逝世。

阿尔丰斯·都德(Alphonse Daudet,1840—1897),19 世纪法国著名

的现实主义小说家,出身于普罗旺斯尼姆城一个丝绸作坊主的家庭。
1857 年,都德因父母破产被迫辍学,在一所小学当辅导老师。他的半自
传体长篇小说《小东西》(1868)就是以他自己当学生和辅导教师的经历
为素材写成,现实地反映了当时法国社会的学校生活。普法战争爆发,
都德也应征入伍,这段生活为他日后的短篇小说《月曜日故事集》提供了
基础。其中的《柏林之围》《最后一课》等都是脍炙人口的名篇,反映了法
国人的爱国主义情怀。

普法战争以后,都德创作了长篇小说《塔拉斯孔城的达达兰》
(1872—1890)、《小弟弗罗蒙与长兄黎斯雷》(1874)、《雅克》(1876)、《富
豪》(1877)、《努马·卢梅斯当》(1881)、《萨福》(1884)、《不朽者》(1888)
等,描写手法诙谐、机智,猛烈抨击社会及制度的腐败。其中《不朽者》讽
刺的是法国最高科学机构——法兰西学院。主人公只不过是一个平庸
的学究,但通过毕生的努力奋斗,混进了法兰西学院,成了"不朽者"的院
士,但最终他的论著被发现是造假。学术不端的问题既考验着人性,也
是学术制度中的永远之痛。

古里斯-卡尔·于斯曼(Joris-Karl Huysmans,1848—1907),法国文
学史上一个承前启后的关键人物。于斯曼生于巴黎,20 岁后供职于法国
内政部,利用空余时间写了许多小说,在左拉召集的《梅塘之夜》中,于斯
曼的作品是《背上背包》,记载了他在普法战争期间短暂的军旅生活,这
也使他成为自然主义文学流派的主要代表人物。

于斯曼的早期小说具有自然主义风格,比如《玛特,一个妓女的故
事》(1878)以写实的笔法描述了当时法国合法妓院中的情景;《华达尔姊
妹》(1879)则讲述了在巴黎一家书籍装帧厂工作的两姐妹的故事;《同居
生活》(1881)讲述了小说家安德烈婚后发现妻子贝姐不贞,离开她,并先
后与一个叫布兰雪的高级妓女和一个叫雅娜的女工同居的故事。另外,
像《巴黎速写》《浮沉》等作品,都因其高度写实的风格、直描社会的主题,
而成为自然主义文学的重要组成部分。

于斯曼的代表作品是《逆流》,该小说讲述了贵族后代德塞森特因厌

倦了早年在巴黎的放荡生活,并且与都市的时尚文化格格不入,便幽居到离巴黎有些距离且交通便利的郊区乡下——丰特奈玫瑰镇,过着一种被人们认为是"颓废主义"的生活。小说没有完整的故事情节,而是随心所欲地、充满细节地真实描写了镇上及镇里人家的人情世故以及主人公在看到这些事物时心中所勾起的种种联想。这种联想涉及自然现象、社会生活、艺术现象、私人生活的各个方面,体现出作者对传统生活、种种风俗习惯、时尚文化、各种艺术的演进与发展的个性化价值评判。从某种程度上说,《逆流》成了反映那个时代的文化百科全书。这部小说的出版,引起了极大的争议。以此为标志,于斯曼告别了自然主义,成了先锋派作家的代表,他的《逆流》也被一些文学家视为"颓废主义的圣经"。

莫里斯・巴雷斯(Maurice Barrès,1862—1923),法国小说家、散文家,出身于洛林一个资产阶级家庭,中学毕业后到巴黎学习法律,后转向文学写作。巴雷斯早年受浪漫主义影响,写了题为《自我崇拜》的三部曲:《在野人眼前》(1888)、《自由人》(1889)和《贝丽妮丝的花园》(1891)。在书中,他揭丑与嘲讽自己,自曝自己胆怯还颇为自负。在他看来,现代文明只是"一片蛮荒",使他看见了不少"野人",逃避现代文明的唯一办法就是培养自己的特立独行,成为一个自由人。在《贝丽妮丝的花园》中,巴雷斯塑造了一个出身平民、情感细腻、情操高尚的洛林姑娘贝丽妮丝,她的高尚品德帮助了一个自以为是的精神贵族摆脱了傲视一切的痼疾。

1870 年前后,巴雷斯开始投入政治活动,要求将阿尔萨斯、洛林归还法国,进而,他的写作立场也从爱国主义转向民族主义。1897 年,巴雷斯发表了以《民族精神的小说》为题的另一个三部曲,包括《离乡背井的人》(1897)、《向军人发出号召》(1900)、《他们的嘴脸》(1902),表达他强烈的民族主义信念。《离乡背井的人》写的是洛林省 7 个青年受哲学教师布泰伊埃的影响,背井离乡,到巴黎寻找出路。但是,哲学教师启迪了他们的批判能力,没有给他们的思想以任何基础。他们离开家乡、脱离了本根后,反而前途堪忧。两个人流落街头,成为杀人犯,一个钻到书本堆中去,成了书呆子。最后只有一个青年有幸重返家园。通过这一故事,巴雷斯表明了一种民族主义的立场:青年人应该也只有在乡土和家族里面落地生根,才能够生存发展。一战爆发后,巴雷斯又发表了以《东面的支柱》为题的系列小说,包括《在德国军队中服役》(1905)、《柯丽特·波多什,梅斯一少女的故事》等,都是借作品抒发他对法兰西民族的情感,提出了阿尔萨斯、洛林与法德关系等敏感问题。

保罗·布尔热(Paul Bourget,1852—1935),法国小说家与评论家,保守思想知识分子的代表人物,1895 年入选法兰西学院院士。

布尔热的小说标榜传统的写实主义,前期和后期呈现出不同的思想倾向。前期主要受孔德的实证主义哲学的影响,但与左拉不同的是,布尔热并不强调生理因素的决定作用,而是试图通过对人物的精神和心理分析来解释人物的行为。因此,他的小说大多属于心理哲学小说,比如《无法挽回》(1884)、《都市》(1893)。1901 年,布尔热皈依天主教,其后期的作品就传达出强烈的传统倾向。如《阶段》(1902),把一个信奉基督教的幸福美满家庭与一个思想自由者的充满不幸的家庭作比较,来说明信仰的重要性。《离婚》(1904)则站在天主教立场,认为离婚违反自然规律,必定会带来不幸的后果。

布尔热还是著名的文学评论家。在他看来,那些受自由民主和个人主义思潮影响的作家,在创作过程中偏离了正确的方向。他批评司汤达、福楼拜、波德莱尔等人的作品,认为它们是当代悲观主义的根源之一。他也指责实证主义,认为它误导青年。比如他的代表作《门徒》(1889),就通过描写一位受人尊敬的教授,信奉实证主义哲学并以此教导学生,从而酿成苦果:青年门徒把教授教导的一套付诸实践,产生了悲剧性的结果,以犯罪而告终。布尔热最后成为虔诚的教权主义者,主张重回君主制时代,在政治上是一个右翼保守分子。

19 世纪下半叶,法国在绘画艺术中对后世影响最大的要数印象画派了。尽管他们不是一个派别,也没有统一的画风,但名家荟萃,把现代绘画提升到了一个新高峰。

爱德华・马奈(Edouard Manet,1832—1883),印象主义奠基人之一,但有意思的是他生前从未参加过印象派人员的画展。马奈出身于巴黎一个法官家庭,青年时当过海员,后到学院派画家库图尔的画室学画。不过,个性独特的马奈无法容忍学院派的呆板与僵化,喜欢以自己的方式来表达和描绘他所理解的现实与事物。

1861 年,马奈的《西班牙吉他演奏者》展出,由于他的画既具有古典造型基础,又有明亮鲜艳的光与色的整体表现,使人耳目一新,从而在巴黎画坛上崭露头角。1863 年,马奈的《草地上的午餐》在落选者沙龙中展出,画作不论是题材还是表现方法都与当时占统治地位的学院派原则相悖,却引起了轰动。1865 年,马奈的另一件作品《奥林匹亚》展出,离经叛道的艺术形式又一次掀起了轩然大波。正统的评论界和新闻界人士猛烈攻击马奈,说他"无耻到了极点";以左拉为首的进步作家和青年画家们则为马奈喝彩,预言"马奈将在卢浮宫占一席地位",一番论争反而使马奈名声大振。一批年轻画家聚集在他周围,探求新的艺术风格与手法,被时人讽刺为"马奈帮",这就是后来著名的印象派,马奈无形中成为这些印象派画家的领袖。1883 年 4 月 30 日,马奈病逝。

爱德加・德加说过:"马奈要比我们所想象的更伟大。"的确,马奈的绘画理念、风格技巧深深影响了莫奈、塞尚和梵高等一代画家,进而开创了绘画现代主义的新时代。

克劳德・莫奈(Claude Monet,1840—1926),印象派代表人物与创始人之一。莫奈出生于巴黎,5 岁时全家移居到诺曼底的勒阿弗尔,童年的诺曼底海滩给他留下了深深的印记,名画《日出・印象》就以勒阿弗尔的一处风景为背景。1860—1862 年,莫奈在阿尔及尔当了两年兵后,于1862 年在姑妈的帮助下,回到巴黎学习艺术。在巴黎,莫奈结识了雷诺阿、巴齐耶等人,他们共同创造了一种新的艺术表现手法,在户外和自然光线下用浓厚的油彩作画,后来被称为印象派。

莫奈擅长光与影的实验与表现技法,对色彩的运用也相当细腻,他的作品往往用相同主题来表达不同的色彩与光的完美结合,对于光影的运用可谓是出神入化,比如鲁昂大教堂系列、睡莲系列等。莫奈的代表作可以列出一串长长的清单:《日出·印象》《草地上的午餐》《干草垛》《鲁昂大教堂》《圣拉扎尔火车站》《维特尼附近的罂粟花田》等。印象派的理论总结与实践推广都得益于莫奈,因而莫奈是印象派画家中最具影响力的灵魂人物。

保罗·塞尚(Paul Cézanne,1839—1906),后期印象派的主将。由于塞尚在绘画中注重物体体积感的表现,为"立体派"开启了思路,又由于其重视艺术形式的追求,塞尚还被称为"现代艺术之父""造型之父"和"现代绘画之父"。

塞尚出身于一个小商人家庭,父亲希望他学习法律,成年后经商。但塞尚的注意力与兴趣都在绘画上,1861年,22岁的塞尚来到巴黎,不久便结识了莫奈、雷诺阿,并与左拉保持着很长一段时间的友谊。不算安定的生活,在他的作品风格中也留下了印记。塞尚早期的作品比较关注光线照射到不同质地表面上的效果,也坚持对物体结构和实体的"真实感"或"坚实感"的表现。在表达这种感觉时,塞尚不是靠线条而是靠自由组合的色彩块面,为此,塞尚被称作"印象主义的坚实派"。他的静物画也常常是用"柱形的、球形的和角形的"方式去表现,被誉为"现代立方派艺术之父"。

塞尚的主要作品有《埃斯泰克的海湾》《静物苹果篮子》《圣维克多山》《玩牌者》《穿红背心的男孩》《坐在红扶手椅里的塞尚夫人》等等,在风格上既强调绘画的纯粹性,也注重技法的形式感。

保罗·高更(Paul Gauguin,1848—1903),法国后期印象派画家、雕塑家,与塞尚、梵高并称为后期印象派三大巨匠,对现当代绘画的发展具有深远的影响。

高更出生于巴黎,早年在海军服役,后进入金融界。35岁时,高更辞去了在银行的工作,专职绘画。高更早期的绘画风格深受印象派的影响。1887年,高更在布列塔尼、巴拿马、马提尼克等地游历,那里天堂般的风景、粗犷的大自然、人民简朴的生活深深地吸引着他,也影响到了他的作品风格。也就在此时,高更与印象派主将决裂了,他谴责莫奈和毕沙罗的画作有"自然主义幻觉",提出了"综合"表现艺术的思想。

高更的画作大多描绘他所游历的一些岛上居民的原始风俗与仪式,人物造型浑厚丰实,色彩技法上是大面积平涂,线条轮廓醒目,富于象征意味和装饰效果。比如高更的主要代表作品——巨幅油画《我们从哪里来?我们是谁?我们往哪里去?》,富有哲理地对生命意义展开追问,画面色彩单纯而富于神秘气息。画中的一个婴儿意指人类诞生,中间摘果之人是暗示亚当采摘智慧,果子寓意人类生存发展,远处则是一个象征人类末年的老人。整个画面形象展示了人类从生到死的命运。

印象主义风格在音乐上的表达,也称为印象派音乐,其在法国的主要代表人物是德彪西和拉威尔。

阿希尔-克劳德·德彪西(Achille-Claude Debussy,1862—1918),19世纪末20世纪初欧洲音乐界颇具影响力的作曲家。作为近代印象派音乐的鼻祖,德彪西的音乐对欧美各国的音乐都有深远的影响。

德彪西出身于农民家庭,儿童时期也没有很好的音乐环境,但他很小就表现出了音乐天赋。德彪西7岁开始练习钢琴,11岁进入巴黎音乐学院,系统学习音乐达12年之久,并深受印象派艺术的熏陶。1884年,德彪西以大合唱《浪荡儿》获得罗马大奖①,获得去罗马学习的机会。从此,德彪西的音乐之路越走越宽。1890年,德彪西结识了象征派诗人马拉美(Stéphane Mallarmé,1842—1898)。在以马拉美为首的文艺沙龙中,德彪西见识了许多象征主义诗人,并开始为他们的作品谱曲,乐此不疲。至此,他的音乐也开始带有"象征主义"的色彩,逐渐地形成了自己的风格。

德彪西的作品主要有歌剧《佩列阿斯和梅丽桑德》,管弦乐曲《牧神

---

① 罗马大奖(Prix de Rome)是著名的法国国家艺术奖学金,旨在提高法国的艺术水平。巴黎艺术院每年颁发给最优秀的学生,获奖学生得到去罗马法兰西学院公费学习4年的奖学金。

午后》《夜曲》《大海》，钢琴曲《月光》《版画集》等。这些音乐作品既不像古典主义音乐那样有深刻的思想、严谨的逻辑，也不像浪漫主义那样表现丰富的情感，更多体现出一种奇异的幻想和朦胧的感觉。在音乐表现上，德彪西采用的是细腻的和声、新奇的配乐和略带冷漠飘忽的旋律，具有独特的"象征主义"风格。由于德彪西作品在音乐史上具有划时代意义，他也被认为是 20 世纪现代音乐的开创性人物。

莫里斯·拉威尔（Maurice Ravel，1875—1937），印象派音乐的又一代表人物。与德彪西一样，拉威尔从小就表现出极高的音乐天赋，7 岁练习钢琴，14 岁进入巴黎音乐学院系统学习音乐。拉威尔也像德彪西一样，青年时代就追求音乐表现上的标新立异，并深受象征主义诗人马拉美的影响。作为德彪西的同道，拉威尔的一些早期作品的创作风格还受到德彪西的影响。随着年岁的增长，尤其是一战以后，拉威尔放弃了印象派的音乐理想，回归到法国音乐传统，与民族民间音乐（包括西班牙民间音乐）保持着更为密切的联系，形成了所谓"法国新古典乐派"。

拉威尔的作品主要有管弦乐《西班牙狂想曲》《波莱罗舞曲》，钢琴曲《鹅妈妈组曲》，歌剧《西班牙时刻》《孩子与魔术》，协奏曲《左手钢琴协奏曲》《G 大调钢琴协奏曲》等。拉威尔在这些作品中大胆引进爵士音乐因素，运用富有独创性的和弦语汇、管弦乐音色、主题和形象等，极大地丰富了当时的法国乐坛。

其中具有特别影响力的是《波莱罗舞曲》，这是拉威尔最后一部舞蹈音乐，应著名舞蹈家伊达·鲁宾斯坦委托而作。在这首别出心裁的管弦乐曲中，全曲是声势不断加大的"渐强"，由小鼓一刻不停的三拍子节奏做背景，各种乐器演奏两个 17 小节的旋律不断反复。在气势宏大地奏出尾声以前，音乐突然滑进了 E 大调（旋律大调），造成了与之前单纯的表现对比强烈的独特效果。1928 年 11 月，由尼金斯卡（1891—1972）编舞的《波莱罗》在巴黎首演。舞者伊达·鲁宾斯坦的表演和乐曲浑然一体，取得了巨大的成功。

综上，第三共和国成立后，到 19 世纪末 20 世纪初，法国在文化教育上的成就有目共睹。通过教育世俗化的改革,法国的教育更加与现代社会的发展相适应。文学艺术、绘画音乐等都有极大进步,实证主义、自然主义、印象主义等思潮涌现。法国依然引领着欧美的思想文化的风尚,巴黎仍然是世界时尚之都。

第三节　社会思潮中的非理性主义

19世纪下半叶,在法国工业化发展与现代化的进程中,与实证主义、自然主义思潮同时涌现的,还有另一股非理性主义思潮。

一、非理性主义思潮兴起的背景

19世纪末20纪初,继近代理性主义之后,西方社会兴起了一股反对和批判理性主义的哲学思潮或社会倾向,否定或者限制理性在人类认识中的作用,被称为非理性主义。非理性主义不是一个完整的体系,而是一种广泛的哲学与社会思潮,其基本特点是反思传统的理性主义,否定理性在人类认识和实践中的决定性作用,反对人仅仅是一种理性的动物,认为人的意志、情绪、本能欲望、直觉、潜意识等非理性因素在认识和实践中具有主导性。这股思潮在法国涌动,并且力量很大,使法国成为非理性主义的桥头堡。

在理性主义的故乡——法国,反思理性主义具有特别的深意。实际上,对理性主义的反思在大革命之后就开始了,只不过当时还只是小部分思想警醒的精英分子的事。到19世纪下半叶,这种趋势开始增强,逐渐地成了一种不可忽视的哲学与社会思潮。非理性主义与理性主义的变换交替,似乎是文化现象的一种自然表现,但其背后的政治、经济因素不容小觑。

19世纪下半叶,随着社会经济的发展与繁荣,以及伴随而来的各种社会问题的不断呈现,法国社会开始出现了一种反思启蒙理性主义的思潮:理性的能力可以无限地扩张吗？人仅仅是理性的动物吗？文学艺术领域的象征主义与印象派其实就是这种重新审视理性的情绪表达。19世纪末期，法国社会危机不断，布朗热运动、巴拿马丑闻、德雷福斯事件等，不仅扰乱了法国社会，使各阶层撕裂，也触动了民众的思想和信仰层面，原先自信与理性的中产阶级也对理性与进步产生了怀疑。这种悲观主义的情绪可以视为对现政权的直接批判。按乔治·杜比的说法，"1884—1889年是非理性主义思潮的爆发期"①，共和制的危机与社会中的非理性主义思潮在时段上的重合，是一个耐人寻味的现象。共和派大力倡导科学、实证主义，把非理性主义视为对共和国的威胁而加以反对，尽管实证主义成了一种意识形态，但非理性主义也不仅仅是思想史视界中的一种思潮那样简单。

对于经济变革与现代化的恐惧，也是非理性主义思潮兴起的原因之一。第二帝国时期，法国的工业革命与现代化发展的步伐加快。尽管受普法战争的拖累，第三共和国时期的经济与同期的英、德相比，发展相对缓慢，但同自身相比，还是有所发展的。经济变革，尤其是工业化带来的经济结构调整，以电力为核心的技术体系和新兴工业，诸如电力业、汽车业和化工业等的兴起和大工业的集中趋势，使原先传统的以蒸汽为主导的中小企业生存变得艰难，行业竞争加强了，人们对未来的不确定感增加。当时法国有一个象征性意象"失去机械师的火车头"，寓意人们对"变革速度过快，且不知道走向何方的现代世界"的忧虑。

科学本身的发展也从反面促成了非理性主义。1905年，爱因斯坦狭义相对论发表，拓展了牛顿的时空理论，改变了人们关于宇宙和世界的观念，也引发了思维模式的转变。另外，16世纪自然科学诞生以来，到19世纪末工业革命完成的数百年间，西方科学技术飞速发展，影响并促进了工业革命与社会的世俗化。与此同时，科学逐渐成了统治世界的新"上帝"。科学促进现代文明的同时，社会也出现了新问题：人的"物化"与"异化"，人与人之间的关系变成了赤裸裸的金钱关系和利害关系。重

① 杜比：《法国史》，中卷，第1224页。

归信仰、复兴宗教就成了一种社会的需要与呼声。

反思理性主义在社会思想界表现为非理性主义,它从另一种角度,重新把人的情感、欲望和意志提到一种高度,在某种意义上表达了一种现代人的精神。从 20 世纪初开始,非理性主义成了风靡西方的思潮,在哲学、伦理学、心理学、社会及政治等领域广泛流传。在法国,柏格森的生命哲学、马利坦的新托马斯主义、萨特的存在主义等,影响极大。他们的思想与学说在一定程度上拓展了非理性主义思潮的视野。

二、柏格森与生命哲学

在哲学上,非理性主义表现为从本体论、认识论、人性论和社会历史观等方面对理性主义哲学的全面反思。其中,柏格森的生命哲学理论可谓是开启了非理性主义的大门,享有重要的地位。

亨利·柏格森(Henri Bergson,1859—1941),犹太裔法国哲学家。柏格森生于巴黎,但童年时代是在伦敦度过的,9 岁才随父母迁回巴黎。中学时代起,柏格森便表现出对哲学、心理学和文学的极大兴趣与学习天赋。1889 年,柏格森发表了他的第一部哲学专著《时间与自由意志》,并获得博士学位。他的第二部哲学著作《物质与记忆》(1896)发表后,引起了各界关注。次年,柏格森被聘为巴黎高等师范学校的教授,从此,柏格森犹如巴黎哲学界的一颗星辰冉冉升起。1900 年任法兰西学院教授,1907 年,代表作《创造进化论》发表,引起轰动,1914 年被膺选为法兰西科学院院士。第一次世界大战期间,他以学者身份步入政界,历任驻西班牙和美国大使。1928 年,凭借《进化创造论》一书,柏格森获诺贝尔文学奖,成为西方哲学史上的奇闻。

柏格森一生著作颇丰,被罗素称为"本世纪最重要的法国哲学家"[1],并认为柏格森的非理性主义是对理性反抗的一个极好实例。确实,柏格森哲学试图破除自亚里士多德以来,由笛卡尔、斯宾诺莎、莱布尼兹、康

---

[1] 罗素:《西方哲学史(下卷)》,北京:商务印书馆,1976 年,第 346 页。

德等人所认可并崇尚的"理念"性的"上帝",用他自己所谓的新"实在"来填补。在柏格森这里,"实在"就是真实的"绵延",亦即"生命冲动",是一种本体论。他指出,建立在实证主义基础上的哲学理念是一种相对静止状态,不能深入认识运动不息的万物的"绝对"。而他的工作就是要使哲学成为实证科学的"延伸",把握生生不息、不可分割的"全部的实在"。

与以往哲学体系不同,柏格森的哲学是二元的。在柏格森眼里,世界是由生命与物质两个根本相异的部分组成。整个宇宙就是"两种相反运动即向上攀登的生命和往下降落的物质的冲突矛盾",其中,生命有着巨大的活力与冲动,当它遇到物质的阻力时,就会奋力地打开一条通路;尽管生命冲动的一部分被物质制服了,然而它"总是保持着自由活动能力,总是奋力要找到新的出路,总是在一些对立的物质障壁中间寻求更大的运动自由"。① 这样,哲学的研究对象和自然科学也就有所不同,自然科学是研究外在的"僵死"的物质,是可以用概念、判断等理性形式加以研究的;哲学研究的对象则是宇宙的本质、真正的实在。这种本质、实在就是一种生生不息、运动不休的"绵延""生命之流"。

正因为是对生命意识的倚重,在柏格森看来,进化是一种自由意志,它如同艺术家的作品,是真正的创造性。柏格森的生命进化潮流,从最初的植物与动物的分野,到动物或人类的本能与理智的"两歧化"(彼此分开),理性、科学的理智认识是不能认识这种宇宙的"绵延"性本质的,它只有通过一种内在的体验、一种神秘的直觉方可把握。柏格森的哲学崇尚的是生命的意识、生命的"绵延",故而也被称为"生命哲学"。

那么,为什么理智不能更好地认识世界的本质? 在柏格森那里,"本能是好孩子,理智是坏孩子"(罗素语),这是由理智的特性决定的:首先,理智具有表面性,它只能看到事物的表面,不能进入事物的内在本质。其次,理智只是一种分析认识,在一些能将整体分解为各个部分的自然

---

① 罗素:《西方哲学史(下卷)》,第 348 页。

界来说,分析的认识是可以做到的。但分析的方法对于那些不可分的、内在的生命是无效的。再次,理智的认识只是一种静止的认识。理智借以进行判断推理的是概念,概念的特征是固定与静止的,是一种僵死的符号,从静止的概念出发去理解"生命之流",就好比用概念编织罗网,试图从那川流不息的实在的河流中捞到点什么,其结果把实在的真正本质——"绵延"都漏掉了,只能是一场空。最后,理智的认识往往会受功利的支配。

相反,直觉是本能的最佳状态。直觉是无私的、自意识的,能够静思自己的对象并有对该对象无限制扩大的本能。直觉也是综合的、多样性的,只有直觉能够理解过去与未来的融合,直觉高于理智。所以,柏格森认为,在认识世界的方式上直觉比抽象理智更基本、更靠谱。

柏格森的生命冲动的本体论和认识论实际上是对大革命以来理性主义的一种反思。当然,这种对生命与直觉的高扬,并不是要否认理智。正如柏格森所说,他"指定直觉为关于心灵的知识时",并没有从理智中拿走什么,既没有在任何意义上贬低理智,也不把理智驱逐出它至今一直占据的领域,只是发现了另一种与理智共存的能力,另一种获得知识的方式。

也正是因为这种"发现",柏格森的声望骤增,影响力遍及整个欧洲。他每周在法兰西学院的讲课都是巴黎社交界的大事,各界人士包括一些法国名流蜂拥而至。在第一次世界大战前,他的主要著作就以各种文字出版。[①] 柏格森的直觉主义突破了两千多年来西方哲学形成的理性崇拜传统,并与叔本华、尼采、弗洛伊德所倡导的意志、本能、内心体验、无意识等概念一起,构成了一股强大的西方非理性主义思潮,从而改变了西方理性主义独霸天下的局面。

---

① 1913年,柏格森应邀访问美国哥伦比亚大学时,该校图书馆馆长向他赠送了一本《亨利·柏格森书目提要》。据此书目统计,到1912年为止,美国、德国、瑞典三国各地图书馆所藏的研究柏格森的论著共达417种。

三、马利坦与新托马斯主义

现代西方非理性主义的发展有两条路径,一是挑战传统理性主义,以非理性的面目出现,典型的如法国柏格森的生命哲学、萨特的存在主义等;一是与宗教融合,以现代信仰主义的形式出现。后者在法国的呈现就是以马利坦为代表的新托马斯主义[①]。

法国哲学家雅克·马利坦(Jacques Maritain,1882—1973),生于巴黎,早年信仰新教,青年时代在巴黎大学文理学院求学。马利坦一度信奉科学主义,崇拜科学的伟大力量,相信科学最终能解决人类的一切问题,后也曾追随过柏格森主义,被他的生命直觉学说感动。1906年,马利坦改奉天主教。1908年起,马利坦系统攻读并研究了托马斯·阿奎那的著作,开始尝试把中世纪的经院哲学应用到现代社会生活。1912年,马利坦受聘于斯坦尼斯拉学院任哲学教授,1914年以后在巴黎天主教学院讲授现代哲学,开始了他生命中最重要的哲学生涯。

马利坦的论著多达60余部,内容涉及本体论、认识论、自然观、伦理观、美学、历史观与宗教学等各个领域,二战前出版的主要著作有《柏格森主义哲学》(1913)、《哲学概论》(1920)、《自然哲学》(1936)、《完整的人道主义》(1936)、《现代世界的自由》(1936)等。

在哲学本体论上,马利坦的新托马斯主义把物质世界与神(上帝)做了有机的整合,承认任何事物都是形式与质料的统一,形式或者观念第一性,物质第二性;形式(观念)的本质是上帝赋予的,只有上帝才能具有将形式与质料统一的"潜能"。因此,上帝是世界的最高本质,是永恒、无限的最高精神。而人对概念的获得则必须依靠上帝这个"智慧之光"。在马利坦这里,这种"上帝之光"依然是上帝赋予人的精神性灵魂,是一

[①] 1879年,罗马教皇利奥十三世发布《永恒之父》通谕,号召教会"复兴托马斯的黄金智慧",重新解释基督教哲学。所以,新托马斯主义实际上是一种对中世纪神学集大成者托马斯·阿奎那的经院哲学思想的重新诠释,也称"新经院哲学"。

种超物质的精神世界的直觉,是一种"与神相见"。这样,在认识论上,人对世界认识的智慧也是上帝给的。

在自然律、人权、公民权等问题上,马利坦认为应该从古典时代的亚里士多德、中世纪的基督教哲学中寻找依据,而不是从理性时代或启蒙思想中找寻渊源。对于人性,马利坦一方面认为人性是自然的,具有一种天生的、特定方式构成的本性;另一方面也承认人是被赋予理智的存在者,根据对自身行为的理解而行动,具有规定自己所追求的目的之力量。但归根结底,人的本质来自上帝。人具有超越性,人的超越性在信仰方面表现得最为明显。所以"人是自然的和超自然的存在"①。人的这种双重特性,赋予了人的"完整性"(真正性)。真正的人要求一种"完整的人道主义",而完整的人道主义应该是"以神为中心"的。

关于人权,马利坦认为,人有向往精神生活的自然倾向。人的尊严与权利,是与人的精神生活追求的内在规定性一致的。人们的心灵与自由活动、道德律的世界、良心、权利的秘密等都在于倾听上帝,对上帝开放。个人在社会生活中选择,不应该以经济价值来衡量;每个人都有自己的使命、权利与自由,国家没有权力把他们变成国家的一个活着的工具和材料。

关于人道主义,马利坦承认,基督教的观念有一些禁欲与清教主义,也正因为此,所以基督教才背负着非人道或反人道的责难。不过,马利坦坚持认为,基督教并不反人道,人道主义与基督教之间的论争,被认为是现代西方文化的主要纷争,实际上也是一种严重的误解。"这种争论并不是人道主义与基督教之间的争论……它是两种人道主义概念之间的争论。一种是以神为中心的或基督教的概念;一种是以人为中心的概念。"②前一种"以神为中心"的概念,马利坦称之为"真正的人道主义"(true humanism)或者说是"完整的人道主义"(integral humanism);而后者则

---

① Jacques Maritain, *Integral Humanism*, New York: Charles Scribner's Sons, 1968, p. 10.

② Jacques Maritain, *Some Reflections on Culture and Liberty*, Chicago: Chicago of University 1933, p. 2.

是"非人道的人道主义"(inhuman humanism)。

马利坦看到,中世纪结束以来的近代世界,人们一直渴望恢复人的地位,希望享受被爱的权利。然而,文艺复兴以来,以人为中心的人道主义发展到 19 世纪末 20 世纪初,已经使人与物、人与神的关系颠倒扭曲、恶化、异化了,上帝则由绝对的目的蜕变为手段、观念,甚至是"上帝死了"。这一系列的退化,都是信奉以人为中心的人道主义的缘故,这是"非人道的人道主义"。马利坦认为,要挽救人类退化的败局,就必须建立一种以神圣的上帝为中心的"新人道主义"。因为人的地位的重新复兴,只有从上帝那里才能得到,"创造物(人)在同上帝的结合中并且因为人的一切来自上帝,必定会受到真正的尊重;这是以神为中心的人道主义,它植根于有人的地方,它是完整的人道主义,基督化身的人道主义"①。完整(真正)的人道主义同样是以理性为基础,它与以人为中心的人道主义的差别在于它是超理性:"人的中心是上帝"。非理性服从理性,而超理性又鼓舞和催生了理性。这实际上是想用天主教的道德规范来改造社会,解释人性;试图在一个神圣而又超理性的宇宙(上帝)的开放性中,找寻人类的复兴与尊严;希冀人在重新发现上帝的同时,重新发现他自己。为此,马利坦呼吁,必须彻底地改变传统的以人为中心的人道主义,重新唤起人们内心深处的基本宗教信仰,只有这样,人类才能在现实世界中获得拯救和进步,才能使人类真正进入"人的本性"的深处。

马利坦的思想得到了天主教罗马的赞赏,也因应了当时法国社会中要求忠诚信仰、复兴宗教的大众思潮,所以他的声誉与影响力与日俱增。1945—1948 年,马利坦出任法国驻梵蒂冈大使,直接与现代宗教王国和教会中心有了接触。其间,马利坦不懈地宣传他的思想与观念,先后在加拿大多伦多中世纪学术研究院、美国哥伦比亚大学和芝加哥大学等地讲学。1948 年后,马利坦在美国普林斯顿大学任教,讲授宗教和道德哲学,直到 1956 年退休。

---

① Jacques Maritain, *Integral Humanism*, p. 27.

鉴于马利坦在宗教哲学上的成就和广泛的影响力,1958 年,法国教会在巴黎圣母院建立"雅克·马利坦研究中心",从而确立了他在宗教哲学界的崇高地位。马利坦从此成了新托马斯主义的标志性人物。

四、非理性主义的社会表现

与学界的生命哲学与直觉主义等非理性主义思潮相对应,社会层面的非理性主义情绪也日渐高涨,这主要表现在对宗教的皈依和狂热的民族主义倾向等方面。

天主教堪称法国的国教。为了巩固共和国,共和派一直致力于社会的世俗化,并喊出了"教权主义就是敌人"的口号。但政教分离,并不意味着也不可能要消灭宗教,只是遏制教会对政治事务的干预。所以,共和时代法国人的宗教信仰并没有减弱多少,尤其当社会动荡时,对天主教会的皈依热总会再次兴起。普法战争的失败与巴黎公社后的杀戮,给法国民众的心理带来了创伤,留下了难忘的阴影。于是,一些人希望在思想和行动上能够得到来自"上帝"的安慰与宽恕,进而走向教堂,寻求心理的安宁。

1873 年 5 月 27—28 日,法国天主教的传统圣地沙特尔主教堂①举行朝圣活动,有约 2 万名民众参加,其中特别显眼的是 50 名国会议员,他们领队走在朝圣队伍的最前面。19 世纪 70 年代末 80 年代初,一些宗教报刊也在法国被热捧,像《十字架报》《朝圣者报》等各地的销量都很旺。法国的圣母升天修道会的影响也与日俱增,在各地圣母升天修道会的有效组织下,大批民众蜂拥前往帕赖勒莫尼亚勒、卢尔德等地区朝圣,按宗教礼仪虔诚地听取布道。1885 年左右,法国城镇乡村中催眠术风行一时,在克莱蒙费朗、里尔和南锡各地的催眠师都吸引了大量的民众,人

---

① 也称沙特尔圣母大教堂(La Cathédrale Notre-Dame de Chartres),位于法国厄尔-卢瓦尔省省会沙特尔市的一个小山丘上,建于 12 世纪,与兰斯大教堂、亚眠大教堂和博韦大教堂并列为法国四大哥特式教堂。

们公开集会,集体催眠。一些不可思议的灵幻事件也吸引了大众,比如 1858 年间发生在卢尔德的圣母幻现事件①,此时仍在发酵,每年有数万人涌往卢尔德朝圣;一些宣传卢尔德圣幻事件的作品也陆续出版,传记《贝尔纳黛特:图解大众卢尔德至圣圣母幻现和圣母加冕史》(1887)、戏剧《卢尔德的贝尔纳黛特》(1894)、《卢尔德的神迹》(1909)等持续热销,从一个侧面反映了民众的非理性和宗教的信仰狂热。另外,各地还大兴土木,建造教堂。比如位于蒙马特尔高地的著名的巴黎圣心教堂始建于普法战争后的 1876 年,教堂选址巴黎西北面的蒙马特尔高地,为的就是全巴黎人都能看到它,进而感受到上帝的庇护。为了修建新教堂,巴黎民众慷慨解囊,踊跃捐款。圣心教堂于 1919 年建成,成为继巴黎圣母院后的巴黎第二大宗教典礼堂。

20 世纪初,在教育世俗化取得一定成就、科学教育发展的同时,倚重古典教育的天主教学校仍然受到法国上层精英和中产阶级的青睐。许多法官、高级公务员,甚至一些大学教师和国立中学的教师都把自己的子女送进私立天主教学校。尽管这不能完全归咎于社会精英的非理性,但也从一个侧面反映了宗教在社会中的影响。

可以说,一方面,政府在不遗余力地反教权主义,要把教团驱逐出教育领域,另一方面,民众尤其是所谓的精英则依然信赖宗教教育。1901年,里昂教区约 33% 的男孩和 56.8% 的女孩仍在教团学校就读。② 一些地区对共和政府的世俗化教育政策不满,尤其是宗教情结浓厚的西北部,甚至采取了武力反抗。比如,1902 年 7—8 月,法国最西部的菲尼斯泰尔省大约有 37 个自治村的居民以武力抵制政府关闭女子教会学校。

---

① 卢尔德是法国西南边境的一座小城。1858 年 2 月到 7 月间,据传说,圣母向卢尔德的一个贫苦女孩贝尔纳黛特·苏比鲁(Bernadette Soubirous)显现神迹达 18 次之多,数以千计的人见证了异象。随后一些相信此地泉水有神奇疗效的善男信女来卢尔德朝圣,逐渐形成了国民朝圣运动。1862 年,当地教会宣布圣母幻现的事件是超自然的、可信的。目前,卢尔德是天主教世界的第三大朝圣地,每年吸引着六七百万人前来朝圣。

② Sarah A. Curtis, "Lay Habits: Religious Teacher and the Secularization Crisis of 1901 - 1904," *French History*, Vol. 9, No. 4, p. 481.

那里的女子教会学校基本都由当地的圣灵女修会创办。从18世纪开始的近200年时间里,当地都是由圣灵女修会提供女子教育,并为劳动妇女开办托儿所。所以"在当地农民眼中,圣灵女修会学校的关闭不仅仅是一个教育问题,更重要的它是一个社会、经济和道德问题",因为圣灵女修会已经是他们生活中的一个重要组成部分,在他们看来,抵制行动"并不是捍卫一个逝去的世界,而是保卫一个他们正在创建的世界"。① 虽然,1905年《政教分离法》为世俗化提供了合法性,但以耶稣会学校为代表的一批私立天主教教育机构仍然以优质的教学享有很高的社会声誉。

非理性主义的另一股社会思潮表现在狂热的民族主义情绪上。1871年普法战争失败,使法国的民族心理受到了极大伤害。1890年代后,随着法国社会经济的发展,民族主义开始复兴,从布朗热运动、德雷福斯事件直到一战前,民族主义情绪由高涨到狂热。

布朗热运动中,大批民众如同敬偶像、神灵般地追随布朗热将军,在车站、码头以及布朗热的居所聚集、叫喊,支持布朗热。为了避免混乱,连布朗热被勒令离开巴黎时,也不得不乔装改扮。这种狂热情绪不仅表现在一般民众中,就连理性的"知识分子"也不能幸免。比如,在德雷福斯事件的高潮时期,于1898年成立的、旨在"维护军队与民族荣誉"的法兰西祖国联盟,主要成员就有贵族、院士、作家、艺术家、医生、记者等,联盟的主席是著名诗人、作家朱尔·勒梅特尔(Jules Lemaître,1853—1914),像布尔热、都德、莫拉斯等知名人物,甚至是著名科幻作家凡尔纳(Jules Gabriel Verne,1828—1905)都是积极会员。

非理性主义存在于社会发展的各个阶段。泰勒说,德国是一个极端的民族。实际上,哪个民族没有这种特性呢? 18世纪理性主义思潮在法国的涌现是法国社会发展的需要。百年后,法国非理性主义思潮的出

---

① Caroline Ford, "Religion and the Politics of Cultural Change in Provincial France: the Resistance of 1902 in Lower Brittany," *Journal of Modern History*, March 1990, p. 62.

现,同样是暗合了法国社会转型所产生的一系列问题。

第四节　第一次世界大战后的文化发展

20世纪初,西欧社会发生了极大的变化,资本主义经济发展所带来的种种问题,最终导向了战争。第一次世界大战结束后,法国等战胜国陶醉在胜利的喜悦与荣光中,科技与文化事业也得到了空前的发展。文学、艺术家们积极参与社会生活,致力于文化传播。由于受教育程度的提高与教育的普及,普通大众也更乐于享受文艺作品所带来的精神愉悦。经过战争的洗礼,青年一代也不像以前那样热衷于标新立异,而是在尊重传统的基础上创新风格。

一、文学艺术的新发展

一直以来,文学、艺术就是法国文化的重要构成,也是其中成就最大、最令法国人自豪的部分,两次大战期间的法国文学界名家荟萃。1901年诺贝尔文学奖设立,第一个获奖的就是法国诗人苏利·普吕多姆。迄今,共有14位作家获此殊荣(其中萨特拒绝授奖),法国可谓是世界上获诺贝尔文学奖最多的国家。在艺术创作领域,法国的美术家、音乐家、戏剧与电影大师等也是蜚声世界。这些都为现代法国文化赢得了巨大的国际声誉。

苏利·普吕多姆(Sully Prudhomme,1839—1907),法兰西学院院士,诺贝尔文学奖首位获奖者。普吕多姆出身于法国巴黎的一个中产阶级家庭,两岁丧父。青年时代普吕多姆的理想是当个机械师,但一场结膜炎使他失去了做机械师的希望,继而转学法律。在得到了一笔遗产,经济上独立后,普吕多姆就辞去了在律师事务所的工作,专心写作。26岁时,普吕多姆出版了第一部诗集《长短诗集》,吟唱内心的痛苦与悲哀,《破碎的花瓶》就是其中一首。在诗里,普吕多姆将一只表面看来完好无损实际上却有一道几乎看不见的裂隙的花瓶比作因所爱负心而伤悲的心,表达了内心深沉的伤痛。诗集出版后得到了名师大家的肯定,从此普吕多姆一鸣惊人。应该说,普吕多姆这代人是深受普法战争影响的一代,他们在对战争的恐惧和对祖国的热爱之间的困境中挣扎、苦闷。这种心态也表现在诗人早期的作品中,比如充满和平主义的诗集《战争印象记》(1870)和饱含爱国主义情绪的《法兰西》(1870)。不过普吕多姆的诗更多的是对人生、社会的哲学思考,以及道德意义的追问,这些都可以从他逝世后出版的 7 卷本《苏利·普吕多姆作品集》(1908)中感受到。

特里斯唐·查拉(Tristan Tzara,1896—1963),出生于罗马尼亚的莫伊内什蒂,后旅居法国来到巴黎。1916 年,查拉在瑞士苏黎世的"伏尔泰酒店"里与一些流亡青年一起组织了一个文艺团体,取名"达达"(Dada)①。作为 20 世纪初期文艺发展中的重要流派,达达主义也是对一战后欧洲社会秩序与文化的一种反叛。达达主义者拒绝约定俗成的艺术标准,追求清醒的非理性状态,提倡即兴、偶然的艺术境界。1919 年,查拉在巴黎结识了布勒东②和苏波等人,组织起了国际性的达达俱乐部并发表了达达宣言,从而把达达主义推向了一个新的高度。从此,巴黎成了达达主义的中心阵地。他们组织了声势浩大的游行,举行各种表演、展览和晚会等,创办了《义学》杂志,以各种形式宣传达达主义。不久,达达主义虚无的宗旨引起了青年的厌倦,1923 年,达达主义流派的成员在举行最后一次集合后解散,其中一些投身新生的超现实主义等其他流派。

20 世纪前期,在西方,超现实主义和存在主义两种思潮影响极大。其中超现实主义流派与达达主义有很深的渊源。

超现实主义(Surréalisme)是从达达主义分裂出来的一场文艺运动。

---

① 关于它的来历有两种说法,一说"da,da"是罗马尼亚的口语,意为"是的,是的"。最流行的一种说法是,1916 年,一群艺术家在酒店集会,准备为他们的组织取个名字。他们把裁纸刀插入一本法德词典,打开后刀子正好对准一个词,就是"dada",于是"达达"就被用来指称这一流派,表示了其随意性的特征。法语中"Dada"也转义为一种癖好,或得意的想法。在回应为何用"达达"取名文学团体时,查拉声称"用永生来作尺度,一切行为终归虚妄"。这实际上表达的是战争期间青年人的苦闷、彷徨甚至是绝望的心绪。
② 安德烈·布勒东(André Breton,1896—1966),法国诗人和评论家,超现实主义创始人之一。

从思想渊源来说,它既继承了 19 世纪晚期文学艺术中的浪漫主义和象征主义的遗产,也深受当时弗洛伊德"潜意识"等理论的影响。超现实主义的发起者是法国两位作家,布勒东和阿波利奈尔(Guillaume Apollinaire,1880—1918,法国诗人)。"超现实"一词是诗人阿波利奈尔首次使用的。1924 年,布勒东发表了《超现实主义宣言》,把但丁、贡斯当、雨果等都归为"超现实主义者"①。同年,创办了机关报《超现实主义革命》杂志,该杂志被当时的"上流社会"污为"世界上最无耻的一份杂志"。

超现实主义的含义就是不受理性的控制,不依赖任何美学与道德的偏见,以纯精神的自动反应来记录和反映思想与生活,即所谓的"自动写作",由此,超现实主义强调"潜意识"的梦幻是文艺创作的源泉。1921年,布勒东和苏波合作发表了《磁场》,可以说是超现实主义第一部实验性的作品。不过,经典的超现实主义作品要数布勒东的小说《可溶解的鱼》(1924)和《娜嘉》(1928)。比如《娜嘉》就是布勒东"自动写作"的典范,小说描写作者与一个名叫娜嘉的女子在巴黎相遇、相爱到分手的经历,并有大量的图片展示事件发生时的场景。该书虽然归为小说,但许多证据证明,书中的大部分事件并非虚构,体现出一种明显的自传倾向,全书扑朔迷离,图像与文字交相辉映,是超现实主义的杰作。另外,阿拉贡(Louis Aragon,1897—1982)的散文集《巴黎的农民》,艾吕雅(Paul Éluard,1895—1952)的诗集《痛苦的都会》《生活的内幕》均是超现实主义的名篇。

1928 年后,超现实主义流派成员开始分裂,一部分转投革命,比如阿拉贡。1929 年 12 月,布勒东发表了《超现实主义的第二次宣言》,表示要纯化超现实主义。二战后,超现实主义仍然活跃,并成了一种世界性现象。但作为一种流派,大约到布勒东去世的 1966 年,它就没落了。

在新流派活跃的同时,现实主义文学在 19 世纪批判现实主义的基

---

① 宣言写道:"贡斯当在政治上是超现实主义者。雨果除了愚蠢的时候,便是一个超现实主义者。……波德莱尔在道德上是超现实主义者。……如此等等。"

础上也有了新的发展:客观冷静地反映现实生活,反思战争带来的灾难以及对人性的戕害。其中20世纪二三十年代法国现实主义文学的主要代表有法朗士、罗曼·罗兰等。

阿纳托尔·法朗士(Anatole France,1844—1924),法国作家、文学评论家、社会活动家。法朗士出身于巴黎一个书商家庭,从小酷爱读书。1873年,法朗士出版了第一部诗集《金色诗篇》,而后转写文学批评,并开始出名。1881年,法朗士发表了小说《希尔维斯特·波尔纳的罪行》,塑造了一个独身的老学者为了搜求古籍去远方旅行,为救护一个孤女几乎遭人陷害的故事。小说展现了知识分子与法律之间的冲突,法朗士从此名声大噪。作为现实主义文学家,法朗士不只是躲进书斋自成一统,而是积极地参与社会活动,直面现实。法朗士的小说《当代史话》4卷本,对法国社会中的阴暗面作了淋漓的揭露,其中第三卷起记录了德雷福斯事件中各色人等的言行。法朗士的这种批判现实主义的写作手法,使他获得了很高的声誉。1921年,是法朗士人生中最精彩的一年:获得了诺贝尔文学奖,参加了法国共产党。1924年,法朗士逝世,法国为他举行了隆重的国葬。

罗曼·罗兰(Romain Rolland,1866—1944),法国思想家,批判现实主义作家的代表。罗曼·罗兰出生于勃艮第的克拉姆西镇,少年时代迁居巴黎,后毕业于巴黎高师。罗曼·罗兰早年的作品主要是以历史上的英雄为题材,20世纪后罗曼·罗兰的创作进入了一个新的高峰,像《群狼》(1898,影射德雷福斯事件)、《丹东》(1900)、《7月14日》等都是取材法国历史上的重大事件。1904年,《约翰-克里斯朵夫》的第一章在巴黎《半月刊》上发表,从此开启了罗曼·罗兰写作生涯的长卷,直到1912年,10卷本的巨著才完工。该小说以德国音乐家约翰-克利斯朵夫一生的经历为主线,刻画了一个来自德国小镇的青年来到巴黎,自我奋斗,历经了世态炎凉与凄美的爱情的曲折故事。整部长篇充满了作家的理想主义以及对民族主义和人道主义的思考。《约翰-克里斯朵夫》奠定了罗曼·罗兰在文坛上的杰出地位。1913年,罗曼·罗兰获得法兰西学院文学奖,1915 年荣获诺贝尔文学奖。

20 世纪初,法国文学不得不说的是文坛巨匠、意识流小说的创始人马塞尔·普鲁斯特(Marcel Proust,1871—1922)。普鲁斯特出身于巴黎的资产阶级家庭,犹太血统。他自幼体弱多病,生性敏感而富于幻想。少年时期普鲁斯特不幸染上哮喘,使他备受折磨的同时也给了一个纯想的空间①。普鲁斯特早在中学时就开始写作,后入巴黎大学研修哲学,深受柏格森和弗洛伊德的影响,尤其对柏格森的直觉主义潜意识理论有过研究。1906 年起,不时发作的哮喘迫使普鲁斯特只好闭门写作,传世之作《追忆逝水年华》就是在这样的背景下写就的,当 1912 年这部长篇小说书稿问世时,没有一个出版社愿意接受它,无奈之下,普鲁斯特自费出版了长篇的第一卷。

《追忆逝水年华》共 7 卷,3000 多页,上千个人物,洋洋洒洒,结构奇特。作者以第一人称叙述了其一生中所亲身经历的或所见所闻的日常生活。主人公马塞尔患有重度失眠症,常常处于半醒半睡的朦胧状态,全书从一个回忆到另一个回忆,没有重大的历史事件也没有深刻的社会历史背景或意义。"我"的生平以随意自然的形式娓娓道来,自由飘浮如行云流水。这种不按照理性思维,也不以传统小说叙事的方式,而是以"感受"、无意识联想来恣意舒展的表达形式,被后来的文学评论家说成是"意识流"小说。

不过,普鲁斯特看似无意识联想的叙事方式背后实际上是冷静、真实、细致地再现了法国上流社会的生活习俗、人情世态。因此有些西方评论家把它与巴尔扎克的《人间喜剧》相提并论,称之为"风流喜剧"。

除了文学,这一时期法国的绘画、电影等艺术也有很大的发展。

---

① 35 岁时,普鲁斯特的哮喘病已经十分严重,经常性的失眠迫使他断绝了社交活动,过起了深居简出的隐居生活。甚至为了避免干扰,他将卧室的墙壁全部贴上了软木的护板,房间的窗户也几乎从不打开,以防止植物气味对哮喘的刺激。

法国是电影艺术的发祥地。1895 年 12 月 28 日,法国卢米埃尔兄弟①在巴黎的大咖啡厅放映了自制的 10 部短片,包括《工厂的大门》《火车进站》《烧草的妇女们》《出港的船》《代表们登陆》《警察游行》等,直接地再现了那些下班工人、上下火车的旅客、劳动中的妇女、划船出海的渔民、登岸的摄影师和街头行进中的警察等,称得上是世界电影的起源。所以,1895 年 12 月 28 日也被公认为电影诞生的日子。此后的 5 年中,卢米埃尔兄弟制作了数百部电影,真实地捕捉和记录了现实生活的即景,使人们看到了自己身边的那些真切的生活和熟悉的人群,电影成了"一种重现生活的机器"。1900 年,第一家专门放映有声电影的留声影院在法国成立。1905 年,法兰西喜剧院的演员登上银幕,电影从记录生活成了一种表演艺术。一战前,法国拍摄的电影占了世界电影的 70%。一战期间受战争与来自美国好莱坞的挑战,法国的电影事业发展受到阻碍。

战后,随着经济转好和法国文学艺术各流派的竞相出现,法国的电影也重新复苏。20 世纪二三十年代,法国的电影受到印象派、达达主义和现实主义等流派的影响,精彩纷呈。比如,印象派电影的重要作品有杜拉克的《西班牙的节目》(1920)、《太阳的死亡》(1921),莱皮埃的《海上的人》(1920),爱浦斯坦的《巴斯德传》(1922)、《忠实的心》(1924),冈斯的《车轮》(1923)、《拿破仑》(1927),等等。印象派电影追求造型美,寻求新奇的视觉形象和新颖的拍摄角度,比如冈斯在《车轮》中运用了蒙太奇手法,在《拿破仑》影片中用叠影和多角度人物表现等,都在电影艺术中具有里程碑意义。

先锋派(avant-garde)电影也是 1923—1933 年出现的一种电影流派,深受达达主义和超现实主义的影响,分为达达主义电影和超现实主义电影。

---

① 奥古斯塔·卢米埃尔(Auguste Lumière,1862—1954),路易斯·卢米埃尔(Louis Lumière,1864 年—1948),这一对兄弟是电影和电影放映机的发明人。

达达主义的电影没有主题,没有情节,追求的是奇异效果。如立体派画家莱谢尔拍摄的表现物体和齿轮运动的《机器舞蹈》(1924),修梅特拍摄的《光和速度的反射》(1923),格莱米永拍摄的《机械照相机》(1924)等,表现都是抽象的物体。因此达达主义电影也被叫作"抽象电影"或"纯电影"。

与达达主义电影不同,超现实主义电影表现的对象由物转向人。代表作有杜拉克的《贝壳与僧侣》(1927),布努艾尔的《一条安达鲁狗》(1928),格莱米永的《看护信号灯的人》(1929),谷克多的《一个诗人的血》(1930)等。超现实主义电影强调潜意识和心理分析,表现梦幻世界,追求诗意和强烈的效果。

新奇、别具一格是法国电影的一个特征,但另一个更值得一提的是法国电影崇尚写实与艺术相结合的特征。二战前,法国电影以创造性与艺术性蜚声世界。早在1907年左右,法国就组建了自己的电影艺术片公司,如作家、艺术家电影协会等。像《阿尔勒城的女人》(1909)、《巴黎圣母院》(1911)、《悲惨世界》(1912)等,都是经典的现实主义艺术作品。1930年代后,法国开始弘扬写实主义的表现手法,出现了以工人和普通人为主人公的影片,其中的主要代表是让·雷诺阿(Jean Renoir,1894—1979),他的作品将现实主义与梦幻般的想象相结合,被称为是诗意现实主义的电影大师。1926年,雷诺阿拍摄了根据左拉小说改编的《娜娜》,引起了巨大反响。1930年代是雷诺阿电影创作的高峰期,有许多反映社会现实的作品问世,发人深省。其中《托尼》(1934)取材于一个外籍劳工被一个具有种族主义倾向的法国农夫杀害的真实案件,揭示了外来移民的孤独与不同文化背景下人群的彼此理解的困难;《幻灭》(1937)以第一次世界大战为背景,讲述3个法国飞行员在德国领空拍摄鸟瞰图时不幸被击落,被捕入狱后在德国军官的帮助下与狱友一起越狱的故事,表达了反战与人道主义精神,该片荣获威尼斯电影节最佳艺术电影奖;《马赛曲》(1938)则取材于1789年法国大革命,借以抨击专制统治。另一部揭露上流社会醉生梦死、尔虞我诈的影片《游戏的规则》(1939),由于太过辛辣,刺激了法国人的神经,最后被政府禁演。

二、科技发明与创造

20世纪是人类科技突飞猛进的世纪。两次世界大战期间法国战乱动荡,尽管科技的发展不像美、德等国家那么耀眼,可科技进步的脚步并没有停止,依然走在世界的前列。法国科技的发展主要体现在两个方面:一是像物理、数学等理论科学方面研究成果卓著;二是技术主导下的发明创新层出不穷。

路易·德布罗意(Louis Victor de Broglie,1892—1987),法国理论物理学家,波动力学、物质波理论的创始人,量子力学的奠基人之一。德布罗意出身于法国北部塞纳滨海省迪耶普市的一个贵族家庭。德布罗意起先在巴黎索邦大学学历史,1910年获文学学士学位。毕业后不久,他迷恋起了科学,又读了个理学学士学位(1913年)。一战期间,德布罗意在埃菲尔铁塔上的军用无线电报站服役。他边服役,边读书,庞加莱、洛伦兹和朗之万的科学著作吸引着他,并促使他研究起了物理学。

20世纪初,德国物理学家普朗克提出了量子假说[1],丹麦物理学家玻尔将普朗克的量子学说运用到原子结构的研究。经典物理理论中,物体是由一个一个原子组成的,是不连续的,而光(电磁波)却是连续的。1905年,爱因斯坦从中获得启示,提出了光量子假说:光具有粒子性也具有波动性。1924年,德布罗意在他的巴黎大学博士学位论文中,提出了"物质波"的概念,使包括爱因斯坦、薛定谔等名师大家在内的物理学界感到震惊与兴奋。

德布罗意认为,自然界在许多方面都是明显对称的,既然光具有波、粒二象性,则实物粒子也应该具有波、粒二象性。他假设实物粒子也具有波动性,从而提出了"物质波"的概念:(物质)小颗粒同时具有波动-颗

---

[1] 普朗克在1900年提出,光波、X射线和其他波的速率辐射是以某种称为量子的形式发射的,每个量子具有确定的能量,波的频率越高,其能量越大。

粒双重性；物质在空间中某点某时刻可能出现的概率，其中概率的大小受波动规律的支配；物质波于宏观尺度下表现为对概率波函数的期望值，不确定性失效可忽略不计。是故，物质波也称"德布罗意波"。

由于德布罗意的物质波既不同于机械波也不同于电磁波，而是一种概率波，具有不确定性，所以起初受到许多物理学家的怀疑。但爱因斯坦赞同这一假设，并在自己的论文中引用了这一概念。后来奥地利物理学家薛定谔也从"物质波"中得到启发，建立了用波函数的微分方程来描述微观粒子波动性的波动方程，即"薛定谔方程"。鉴于"物质波"等在量子力学中的重大贡献，德布罗意获 1929 年诺贝尔物理奖。

弗雷德里克·约里奥-居里（Frédéric Joliot-Curie，1900—1958）和他的夫人伊雷娜·约里奥-居里（Irène Joliot-Curie，1897—1956）都是杰出的核物理学家。夫妇俩专攻核物理实验，凭借执着的追求与精湛的实验技术，深得科学界的赞赏。

在中性粒子的发现过程中，约里奥-居里夫妇功不可没。1920 年，英国著名物理学家卢瑟福提出了中性粒子存在的假设。1931 年底，约里奥-居里夫妇在重复德国物理学家玻特的实验（即用 α 粒子轰击铍）时，获得一种穿透力极强的射线（玻特认为是一种 γ 辐射，当时称铍辐射），在进一步的实验中，两人试着用石蜡来实验其是否会吸收这种铍辐射。他们惊奇地发现，石蜡不仅没有吸收射线，反而使射线大大加强了。1932 年 1 月，约里奥-居里夫妇发表了他们的研究成果。石蜡在"铍射线"照射下产生大量质子的新发现，被卢瑟福的学生查德威克（James Chadwick，1891—1974）知晓，他意识到这个射线很可能就是由中性粒子组成的，并用其他材料重复了实验结果，最终找到了中子，并将他的研究成果写成题为《中子的存在》的论文，发表在皇家学会的学报上。尽管中子（Neutron）是由查德威克发现的，但是可以说，是约里奥-居里夫妇发现了新的射线，由于他们不了解中性粒子的理论假设，最终与发现擦肩而过，但他们的研究对证实中子的存在具有里程碑意义。

1934—1935 年,约里奥-居里夫妇又做了许多开创性的工作,其中最重要的一项研究是发现人工放射性:他们在用钋产生的 α 粒子轰击铝箔时,发现若将放射源拿走,"正电子的发射也不立即停止,铝箔保持放射性。辐射像一般放射性元素那样以指数律衰减",它们发射出中子和正电子,最终生成放射性磷。他们还用同样的方法,发现了其他一些人工生成的放射性物质。这种人工放射性研究,是人类变革微观世界的一个突破,为同位素和原子能的利用提供了可能。由此,约里奥-居里夫妇获得了 1935 年诺贝尔化学奖。

核裂变的发现,正像查德威克能发现中子一样,也得益于约里奥-居里夫妇的实验发现。其后,约里奥-居里夫妇运用他们高超的实验技术,证明了裂变产生的中子能够引起链式反应。核裂变和链式反应的发现,为实际利用原子能提供了依据。

三、年鉴学派的史学创新

在人文社科领域,新的理论与流派的表现也十分抢眼。其中史学领域的年鉴学派就是在 1929 年酝酿成型的。年鉴学派(École des Annales)是法国史学理论发展的重大标志,被视为新史学代表,在史学价值与方法上都极大地影响了战后欧美乃至世界的史学研究走向。吕西安·费弗尔和马克·布洛赫是公认的年鉴学派的创始人。

吕西安·费弗尔(Lucien Febvre,1878—1956),生于法国南锡。历史科班出身的费弗尔在巴黎高师完成了正规的史学训练,但不囿于正统史学,他个性活跃,也很乐于参与社会活动。1919 年起,费弗尔在斯特拉斯堡大学任教,担任文学院现代史讲席。相对于传统学术中心巴黎的保守学风,斯特拉斯堡大学以新思潮而著称。费弗尔积极参加大学文学院举办的"星期六研讨会",并为亨利·贝尔的《综合历史评论》撰稿。他在题为"废墟中的历史"的讲座中,呼吁有良知的历史学家应该对战争进行反思,认为"服务于某种目的的历史,是一种奴隶的历史","历史是一门科学。……在由所有科学和学者共同进行的有关世界和人类世界的广阔、多样的考察中，它有自己的地位、角色和领地"。①

费弗尔的史学观念就是这样通过与历史学科内外学者的广泛交流，逐渐清晰，并为之后《年鉴》杂志的创办提供了思路。

马克·布洛赫（Marc Bloch，1886—1944），出身于里昂一个犹太裔知识分子家庭，早年就读巴黎高师，其间与费弗尔相识。1908年后，马克·布洛赫先后在莱比锡大学、柏林大学学习，在德国受到"新社会史"研究的熏陶，以"综合事件"的方法讨论历史事件。1920年，布洛赫以《国王和农奴》一文获得博士学位。此后马克·布洛赫先后在斯特拉斯堡大学和巴黎大学任教。与费弗尔不同，马克·布洛赫性格沉静，致力于学术，著作颇丰，代表作有《法国乡村史》《封建社会》等。

1929年1月，费弗尔和布洛赫在斯特拉斯堡大学创办了《经济社会史年鉴》（*Annales d'histoire économique et sociale*），两人共同担当主编，编委有巴黎大学地理学教授阿尔贝·德芒戎、经济史教授亨利·欧塞，根特大学历史学教授亨利·皮雷纳等。杂志的宗旨是融合地理学、社会学、经济学、心理学、语言学甚至是自然科学等多学科的知识，以综合的眼光研究历史。在创刊号中，杂志的两位主编写道："这里不仅联合了不同出身和专业的研究者，而且所有为同样的完全公正的精神所激励的人，都将在这里发表他们根据自己的能力与选择所做题目的研究成果。"②《经济社会史年鉴》杂志的创刊被视为年鉴学派诞生的标志。

1933年，费弗尔入选法兰西学院院士，担任"近代文明史"讲座教授。在就职演说中，费弗尔声明自己的讲座承继的是19世纪著名史学家米什莱的事业，标志着传统实证史学的终结和总体史的开场。1936年，马克·布洛赫升任巴黎大学经济史教授，并创立了巴黎大学社会经济史研究所。同年，《年鉴》杂志也迁到巴黎编辑出版。二战期间，该杂志屡经改名，1946年定名为《经济·社会·文化年鉴》（*Annales. Économies*，

① 德拉克鲁瓦等：《19～20世纪法国史学思潮》，第180页。
② 德拉克鲁瓦等：《19～20世纪法国史学思潮》，第196页。

Sociétés，Civilisations)，成为同道史学家们发表思想的主要阵地，年鉴学派也由此得名。

年鉴学派在史学观念与研究方法上都有比较一致的共识，主要体现在以下 4 个方面：

第一，历史不是政治史的堆积，而是包括了政治、经济、社会、地理、人口等的"总体史"，从而在视野上拓展了史学研究的领域与范围。

第二，在方法论上，提倡跨学科研究。除了传统历史方法，运用许多新的社会科学方法来研究历史，比如心理学方法、数学统计或计量法、比较法等，多途径的历史研究也使多面的历史更丰富、更精彩。

第三，在史料的运用上也有突破与创新。他们承认传统的文献资料是历史研究的基础，但并不排斥口述资料、图像照片、考古发掘成果、数学统计图表等作为史料的价值。这样史料的范围扩大了，史学研究也呈现多元化的趋势。

第四，在研究观念上，一改传统的实录研究，而是强调史学研究应该有理论的引导，应该与现实社会密切结合等。

年鉴学派的创立，对法国史学理论与研究的影响是巨大的。比如年鉴学派的第二代标志性人物布罗代尔提出的史学研究的"长时段"理论，在历史的认识论上意义重大。到二战后，计量史学、心态史学等"新史学"形式都是从年鉴学派中成长起来的。

第八章　共和国对外关系及其拓殖

　　第三共和国与外部世界的关系和对外殖民,关乎共和国立基稳固。法国与外部世界的考量尽管不乏理想主义的因素,但对外关系的经营始终是以国家利益为基点的,其中,民族主义和党派利益起了重要作用。由此,温和共和党与激进共和党执政期间的外交政策是有差异的。一般来说,共和国会根据自身的利益和对象国的重要性(经济与战略意义)以及国家实力,采取不同的外交策略,比如在欧洲政策上的务实、在亚洲的大肆扩张①和在非洲的直接掠夺。到 20 世纪初,法国不仅外部环境有了改善,重新成为有影响力的世界大国,还直接缔造出一个世界第二的殖民帝国。

第一节　民族主义与国家利益

　　法兰西民族主义与民族国家的发展是密切相连的。自大革命以来,法国致力于现代国家建设,民族主义一直如影相随,伴着她的发展。1875 年,第三共和国把三色旗、《马赛曲》和"共和女神"玛丽安娜确定为

---

① 关于 19 世纪下半叶法国在中国的扩张,专辟第九章讨论。

法兰西共和国的象征。自此,一个抽象的概念——法兰西共和国诞生。这个共和概念不仅仅是共同利益的组合、操同一种语言的群体,还是一种更加崇高和超验性的实体。捍卫法兰西国家利益,建筑法兰西的"大国梦",遂成为法国民族主义的基调。

一、19世纪后期的民族主义思潮

美国历史学家汉斯·科恩说过:"民族主义在所有国家和整个历史时期表现是不一样的。它是一个历史现象,而且取决于它所植根的不同地区的政治理念和社会结构。"[①]法国的民族主义在不同的历史时期表现也是不尽相同的,但常常与争霸相连接。大革命与拿破仑时代,法国的民族主义的外交政策的理论基础是所谓的"自然疆界理论"。19世纪后期,民族主义则常常与爱国主义和种族优越论结合在一起,成为扩张与殖民拓展的理论基础。

正如有学者指出的那样,法国的民族主义是一种具有强烈政治意义的民族主义。法国《百科全书》对"祖国"(patrie)词条的解释就很说明问题:"'祖国'来自拉丁文 pater,它指的是父亲与他的孩子们,由此,它暗示了我们对家庭、社会和国家的归属感,我们是家庭、社会及自由国家的成员,法律保障我们的自由与幸福。在专制统治下,根本就不会有祖国。""专制之下无祖国",民主主义的民族主义是法兰西民族主义的特性。[②] 这种政治特性,使法兰西民族在考虑与外部世界的关系时,常常以法国自身的政治理念、政治诉求为出发点。

19世纪下半叶,欧洲社会政治发生了一系列变化:政治民主化进程加快,行政现代化,公民动员日益增多,民众的政治参与意识不断增长。所有这些都强化了原先潜在的民族主义向显性发展的趋势。法国也不

---

① Hans Khon, *Nationalism*, *Its Meaning and History*, Priceton：New Jersey Dvan Nostrand Company,1955,"preface".

② 关于法兰西民族主义的民主主义特性,可参见李宏图:《西欧近代民族主义思潮研究——从启蒙运动到拿破仑时代》,上海:上海社会科学出版社,1997年。

例外。尤其是社会中的中下层资产阶级,对自身地位的不确定与身份意识的模糊,使他们借助民族身份与优越感来安定自己的情绪,他们通常是民族主义的鼓吹者和拥护者。

如果说,大革命直至第二帝国时期,法国的知识精英中还有一些人对拥有歌德、席勒、康德、黑格尔、海涅的德国抱有好感,沉迷于法德联盟,实现政治与文化的一体化,那么普法战争后,法国人中对德的仇恨情绪成了主流,民族主义急剧发展,有时甚至到了歇斯底里的地步。知识分子和思想家们都为民族复兴、对德复仇摇旗呐喊,著书立说。民族主义思潮涌动,也催生了一大批信奉民族主义的思想家,诸如勒南、巴雷斯、德律蒙、拉莫斯、勒庞等。

欧内斯特·勒南(Ernest Renan,1823—1892),出身于布列塔尼的贫穷之家,幼年丧父。由于家境贫寒,接受的是教会学校的教育(因为是教会的慈善教育,可以少出甚至不出学费),这也在他日后的思想倾向中打下了深深的保守主义烙印。作为一名有学术素养、思想冷静的学者,勒南的民族主义思想是相对中庸的。但普法战争以后,勒南的思想有了变化,政治性的爱国主义占了主导。

1882 年,勒南在索邦大学发表题为《何为民族?》的讲话,提出了"民族的存在,就是每日的公民投票"的观点。在勒南看来,民族是一个灵魂,存在于过去与现在。过去是指丰富的共同记忆的遗产,现在是指实际的认同。"无论是一个民族还是一个国王,都没有权力对一个行省说:'你们属于我,因此,我占有你们。'对我们来说,一个行省其实就是一个行省的居民,谁有被咨询的权利? 那就是行省的居民。说到底,民族的愿望是唯一正当的标准。"①这是有所指向的,因为当时普鲁士的著名史学家蒙森主张民族身份的客观标准是族裔起源与语言,而阿尔萨斯省人中说德语的占多数,蒙森的解说就有为普鲁士占领阿尔萨斯辩护之嫌。勒南认为,人类并非是种族的奴隶,民族的标准应该是"民族的意愿""公

---

① Ernest Renan, *Qu'est-ce qu'une nation*? Maseile:le Mot et Reste,2007,pp. 34 - 35.

民的投票",是一种政治标准。

　　勒南的"民族是每日的公民投票"观点,尽管在学界引起了极大的争议,但每个民族都应该具有政治自主权利,这种秉承大革命以来的法国"政治民族主义"的理念,在第三共和国的民族主义与爱国主义者中还是很有市场的。

　　莫里斯·巴雷斯(Maurice Barrès,1862—1923)年轻时是个浪漫主义小说与散文家,后转向民族主义,成为一个激进的爱国者。巴雷斯的民族主义思想主要体现在反映普法战争的"民族精神小说三部曲"[1]。在巴雷斯看来,民族的根在于"土地与逝者",种族、环境与历史构成了一个人的民族属性。个人与国家的关系,就像是树叶与大树的关系。个体是国家(集体)大树中的一片叶子,离开了国家,就是离开了本根的人。因此,年轻人应该重返家乡,与逝去的先辈们生活在一起,"崇拜他们的行为,充分地汲取他们的力量"[2],在民族与历史传统中汲取养分。总之,民族主义是爱国主义的精神力量。在他看来,犹太人没有祖国,是无根的"蛮族",因而在德雷福斯事件中,巴雷斯成了一个坚决的反重审派。为振兴法兰西民族,巴雷斯寄希望于强人出现。这个强人必须是为有利于民族利益的事而激励,超越党派,为国家和大众的事操心;能迅速结束国内各党派的纷争,并凝聚各阶层人士把精力投入"纯粹民族的事业"中,重振伟大的法兰西。由此,巴雷斯热情地投入布朗热运动中,布朗热运动的失败虽然使他备受打击,但并未动摇他的呼唤"英雄"情结。

　　夏尔·拉莫斯(Charles Maurras,1868—1952),是与巴雷斯齐名的民族主义者[3]。作家出身的拉莫斯是"浪漫派"诗社的创始人,法兰西院士。德雷福斯事件所带来的法国混乱,使拉莫斯倾向于政治专权,走上

---

[1] 这三部小说分别是《离开本根的人》(1897)、《向军人发出号召》(1900)和《他们的嘴脸》(1903)。

[2] Robert Soucy, "Barrès and Fascism," *French Historical Studies*, Vol. 5. No 1 (Spring, 1967), p. 76.

[3] 参见杜比:《法国史》,中卷,第1170页。

了反犹的民族爱国主义之路。1899 年,拉莫斯建立了右翼组织"法兰西行动",反对重审德雷福斯。1908 年,拉莫斯等人创办了《法兰西行动》日报,系统阐述反犹、反议会、反共和的思想;强调法兰西民族的优越性,认为共和与议会制度只会带来混乱,君主专制可以带领法国走向富强。二战前夕,拉莫斯滑向了法西斯主义。1941 年,拉莫斯被维希政府提名为全国顾问委员会委员。1944 年法国解放后被捕,并判终身监禁。

埃杜瓦尔·德律蒙(Édouard Drumont,1844—1917),19 世纪后期法国民族主义者。新闻记者与作家出身的德律蒙,其民族主义思想中具有强烈的种族意识,1886 年,德律蒙发表了《犹太人的法兰西》,影响很大。书中提到雅利安人与闪米特人是两个对立的不同的种族,"从历史的最早岁月起,我们就已经看到雅利安人在与闪米特人争斗"。1898 年12 月 7 日,德律蒙在自己创办的《自由之声报》中进一步声称,特洛伊战争就是雅利安人与闪米特人的种族战争。由于"种族、环境与时机"3 种基本力量的不同,雅利安人明显要比闪米特人优越:雅利安种族热心、英勇、侠义、率真、无私,而闪米特种族则敏感、狡猾、贪婪。这种观点在法国民众中营造和散布了一种对犹太人的不信任气氛。由于当时法国正处于民族主义的狂热期,这种思想的煽动,对于德雷福斯案件的重审起了一定的负面作用。不过,法兰西民族的优越性,从另一角度看,对于法国人团结奋进、对外扩张倒是起了一定的鼓励作用。

古斯塔夫·勒庞(Gustave Le Bon,1841—1931),法国著名的社会心理学家,群体心理学的创始人,也是一个民族主义者。1866 年,勒庞获医学博士学位后,游历欧洲、非洲和亚洲等地,接触了许多人类学与考古学的知识,也写了一些相关的著作。1884 年后,勒庞将研究兴趣转向了群体心理学,1895 年发表了著名的《乌合之众:大众心理学研究》。勒庞早年的人类学研究在他的思想体系中留下了很深的印记。在勒庞看来,每个民族与文明体都具有民族精神,即共同的情感、意识与思维方式。"民族的精神和种族的灵魂"是整个社会生活的基础。勒庞有着强烈的种族论倾向,认为"民族主要是受其种族的禀性支配,也就是说,是受着某些品质的遗传残余的支配",而"这种秉性从一代人到下一代人,不会有显著的变化"。勒庞强调,种族的基本特点是人们产生一切情感的不变来源,国家精神就是从民族精神中无形地产生出来的,而历史就是民族精神与种族性格的产物,民族精神与种族性格是社会进步的重要力量。由此,勒庞也成了一个激进的民族主义者。

也正因为此,他深为社会中无意识的民族与群体力量所忧虑。个体的意识会浸透到群体的情绪中,群体的无意识则会成为一种感染力很强的意识形态。因而,群体就具有一种思想与行动上的一致性,勒庞称之为"群体精神统一性的心理学定律"。这种群体的心理学效应会使个体丧失批判能力,进而影响他们的行为。群体行动的一致性、情绪性和非理性特征的揭示,具有很强的前瞻性,因而勒庞的《乌合之众》在当今世界仍具有极大的社会意义。

由此可见,19世纪后期的法国民族主义思潮中大多带有比较强烈的爱国主义情绪。

二、民族爱国主义的复兴

与民族主义思潮相适应的是爱国主义精神的提振。1870年普法战争失败,对法国而言是一场史无前例的民族灾难,一种奇耻大辱。无论是军人还是平民甚或知识分子,心灵都受到强烈的震撼,收复失地和对德复仇,成为激发民族情绪、凝聚民族精神的有效工具。此后的法德关系与法国政府的对德政策,都是在这一框架与诉求下展开的。

普法战争后,法国社会有一种舆论:法国战败是士兵输给了"普鲁士的小学教师"。为此,共和国成立后不久,执政的共和派就大力推行公民教育,塑造爱国主义精神。费里推行"免费、义务、世俗化"的初等教育改革,进行公民与爱国主义的教育,为共和国培养合格的战士。1882年,保罗·贝尔在《论公民教育》中指出,"一国人民需要有崇高的情感、统一的思想、共同的信仰。我们要将对祖国热烈而理智的信仰、崇拜和爱戴灌输到孩子的精神与心灵中,渗透到他们的血液里。这就是公民教育的使命"①。在这里,民族主义与爱国主义紧密地联系在一起了。

　　谈到公民爱国主义教育,拉维斯是个不得不说的重要人物,他对法国的爱国主义教育功不可没。欧内斯特·拉维斯是法国著名历史学家。拉维斯认为,史学应当肩负起民族复兴的重大课题,历史学家也应当以培养公民精神、复兴民族国家为己任。1876—1913 年,拉维斯为初等学校编写了一系列历史、语文和公民教育的读本。小学历史读本《法国史》②开篇就是"我们的祖先高卢人",读本将抗击罗马人的高卢部落首领维钦托利③塑造成法兰西的第一位民族英雄,将法国对外战争诠释为捍卫法兰西民族统一和完整的合法战争,要求学童们从小铭记"一个民族的义务就是抗击侵略者","有义务热爱先辈为之奋斗,并使她伟大的祖国"。④ 拉维斯的系列读本,在法国十分畅销。仅 1882—1883 学年,拉维斯编写的历史教科书销量就有 5.4 万册。1889 年,拉维斯系列教科书的总销量达到 500 万册,1920 年上升到 1 300 万册。拉维斯力图通过历史教育为国家培养"好公民、好工人、好士兵",因此也被称为"整个法兰西民族的历史教师"。

　　当然,第三共和国时期民族主义复兴是日积月累的。共和之初,拥护共和国,热爱共和政体,就是最大的爱国主义。为了激发爱国主义情绪,共和派把《马赛曲》定为国歌,还规定了 7 月 14 日为"国庆节",以及为"共和女神"玛丽安娜铸像等。所有这些,都是为了凝聚民族认同。普法战争失败后,巨额赔款压在了法国人身上。当时俾斯麦的如意算盘是

---

① Michel Winock, *Parlez-moi de la France*, Paris：Plon, 1995, pp. 8 - 9.
② 这个初等学校历史教科书也被称为"小拉维斯",以区别拉维斯主编的 30 卷《法国史》。"小拉维斯"的历史观念影响至深。直到 2002 年,法国初等教育历史教学大纲仍沿用拉维斯的历史观。
③ 维钦托利(Vercingétorix)是高卢阿维尔尼人首领之子,在高卢战争末期,他领导高卢人民与入侵的凯撒军队战斗,公元前 52 年在阿莱西亚之战中败北,随后被押送罗马,公元前 46 年凯撒庆祝胜利仪式期间被处决。
④ E. Lavisse, *La deuxieme annee d'Histoire de France et d'Histoire generale*, Paris ：Armand Colin, 1894, p. 292.

法国无力赔付,德国至少可以在一代人的时间内占领法国,利用时机,进行德国的工业化。为了尽快还款,法国政府发行了近 50 亿法郎的国债,法国民众踊跃认捐。1873 年,法国只用了不到 3 年时间就偿清了对德赔款,在梯也尔等人的斡旋下,德国驻军提前撤出了法国,这也极大地鼓舞了法国人的自信心。1887—1899 年,法国右翼社会掀起了一股民族主义思潮,就像有学者所说"布朗热主义给民族主义思潮签发了出生证,而德雷福斯事件为它施行了洗礼",一系列事件中夹带着很强的军国主义、教权主义和反犹主义,但也不可否认共和派与左翼人士在巴拿马运河丑闻事件、布朗热运动和德雷福斯事件中为共和国的稳固竭尽全力,在宣传与维护公正、正义理念,提倡爱国和民族团结的过程中,也凝聚了法兰西的民族爱国精神。

进入 20 世纪,法国更是开始了一场民族主义的复兴运动。面对德国的崛起与日益明显的对外扩张意图,法国也以各种方式提升民族的自豪感,时刻保持警醒,提防德国的威胁。一战前夕,民族主义的氛围更甚,执政的激进共和派也常常以"团结、纪律与祖国"的爱国主义口号,动员民众,为民族主义推波助澜。比如修改兵役法,从原先的 2 年延长至 3 年,将圣女贞德节改为法定的节日,予以纪念,等等。

19 世纪法国民族主义的复兴不仅表现在对德复仇上,也体现在殖民扩张方面。一些民族主义者信奉社会达尔文主义,坚信欧洲种族优越论,认为法国作为一个崇尚自由平等的文明国家,有义务也有权力去启蒙和召唤所谓的落后地区的"野蛮人",把他们从奴役与专制中解救出来,这是像法国这样的"文明国家"义不容辞的使命。民族主义与所谓的"文明使命"相结合,为法国对外殖民与扩张提供了所谓的正当性与合法性。

因此,法国的民族主义、爱国主义一直与国家利益紧密相连,在外交政策与对外扩张方面起着应有的作用。

第二节　积极务实的欧洲政策

1860 年代中后期,欧洲政治地缘结构发生了急剧的动荡。处于欧洲腹地、一直四分五裂的德意志地区出现了统一的迹象。普鲁士的政治家与外交家们在普鲁士国王,尤其是首相俾斯麦的强力推动下,全力促使德国统一。强大统一的德国对整个欧洲的政治与战略关系产生难以预计的影响。一直在欧洲以霸主自居的法国则千方百计地阻挠德国的统一进程及发展。法德双方都动用了全部的军事与外交力量,1870年普法战争就是一场双方力量的总较量。

一、普法战争后的欧洲政治格局

1870年7月14日,一封来自度假胜地埃姆斯的电报,搅乱了巴黎政界与新闻界,俾斯麦"红布引斗高卢牛"的计谋得逞,全法民众同仇敌忾,一致要求普鲁士给个说法。7月19日,法国向普鲁士宣战,普法战争爆发。但是自以为做好了一切准备的法军,却在志在必得的普军面前节节败退。9月2日,由皇帝波拿巴率领的10万法军在色当大败,波拿巴自己也成了俘虏。不久,巴黎沦陷,法国输掉了战争。1871年,普王威廉一世在巴黎凡尔赛宫的镜厅加冕,正式称为"德意志皇帝",俾斯麦成了帝国首相。在德军的围困中,法国"国防政府"与德国展开一番讨价还价的谈判。1871年《法兰克福条约》,标志着普法战争结束,也预示着欧洲的国际政治格局进入了一个新的时代:一个均势的"武装的和平"时代。

这一时期的欧洲之所以说是均势的"武装的和平"格局,理由有二。第一,1871年是欧洲近代史上的重要分水岭,它通常是西方自由资本主义与垄断帝国主义转变的标志年。第二,德国统一完成,使欧洲的均势达到了前所未有的程度。欧洲五大国(英、法、俄、德、奥),再加上意大利,都是拥有独立主权的国家,但是没有任何一个国家的实力强大到足以支配其他国家,而且彼此间又相互牵制。比如,法德之间的对立很难调和,奥匈帝国和俄罗斯帝国在巴尔干地区有利益冲突。这使大国之间较难结成紧密、长期的联盟。彼此实力的相当和各种矛盾反而使欧洲的均势得以保存,尽管这是一种被迫的和平,但也是欧洲近代史上最长久的和平。

在这种均势的格局下,法国的对外政策就陷入了一种两难的境地。因为法国既是欧洲大国,又是殖民大国。作为欧洲大国,它需要联合英国,反对德国;作为殖民大国,它又要争取德国的支持,抵抗英国。于是,19世纪下半叶,温和共和派执政法国,在外交上奉行实用主义的执政理念,采取一种"机会主义"的策略。

二、法国的欧洲策略与外交

法兰西民族主义中历来有着强烈的"大国"情结,这与法国在欧洲的政治与文化地位是相当的。启蒙时代,法国的平等、自由、人权等思想原则传播到欧洲各地;大革命期间,拿破仑用武力横扫欧洲,大大地拓展了法国的自然疆界,同时也扩展了自由、平等、博爱理念的影响力。法国人自觉法兰西民族对人类和世界文明有很大的贡献,相应地,对于人类社会也负有一份责任感。这份"超凡脱俗"的神圣责任,有时是一把双刃剑,一面指向人类正义与社会公正,一面则有可能打着文化传播和扶持弱者的旗号助长侵略与殖民扩张。尤其是到了第三共和国时期,国际形势和欧洲的局势都发生了变化。普法战争失败,法国在欧洲颜面尽失,德国的崛起和美国的强大,使法国的大国地位受到冲击。保持大国地位也就成了法国民族主义关注的焦点和政府外交的重点。

为了重拾"大国梦",法国实践了一种积极务实的欧洲政策。在欧洲格局中,英、法、德三国的博弈起着重要的作用。对法国来说,英法是宿敌,德法又是"世仇",如何平衡三国之间的关系,十分考验法国的外交智慧。若以法国的视角来看,需要小心应对的3种关系,即法德关系、法英关系与法俄关系。其中德国是法国在欧洲大陆的竞争对手;英法是宿敌,现在英国又是法国海外殖民扩张的最大障碍;法俄虽然少有直接的利益冲突,但俄国也是一支不容小觑的力量,需要小心平衡。

首先是法德关系与应对策略。1871年,普法战争以普鲁士胜利告终,德意志民族统一,从此德国登上了世界历史的舞台。法国战败,第二帝国倒台,但共和国成立了。令人费解的是,普法战争后,法德关系出现了改善的迹象。刚刚战败的法国国内是弥漫着一种强烈的复仇情绪的，比如甘必大就立志雪耻"永志于心头"。不过，这种仇德的情绪又同惧德的心理交织在一起，构成了一种复杂的心态。这也使普法战争后的法德关系处于一种十分微妙的境地。

战后，德国为巩固在法国的成果（得地得赔款），维护自己在中欧的强势地位，其欧洲政策就顺理成章地采取继续打击和孤立法国，以防止法国东山再起的策略，这也是德国大陆政策的核心。因此，法德矛盾也就成了欧洲大陆的主要矛盾。当然，这两个对手之间的关系是不对等的，除了一个是战胜国、一个是战败国，外交优势也在德国一边。通过俾斯麦灵活的外交斡旋，德国加剧了法国在欧洲的孤立。1873 年 5 月，德国与俄国签署了意在针对法国的军事协定，10 月，扩展为德、俄、奥的"三皇协定"。从某种意义上说，这也可看作君主制的欧洲对共和制法国的围剿。

1873 年，法国提前偿还了 50 亿法郎的赔款，9 月，德国如约撤离在法国 6 个省的驻军。法国为确保自身利益开始重整军备，延长了兵役期，尤其是法国一些天主教主教支持阿尔萨斯、洛林地区的天主教活动，为此，俾斯麦很是恼火。为遏制法国的复兴企图，俾斯麦策划了所谓的"战争迫在眉睫"的危机事件①，证明法国有进攻德国的危险性，战争随时可能发生。

事实上，1875 年的危机是一个骗局，俾斯麦未必真正想打仗，而是想借此威胁法国人，让法国政府放弃重整军备甚至是复仇的想法。针对德国的外交攻势，法国政府采取了相对理智的回应。因为法国很清楚当时两国的实力差距，再来一次新的法德战争肯定不利于法国，再说，法国也不具备发动战争的可能性。法国外长德卡兹（Louis Decazes，1819—1886）面对"战争迫在眉睫"的危机，装作大难临头，利用欧洲其他大国不

---

① 1875 年始，德国政府开始注意到法国的备战行为：拟在德国购买 1 万匹战马，把每个团队的步兵营从 3 个增为 4 个。针对这些行动，德国政府授意媒体大肆宣传抨击法国的"天然的帝国主义倾向"、试图组织天主教的联盟来反对新教的德国、德国处在法国进攻的危险之地、战争的危机日益临近等等，渲染德国人的反法情绪。

希望德国再次通过削弱法国而变得过分强大的均势心理,向其他大国寻求保护。同时,法国外交部把德国挑起事端等一些言论收集起来,交给了他国政府和英国的《泰晤士报》记者,以争取舆论的支持。这些材料包括德国的一些政要在英国大使的宴会上聊到的对战争的看法:认为从政治、哲学甚至是宗教意义上,打一次预防性的战争是正义的;法国若将复仇作为国家目标,德国与其坐以待毙,不如先发制人;德军总参谋长毛奇明确表示,如果法国不限制自己的军备,那么,战争是不可避免的。

法国的巧妙做法,果然得到其他列强的"同情"与回应。尽管奥匈帝国保持缄默,但英、俄驻德大使在柏林向德国进行了"劝告"。俄国外交大臣保证"俄国将竭尽全力来抑制柏林的急躁情绪,并使和平的想法在那里占上风",沙皇亚历山大二世则接见了法国驻俄大使,安抚法国政府并承诺无论发生什么事情,俄法两国政府的关系总会"像现在一样良好和友善"。英国外长大臣也照会德国,说明法国不怀任何侵略意图,希望彼此间能消除误会。俾斯麦也就只好出面否认德国有任何的侵略企图,且被迫发表了和平演说,责备说一切令人不安的消息以及整个危机都是报纸捏造、投机商制造的借口。到此,战争危机便告消解。

普法战争后法德之间这场外交较量,法国算是取得了胜利。表面上看,英俄两国联合支持、保护了法国,并挽救了和平,实际上这种和平只是《法兰克福条约》基础上的均势,列强并不打算扭转色当战役造成的局面,只是设法让战争不致重演。英俄两国满意于当时的欧洲均势,担心法德之间的纷争会破坏均势。列强的这种"均势"癖好,不仅使危机解除,也使欧洲保持了近半个世纪的和平。

这次危机使法国明白了一个道理:法国不可能在短期内实现对德复仇。为此,法国的对德政策也发生了明显的变化:具有挑衅性的爱国主义宣传开始降温,紧张的法德关系出现了松动的迹象,甚至连当年的抵抗派领袖甘必大也做出了与德妥协与和解的姿态。对于法国伸来的橄榄枝,德国政府至少表面上没有拒绝。1877年底,俾斯麦热情接见了新任的法国驻德大使圣瓦利埃伯爵(Comte de Saint-Vallier,1833—1886,

1877—1881年任驻德大使），称他是"法国派到柏林来的最优秀的大使"。不久，俾斯麦又称赞法国是个"明智而克制的共和国"，是"和平的保证"。俾斯麦和德国政府还从自身利益及其大陆政策考量，大力支持法国的海外殖民扩张。

法国温和派政府对德国的转变持着现实主义的欢迎立场，一些政府要员发表亲德的言论，表示对俾斯麦的好感，以消除国人对这个占领巴黎的普鲁士"铁血宰相"的疑虑。总理费里就说俾斯麦是"欧洲和平强大的、有坚定信念和真诚的领袖"。由于费里时代（1879—1886）法国的外交中心在海外，法德之间波澜不惊，关系相对平静。

1885年，费里下台，标志着法德关系平静期的结束。1886年初，布朗热将军任陆军部长。布朗热将军是个激进的复仇主义者。他以政府部长的身份发表好战言论，向官兵灌输民族沙文主义思想，要求收回阿尔萨斯、洛林，并强化了陆军装备，民族主义的仇德情绪再次升温。不过，同一时期，法俄倒是有了亲近的迹象。

为应对法国方面的这种变化，也忧虑法俄亲近会使德国陷入两线作战的风险，俾斯麦在1887年初再次对法采取强硬态势，德国的报纸大张旗鼓地批判"法国战争贩子"，俾斯麦则指责"布朗热就是战争"，要求法国政府解除布朗热的陆军部长职务，否则，战争可能随时爆发，如果布朗热成为政府首脑或共和国总统，德国除了战争别无选择。除了舆论动员，德国政府还在法德边境集结军队，并在1887年2月动员了72 000名后备役官兵在洛林地区举行军事演习。4月，德国蓄意制造了希内贝尔事件，将应邀前往德国执行公务的法国边境特别警官希内贝尔以间谍罪的名义逮捕。法德关系再次紧张起来。

听闻消息，法国群情激愤。法国政府这次也不甘示弱，总理向德国政府发出了最后通牒。尤其是布朗热将军，成为"自1870年以来第一个敢于对抗俾斯麦的法国部长"①，他强烈要求共和国总统发布总统令，以

----

① Maurice Barrès, *L'Appel au soldat*, Paris: Fasquelle, 1900(Forgotten Books, 2016), p. 51.

动员后备部队,准备战争。但毕竟战争并不是法国真正想要的。在法国政府理智与克制的周旋下,9天后,希内贝尔被释放,事件和平解决。半个月后,布朗热将军遭解职。尽管战争警报解除了,但法德关系并没有得到实质性的改善。

其次是法英关系中的合作与冲突。英法两国一直是欧洲宿敌,英国也是法国海外殖民的对手。但鉴于普法战争后法国在欧洲的孤立地位,在外交上法国的重点不得不放在反孤立上。要摆脱孤立地位,当时的形势下只有示好英、俄,争取它们的支持。但法国也明白自己当时的处境不可能以平等的身份结盟,于是只好放低身段,以善意的行动博取对方的好感与同情。但当英俄之间发生冲突,法国究竟站在哪一方,这很考验法国政府的外交智慧。

在欧洲列强的争霸中,东方问题一直是焦点。1856年,克里米亚战争后签订的《巴黎和约》,暂时协调了近东地区的现状及大国在此地的力量平衡。1875年,土耳其控制下的黑塞哥维那省和波斯尼亚省起义,巴尔干半岛动荡。时隔20年,东方问题再起,又引发了列强的一系列外交角逐。俄国想直接或间接地控制博斯普鲁斯海峡,以解放半岛上的斯拉夫人为由,进行扩张,进而成为黑海与巴尔干半岛的主人;奥匈为防止俄国阻断奥国的海上通道,鼓动土耳其直接吞并两个省。俾斯麦出于维持"三皇同盟"的考虑,希望俄奥之间能达成妥协。1876年5月13日,在俾斯麦的促成下,德、俄、奥三方在柏林签订了《柏林备忘录》。但大国的卷入并未有效解决问题,反而使相关问题变得更加复杂。差不多同时,保加利亚也发生了反土耳其的起义。当地人杀死了几个土耳其官员,土耳其出动了大批雇佣军开进保加利亚,作为报复,约12 000名无辜百姓被枪杀。6月,塞尔维亚与门的内哥罗向土耳其开战。不久,塞国就在战争中失利。此时的俄国感到不能坐视土耳其的胜利,否则俄在巴尔干的利益就会有所损害。1877年,俄土开战,但土耳其得到了英国的支持,战事相持不下。3个月后,打得精疲力竭的俄土双方停战熄火,并在圣斯特凡诺小镇订立了和约。根据和约,俄国取得了大量的利益。《圣斯特凡诺条约》引起了英、奥的不满。

面对英、俄在巴尔干半岛上的冲突，法国选择了站在英国一方，并与英国一起提出召开欧洲会议审查《圣斯特凡诺条约》。1878 年 6 月，会议如期在柏林召开，法国代表站在英国的一边，同意奥匈占领波斯尼亚，并竭力协调英俄在保加利亚问题上取得一致。但英国背地里与土耳其签订了关于塞浦路斯的秘密协定，尽管法国国内舆论大哗，法国政府还是秉承克制的态度，明智地承认了英国对塞浦路斯的占领，在与英国维护友谊的同时，就有关地中海的新均势与英国展开了谈判。作为回报，英德两国赞成法国占领突尼斯。

英法的合作关系，终于在埃及问题上告吹。一直以来，英法两国在埃及问题上是相互支持、密切合作的。1876 年，埃及政府因负债累累，宣告破产。英法两国作为主要的债权国，在巴黎达成协议，由英、法、奥匈、意大利和埃及五国代表组成"埃及国债管理委员会"，用亚历山大港的海关和铁路收入作为付息的担保。同年，英法两国又决定共同对埃及财政实施"双重监督"，以缓解埃及问题。此后，英法两国在加入"欧洲人内阁"、干涉埃及内政、保护两国侨民等问题上都是协同一致。岂料，1882年 10 月，法国被排除出"双重监督"机构，埃及被英国独占，英法关系就此恶化。此后，在殖民地问题上，法英两国也是龃龉不断，法英"自由同盟"解体，法国转向俄国寻求支持。

最后是主动交好俄国，摆脱孤立地位。与英国关系逐渐恶化的同时，法国就只能转向远东大陆争取俄国的支持并与之结盟。1890 年代俾斯麦的亲英疏俄政策，也迫使俄国日益与法国接近。不过，在法俄关系中，法国是主动追求的一方，俄国被动犹豫的关键可能在于对共和体制的忧虑以及双方对外利益关系的不甚一致①上。1891 年，德奥意三国同盟续签，而英国又交好于意大利，法、俄两国各自被孤立的态势

---

① 比如俄国对法国收复失地并不同情，而法国对俄在近东的扩张也颇为反感。在埃及问题上，法国力主英国撤出埃及，俄国却真心希望英国对埃及的占领，以使英法纠纷持续，俄能取渔人之利。

日益显现。法俄在欧洲格局发展上处于不利局面,两国不得不走到了一起。

法俄两国友好关系,是从经济领域开始的。鉴于德国拒绝向俄国贷款,法国的银行家及时出手,1888年底,给俄国政府贷款约5亿法郎,次年又先后募集了超过7亿和12亿法郎贷给俄国政府。这样到1889年底,俄国欠法国的债务总计达26亿法郎。经济上的依赖为俄、法政治上的接近打下了基础。1891年7月,法国军舰访问喀琅斯塔得港,沙皇亚历山大三世登上军舰,当《马赛曲》奏响时,沙皇摘帽致敬,表示对共和制法国的友好感情。8月21日,俄国外交大臣吉尔斯致函法国外长,表达了"如果和平真正遭到威胁,尤其是两国中之一国有被侵略的危险,双方约定两国立即同时采取措施,以协商各自的政策并确定共同的行动路线"。27日,法国外长回复说法国政府完全赞同这一立场。这两封信函实际上构成了法俄同盟的基础。1892年8月,法军副总参谋长布瓦代夫以观察俄军秋季演习的名义来到彼得堡,与俄军总参谋长奥勃鲁契夫秘密磋商,17日,法俄两国草签了军事协定,签字的就是这两名参谋长。

法、俄的这个军事协定是针对德奥意三国同盟的。一开始,俄国对此还是持谨慎态度的。当时法国国内正在揭露巴拿马丑闻,致使俄国对法国共和制度稳定性及法俄同盟存在的合理性产生怀疑。不过,德国的行动刺激了法俄的进一步接近。1893年秋天,德国通过了新的征兵法,使兵力陡增150万,俄国预见到了来自德国的威胁。1894年1月,法、俄两国以互换外交批文的方式,正式通过了该项军事协定。尽管协定只是对德国战争发生情形下两国一致行动的承诺,但它改变了欧洲的一种格局,形成了以德奥意为一方、法俄为另一方的两大军事集团。能够与一个欧洲大国建立合作关系,也标志着法国从此摆脱孤立地位,重新获得了其作为一个欧洲大国的地位。

所以说,到19世纪末,法国政府积极务实的欧洲外交起了效果,法国作为一个欧洲大国重新活跃于国际舞台。法俄同盟对法国来说意义重大,它不仅使法国摆脱了孤立地位,获得了某种"安全感",还鼓励了法国的海外扩张。

第三节　费里时代法国的殖民扩张

费里在《法国的海外扩张》一书中调侃说,法国民众对殖民帝国的激情,就像人们对肚皮舞的喜欢。其实这种喜欢的背后是一种利益所在。当然,法国人也与其他欧洲列强一样,信奉所谓的"文明使命"论,要把自由与幸福的种子播撒到落后地区,认为殖民是文明国家的责任与使命所在。

法国作为一个殖民大国,早在 17 世纪就开始了殖民活动。拿破仑时代,更是以实现所谓的"自然疆界"为借口,扩展法国的领地。但是,拿破仑帝国的失败和"维也纳体系"的建构,迫使法国的殖民活动开始收缩。普法战争的失败和共和体制的建立,一度使法国在欧洲陷入孤立,所以,在很长一段时间内,法国把主要精力放在了突破外交封锁上。1880 年代后期,随着法国的外部环境开始好转,殖民便又提上了日程。

一、费里的殖民扩张政策

第三共和国是法国殖民扩张的顶峰期,19 世纪末法国成了仅次于英国的世界第二殖民大国。而这个殖民帝国的缔造者及对外扩张的主导人物是费里。费里两次任法国政府总理,按法国当时的政府体制,外交事务是由政府首脑掌管的,由于费里对殖民扩张的关注,在整个费里时代,开始形成了以费里为核心的所谓"殖民党"。费里曾说:"难道法国只是大陆国家吗? 殖民地的每一寸土地,对我们来说都是宝贵的。""殖民地是一个有利可图的资本投放地。"由教育部长改任政府总理时,费里就开始组建相关的机构,部署殖民工作。1881 年组建了上塞内加尔司令部,专司那里的殖民活动,1883 年,在海事与殖民部中专设一个委员会,每年拨款 10 万法郎支持扩张事业。法国的殖民活动由于有政府的大力支持,可谓是如火如荼。

对于殖民,费里政府有着自己的一套方针与策略。首先,殖民是发展法国经济的重要一环,可以为法国资本找寻资源,为法国产品找到市场。费里认为,"法国在所有欧洲国家中是移民最少的一个国家",而"殖民地对于富国来说是最有利可图的投资场所……法国历来资本充裕",应该把大量资本投到国外去。他还以亚当·斯密的学说为支持,在议会中说服大家"建立一个殖民地,就是开辟一个销售市场",尤其是"在我们所处的时代,在席卷欧洲所有工业的经济危机中,建立一个殖民地,就是开辟一个销售市场"。[①]

其次,殖民是大国地位的表征。伴随着经济利益而来的,是政治上的好处。费里很清楚,"只要从事工业生产的宗主国和它所建立的殖民地之间存在着殖民关系,它就足以使经济上的优势伴随着政治上的优势"[②]。对外殖民,还可以在政治上为法国战败找到某种补偿。普法战争的失败,使法国在欧洲的颜面大失,法国急需重振大国地位,但当下又不具备对德复仇的实力,与其消极等待,不如通过积极海外扩张,在"别的方面增加法国的荣光"。费里的眼光可能看得更远:法国不仅要收复失地,而且要通过殖民来找到大国位置,"殖民政策是永恒的竞争法则在国际上的表现","沉默和不参与的政策只能引向衰落"。费里政府认识到,殖民是壮大国家的重要途径,在 19 世纪的欧洲已成为一种潮流,法国如若不加入这一潮流,必将不能成为欧洲一流大国。所以,大国必须殖民与扩张。

最后,殖民既可以宣扬法国文化,还可以在落后地区行使所谓的"文明使命"。法国一直对自己国家的文化沾沾自喜,对自己作为文化大国的地位坚信无比。他们认为,通过殖民,法国这样一个伟大国家的语言、风俗、文化可以散布到世界各地,以基督教文明与工业文明来启蒙文明

① 楼均信、郑德弟、张忠其选译:《一八七一———一九一八年的法国》,第 32 页。
② 楼均信、郑德弟、张忠其选译:《一八七一———一九一八年的法国》,第 32 页。

程度较低的种族。1885 年,费里在一次就殖民问题的辩论中声称有关殖民问题有"一个人道与文明的一面……事实上,高级种族有开化低级种族的权力……对于高级种族来说,殖民权力是他们负有义务,他们有开化低级种族的义务"①。费里还赞扬自从法国对北非征服以来,那里有了更多的正义与平等、更好的物质与社会道德秩序。这种居高临下的文化心理,使以费里为代表的法国殖民者自以为殖民是高级文明对低级文明的权力与义务,所以在殖民行为上毫无惭愧感。

在这一套殖民理念指引下,以费里为代表的机会主义共和派先后在非洲和印度支那地区推行殖民,为法国殖民帝国的建构立下了汗马功劳。

二、法国在非洲的殖民活动

突尼斯紧临法国殖民地阿尔及利亚的东北部,与西西里岛隔地中海相望,那里物产丰富、土地肥沃,对法国而言,不仅地理位置重要,经济上也有利可图。征服突尼斯既可在与意大利争夺地中海霸权中先走一步棋,又有利于巩固法国在阿尔及利亚的统治,可谓一箭双雕。不过,就具体策略而言,考虑到法国当时的国际影响力,费里政府认为较为可行的办法是置突尼斯于法国的"保护"之下,而不是直接将它沦为殖民地。费里表示,在突尼斯"没有建立秩序之前,应当被看作资本的殖民地",成为法国投资者的一个称心如意的狩猎场。

1881 年 2 月 16 日,300 名突尼斯人进入阿尔及利亚边境,为在边境上被阿尔及利亚人杀死的一个族人报仇。4 月 24 日,近 3 万法军以突尼斯人私闯边境为由,不宣而战,从阿尔及利亚侵入突尼斯。几天后,法军就占领了突尼斯大部。5 月 12 日,法军包围了突尼斯城近郊的巴尔杜王

---

① Gilles Manceron, *1885 :Le tournaut colonial de la République*, Paris: La Decouverte,2006, pp. 59 - 60.

宫,强迫突尼斯贝伊①签署了法方事先拟定好的《法国和突尼斯保护条约》,也称《巴尔杜条约》。条约规定,突尼斯同意法军占领其认为恢复边境和沿海地带的安全与秩序所必需的据点;未经法国许可,突尼斯不得签订任何具有国际性质的和约。条文传到法国议会,得到了议员们的赞誉。为了表彰政府在突尼斯事业,议会在 6 月 13 日又以压倒的多数,追加费里政府 1 400 万法郎的补充经费,用于支持殖民活动。

1883 年 6 月,第二届费里内阁时期,法国政府又胁迫贝伊在突尼斯北部马萨尔小镇签订了《法国和突尼斯调整两国关系条约》,也称《马尔萨协定》。协定规定突尼斯保证进行法国认为必要的行政、司法和财政改革,以使法国更好地实行对突尼斯的保护制度。根据协定,突尼斯国内政权中有了两个最高权力,一个是法国的"常驻使节",一个是突尼斯的贝伊权力。形式上,突尼斯仍有自己的武装力量、治下的臣民和名义上的国家主权。事实上,权力掌握在"常驻使节"手里。在突尼斯政府中,只有 3 个本土部长,其余都是法国人。1884 年法国总统颁令,授权"常驻使节"全权"代表法国政府同意在突尼斯颁布和实行贝伊殿下的一切命令"。这种保护制度就是费里设计的。在他看来,这种占领的方式既不必使法国的财政承受极大的负担,又维护了战败国的尊严,还避免了"由两种不同文明接触所带来的许多麻烦",一箭三雕。

不久,法国资本源源不断地进入突尼斯,垄断了贸易,控制了工业,还强占了大片的土地;各种原材料则不断地流入法国。"保护优于直接兼并",就这样,法国完成了对突尼斯的间接殖民。

在如愿完成了对突尼斯的保护与占领的同时,法国也扩展了在西非的势力。法国在西非的殖民,早在第二帝国时期就开始了。费里时期,法国殖民活动主要在塞内加尔河流域和尼日尔河上游地区。1883 年,法国殖民军开进奥尔,将塞内加尔最肥沃的土地置于法国人的控制下。1886 年,法国又确立了对塞内加尔河上游和尼日尔河上游左岸的全部土

---

① "贝伊"系突厥语的音译,意为"首领""头目"等。

地的统治权。1889年,象牙海岸(即科特迪瓦)也成了法国的保护地区。从此,西非成了法国殖民帝国的最大的组成部分。

在第二届费里内阁时期,法国开始了对东北非与南非的入侵。索马里原是埃及的占领地。1884年,法国乘埃及危机,伙同英国瓜分了索马里,占领了索马里北部的阿利角、塔朱腊、古贝特哈拉巴等地区。

马达加斯加是非洲最大的岛屿,位于印度洋的西部,战略地位十分重要,一直为法国所觊觎。1881年,法国借口侨民的遗产继承问题,要求对该岛西北部的萨卡拉瓦人实行保护,遭到拒绝,从此两国开始了长期的谈判。第二届费里内阁时期,法国失去了耐心,开始对马岛诉诸武力。1883年法军炮轰马任加港,并在塔马塔夫港登陆。马达加斯加人民奋起抗战,多次打败了入侵者,战争持续了两年多。12月17日,法、马两国签订《塔马塔夫条约》:法国放弃对拉博尔德地产所有权的要求,并承认马达加斯加女王有权主持全岛的行政事务;法国获得赔款1000万法郎;马达加斯加在国外的侨民受法国保护。尽管法国再一次承认马达加斯加的独立和主权,但外交事务由法国统监领导,法国人有权在马达加斯加长期租借土地。事实上,马达加斯加变成了法国的"保护国"。1896年,马达加斯加沦为法国的殖民地。

三、法国在印度支那的殖民活动

远东地区是19世纪晚期西方殖民者争夺的又一阵地,法国也不例外。印度支那三国(越南、老挝、柬埔寨)地处热带,资源丰富,但距宗主国法国路途遥远,所以,法国没有将它视为像北非阿尔及利亚那样的移民殖民地,而是将其作为"开拓殖民地",主要从那里掠夺资源,把它们置于所谓的"保护"之下。

第二帝国时期,法国加紧了对印度支那的渗透。1863年法国强迫柬埔寨国王签订《法柬条约》,规定柬埔寨未经法国同意不得与任何外国发生任何外交关系,柬埔寨开始变为法国的"保护国"。1884年,法国又强迫柬王另订新约,将柬埔寨的主权剥夺殆尽。法国的驻扎官控制了柬埔寨中央朝廷到地方的一切大权,柬埔寨沦为法国的殖民地。

越南自古是中国的藩属,当时其统治者由清廷册封并向清廷朝贡,遇到内乱,亦会按惯例请清廷出兵征讨。1802 年,原阮氏家族的后代阮福映在法国支持下剿灭西山朝①,建立阮朝(1802—1945)。次年阮福映遣使宗主国中国,请求改国号为"南越",最终清廷下赐国号"越南",并册封阮福映为"越南国王"。1860 年代,法国借着第二次鸦片战争,以保教为名,发动了侵略越南的战争。1862 年,法国与越南阮朝签订《西贡条约》,规定越南将南圻的边和、嘉定、定祥三省割让法国,允许天主教自由传教,法国船舶在湄公河自由航行。越南南部六省沦为了法国的殖民地,此后,法国便由西贡出发探测沿着湄公河到中国的航路。

1874 年,越南阮朝与法国订立了第二次《西贡条约》:法国承认越南为独立国(即脱离与中国的藩属关系)并受法国保护。次年,法国公使将条文照会清总理衙门,被总理衙门拒绝。不过,印度支那三国仍把中国作为宗主国,越王在同法国订约后,仍在 1876、1880 年派使臣来北京朝贡。

法国一心想以越南为跳板,侵入中国腹地。当他们发现湄公河上游澜沧江不适合航运后,便掉头向北(即北圻,西方称为"东京"),想利用红河作为侵入中国云南的通道。1881 年 7 月,由费里政府主导的法国议会通过了 240 万法郎的军费用于越南殖民。1882 年,法国政府秘密派遣了4 000 名士兵来越南,以补充法国在此的驻军。4 月,法军占领河内。中国驻法公使曾纪泽(1839—1890,清代著名外交家,曾国藩的长子)向法国政府表达了强烈抗议。法国却回复称越南为独立国,中国无权干涉。清廷权衡再三,决定以"剿办土匪"为由,派兵进入越南。通过艰难的斡旋,同年 12 月 20 日,李鸿章与法国特命全权公使宝海(Albert Bourée,1880 年 6 月 13 日—1883 年在任)在上海达成协议:中国同意从东京(越

---

① 西山朝又称西同阮朝,是越南华裔在 1778 年至 1802 年间建立的朝代,由西山农民起义军建立。

南北部)撤军,法国则答应不侵占越南任何领土并不做有损越南主权的事。越南危机暂告一段落。

1883年,费里第二次组阁。作为殖民扩张的倡导者,费里对上海协议十分不满。不久,法军开始部署向红河三角洲的中国防地展开进攻,中法战争开启。中法战争,也有人称为"清法战争",指的是1883年12月至1885年4月,由法国入侵越南并进犯中国而引起的一次战争。

战争第一阶段的主战场在越南北部。1883年12月,法军进占山西(今河内直辖市下辖之山西市),清守军浴血奋战,伤亡惨重,在重创法军后山西失陷。随后,越南北部的北宁、太原、兴化相继失守。1884年4月,法军进驻兴化。5月,清廷北洋大臣李鸿章与法使福禄诺(François Ernest Fournier,1842—1934)在天津谈判,订立了《中法会议简明条款》,简称《李福协定》。该协定的主要内容是:中国同意法国与越南之间"所有已定与未定各条约",一概不加过问,亦即承认法国对越南的保护权;法国承诺"应保全助护"中国与越南毗连的边界,中国约明"将所驻北圻各防营即行调回边界";另外,中国同意中越边界开放通商,并承诺将来与法国议定有关的商约税则时,应使之"于法国商务极为有利";3个月内双方派代表会议商定详细条款。不久,福禄诺交给李鸿章一份节略,通告法国已派巴德诺(Jules Patenôtre,1845—1925,1884年7月14日—1885年10月31日在任)为特别全权公使来华会商详细条款,并单方面规定在越南北部全境向中国军队原驻地分期"接防"的日期。李鸿章没有同意这个规定,又没有明确反对,亦未上报清朝中央政府。

1884年6月6日,越南阮朝派全权大臣范慎遹与法国专使巴德诺在顺化签订了《巴德诺条约》即第二次顺化条约,越南称《甲申和约》,代替以前法越签订的一切条约。条约主要内容为:越南承认并接受法国的保护权,越南对外关系由法国代表;法国永久占领顺安沿岸所有炮台与军事工事;法国设置统监(越南称"钦使"),统监及其卫队驻扎顺化;越南国王有权管理其国家的内政,但因本条约而产生的限制除外;如有需要,法国可在北圻各省设驻扎官或副驻扎官,归统监指挥;经重新改革后,整个越南王国的关税,将由法国管理;法国为确保保护权的实施,要在中圻和北圻的战略要地实行军事占领。从此,越南南圻各省沦为法国殖民地,中圻各省成为"空有皇权"的保护地,北圻虽在主权形式上仍归阮朝,但由法国官员管辖。

6月23日,法军突然到谅山附近的北黎(中国称为"观音桥")地区"接防",无理要求清军立即退回中国境内。中方严正拒绝,双方为此开战炮击。两日的战斗,法军死伤200余人,清军伤亡更惨,史称"北黎事件"或"观音桥事变"。法军以此为借口,扩大了战火,中法战争进入第二阶段。

第二阶段的战火主要延烧在中国的东南沿海地区。不过越南北部的战争仍在继续。1884年8月,清廷颁布谕旨,谴责法国恣意索要兵费,要求清军出兵,严防法军入侵。这可以看成清朝对法的正式宣战。10月,法国海军主力转攻台湾的基隆、淡水。由于兵力不足,清军将领刘铭传(1836—1896)放弃基隆,坚守淡水。1885年初,法舰骚扰浙江镇海,并截击由上海往援福建的5艘中国军舰,后又在浙江石浦击沉其中两艘。在中国守军的顽强抵抗下,法军撤出,但在南下途中强占了澎湖。

在陆上,中法之间的战争仍是在越南北部和中越边境开打。1885年2月,法军进攻谅山,广西巡抚潘鼎新(1828—1888)不战而退。10天后,法军攻陷边境重镇镇南关,不久因兵力不足,补给困难,焚关而去。老将冯子材受命帮办广西关外军务,驰赴镇南关整顿部队。3月23日,法军从谅山再次扑向镇南关。冯子材率军英勇奋战,拼死抵抗,取得镇南关的大捷,并乘胜收复了谅山等地。军事上的失败致使费里内阁在议会中的支持度下降,当政府再次要求战争拨款时,议会以306票反对、149票赞成,否决了提案,费里旋即引咎辞职。但是,法国舆论仍是一片向清宣战的鼓噪声。李鸿章等则力主"乘胜即收",建议清政府与法国签订和约。4月4日,中法在巴黎签订了停战协定。4月7日,慈禧太后颁发了停战诏书,中法战争结束。

1885年6月,李鸿章代表清政府在天津与法国公使正式签订了《中

法会订越南条约十款》,也称《中法新约》,其主要内容包括:清政府承认
法国对越南的保护权,承认法国与越南订立的条约;中越陆路交界开放
贸易,开辟两个中国边境口岸即云南、广西边界通商,允许法国商人居住
并设领事;此约签字后 6 个月内,中法两国派员到中越边界"会同勘定界
限";法军退出台湾、澎湖。1885 年 11 月 28 日,此条约在北京交换批准。
从此,中国承认法国吞并越南,中国西南门户大开。

　　法军在征服越南的同时,侵占了老挝与柬埔寨。1887 年,法国将越
南分割为南圻(交趾支那)、中圻(安南)、北圻(东京)3 个部分,并把南圻
作为"直辖领地",东京为"半保护地",中圻为"保护地"。至此,一套完整
的殖民体系开始在印度支那建立起来。不久,法国将这 3 个地区与柬埔
寨一起组成所谓的法属印度支那联邦(Union indochinoise),标志着法国
在印度支那殖民地的统治基本完成。1899 年老挝纳入联邦后,法国在印
度支那地区的殖民统治体制全面确立。法国在东南亚的势力范围大大
地扩展了。

第四节　1890 年代后殖民扩张的新发展

　　1870 年代以后,西方资本主义从自由向垄断阶段过渡。资本的高度
集中和垄断,使欧洲列强对原料来源及投资场所更为重视,争夺势力范
围的斗争也更加激烈。1890 年代后,大国掀起了一股殖民主义的新高
潮,角逐的重点仍然是亚洲与非洲。1890 年代,法俄同盟建立,法国在欧
洲的地位稳固后,也重新加入新一轮的殖民扩张中。

一、激进政府时期法国殖民的新特点

　　1890 年代是法国激进党执政时期。伴随着国内的激进主义思潮,殖
民主义也开始占上风,并且这一时期的殖民主义与 1880 年代相比,有了
一些新的特点。

　　一是海外殖民的行政管理机构进一步完善。法国政府改变了费里

之后殖民扩张放任自流的态度,再次把殖民扩张作为政府的一项重要政策。1889 年,蒂拉尔总理将殖民事务划归商务部管辖。1894 年,政府专门成立了殖民部,管辖殖民事务。作为管理海外殖民地和保护国的最高行政机构,殖民部下设最高、经济、立法等 3 个会议和 1 个管理局,并附设 1 所殖民学校。

殖民地最高会议由卸任的殖民部长、军事部长和海军部长组成,负责讨论有关殖民地的管理及政治和军事问题,制定与殖民地相关的重大政策。殖民地最高会议闭会期间,其职权则主要由殖民部长任命的 20 人的高级官吏专门小组负责行使。

殖民地经济会议的职能主要是研究殖民地的经济问题,向殖民当局提供各种可供选择的经济开发方案和经济渗透的计划。其成员主要是法国国民议会的议员及来自殖民地的代表(尤其是殖民地的地方经济联盟的领导人和有关经济问题专家)。殖民地经济会议下设 5 个部门,分别具体研究殖民地的农业、商业、工业、贸易及税收等问题。

殖民地立法会议主要研究和拟定有关殖民地立法、法律条例的诸多草案,供殖民当局选择与采纳,所以也是一个咨询机构。其成员主要为宗主国代表和殖民地代表,比如就印度支那三国而言,越南、柬埔寨、东京各有 1 名殖民地的代表,参与立法会议。

殖民管理局,是殖民部下设的又一个日常行政机构,主要是向海外派遣代表检查和监督各殖民地的工作,其成员由殖民部长任命,主持该局的首长由成员选举产生,任期 3 年。

殖民部下还设有 1 所学校,名为阿巴维殖民学校,它是参照法国的一些东方语言学院模式,在巴黎大学相关系科的基础上组建而成,旨在培养法国海外殖民地所需的各级人才,尤其是后备官员。学员起初是清一色的法国人,大概在 1898 年后开始有少量的殖民地人士入学,接受培训。

其时,政府部门的一些官员在"法兰西殖民帝国第二缔造者"欧仁·艾蒂安(Eugène Étienne,1844—1921)旗下集聚,大肆推行殖民政策。

1892年,在议会里也专门形成了所谓的"殖民党团"。20世纪初,该党团在众议院拥有近百名成员,在参议院中也有30多人。他们鼓动殖民的必要性与迫切性,得到了许多议员的支持,就连一贯反对温和派殖民政策的激进党人克雷孟梭也一反常态地保持沉默。

二是社会上一些商界人士联合,或投资或组建一些殖民联盟,掀起了一股殖民狂潮。政界把殖民扩张视为民族主义和保障国家利益的固有之义,商界也从自身的利益出发对殖民扩张表现出越来越浓的兴趣,民间的各种殖民组织诸如"殖民联盟""航海与殖民团""非洲委员会""亚洲委员会"等纷纷建立,它们不仅强烈敦促政府运用国家力量积极殖民,还自筹经费,组织探险、传教、经商等形式加强殖民活动。比如,1890年,一些热衷于殖民的民间人士嫌政府在西非的殖民不够作为,自筹资金派遣殖民探险家克朗佩尔(Paul Crampel,1864—1891)率领一支纵队前往乍得地区建立法国势力范围。同年8月,为热络英国,法国外交部同意把乍得走廊划给英国,克朗佩尔的支持者得知这一消息后,组织"法属非洲委员会"进行抗议。1889年,以培养殖民扩张专门人才为宗旨的"殖民学校"建立。1893年,一支由专业人员和志愿者组成的殖民军队也组建成功。

由此,这一时期法国殖民的新趋势是政府的策略与民间的意愿相互呼应,执政与在野的各个政党相互配合,在海外殖民过程中致力于殖民体系与体制的完善。经过不断地开拓与努力,到20世纪初,法国成了仅次于英国的世界第二殖民帝国。

二、法国对非洲的占领

1890年代,法国殖民扩张的重点仍然是非洲地区,不过方式有了改变。这一时期法国在非洲的殖民政策是改保护制为直接的占领制。

非洲经济落后,但资源十分丰富。1890年代开始,这一地区除了老牌英法殖民主义的掠夺,德国也跻身其中。在西非,英、德两国向几内亚湾沿海地区推进,使法国在塞内加尔的殖民政权深感不安。负责阿尔及利亚事务的副国务秘书艾蒂安不顾海军部的不进行新的殖民征服的命令，怂恿军官们"抗命"。1889年，法军攻打图库勒尔帝国①的孔迪恩要塞。国王阿赫马德号召全国穆斯林起来抵抗，迎击殖民者。1890年4月，殖民军官阿尔希纳尔少校的军队占领了帝国的首都塞古，阿赫马德被迫出逃，法军在追击阿赫马德的过程中，沿途侵占了帝国境内的多片土地。至此，西非大帝国图库勒尔帝国灭亡，法国将这片土地改为法属苏丹。

　　几内亚湾沿岸的多哥与尼日利亚之间（相当于现今的贝宁），是非洲独立的达荷美王国的版图。1870年代，英法大举入侵西非，达荷美王国为防止英国的扩张，与法国人交好。于是，法国人以沿海的几个贸易点为基地，向内陆扩张。1889年，法国向达荷美提出在科托努设卡驻兵，遭到达荷美王储孔多的拒绝。为此，法军炮击了科托努城，死伤居民无数。1890年，孔多即位，称"格·汉贝津"（意为负有重任的王）。汉贝津曾留学法国，具有现代眼光与军事知识。在他率领下，达荷美人民英勇抗击法军。同年10月，法国与达荷美双方签订了《维达条约》，法国承认达荷美对几内亚湾沿海地区拥有主权，以每年2万法郎换取对科托努的占领和对波多诺伏地区的保护权。协议传回巴黎后，遭到法国议会的拒绝。1892年，法国派出以多德将军率领的远征军，借口法国驻波多诺伏军官旅行时遭当地人射击，再次向达荷美宣战。9月，法军集中了约3 500名官兵、10艘军舰、5 000多名搬运夫，组队进攻波多诺伏港。他们不顾欧洲舆论的谴责，使用了尚在试验中的杀伤力极大的爆破弹。经过浴血奋战，达荷美国王汉贝津虽然取得了一些胜利，但最终未能完胜法国。11月，法军占领达荷美首都阿波美。次年，法国扶植汉贝津的弟弟古奇里为国王。1894年，汉贝津被俘，先后流放西印度群岛与北非等地。达荷美沦为法国"保护国"。1900年，达荷美正式沦为法国的殖民地。

———————————

① 图库勒尔帝国(1862—1893)，是西非的伊斯兰帝国。其版图大致西起塞内加尔，东至廷巴克图，北起盖穆，南至丁魁雷。其领导人哈吉·奥马尔领导民众举行了英勇的抗击殖民侵略的战斗。1864年奥马尔死后，其子阿赫马德继承抗法斗争事业。1887年，阿赫马德被迫与法国订立保护条约。

瓦苏鲁(今几内亚)是西非的第三大国,由萨莫里·杜尔①在 1874 年建立,首都比桑杜古。1882 年,法军入侵瓦苏鲁,瓦苏鲁的抗法武装斗争正式开始。1883 年 4 月 2 日,法军与瓦苏鲁政府军在巴马科以南几公里的欧雅科交战。萨莫里的队伍事先做好了埋伏,当装备精良的 300 名法国侵略军进入伏击圈时,遭到 10 倍于自己的萨莫里军的进攻。法军伤亡惨重,仅有 32 人死里逃生。欧雅科战败消息传到法国,举国震惊。萨莫里的名字从此在法国和西欧响亮起来。

1885 年,西方列强召开柏林会议,把瓦苏鲁划归法国的势力范围。由于萨莫里需要一个相对和平的建设环境,1886 年,萨莫里与法国方面开始谈判,双方签订了《比桑杜古条约》,根据条约,尼日尔河左岸广大地区让给了法国。《比桑杜古条约》的签订,标志着萨莫里领导的抗法武装斗争第一次高潮结束。随后,萨莫里乘机东征,试图加强自己的军事实力。1891 年,法国借机挑起了与瓦苏鲁的战争。萨莫里坚决反击,同时采取了坚壁清野和迂回的战术,迁都至内陆卡巴卡拉,以游击战骚扰法军。但终因势不如敌,萨莫里被打败。1893 年,该地区改名为"法属几内亚"。1895 年,法属几内亚被并入以达喀尔为首府的法国西非领地。1898 年,萨莫里被俘并流放加蓬,瓦苏鲁正式沦为法国殖民地,法国从此开始了对几内亚长达半个多世纪的殖民统治。

就这样,经过武力强占和签订条约,西非的 3 个大国先后归入法国的囊中。除了英国对尼日利亚、德国对喀麦隆拥有有效控制,西非其他地区连同广袤的撒哈拉大沙漠,都成了法国的势力范围。

在完成了对西非的殖民后,法国又将触角伸向了中非的乍得湖区。西方殖民者对中非的争夺与侵占已有些时日。就法国而言,占领乍得,就可以使它在北非与赤道非洲的殖民地连成一片,进而取得更大的殖民利益。

---

① 萨莫里·杜尔(Samory Toure,约 1830—1900),几内亚伊斯兰教改革家,西非著名的抗法民族英雄,被称为"苏丹的拿破仑"。1898 年被法军俘虏后,流放加蓬。1900 年死于加蓬。

乍得湖区的博尔努帝国是一个伊斯兰国家。1880 年代初,法国就有零星的考察队前往湖区。由于当时在西非的行动受阻,法国只得暂缓对乍得湖区的征服而改派考察团,在刺探军事与经济情报的同时,拉拢当地的部落酋长。1891 年,两支考察队进入湖区,先后被博尔努国的军民打败,死伤严重。1893 年,博尔努帝国军事将领拉巴赫叛乱,成了那里的实际统治者。

1896—1897 年,法国人对乍得湖区开始大规模考察。其间,法国人以利诱的手段,使乌班吉河和沙里河流域的一些酋长与法国签订了保护条约或是中立条约。博尔努帝国的拉巴赫政权被孤立。

1898 年,在完成了对西非的殖民行动后,法国开始全力以赴地对博尔努国进行侵占。不过,驻扎博尔努殖民军的猛烈攻击,并没有完全打垮拉巴赫政权。很快,驻博尔努的法军得到了来自阿尔及利亚和刚果的两支殖民军增援,便计划再次战斗。1900 年 4 月 21 日,3 支殖民军队会师,共同向拉巴赫的队伍发起进攻。在法军强大炮火的打击下,博尔努军队惨败,拉巴赫本人阵亡。拉巴赫的儿子法德尔-阿里率领余部继续抵抗法国殖民活动,一直持续到 1901 年 7 月。不久,中部苏丹也成了法国的殖民地。不过,在英法争夺中部非洲的战争中,英国还是略占上风。博尔努帝国的中心地带成了英属北尼日利亚的保护区的一部分。

三、英法在法绍达的争夺

英、法两个殖民大国对非洲的争夺势必引发冲突,其中影响较大的是法绍达事件。

北非的殖民成果鼓励了法国的执政者,法国方面计划以北非为基点,建立一个庞大的非洲殖民帝国,史称"2S 计划"(塞内加尔-索马里,两国英文首字母都是"S"),即以北非的阿尔及利亚、突尼斯为起点,连接西部的塞内加尔、法属几内亚、南部的达荷美,并以此向非洲腹地推进,从而建立起濒临大西洋的佛得角,经乍得湖,跨尼罗河上游,直达非洲之角索马里的横断非洲东西大陆的殖民大国。法国的这一殖民蓝图与英国

殖民者建立纵贯非洲南北大陆殖民帝国的"2C计划"①,发生冲突。法绍
达事件即1898年,英、法两国为争夺非洲殖民地,在尼罗河上游的苏丹
小镇法绍达(今科多克)相遇后所发生的激烈冲突。

　　1884年,欧洲15个列强国在德国召开柏林会议②商讨非洲问题。
会议旨在协调各国在非洲的利益,但并未有效解决殖民者的分歧,尤其
是作为殖民大国的英法两国在实现各自的殖民战略时,冲突不可避免。
柏林会议将刚果与刚果自由邦③(今扎伊尔)的边界划定为刚果—乌班吉
河,但未划定刚果河上游与尼罗河河源地区(今苏丹西南部)之间的界
线,而这一地区正是英、法争夺的争议地区。1895年3月,英国外交大臣
格雷发表了一项著名的声明,大意是:谣传不知名的探险队正由非洲不
同地区向尼罗河上游挺进;英国政府在尼罗河地区的利益是众所周知
的,法国也是清楚的;如法国政府也采取那样的做法,就是对英国的不友
好举动。声明暗指法国染指英国势力范围,也是对法国的一种外交
警告。

　　但法国并不理会英国政府的这项声明。1896年,法国派遣了3支
远征队,尝试从不同方向出发,在尼罗河上游苏丹南部地区会师。其
中一支由马尔尚上尉(Jean-Baptiste Marchand,1863—1934)率领,自
法属刚果东进。这支由8名法国军官和120名塞内加尔士兵组成的
远征军经历艰辛,于1898年7月10日到达苏丹南部尼罗河上游战
略要地法绍达村(1904年改为科多克),在一座古堡的残垣上升起了

① 1877年由塞西尔·罗得斯提出,1884年柏林会议后成为英国在非洲殖民的官方计划。该计
　　划的主要内容即建立一个从北非开罗至南非开普敦,纵贯非洲大陆的殖民大帝国。因开罗、
　　开普敦的英文首字母均为"C",故称"2C计划"。
② 即由德国首相俾斯麦主持的在柏林召开的欧洲列强瓜分非洲的会议。会议名义上是讨论非
　　洲问题,但没有一个非洲国家参加。会议制定了长达6万多字、包括38项条款的《总决议
　　书》。其中核心的一条是第三十六条款,规定今后列强在非洲沿岸占领土地或建立保护国
　　时,必须通知其他在本协议书上签字的各国,同时要保证建立足以保护各国现有各种权利的
　　统治权力,并在必要时保证遵守规定条件的贸易自由与过境自由。
③ 1884年柏林会议同意建立,比利时国王利奥波德二世为该邦首领,刚果出海口也归比利时,
　　列强则取得在刚果河地区自由贸易和通航的权利。

法国国旗。9 月,英国将军克其纳(Herbert Kitchener,1850—1916)
也率领远征军沿尼罗河而上,来到了法绍达,在距法国国旗 500 米外
升起了自己的旗子。两军对峙,冲突很快引起了伦敦与巴黎之间的
剑拔弩张。

　　法绍达的对峙,实际上是一场国家实力的较量。英国海军力量世界
第一,1898 年,英国有 34 艘装甲舰,而法国却只有 10 艘。在法绍达,英
国有 5 艘炮艇在此耀武扬威,在苏丹的远征军也有 2 万人以上,又有埃
及作为军事补给的基地。而法国方面只有马尔尚上尉的军队百余人。
另外,法国若与英国正面对抗,背后还有德国人入侵之忧;德雷福斯事件
又使国内一片混乱。权衡利弊,法国终究只有做出让步。11 月 3 日,马
尔尚率部撤出了法绍达。而英国觉得自己在苏丹和南非的处境不是特
别好,德国也是对手之一,于是也对法国做出了让步的姿态,双方就这一
地区的势力范围的划分进行了谈判,并于 1899 年 3 月签订了一项协议:
以尼罗河与刚果河的分水岭作为英、法两国在苏丹地区的殖民边界。上
尼罗河谷是英埃的统治区;乍得湖流域、瓦达依地区(乍得湖东北)的中
部苏丹地区划归法国管理。至此,法绍达事件得到解决,也标志着法英
在非洲的争夺告一段落。

四、印度支那殖民体系的建立

　　1890 年代,法国在亚洲的殖民更进了一步,一个完整的殖民体系在
印度支那三国建立起来。

　　印度支那三国的殖民体系始建于 1887 年的法属印度支那联邦。在
1887 年前,法国在印度支那半岛的殖民活动以军事武力侵略为主。1887
年 11 月,法国政府决定由康斯坦出任法属印度支那联邦的临时总督。
1888 年 9 月,里肖被正式任命为联邦首任总督。这标志着法国在印度支
那殖民统治的基本完成。1899 年,老挝纳入联邦后,标志着法国在这一
地区的殖民统治体制全面确立。

1894 年,法国殖民部①建立,使政府中有了专门掌管殖民事务的部门,这对于法国海外殖民体系的建构是有帮助的。

1897 年,保罗·杜美任印度支那联邦总督。杜美在任内(1897—1902)实施了旨在集中治权的一系列行政改革,基本形成了法国在印度支那的殖民政治体制,史称"杜美体制"。这一体制经过杜美的后继者保罗·博(Paul Beau,1902—1907 年在任)和艾伯特·沙罗特(Albert Sarraut,1910—1914 年在任)的进一步努力得到了完善并最终定型。西方学者认为杜美体制的特征是按照拿破仑一世的模式组成的法国殖民地行政机构。

所谓"拿破仑一世模式",意即印度支那殖民体系的特征是集中治权。法属印度支那联邦总督是"全权总督"②:拥有决定财政预算的经济大权;具有管理与遴选文武官吏,负责内政、治安的政治权力;享有对外防务、使用和调动驻印度支那的法国陆、海军的军事权力;握有与法国驻远东各国的外交代表或领事交换外交事务意见等的外交权力。其中特别重要的是,总督府有自己的财政预算和收入,这是总督可以独立行事的重要保证。

法属印度支那联邦的组织架构是:总督是法兰西共和国在殖民地的代表,是联邦的武装部队最高司令官,也是联邦的最高行政长官。总督由法国政府首脑任命,并向殖民部负责;有关联邦的法律、条例、法令等在宗主国的国民议会通过后,必须由总督审核、批准公布后,方能生效。另外,总督还有权根据印度支那联邦的情况,设置新的官僚机构,并确定新机构的管理权限与职责范围,俨然是殖民地联邦的总统。联邦首府设

① 1894 年前,法国海外殖民地的隶属关系变换十分频繁。1858—1860 年,海外殖民地(包括印度支那半岛)是受海军部管辖的。不久又转移到贸易殖民部。1899 年 1 月,海外殖民地转归军事部节制。不久又转向贸易殖民部。1983 年,管理权由海军部执掌。不稳定的管理方式严重影响了法国海外殖民地管理的效力。
② 1887 年联邦刚成立时,总督的权力并不大,只是一般的官员,大权与大事都由殖民部说了算。1891 年、1898 年法令后,总督的权力逐渐增大。尤其是 1911 年法令,全面确立了总督的权力。

在河内。

总督府设总务长官 1 人,辅佐总督,代管日常行政事务;联邦中央设立财务、工务、卫生保健、农、牧、林、关税、邮电、矿山、地质、教育等 16 个部局,归口负责各项工作。其中财政管理局、税务管理局、农业与贸易管理局、公用工程管理局等,在殖民地的事务中起着重要作用。财政管理局是根据 1906 年法令组建的,其职责是根据总督的指示编制和执行联邦的总预算;监督联邦中央各机构的经费开支和印度支那银行的业务活动;有权直接向宗主国的财政部和殖民部汇报工作并接受指示。1898 年成立的农业与贸易管理局主要致力于发展殖民地的经济,帮助法国殖民者在印度支那建立大种植园,推广农产品和优质种子,并为总督的农业和贸易政策提供咨询。同样成立于 1898 年的公用工程管理局,对印度支那的现代交通建设起了一定的作用。在管理局的主持下,印度支那半岛修建了若干港口,建立了从西贡到河内的铁路和若干公路,不仅有助于推进法国对这一地区的经济渗透,在半岛各地相互交往便捷的同时,也使法国殖民当局的军事行动更加便利。

特别需要提出的是,印度支那联邦还有一套自身的司法和审判制度,设检察长来负责一切审判工作。法国人和欧洲人依据法国法律进行诉讼与审判,印度支那人则按当地传统习俗与法则进行审判。

此外,联邦还设有政务评议会、财政经济最高会议和国防会议等,这些机构名义上负责讨论联邦的政治、经济与军事等议案,实际上只是一种咨询机构,因为总督是这些会议的当然主席或议长,并对会议提出的任何提案拥有否决权。

在治理方式上,法国殖民者采取的是"因地制宜"的策略。印度支那联邦实际上是由越南、老挝、柬埔寨 3 个国家联合而成的。三国的历史与文化的发展各不相同。为此,在区域的治理上,联邦采取总督集权下的"分而治之"的殖民政策,整个印度支那三国被划分为 5 个地区:南圻、中圻、北圻、老挝、柬埔寨。各地区采取不同的殖民统治方式。

越南是三国中的大国,经济与社会发展水平相对较高,是法属殖民地的重点地区。整个越南被法国当局分为 3 个部分：南圻（交趾支那）、中圻（安南）和北圻（东京）。此外，河内、海防等重要城市受总督直接管辖，其市长和行政长官由总督任命。

具体而言，交趾支那作为直辖地，分为 21 省、2 市（西贡、堤岸）和 1 岛（富国岛），首府设在西贡，由副总督（也称统督）全面管辖。下设枢密院，负责行政管理；殖民地议会（1880 年建立）作为咨询机构，由统督主持。议会可以就财政、税收、行政区域划分等问题进行商讨，但不允许讨论政治问题。议会议员中有法国人也有越南人。议会的工作语言自然是法语，所以，只有懂法语的越南人才被允许选为议员，而议员中的越南人大部分也加入了法国籍。

据 1884 年《顺化条约》，法国在东京和安南建立的是"保护制度"，名义上允许越南阮氏朝廷有权统治中圻（安南）和北圻（东京），但实际的权力还是在法国当局手中。到杜美时期，法国设东京统使、安南钦使为两地的最高驻扎官，直接听命于总督。

北圻（东京）是半保护地，分为 27 个省市，首府设在河内。1886 年法国曾迫使顺化朝廷任命一名经略使管辖当地，协助法国统使有效控制北圻，并受法国统使的监督。1897 年 7 月北圻经略使一职被废除，其权力转交法国统使掌握。阮朝任命的各级地方官员，受统使任命的各省公使的监督。而且，阮朝任命的总督、巡抚、按察以及各省的知县等都要执行统使与公使的命令，不得自行其是。这样，各省的行政大权都为法国的行政专员所掌握。不过，为了有效治理，县级政权仍保留给越南当地人掌控，但其中的税收机关还是由法国殖民地的官吏直接掌管。

为了表达所谓的当地"民意"，1898 年 8 月 8 日，法国设立了拥有 9 名委员的"北圻会议"，其中 2 名为越南人，但其职能也是仅为咨询。此外，为了更多地吸纳和利用亲法上层分子，殖民当局专门设立了"北圻咨询处"，主要讨论地方预算收支问题，有关政治性问题同样不许提及更不用说讨论了。

在中圻（安南），顺化阮朝的小朝廷仍被保留，名义上越南的皇帝还在,但已经没有任何权力。根据 1897 年 11 月 27 日法令,过去的王室会议被以法国驻扎官为主席的大臣会议取代。朝廷虽仍设有辅政会议、宗人府(负责国王家庭及王室内务等事务)、枢密院、都察院等机构,也有吏、户、刑、礼、工、兵等六部尚书大臣,但摄政大臣和各部尚书的任命均须经法国钦使的同意。作为中圻保护会议主席,钦使有权要求国王将任何一名大臣革职。另外,法国钦使还是太上皇,有权主持由六部尚书组成的枢密院会议和宗人府会议。各部也均有钦使派遣的法国官员代表。中圻 16 省仍维持阮朝的封建统治系统,官吏仍由朝廷任免。但由于阮氏王朝的国王手中既无兵权,又无财权①,更没有外交权(外交上由法国代表),所以是个傀儡政府。

1894 年后,阮氏朝廷的财政预算纳入法国保护政府的预算,于是,阮朝国王及大小官吏均由殖民当局支付薪俸与津贴,俨然成了殖民政权机构中的公职人员。这样,一切权力便完全握于法国钦使手中。国王若违背殖民当局的旨意,随时可以被废黜,或被囚禁、放逐。

印支联邦另两个部分是柬埔寨和老挝,分别作为法国的"保护领",治理方式与越南稍有差别。

柬埔寨是个历史悠久的文明古国,早在公元 1 世纪就建立了自己王国,9—14 世纪的吴哥时代是柬埔寨最为强盛的时期。近代以来,与亚洲其他国家一样,柬埔寨被欧洲列强觊觎,1863 年沦为法国的殖民地。根据 1884 年条约,柬埔寨实行保护制,后经 1895、1899 年两项法令,柬埔寨"保护领"地位逐步完善。杜美体制下,柬埔寨国王和朝廷都被保留了下来,名义上国王是柬埔寨王国的最高统治者,实际上权力还是掌握在法国殖民当局手中。殖民者在柬埔寨设立的驻扎官称为理事长官,名义上作为王朝的顾问,实际上这个"顾问"权力极大,有权直接面见国王,而且他的意见国王必须接受。可以说,柬埔寨王国的行政大权及各行政部门都置于法国顾问"理事长官"的控制之下。柬埔寨国王表面上仍可颁

---

① 越南王朝仅保留一万人的军队,并且由法国军官指挥;海关、税收被法国殖民当局控制。

布法律或法令,但是,这些法律或法令颁布之前,都要先受驻扎官的审核,王室的继承等重大事项也要驻扎官认可。负责辅佐国王管理国家事务的机构枢密院由五大臣组成,其中法国理事长官也是当然的主席。

这一时期,柬埔寨王国原先的 14 个"省"成了殖民当局的"监理区"。所有省会和一些人口稠密的城市都有来自法国的驻扎官,他们是地方的"太上皇",拥有监督各省行政机关和各级官员的权力,并直接掌管财政税收和公共行政部门。柬埔寨境内不仅驻有法国军队,甚至警察也由法国人掌控。

殖民地老挝的隶属关系则比较复杂。法国侵占老挝后,起初并没有在老挝建制,而是在行政上把它分划为 3 个部分:北部的琅勃拉邦隶属东京,湄公河上游地区隶属安南,湄公河中游地区隶属交趾支那。但这样划分给殖民地的有效管理带来了难度。首先是地理上的阻隔:琅勃拉邦与东京之间人烟稀少,交通不便;湄公河上游与安南之间隔着一座高山;湄公河中游地区则横着一个柬埔寨。其次,琅勃拉邦是原老挝王国的所在地。被侵占后,原先的王室尽管已无作用可言,但名义上国王还在,王室会议中的大臣也由国王任命。湄公河上中游两部的地方行政组织则与琅勃拉不同,给法国殖民当局造成了统治上的不便。

1895 年,法国方面对老挝的殖民体制做出改变,把老挝分为上、下老挝两部分即上寮和下寮。每个地区设立行政专员,隶属联邦总督。1899年,上、下寮又统一为老挝,设置最高驻扎官。同年老挝并入印度支那联邦,旧的封建统治机构仍获保留。琅勃拉邦的国王享有王号与特权。万象作为行政首都设副王,占巴塞①王公也依然存在,但他们都要听命于法国最高专员和驻扎官。这一时期,整个老挝被划分成 10 个省和 1 个军事区,行政、立法、司法、治安、财政和教育事务方面的实权都掌控在法国人手里。不过,殖民者也需要通过当地的头领行使权力,尤其是在维

---

① 占巴塞王国 (1713—1946)是老挝南部的一个王国,1713 年从澜沧王国分裂而出。在法国殖民统治下的王国成了一个行政区域,王公丧失了许多王室特权。

持地方秩序和开展地区贸易时，法国人都不得不与当地上层人士和部族酋长们合作。

总之，法国在印度支那建立了一套完整的统治体系。1940年，第三共和国在二战的炮火中崩溃，软弱无力的维希政府把印度支那转让给了德国在亚洲的盟友日本。1945年日本投降，法兰西第四共和国试图重新恢复对那里的统治。但时过境迁，印度支那三国人民进行了反抗殖民的顽强斗争。1954年，法国政府与印度支那签订了《印度支那停战协定》，法国退出印度支那半岛。越南、老挝、柬埔寨先后独立。

五、法国对印度支那地区的经济与资源掠夺

印度支那三国地处热带，自然资源十分丰富，但离宗主国法国路途遥远且行程艰难。所以，法国对这里的殖民策略不像对北非那样可以采取移民的方式，而以资源掠夺与经济压榨为主[1]。依据印度支那三国发展不平衡[2]的特点，法国在此殖民的基本战略是建立以越南，尤其是以交趾支那为中心，柬埔寨、老挝处于从属地位的政治经济共同体。在这个共同体内，河内是政治中心，西贡则为经济中心。

1887年印度支那联邦建立后，法国更加重视对印度支那半岛的经济资源掠夺。杜美总督曾经说，他的任务是向法国证明印度支那有巨大的商业利润，印度支那是获利的源泉，以及向纳税人证明他们将不再需要继续为此纳税。[3] 为此，杜美时期在强化殖民政权建设的同时，制定了各种经济政策，法国国家与私人资本也加大了对印度支那（主要是越南）的经济投资，干预那里的经济活动，掠夺与开发殖民地经济。具体表现在以下3个方面。

---

[1] 比如，1867年，法国在越南南圻征收的各种捐税就达574万法郎，扣除用于当地的种种费用，上交宗主国法国政府约150万法郎。

[2] 其时，越南封建社会的商品经济有了一定的发展，老挝、柬埔寨还带着浓厚的农奴制甚至奴隶制的残余。

[3] Thomas Hodgkin, *Vietnam：The Revolutionary Path*, London：Macmillan, 1981, p. 174.

第一,加大对印度支那地区的土地、矿产等资源的掠夺。法国将印度支那地区定位为"开拓型"殖民地,主要任务是为宗主国提供稻米、橡胶、煤油等初级产品,以满足宗主国的工业生产的需要。种植农业需要土地,为此,早在1864年,法国殖民者就开始在交趾支那实行租地制,以低价拍卖占有土地,然后把土地无偿授给法国殖民者和"同化"了的越南人。1887年印度支那联邦建立后,这种租地制扩大到了柬埔寨、老挝。1888年,杜美总督决定给予印度支那的法国籍地主在所谓的"无主土地"上建立种植园的权力,名义上所谓"无主土地"或"荒地",实为农民的肥沃土地,只是被殖民者霸占而已。1897年,顺化朝廷签订了给予殖民者开垦"荒地"权利的协定,从此,法国在越南掠夺了大量土地。1890年法国在越南占有的土地为1万多公顷,1900年,增加到约30.1万公顷,到1930年,法国为建立种植园而掠夺的土地约在120万公顷以上,为越南全国可耕地总面积的14%。在这些被占有的土地上,殖民者竞相建立了种植园,种植水稻、橡胶、咖啡、桐油、柑橘等作物。另外,越南矿产资源也十分丰富,矿床分布面广、矿带集中,富矿和易选矿的比例很高,这就使殖民者垂涎欲滴,更贪婪地攫取资源。殖民者在矿山以开采煤、锌、锡、蜂窝石和石灰石等初级原料为主,用于出售,或运往法国,供应给那里的工厂使用。

第二,法国殖民者为垄断印度支那市场,制定了保护主义的关税和贸易政策。杜美体制之前,法国商品就开始在印度支那半岛享受特殊的关税①了。由于法国资本主义在欧美发达地区并不算最发达,1890年代,法国的经济排位只能算是欧洲第三,世界第四,法国的产品也不如英、美两国的商品那样具有物美价廉的优势,所以为了垄断印度支那市场和获得较大利润,1892年,法国殖民者颁布新的关税条例即所谓的"关税一体化"政策:把印度支那视为法国的组成部分,法国货物免税进入印

---

① 1887年起,法国就开始实行关税保护政策,规定法国货物进入越南只须缴纳2.5%的关税,而其他国家的货物须交5%。

度支那,对外国货物课以 12% 至 25% 的重税;同时限制印度支那的商品出口到其他国家。[1] 尽管到 1928 年,新的关税法也让殖民地所有商品进入法国享有与法国商品进入殖民地同样的关税,但由于经济发展水平上的差异,殖民地提供的只是初级产品,贸易的主动权仍然控制在法国手里。

具体在商品销售策略上,法国资本家一般都采取排斥中介商的做法,直接垄断贸易批发等业务,投资者也是直接同印度支那的生产者和消费者之间进行接触,直接掌控法国资本。宗主国的商品或来自其他国家,也由法国垄断的商家分销给印度支那零售商或直接推销到印度支那的各个角落。为增加税收,法国殖民当局还实行对食盐、酒类和鸦片的专卖制度。比如,1887 年开始鸦片专卖,1900 年,印度支那地区的鸦片专卖收入为 600 万法郎。1897 年,杜美总督实行食盐专卖,规定每担食盐收税 0.25 法郎,到 1906 年增至 2.25 法郎,不到 10 年,税收增长了 9 倍。1900 年,法国在印度支那地区专卖税收为 1 105 万法郎,1920 年增至 2 705 万法郎,1929 年达 3 784.4 万法郎。殖民地为法国宗主国带去了可观的利润。

第三,发展殖民地的金融与银行业,鼓励资本投资,充分体现了法国高利贷资本主义的特征。早在 1875 年,法国就在印度支那建立了东方汇理银行即印度支那银行,主要投资印度支那的进出口贸易,在殖民地拥有极大的权力。1887 年印度支那联邦成立后,东方汇理银行成了殖民当局的官方支付银行,控制了印度支那的经济命脉。1900 年该银行又获得了发行不超过银行分行和代理机构所在地国库资金 25% 的国家贷款权,并可直接投资金融业和工业。[2] 通过借贷、投资等形式,东方汇理银行获得了巨大利润:1885 年获得利润 39.3 万法郎,1914 年达到 1 400 万

[1] J. M. Pluvier, *Southeast Asia from Colonialism to Independence*, London:Oxford University Press,1974,p. 63.

[2] Martin J. Mcerary, *The Development of Capitalist in Colonial Indochina (1870 – 1940)*, Berkeley:University of California Press,1984,p. 113.

法郎。银行资本也与日俱增,1875 年东方汇理银行刚成立时资本仅 300 万法郎,到一战结束时增加到 7 200 万法郎。可以说,这个印度支那银行实际上具有中央银行、私人商业银行和投资银行的 3 项功能,在殖民地拥有非同寻常的权力。印度支那银行的建立,标志着殖民地金融现代化的开始。

与此同时,法国还鼓励私人资本加大到印度支那联邦地区的投入。据统计,1888—1918 年,法国国家与私人资本对印度支那(主要是越南)的投资总额约为 10 亿法郎,其中私人资本 4.92 亿法郎。

法国在印度支那的殖民经营,正如印度支那联邦总督杜美所希望的那样,"印度支那将给法国工业和商业开辟广阔的市场,将迎接法国资本家的才能和智慧。印度支那将赡养法国的陆军和海军,从而,印度支那将为法国在远东带来一个坚固的经济和政治根据地"[①]。1902年,为了展示在印度支那半岛的殖民成就,法国在河内举办了印度支那工业博览会,邀请了亚洲诸国,如菲律宾、马来亚、马六甲、英属印度、荷属印度、暹罗、缅甸、中国、日本等国家和地区参展,颇具规模。

经过不断殖民开拓和一系列的殖民战争,到一战前后,法国建立起了一个庞大的殖民帝国,巅峰时期拥有殖民地 1 234.7 万平方公里,足迹遍布全球。第二次世界大战后,随着亚非拉反殖民与民族解放运动兴起,法国的殖民事业就此衰落。

---

① 陈辉燎:《越南人民抗法八十年史(第一卷)》,范宏科、吕谷译,北京:生活·新知·三联书店,1973 年,第 124 页。

第九章　19 世纪晚期至 20 世纪初的中法关系

　　中法两国分处两个大洲，相隔万里，经济与文化上也有着极大的差异。但这种差异并不是说彼此间没有丝毫的共同之处。关于中法两国的相似性，有一种说法是"法国是欧洲的中国，中国是亚洲的法国"。中法两国都有着悠久的历史、灿烂的文化，在其历史的早期就建立了中央集权的王朝政治。难怪中国学者辜鸿铭说，世界上似乎只有法国人最能理解中国和中国文明，因为法国人拥有一种和中国人一样非凡的精神特质。

　　中法交流源远流长，早在 13 世纪中叶，相互就有接触。不过一般来说，法国对中国的了解要早于中国对法国的了解。16 世纪开始，欧洲传教士来华，其中不乏法国的传教士，比如 1610 年，法国的耶稣会士尼古拉·特里高①奉命来华传教。传教士们用他们掌握的知识与技艺为中国朝廷服务，博得中国皇家的欢心。1685 年，法王路易十四增派了 5 名精通天文、数学及文化造诣颇深的传教士来华，增进了法国宫廷对中国的了解。启蒙时期，法国的一些社会知识精英，比如经济学家、重农学派的

---

① 尼古拉·特里高(Nicolas Trigault, 1577—1628)，中文名为金尼阁，法国著名的汉学家，与利马窦等齐名的传教士，曾两度来华，足迹遍布中国大地，为中西文化交流和基督教在中国的传播做出了重要贡献。1628 年病逝于杭州。

魁奈,启蒙思想家伏尔泰等,都对中国社会与文化表示了好感。相形之下在中国,"天下观"影响下的士大夫眼中似乎并没有欧洲社会文化的影子。从传统的"天下观"到近代的"世界观"转变是在 1840 年鸦片战争以后。中国第一个"睁眼看世界"是魏源,他的《海国图志》出版,标志着中国人对中国以外的世界开始有了新的认识与看法。随着国门被打开,中法两国在经济与文化方面的交流也有所增加。

19 世纪中后期,中法关系可以从 3 个方面来考察:一是两国间的殖民与反殖民的政治外交关系,二是两国间的经济与贸易关系,三是两国间的文化与教育关系。

第一节　政治、外交与经贸关系

19 世纪晚期到 20 世纪初,欧洲列强加快了对中国殖民瓜分的步伐,法国也不甘落后。1844 年的《黄埔条约》是中法之间签订的第一个不平等条约。条约的第一款在明确中法两国人民"永远和好"的同时,认可了法国取得广州、厦门、福州、宁波、上海五口市埠的居住、贸易等特权,允许法国传教士在通商口岸自由传教、修建教堂和坟地等活动,清政府有责任保障其安全等。《黄埔条约》破坏了中国的司法、关税、领海等多项主权,尤其是其中的自由传教权,开启了欧洲列强利用传教合法进行文化渗透的先例。法国的传教活动,引起了一些民众的不满,致使教案不断。1856 年的第二次鸦片战争,就是因"马神父事件(又称西林教案)"①而起。战后,中法之间的关系愈加不平等。不过,现代国家间的关系算是建立起来了:法国获得了在北京驻公使的特权,清政府也向法国派驻公使②。为了解决教案纠纷,清廷组团出使西洋,中国士大夫开始了对法

---

① 1853 年,法国天主教神父马赖(Auguste Chapdelaine,1814—1956)在中国广西西林县传教,其间肆意干涉当地教民的婚姻与祭祖活动,乡民极为不满。1856 年,西林知县张鸣凤根据村民控告,将马赖及不法教徒共 26 人逮捕归案,不久马赖死于狱中。法国政府以此为借口挑起侵华战争。

② 由驻英公使郭嵩焘(1818—1891)兼任法国公使。

国等西方列强的新认识。

一、殖民与反殖民的利益冲突

　　19世纪晚期中法两国间关系中较大的一个事件是 1884 年中法战争。从某种意义上说,这是一场由法国殖民越南,进而挑战中国清廷权威而引发的战争。战事在越南和滇越边界同时展开。尽管在镇南关,中国军队取得了胜利,但深知自己力量的软弱,清政府最后还是与法国政府签订了《中法新约》(1885),承认法国与越南签订的保护条约,开设中越边境的谅山、保胜等地为通商口岸,降低中越边境的贸易关税,今后中国修筑铁路应与法国商办,等等,法国相应从台湾和澎湖列岛撤军。条约的签订,使法国在中国取得了极大的政治与经济利益,为西南中国成为法国的势力范围奠定了基础。

　　1895—1899 年,法国利用甲午战争、义和团事件等,趁火打劫,在中国获得了许多利益。因此,这一阶段中法关系是以冲突居多。

　　甲午战争前,西方列强对中国利益瓜分主要集中在传教权和开放口岸通商上。甲午战争后,他们更多地要清廷出让诸如采矿、筑路、贷款、租借地等经济主权。当时,法国借助法俄同盟的关系,在中、日、俄之间斡旋,然后凭着干涉日本还辽东半岛成功的功绩,获得了对清廷的第一笔贷款①。1898 年,德国占胶州湾,俄国占旅顺、大连时,法国又以"保存均势"之名向清总理衙门提出了 4 项要求:中国不得把云南、广西、广东等省的权益让与他国;中国邮政局总管应由法国人充任;法国修筑滇越铁路;把广州湾"租借"给法国。对于这 4 项要求,清政府均一一认可。缘何清政府对法国的要求一一满足?这可能与清廷的"以夷制夷"的外交策略有关。当时在清廷眼里,胃口与野心都很大的"夷"是英、俄两国,

---

① 清政府根本无力支付《马关条约》的巨额赔款,只能靠举借外债。俄、法、德三国干涉还辽有功而取得第一笔借款,即"四厘借款"。此借款虽为三国共同负担,实际上以法资为主,其中法国出资 2.5 亿法郎,俄国出资 1.5 亿法郎。

而法国更多的是希望得到宗教的特权,少有领土和赔款的要求,这个"夷"是一个可以依靠来制衡其他野心勃勃的"夷"的,加上法国的外交策略比较灵活、"友好",所以法国尽管在西方列强中实力不佳,但仍在中国获得了许多利益。

义和团运动时期,八国联军侵占北京。这是中法第三次也是最后一次武装冲突。因为义和团主要反对的是列强在华的传教活动,而法国在华的重大利益关切也正是宗教活动,所以法国在联合围剿义和团、施压清政府方面表现得尤为积极。

义和团运动初期,法国对清廷在"反教""保教"问题上的犹豫不决十分不满。法国驻华全权公使毕盛(Stephen Pichon,1857—1933,1898年4月—1901年4月在任)首先倡议英、法、美、德四国公使召开会议,联合行动,迫使清廷镇压义和团运动。在毕盛的积极活动下,1900年1月27日,四国联合照会清政府,要求清廷采取行动。3月,毕盛公使还会同英、美、俄、德等四国公使亲自到清廷总理衙门,对清廷施加压力。如此的行动一直持续到5月,一直未得到清政府的允诺。毕盛要求清政府出面镇压义和团的背后是法国政府的力挺,法国外长德尔卡塞致电毕盛,表达法国政府对"公使大人"的绝对信任,希望公使力促列强团结一致,共同出兵。

6月10日,八国联军①进入北京。联军占领北京后,清廷一边开始镇压义和团,一边急于与列强议和。在列强为议和条件意见不一、纷争迭起时,法国又一次充当了调停人的角色。法国外长德尔卡塞呼吁列强放弃"嫌猜",团结一致地向清廷获取好处。他说:"如欲中国兵事早息,各大国必须各无嫌猜,会同办理。联军之往中国,所以救各使臣,留驻北京,所以求赔款,并使中国认保后来无土匪之患,此外实无它意。……如是则欧洲和局可保矣。"②

---

① 法国从印度支那调遣了3 130名陆军、5艘战舰和390名海军陆战队成员参战。
② 中国史学会主编:《义和团(三)》,上海:上海人民出版社、上海书店出版社,2000年,第221页。

在法国外长的敦促下,法国公使毕盛再次出面向清政府提出了6项谈判条件:一是对各国使节所指认的那些重要罪犯予以惩罚;二是禁止输入武器;三是对各国政府、个人及团体偿付公正的赔款;四是为了各国使馆的安全,在北京驻一支永久性的卫队;五是拆除大沽炮台;六是占领大沽至北京铁路线上的两三处地方。随后欧洲列强各自与清政府的谈判就在这6项基本条件的基础上讨价还价。法国由于在外交上的主动性,在条约和赔款上占了优势与先机,获得了庚子赔款的15.75%[①],仅次于俄、德。

目前,学界对义和团运动褒贬不一,但有个结论是确定无疑的:义和团运动阻止了列强对中国的瓜分野心。战后,西方列强改变了瓜分中国的策略,改为"保全"中国、各自"利益均沾"。法国也不例外,随着中法之间最后一次军事冲突的终结,中法关系也进入了相对的平稳期。

二、20世纪法国对华关系的调整

20世纪初至一战前夕,中法关系相对平静。就法国而言,由于民族主义浪潮的汹涌,对德复仇之火越烧越旺,殖民主义者也不甘寂寞,加紧对外扩张。但就对中国的关系策略而言,法国国内主要有两种不同的思路。一是"瓜分派",主张瓜分中国领土,保障殖民利益。比如,1901年主张"殖民地扩张主义"的"殖民党"领袖艾蒂安,建立了法国亚洲属领委员会,旨在"为瓜分中国和印度支那的体制做好准备"。他们对中国的策略是首先维护好法国在华的势力范围如广西、广东、云南的利益,然后择机向中国内地延伸,并防止他国"瓜分"中国威胁到法国既得利益。另一派是"保全派",认为中国土地广阔,民气坚韧,强行瓜分,可能引爆又一个义和团,不如保全清政府,获得中国百姓与清廷的好感,利用既得的权益来争取更大的利益。最终保全派占上风,从而使法国对中国的扩张速度放缓。当然这一时期,法国对华殖民采取这种"消极"政策,也与欧洲政

---

① 汪敬虞主编:《中国近代经济史:1895—1927》,上册,北京:人民出版社,2000年,第408页。

治风云变幻、国际关系局势紧张,法国将主要精力放在欧洲等地有关。

20世纪初,中国掀起了反帝反封建的民主革命。毋庸讳言,在反对清王朝的斗争中,革命者大多寻求过西方国家中支持与同情革命的力量。法国政坛与社会的力量也是革命者联络的目标。据记载,1900年6月,孙中山就开始与法国官方人士接触①。这看似与孙中山以及革命者"驱除鞑虏、恢复中华"的"反帝"目标相悖,不过,在革命者看来,当务之急的第一阶段目标是推翻清朝的腐朽统治,所以整个辛亥革命时期,孙中山等革命者并没有把"反帝"作为当前任务,反而采取"联帝反清"的策略。就法国方面而言,他们对于孙中山等中国革命者寻求支持的要求,本着实用主义原则,采取暧昧和不确定的态度:因为与清政府有着官方的友好关系,法国不赞成(至少在表面上)革命者去推翻现有政府,并强调法中关系的主调是稳定;不过,也承诺一旦革命成功,法国愿意与孙中山的革命政府保持良好的关系。

1904年,日俄战争爆发。法国作为俄国的盟友,与日本之间的关系也紧张起来。国际局势的这一变化,为孙中山与法国政界的联系创造了条件。1904年,孙中山希望在美国创立新的组织——同盟会,并为此奔波欧美各国。1905年1月,孙中山来到巴黎。当时杜美已改任众议院议长,在杜美的引见下,孙中山在法国结识了许多政、商界的朋友,包括东方汇理银行和法国工商银行的高管。这些活动为孙中山日后开展革命活动提供了某些便利。

为了收集华南地区的政治、社会发展状况并考察中国南方的革命形势,1905年夏,法国方面派遣中国情报处处长布加卑(Boucabeille)为团长的使团来到中国,布加卑意欲同革命党人接触并利用革命党人的通信

---

① 1900年,孙中山在日本东京见到了法国驻日本公使阿尔芒(Français-Jules Harmand,1845—1921,1894—1905年任驻日本公使)。据阿尔芒给印度支那总督杜美的信中说,孙中山接触他的目的是要建立一个"先以两广和福建为中心或核心的独立民主政府"。孙中山希望去越南约见杜美,得到法国的军事援助,或由法国军事顾问来训练革命军队,承诺一旦获得成功,将在中国南部给法国某些"特权"作为回报。此后的联系中,孙中山就是以此为"条件",争取法国的支持。

网络取得法国需要的情报。根据《孙中山全集》记载,布加卑传达法国政府有赞助中国革命事业之意,问:"革命之势力如何?"孙中山略告以实情。又问:"各省之军队联络如何? 若以成熟,则吾国政府立可相助。"孙中山答有不确定性,希望法国出手相助,等等。①

布加卑使团在中国华南地区作了深入的调查,并与孙中山等革命者有了更密切的接触。使团的活动对孙中山及革命党人无疑是极大的鼓舞,直接引发了1907年至1908年的数次武装起义。布加卑使团成员对中国考察结束后,尽管各自对中国革命力量及其成功的可能性估计不一,但基本的共同点是"深深地同情这一运动"。起义失败后,孙中山等革命者败退到越南。最后,在清政府的再三要求下,法国殖民当局开始驱逐革命党人。不过,这也在一定程度上体现了清政府对法外交的主动性和所取得的成效。

1911年10月,武昌起义的消息传到美国。为了进一步扩展革命形势,孙中山认为,法国政府和民间人士对革命怀有好感,值得去争取。为此,孙中山立即去往英、法等国展开外交活动。11月21日,孙中山到巴黎,奔赴于法国政界、财界和新闻界,期望法国政府、金融家和民间舆论的支持。但法国等列强从自身的利益出发,以共同"保全"中国为外交策略,对革命党人的活动予以排斥,也不愿承认孙中山的南京政府。

综上,19世纪晚期以来中法两国间的政治关系是复杂与微妙的。作为资本主义列强的法国,殖民与扩张是其对中国等不发达国家的基本外交政策。在这过程中,法国根据中国社会形势的变化,以自身的国家利益为核心,在参与列强"瓜分"中国到"保全"清政府的外交政策变化中对待中法关系。相应地,中国清朝政府由于处于政治劣势,在中法关系中是被动弱势的一方,但还是尽量在殖民与反殖民的过程中,艰难地争取国家的政治与经济权益。

---

① 参见广东省社会科学院历史研究所、中国社会科学院近代史研究所中华民国史研究室、中山大学历史系孙中山研究室合编:《孙中山全集》,第6卷,北京:中华书局,1986年,第237—238页。

三、中法经贸关系

正如法国第二殖民帝国的开创者之一、"东京佬"费里所说，"殖民地对于富国来说是最有利可图的投资场所"①。本着殖民带来的经济利益，法国政府对于殖民地的经济掠夺是十分看重的。19世纪下半叶是法国资本主义经济发展的关键时期，也是法国工商业来华投资的重要时期，中法经贸关系也在原来的基础上有了很大的扩展。

19世纪晚期以来的中法经贸关系，很能体现法国资本主义的特色。在法国资本主义发展过程中，银行与金融资本占据主导地位，在殖民活动中这一特征也十分明显。19世纪晚期以来，法国的社会经济有了很大的发展。当时，法国的丝绸、毛织品和棉纺制品生产都名列前茅，铝产量居世界第三位。尤其是作为欧洲最大的农业国，其农产品不仅质量上乘，产量也高。在欧洲，法国酒的产量占第一位，小麦占第二位，土豆占第三位，甜菜占第四位。经济的发展使法国人普遍富裕起来。1910年，法国有"五十万靠利息生活者，六十万公职人员，不可计数的小店主、公证人和各类商人"②。这些所谓的"中产阶级"，是法国金融资本的重要基础。他们的积蓄由效能极高的银行汇集起来，购买可靠的有价证券，如国家公债等，大量的资本还被"推销"投资于海外，购买外国公债和股票。

金融资本主义的特性，使法国的国家资本和私人资本都热衷于在远东地区进行金融投资，贷款、开办银行等，而较少开办工厂、投资实业。1902—1914年，法国在华投资总额由9 110万美元增加到1亿7 140万美元。对中国资本输出占输入亚洲资本额（总额为13.76亿美元）的12.4%。一般来说，法国在华的投资主要在云南、上海两地，比如，1914年6 000万美元的直接投资中，云南滇越铁路就占3 200万美元。

法国在华投资的最主要项目是铁路。1901年，以东方汇理银行为主

---

① Odette Voilard, *Documents d'histoire contemporaine*, Paris, 1964, p. 47.
② 皮埃尔·米盖尔：《法国史》，第463页。

的法国银行组建的滇越铁路公司成立。1903年10月,中法签订了《滇越铁路章程》,规定由法国政府指定法国滇越铁路公司建筑并经营从河口到昆明的铁路,80年期限满后,中方可与法国商议收回铁路。1910年4月10日滇越通车,给法国带来了丰厚的收益,也为法国向中国内地渗透提供了重要基础。

此外,法国资本也大量投资矿山、企业等。1895年6月,法国以干预日本还辽成功向清政府邀功,为此,清政府与法方订立《续议商务专条附章》,其中第五条规定:"中国将来在云南、广西、广东开矿时,可先向法国厂商及矿师商办。"法国采矿工业企业主要集中于长江流域和西南地区,但总体来说,签约的公司多于实际开采的公司,1902年组建的保福和成公司,原打算开采四川巴县、万县、富顺等地的石油,后未成即解散。1902年法国来福公司、宝兴亨利公司等试图开采锑、银、铅、云母等矿产,也均未开采即解散。这可能是因为法国资本家"求稳"、缺少冒险与竞争精神,不过,更重要的还是因为金融贷款等资本投资可以加杠杆,能更快、更多地赚钱。

当然,法国还是有一些实业资本在华开办工商企业。20世纪初,法国开办的各类企业有112家,主要集中于上海、汉口、天津、北京,以上海最为集中。不过,法资企业中经营贸易的商行要远多于从事制造业的工厂。如著名的立兴洋行、开地洋行等都是综合性的商业公司。一些银行如东方汇理银行、联华公司、中法实业银行等在中国都很有影响力。1909年,法商在汉口开了一家康成酿酒公司。该公司以水果为原料,用机器酿造了口味极佳的果汁酒,不仅香气浓烈、口味甘醇,而且价格比中国制造的酒要便宜很多,于是华人"极为欢迎,销路畅旺,无与伦比"。

中法商品贸易关系有着自己的特色,在许多方面形成互补。由于两国经济发展方面的差距,中国主要出口生产原料,而法国则主要出口工业制品和奢侈品。近代以来,法国的丝织业比较发达,是故,中法商贸中较早接触的也是生丝贸易。从1750年起,法国就开始由中国进口生丝,至今从未中断。上海、汉口、广州是主要的生丝出口基地,比如,1894年从上海出口法国的生丝就占全国总额的 53.6%。1904 年法国进口中国生丝价值 153.04 亿法郎,绸缎 3 亿法郎,1907 年进口中国生丝价值达到 174.02 亿法郎,丝绸类商品 7 亿多法郎,3 年间中国出口法国生丝一项就增长了约 20 亿法郎。除了生丝,茶叶也是法国从中国进口的大宗商品。1904 年法国进口中国茶叶价值 1 亿零 11 万法郎,1907 年进口中国茶叶价值 1 亿零 60 万法郎。此外,瓷器、皮制品、草制品、芝麻等农产品也从中国进口。

中国进口法国的商品品种与出口法国的有较大的差异。从进口的类型来说,有机车、机器、酒类和一些奢侈品,从价值来说则远低于法国从中国进口的货品价值。比如,1904 年中国进口法国的货值有绸缎 2 亿零 90 万法郎、葡萄酒 1 亿法郎、茸货 30 万法郎、蜜酒 20 万法郎、机器 50 万法郎、火车 30 万法郎。这从侧面反映了中国经济相对弱势,进口机器等生产资料也说明中国工业与法国工业发展程度的差距。

从以上商贸数据中可以看出,19 世纪晚期以来的中法商贸关系中法国是主角,也是商贸关系的主动者。中法之间经济社会发展不在同一水平上是一个重要原因。此外,也与两国政府和商人的不同价值意识有关。就法国而言,19 世纪晚期法国的工、农业经济都有很大的发展,资本的输出和商品的出口也是资本主义唯利是图的本性使然。法国的政府遵循资本主义的要求,积极向外扩张,向殖民地输出资本与商品,正如费里所说,"殖民政策是工业政策的产物……出口是国家繁荣的基本因素,投资场所、劳动力需求都取决于国外市场的大小"[1]。中国丰富的物产资源,正是法国所需要的,而且中国的工业又相对落后。为此,中国出口法国的商品基本上为初级产品,而进口的商品则多为工业品或奢侈品。这既是中法经贸往来的一个特点,也是两国经贸关系中法国入超、中国出超的原因。

在中法贸易中,法国除了政府间接投资,直接投资中大多是私人投

① 皮埃尔·米盖尔:《法国史》,第 454 页。

资,也就是说,法国的商人在中法贸易中起了重要的作用。尽管法国商人在中国销售产品、收购原料要依靠中国的代理商,但两者的关系并不对等。中法的经贸主要靠法国商人的推动,中国商人起着辅助的作用。这也可以认为是中法经贸关系的一个特点。

第二节　中法文化交流

19世纪晚期到20世纪初是中法文化交流的重要时期。这一时期,彼此间文化碰撞的形式与过去有所不同。启蒙时代以来到19世纪中叶的大部分时间里,法国人对中国文化的感受是古老、神秘而文化优越。但随着法国资本主义的发展和中国的相对衰弱,19世纪晚期以降,高傲的法国人已很少对中国文化表示其崇敬感。相反,中国处在救亡图存的重要时期,开始向法国政治思想与制度文化寻求资源。所以,这一时期的中法文化交流特点是冲突与融合并存。

一、法国传教士在华的活动

19世纪晚清被欧洲列强强行叩开门户后,彼此间的文化交流不可避免地开始了。值得注意的是,与英国比较重视经济殖民、关注对华贸易①不同,法国似乎更重视对中国的文化输入。而这种文化输入的主要表现就是法国天主教会的传教活动。法国天主教会在中国的传教活动是随着中国门户的开放,逐渐渗透并达到高潮的。

第一次鸦片战争开启了欧洲列强对中国的文化入侵,其中法国尤甚。1844年中法《黄埔条约》规定,法国传教士可以在5个通商口岸活动,给传教士在中国的合法活动开了一条门缝。第二次鸦片战争后,1858年签订中法《天津条约》,允许天主教徒在内地自由传教,标志天主

---

① 据中国海关的一份分阶段统计表,可知1905、1913年法国的对华贸易在英、日、美、德、俄、法六国中居第五位,1930年居末位。参见雷麦:《外人在华投资》,蒋学楷、赵康节译,北京:商务印书馆,1953年。

教的文化渗透从沿海口岸向内地扩展。1860年中法《北京条约》，清政府除了赔偿法国白银800万两，还归还了被没收的天主教教堂及教产，并给了他们在中国内地买地造教堂的权利。传教士在中国传教这扇大门终于完全敞开了。

　　到19世纪末，来华的传教士有800多人，教徒约70万人，其中绝大多数是法国人。从统计情况看，教徒人数是逐年增加的，尤其是直隶、广东和贵州，教徒的人数增加更快①：1874、1884、1899年的教徒人数，直隶分别是49 000人、93 525人、85 270人，广东分别是12 000人、28 668人、42 500人，贵州分别是6 000人、16 443人、19 128人。尽管与中国的总人口相比，教徒人数极少，但考虑到中国的国情，尤其是弛禁天主教不到40年，有这样的教徒发展速度，也足以证明法国传教士的工作业绩。进入20世纪，天主教教徒的人数更是成倍增长：1900年全国天主教教徒74万多人，1907年增至130.8万人，1910年为130万人，1918年为190万人。

　　法国对中国的文化渗透除了大批传教士来华传教，还包括借此大力兴建教堂、学校、医院等。比如1863年建立的广州圣心大教堂，1870年建立的南京石鼓路教堂，1878年由传教士方若望建立的沈阳天主教教堂②，1901年北京东交民巷教堂③，天津西开教堂，上海徐家汇教堂，等等，都是中国现存有名的教堂。甚至在边远地区，法国传教士都不惜巨资建造教堂，传播天主教。比如云南迪庆藏族自治州的茨中教堂，位于偏僻的德钦县燕门乡。1867年法国传教士为顺利传教在当地建了座教堂，1892年被群众焚毁。1900年由清政府同意划界，教堂移到茨中重新修建，于1905年竣工。茨中教堂是法国传教士在德钦地区乃至西藏进行宗教活动的大本营。天津西开教堂的影响也很大，1912年，罗马教廷

---

① 参见陈银昆：《清季民教冲突的量化分析》，台北：台湾商务印书馆，1991年。
② 该教堂于1900年遭义和团焚毁，1912年法国传教士利用《辛丑条约》的庚子赔款，在原址上重建。
③ 该教堂由法国传教士开建于1901年，1904年竣工开堂。

把天津划为独立的教区,法国驻津领事便唆使当时的首任主教、法国人杜保禄(Paul-Mari Dumond,1864—1944)等在老西开地区建造主教府等建筑,从此,天津租界成了法国人的天下。

　　文化渗透的另一个表现就是教育办学,大量的教会学校开启了中国"新式教育"的序幕。从 1860 年代中期起,教会学校就逐步从通商口岸向内地发展。起初,教会办学以小学为主,到 1870 年代末大量中学开办起来,比如上海的徐汇中学、圣方济中学和文法中学等。据统计,1875 年在中国有天主教会学校 450 所,学生约 14 000 人。出于种种原因,教会学校的发展并不尽如人意。比如徐汇女中,是 1869 年创办的上海第一所女子中学,但刚开办不久,入学的女子年龄不一,小的只有 6 岁,大的有 20 岁,只能说仅仅是一所女子学校而已。1898 年,该校冠名为"崇德女校",毕业的女生也大多成了修女。直到 1912 年,崇德女校才正式成为一所女子中学,教授现代文化知识。法国传教士热衷于办学的目的当然是传教,不过,在传授天主教信仰的过程中,也传授了一些现代的科学知识,比如自然、地理、法文、英文等课程都是学校的必修课。值得一提的是,当时的很多教会学校,不仅教授数、理、化之类的新式科学课程,也讲授中国传统文化,包括《三字经》《千字文》《百家姓》和"四书""五经"等,以适合中国的国情。

　　现代的大学制度也是由传教士引入的。19 世纪末以来,西方列强以教会的名义办起了中国历史上的现代新式大学,先后建了天主教辅仁大学、天津工商学院、震旦学院、燕京大学、齐鲁大学、东吴大学、圣约翰大学、之江大学、华西协和大学、华中大学、金陵大学、福建协和大学、华南女子文理学院、金陵女子文理学院、沪江大学、岭南大学等 20 余所大学。比如,上海的震旦学院,是 1903 年由中国神父马相伯在徐家汇天文台的旧址上创办起来的。马相伯之所以把学校取名震旦,是希望震旦学院能如旭日东升,担负以教育开启中国曙光的重任。天津的辅仁大学也是由马相伯创建的。尽管法国天主教会办的学校在总体规模和质量上,与英、美等基督教会办的学校有些差距,但由于教会学校在体制、机构、教学计划、课程设置和教学方法上大多直接引入了近代西方教育模式,因而在某种程度上对中国的教育近代化起着示范和引领作用。

文化渗透还体现在建医院、做慈善等工作中。义和团运动之前,天主教会在中国的医疗事业规模小,数量少,且大多附设于教堂。1900年后,法国天主教的传教开始注重医疗事业,办了不少医院、慈善堂等,在提供医疗服务的同时传播宗教与文化意识。在医疗服务上,一方面扩大了原有医院规模,另一方面在各地新设了不少医院和诊所。比如,1901年在昆明开设法国医院,1905年在重庆、广州开设仁爱医院和韬美医院,1906年在青岛开设法国医院,1907年在上海开设广慈医院(取"广为慈善"之意,法文名称是"圣玛利亚医院",Hospital de Sainte-Marie)。据说,广慈医院开办伊始,对中国病人的吸引力不大。后来在徐家汇天主教堂的建筑工地上,一个工人不慎从脚手架跌落,伤势严重,生命垂危。急送广慈医院后,那里的医生妙手回春,把伤者从死神手中抢了回来,至此,广慈医院声名鹊起。

教会的慈善事业除了捐赠、办收容院,就是致力于一些慈幼事业,包括育婴堂、孤儿院、育童学校、聋哑学校等慈幼机关。这些机构主要分布在上海、天津、南昌、青岛、武汉、重庆、贵阳、长沙、广州等大城市。据统计,到1920年由法国天主教会办的孤儿院总数超过了150所。[1]

文化交流总是双向的。在法国向中国进行文化渗透的同时,中国文化也开始向法国传播。不过,当时担当中国文化传播工作的主要是法国汉学家或者传教士,其主要表现是汉学在法国的发展。

20世纪法国著名汉学家、敦煌学者戴密微(Paul Demiéville,1894—1979)说:"西方的汉学是由法国人创立的。"可见法国汉学在世界汉学中的地位。

汉学在法国历史悠久。1669年,路易十四为培养近东翻译人才,创立了国立东方现代语言学院(即巴黎东方语言文化学院),该学院在汉学

---

[1] 李淑宽:《中国基督教史略》,北京:社会科学文献出版社,1998年,第260页。

研究和汉语教学上都颇有成绩。到 18 世纪末 19 世纪初,巴黎独领风骚,成为世界汉学之都。

法国也是世界上最早教授汉语的国家。1843 年,法国开始汉语教学,这也为汉学发展创造了条件。19 世纪晚期,有许多汉学著作在法国出版。著名汉学家儒莲(Stanislas Julien,1797—1873,一译茹理安)著有《根据字词位置来看汉语新句法》《中国瓷器的制作和历史》《中华帝国古代和近代工业》等,向法国民众介绍中国语言文化和工业特色。儒莲还翻译了《大慈恩寺三藏法师传》《大唐西域记》《道德经》《天工开物》等典籍,一些中国通俗文学如《赵氏孤儿》《白蛇精记》《西厢记》等也被儒莲翻译介绍到法国。

儒莲的学生德理文(d'Hervey de Saint-Denys,1823—1892)对中国诗歌很感兴趣,把《唐诗》《离骚》和《今古奇观》的部分篇目译成法文,介绍给法国人,其中《离骚》不仅全文翻译,还加上长篇的导论和注释,附有汉语的原文对照,不仅宣传了中华文化,也有助于中文学习的推广。

沙畹(Émmanuel-Édouard Chavannes,1865—1918)被认为是 19 世纪末 20 世纪初世界上最有成就的中国学大师,被誉为"欧洲汉学泰斗"。他在中国生活过 4 年,结交了唐在礼[1]、唐在复[2]等中国友人。1897 年法文译注《史记》出版,此外,沙畹还编纂和撰写《中国两汉石刻》、《泰山》[3]等小册子,介绍中国文化和风土人情。作为汉学家,沙畹致力于研究中国边疆史,如西域史、突厥史等,且成就斐然。他还是世界上最早整理研究敦煌与新疆文物的学者之一,是法国敦煌学先驱。

除了儒莲师徒在法国引介中国文化,当时还有许多传教士、汉学家在中法文化交流与传播中起了重要的作用。比如,河间府(河北献县)的耶稣会士顾赛芬(Seraphin Couvreur,1835—1919)编有《汉语古文词典》。法国著名诗人谢阁兰(Victor Segalen,1878—1919)以海军军医和

---

① 康在礼(1880—1964),高级将领。上海人,曾留学日本。
② 唐在复(1878—1962),外交官。上海人,曾留学法国,巴黎大学毕业。
③ 1891 年和 1907 年,沙畹两次登泰山,随行摄影师拍下了大量照片。

考古学家的身份,多次游历中国。在长达7年的寓华时间里,他不仅到过北京、天津等大城市,还深入青藏高原、黄土高原、长江流域、四川盆地进行考察,探寻古迹。他的重要作品,如诗集《古今碑录》、小说《勒内·莱斯》、散文诗集《历代图画》、游记《华中探胜》等,都写于中国,也取材于中国。因此他被称为"法国的中国诗人"。《中国现代民俗》(1909)的作者戴遂良(Léon Wieger,1856—1933)、《西安景教碑》的作者夏鸣雷(Henri Havrit,1848—1901)和《1552—1773年在华耶稣会旧传教区书目与传记提要》的作者费赖之(Aloys Pfister,1833—1891)及列维(Sylvain Lévi,1863—1935)等,都是当时有成就的汉学家,也是中法文化交流的使者。

二、中国精英对法国革命的认识

19世纪晚期的中国正处在"千年未有之大变局",一些有识之士希望改变中国积弱积贫的现状,继而向西方寻求"救国救民的真理"。中国精英们对法国文化的认识与评价也就更多地关注"法国大革命"这一主题。

晚清时期有机会接触海外世界的主要是官员、士大夫等精英阶层。鸦片战争后,一大批士大夫开始"睁眼看世界",法国是他们的主要目标国。中国对海外文化的引介第一人大概要算晚清启蒙思想家魏源(1794—1857)。在《海国图志》中,魏源第一次向国人介绍了法兰西的地理、物产、人种、习俗等,使国人知晓了西洋有个法兰西。驻英法公使郭嵩焘出使英、法两国,回国后写成《使西纪程》,其中对法国社会,尤其是法国政治制度作了一番细心的论述,赞赏他们没有宫官,君民平等,无所谓朝仪等。针对法国的多党政治,郭嵩焘认为,"法国分立君、民二党。君党中又分为三,……有主世爵中推选者也(世爵多属君党,其为民党者持论如此);民党亦分为三,有主听民推送者,有主通贫富上下,养欲给求通为一家,不立界限者"[①]。郭嵩焘还广泛考察了法国海军的设置及

---

① 参见郭嵩焘:《伦敦与巴黎日记》,长沙:岳麓书社,1984年。

武装配备、诉讼制度及程序、人才选拔机制、教育体制等。回国后,郭嵩焘把所见所闻提交清朝的有关衙门,希望李鸿章等洋务派可以有所作为。尽管郭嵩焘本人及其折子都受到冷落,但无形中还是让保守的士大夫们开了眼界。清代著名外交家、曾国藩之子曾纪泽在光绪年间担任驻英、法、俄公使。其间,他深入了解各国历史、国情,研究国际公法,考察西欧诸国的工、商业及社会情况。曾纪泽深知东、西文化的差异和两国经济、社会发展的差距,回国后力图推进中国的外交政策改革,主张"经世致用",成了当时封闭中国少有的眼界开阔、思想开明的官员。

19世纪六七十年代,致力于中法交流的重要人物要推晚清思想家王韬(1828—1897)。1867年,王韬在友人的鼓励与资助下,游历欧洲,到过法国的里昂、巴黎,在巴黎参观游览了卢浮宫等名胜,并拜访索邦大学汉学家儒莲。王韬游学归来后,根据自己的经历,参考日本人写的有关法国的书籍,撰写并出版了《法国志略》(1871)。该书在1896年又作了增订,是我国第一部系统的法国史著作。书中介绍了法国的政治、军事、教育、宗教等历史与现状。不过,可能是由于政治价值与立场,王韬对法国大革命持完全否定的态度。

甲午战争后,清廷内外革新的思潮进一步涌现,向西方学习从重器械的洋务运动,转向重制度与文化的戊戌变法。进而,一些思想家和政治家开始重点引介法国启蒙思想与大革命。不过,晚清与民国的思想家与革命家都是从自身的思想立场出发看待法国的启蒙运动与大革命。

维新改良派领袖康有为(1858—1927)希望清朝皇帝能够开议会,实行开明的君主立宪制,以实现国家的现代化。1898年,康有为向光绪皇帝进呈《法兰西革命记》,要求光绪帝以法国大革命为戒,立即维新变法。为此,康有为将法国大革命描绘得异常恐怖,"流血遍全国,巴黎日而伏尸百廿九,变革三次,君主再复,而绵祸八十年"[1]。借此,康有为提醒皇帝革旧面新,不要重蹈路易十六被推上断头台的覆辙。不过,康有为对

---

[1] 汤志钧编:《康有为政论集》,北京:中华书局,1981年,第301页。

法国大革命的功过也做了较为客观的评价,一方面,认为"革命之祸遍于全欧,涉及大地,……普天地杀戮变化之惨,未有若近世革命之祸酷矣,盖自法肇",另一方面,则承认"近世万国行立宪之政,盖皆由法国革命而来"。

革新派思想家梁启超(1873—1929)等人的维新思想也受益于法国大革命。他们不仅肯定法国大革命对欧洲甚至世界的进步影响和历史意义,而且非常敬仰法国的启蒙思想家,如卢梭、孟德斯鸠、伏尔泰等。"夫法国大革命,实近世欧洲第一大事也。岂惟近世,盖往古来今,未尝有焉矣。岂唯欧洲,盖天下万国,未尝有焉矣。结数千年专制之局,开百年来自治之治,其余波亘八十余年,其影响及数十国土,使千百年后之史家,永以为人类新纪元之一纪念物。噫,何其伟也!"①不过,梁启超、谭嗣同等虽对法国革命赞赏不已,但又认为法国革命太过惨烈,中国应该吸取教训,倡导维新变革而不是进行革命。

邹容、陈天华、孙中山等革命者痛心于维新运动的失败,呼吁革命推翻清朝,因而对法国革命大加赞赏。比如,邹容认为译读卢梭"民约论"、孟德斯鸠"万法精理""法国革命史"等,实乃"吾同胞之幸",称颂"卢梭诸大哲之微言大义,为起死回生之灵药,迫魄还魂之宝方,金丹挽膏,刀圭奏效",正好医治中国"今日之病矣"。邹容在《革命军》一书中,把卢梭、孟德斯鸠等的天赋人权、民主共和等启蒙思想用明朗的语言融为一体,很好地表达了革命的理念。《革命军》风靡全国,尤其对青年志士影响极大。

清末民初,中国致力改良与革命的报纸杂志上也刊登了大量关于法国启蒙运动与大革命的文章,或讨论或宣传,想以此来影响中国的变革进程。中国较早以肯定、赞许的态度公开宣传法国大革命的是《国民

---

① 梁启超:《近世第一女杰罗兰夫人传》,载《饮冰室合集》,第 6 册,专集之十二,北京:中华书局,1989 年,第 12 页。

报》①。《国民报》创刊号刊登了《二十世纪之中国》一文,文章论述了法国大革命的起因、过程、影响,并评论道:"西谚有言:'法兰西,革命之产地也。'今我中国二十五倍于法,受祸之极亦十倍于法,民权之远已渡太平洋而东,日本既稍受其福,我中国不愤不发,斯亦已耳如睡斯觉,于二十世纪效法人十九世纪之所为。"②文章号召民众觉醒,向日本一样变革、维新。1902年,梁启超写了《罗兰夫人传》,歌颂罗兰夫人在大革命中的作用,认为她是"革命之母"。小传的开篇和结尾引用了罗兰夫人的名言"呜呼,自由自由天下古今几多之罪恶假汝之名以行!",在当时以及后来的中国都影响极大。

辛亥革命前后,大量的报纸杂志刊登有关法国大革命的文章。1900年12月6日,留日学生在东京创办的最早的革命刊物《译书汇编》,以编辑翻译欧美法政名著为宗旨。该刊第一至三期连载了孟德斯鸠的《万法公理》(即《论法的精神》),可谓是法国启蒙思想家名著的最早中译本。《译书汇编》第一、二、四期连载了卢梭的《民约论》(即《社会契约论》),称赞法国大革命"开发无边之新天地,宏大之新纪元",倡议革命者"试取法兰西革新之历史而三复之,盖足以当吾人之学步多矣"。一些激进的作家在创作小说、诗歌等时也取材于法国大革命或从大革命中获取灵感。《新小说》第一期(1902年1月)刊载了雨尘子的著作《洪水祸》,作者借描写大革命的历程,向读者介绍自由、平等的观念。《浙江潮》刊登的《雪痕花》赞颂的是一位大革命女英雄。《教育世界》1903年7月至9月发表了卢梭的教育小说《爱美耳钞》(即《爱弥尔》),1904年12月又刊发了《法国大教育家卢骚传》,借此宣传现代教育观念。《浙江潮》第八期刊发《新社会之理论》一文,介绍共产主义的"创始人为法国人墨勃(Gracchus Babeuf,即巴贝夫),其后劲为犹太人埋哈司(Marx,即马克思)","无政府主义派创始于法人帕洛吞(Proudhon,即蒲鲁东)。而俄人勃宁(Bakunin,

---

① 《国民报》创刊于1901年5月10日,由流亡日本的革命党人秦力山、沈翔云等主办,在东京编印出版,同年8月停刊。每月1期,共出了4期。

② 丁守和主编:《辛亥革命时期期刊介绍》,第1集,北京:人民出版社,1982年,第109—110页。

即巴枯宁)其代表也"。《翻译世界》所刊载《最新经济学讲义》中则引介了法国空想社会主义者圣西门、傅立叶的思想。

新民主主义革命时期社会活动家和革命家更是对法国大革命青睐有加,他们的思想与行动上都深深地打上了大革命的烙印。

1915年,陈独秀发表《法兰西人与近代文明》,认为法国大革命将欧洲人民从专制统治中唤醒,开设议会,订立宪法,欧洲人民才知晓了民主与人权之真谛。"欧罗巴的人心,若梦之觉,若醉之醒,晓然于人权之可贵,群起而抗其君主,仆其贵族,列宪章,赖以成立。"但是,陈独秀也清醒地指出因为私有制,大革命后虽然政治上人人平等了,但经济上仍存在着压迫,"政治之不平等,一变而为社会之不平等;君主、贵族之压制,一变而为资本家之压制,此近世文明之缺点,无容讳言者也"[1]。

1918年,李大钊发表《法俄革命之比较观》一文,认为法国革命与俄国革命一样,都是影响未来世界文明的重大事件。李大钊指出,"俄国今日之革命,诚与昔者法兰西革命同为影响于未来世纪文明之绝大变动"。李大钊称颂大革命给法国、欧洲人民带来了政治自由,"岂惟法人,十九世纪全世界之文明,如政治或社会之组织等,罔不胚胎于法兰西革命血潮之中"[2]。

"自由、平等、博爱"是大革命后响彻世界的三大精神与原则。孙中山对此十分推崇,1906年,孙中山提到自己的革命主张"虽经纬万端,要其一贯之精神,则为'自由、平等、博爱'"。1924年1月孙中山改组国民党,更是用"自由、平等、博爱"对三民主义作了新的阐述。他说:"用我们三民主义的口号和法国革命的口号来比较,法国的自由和我们的民族主义相同,因为民族主义是提倡国家自由的。平等和我们的民权主义相同,因为民权主义是提倡人民在政治之地位都是平等的……博爱的口

---

[1] 参见生活·读书·新知三联书店编辑:《陈独秀文章选编》,上册,北京:生活·读书·新知三联书店,1984年,第79—81页。
[2] 参见李大钊:《法俄革命之比较观》,载人民出版社编辑:《李大钊选集》,北京:人民出版社,1959年,第101—102页。

号……和我们的民生主义是相通的,因为我们的民生主义是图四万万人幸福的,为四万万人谋幸福就是博爱。"①

　　法国大革命的无穷魅力,使国人在追寻现代化的道路上每每总要拿来回味、品鉴。法国大革命对中国革命的影响至深,甚至法国民谣《两只老虎》传入中国后,也有不同版本的填词,其中最有名的是北伐时期的"打倒列强,打倒列强,除军阀,除军阀"和土地革命时期的"打倒土豪,打倒土豪,分田地,分田地",可见一斑。

三、20世纪初期的留法勤工俭学潮

　　晚清时期,为了改变中国的落后面貌,清政府开启了改革的进程,并开始派出留学生去欧美发达国家交流学习。1877年12月,福州马尾船政学堂②派马建忠等14名学生、4名艺徒,赴法国学习船舶制造,从此开启了中国留学生赴法学习的大门。

　　直到辛亥革命前,赴法留学以清政府陆续派出的官费生为主,推动留学的主要是一些思想开明的洋务派官僚,如政治家和外交家孙宝琦、新式学校的创始人端方等。1901年,清政府驻法公使孙宝琦(1867—1931)到法国赴任,随同前往的有李石曾、张静江等官费、自费留学生20余人;1903年湖广总督端方(1861—1911)在湖北的一些学堂中遴选了24名学生赴法学习;1908年,浙江也招考了20人,分送英、法、德、比四国学习实业。据清政府驻欧洲各国留学生监督官报告,1908—1910年前后,中国留欧学生约500人,其中留法学生140余人。③

　　辛亥革命后,国民政府与法国邦交升温,一战期间法国国内的劳动力紧缺等因素推动了中国赴法勤工俭学运动。这场勤工俭学运动始于1912年,1919年前后达到高潮,到1920年底坠入低谷,在中法文化交流

① 孙中山:《民权主义第二讲》,载《孙中山文集》,北京:团结出版社,1997年,第159页。
② 福州船政学堂是中国近代第一所海军学校,对中国近现代造船业和海军建设产生了深远的影响,培养了林则徐、严复、詹天佑、邓世昌等一代精英。
③ 王奇生:《中国留学生的历史轨迹:1872—1949》,武汉:湖北教育出版社,1992年,第57页。

史上写下了重要的一笔。

　　1912 年成立留法俭学会可以算作留法勤工俭学运动的开始。在这之前,早期运动的倡导与组织者大多是清末民初的留法学生,如李石曾、吴稚辉、张静江、蔡元培、吴玉章等。勤工俭学的留学灵感来自 1909 年李石曾在巴黎开办的豆腐公司,当时李石曾从家乡招募了一批工人,实行"以工兼学",取得了很好的效果。1912 年 2 月,李石曾在教育部长蔡元培的支持下,与留学归国的吴稚辉和同盟会会员张静江、汪精卫等在北京发起中法俭学会,该学会申明其宗旨是"改良社会,首重教育,欲输世界文明于国内,必以留学泰西为要图"①。两个月后,俭学会在北京成立了留法预备学校,培训留学生,宣传勤工俭学的留法形式。当年 12月,就有 60 余名在该校学习期满合格的学生远赴法国求学,到 1913 年间,参加俭学会而赴法国的有百余人。② 从此,中国近现代留学史的壮丽一页翻开了。

　　1914 年 8 月,第一次世界大战爆发,法国作为主战区,深受祸害,中国留法学生的学习和生活也陷入困境。法国政府根本无暇顾及中国留学生。李石曾、蔡元培等人在关键时刻又组织发起了"旅法学界西南维持会",安排留学生迁去战火相对平稳的法国西南部继续学习,并给予一定的生活补贴,帮助留法学生度过了最艰难的日子。形势稍有好转,李石曾等人就将提倡的"勤工俭学"③计划提上了日程。1915 年夏,勤工俭学会成立,其宗旨是"勤于工作,俭以求学,以进劳动者之智识"④。时值大战的法国,由于青壮年上了战场,急需补充劳动力,于是,该计划得到了法国方面的支持。

　　1916 年 6 月 22 日,在法方的倡议下,中法文化交流的重要机构"华

---

① 鲜于浩:《留法勤工俭学运动史稿》,成都:巴蜀书社,1994 年,第 4 页。
② 清华大学中共党史教研组编:《赴法勤工俭学运动史料》,北京:北京出版社,1979 年,第102 页。
③ 李石曾于 1909 年在法国办了一家豆腐公司,便有"以工兼学"之意。工厂的工人在做工之余是从事学习的。一些自费留学的学生也进入该厂"以学兼工"。
④ 清华大学中共党史教研组编:《赴法勤工俭学运动史料》,第 102 页。

法教育会"①成立,法国教授欧乐和蔡元培分别担任法方与中方的会长,法方副会长是国民议会议员穆岱(Moutee),中方则由汪精卫任副会长。会上宣布教育会的宗旨是"发展中法两国之交谊,尤重以法国科学与精神之教育,图中国道德、智识、经济之发展"②。华法教育会刊出了《旅欧杂志》《华工杂志》等。其中,《旅欧杂志》"以交换旅欧同人之智训,及传播西方文化于国内为宗旨",编辑部主任是汪精卫、李石曾和蔡元培,为半月刊。《华工杂志》于1917年编辑出版,文字浅显,并附有法文对照,既普及了科学常识,又有利于华工们学习法文。另外,华法教育会还办了华工学校,设在巴黎东方语言学校里,法国政府计划每年给华工学校拨款1万法郎,法国共和工商会捐了500法郎,旅法华人捐款1 000多法郎。华工学校如期开学,第一期的华工学生有24人,经过学校的教学与培训,大多后来很有成就,一些人在法国华工中担任译员,或者做组织管理工作。其中有个叫马志远的华工,日后成了一个工会领袖。

1919年,中国"五四"与新文化运动期间,赴法勤工俭学进入高潮,这与一战结束后法国劳动力奇缺有一定的关系。华法教育会通过种种途径宣传和支持勤工俭学。《新青年》《时报》《教育公报》《国民公报》《东方杂志》等众多刊物,都相继刊登了各种留学教育学会的说明、规定和介绍旅欧教育运动的文章;蔡元培、李石曾、吴玉章、吴稚辉等则在北京、上海、广州、成都、长沙等地讲演、宣传赴法勤工俭学,还与当地政商界、教育界人士会面、恳谈,使赴法勤工俭学运动获得了更多的关注,也得到了各地进步青年与学会的支持。比如湖南的新民学会和蔡和森、毛泽东等湘籍青年,克服困难,为勤工俭学奔波、筹款、开办种种培训班,最后送了73名学生赴法留学。

1919年春,89名首届赴法勤工俭学的学生搭乘日本船只"因蟠号"离开上海,前往法国的马赛港。此后,受工读主义思想影响的赴法学子

---

① 该会由巴黎的"自由会"于3月发起,在发起会议上,到会的法方人士多达32人,包括大学教授、中小学校长、教员、前政府教育文化官员、议员、音乐家和医学博士以及文化界人士等。

② 参见高平叔编:《蔡元培全集》,第2卷,北京:中华书局,1984年,第76页。

络绎不绝,共 20 批 1 600 多人到法国求学,学源分布于全国 19 个省份。他们中的许多人日后都成了中国的栋梁之材,像湖南教育家徐特立,为中国革命而不惜牺牲生命的蔡和森、王若飞、向警予等,中共领导人周恩来、邓小平、陈毅、聂荣臻、李富春、蔡畅等,都是勤工俭学时代的留法学生。

赴法勤工俭学能有这样的成就,一方面固然与中国各界的努力有关,另一方面也离不开法方的支持与鼓励。华法教育会在国内的分会大多有法国友好人士参与,如法国领事官魏武达出任了上海华法教育会副会长,法国一公立学校校长高博爱担任评议员,中法实业银行行长李雍担任会计,法国特派驻华管理华工委员荣苏理任干事。一些在华法籍人士赞助了国内的培训学校。一战结束后,随着中法关系的升温,法国政府也更加重视勤工俭学运动。1918 年 11 月,法国政府特使格里耶(Grillet)向法国政府提交了一份有关扩大法国和法国文化在中国影响的行动计划,计划把吸引中国留学生作为法国扩大在华影响力的一项战略性措施。格里耶在计划中力主法国政府资助华法教育会,在中国境内开办法语学校,在北京各建立一所中法双语中学和中法大学、创办一份法文周刊(主要文章有中文摘要),传播法国教育、文化、社会思潮等,充分说明了法国方面对中法文化交流的重视。

另外,华法教育会致力于中法文化交流,强调"以法为师",也使法方极为满意,所以,当华法教育会等组织活动时,各地法国领事馆或法国人士都会积极参与。比如,福建私立法政专门学校附设留法预备班时,法国驻福州领事为表示支持,邀约校长至领事馆,并赠送了法国政府提供的 1 500 法郎,以表赞助。① 法国的海军部要求法国轮船公司减价出售 500 张船票给赴法学生,船票减价的消息广为流传后,吸引了许多青年到上海办理西渡的手续。法国驻上海总领事、副领事,法国商会会长,中法

---

① 张允侯、殷叔彝、李峻晨:《留法勤工俭学运动(一)》,上海:上海人民出版社,1980 年,第 497 页。

实业银行总理等法方人士还多次出席在上海举行的赴法学生欢送会。北京、上海、广州、成都、重庆的法国领事,经常为中国学生赴法留学提供签证的方便。法国媒体如《人道报》等,也刊登文章,表示对中国勤工俭学学生的欢迎。法国政界、学界的一些人士主张加强双方的教育交流,在中国设立远东图书馆、大学等。1920 年,巴黎大学下设的中国学院成立,法国教育部长、中国驻法公使等都出席了开院仪式。为了更好地服务与管理在法的中国留学生,法国政府在 1920 年 10 月正式在外交部内增设"中国留法学生监督"这一新职位。

新文化运动时期的勤工俭学运动,很大程度上得益于法国政府与各界的支持,才能如火如荼地展开。据统计,当时赴法勤工俭学的总人数达到了 19 001。①

在留法勤工俭学运动中,对中法文化交流有重要贡献的里昂中法大学是很值得一提的。里昂中法大学成立于 1921 年 10 月,正值留法勤工俭学运动的困难时期。为了进一步提升留法的品质,蔡元培、李石曾、吴稚辉等人倡议在法国办一所海外中国大学。里昂中法大学能够建成本身就是中法合作、相互支持的产物。

里昂是法国东南部工商业发达的大城市,其中丝织业是支柱产业。丝绸业所需的原材料蚕丝大多来自中国,所以,里昂与中国很早就有密切的交往。在得知中国有意向在法国建立一所大学时,法国和里昂方面积极配合,主动提出选址里昂。当时,里昂大学校长推荐里昂西郊三台山的一座废弃兵营做大学校舍,并依托里昂大学作为中法大学的教务、教学等支撑。在中法双方的努力下,1921 年夏,里昂中法大学正式开学。

里昂中法大学也是民国时期中法两国文化教育交流的典型。大学是在中法双方官方合作的基础上办起来的,其中办学经费在 1927 年前主要由中法政府共同承担,1927 年后,经费则主要由法国退还的庚子赔款支付。当然,国内的一些省份和大学(如北京中法大学、广州中山大

---

① 参见鲜于浩:《留法勤工俭学运动史稿》,第 59—63 页。

学、浙江大学、厦门大学等)对里昂中法大学也有财政上的支持。① 里昂
中法大学经历了中国国内的军阀混战、抗日战争、解放战争的时局动荡。
法国作为二战的主战场,也直接影响到里昂中法大学的各项工作,但大
学一直坚持到 1951 年才正式关闭。

里昂中法大学为中国培养了一批人才,留学生绝大多数学成回国,
许多都成了社会各领域知名的专家与精英。比如著名的科学家朱洗、民
俗学家杨堃、历史学家沈炼之、文学家戴望舒等,都是从里昂中法大学中
走出来的,他们不仅是中国发展的栋梁之材,也为中法文化交流做出了
极大的贡献。

---

① 参见葛夫平:《中法教育合作事业研究(1912—1949)》,上海:上海书店出版社,2011 年。

第十章　第三共和国的坍塌（1936—1940）

　　自 1870 年普鲁士使法国蒙受战败之辱后，半个世纪以来，一般法国人生活在"他们（德国人）还会再来"的忧虑中。基于一战中惨重的国力损耗，战后法国外交政策的首要目标是保障国家安全，其次是获得战争赔款，并借此遏制德国在欧洲大陆的势力。在这些问题上，法国与战时同盟国英国、美国的外交政策影响了对德国问题的处理，也为法德关系的非正常化埋下了伏笔。如果说使法国从普法战争的失败者重新成为"伟大的法兰西"——第三共和国的诞生，是与法德交战紧密相连的，那么令人感慨万千的是，第三共和国的终结同样与这对宿敌在第二次世界大战中的再度厮杀休戚相关。

第一节　第二次世界大战前法国面临的问题和军事外交策略

一、战前国内形势

　　二战前夕，法国的人口增长一直处于低迷状态。人口出生率从 1921—1925 年的 2.02% 降低到 1936—1939 年的 1.47%，总出生数从 77 万降低到 62 万。出于重建战后经济的需要，法国政府向殖民地广泛吸收移民，到 1936 年移民中入籍归化者达到了 170 万，移民人口的增长实际上显示了法国本土人口的危机。

一战的惨烈给民众留下难以磨灭的创伤,战后一股追求和平的思潮兴起。追求和平的愿望本身是无可厚非的,但是这种和平主义思潮与孤立主义和恐战症结合在一起,经常影响到法国的政治和军事决策,表现出消极的性质。与此同时,提倡享乐的人生态度在资产阶级中广为流行。资产阶级缺乏进取精神和创造活力,这可以在他们推崇的中学教育中体现出来:公立中学的中等教育轻视专业和技术教育,专门复制贵族及其文化,发展古典人文科学,以维持具有差别性、排斥性的精英教育。经济方面,1929 年法国受到经济危机的影响相比其他国家较轻,普恩加莱振兴了货币,国家黄金储备雄厚,大部分人口固定从事农业生产,但1930 年起经济衰退波及工业和汽车工业,纺织业也受到较大的冲击,农产品价格猛跌,1935 年法国失业人口达 40 万,首当其冲的是农民和工人。贸易逆差增加,大量资本外流,政府财政收支连年赤字。面对此种社会形势,法国社会中开始出现要求对国家政治和经济各方面进行改革的呼声,许多以此为目的的社会组织得以建立,参与其中的社会精英被称为 1930 年代的"不因循守旧者"(non-conformist)①。

日益衰弱的经济局势需要一个强有力的政府来进行改革,然而此时第三共和国政府的瘫痪和议会的拖沓使得改革难以实现。极右翼要求改革,社会党急于限制参议院的权限,共产党则和激进党一起"捍卫现存体制",1936 年以后人们不再谈论改革,而是呼求再来一场"革命",拯救法兰西的衰退。面对官员腐败丑闻、对经济萧条的无能等,一些激进派政治人物和知识分子转向了右翼的极端主义,开始同情威权体制。

在 1919—1939 年的历次政府危机中,激进党人都曾被吁请加入内阁。作为中间派,激进党能够获得相当大一部分选民的支持,它本该与社会党结盟对抗右翼势力,却总是在财政、经济甚至社会问题上,与社会

---

① 这一名词由历史学家贝尔(Jean-Louis Loubet del Bayle)在 1969 年提出,形容围绕在埃马纽埃尔·穆尼耶身边的个人主义者,他们尝试在资本主义和社会主义之外寻找第三条道路,反对自由主义、议会主义、民主主义和法西斯主义。

党产生分歧。例如激进党不主张国有化,也不赞成征收资本税,常常通过一连串的倒阁行动同社会党划清界限。由激进党参与的左翼联盟曾在 1924 年、1932 年和 1936 年三度形成并在大选中获胜,左翼联盟瓦解后,激进党转而与右翼组成新的多数派。可以说,政治上激进但社会问题上保守的激进党处于一种微妙境地,它是那个畏首畏尾的年迈法国的化身,既不满足于现状又担心未来,身上还带着各种古老斗争的深刻印记。

1937 年法国共产党由 1933 年的 3 万人增加到 30 万人,并成为左派第一大党。右派变化更为明显,1936 年被解散的法西斯组织"火十字团",经拉·罗克上校(François de La Rocque,1885—1946)改头换面,组建"法兰西社会党"(Parti social français),其成员在当时超过 200 万人。与此同时还出现了一个"社会主义的和民族的"党派——法国人民党,该党派也可被看作法西斯组织,成员在当时超过 20 万人。

民众对战争的忧虑与对和平的诉求,经济的困难,党派的右倾,是法国二战前的社会写照。

二、战前法国的军事防务策略

第一次世界大战中形成的军事战略思想影响了战后法国的外交思维,对一战前军事学说的反思与经验的吸取可以说是 1930 年代法国战略决策的依据。

1870 年之前,法国依赖其雄厚实力与欧洲大陆的强国相抗衡。但普法战争之后,法国经济发展缓慢,人口数量停滞不前,在如火如荼的欧美工业化进程以及相应的军备竞赛中,法国逐渐落后。欧洲中部统一的德意志国家崛起,法国的防务政策逐渐从独立走向依赖,把建立联盟看作国家战略的关键。第一次世界大战后,法国对苏俄进行军事干涉,同苏联重新结盟的前景暗淡。因而,法国的外交政策从传统的欧陆同盟转向大西洋同盟,求助于英美国家。巴黎和会上法国忍痛以莱茵兰问题的妥协为代价换取英美对法国安全的保证,孰料节外生枝,后又未果。在欧陆联盟和大西洋联盟均未能实现的困境中,法国转而同中东欧国家结盟,试图构成反德包围圈。然而,由于这些盟国彼此间矛盾重重,合作的根基脆弱。

从国内地缘战略而言,法国的重工业和矿产资源多分布在东北部,紧邻其旁的德国对这一地区构成了直接威胁。鉴于此前两次普法战争,德军都是经过洛林入境,因此,保护东北和北部地区成为法国军事防务布局的关键。1930 年代前期担任陆军总监的马克西姆·魏刚将军说:"任何欧洲冲突的关键都在我国东北方的国境线上,所以问题就在于坚守这一线。"

法国的命运维系于东北边境,为此,法国军方围绕着修筑防御工程的目的、类型和地点选择诸问题,展开了讨论。一是以贝当为首的以凡尔登战役经验为依据的防御论者,认为依托军事防御是战争胜利的关键。另一派是以福煦为代表,主张机动战术。1926 年以后,福煦退出决策圈,使进攻派力量大为削弱,贝当的意见占据了主导地位,防御工事也就被军方视为纯粹的防御手段,并且把国家安全押在防御工事上。1927年 10 月 12 日,最高军事委员会正式采纳了贝当拟制的设防方案。边境防御方案通过后,1928 年 2 月,军方在 3 个试验地段动工。1929 年 11 月,马其诺(Ligne Maginot,1877—1932)再次出任陆军部长,经过多方努力终于促使议会在 1930 年初通过了防御工程的预算拨款,于是防线全面动工。1935 年底绵延数百公里的地下钢铁长城基本竣工,号称"马其诺防线"。

1930 年代,世界军事技术发生了重大变革,法国军方及时地捕捉到这一信息。1935 年,谍报部门报告德国方面一个重大革新是使用独立作战的装甲部队作为突击力量,并且它能与空军协同作战,德军的机械化战争趋向已经明朗。德国坦克技术方面的专家古德里安的著作被引入并译成法文,法国国内也不乏主张机械化战争的睿智之士。夏尔·戴高乐将军(Charles de Gaulle,1890—1970)在 1934 年 5 月出版了《建立职业军》一书,提出建立一支由 10 万人组成、分编成 6 个机动装甲师的军队。然而,这一建议只获得保罗·雷诺等少数人的赞同,遭到了军方高级领导人的群起攻击。他们相继发表文章和演说抨击戴高乐的观点,贝当在为《侵略还是可能的吗?》一书写的序言中说,无论是坦克或飞机,都不能改变未来战争的固有条件,而民族的安全只能依靠防御工事。[1] 法国军事当局过分依赖马其诺防线的防御作用,这种自满心理严重影响了之后的战略决策。

1930 年代初魏刚执掌军事大权时,法国迈出了重整军备的步伐。莱茵兰事件[2]后,法国开始研制和生产大规模现代化武器。及至战争爆发前夕,法国大批新式武器和装甲运输工具投入使用,组建了为数不少的机械化、摩托化和装甲部门。在主要兵器的数量和质量上,法德两国不相上下,法国甚至还优于德国。然而,双方在军事学说和作战原则上则大相径庭。法国因为仰赖绵亘防线的作战形式,军事学说基本上停留于1920 年代对一战经验的总结。与此同时德军却在军事理论上大胆创新,创造出一种全新的战争样式,并且在训练和实践中表现出来。

法国在一战中能够反败为胜,与其先后拥有像霞飞、福煦这样指挥有方、意志坚强的军事统帅不无关联,而在他们卸任之后,继任的莫里斯·古斯塔夫·甘末林(Maurice Gustave Gamelin,1872—1958)和魏刚缺乏指挥才能。他们错误地以为德军主力仍将如同在一战中那样经比利时来犯,认为法国不妨以这一带的高山峻岭和宽阔的河流作为天然屏障,把主要兵力部署在面对瑞士、莱茵河和马其诺防线一带。同时,由法军中力量最弱的第九军团来防守位于阿登森林西部出口的那慕尔和色当之间极为重要的默兹防线。结果德军主力就是从这一法军防守最为薄弱的环节突破了防线,以迅雷不及掩耳之势向西推进,使法国被打得措手不及,一时难以招架。

一旦法国武装力量被钉死在工事中,并把东北部的混凝土防线作为

① 戴高乐:《战争回忆录》,第 1 卷,陈焕章译,北京:中国人民大学出版社,2005 年,第 18 页。
② 莱茵兰事件指 1936 年 3 月 7 日德军进驻莱茵非军事区。

自身界线,法国与中东欧结盟的外交战略的失败遂成必然。法国在接踵而来的事件中持续退让,容忍德国占据奥地利和捷克斯洛伐克、包围波兰,摧毁法国与中东欧建立的同盟体系,一个重要原因是法国对建立在马其诺防线之上的纯粹防御战略的信赖与依赖。由于法国的外交战略没有获得其军事战略的支撑,在 1930 年代中后期国际局势急剧动荡之际,法国遂不得不放弃原有的外交运行轨道。面对莱茵兰事件的退让、比利时的中立和东欧盟国的逐渐崩溃的不利态势,法国似乎别无选择,于是日益走上追随英国的外交路线,进一步恶化了法国的战略处境。

三、绥靖政策及其后果

1933 年 6 月,德国宣布退出日内瓦裁军会议和国联。与此同时,意大利也在北非蠢蠢欲动,挑动着法国的外交神经。1934 年 4 月 17 日,法国政府公开声明:"法国正式拒绝承认德国重新武装的合法性,由于德国重新武装……法国今后将通过自己的手段保障自己的安全。"谁也没有料到,法国保障自己安全的手段竟然是绥靖。

1935 年 1 月 4 日,时任外交部长的皮埃尔·赖伐尔从巴黎起程,开始了对罗马的首次访问。[①] 在赖伐尔看来,意大利是连接法国与其东欧军事盟国的桥梁,在制衡德国方面具有重大的战略价值,因此更积极地致力于法意关系。访意期间,赖伐尔与墨索里尼进行了 4 次会谈。1 月 7 日晚 8 时,法意双方签订了旨在改善两国关系的一系列协议,史称《罗马协议》(又称《赖伐尔-墨索里尼罗马协议》)。协议主要包括 8 个文件,即《法意共同维护和平的宣言》《法意关于共同维护奥地利现状的议定书》《关于法意在非洲利益的条约》《关于意大利人在突尼斯地位的议定书》《法意保证自由通过曼德海峡的议定书》《法意关于裁军问题的议定

---

① 之前,外长巴尔都尽管知道法意之间"不可能在一种诚恳、忠诚而又明确的缓和中合作",但还是积极活动,并计划在 1934 年 11 月访问罗马。1934 年 10 月 9 日巴尔都在马赛遇刺身亡,他计划中的罗马之行未能实现,但为法意接近铺好了路。法意的接近就由继任者赖伐尔来完成。

书》,以及墨索里尼致赖伐尔的两封信。在这 8 个文件中,前 4 个文件是公开发表的,主要涉及奥地利问题以及两国在非洲殖民地侨民和经济利益等历史问题;后 4 个为秘密文件,内容涉及法意就德国军备问题和埃塞俄比亚问题所作的政治交易,可以说,这些秘密文件才是《罗马协议》真正的核心所在。

归纳来看,协议的主要内容是:法国将法属领地乍得的 114 平方公里、索马里的 800 平方公里,其中有 22 公里的海岸线以及突尼斯的一块不大的领地让与意大利;意大利则在突尼斯的意侨民国籍问题上对法让步;在德国单方面重新武装的情况下,法意应就双方将要采取的态度进行协商以便协调行动;在形势允许恢复裁军谈判的情况下,法意两国政府应在有关军备限制的数额方面共同合作,以便能够确保两国在彼此公平的基础上拥有相对于德国的优势。

单从这份协议看,协议满足了意大利的诉求,同时使法意双方的军事同盟成为可能。大多数法国人都将《罗马协议》看作法国外交的一大胜利。当时法国的《共和国报》曾将赖伐尔的外交活动概括为“在多年的误解与冲突后,恢复与我们的邻国意大利的友好关系”。社会党领袖莱昂·勃鲁姆也称赞说:“这些公布的协议……是如此高贵,如此完美,如此寓意深远,以至于即使只有一部分得以实现,人们也会感到高兴。”[1]

事实上,为了达成法意同盟,赖伐尔在与墨索里尼的密会中口头做出了允许意大利在埃塞俄比亚“放手行事”的承诺。这种牺牲埃塞俄比亚而赢得法意和解的做法,对埃塞俄比亚是灭顶之灾[2]。1935 年 12 月,赖伐尔与英国大臣霍尔在巴黎缔结出卖埃塞俄比亚的协议。牺牲第三方的利益,姑息纵容德意法西斯,是法国绥靖政策的体现。

1936 年 3 月 7 日,德国罔顾《凡尔赛条约》,军队开进莱茵非军事区。

---

[1] Wlliam Shorrock, *From Ally to Enemy: The Enigma of Fascist Italy in French Diplomacy*, Kent, OH: Kent State University Press, 1988, p. 112.

[2] 1935 年 10 月,意大利在经过几个月的军事准备后,悍然发动了侵略埃塞俄比亚的战争。

德军的行动使法国很震惊。萨罗①内阁经过激辩,最后决议竟然是:在国联未做出决定前,法国不采取行动。事实上,当时的德国刚刚开始扩军,人员装备上都不及法国。希特勒事后说:"进军莱茵区的 48 小时是我一生中神经最紧张的时刻。如果当时法国人也开进莱茵区,我们就只好夹着尾巴撤退。因为我们手中可资利用的那么一点点军事力量,即使是用来稍作抵抗也是完全不够的。"②法国犹豫不决,错失了挫败法西斯德国的一个良机。

7 月 17 日,西班牙驻摩洛哥殖民军头目佛朗哥在西属摩洛哥发动了反政府的武装叛乱。次日,叛乱便蔓延到西班牙本土,叛军得到了德国和意大利的扶持;拥护"人民阵线"政府的广大工人、农民、小资产阶级组织起工人营和民兵志愿队同叛军作战,西班牙内战由此爆发。

7 月 19 日夜,西班牙"人民阵线"政府总理吉拉尔向法国"人民阵线"政府总理勃鲁姆求援。作为饶勒斯的信徒,勃鲁姆一贯以来就是和平主义者。次日,勃鲁姆召集有关部长会议,倾向于支持西班牙政府,但为了避免德、意政府的干扰和媒体的炒作,会议要求此事暂不公开。22 日,勃鲁姆赴伦敦参加法、英、比三国总理与外长会议。会议的主要议题是德国武装侵入莱茵区的后果和国际局势问题。会上尽管没有直接讨论西班牙问题,但英国的外交态度使勃鲁姆深受刺激。当时英国执政的是保守党鲍德温(Stanley Baldwin,1867—1947)政府,除了一贯的均势政策以平衡法德力量,此届英国政府还对法国的"人民阵线"政府抱有成见。因此,英国方面对于德国的重整军备并不在意,对西班牙内战也持"中立"态度。

7 月 24 日,勃鲁姆回到巴黎。第二天,即举行了第一次内阁会议。会上,激进党政治家、副总理卡米耶·肖当(Camille Chautemps,1885—

---

① 萨罗(Albert-Pierre Sarraut,1872—1962),法国激进社会党人。1936 年 11 月,接替赖伐尔出任内阁总理。
② 夏伊勒:《第三共和国的崩溃:1940 年法国沦陷之研究》,上册,戴大洪译,北京:新星出版社,2010 年,第 412 页。

1963)认为,法国卷入西班牙事务,将使欧洲分裂成两个敌对的"意识形态集团"。会后,勃鲁姆内阁发布公报称:考虑到引起国际纠纷,法国将取消由法国政府和法国私营企业向西班牙运送军用物资(叛乱爆发前西班牙订购的民用飞机除外),已经收集的飞机弹药的装运在事态进一步发展之前暂停。这是勃鲁姆政府的"不干涉"政策的第一步。

7月30日,两架意大利军用飞机在飞往西属摩洛哥途中因缺油而被迫降落在法属北非。后经证实它们其实是意大利政府派出支持佛朗哥的军用飞机。8月1日,法国政府就西班牙问题举行第二次内阁会议。前一天的意大利飞机事件,更加剧了干涉或中立的论争。德尔博斯强调英国半官方要求法国政府严守中立,不要卷入纠纷。外交部秘书长莱热提出了关于制定"不干涉"的国际协定的动议。最后,会议批准由外交部起草"不干涉"计划,并决定首先向英、意提出,然后扩大范围。当时的国际局势是除了苏联和捷克斯洛伐克,没有一个国家支持援助西班牙合法政府。这也使勃鲁姆感到为难,担心支持西班牙共和政府会使法国在欧洲陷入孤立。于是,法国的"不干涉"政策演变成了一项国际协定。

8月8日下午,第二次内阁会议召开。会上通过了对西班牙问题的"不干涉"政策:法国政府禁止将一切武器、弹药、军用物资以及一切装配的或拆散的航空器和一切作战船只直接或间接输出、再输出和运至西班牙、西班牙属地或摩洛哥西属地区的某一目的地;此项禁令适用于正在履行中的契约。8月15日,英法两国互相照会,呼吁欧洲各国不要干涉西班牙内战。8月19日,英国宣布实行对西班牙的武器禁运。紧接着,意大利(8月21日)、苏联(8月23日)、德国(8月24日)等陆续参加"不干涉协定"。9月9日,在伦敦成立了有27个国家参加的"不干涉委员会",对西班牙的"不干涉政策"变成了一项国际行动。

1938年3月10日,肖当政府宣布辞职。当德国军队向维也纳挺进时,勃鲁姆在共和国总统授意下竭力想组成一个内阁,使法国至少有一个政府来应付国外出现的新危机。3月11日晚,希特勒占领了奥地利,他完成此举所用时间比法国更迭政府的时间还短。12日,当希特勒宣布德奥合并时,勃鲁姆的组阁活动尚未获得成功。早在2月法国就事先接到了关于希特勒即将对奥地利采取行动的大量警报,但当时的肖当政府没有采取任何有效措施。1938年3月10日,英国外交大臣哈利法克斯勋爵声明"英国对奥地利事件将不会采取任何行动"。处于过渡时期的法国政府正忙于处理各项交接事务,无暇顾及此事,而当时的法军总司令甘末林想到要采取抗击德国此举的全部措施"仅仅是取消驻扎在法德边上的军队的休假,以及多要一点钱来加强马其诺防线"[①]。

3月14日,勃鲁姆呼吁中间派和右派参加"民族团结"政府,但两派的大多数成员在弗朗丹的带领下,出于搞垮"人民阵线"的目的拒绝参加政府。3月19日,保罗·雷诺在发表广播讲话时对此深感痛惜:"法国目前正在大出洋相,争吵、宿仇和激烈的政治斗争这一切都表面化了······法国已经丧失了自立自存的本能了吗?"

就在这样的形势下,勃鲁姆组建了第二届"人民阵线"政府。此时此刻,勃鲁姆仍然面临法国该如何对待西班牙内战的问题。同上次一样,法国军政领袖们既忌惮法西斯德国,又低估了苏联的军事力量,因此更加迷信英国的决定。德国则一直密切关注法国国内的局势,看到法国政府的软弱、军方的无能,明白此时法国在外交上已经丧失任何积极主动性。于是,德国更加肆无忌惮地推进下一步战略计划。值得一提的是,在德国吞并奥地利不到一个星期时,苏联政府曾向伦敦和巴黎提议召开大国会议商讨阻止德国进一步侵略扩张的措施,英国和法国方面均以"需要进行全面细致的研究后才能做出明确答复"为由敷衍。

4月8日,勃鲁姆第二届"人民阵线"内阁因缺乏多数支持而倒台,达拉第奉命组阁。从对德关系和维护自身安全的策略考虑,达拉第任命乔治·博内(Georges-Étienne Bonnet,1889—1973)为外交部长,象征着法国外交政策在绥靖法西斯的道路上越走越远。博内狂热地追求和平,为了满足希特勒的野心,不惜牺牲小国的利益。当时,达拉第政府对德态

[①] 夏伊勒:《第三共和国的崩溃》,上册,第416页。

度有两派意见,一派是以财政部长保罗·雷诺、殖民部长乔治·芒代尔
(Georges Mandel,1885—1944)为首的强硬派,另一派是以外交部长乔
治·博内、副总理肖当为首的绥靖派。

　　1938年5月,希特勒利用捷克斯洛伐克民族问题挑起事端,借口捷
克境内的苏台德日耳曼人问题,煽动苏台德地区自治。当时苏台德地区
开始爆发由纳粹分子煽动起来的骚乱,他们甚至影响舆论,将此事描绘
成捷克军队对手无寸铁的日耳曼人进行的"血腥镇压"。与此同时,德国
参谋总部正密谋发动一场帝国军事史上前所未有的反叛运动①。德军最
高统帅作战局局长约德尔上校认为德国尚未做好向西方各大国和俄国
进攻的准备,武装侵略捷克斯洛伐克必然会引发英法的军事抗议,从而
引起战争。陆军参谋总长坚决主张陆军应阻止希特勒发动战争。在西
线抵御法国军队的地面部队司令也表示,齐格菲防线尚未竣工,无法达
到战略防御的目的。8月4日,西线德军指挥在一次高级将领的秘密会
议报告中提到,西线只有5个机动师,不能抵御法国军队。希特勒最终
拒绝了将领们的建议,陆军参谋总长弗朗茨·哈尔德将军为主的几名德
方高级将领和少数文职人员决定策划推翻希特勒的统治。

　　9月5日,德国驻伦敦大使馆参赞特奥多尔·柯尔特密告英国外交
大臣哈利法克斯勋爵关于希特勒进攻捷克斯洛伐克的日期(10月1日),
以及他们计划在此日期前夕推翻独裁者,要求英法两国在他们动手前对
希特勒在捷克斯洛伐克的军事威胁持反对立场。哈利法克斯勋爵当即
将此事汇报给了英国首相张伯伦,后者置之不理。英方也没有将此事告
诉法国方面,因此,达拉第总统和甘末林将军两人对于德军领导层中出
现的危机一无所知,此前法捷两国订立的互助盟约也被法国单方面放
弃。② 甘末林将军估计德国在西线的兵力就有50个师,一味的恐惧已经
遮蔽了他们的判断能力。

①　夏伊勒:《第三共和国的崩溃》,上册,第448页。
②　1924年、1935年法捷签订过盟约,规定在受到第三方侵略时,双方有相互援助的义务。

由于英国首相张伯伦对德国一贯的纵容讨好政策,加上法国政府的软弱、情报机构工作上的疏忽、军方领导人对敌人实力的夸大,他们已经错过了遏制希特勒的有利时机。

9月12日,希特勒在纽伦堡发表演说,宣布要援助苏台德地区的德意志族,要苏台德地区日耳曼人"自决",从而引发所谓的"九月危机"。第二天,法国内阁召开会议,讨论应对策略。博内和肖当认为法国不应为捷克参战从而反对战时动员,并表示愿不惜任何代价维持和平。当晚,犹豫不决的达拉第召见了正在喜剧歌剧院看演出的英国驻法大使埃里克·菲普斯,希望由他转告张伯伦,由英国出面向希特勒建议召开三国首脑会议,解决苏台德地区问题以避免战争。晚些时候,达拉第又亲自打电话给张伯伦,力促他与希特勒接触。13日晚11时,张伯伦打电话给希特勒,表示要亲会希特勒。15日上午,张伯伦生平第一次坐飞机来到慕尼黑,又坐火车到伯希特斯加登,在希特勒的山间别墅与希特勒会面。法国上下都为张伯伦叫好,博内也代表法国政府"热忱感谢……首相前往伯希特斯加登这一壮举"①。殊不知,在双方的会晤中,张伯伦与希特勒已经做好了交易。

16日下午,张伯伦返回伦敦,旋即邀请达拉第和博内赴伦敦协商。达拉第提出了自以为既能使法国免于承担义务而卷入战争,又能帮到捷克的两全其美的办法:同意苏德台地区脱离捷克,交由国联以保证捷克的安全。19日,英法政府照会捷克,要求捷克把日耳曼人占半数以上的各区交给德国管理,遭到捷克政府的拒绝并提醒法国对捷克有承担条约的义务。20日深夜,法国再次照会捷克,表明捷克若不接受英法的建议,一旦受到德国攻击,法国将不能提供有效的支持,而英国也会对所产生的后果概不负责。迫于无奈,捷克政府接受了英法的建议。谁料想,希特勒对此并不满足。他要求更多的土地,并限定捷克10月1日交出苏台德地区。

---

① 楼均信主编:《法兰西第三共和国兴衰史》,第509页。

　　9 月 28 日下午,希特勒向英、法、意三国首脑发出邀请,要他们在 29 日中午抵达慕尼黑开会,商讨解决捷克问题。达拉第接到邀请后,如释重负,以为和平解决捷克问题的时机已经到来。29 日,张伯伦、达拉第、墨索里尼如期来到慕尼黑,四国慕尼黑首脑会议开始。30 日凌晨 1 时,《慕尼黑协定》正式签订。① 这是一项严重干涉与损害捷克利益的条约。为使捷克政府就范,凌晨 3 时,达拉第指使博内急电法国驻捷公使,在解释了为什么没有捷代表参加会议的同时,要他立即去见捷克总统贝奈斯,保证捷克接受《慕尼黑协定》。30 日中午,无可奈何的捷克政府被迫接受了协定。德国通过《慕尼黑协定》在短期内获得了超过西方盟国的军备实力,因为位居欧洲第三的捷克斯柯达工厂的军火、从捷克人手里接收的军事装备的库存等都纳入希特勒囊中,希特勒还利用这个时机训练庞大的后备军,并在西线完成了齐格菲防线。

　　更重要的是,西方民主国家在这个间歇时期丧失了作为盟国的苏联,进而削弱了自己的力量。1930 年代初期,在复杂的国际局势下,如何保障国家的安全并在新的格局中占有牢固地位是苏联的当务之急。正是在这种情况下,苏联提出了建立欧洲集体安全体系的建议,试图通过与英法联盟的方法来抵御法西斯德国,确保自身安全。1932 年 11 月,法国和苏联签署互不侵犯条约。1935 年 5 月,苏法互助条约正式签订。《慕尼黑协定》后,苏联调整了对德国的外交政策。

　　在纵横捭阖的外交游戏中,英法的绥靖政策在 1938 年制造了一份试图填饱德国欲望的《慕尼黑协定》。对法国来说,一方面,慕尼黑会议

① 《慕尼黑协定》全称为《关于捷克斯洛伐克割让苏台德地区领土给德国的协定》,包括 8 条正文、1 个附件和 3 项声明。主要内容包括:捷将苏台德地区割让给德国,德军于 1938 年 10 月完成对上述地区和其他德意志族占多数地区的占领,这些地区存在的任何设备必须完好地交给德国;对不能确定德意志族是否占居民多数的捷其他地区,应暂由英、法、德、意、捷代表组成的国际委员会占领,于 11 月底前举行公民投票,以确定其归属,并划定最后边界;捷政府应在 4 周内释放正在服刑的苏台德政治犯;有关政府须在 3 个月内解决捷境内的波兰和匈牙利少数民族问题,否则,德、英、法、意首脑将再次开会讨论;英法保证捷新边界不受侵略;当捷境内少数民族问题已解决时,德国也将对捷提供保证。

向东欧盟国证明了法国的失信，这些东欧盟友纷纷背过法国而寻求与德国和解。另一方面，慕尼黑的妥协也使已经存在于法国人民中间的分歧进一步加深。法国共产党坚决反对慕尼黑政策，在《慕尼黑协定》签订翌日，卡布里埃·贝里于《人道报》上发表题为《希特勒军队今日开进捷克斯洛伐克》的文章，他认为"达拉第先生刚刚赞同了分裂一个自由民族……慕尼黑协定是一个外交的勾当"①。但大多数民众对慕尼黑会议的反应则是鲜花与掌声。31 日下午，达拉第的专机返回巴黎，当他走出机舱时，响起一片欢呼声，从机场到国防部的大道上，50 万巴黎人夹道欢迎，人们向他的汽车扔鲜花。法国政党各派内部都有一些人反对《慕尼黑协定》，他们人数虽少却很有力量，与支持《慕尼黑协定》的人之间形成了更多的裂缝，这些裂缝终将汇聚成令第三共和国崩溃的力量。正如法国驻莫斯科大使罗伯特·库隆德所言，"慕尼黑会议敲响了某个时期的法兰西（从前的伟大的法兰西，甚至是 1914 年的法兰西）的丧钟……它不是招致了法国的覆亡，而是记录了覆亡"②。

1939 年 3 月 15 日，希特勒未遇抵抗就占领了布拉格，旋即捷克斯洛伐克被希特勒分裂，同时波希米亚和摩拉维亚沦为德国保护国。

波兰问题一直是德国的心病。早在 1934 年初，德波两国缔结了一项为期 10 年的互不侵犯条约，两国政府同意不但彼此放弃使用武力相对抗，而且通过"直接谈判"来解决两国之间的问题。德国意在通过此协定绕过国联，削弱国联推行的保障波兰安全的行动。凡尔赛和会上划定的波兰走廊将东普鲁士和德国本土隔开，古老的汉萨同盟的港口城市但泽成为波兰控制的自由市，这些使得德国一直怀有必须"消灭波兰"的企图。

1938 年 12 月 6 日，法国外交部长乔治·博内与德意志帝国外交部长乔钦姆·冯·里宾特洛甫在巴黎会晤时达成协议：两国政府一致确认，法德两国间的和平睦邻关系是巩固欧洲局势和维护全面和平的主要

---

① 吕一民、张忠其、郑德弟选译：《一九一八——一九三九年的法国》，第 124 页。
② 夏伊勒：《第三共和国的崩溃》，上册，第 529 页。

因素之一,因此,两国政府将竭尽全力保证两国关系循着这一方向发展。另外,双方郑重承认两国间业已划定的现有边界为最终确定的边界。这就给予了德国在东方放手行动的便利。1939 年 5 月,在柏林召开的军事会议上,希特勒决定"在一个合适的时机进攻波兰,向东方扩展我们的生存空间"。为了减少两线作战的麻烦,德方有意与苏联接触,想要达成共同瓜分波兰的共识。

苏联在 1930 年代初期提出了建立欧洲集体安全体系的建议,早在捷克斯洛伐克沦亡之后的第三天,苏联外长李维诺夫试图建议通过与英法联盟的方法来抵御当时威胁最大的法西斯德国,同时通过确保波兰、罗马尼亚的安全来保卫苏联的西部边境。由于波兰一直拒绝苏联军队借道其领土去与德国人对抗,加上英国政府等对苏联"和平战线"提议持冷漠态度,最终苏联的外交政策从推动"集体安全"转变为"一国自保"。1939 年 8 月,苏联同德国签订了苏德互不侵犯条约及其秘密附加议定书。这样,在欧洲即将爆发战争的紧要时刻,苏联从初始的集体安全转向最后的一国自保,完成祸水西推的策略。

1939 年 9 月德国对波兰发动闪击战,法国在仓皇之中又一次步入了世界大战。

第二节　第三共和国在战火中溃亡

一、"奇怪战争"与法国沦陷

1939 年 9 月 1 日,德国入侵波兰。9 月 3 日,法国和英国对德宣战。

虽然法国已向德国宣战,实际情况却是宣而不战。9 月 27 日,德军占领华沙,波兰完全陷落,英法只是在外交上向德国予以谴责。此前波兰政府曾多次向盟国吁请援助,法国军队仅仅在萨尔小心翼翼地向前推进,直至齐格菲防线的边缘。当德军赶到时,法国军队即退回了原地。自那以后,在漫长的冬季里,与德军有过接触的军队唯有驻守在巴拉丁边境与莱茵河沿线的部队，且双方只有零星的交火。法国的主力部队士兵待在马其诺防线里，德国人在齐格菲防线里，互不接触。从 1939 年 9 月上旬到 1940 年 5 月 10 日，除了一些几乎是不流血的小接触，法德边境并未出现稍具规模的军事行动。法国士兵只能通过枯燥乏味的操练来打发沉闷的兵营生活。人们设想战争很快就会结束，对于平静如水的西线战场，当时的西方报刊几乎天天以"西线无战事"之类的措辞来报道相关消息，这种奇特的战争场面被称为"奇怪战争"。

对德宣战并没有影响第三共和国政治机构的正常运转。1939 年 11 月，苏联向芬兰发动进攻，达拉第政府因在援助芬兰的过程中与苏联对抗不力，受到国民议会的谴责，参议院以压倒多数同意将布尔什维主义而不是希特勒的德国当成敌对的主要目标。1940 年 3 月 21 日，失去了众议院多数支持的达拉第下台，保罗·雷诺受命继任总理组阁。

对于要求更有力地进行战争的国民议会来说，素以精力充沛、行事果断和富于创新精神著称的雷诺是一个显而易见的更好选择。多年来，他在国民议会中推进军队的改革和现代化，反对慕尼黑会议上向希特勒妥协。然而，雷诺改组政府的工作并不顺利，以国防部长达拉第为首的激进社会党从一开始就企图暗中破坏组阁，雷诺在 3 月 22 日向众议院请求批准他的政府时遭遇了困难。雷诺内阁由 6 名社会党人、11 名激进社会党人以及一些中左温和派人士组合而成，这些人崇信专家治国论，想与希特勒讲和并与墨索里尼达成谅解。雷诺的新政府面临着党团内部的中间派以及右派的一致反对，最后在众议院的投票中仅以一票多数获得通过。当时，法国的政局很是尴尬，众议院的半数议员反对政府，总理和国防部长严重不和，卑劣的党派之争压倒了对于国家存亡的迫切关注。目睹此景的戴高乐将军哀叹："国家领导人没有办法控制局面，他们在怀疑和不安中随波逐流，显然，一个重大的挫折就有在这个国家激起麻木和恐慌浪潮的危险，这一浪潮将席卷一切。"[1]

---

① 戴高乐：《战争回忆录》，第 1 卷，第 26 页。

　　1940 年 3 月 28 日,法国与英国签订一项协定,规定缔约国双方的任何一方不得同德国签订停战协定或单独议和。4 月 8 日,法国政府从英国路透通讯社得知德国舰队正在向挪威进军,而此时的法国军方正在准备轰炸苏联油田事宜。紧接着,英法盟军在挪威惨败,雷诺认为甘末林作为总司令失职,在 5 月 9 日的内阁会议上主张罢免甘末林,此事引发了政府内部的对立。当德国的 136 个师、10 个装甲师在空军机群掩护下于 10 日拂晓进攻西线时,法国政府只能匆忙迎战。

　　5 月 10 日,希特勒入侵比利时与荷兰,终结了西线漫长的"等待观望"期。德军计划把法英联军的大部分队伍引诱到比利时平原,从中部突破,穿越防守薄弱的阿登山区,由此切断法英联军彼此之间的联系,然后逐一挫败英法。

　　战争初始,在佛兰德和法兰西战场上的德军与法英联军基本上可以说是势均力敌。尽管双方将领和军事史学家提供的兵力数据不尽相同,但基本上可以确定 5 月 10 日上午西线盟军部队的数量不少于德军,德军当时在西线投入的兵力为 136 个师,而迎战的法、英、荷、比盟军的总兵力为 137 个师。在军备武器上,法军拥有与德军数量相当的坦克,而且大部分坦克的性能比德军的更优越。在东北前线的所有 2 300 辆法国坦克均优于德国的马克Ⅰ型和马克Ⅱ型坦克。双方差距更多地体现在战术上,比如对坦克部队的使用,法军总司令部将坦克分散到 7 个装甲师和步兵师当中,而对坦克战具有全新观念的德国人,则把坦克全部投入了 10 个装甲师。同样,在战斗机数量上,法军与德军实力相当。但在飞机的性能和使用上,法国空军处于明显劣势。5 月初,法军所拥有的 2 000 架战斗机中只有不到 500 架用于前线,而投入使用的轰炸机数量少、速度慢,只能携带少量炸弹,而且没有无线电导航,地面部队与空军之间几乎没有通信联络。法军总司令部的部署也存在问题,总司令部一分为三,总司令甘末林在巴黎附近的指挥所,乔治将军的指挥部在下茹阿雷堡,而总指挥部设在蒙特里,3 个司令部之间通信落后,来回传递公文没有电传打字设备,竟然只能依靠摩托车。在战役的决定性时刻,通信设备落后导致了法国总司令部战略决策的滞后。

虽然在兵力、军备上,同盟军占微弱优势,但是战斗伊始,德国军队的攻势就十分迅疾。德军先在盟军部署的中部突破,在荷兰和比利时的中立被破坏以后,德军很快从莱茵河扩展到北海。出乎法国军队指挥官意料的是,德军没有进攻马其诺防线,反而绕过法比边境,从侧面攻打。担任主攻任务的德国7个装甲机械部队克服重重障碍,快速穿过阿登山区。5月13日,在几乎未遇抵抗的情况下进抵默兹河,次日,德军在迪南、蒙丹梅和色当等地建立了3个桥头堡。而此时法军统帅部手中既无预备部队可调,又无法利用刚组建起来的坦克部队。5月14日,德军攻占鹿特丹,翌日,荷兰投降。15日,法第九集团军和第二集团军的接合点被破坏,盟军防线被突破。德军沿着埃纳河与瓦兹河而下,打开了进入法国的通道,大部队长驱直入法国北部平原。随后,德装甲部队绕过巴黎,向拉芒什海峡迂回,围困盟军部队左翼。四处遭受攻击的北方军队一边向海边撤退,一边在变得越来越狭窄的地盘上极力抵抗。比利时军队在27日投降,导致无法再组织有效的抵抗。从5月26日到6月4日,海运和航空部门的人员有33万人(其中包括英军的全部人马和13万法军)全部集中向敦刻尔克撤退。此时,法国军队已经失去了其最精锐的部队,从这一刻起,法国已经输掉了法兰西战役。

面对不利于法军的战争形势,雷诺只得又进行了一次政府改组,以缓解颓势。早在5月色当失守时,他发现现役军事将领已经丧失了公众的信任,因此决定物色一些具有较高威望的军事领袖。为此,雷诺任命魏刚为总司令,5月18日又任命贝当为副总理,打算再通过魏刚将军和贝当元帅物色一些有威望的人物出谋献策,继续执行积极的战争政策,但事态的发展与他的愿望恰恰相反。此外,雷诺还任命了一批专家为政府成员,比如布蒂耶(Yves Bouthillier,1901—1977)为财政监督,普鲁沃斯特(Jean Prouvost,1885—1978)为新闻部长,又把戴高乐将军召进政府任副国防部长。

6月7日、9日,仓促建立的阿布维尔至马其诺防线的新战线在索姆河和埃纳河被德军突破,法国西部地区被德军占领,东部军队因撤退延误而大批被俘。10 日,意大利宣布参战,意大利的进攻迫使法军不得不对付一条新的战线,这样就大大削弱了对真正对手的抵抗,战线崩溃自此开始。

贝当以防止巴黎被战火破坏为由,宣布巴黎为"不设防城市"。随后,政府组织撤退至图尔。6 月 12 日,巴黎西面的德军从塞纳河下游向南渡过厄尔河之后向埃夫勒挺进,14 日,德军进入巴黎。与此同时,德军摩托化部队到达布列塔尼,越过卢瓦尔河,向波尔多猛扑;往东,从朗格勒高原到瑞士的边境线,德军包围了撤空的马其诺防线;战役使法军有10 万人死亡,200 万人成为俘虏。

从 5 月开始的比利时、法国北部的逃难浪潮,此时已席卷至法国大部分地区。德国空军不停扫射,使逃难的队伍寸步难行,数以百万计的难民拥塞在公路上。军人们在街头焚烧国旗,垃圾车用来装载难民,巴黎的奥尔良门和意大利门出口被不顾一切向外逃亡的巴黎市民挤得水泄不通。6 月 16 日,卢瓦尔河上的桥梁均被德军炸毁,数十万法国人丧失了到达南方的希望。这场史无前例的大逃难给法国民众的生命与财产造成了严重的伤害。

二、法德停战谈判

在法国政府经由图尔向波尔多撤退的途中,主战派和主和派之间展开了激烈的争论。在康热堡的内阁会议上,雷诺打算执行积极的军事政策,建议政府立即转移到布列塔尼要塞,如要塞失守,就继续转移到北非作战。魏刚为了法国军队的荣誉,鼓吹政府应宣布立即停战;副总理贝当表示他永远不会离开法兰西,也不会在别的地方继续抗战。对于雷诺的提议,268 名议员赞成,267 名议员反对或者弃权。于是,试图继续执行强硬战争政策的政府陷入了政治分裂局面。

当时有一股反对战争的极端和平主义思潮暗流涌动。肖当提出以向德国探询停战条件来代替请求停战,因为法国不能单方面违背同盟国在 3 月签订的不单独同德国媾和的协定,否则盟国将不会承担对法国的军事义务。这一建议获得多数内阁成员的支持。其实探询停战条件与请求停战是一回事,而它之所以能得到响应是因为当时停战派普遍认为英国没有能力抵抗德国,也无法承担协助法国的军事义务;如果能尽早停战,法国便得以在德国的欧洲新秩序中谋求一个更有利的地位。

1940 年 6 月 16 日,雷诺在波尔多辞职,共和国总统阿尔贝·勒布伦(Albert Lebrun,1871—1950)任命停战派的副总理贝当接替雷诺。这是法国历史上第一次出现军人甘心接受战败而掌握政权的现象。贝当元帅马上组织了政府,显然,当时的环境无法召集两院开会,而且即使召开会议也无法进行辩论,因为说不定德国人马上就会占领波尔多。在未得到盟国对法国提出的停战要求的答复之前,甚至在与德国的停战谈判开始之前,6 月 17 日贝当在隆尚的一所公立学校的一间教室里通过广播宣布:"现在,必须停止这场战斗。"这则消息瓦解了法军最后的抵抗意志。

法德谈判就在这种混乱局面中展开。6 月 19 日上午,德国同意了谈判原则。次日夜,法国 20 人代表团抵达巴黎。21 日,代表团到了贡比涅森林雷通德镇纪念 1918 年法国胜利的一节车厢里,与德国代表展开谈判。6 月 22 日,停战协定①签订。对于上台以来的第一项也是最重要的一项外交决策,贝当政府并非为了求和而可以放弃任何条件,它要履行自己减轻法国人民痛苦和挽救非占领地区命运的承诺。此时,希特勒并没有将贝当政府逼上绝路。他首先考虑的是防止法军残余力量倒向英国从而增强英国的实力。为此,希特勒做出了出人意料的让步,"同意停泊在法国或西班牙港口的法国舰队不受侵犯,以免逼得法国人把舰队开到英国或美国去"。在希特勒看来,与其占领整个法国,倒不如让法国政府保留一片名义上拥有主权的地区。所以,希特勒在不要求法国交出舰

---

① 最初的条款包括大量军事方面的规定:法国军队迅速放下武器,禁止制造新武器,在缔结和约前法国俘虏仍留德国,截至新命令为止取缔无线电报播发,停止船舶来往,交出军用飞机,机场置于德国控制之下,在德国和意大利监督下解除舰队武装。此外还有经济上的强制性条款:法国应提供占领军费用,法国应给予德、意两国流通商品在法国领土上过境的免税权;有价证券或存货被禁止在占领区和自由区之间转移。法国被分为两部分,占领区服从于"占领国的权利"。

队的同时,也没对法属殖民帝国提出要求。

　　根据协定,法国大致沿波尔多—日内瓦被划分为占领区和非占领区,南部和西部为非占领区。但是,由于德国人对比利牛斯山区感到不安,从波尔多到比利牛斯山脉国境线的沿海地区也被划入占领区,阿尔萨斯-洛林被并入德国,北方省与加来海峡省在行政上被并入德国人占领的比利时。除了这个地区,波尔多—日内瓦一线以南全部划为非占领区。7月2日贝当政府迁到维希,随后议会两院也来到维希开会,第三共和国的行政权力和立法权力机构的约4万名官员与政府雇员集中于仅有两万多居民的小城维希。之所以选中维希,是因为维希位于非占领区北部,离占领区不远,也因为这个"水城"勉强能够给共和国政府和议会全体人员提供住宿设备。

　　1940年7月,英国方面担心波尔多的投降会导致法国舰队加入轴心国舰队(英国方面当然清楚法国舰队命运取决于法德停战协定①)。但即使法国海军上将达尔朗(François Darlan,1881—1942)在6月18日担保法国船只将在战争中保持中立,英国人还是感到自身安全受到严重威胁,多次谈判协商无果后,7月4日,英国地中海舰队在萨默维尔(James Somerville,1882—1949)海军中将的指挥下袭击了停泊在凯比尔港的法国舰队。在英国海军海空火力的夹击下,困在港内的法国舰队损失惨重,战列舰"布列塔尼号"被英国舰载机炸毁后沉没,"敦刻尔克号""普罗旺斯号"搁浅,战列巡洋舰"斯特拉斯堡号"遭到重创后逃回了土伦,法国损失了3艘主力舰和多艘小型军舰,1 297名水手丧生,341名受伤。伦敦方面的官方公报和报纸都把这一系列侵略行为说成是英国海军的胜利,这引起了法国民众对英国的愤怒与仇恨。弗朗索瓦·莫里亚克在

---

① 停战协定第八条规定:法国舰队——归由法国政府为维护其殖民帝国利益而统辖的部分舰队除外——应集合于尚待确定的港口内并将其官员、水手予以遣散,在德国或意大利分别控制下解除武装。上述港口应按平时船舶的船籍港予以指定。德国政府庄严声明,除沿海警戒和扫除水雷必需的舰队外,德国政府无意在战时为自己的目的,利用德国管制下各港口中的法国舰队。除尚待指定在法国殖民帝国内保护法国利益的法国部分舰队外,一切在法国领土以外的法国军舰均应召回法国。

《费加罗报》上写道:"温斯顿·丘吉尔先生终于使法国举国上下对英国同仇敌忾了。"①此事导致了法英两国关系的紧张,赖伐尔和达尔朗要求对英国宣战,一些极右势力开始利用此事打开与德国合作的通道。

6 日,达尔朗向内阁报告,请求意大利海军部与法国海军一起参加对亚历山大港的联合海上攻击行动,以解救被围困在那里的法国舰队。是日上午 10 时,内阁召开全体会议,经过激烈的争论后,贝当接受了博杜安(Paul Baudouin,1894—1964)的建议,断绝与英国的正式外交关系但不采取军事报复行动。

三、法兰西第三共和国寿终正寝

赖伐尔从凯比尔港事件中看到了团结法国民众仇视英国,继而颠覆第三共和国的契机。

早在凯比尔港事件前,赖伐尔同仇恨共和国的保王党人阿利贝尔(Raphaël Alibert,1887—1963)勾结,制定了"改革方案",并私下得到贝当元帅的认可。7 月 6 日,在内阁讨论凯比尔港事件结束后,赖伐尔随即向部长们宣读了一个方案,方案专断地要求 4 天后(7 月 10 日)召开国民议会以废除"1875 年宪法"。方案的正文只有简短的一条:国民议会全面授权共和国政府,在内阁总理贝当元帅签署批准的情况下,通过一项或数项法令颁布一项新的法国宪法,这部宪法将确保工作、家庭和国民的各项权利,并将被其所设立的议会正式批准。赖伐尔声称:"宪法必须修改,宪法本身必须与极权主义国家相适应。……如果国民议会不赞成极权主义,德国就会把它强加于我们,所造成的直接后果就是法国全境的沦陷。"②

此时,赖伐尔在国民议会中的支持者仍然是少数,但国民议会中反对废除共和制的多数派议员也陷入群龙无首的状态。早在 6 月 21 日上

---

① 夏伊勒:《第三共和国的崩溃》,下册,第 1071 页。
② 夏伊勒:《第三共和国的崩溃》,下册,第 1074 页。

午,27 名共和国的坚定捍卫者经贝当和达尔朗同意怀着去北非组织政府
继续战斗的意愿,乘"马赛号"于 24 日抵达摩洛哥的卡萨布兰卡。不久,
法德停战协定签署,政府决定留在本土。按照维希政府的命令,他们被
扣留在船上,并被宣布为"逃亡者"。这样,包括达拉第、芒代尔在内的支
持共和国的重要议员均未获准返回维希参加 7 月 10 日的重要表决。距
离 7 月 10 日议会对新宪法的表决越来越近,而反对废除共和制的多数
派议员力量分散,几天前离开波尔多时遭遇车祸的雷诺也未出现,勃鲁
姆则继续保持沉默。赖伐尔想方设法说服 700 多名议员中的绝大多数
人罢免他们自己并同时废除共和制。

　　7 月 5 日,在参议员保罗－邦库尔(Joseph Paul-Boncour,1873—
1972)的带领下,25 名退伍军人起草了一项提案,坚决要求保留共和制,
并希望把权力交给贝当元帅。此时贝当的行动已经被赖伐尔和阿利贝
尔等限制。出乎意料的是,个别社会党众议员开始支持赖伐尔的演说,
提出必须清理旧的政治派别,重建法国;他们谴责现行的民主制度,要求
以法西斯主义的新秩序取而代之。曾于"人民阵线"时期担任社会党政
府部长的夏尔·斯皮纳(Charles Spinasse,1893—1979) 宣称:"国民议
会应对其所有过失进行自我审判,为使法国免遭暴力行为和无政府主义
的破坏,必须经历这种磨难。我们的责任是批准政府发动一场不流血的
革命。"[1]话音刚落,极右翼众议员起立为他鼓掌。

　　法兰西第三共和国的末日来临之际,就这样出现了奇幻的场面:曾
经拥护热爱她的人和一贯仇视她的人准备联手埋葬共和国。7 月 8 日,
在赖伐尔的欺骗宣传下,众议员一致同意了赖伐尔的提案,废除共和制,
把国家交给贝当元帅统治。总统勒布伦签署了这项动议,使其成为正式
的政府提案。

　　1940 年 7 月 10 日,旨在修改宪法的两院联席会议在维希召开。会
上,退伍军人的参议员代表提出他们的反提案,他们的提案与赖伐尔提

———————————

[1] 夏伊勒:《第三共和国的崩溃》,下册,第 1078 页。

案的主要分歧在于共和制的存废。起初赖伐尔表示愿意让步而做一点修改,将政府提案中的最后一句话从新宪法将"被由其所设立的议会正式批准"改为"被国家正式批准"。他以贝当 7 月 7 日的亲笔信结束了议员对此政府提案的争议。贝当这封亲笔信中提到,使提交国民议会的政府提案获得通过应为拯救法国之必需。随后,赖伐尔开始了他的演讲,诋毁民主议会制度,宣泄法国被英国"拖入"战争的仇恨。赖伐尔一番表演结束后,反对派议员仅就为"马赛号"被扣留议员发出微弱的抗议声音,除此以外,任何想要反对政府提案的议员的声音都被淹没在赖伐尔支持者故意制造的嘈杂声中。

在控制了出席议会的多数议员后,为使政府提案能最终通过,赖伐尔修改了会议程序:一是提出一项动议,规定以出席会议的议员人数的多数而不是以两院全体议员人数的多数决定表决结果。这项动议很快被交付表决通过。两院全体议员为 850 人,出席会议投票的议员为 660 人,"马赛号"事件的后遗症和赖伐尔及其支持者的狡诈游戏使得其有把握获得出席议员的多数选票。第二项提议是首先对政府提案进行表决,而一旦政府提案获得通过,那么退伍军人的提案就不会被考虑。这项动议最终也被通过了。随后,赖伐尔向委员会提议将"以不受限制和最为广泛的方式授予贝当元帅绝对的行政和立法权力"的条款加入报告中,并说服委员会同意一旦报告经国民议会批准,就具有法律效力。

经过激烈的议会讨论,政府提案以 596 票赞成、80 票反对、17 票弃权通过。曾经作为共和国主要支柱的社会党和激进社会党的大部分议员与大部分保守派议员一起投了赞成票。这些从第三共和国获益最多的人,怯懦地任由共和国遭谋杀了。两院联席会议将全部权力授予由贝当元帅领导的共和国政府。新签署的法兰西宪法承诺必须保护"劳动、家庭和祖国"的神圣性。该提案可以说是一份具有政治转折意义的文献,也是产生维希政府的第一个重要法律。7 月 10 日,政府法令用"法兰西国家"代替"法兰西共和国"。

从表面上看,组成维希政府的投票程序完全合法,但显而易见,这一投票是在非常特殊的情况下举行的。一方面由于战争的失败扰乱了法国国内正常的社会秩序,人们害怕被德国强加独裁政权而接受了从内部生长的极权政府;另一方面,"凡尔登的胜利者"贝当元帅深得民心。众议院议长爱德华·埃里奥说:"现在,全国人民在民族危亡的时刻,都聚集到人人尊敬的贝当元帅周围来了。我们千万不要去破坏在他的威望下新建立起来的全国大团结。"事实上,当时的议会舆论和公众舆论都同意停战政策。国民议会表决的第二天,贝当以"法国国家元首"的名义颁布了由赖伐尔和阿利贝尔起草的 3 项法令。这些法令恢复使用了旧时专制帝王所用的格式,并使两院处于休会状态直至贝当本人召集。7 月 13 日,共和国最后一位总统阿尔贝·勒布伦下台,第三共和国就这样成了历史。

第三共和国的坍塌不是突然的。她的衰落本身体现了第三共和国政治体制的脆弱性。战事失利导致内阁危机,共和国其实已于 1940 年 6 月 16 日在波尔多灭亡,而维希政权的建立,以及 7 月 10 日对"1875 年宪法"的废除则成了埋葬第三共和国的最后一步。

第三共和国延续 70 年,她的生命力得到充分展示,但其在成立之初就隐藏着政治体制的缺陷。随着共和体制的确立,隐藏在政治生活中的一系列缺陷相继暴露出来,例如议会制弊端、内阁不稳定、官员腐败丑闻、极右势力骚动等,在这些因素的共同打击下第三共和国逐渐失去活力,日益衰败,政府也就逐渐失去了在民众中的公信力。

"1875 年宪法"规定国民议会有权修改宪法,但并没有厘清国民议会是否有权废除宪法,也没有讲明总统任命的新政府是否需要议会两院的批准,导致之后如 1877 年"5·16"宪法危机和 1940 年维希政府产生等制度性冲突,在不经议会批准的情况下,总统授权组阁的新政府是否具有合法性等重大问题的解决变得模棱两可。同时,"1875 年宪法"规定总统由两院联席会议以绝对多数票选产生,其权力处处受到议会的制约,难以实行完全独立的政策。在第三共和国的政治框架下,总理及其内阁在很大程度上控制着各项政策落实与社会生活。总理以及部长在议会中是各项政策的代表，一旦政府的决策出现严重缺陷，总理首先受到冲击，议会对总理及政府投票表示不信任时，总理的失败就是内阁的垮台。例如1896—1932年，布尔热瓦、白里安、赫里欧、塔迪厄和赖伐尔政府都是因参议院不信任而被迫辞职。自那以后，第三共和国时期的绝大多数政府都是因得不到众议院的信任而辞职的。总统和参议院不再行使解散众议院的权力，总统只能选择一个为众议院多数所接受的政府，在得不到众议院信任时政府应辞职。众议院的权力和地位日益上升，逐渐演变为政治中心，被人称作"议员们的议院"。这种议会制的政治体制导致政府更换频繁，行政机构完全依赖于立法机构，走马灯似的内阁难以应付各种各样的危机。从1932年6月至1934年2月共有6届政府来去匆匆，平均每届政府的寿命为3个月。1933年1月30日，希特勒成为德国总理。这天，法国没有任何政府，因为只有5周寿命的保罗-邦库尔内阁已于1月28日垮台。政府的频繁更换使法国未能对国际与国内局势的变幻及时予以反应，这在某种程度上纵容了希特勒的嚣张气焰。

　　第三共和国议会体制下政党的参选、当选、党派争论以及倒阁等现象是共和机制正常运行的体现，但问题在于共和体制之下的法国人对选举制的迷信导致议会权力不断侵蚀行政权力。理想状态下，在选举法规定的范围中经过民众投票选出的议员必然汇合成一个民主的议会，保证主权在民。但在现实中，人们往往忽视了当选举产生的议员作为一个整体时，并不能因选举的程序民主而必然获得一批具有民主素质的议员。由于各选区本身的政治倾向、阶层差异以及为了当选所做的政治博弈，当选议员既可以是民主自由的践行者，也可以是保王派，或者是在共和制度下迎风而动的中间派。19世纪后期至1930年代，法国数种政治力量在这一时段出现相对平衡的现象。当时，温和共和派、激进共和派、保守派对于政治生活影响较大，尽管它们彼此之间区别明显，但是它们的政治力量和社会影响在逐渐接近。这种状况的积极作用在于保证共和体制的稳定，但更大的隐患在于内斗不止，并逐渐影响议会制度的正常运转。另外，议会中由于缺乏优势力量，争论和舌战成为惯例，议会对待国家事务的干预便缺乏有效力量。例如,素有"倒阁能手"之称的克雷孟梭承认在考虑问题时,他首先作为党派的首领,其次才是国务领袖。议会内部党派争斗也是民主共和体制的合法现象,但很多时候,由党派之间的利益或者个人之间的冲突引发的争执,总是掩盖了议会内部对事实的严肃讨论,在各种争论的过程中,共和国的活力被耗尽。

　　第三共和国确立并巩固了共和制度,虽然在后期它沦为党派斗争的牺牲品,但这只是一种议会掌握大权、党派过分内斗的共和制度的失败,是当时一个具体的共和国的垮台,而不是作为普遍原则的共和制度的失败。法兰西经过数年磨难,还会重新选择共和制度。

第十一章 维希政权和法国抵抗运动 (1940—1944)

　　1940 年 7 月 10 日,"法兰西国家"(État français)替代"法兰西共和国",奇特地出现在法国历史上,因其实际首都在法国南部小城维希,故称为"维希法国"或"维希政权"(Régime de Vichy),简称"维希"。这个在后世史家看来安于一隅且缺少合法性的政府与占领者德国采取了合作主义的政策,以维持所谓的独立与领土完整。在以贝当、赖伐尔为核心的维希政权进行所谓的"民族革命"事业的同时,以戴高乐为核心的"自由法国"集合了大批仁人志士,组成了各式抵抗组织,并在英美等盟国联军的支持下,展开了光复法国的解放运动。最终法国赢得了二战的胜利,迎来了一个新的共和国。

第一节　夹缝中的维希政权

　　1940 年 7 月 10 日,法兰西国家成立,并以"劳动、家庭、祖国"取代了自大革命以来"自由、平等、博爱"的共和信条,名义上,法兰西国家获得了对法国领土的主权,但实质上只对南方非占领区保持统治。这个战败中诞生的新政权试图通过一场民族革新运动复兴法兰西,这场革新运动叫作"民族革命"。法兰西国家元首贝当元帅被看作"合作"(collaboration)政策的倡导者,维希政府自此在其反对者的话语中被塑造为通敌的傀儡政权。

自成立之时,维希政府内部就存在着不同力量之间的角逐。有一批官员团结在贝当周围,支持"民族革命"事业,如阿利贝尔、亨利·勒梅(Henry Lemer,1874—1972)等,他们具有明显的仇德倾向,被称为"贝当主义者"。还有一批鼓吹模仿德意法西斯道路的法西斯主义者,他们希望与德国全面合作,实现法国在欧洲新秩序中的复兴。这些人起初在巴黎受到德国占领当局的支持,对维希政府的"民族革命"极力抨击与丑化。1942年4月后,该派的主要成员进入维希政府,围绕在赖伐尔周围,形成了同贝当主义者竞争的局面。

根据维希政权内部不同势力派别的角逐,可以把维希政府划分四个时期:1940年7月至1940年12月,贝当-赖伐尔时期;1940年12月至1942年4月,贝当-达尔朗时期;1942年4月至1943年秋,赖伐尔重新执政,法兰西国家开始偏向极权主义;1943年秋到1944年8月,维希政权纳粹化,政权随着德国在战争中的失利而崩溃。其中有两个重要问题贯穿整个维希时期:维希政权与德国的关系以及法国建立新秩序;如何推行"民族革命"。

一、贝当的"合作"政策

维希政权成立之初,即宣布在外交上保持"中立",凭借其广阔的海外殖民地和排名世界第四的海军舰队,在英、美、德、意等大国之间开展外交,力争实现法国利益最大化。德国出于战略防御考虑接受了法国的停战要求,1940年6月,德国在占领了法国北部后并没有一举南下占领整个法国,希特勒忌惮对法国的全部占领将引起法国的殖民地和舰队倒向同盟国,削弱轴心国的实力。因此德国对待战败法国的唯一要求就是维持一个听命于德国占领当局的稳定合法政权。

贝当政府则希望通过与希特勒的协商,换取占领当局在停战协定中就某些问题的让步,以缓解占领区内的紧张状况;赖伐尔为代表的亲德派也呼吁法德两国领导人的会谈协商。虽然两派的诉求都是通过"合作"的方式实现法国的复兴,但目的有所不同。贝当主义者的立足点是通过有限的合作换取占领当局的某些让步,通过在英国和德国之间的双面外交手段保存法国的利益,以保证"民族革命"的顺利进行;赖伐尔为首的亲德派则希望通过与德国开展全面的合作,建立一个仿效法西斯政党的极权政府。由此,贝当主义者和亲德派在"合作"问题上的根本分歧就决定了维希政权内部的不稳定性。

1940年10月11日,贝当元帅宣布法国希望德国选择"合作"促成新的和平。此时,德国占领当局的首要目标是利用法国的工业潜力和经济实力支援其外部战争,而要实现对法国的经济剥削,首先就要确保法国国内稳定的社会秩序,这就离不开同法国当前唯一的"合法政府"——维希政权的合作。因此,希特勒倾向于接受贝当提出的合作政策。贝当希望通过与德国的协商合作缓解占领区的粮食供应情况,争取法国战俘回国,放宽德国对法国占领界限的划分①,还能够为国内实行"民族革命"提供稳定的秩序。所以,在贝当看来,合作对内可稳定国内秩序,对外保卫法兰西帝国在非洲的利益,避免与英国发生冲突,因此是一个可以谅解的行为。

10月24日,贝当和希特勒在都兰的蒙都瓦列车车厢里进行会谈。②希特勒利用法国领导人担心法国会沦为波兰同样命运的恐惧心理,要求维希政府完全的服从,不想做出任何实质性的让步。贝当则以德国要求法国舰队的中立化为筹码,表示法国不会放弃保留舰队和殖民地投向同盟阵营的可能性。经过艰苦的谈判,10月30日,贝当在演说中向法兰西人民宣布"在我们两国(法国和德国)中一种合作的关系建立起来……这是建设欧洲新秩序的活动"③。当然,蒙都瓦会面的协商结果并没有达到

① François-Georges Dreyfus, *Histoire de Vichy*, Paris: Fallois, 2004, pp. 338-340.
② 同一天,为避免与英国冲突,维希政府派遣路易斯·罗吉尔(Louis Rougier, 1889—1982)与英国政府谈判。维希政府表示今后将避免同英国的冲突,并表示贝当元帅提出的同德国的合作政策是出于保持法国国内的经济秩序和保卫法兰西帝国在非洲的利益考虑,再次申明法国将永远不会投入法西斯阵营的决心。
③ François-Georges Dreyfus, *Histoire de Vichy*, p. 343.

贝当的预期,德法两国围绕着占领成本、分界线等问题的博弈在达尔朗上将任内仍将继续展开。虽然正式的协商谈判没有什么成效,但这并不等于维希政权完全处在占领当局的高压统治之下,它并不是一个没有任何主动权的傀儡政府。无论是法国还是德国占领当局,双方的行动都不是孤立的,而是受外部战争局势和内部现实压力的影响下双方互相调适的行动。

当时,有 200 万法国士兵俘虏被困在德国进行强制劳动,德国占领当局利用他们作为人质以确保维希政府服从德国的要求。随着外部战争局势的紧张,德国占领当局在法国境内的主要任务是确保占领区内的秩序安全,以充分利用法国的经济资源。德国在法国的占领机构中,国防军、驻法外事处、党卫军以及纳粹党的分支机构并不共享来自柏林的政策。这些占领机构之间存在着对占领区内权力分配的矛盾与竞争,不同的占领机构为了各自目标的博弈深刻影响了占领区的社会现实,也使得维希政权与占领当局关系变得更加复杂。

早在 7 月 22 日签订停战协定后,希特勒派遣德国国防军监管维希政府,维持法国境内的秩序稳定,但是国防军长官奥托·冯·施蒂尔普纳格尔(Otto von Stülpnagel,1878—1948)将军及其附属军队的行政机构将促进法德两国的经济合作奉为他们在占领区的首要任务。国防军长官命令士兵遵守海牙和平会议①的规定,遵守占领纪律;同时,利用法国的经济力量修复军队的车辆,制造飞行运输工具,改装潜艇,剥削法国国内生产力来为德国国内消费市场服务。国防军需要依赖维希政府的警力来对抗法国境内的抵抗行为,为了稳住贝当不转向公开的抵抗,施蒂尔普纳格尔将军向希特勒报告,请求放宽停战协定中的一些繁重条款,试图通过缓和德国的条件以换取维希政府对占领当局的忠诚。与此同时,国防军也要考虑纳粹政党组织机构的竞争,例如纳粹党卫队力图

---

① 1899 年和 1907 年在荷兰海牙召开的两次国际和平会议通过了一系列公约和宣言,总称《海牙公约》,其中第五公约和第十三公约详细编纂了关于中立国及其人民在陆战和海战中的权利与义务的法规和惯例。

扩充在法国境内的影响,在巴黎建立自己的事务机构。1941年秋随着法国境内抵抗运动的爆发,党卫队负责人要求国防军对潜在的犹太人执行清算任务,解决"犹太人问题"。国防军一向不热衷希特勒的种族灭绝政策,他们首先关心的还是对法国经济的剥削。正是在处理种族和秩序安全问题上的失败,国防军逐渐失去了对法国占领区的控制力。

1942年2月,党卫队对犹太人的残忍屠杀,严重破坏了法占区的秩序,施蒂尔普纳格尔将军辞职以示抗议,而党卫队则在给柏林的工作报告中描述国防军在占领区违背希特勒的种族政策,没有能力维持占领区内的秩序。这样,党卫队逐渐获得了希特勒的认可,在法国事务中扩展了自己的影响力。国防军继任军官卡尔-海因利希·冯·施蒂尔普纳格尔将军(Carl-Heinrich von Stülpnagel,1886—1944)同样反对希特勒的种族灭绝政策,他在1944年7月20日试图推翻纳粹政权中扮演了关键性角色。希特勒认为国防军在反犹问题上手段温和,于是在1942年夏天将德国驻法军队的控制权转交给了党卫队。从此,党卫队取代了国防军,执行对法国犹太人和抵抗者更加残酷的屠杀报复政策。

德国占领当局竭力拉拢法国上层人士,灌输纳粹文化。德国驻法大使奥托·阿贝茨①在其中扮演了重要角色。阿贝茨自诩热爱法国文化,自1920年代起支持德法合作,热衷于两国之间的文化交流,力图以此拉拢法国知识分子。例如,他为很多法国知识分子筹办去德国的免费旅游,这些人在德国被盛情款待,受到希特勒的接见,被灌输纳粹精神。德里厄·拉罗什尔(Drieu la Rochelle,1893—1945)在1930年代中期经阿贝茨的安排,两度赴德出席纳粹代表大会,从德国回到巴黎后,迅速成为法国法西斯主义组织中的头面人物。奥托·阿贝茨还对法国报界进行利诱和收买来宣传纳粹思想,例如法西斯主义者雅克·多里奥(Jacques Doriot,1898—1945)创办的《自由报》几乎全靠来自德国方面的津贴。除此之外,德国还建立了一个专门从事收集情报与反间谍工作的庞大网

---

① 奥托·阿贝茨(Otto Abetz,1903—1958),德国外交官,长期驻法,后任德国驻维希大使。

络,在占领区与自由区搜查、逮捕、监禁以及扣押人质,镇压抵抗行为。

德国占领当局内部充满了权力竞争的现实,客观上给维希政府展开"民族革命"事业以一定的自由空间。虽然在法国的出版业、教育界、政府架构运作均逃不过占领当局的监视,但维希政权内部的各派势力也学会了利用分化占领势力达到各自的目的,德法双方在占领时期的共同底线是保证公共秩序的稳定。

二、维希政权前期的政治态势

维希政权前期主要指贝当-赖伐尔(1940 年 7 月—1940 年 12 月)和贝当-达尔朗(1941 年 2 月—1942 年 4 月)执政时期。这两个时期尤其体现出维希政权从传统主义保守政治过渡到技术专家治国的鲜明特色。贝当元帅虽然经宪法被授予绝对权力,但维希政府并不完全等于极权政府,元帅的权威在 1942 年 11 月 8 日后逐渐削弱,到 1943 年秋天维希政府才真正出现极权的现象。严格地说,从 1941 年 2 月到 1942 年 4 月达尔朗任国民议会副议长时,维希政府内部实际上存在着两股势力,一股来自贝当及其追随者,另一股来自达尔朗政府。这种双重性质的权力直到 1942 年 11 月才消失。

从 1940 年 7 月到 1942 年 4 月,贝当元帅在维希政府中拥有无可置疑的权力。不过,围绕在元帅周围的人并不都是亲德派,一些人在一定程度上还有仇德倾向,这些贝当主义者主要在国家元首秘书部、军事部、民事和情报内阁部任职。元帅的秘书长是洛尔将军(Émile Laure,1881—1957),只负责军事事务和元帅工作时间安排。1942 年 4 月前,掌握实际权力的是民事处和特殊情报处负责人杜姆兰(Henri du Moulin de Labarthète,1900—1948),其对赖伐尔充满敌意。1942 年 2 月民事内务处任命了 11 名参议员①,都是反德分子。这一情况直到 1942 年 7 月才改变。

---

① François-Georges Dreyfus, *Histoire de Vichy*, p. 213.

大多数贝当主义者在战前就是坚定的传统主义者,他们将法国的溃败归咎于大革命后自由社会的弊病,认为自 1789 年以来出现的理性主义、个人主义、反教权主义等严重破坏了传统社会的根基,繁荣的物质消费和蓬勃的工业城市化发展加剧了社会道德的衰落,侵蚀了法兰西的活力。他们坚持必须在全新的和健康的根基上重建社会秩序。这些对元帅的"民族革命"计划充满热情的贝当主义者通过重新阐述夏尔·莫拉斯的思想主张,希望在被占领的环境中重建法国。

早期维希政府统治的社会基础包括传统的政治右派、中产阶级、天主教徒以及乡村世界的农民群体。其中传统右派上层只占人口的 5% 左右,贝当主义者占 95%。贝当的支持者中,乡村民众占 45%,中产阶级占 20%,很多工厂的工人也支持贝当。因为贝当的军人和农民之子的形象更容易唤起法国民众的亲近感,在支持者的眼中,贝当代表着传统的法国乡村文明,他号召社会回归土地,抵制现代工业化社会。所以说,早期维希政府的政治理念混合了新托马斯主义、教权主义和莫拉斯主义的某些特征。

在蒙都瓦会面以后,赖伐尔绕过贝当直接同德国当局在巴黎会面,同时赖伐尔没有做出任何缓和占领区状况的努力,甚至导致了洛林和阿尔萨斯的居民被驱逐,这些都引起了贝当的不满。自从魏刚去阿尔及利亚之后,伊夫·布利尔(Yves Bouthillier,1901—1977)、博杜安、达尔朗等人开始策划针对赖伐尔及其巴黎党派的计划。

12 月 2 日,亲德分子蒂阿[1]在《杂志》中,发表了一篇题为《应该驱逐他们》[2]的文章攻击贝当及其周围的人:"正是这些随从制造了导致我们世界的噪音。这一匿名的集团自从停战协定以来一直在策划阴谋游戏。他们是昔日的好战分子,今天的复仇主义者和亲英派,假装踏上合作的

---

[1] 马塞尔·蒂阿(Marcel Déat,1894—1955),政治家,年轻时曾加入社会党,1936 年在萨罗政府任航空部长,持对德妥协的立场,因发表《必须为但泽去死吗?》一文而名噪一时。1940 年法国战败后公开鼓吹对德合作。1944 年 3 月进入赖伐尔政府。二战后被缺席判处死刑。

[2] François-Georges Dreyfus, *Histoire de Vichy*, p. 370.

道路。"这篇文章还谴责贝当的部长们"背叛了元帅的信任,在这一艰难时刻法国应该觉醒,不能将自身的命运交到迂腐的学究和捣乱分子手中"。以赖伐尔为首的合作主义分子的目的很明确:将贝当元帅的权力架空,驱逐他身边的大臣,伙同蒂阿、多里奥等人在巴黎建立一个纳粹政府,同德国实行更加积极的合作政策。

12月10日,达尔朗、博杜安、亨茨格(Charles Huntziger, 1880—1941)、阿利贝尔等人在贝当的召集下在议会展开对赖伐尔的攻势,逼迫其辞职,随后贝当下令将赖伐尔拘禁,由达尔朗主持政局。

海军上将达尔朗的上台标志着维希法国历史的转折,结束了维希政府以往的传统主义者主导的情形。达尔朗掌权后,维希方面推行建设经济和工业革新等事业,致力于具体的工业生产、通信、农业等问题的解决,一言以蔽之,就是推动法国的经济革新。对于他们来说,1933—1941年德国经济的复兴,是法国可以追随的一个模式。

1941年2月9日,达尔朗成为议会的副总统、实际上的政府首脑,8月又被任命为国防部长。达尔朗出生于法国加伦河畔的内哈克,1899年考入布雷斯特海军学校。1905年,达尔朗被派往土伦海军炮兵学校进修,次年,以第一名的优异成绩毕业。随后,达尔朗随海军舰队开展两次远东之行,访问了"东方巴黎"——越南西贡。在当时的法国海军将领中,达尔朗是最为激进的改革者之一。他反对依靠单纯的战舰战术和海上封锁战略,认为有必要通过商业购买引进水雷、鱼雷、潜艇及快速驱逐舰等作为现有海军武力的补充。达尔朗在任时始终关注法国海军的建设,执政风格带有明显的现实主义色彩。

达尔朗政府的成员组成有两个特点:一是政府成员任职年龄相对年轻,平均年龄(不包括元帅在内)为52岁,将近一半的政府职员年龄为42—45岁;二是各部门任命的官员都是各个领域的技术专家——司法部由著名的法学家主导,教育部由最著名的大学教授主管,生产部门由企业管理人员领导,农业由农学家主管,财政部由金融学家主管,工业部由工会主义者负责。同时,政府官员中有浓重的仇德倾向,如伊夫·布利尔、约瑟夫·巴泰勒米(Joseph Barthelemy,1901—1964)等。不过,值得一提的是,这些官员虽然在政治上对德国人抱有敌意,但羡慕德国经济与技术上的成功,希望在法国的工业建设与社会改革中引进德国的财政方法、商业手段等。

这一时期维希政权在外交上具有双面性,即在德国和英美之间随着战事的进程而摇摆:1941年春季倾向于德国,1941年夏末倾向于同盟国,这种倾向当德国在苏联战场失利时表现得更加明显。达尔朗认为在战争形势不明朗的情况下,法国军队应该保持中立,避免与英国的公开冲突,同时要保证在北非的事务不受德国或意大利的干扰,不能放弃停战协定;经济上,同德国进行技术交流;政治上,法国应与德国合作,因为他预测在未来将有一场欧洲集团和美国集团之间的对抗。他强调与德国合作的前提条件是减少占领费用,释放法国战俘,减少占领区域,消除军事分界,在法国工厂的生产制造中加入德国元素;同时向英国表示如果英国减轻对大陆的经济封锁,伦敦不支持戴高乐的抵抗,不鼓励任何对元帅政府的攻击,那么法国军队将在北非保持中立。

1941年5月,达尔朗同德国秘密签订《巴黎议定书》,同意帮助德国人支持反抗英国的伊拉克,允许德国人利用在叙利亚的飞机场以及在达喀尔和比塞达的基地。这一举措导致了维希法国军队同自由法国军队在叙利亚的自相残杀。这种悲剧性的对抗是维希政府早期外交政策的两面性的直接后果。

达尔朗执政时期还在以下问题上与德国占领当局进行谈判:降低高昂的占领费用;控制在法国生产的德国飞机数量(德国榨取了法国的生产能力,法国想要减少这种剥削以制造自己的飞机);将德国军队控制的北方省和下加来省归还给巴黎;返还滞留在东部省份的60万难民;归还法国火车和货车;在占领区重新招募并组建停战军队;软化分界线等。[1]不幸的是,以上的谈判先后都失败了。

---

① François-Georges Dreyfus, *Histoire de Vichy*, p. 412.

　　"火炬行动"①作战计划使盟军突入北非,彻底打乱了维希政府在法国重镇及北非地区的利益范围。面对这一难题,达尔朗周旋于英、美、德国之间,努力与各方保持合作关系,维护着法国海军的现有力量,维护着他的权位以及他领导下的法国人民及法国军队的命运。盟军登陆北非后,达尔朗立即与盟军签署了停火协议,并被任命为盟军驻北非地区法军最高长官。达尔朗的行为,使希特勒恼羞成怒,立即命令德军全面占领法国南部。

　　法国政治领域从 1941 年起也出现了重要的转变,一是公众舆论因战事的持久也发生了改变,人们忍受德国占领的耐心在逐渐消失;二是伴随着城市的物资短缺、民众基本的生存需求难以得到满足、黑市贸易滋生等困境,法国的抵抗运动开始扩展,反对维希政府的情绪开始滋生。1942 年起德国加紧了对法国的经济剥削,其反犹意识形态随着党卫军在法国扎根变得越来越清晰。这意味着德国将加强对法国内部事务的干涉,更意味着维希政府面对"合作"的要求再也不能做出相对自主的行动。

三、维希政权的反犹政策

　　维希政府的反犹政策尽管有来自德国的压力,但与 19 世纪晚期法国社会不断滋长的排外心理也有关联,反映了维希时期法国政府通过排犹、反共与反共济会来打造同质化民族共同体的观念。

　　1940 年 10 月 3 日,维希政府颁布了一项法令《犹太身份法》②。该法令比德国的反犹法令更为严苛:凡(外)祖父中有 3 人为犹太人,或配偶为犹太人,甚或是配偶的(外)祖父中有 2 人是犹太人的,其本人将被视为犹太人;禁止犹太人在政府、军队、新闻、教育、电影及广播等行业中任职。除此之外,将犹太青年上大学的比例限制在 3‰之内,担任自由职

---

① 指 1942 年秋季英美联军在北非实施的代号为"火炬"的登陆战役。
② François-Georges Dreyfus, *Histoire de Vichy*, pp. 294 - 295.

业者的人数不得超过 2%。10 月 4 日,在关于外籍犹太人的法令中还规定,省长有权禁闭外籍犹太人或把他们关进集中营。10 月 7 日,维希政府又废除了 1870 年《克雷米厄法令》①,剥夺了上述长达 70 年历史的犹太人及其后裔的法国公民地位。自 1940 年 10 月 8 日至 1941 年 9 月 16日,维希政府颁布了 26 项法律、24 项条例和 6 条命令。在这些法令的影响下,在法的犹太人逐渐沦为法国的二等公民。比如 1941 年 6 月 2 日颁布了第二项反犹法,该法第一条规定,凡祖父母、外祖父母信奉犹太教的,均属犹太人。该法还禁止犹太人从事银行金融、房地产经营等职业,剥夺犹太人企业的产权。

1940 年 11 月,1941 年 4 月 14 日、8 月 20 日、12 月,法国警察连续参与了纳粹在法国境内对犹太人的 4 次"围捕"。在早期的"围捕"行动中,维希政府警察担当了主要抓捕角色,积极性很高。如在 1941 年 8 月 20日的"地铁站行动"中,纳粹德国要求抓捕"16 岁以上、50 岁以下"的成年犹太男人,但在维希政府控制区,法国警察为表现自己与德国人合作的主动性,连妇女、儿童都成了抓捕的对象。被抓捕的犹太人均被送到法国境内的集中营,这些集中营都由维希政府的犹太问题总署负责。1941年 3 月,犹太人问题总署在维希建立,在反犹主义者格扎维埃·瓦拉(Xavier Vallat,1891—1972)和达尔基埃·德·佩尔布瓦任期内,维希法国的反犹暴行步步升级。

根据 1940 年 10 月 4 日法令,维希政府开始为"外来人口和犹太人"设立由政府控制的集中营。从 1940 年 11 月至该年底,维希政府在南部的阿热莱斯、里韦萨尔韦斯、莱斯米尔、雷塞贝杜、诺埃等地均建立了集中营。1941 年春,先后有 4 万名外籍犹太人被关进各地的集中营,受到残酷折磨。至 1942 年 1 月,全法共建成 49 个集中营,其中 7 个专为犹太人而建,5 个在占领区,2 个在维希政府控制下的居尔、里韦萨尔韦斯。这些集中营都由维希政府的犹太问题总署负责。其中,法国北部被称为

---

① 该法令曾给予来自阿尔及利亚的当地犹太人以法国籍。

"死亡接待室"的德朗西集中营是最为臭名昭著的一个中转集中营。

从 1942 年 6 月起,德国方面要求犹太人必须用黄颜色的星形来标明身份。7 月 16 日至 17 日夜间,法国的犹太人遭到"大搜捕",12 884 名犹太人被送入德朗西的监禁营,随后这批犹太人被押往德国的死亡集中营。8 月 8 日至 26 日在非占领区,超过 6 500 名犹太人被搜捕。1942 年7 月到 12 月,总计有 36 802 名犹太人(其中包括 6 053 名不满 16 周岁的犹太儿童)被从法国运至集中营,如果加上此前的统计,1942 年共有 41 951 名犹太人遇难,其中大部分是在法国的外国犹太人。

1942 年 3 月 27 日至 1944 年 7 月 31 日,盖世太保和保安警察将法国北部 75 721 名(其中包括 10 000 名儿童)犹太人关押在德朗西集中营,法国国家铁路公司用原本装运牲口的货车,分 76 批次将这些人再押送到奥斯威辛等集中营。维希政府建立的集中营生存条件极差,神父勒内・卡贝于 1940—1941 年冬去过居尔的集中营。他描述说:"那时,每天登记死亡的人数达 30 人,有时更多,因为痢疾在居尔十分盛行。我还看到由两人拖的车,上面装着约 30 具尸体。"[1]在居尔集中营的墓地,共有 1 167 个犹太人埋在那里,其中被送到集中营后几个月就死亡的达1 000 人之多。

四、维希政权的纳粹化及其倾覆

1942 年 4 月赖伐尔的回归政权,标志着维希政权第三个阶段开始。有了德国人的支持,赖伐尔的力量日益增强,而贝当领导政府的威信却大大降低。4 月 19 日的制宪法令规定:法国对内和对外政策的实际领导权全部授予政府首脑(即皮埃尔・赖伐尔)。赖伐尔兼任外交、内政和情报部长,这实际上把贝当元帅变成了壁炉台上的一件小摆设。

这一阶段,法国在政治、经济、文化等各个方面都沦为德国的附庸。经济上,赖伐尔的合作主义做法使得法国完全成为德国法西斯维持战争

---

[1] André Kaspi, *Les Juifs pendant l' Occupation*, Paris: Seuil, 1991, p. 139.

所需资源的掠夺场所,成为德国的一个特殊资源供应地。在反共和排犹问题上,赖伐尔为代表的合作主义者更是密切同占领当局的合作。

随着外部战事的吃紧,德国在东线战争中损失惨重,为此,占领当局继续在劳工、反犹和占领区秩序问题上向维希政府施压。1942 年 6 月,赖伐尔组建了三色旗军团(Légion tricolore),命令该军团参加德国在东线的战争。8 月,由法西斯主义者多里奥、德隆科勒和蒂阿于 1941 年组建的法国反布尔什维主义志愿军(Légion des volontaires français contre le bolshevisme,LVF)取得了官方合法地位,一些应征的法国青年穿着德国制服,跟随德国军队,加入东线的对苏战争。

为了及时补充人力,获得战争所需的物资,德国代表巴斯德·伯格纳(Paster Boegner)向维希政府提出了征集法国 35 万劳动力的苛刻条件。通过谈判协商,赖伐尔将劳工人数降至 25 万,并以"替换"(relève)制度即 3 个熟练技工交换 1 个法国战俘的原则作为条件。但这一制度并没有得到民众的支持,到 1942 年 8 月中旬,只有 4 000 名工人志愿加入。从 9 月开始,赖伐尔强制命令国内所有 18—50 岁的男性和 21—35 岁的女性到德国参加劳动,年底终于征齐了 25 万人。面对占领当局咄咄逼人的态势,1943 年 2 月,维希政府宣布实行强制劳工制度(Service du travail obligatoire),这一制度引起了法国民众对维希政府的强烈不满,许多青年为了逃避强制劳役,投向了抵抗运动的游击队组织。

1942 年 9 月,在阿贝茨的支持下,马塞尔·蒂阿创立了国民革命运动(Mouvement national révolutionnaire),该组织旨在宣扬国家社会主义,致力于统一合作行动。蒂阿试图通过仿照纳粹模式在法国建立一个单一法西斯政党。这就和赖伐尔意图打造以他个人为中心的威权统治产生了矛盾。

1942 年 11 月 8 日,盟军在北非登陆。这次军事行动很快对维希法国产生了严重后果。德国人认为,法国在阿尔及利亚对美国人的抵抗纯粹是象征性的,法国事实上已经向盟军打开了北非大门。为了报复,11月 11 日,德军占领了法国南部地区,遣散了停战的军队。这样一来,连

法国政府所在地维希也变成了德国占领当局当家作主的地方。1943 年
1 月,赖伐尔在非占领区成立了"国民卫队"(Milice),其前身即秩序军
团,赖伐尔先使它独立于"法兰西战士军团",后纳入自己及达尔朗的控
制之下,继续执行对法国境内抵抗行为的镇压。从 1942 年 5 月到 1943
年 5 月,1.6 万名法国共产党和抵抗成员被法国警方逮捕。

　　1944 年 2 月,维希政权不顾贝当的反对,对政府部长进行了重组。
改组后的维希政府开始全面回应德国的控制法国劳力、秩序和信息等要
求。德国占领当局拥有在占领区维持一切治安的权力,也可动用法国的
警察。

　　1944 年 8 月 20 日,德国当局把贝当元帅及其支持者从维希带到了
锡格马林根的霍亨索伦一座古老的城堡里。至此,贝当的政治生涯结束
了。聚集在锡格马林根小城的合作主义者们建立了"流亡政府",这完全
是一个象征性的政权。在法国,维希政府及其属下的行政管理机构土崩
瓦解。贝当元帅试图与戴高乐将军的密使取得联系,赖伐尔则试图通过
爱德华·埃里奥与第三共和国的领导人保持接触。维希政府就这样不
光彩地结束了。

第二节　维希时期的"民族革命"及其困境

一、"民族革命"出台的背景

　　19 世纪末开始,有一种颓废主义的思潮与舆论笼罩着法国社会,一些
教会知识分子,如埃马纽埃尔·穆尼耶宣扬以社团主义(corporatisme)消解
自大革命以来盛行的个人主义;教会人士通过组建天主教青年社会组
织,从精神和道德层面对法国青年进行教育,寻求社会道德颓废的解决
之道。

　　1930 年代,随着政治和社会危机蔓延,法国社会中反自由主义、反共
产主义、要求改革的呼声越来越高,出现了众多以改革为诉求的社会团

体。如 1931 年 1 月以杂志《计划》为名的组织，主张效法德国法西斯政党，重建社会秩序，反对机器主义的扩张和城市化的膨胀，经济上寻求技术专家治国，建立一种计划经济制度。穆尼耶创办的《精神》杂志推崇在社会等级基础上的社团主义，呼吁回归土地生产，反对资本主义机器化生产给法国乡村社会带来的损失。1931 年开始的技术官僚运动"X 危机"（X-crise），重视对德国经济发展问题的研究，其中不少成员任职于勃鲁姆政府，提倡对法国经济进行改革，宣扬计划化（planification）和统制经济（dirigisme）的必要性，这些主张为维希政府和第四共和国的经济政策定下了基调。

　　1930 年代一些团体组织和出版物的广泛传播，表达了法国知识分子对第三共和国衰败的议会政治和经济政策的某种不满，以及对政治、经济、社会进行一场深度改革的诉求。二战爆发后，战前这些有着不同诉求的个人和团体，怀着民族革新的愿望投身于所谓的新政权的建设。正是在如何革新法国这个根本问题上的分歧，决定了维希政权本身的脆弱与复杂性。

　　"民族革命"是 1930 年代社会精神直接孕育的产物。1930 年代的法国知识分子见证了法国社会的"衰落"，强调必须对民族精神进行革新，因此，贝当最初提出"民族革命"（Révolution nationale）的号召时，许多在伦敦的抵抗者积极响应并支持元帅的事业。但在革新的方式上，法国社会内部产生了分歧。究竟是诉诸大革命以前的传统社会秩序的复兴还是诉诸确立新的权威秩序？是依靠道德与精神秩序的缓慢革新还是来一场迅疾的激情革命？是依靠法国自身的传统，是对德意法西斯政权亦步亦趋，还是杂糅两种风格，各取所长？对于这些问题，法国知识分子给出的回答不尽相同，贝当主义者和合作主义者对待"民族革命"的态度受到外部战争进程和德国占领当局的影响。"民族革命"的行动，不是简单的合作和抵抗，这中间包含着模棱两可的复杂性，体现了法国知识分子再造法兰西精神的现实困境。

　　总体来说，"民族革命"没有系统的方案，其背后也没有一套清晰明确的理论体系支撑,相关的表述多见于贝当的演讲和政府发布的官方辞令中。贝当出身农民家庭,这自然使得他关注农村,号召人民"回归土地"。他认为农民是国家力量之所在,教会、军队与上层阶级是秩序与传统的捍卫者,主张依据最为传统的样式来重建法国。因此,在贝当的思想中,法兰西国家应该建立在两大基本点上:创造新人(Homme nouveau);建立分等级的组织,建立一个"有组织的法国"。于是,"民族革命"的主要内容围绕培育新青年和建立等级社会、恢复传统道德秩序等方面展开,带有浓厚的天主教色彩。

不过,"民族革命"的意识形态是精英式的,意在调和各阶层之间的矛盾,消除阶级对立和斗争,建立对权威和精英完全服从的社会道德秩序。"在所有的秩序中,我们致力于培养精英,他们要听从命令,建设一个在适用于全体的正义中遵守社会权威和纪律的有组织的法国。"贝当主义者还将反资本主义和反国家干预结合起来,例如在地区主义者(regionaliste)的讨论中,"民族革命"宣传的思想事实上是行业自治,建设地区性的团体,解除中央的干预,由精英管理。如 1940 年 7 月 11 日贝当就宣布一项重要改革,"省长负责法国大省区,行政机构同时进行集中和权力下放的改革",回应了自第二帝国时期至 1930 年代的号召,继承了第三共和国时期进行经济大区建设的事业。

二、"民族革命"的相关策略

比起迅疾猛烈的暴力流血革命,"民族革命"更像是一场关于道德和精神的改革事业。"民族革命"不能被简单地视为一场倒退的运动,它是以贝当为首的早期维希政府为了回应大战前法国就出现衰落的危机,旨在通过改革国家制度,重构社会结构和世俗价值观,重建权威秩序的运动。其实施和开展主要集中于维希政府早期的两个阶段。其中,经济策略和青年改造是"民族革命"的重要方面。

依据合作主义(corporatisme)原则改革经济制度,可以说是维希政府"民族革命"在经济方面的举措。1930 年代的经济危机使得合作主义思想流行,一些大学的经济学家写文章颂扬合作主义对社会混乱的调节作用。维希政府劳工部的勒内·贝林(René Belin,1898—1977)和皮埃尔·拉罗克(Pierre Laroque,1907—1997)等开始考虑建立一种职业组织机构(organisation des professions),以达到政府控制经济的目的。根据宪法草案第八条,"职业组织受到国家的监督"[1],其目的在于促进企业内雇主与雇工的团结,消除阶级对抗,改善无产者的生存条件。根据 1940 年 8 月的法令,维希政府在各生产部门建立"组织委员会",负责评估工业部门和商业部门的生产能力,分配原材料,制订生产计划,向政府部门提出价格建议等。组织委员会的设立反映了一种近似计划经济的国家权力组织。这一共同管理的组织延续,使得工会的活动也变得更加重要。在"反资本主义制度"和明显的行会主义特色的指引下,维希政府将经济管理的权力托付给大企业,这种专家政治得益于参议协商的机构组织,因而比此前由国家批准管理的资方协会更有效力。组织委员会的设立,是应对经济疲乏形势的一种生产合理化行动。

　　由贝当主义者主导的早期维希政府拒绝阶级斗争,尝试将工会活动整合到老板和工人合作的职业组织中,协调法国总工会,以此获得工人对维希政权的支持。1940 年 7 月 20 日,法国总工会在图卢兹召开会议,会议提出了抑制工薪、停止阶级斗争以及罢工的倡议,强调总工会的目标在于保护工作的神圣性,提高工人的生活水平,保护家庭,促进民族繁荣。贝当的"民族革命"事业也获得了部分工人的支持。1941 年 10 月,当局颁布了《劳动宪章》,"禁止一切工人罢工和资本家关厂歇业,政府规定最低工资,每个行业建立唯一的同业行会"。同时,维希政府对工业实行合理化和集中化管理,关闭或兼并了一些生产效率低下的工厂。1941 年 5 月和 1941 年 12 月 17 日两次制定法律,规定政府有权关闭一些生产无效率的工厂,审判那些抗议关闭工厂的人员。

　　维希政府的农业政策也可以说是法国历史上农业政策的一个转折

---

[1] François-Georges Dreyfus, *Histoire de Vichy*, p. 279.

点。贝当在 1940 年 6 月 25 日的演讲中提到："回到土地去"，因为"土地，她是不会说谎的"。10 月 12 日，贝当发表了关于社会政策的讲话，宣布应将家庭和农业视作法国社会和经济的基础。为了推行这一政策，维希政府鼓励法国青年去农村耕作，并鼓励那些已抛弃土地的年轻人回到田间。为了复兴农业社会，维希政府还致力于农业教育改革，鼓励加强教授农学方面的知识，改善农村的居住条件等。1940 年 12 月 2 日通过的农民公会法令，规定"农会"是类似行会性质的组织，所有以土地为生的人都必须参加地方农会，其中包括土地经营者、农业工人和土地所有者。农会自主管理，对农业生产具有自治权，在某些程度上可以决定农业的生产与价格。

青年政策是维希政权"民族革命"事业的核心。1940 年 8 月 15 日，贝当撰文提出"法国的学校教育应将民族国家放在首要位置……在人、家庭、社会和祖国方面教育青年，真理存在于家庭社会和国家之中……教育者要理解这一概念，并完全洞察学生的思想，那就是操纵学生的心灵如同操纵羽毛笔一样，是高尚而有利的"。

"人民阵线"时期，勃鲁姆政府的莱奥·拉格朗日（Léo Lagrange，1900—1940）就提出了青年政策。二战前，法国社会广泛存在一些通过精神和体质上再造青年来达到复兴民族精神目的的社会组织。维希时期试图开创青年教育领域的新局面，使再造青年政策得到延续。[1] 这些是维希青年政策的资源。不过，维希政府内部贝当主义者和法西斯主义者之间关于"新人"理念的分歧与竞争，深刻影响了青年政策的实施，国家在缺乏独立自由的前提下要再造青年，难免使复兴法兰西愿望的最终落空。

1940 年 7 月，维希政府成立了家庭和青年部。9 月，创立了家庭与青年国务秘书处，该组织在教育部门管辖之下，负责将"培育法兰西新

---

[1] 维希时期与共和国教育制度有所割裂的是雅克·谢瓦利埃（Jacques Chevalier，1882—1962）时期，推行反世俗的教权主义政策，其继任者阿贝尔·博纳尔（Abel Bonnard，1883—1968）继续在教育领域推行教权主义政策，同时引入新纳粹主义。

人"的政治理念付诸实现。众多青年组织团体如青年工场(Chantiers de
la jeunesse)、法兰西伙伴(les compagnons de France)、干部学校(Écoles
des cadres d'Uriage)等得以发展。"民族革命"的青年政策受到法国天主
教思想传统的影响,所以这一时期的青年组织大多参考了战前20世纪
二三十年代的天主教会社会组织,如青年基督徒工人(Jeunesse ouvrière
chrétienne)、青年天主教徒协会(Association catholique de la jeunesse)
等等。这些组织旨在给法国年轻人提供一种利他的生活方式、一种共同
体意识和集体身份认同的价值观。

　　1941年1月18日,维希政府正式立法宣布青年工场成立,由前童子
军组织领导人约瑟夫·德·拉波特杜泰尔(Joseph de La Porte du
Theil)管理。青年工场本来是为了重新召集那些曾经服兵役的青年,以
稳定被遣散士兵的生活,保证社会秩序。后来,青年工场规模逐渐扩大,
规定凡年满20岁的青年男性必须参加为期8个月的服务性劳动,包括
修桥建路、造林绿化、生产木炭、从事数个乡村地区的布置整理等。该组
织的目标是培育法国年轻一代休戚与共的团结意识和劳动能力,激发法
国未来公民的责任感与爱国热情。青年工场的源头众多,有1934年的
青年组织利奥泰,该组织因崇拜利奥泰元帅(Louis-Hubert-Gonzalve
Lyautey,1854—1934)而得名,也有来自童子军组织和青年基督徒工人
等模式的替代组织。

　　拉波特杜泰尔将军强调劳动营里"不分阶级差异,教育所有法国年
轻人,完善道德,增强体魄和职业技能,成为健康、诚实、以共同的爱国主
义信仰相通的新人"。工场内对青年的教育计划很大程度上借鉴了童子
军组织的内容:学习并了解法国及法兰西帝国的历史文化,灌输传统道
德观念,通过鼓励艺术创作丰富青年的文化生活。这些活动精准地向青
年宣扬"民族革命"的主题精神:对荣誉感、真理、诚实的品质、爱国精神
的追求,自由的感觉,热爱职业、家庭与故乡,博爱、自我牺牲、集体主义
精神,体魄的健全,等等。青年工场还为青年们树立了行动榜样,如贝亚
德与骑士精神、巴斯德与正直坦率的知识分子形象、利奥泰与行动的力

量、查尔斯·代·福卡尔德与殉道精神、贞德与爱国主义、乔治·居内梅与青年英雄主义精神等等。近 40 万青年参加了青年工场。青年工场对外宣称不参与政治,其实始终忠诚于贝当元帅及其政府。

青年工场在战争的夹缝中生存艰难。德国限制青年营地在占领区的发展,盟军在阿尔及利亚登陆也给青年兵营带来决定性的影响。德国占领当局向维希政府施加压力,要求征集法国青年参加德国的劳役,拉波特杜泰尔将军拒绝将青年工场的青年交付给德国参加强制劳役。1944 年 1 月 4 日,拉波特杜泰尔将军被德国人批捕,送至德国,青年兵营从此纪律松弛,很多成员为了逃避强制劳役法令,转而投奔南方的游击队。

1940 年 12 月由维希政府批准成立的干部学校也是青年政策的产物,维希政府称其为"法国青年的精神大学"。该学校既是一所培育领导法国优秀青年干部的学校,更是 1930 年代天主教知识分子寻求解决欧洲文明危机之道、改造法国社会的试验场。位于依泉城堡的干部学校被看作在维希政府和法西斯道路中改造法国的第三条道路。皮埃尔·邓耶·杜·斯宫萨克(Pierre Dunoyer de Segonzac,1906—1968)负责学校管理,天主教知识分子埃马纽埃尔·穆尼耶负责学校的意识形态教育。学校开设了各种课程和训练项目,包括每天 1 小时 15 分钟的身体运动,4 小时 30 分钟的会议和学习研究,1 小时 15 分钟的手工劳动,1 小时的冥想,等等。同时,学校教育寻求对经济和社会、哲学和宗教方面的问题研究,例如试图探讨与解决法国社会长期存在的精英与工人阶级的矛盾问题,尝试用宗教的方法调和诸如此类尖锐的社会问题。1940 年,高等师范毕业生罗伯特·加里克建立的国家救助组织(Secours national organization),直接影响了干部学校"学习小组"模式,"学习小组"成了干部学校的教学法之一。在战争期间,加里克组织教导青年如何通过同工人对话,跨越阶级和意识形态等因素,来理解社会心理、应对阶级分裂等问题。

为祖国服务的青年干部学校一开始就具有双重目的:一方面其成员

以荣誉联系在一起,遵守严格的纪律,旨在为促进个人全面与平衡的发展提供榜样;另一方面,以精神价值和人文主义促进团结一致的民族共同体的复兴,向德国复仇。干部学校起初属于"民族革命"的范畴,被维希政府赋予了培育新公民的精神,因此长期受到贝当和达尔朗的支持。但是,它和维希政权的分歧在于,干部学校旨在发展由天主教思潮激励的具有革命性的人文主义,而这恰恰与维希政府宣传的团体等级社会思想有某种矛盾。逐渐地,学校同政府拉开了距离。除此之外,干部学校还弘扬抵抗的精神,将对青年的教育改造转化成民族、精神和人本身的革命,引导青年同纳粹主义积极抵抗,重拾资产阶级的社会责任感,强调共同体内参与的必要性等等,这就超出了"民族革命"的思想范畴。

赖伐尔政府时期,干部学校宣布反对赖伐尔的政策。1942 年 11 月,学校遭到解散。巴黎解放后,干部学校等也被遗忘或者忽视了,但是学校中多元的政治思想深刻影响了法国青年对社会现实问题的思考。因此,该学校也是维希法国文化和意识形态的一个重要体现。

向"民族革命"的青年政策发起挑战的是极端右派势力。极端右派的"新人"理念杂糅了德国纳粹的新人观念,它一方面强调法西斯新人身上应具有传统的士兵爱国尽忠的精神,强调牺牲个人的英雄主义和纪律性;另一方面,法西斯新人具有现代的攻击品质,拒绝昨日的失败,认为新人应该同传统彻底割断,不受政治影响,倡导以果断的行动承担对国家的责任,命令青年无条件信任领袖,鼓吹青年参加"净化种族"的事业。1930 年代早期法国一些右翼知识分子就很向往意大利法西斯政党培养新人的事业,意大利的精英形象成为法西斯新人的终极目标:英雄主义、纪律性、热情但自制,有自我牺牲精神。极端右派批评以贝当主义者为主导的"民族革命"沉迷于空洞且过时的理论,行动不够决断,要求领导人放弃恢复传统的观念。不过,保守和传统右派的立足点同样是道德重建只有诉诸传统价值观的复兴。在这一点上,与贝当主义者倒是一致的。在占领期间,"新人"形象变成了维希和合作主义者之间权力斗争的棋子。"新人"的创造对法国的存亡复兴至关重要,这导致了各派政治势力在道德改革计划上的激烈竞争。最终"民族革命"培养新青年的事业以失败告终。

三、"民族革命"的困境

1942年4月赖伐尔返回维希政府,标志"民族革命"的失败。究其原因,应该说是十分复杂的。

"衰落或复兴"是20世纪三四十年代法国社会的关键词。不仅如此,战败的法国还处于国人对往昔的怀念以及法国人内部争斗的混乱中。这一斗争尤其体现于维希政府的"民族革命"事业。1930年代的法国困于社会的衰落,有各种观念和计划以寻求民族复兴。维希时期对如何复兴法国也有着不同的理解,有的主张植根于法国的历史传统,有的则极具现代性,体现了维希时期复杂的观念政治。

维希时期的"民族革命"试图以19世纪晚期以来的合作主义来重建等级社会的改革事业,推崇家庭为基本的社会单位,弘扬教会精神,从道德精神层面恢复秩序。但改革并不能让所有人都满意。起初,许多极端右派被维希政权宣扬的改革气息吸引,不久,他们从中发现了一种复古崇拜和反德倾向,因为他们更推崇希特勒富有效率的极权统治,蔑视"腐朽无能"的民主制度,所以开始疏离。例如,吕西安·勒巴泰(Lucien Rebatet,1903—1972)作为一个占领时期公开的法西斯主义者,声称他对维希政权所承诺改革的失望。阿纳托尔·戴蒙茨(Anatole de Monzie,1876—1947)在两次世界大战期间曾在内阁中就职,战败后,他转而支持贝当,但迅速发现这一政权不过是"由稻草人装扮的领袖和法律"[1]。这些失望的法西斯分子和极端右派迅速从维希汇集到巴黎,他们坚信"民族革命"只有在那里才能实现,以为巴黎有着维希所缺乏的务实精神,尽管他们所指的务实精神其实是一种与纳粹主义相一致的意识形态。比

---

[1] Debbie Lackerstein, *National Regeneration in Vichy France: Ideas and Policies, 1930 - 1944*, London: Routledge, 2012, pp. 44 - 50.

如,1940年8月29日由贝当颁布法律建立"法兰西战士军团"(Légion française des combattants),作为在非占领区宣传"民族革命"理念的工具,政府希望它能够保存战前老兵组织的要旨——爱国主义、兄弟博爱的战壕精神,重建道德秩序。但占领区德国当局禁止该组织的存在。该组织在自由区得到了迅速发展。每一个军团士兵都要效忠宣誓:"我发誓带着荣耀在战争与和平中效忠法兰西,为劳动、家庭和祖国奉献我的全部力量。"在誓言中并没有对元帅的效忠。1941年春天共有588 902个士兵参加了该组织。后来皮埃尔·皮舍(Pierre Pucheu,1899—1944)和保罗·马里昂(Paul Marion,1899—1954)推动了该组织向威权、反犹演变,皮舍将其打造为一党制的宣传机器,吸收了150万成员。至此,这个老兵组织也发生了转变。1942年约瑟夫·达尔南(Joseph Darnand,1897—1945)组建"秩序军团"(Service d'ordre légionnaire),该组织脱胎于"法兰西战士军团",成员主要是年轻人,在政权内部激烈的权力斗争中,它逐渐沦为赖伐尔对德合作的工具。雅克·多里奥从法共退出后,宣称其他运动都被"政治派别的残渣"腐蚀了,只有"法兰西人民党"(Parti populaire français)能够团结国家的运动。在德国占领当局的资助下,1941年7月8日多里奥、德隆科勒和蒂阿组建了法国反布尔什维主义志愿军,参加德国军队与东线对抗,但应征者寥寥。

随着战事的发展,"民族革命"的生存环境也越来越难。首先,由于对赖伐尔的囚禁,来自巴黎的批评愈加激烈。德国占领当局控制了巴黎的广播电影和传媒出版事业,沦陷区的新闻宣传受到严密监控,只有特定的杂志得以准许出刊。在巴黎的新闻当局攻击维希的"民族革命"事业,鼓吹设立一党政治,学习纳粹模式,与德国开展更亲密的合作。巴黎地区的报纸利用沦陷区的苦难,大肆攻讦维希政权,亲德知识分子如阿尔方斯·德·夏托伯立昂(Alphonse de Chateaubriant,1877—1951)、德里厄·拉罗什尔和吕西安·勒巴泰等在反犹报纸《我无处不在》上指责政府没能引领一场法西斯革命和种族的革新。他们攻击政府在他们看来飘忽不定的政策,认为这种政策的失败是因为政府错过了在德国完全取胜前于新欧洲秩序中复兴法兰西的机会。此外,巴黎的合作主义者广泛利用德国的支持和媒体资源极尽宣传之事,他们诱导法国民众,认为法国当前的敌人首先是跟德国对抗的英国。他们将英国丑化为被犹太人与资本主义腐蚀了的议会政治,并利用广播、媒体等将贞德被烧死的故事、凯比尔港事件、达喀尔事件等说成是英国人对法国社会及历史文化的敌视。

其次,从1941年9月开始,德国方面不仅要求维持秩序,还要求对暗杀德国军队的共产党人进行报复。主管警察和司法的内政部长皮埃尔·皮舍调用法国警力帮助德国人反犹反共,成立特殊警察,实施对犹太人、共产党和共济会会员的迫害。保罗·马里昂声言要在法国建立单一的政党,迎合希特勒的欧洲"新秩序",其过于激进的法西斯倾向引起了维希政府内部的不满。这显然背离了贝当主义和"民族革命"的传统主题。

再次,在战时的环境中,力图通过一场"民族革命"运动革新法国,也是不合时宜的。1940年7月,"民族革命"伊始,吸引了绝大部分法国人。但几个月后甚至几个星期内,法国民众对待"民族革命"的态度就由赞成转向漠视甚至反对。所以,"民族革命"不仅没有实现其复兴的全部目标,并且在维希覆败之前就丧失了大部分改革的主动性。"民族革命"一方面呼唤团结、稳定传统,创造对贝当的崇拜,在国家被占领的现实中,空谈以秩序和英雄崇拜实现"精神复国",未免显得不切实际。另一方面,"民族革命"也掺杂着法国传统右派对共和派进行报复的政治心理。维希政权的权力随着占领当局和法西斯分子的侵入而逐渐萎缩,1941年后"民族复兴"就成了一个虚幻空洞的错觉。

最后,更重要的是,维希政府企图通过精神和道德的复兴拯救国力的衰退,却忽视了占领现实下民众基本的生存需要,从而使维希政府统治的社会基础逐渐动摇。法国农民的小麦、土豆、牲畜被用来供养德国的民众与军队,各种各样的车间与工厂为德国国防军提供装备与武器。

法国企业在德方的高度监管下提供原材料、设备和劳动力,被占领的法国成了服务于德国的战争机器。德国对法国生产总值的榨取占到 40%,法国本土农业和工业领域的生产大幅下滑,法国人还得在供应受到限制的状态下生活。物资匮乏导致了配给制的出台。1940 年夏天,面包、食糖、咖啡、肉类、土豆、牛奶、葡萄酒等生活必需品都需要凭票定量领取,甚至冬天取暖用的煤炭也实行了配给制,且农村和城市的配给状况有差别,人们因营养不良而受到疾病折磨。物资匮乏,加上通货膨胀,导致物价上涨。配给制引来了走私、地下交易、黑市类非法买卖,食物资源的不公平分配更加剧了民众生活的困难。法国社会逐渐积累对维希政权的不满情绪。面对德国占领当局步步紧逼的需求,从强制劳役到镇压法国人,维希政府的警察都不同程度上参与了对国民的迫害。这种在国家民族不独立的情况下,试图依靠精神复兴,诉诸重建传统的方式改变法国的努力注定失败。

第三节 全面抵抗与法国光复

法国沦陷后,自由区由以贝当为首的维希政府统治,随着外部战争局势的紧张,维希政府的自主行动范围逐步缩小,"民族革命"并没有从根本上缓解民众的生存问题,维希政府引起了法国民众的强烈不满。一些法国人结束了漫长的观望与等待,重新拿起了武器,他们或者参加在伦敦的抵抗运动,或者投身国内地下抵抗组织,无论是戴高乐派还是法国共产党,无论是知识精英还是普通的法国人,他们将法国复兴的命运诉诸对暴力的不屈斗争。

一、"自由法国"的抵抗

戴高乐将军受雷诺的委托从波尔多乘飞机到达伦敦以后,利用电台号召法国继续战斗,他强调说:无论发生什么事,法国抵抗运动的火焰不能熄灭,也绝不会熄灭。这样,从 1940 年 6 月 18 日起,法国出现了分裂的局面:一个是在严峻的形势下成立的"程序合法"的政府——贝当元帅的维希政府,另一个则是在伦敦宣布同所有官方机构决裂的"自由法国"。

1940年6月17日,戴高乐抵达伦敦后,随即派发电报给波尔多表示愿意在伦敦就美国运来战争物资、德国俘虏以及政府迁往北非等问题代表法国与相关国家进行谈判。6月19日晚,戴高乐通过英国广播公司的电台呼吁法国海外的殖民当局,力促"克劳塞尔、布高德、李约堤、诺盖斯等人领导下的非洲拒绝敌人的条件"。不久之后,戴高乐得知大部分殖民总督、侨民、总司令都同意了停战协定。

在由绝望造成的放任法国衰落的民众情绪面前,戴高乐并没有松懈自己的斗志,而是着手建立战斗部队。起初,戴高乐身边的法国志愿军总共只有几百人,随后每天都有一些法国志愿者来到英国。6月22日,"自由法国委员会"建立,6月28日,英国政府公开承认戴高乐为"自由法国的领袖"。6月30日,戴高乐收到来自法国大使馆的一项命令,让他到图卢兹的圣米歇尔监狱去投降,接受战争委员会的审判。起初,委员会判处他4年徒刑,后来根据魏刚要求加刑的上诉,最后议决判处戴高乐死刑。戴高乐对这一来自波尔多的判决置之不理。

6月中下旬,戴高乐以"自由法国领袖"的身份与英国首相及外交部长进行了一系列必要的谈判,双方最后达成了"1940年8月7日协议",规定自由法国军队的开支由英国政府负担,法方陆、海、空三军配合英国指挥官作战;戴高乐保留在任何情况下对法军的"最高指挥",只接受"英国最高统帅的一般指示"。这一协议对于自由法国具有重大意义,它不仅使英国保证恢复法国本土和法兰西帝国的疆界,而且自由法国的抵抗运动暂时摆脱物质匮乏的困境,同时也使英国与以戴高乐为首的自由法国的关系有了正式合法的基础。

"自由法国"成立后,戴高乐将目光转向非洲,希望在那里再建立一支军队和一个政府,并以此为基地,打回欧洲。当时,法属非洲的情况比较复杂,殖民地的领主忠诚也很混乱。戴高乐关注点在赤道非洲地区,因为喀麦隆的反对停战运动深入各阶层,乍得的总督菲利克斯·艾布厄于8月26日宣布正式加入抵抗运动。当自由法国的旗帜——"洛林十字旗"在乍得和喀麦隆升起的时候,赤道非洲地区法国殖民地还剩下刚果、乌班吉和加蓬三地没有归附。作为赤道非洲的首府和权威的象征的布拉柴维尔自然就成了戴高乐谋划的主要目标。德·拉尔米纳上校根据戴高乐指示,跨过刚果河在布拉柴维尔建立基地,并把法属赤道非洲高级专员的民政和军事权力接收过来,乌班吉随后也归附抵抗阵营。就这样,赤道非洲——喀麦隆地区大部分没有流一滴血就归附了自由法国。但是其他地区,例如法属北非、法属西非、叙利亚和法属印度支那等殖民地,都仍在维希法国的控制之下。

8月29日,加蓬领地长官马松在利伯维尔听到政权易手的消息,立即致电戴高乐宣布归附"自由法国"。对此,达喀尔的维希政府很快做出反应,命令驻利伯维尔的法国海军指挥官率领舰队制裁领地长官,于是,马松转变态度,声明加蓬决定参加自由法国是出于误解。这样一来,赤道非洲地区的范围内就产生了一块维希政府的飞地,形成了自由法国与维希政权的对立。

戴高乐希望说服维希法国在达喀尔的军队加入盟军,因为维希法国的殖民地转向"自由法国"既有政治意义,也有经济效果(可以获得存放在达喀尔的黄金储备),并且在军事上,达喀尔港在护航行动上,比原先盟军在非洲狮子山自由城的基地要更好。鉴于此,盟军决定派遣"竞技神号"航空母舰和3艘战列舰前往达喀尔,协助戴高乐同维希政府的洽谈。在"竞技神号"航空母舰驶入港口时,盟军的舰队迅即遭到维希政府军火的炮击,双方交战数日,盟军的舰队受到了严重损伤。最后,达喀尔和法属西非仍留在维希法国的手中。

10月27日,戴高乐在法属刚果首都布拉柴维尔发布宣言和法令。戴高乐指出,法兰西处于史无前例的危急时刻,领导者们陷入了惊慌失措中并对敌投降,但人民与(法兰西殖民)帝国拒绝接受这种可耻的奴役,千百万法国人和法国臣民决心进行战争,直至祖国解放。戴高乐抨击维希政府是"违反宪法与卖国的",法兰西需要一个新的政府来领导他们走出战败的阴影。戴高乐承诺他将以法兰西的名义掌握政权与保卫国家,并宣布成立"帝国防务委员会"。与此同时,戴高乐还发布了第一、二号法令。后者主要是关于"帝国防务委员会"的人事任命。前者共8条,直接触及政治制度问题:"在合法的与不受敌人制约的法国人民的政府与代表机构组建之前,国家权力将在1940年6月23日以前生效的法国法律的基础上实行",帝国防务委员会的任务是"保持法兰西的真实性,关心它的内外安全,领导经济生活,维护帝国人民的精神统一,领导军事活动以及与外国谈判",规定戴高乐作为自由法国的领导人有权独自做出决定,即实际拥有立法权。

在处境艰难的战时伦敦,戴高乐的自由法国奉行的是相对独立的外交策略。

自由法国首要应对的是与英国的关系。英国虽然支持自由法国的抵抗运动,但也存有利用自由法国的私心。1940年10月,鉴于维希政府仍然控制着法兰西帝国的主要部分、指挥着陆军和舰队,英国与维希政权签订了关于维持法国殖民地现状的秘密协定:维希法国不以武力夺回已转向戴高乐一边的殖民地,但英国也保证不强占其他仍由维希控制的殖民地。这实际上限制了"自由法国"在殖民地的权力扩展。戴高乐希望在伦敦建立一个独立于英国人的情报系统,但英国人从他们的自身利益出发,总是希望自由法国单纯派遣地下工作人员,训令他们为英国之目的搜集地方情报,进而掌控戴高乐的自由法国,所以,英国用自己的方式物色情报人员,建立自己的情报网。当时,一个法国人一到英国,如果不是一个知名人物,便马上就会被"情报处"送到"爱国学校"大厦里隔离起来,请他参加英国秘密工作机关,在本人提出一系列的抗议和要求以后,才会放他到自由法国方面来。甚至在法国本部,英国人也用含混的词句来征集助手,如"戴高乐和大不列颠就是一回事"。除了搜寻情报人员的竞争,英国在意识到一个自由电台的宣传影响力之后,也开始希望增加伦敦主导的对法国民众的宣传;而戴高乐则坚持独立自主,"绝不容许任何人监督,也不允许任何外国人对我要向法国说什么话发表意见"①。

自由法国同美国的关系也十分曲折。基于对戴高乐领导的抵抗组织合法性的怀疑,美国一开始就把同自由法国的合作完全锁定在军事领域,在政治领域里则表现得相当谨慎。美国一方面不认可戴高乐政权,拒绝戴高乐代表法国参加战时大国会议;另一方面,主张对法国实行军事占领,其间所设置的种种阻力和干预,给法国复兴事业带来了重重困难。当然,戴高乐深知没有英美的协助,仅凭自由法国的力量难以实现法国的解放。1941年5月,在自由法国的草创工作基本完成后,戴高乐就着手与美国建立外交关系,争取美国人民对自由法国的同情,同时表示法属非洲和太平洋的一些属地可为美国建立空军基地提供方便。通过英国驻美大使哈利法克斯的协调,美国最终同意与自由法国建立联系并提供援助。11月11日,罗斯福命令将《租借法案》的受惠范围扩大到自由法国,法美关系有了初步的发展。但1941年12月的圣皮埃尔和密克隆岛事件使这一努力化为乌有。自由法国海军将这两个长期属于法国的小岛从维希政权统治下解放出来,这本是一项有益于盟国的军事行动。但是美国认为这是对其在美洲霸权的挑战,这也表明美国无意立即驱逐维希政府在西半球的势力,更无意看到自由法国取而代之。这一事件是自由法国和美国的首次冲突,严重影响了二者的关系,并在战时双方关系中投下了巨大的阴影。

1942年1月1日,26个反法西斯国家的代表在华盛顿签署《联合国家宣言》,其中包括荷兰、比利时、波兰等流亡政府代表,自由法国则缺席。早在罗斯福与丘吉尔商讨《联合国家宣言》签字时,丘吉尔建议将宣言中"各国政府"一词改为"各国政府和当局",目的是使自由法国在未获得承认为一个政府的情况下能够在宣言上签字。美国拒绝了这一建议。"自由法国"未获邀请参与国际会议,再次引起了戴高乐对美国的不满。

---

① 戴高乐:《战争回忆录》,第1卷,第154页。

　　"自由法国"同苏联的关系发展得最为顺利。1941 年 6 月 22 日,法西斯德国进攻苏联,整个国际形势发生了变化,产生了以苏联、英国和美国(1941 年 12 月参战)为主的反法西斯同盟。当戴高乐得知希特勒德国进攻苏联之后,他马上向苏联政府提议合作。苏联从团结一切力量同法西斯德国作斗争这一目标出发,表示将承认"自由法国"。1941 年 9 月 26 日,苏联政府承认戴高乐将军是所有"自由法国"人民(不论他在什么地方)的领袖,并坚决保证在对共同的敌人取得胜利之后,完全恢复法国的独立和伟大。苏联还表示准备在反对法西斯德国及其盟国的斗争中,为"自由法国"提供全面的援助与支持。戴高乐本人也代表"自由法国"保证将同苏联及其盟国战斗在一起,直到彻底战胜共同的敌人。

　　1941 年 9 月 24 日,戴高乐在伦敦发布关于自由法国国家权力新组织的法令,建立法兰西民族委员会。规定法兰西民族委员会讨论与通过的法令,即为"宪法性质法令";"自由法国的领导人、法兰西民族委员会主席将以颁布政令的形式采取行政措施;自由法国的领导人与法兰西民族委员会主席也就是帝国防务委员会的主席";防务委员会的任务是为法兰西殖民帝国的防守和军事措施提出建议。

　　1941 年 12 月 24 日,米塞利埃指挥的"自由法国"舰队奉戴高乐的命令,在加拿大沿海不远的圣皮埃尔和密克隆岛登陆(在这之前这两个岛由维希政府控制)。登陆后举行了居民投票,有 98% 的票支持"自由法国"。"自由法国"夺取这两个岛屿,触犯了美国同维希法国签订的关于法国西半球殖民地中立的协定,引起了美国白宫方面的不满。

　　鉴于戴高乐在伦敦牢牢控制了局面,一些政界人士开始支持"自由法国"。勃鲁姆发表书面声明,赞同戴高乐的行动。戴高乐也尽力安抚各党派,并明确表示:一有可能便在法国恢复民主制。1942 年社会党正式表态支持戴高乐的"自由法国"。同年 7 月 14 日,"自由法国"改称"战斗法国"。

　　在北非,戴高乐确立领导地位颇费一番周折。因为北非是拥戴贝当和吉罗德(Henri Giraud,1879—1949)的,而吉罗德有美国人撑腰,一直与戴高乐作对。1942 年 7 月,美国和英国达成战略协议,商定年内在法属北非登陆,肃清盘踞北非的轴心国军队,之后再进入欧洲。要在维希政权控制的法属北非登陆,法国人的支持与协助至关重要。然而,罗斯福并不准备借助戴高乐的"战斗法国"的力量,力图将之排除在外,他一再告诫英国人登陆之事要对戴高乐严格保密。因为美国此时仍与维希政府保持良好的正式外交关系,罗斯福一厢情愿地认为,只要"战斗法国"不参与登陆,法属北非的驻军就不会抵抗美军登陆。另外,美国不愿看到"战斗法国"因参与北非登陆,而在那里扩展势力。

6月28日斯大林格勒战役开始,第二次世界大战东线战场迎来了决定性的转折点。该战役终结了德国自1941年以来保持的攻势局面,直接造成了苏联与德国总体力量对比的变化。10月23日,经过两个多月的整顿和紧张训练,英第八集团军在蒙哥马利指挥下,成功地发动了阿拉曼战役。在半个多月的时间里,英军从阿拉曼前线向西推进1 000多英里,把德意非洲军团隆美尔残部逐至利比亚地中海沿岸的布埃拉特阵地。11月8日,由650艘船舰组成的美英3支特混舰队分别在卡萨布兰卡、奥兰和阿尔及尔登陆。由于得到法国将领的策应,登陆比较顺利。盟军登陆后,在当地居民的支援下于11月底占领了整个摩洛哥和阿尔及利亚。这一行动标志着法国开始了重新积极参战的新阶段。

在丘吉尔的要求下,1943年1月戴高乐来到卡萨布兰卡与罗斯福见面。22日晚,罗斯福接见了戴高乐,并表达不能支持"不是民选的戴高乐组织",戴高乐反击说圣女贞德、科尔贝、波拿巴等人也不是民选的,但同样拯救了法兰西。罗斯福希望戴高乐能够同意由吉罗德担任阿尔及利亚驻军司令,让戴高乐处于吉罗德领导之下,戴高乐当然不能同意。2月9日,在伦敦举行的记者招待会上,戴高乐指出美国有不可告人的目的,想以此"阻止法兰西成为一个统一的国家"[1]。戴高乐与罗斯福的第一次会谈不欢而散。

1943年1月15日,蒙哥马利向防守布埃拉特阵地的隆美尔残部发

---

① 戴高乐:《战争回忆录》,第2卷,第91页。

起进攻,隆美尔被迫退到突尼斯的马雷特防线。4 月 19 日,盟军集中优势兵力发动总攻,英第八集团军自南向北实施突击,美英联军自西向东发起进攻。经过 18 天的战斗,盟军于 5 月 7 日分别攻占突尼斯城和比塞大港。25 万德意军队因没有运输船只可供撤退,于 5 月 13 日宣告投降。盟军在北非的登陆在一定程度上减轻了德军对苏联的压力,北非的轴心国部队被肃清,为盟军最后打回欧洲大陆铺平了道路。

1943 年 6 月 3 日,戴高乐在阿尔及尔宣布成立"法兰西民族解放委员会"。戴高乐与吉罗德任民族解放委员会的主席,委员是卡特罗将军、乔治将军、马利、莫内与菲利普等人,其中戴高乐派占了多数。民族解放委员会拥有最高权威,行使法国的主权,是一个全国性质的政治权力机构,全部国土解放之后,委员会应根据共和国的法律,将职权移交给已组成的临时政府。委员会承诺"将恢复法国的一切自由、共和国的法律与共和主义政体,彻底粉碎现今强加于国家的个人权力专制"①。

不过,法兰西民族解放委员会成立时便开始暴露问题。民族解放委员会实行的是两主席制,两个主席戴高乐与吉罗德不久便处于彼此矛盾与摩擦之中。1943 年 7 月 31 日,吉罗德辞去主席职务,1 月又退出民族解放委员会,戴高乐成为该委员会的唯一领导人。8 月 2 日,戴高乐任命吉罗德为法军总司令,彼此的关系才有所缓解。

8 月 26 日,美国正式承认了法兰西民族解放委员会。随后,法兰西民族解放委员会先后得到 26 个国家的承认,戴高乐毋庸置疑地成为"另一个法国"的代表。10 月 3 日,法兰西民族解放委员会公布两项法令,规定主席任期一年,可连选连任。主席领导委员会工作,监督决议的实行,保证委员之间的合作。主席决定委员会的议程,委员会讨论总的政策,并集体负责。自此,戴高乐在北非的地位稳固了。

---

① 戴高乐:《战争回忆录》,第 2 卷,第 122 页。

二、法国共产党和流亡知识分子的抵抗

除了戴高乐领导的"自由法国"，在法国本土，还存在着各式各样的抵抗运动。1941 年 6 月，随着德国入侵苏联，法国共产党开始完全走上抵抗法西斯的道路。知识分子和不支持任何政治派别的普通法国人也组织起来，进行抵抗活动，最后在法国共产党的全力推动下，法国的各派抵抗力量终于在政治上和军事上取得了联合。

二战前法国共产党虽然一直站在抵抗德国法西斯主义的最前线，但是在签订停战协定后，法共并没有立即开展反法西斯斗争。1940 年 7 月 4 日，秘密出版的《人道报》头版头条刊登了题目为《法德友好》的文章，文章鼓动巴黎工人和德国士兵进行友好交往，建立友谊。同月，《人道报》总编辑写信给德国占领当局，要求允许《人道报》重新以合法的身份发行，这封信写道："我们出版《人道报》的任务是继续推行欧洲和平政策，宣传缔结法苏友好条约作为德苏条约的补充，从而为持久和平创造条件。"法国共产党一开始的不抵抗态度影响了国内的反法西斯斗争，在被占领初期，反法西斯抵抗运动处于分散、自发状态。比如，市民和农民为游击队提供食宿，铁路员工制造麻烦使德军火车晚点误点或者缺少供应，工人破坏机器，青年学生趁夜色散发号召抵制占领的传单、印刷秘密报纸。因为缺乏有组织的统一领导，法国国内的抵抗活动付出了沉重的代价。

1941 年 6 月 22 日，德国违反苏德互不侵犯条约，举兵苏联。共产国际改变了其政治路线，法国共产党也完全走上了反法西斯抵抗运动的道路。6 月 22 日，《人道报》发表了告人民书，号召全国人民起来同法西斯德国进行战斗。转变政策后的法国共产党在统一联合国内抵抗运动方面做出了重要努力。1941 年 7 月，法国共产党在占领区成立了"民族阵线秘密委员会"，委员会在各个行业都设立了阵线机构。在共产党的号召下，工人、农民、手工业者、教师等纷纷加入民族阵线和法国共产党，民族阵线很快就成了唯一地跨南北两区的抵抗组织。

苏德战争爆发后,法国共产党的"特别组织"积极开展了武装斗争,许多共产党人致力于编组游击队的工作,在希特勒进攻苏联不到一个月的时间里,他们便在法国各地组成了许多游击小组。3 月 15 日,所有巴黎地区共产党武装行动小组的领导人以野营为名,在拉尔特森林里秘密举行会议,成立了"青年战斗营"。此外还有"国际工人运动""特别工作队"等战斗组织。1942 年 2 月,这些不同的战斗组织合并成立了"法兰西义勇军游击队"(Francs-tireurs et partisans)。义勇军游击队的主要战术原则是紧密联系群众,以小组为单位开展活动,它拥有自己的游击区、后勤组织、印刷厂以及医疗机构,有效地抵抗了德国法西斯。

除了法共,法国境内还有另外 3 种类型的抵抗组织:第一类是由无党派的知识分子组成的地下抵抗组织;第二类是"马基"游击队,由于德国在法国强征劳工,大批青壮年逃入了山区、农村,这些人组成的游击队,称为"马基";第三类是军人抵抗组织,1942 年 11 月 11 日,德军违反停战协定占领了法国南部地区,这使得被解散的休战军也投入了抵抗运动,组建了"军人抵抗组织"。1943 年 2 月,法国共产党提出了"联合起来! 武装起来进行战斗"的口号。在法国共产党的全力推动下,法国的各派抵抗力量终于在政治上和军事上取得了联合。

法国的光复也离不开海外法国人的不懈努力。法国沦陷后,一些知识分子纷纷外逃,他们在异国他乡的流亡生活中时刻关注着祖国的战况,以各自的方式在海外用他们的专业知识弘扬法国的文化,借以争取国际社会对法国的援助,间接支援了法国人民的解放事业。

1936 年以来,法国的一批知识分子通过洛克菲勒基金会来到美国。这些在美的知识分子并非都是戴高乐派,虽然大家共同反对法西斯德国,对维希政权抱有不满,但也对戴高乐将军和法兰西民族委员会心存疑虑。他们不了解民族委员会,认为它是不符合法国宪法的政府,也不愿支持一个美国政府不承认的政权。在驻美代表拉乌尔·阿格隆(Raoul Aglion)的倡议下,大家一致同意在不将任何人卷进政治的前提下,于 1942 年 2 月 1 日在纽约创办一所自由法国大学——"自由高等学校"。学校的运营受到来自伦敦法兰西民族委员会的资助以及比利时政府的补助。学校最初设有3个院(文学院、法学和政治学院、理学院)和7个研究所,学校开设的课程任人免费旁听。该校很快成为高级知识分子的活动中心,著名的中世纪史学家古斯塔夫·科恩、数学家阿达马、物理学家让·佩兰、哲学家雅克·马利坦均在此执教。在纽约的法国知识分子们用行动证明了"超越以贪欲或眼前利益而杜撰的科学和真理为某个政党、某个种族,甚至某个无孔不入的势力效劳的局限,真理将战胜一切"[①]。自由高等学校是法兰西文化的生动体现,它为在美国传播法兰西文化做出了不可估量的贡献。

　　除了流亡美国的法国学者,普通的法国侨民在努力谋生的同时,也积极投身抵抗活动,并致力于法国文化的传播。一些画家如费尔南·莱热、让·埃利隆等在纽约开设艺术教育中心,组织个人画展,参加展出的艺术家们不仅宣传了法国的绘画艺术,而且将许多作品捐赠给自由法国基金会和自由高等学校。法国美食也通过法国侨民在纽约得到推广,1941年10月亨利·苏莱在纽约54号大街开设了叫"楼阁"的法国餐厅,所有的葡萄酒、鹅肝、罐头食品均来自博览会法国馆的库存。开张那天,纽约人为了吃上法国菜,争先恐后,互不相让,以后的数周这家餐厅必须提前数周订座才能吃上。"楼阁"餐厅靠鲜美可口的菜肴和周到的服务赢得了声誉。除此之外,还有乔治·比农在45号大街开设的巧克力糖厂"巴黎罗斯玛丽",保罗·杜博奈在全美推广开胃酒,亨利·博奈夫人经营的法国时装商店……总体上说,流亡美国的法国人给美国带来了艺术的情趣、巴黎式的工作风格和美食文化,提高了法国的国家声望。旅美法国人还通过红十字会或者私人运输者将他们的部分收入、成包的衣服和食品寄给法国沦陷区的亲属或者抵抗运动组织。可以说,法国最后的光复也离不开这些流落在世界各地的法国人的共同奋斗,无论身份高低,无论政治派系,他们都为维护共同的法兰西传统而战斗。

① 拉乌尔·阿格隆:《戴高乐与罗斯福》,仓友衡译,北京:世界知识出版社,1989年,第118页。

三、解放巴黎与临时政府重建

1942年1月,受戴高乐委托,让·穆兰(Jean Moulin,1899—1943)作为"自由法国"临时政府与法国国内抵抗运动各组织之间的联络人,全权负责联络各个抵抗运动组织,将各自的行动统一起来,听从戴高乐将军指挥。1942年11月27日,让·穆兰在奥尔山的科隆日地区创建了"南方合作委员会",目的是将南方区三大抵抗运动组织、北方区五大抵抗运动组织与共产党势力联合起来。

1943年5月,16个政党团体组成的"全国抵抗运动委员会"第一次全体会议在巴黎富尔大街47号的一处住所召开。会议集合了8个抵抗运动组织("解放-北方""解放-南方""战斗""自由射手""平民与军人组织""抵抗者""解放者"和"国民阵线"总工会)、2个秘密建立的中央工会和6个党派(共产党、社会党、激进党、人民民主党、民主同盟和共和联盟),选出了日常行政管理机构,并以投票方式,确定拥护戴高乐将军,推举让·穆兰为委员会首任主席。在全国抵抗运动委员会统一领导下,到1944年3月,法国国内各抵抗组织的武装力量发展到了近50万人,形成了一支为法国解放披肝沥胆的重要力量。

全国抵抗运动委员会的章程还确定了解放后必须采取的政治行动,包括消除战前的金融势力,将信贷和基础工业收归国有,清洗新闻界和银行,实行社会保险制度和工会独立;在殖民地方面,扩大土著居民和殖民地移民的政治、社会和经济权利;建立一个不为压力集团左右的、不受旧等级束缚的、自由的共和国;重新确定对人权的保护,反对种族偏见和精神奴役。可以说,这个章程是两种思潮的联合:一是来自"人民阵线"的社会主义思潮,要求将生产资料社会化,以彻底改造社会;一是天主教民主思潮,为建立一个保障个人权利的、先进的社会民主国家而斗争。委员会成立后,抵抗运动的政治民主机构有了新的扩展,1943年9月17日在阿尔及尔召开了"临时咨询议会"。

在盟国眼里,全国抵抗运动委员会代表着德国占领下的法国重新建立起秘密军事武装力量,它的存在为戴高乐将军成为法国秘密武装力量的统帅和法国的政治领袖确立了无可争议的合法性。对此,抵抗运动的领袖让·穆兰功不可没。1943年6月21日,在卡吕尔-居里村一所房子里,让·穆兰和几名抵抗运动组织领导人正在开会,德国盖世太保突然破门而入,来不及逃走的让·穆兰落入了盖世太保手中。德国盖世太保将其关押进里昂坚固的蒙特吕克城堡,并由里昂的德国盖世太保克劳斯·巴比亲自审讯。面对酷刑,让·穆兰誓死捍卫抵抗运动的机密。1943年7月8日,在德国盖世太保和国防军的严密监护下,一列押送让·穆兰的"囚犯专列"从巴黎驶往柏林,途中让·穆兰被盖世太保秘密杀害。1964年12月9日,法国抵抗运动领袖让·穆兰的遗骸被法国人民迎进了巴黎先贤祠。

1943年11月召开的德黑兰会议是开战以来首次同盟国首脑会议。会上,苏联代表团正式提出要求盟军不迟于1944年5月1日前开辟欧洲第二战场。会后,盟军任命艾森豪威尔为盟国远征军最高统帅部总司令,任命蒙哥马利为地面部队总指挥,着手组建司令部指挥机构,编制参战陆海空部队,制订并实施了"霸王计划"等准备工作。1944年6月5日、6日,盟军发动向诺曼底海滩的进攻。6月5日晚,英国皇家空军的重型轰炸机携带5 200吨炸弹,摧毁敌军海防炮群和工事。6日破晓,美国中型轰炸机和战斗轰炸机连续猛烈轰炸德军阵地。紧接着,盟军庞大的空降师于诺曼底着陆。随后盟军于诺曼底的犹他、奥马哈、金滩、朱诺和剑滩等5处海滩同时登陆,经过7个星期的浴血奋战,巩固了正面100公里、纵深50公里的战线。诺曼底登陆战役中德军8个步兵师和2个装甲师束手就擒,希特勒用来粉碎西线盟军的整个部队被彻底击溃。德军在诺曼底战役中损失的兵力总数逾40万(其中有一半被俘,阵亡23 019人),此外,还损失坦克1 300辆,军车20 000辆,大炮1 500门,飞机3 500架。盟军也是损失惨重,其中美军阵亡29 000人,英军阵亡11 000人。

诺曼底登陆为法国国内解放创造了有利条件。1944年6月3日,法兰西民族解放委员会在阿尔及尔改称法兰西共和国临时政府。1944年国内各种武装抵抗组织组成内地军,配合盟军,同德军展开激烈的战斗,一场声势浩大的解放浪潮拉开了帷幕。在遍及全国各地的战斗中,巴黎起义规模最大。

　　希特勒为了堵住诺曼底战线上的缺口,决定让退却下来的部队重新整编,不惜一切代价守住巴黎;同时下命令如果撤退,要尽可能地毁掉巴黎,把巴黎变成一座空城。8月14日,巴黎解放委员会发出了起义总罢工的号令。15日,盟军在普罗旺斯的莫尔海岸进行第二次登陆,法国军队也参与了行动,德军经罗讷河流域撤退。18日,巴黎地区出现了总罢工。19日,内地军占领了警察局、市政府、巴黎市中心广场;巴黎民众用铺路石、翻倒了的汽车、栏杆等筑起了街垒。21日,巴黎解放委员会号召巴黎人民加入内地军,坚持战斗。很快,巴黎80个区中,有61个区获得了解放。至8月23日,德国人在巴黎只占有9个据点。8月24日夜,当戴高乐指派勒克莱尔的前头部队3辆坦克进入巴黎时,巴黎人民已经依靠自己的力量解放了巴黎的绝大部分地区。勒克莱尔部队来到后,与起义者一起投入了解放巴黎的最后战斗。25日下午,德军城防司令向勒克莱尔将军投降,巴黎解放了。

　　8月26日,戴高乐进入巴黎。在爱丽舍宫田园大街凯旋式结束后,全国抵抗运动委员会主席乔治·皮杜尔要求戴高乐将军在阳台上宣布共和国成立,戴高乐拒绝了。他认为共和国在伦敦和阿尔及尔一直存在着,自己就是国家和共和国延续的代表。

　　希特勒在地堡里向德军总参谋长约德尔询问巴黎是否已被毁掉,答案自然是否定的。在巴黎的德军最高统帅狄特里希·冯·肖尔铁茨将军(Dietrich von Choltitz,1894—1966)没有执行希特勒布置给他的使巴黎成为一片废墟的命令,而当时劝说肖尔铁茨保留巴黎的是维希政权的巴黎市长皮埃尔·夏尔·泰丁格。巴黎因法德两国将领的斡旋得以幸存。

　　9月12日,来自大西洋与地中海的解放者们在奥顿地区会师。11

月,除了阿尔萨斯以及洛林的部分地区,法国大部得到解放。1945 年 3 月,第二装甲师攻占了斯特拉斯堡,解放阿尔萨斯省。随后,法军第一集团军越过莱茵河,与盟军一起追击德军。5 月 9 日 0 时 10 分,在柏林,德国代表凯尔特签署了投降书。至此,法国完全光复。

二战胜利了,法国却付出了惨重的代价,60 万人丧生(其中 20 万士兵,40 万平民),港口、铁路、桥梁、工厂被摧毁,物资流失或被德方运走,农田荒芜,居民的房屋因成为布雷区或者遭受飞机轰炸而千疮百孔。物价与工资在上涨,预算出现赤字,货币危机严重,刚刚复兴的法兰西百废待兴。

战后法国面临的首要问题是政权建设问题:恢复第三共和国,还是建立一种新的政体? 1945 年 7 月,临时政府决定通过全民公决的方式,让人民来选择新的政治体制。10 月 21 日,进行了公民投票和制宪议会选举,凡年满 21 岁的男女公民均可参加投票(至此法国女性第一次获得了公民选举的政治权利)。投票结果是,96.4％的选民同意废除"1875 年宪法",全民公决以压倒多数的得票率否定了第三共和国的重生。65.3％的投票人同意关于制宪议会的权力,即新当选的国民议会拥有制宪权。在接下来的议会选举中,法共获得 152 个席位,成为第一大党,人民共和运动党获得 141 个席位,社会党获得 142 个席位,激进党与左翼获得 25 个席位,温和派与右翼获得 67 个席位。共产党、社会党与人民共和运动党三大政党以 3/4 的选票,赢得了 4/5 的议席。

1945 年 11 月 2 日,临时政府颁布了一项"宪法性质法律",规定了在制宪之前政治机制运转的原则。根据这项法令,临时政府拥有行政权,与议会共同拥有立法创议权;国民议会掌握立法权,成为一院制议会。11 月 21 日,以戴高乐为首的新的临时政府宣告成立。此届政府职位的分配,具有"三党联合政府制"的特色:人民共和运动党掌握国务、司法、外交等政府部门,法共掌握国务、军备、经济与劳工部门,社会党负责国务、内政、公共工程与运输等部门。

为了恢复经济秩序,临时政府采取了许多社会经济措施。针对日益严重的通货膨胀现象,政府推行紧缩通货政策,冻结工资和物价。为了缓解财政困难,政府在 1944 年 11 月发行了 1 640 亿法郎的"解放公债",1945 年又发行公债 1 000 多亿法郎。政府制定了有利于工人和广大人民群众的社会政策和劳动政策,如发放家庭津贴、实行社会保险、奖励生育、缩短每周工作时间等。1945 年 2 月 22 日,政府颁布法令,在企业设立由工人推选代表组成的企业委员会,负责监督劳动条件和企业的经营管理,举办福利事业等。政府还实行国有化的政策,从 1944 年秋季到 1945 年 12 月把北方煤矿、雷诺汽车厂、法国航空公司和主要新闻机构悉数收归国有,在 1945 年 12 月到 1946 年底又将银行、保险公司、电力公司和煤炭公司收归国有。

临时政府在内政方面的另一重要举措是对附敌分子的清洗。早在 1944 年 6 月 26 日和 8 月 26 日,临时政府颁布两项法令,规定了政治清洗的法律界限。11 月 18 日,特别高等法院成立,专门审理维希政府高级官吏的罪行。贝当以 14 票对 13 票被判处死刑,后改为无期徒刑,赖伐尔、达尔朗等一批维希政权的高官 108 人被处死,维希政权的同情者被定性为"丧失公民资格"而遭到关押,受到调查。在这一过程中,有数万人被捕,近千人被处决。临时政府的"政治清洗"反映了抵抗运动民众的诉求,维护了国家的利益,但由于维希政权的复杂性,其中的合作主义者并不都是完全意义上的附敌者,存在着任意逮捕和 9 000 余起不经法定审判程序的处决,这场清洗也夹杂着一些个人恩怨,滥捕和错杀了很多人。

在对外领域,恢复法国的大国地位成为临时政府的当务之急。临时政府成立之初,外交处境极其艰难,不仅迟迟得不到盟国法律上的承认,而且在一系列重要国际会议上屡遭排斥。戴高乐设法改善法英、法苏关系,他先邀请英国首相访法商议法英结盟,继而又应邀访苏,与苏联签订了为期 20 年的法苏同盟互助条约。在以戴高乐为首的临时政府的努力下,法国不仅取得了对德国实行占领和参加盟国对德管制委员会的权力,而且成为联合国安理会的常任理事国。

　　但是,在国内政治中,党派争斗的现象并没有断绝。议会中左翼和极左翼派别要求国民议会拥有全部权力,认为临时政府的权力必须受到限制。临时政府拒绝将军事贷款压缩 25％,引发了议会与政府的政治冲突。由于对第三共和国时期议会制和党派相争的种种弊端深恶痛绝,当制订第四共和国宪法之事提上议事日程时,戴高乐希望能制订一部加强总统和政府权力,使之不受政党制约的新宪法。但这一主张遭到大多数政党的反对,1946 年 1 月 29 日,戴高乐愤然辞职。

　　战后法国的政治、经济的全面复兴,任重道远。

附　录

一、大事年表

1870 年

7 月 19 日法国对普鲁士宣战

8 月 30 日—9 月 2 日色当战役,法国战败

9 月 4 日巴黎革命,甘必大等人宣告第三共和国成立,建立临时的国防政府

9 月 19 日巴黎被围困

10 月 27 日巴赞元帅向普鲁士军队投降

泰纳发表《论智慧》

1871 年

1 月 28 日普法签订停战协议

2 月 12 日国民议会在波尔多召开

2 月 17 日梯也尔任行政首脑

3 月 18 日巴黎人民起义

3 月 28 日巴黎公社成立

5 月 10 日德法签订《法兰克福条约》

5 月 21—28 日"五月流血周",梯也尔和麦克马洪镇压巴黎公社

7 月 6 日波旁王朝后裔尚博尔伯爵返回法国,准备复辟

8 月 31 日梯也尔当选共和国总统

塞尼山隧道投入使用

勒南发表《法兰西的道德与精神改造》

1872 年

7 月 27 日新兵役法通过,实行五年义务兵役制

弗朗索瓦·科佩发表《卑贱者》

杜米埃发表《君主政体》

1873 年

5 月 24 日梯也尔被迫辞职,麦克马洪当选总统

11 月 20 日关于总统任期延长至 7 年的法令通过

弗朗西斯·加尼埃占领河内

基佐发表《法国史》

勒南发表《反基督者》

1874 年

3 月 15 日法国与越南阮朝签订第二次《西贡条约》

福楼拜发表《圣安东的诱惑》

莫奈《日出·印象》首次展出

1875 年

1 月 30 日瓦隆修正案以一票多数通过,共和国确立

2 月 24 日《参议院组织法》通过

2 月 25 日《政权组织法》通过

7 月 12 日关于高等教育自由的法令通过

7 月 16 日《政权机关间关系法》通过

12 月 31 日国民议会分成参众两院

马塞兰·贝特洛发表《化学合成》

马奈发表《阿让忒伊的划船者》

比才发表《卡门》

圣-桑发表《骷髅之舞》

1875—1882 年菲斯泰尔·德·库朗治《古代法国政治史》首卷发表至最终完成

1876 年

2 月 20 日—3 月 5 日第一次众议院选举,共和派选举胜利,朱尔·西蒙组阁

10 月 2—10 日第一次全国工人代表大会在巴黎召开

罗马法兰西学院成立
莫诺创办《历史评论》杂志
泰纳发表《现代法国的起源:旧制度》
马拉美发表《牧神的午后》
小仲马发表《外国女人》
雷诺阿发布《烘饼磨坊》

1877 年
5 月 16 日麦克马洪解除西蒙职务,保王派布罗伊组阁,称"道德秩序"内阁
6 月 25 日麦克马洪解散众议院,进行重新选举
10 月 14—28 日全国进行众议院选举,共和派仍占绝对优势
11 月 10 日布罗伊辞职
库尔诺发表《经济学说概要评论》
福楼拜发表《三故事》
龚古尔发表《少女艾莉莎》
左拉发表《小酒店》
罗丹《青铜时代》问世
圣-桑《桑松与达莉拉》问世

1878 年
5 月"弗雷西内计划"启动
克洛德·贝尔纳发表《试验科学》

1879 年
1 月 30 日麦克马洪辞职
6 月关于禁止未获授权的宗教团体从事教育的法案通过
6 月 11 日布朗基回到法国
5 月 29 日莱赛普接手巴拿马运河工程
8 月 9 日关于设立师范学校的《保罗·贝尔法案》通过
10 月 20—31 日第三次全国工人代表大会在马赛召开,法国工人党成立
巴斯德发现免疫的基本原理
龚古尔发表《桑加诺兄弟》
皮埃尔·洛蒂发表《阿齐亚德》

1880 年
2 月 27 日关于公共教育高等委员会的法令通过

3月18日关于学位授予和高等教育自由的法令通过

3月29日颁布法令要求会士及其他未获准许的宗教团体人士在8月底前离开学校

11月14日工人党在勒阿弗尔召开第四次全国代表大会,通过工人党纲领

12月21日《卡米耶法》颁布,确立女子中等教育制度

圣戈塔尔隧道竣工

泰纳发表《艺术哲学》

莫泊桑发表《羊脂球》

罗丹《思想者》问世

雷诺阿《包厢》展出

1881年

4月7日法国武装干涉突尼斯

5月12日法国与突尼斯签署《巴尔杜条约》

6月16日公办初等教育实行免费义务教育

7月24日布朗基派的中央革命委员会建立

7月29日公布出版法

9月中法在安南问题上出现冲突

11月14日甘必大组阁

巴斯德发现可以预防炭疽病的疫苗

庞加莱发表《关于梨形能的理论》

雨果发表《精神四风集》

1882年

3月28日初等教育世俗化法案颁布

5月18日保罗・德鲁莱德创立"爱国者联盟"(即爱国党)

6月11日埃及亚历山大出现骚乱

7月29日议会否决英法两国共同对埃及采取干涉行动

9月25日工人党第六次全国代表大会,盖德派与可能派分裂

1883年

4月25日里韦埃尔(李威利)占领河内,中法战争爆发

5—12月法军占领马达加斯加

8月25日法越签订《顺化条约》

莫泊桑发表《一生》

1884 年

3 月 21 日《瓦尔德克-卢梭法》通过,同行业结社和工会合法化

4 月 5 日市镇法通过

5 月 11 日中法签订《天津条约》

7 月 27 日恢复离婚法

10 月俾斯麦与费里会晤,商讨共同应对英国

都德发表《萨福》

1885 年

6 月 9 日中法签订《中法新约》

12 月 17 日《塔马塔夫条约》签订,马达加斯加沦为法国"保护国"

巴斯德首次用狂犬疫苗进行预防接种

左拉发表《萌芽》

1886 年

1 月 7 日布朗热将军任陆军部长

10 月 11—16 日第一次工会代表大会于里昂举行,决定成立法国行业组合全国
联合会(即工会全国联合会)

德律蒙发表《犹太人的法国》

圣-桑《C 小调第三号交响曲》问世

1887 年

7—12 月勋章丑闻

安托万建立自由剧院

1887—1893 年勒南《犹太民族史》首卷发表至最终完成

1888 年

6 月 9 日莱赛普创办的巴拿马运河公司宣告破产

12 月首次在法国发行俄国公债

巴德斯研究所成立

1889 年

1 月 27 日布朗热在巴黎补缺选中获胜;"爱国者联盟"解散

4 月 1 日布朗热出逃比利时

7 月 14 日国际社会主义代表大会在巴黎召开,宣布成立第二国际,并通过"五
一"为国际劳动节

7月15日颁布三年兵役法

巴黎国际博览会举办,埃菲尔铁塔竣工并在博览会上展出

柏格森发表《论意识的即时性》

保罗·布尔热发表《门徒》

1890 年

10月阿列曼派从可能派中分裂出来,成立革命社会主义工人党

11月12日红衣主教拉维热宣布天主教徒归附共和国

左拉发表《人兽》

保罗·克洛岱尔发表《黄金头》

莫奈《干草垛》问世

1891 年

莫奈《睡莲》问世

1892 年

8月17日法俄签订军事协定

11月2日规定妇女和16岁以下少年的工作日不得超过11—12小时,每周休息1天

1892—1893年巴拿马运河丑闻

1893 年

10月3日湄公河左岸归属法国

11月17日达荷美被迫承认为法国"保护国"

12月法俄同盟建立

1894 年

6月4日总统萨迪·卡尔诺遇刺

7月29日"邪恶的法律"通过

11月法军远征马达加斯加

12月德雷福斯案件诉讼开始

涂尔干发表《社会学方法之规则》

德彪西发表《牧神午后前奏曲》

1895 年

9月23日全国职业联合会和工会联合会的代表大会在利摩日召开,法国总工会

(CGT)成立

9月30日法国占领塔那那利佛,与马达加斯加签订新的条约

卢米埃兄弟发明第一台电影放映机

莫拉斯发表《天堂之路》

1896 年

1月5日法英就暹罗湾签订协议

5月30日社会主义者于圣芒德举行大会,米勒兰在会上发表坚决主张改良的《圣芒德纲领》

9月30日法国与意大利就突尼斯签订协议

1897 年

阿列曼派发生分裂,其中左派与布朗基派联合,组成革命共产主义者联盟

涂尔干创办《社会学评论》

纪德发表《人间食粮》

巴雷斯发表《背井离乡的人》

1898 年

1月13日左拉就德雷福斯事件发表《我控诉》

4月9日工伤事故法通过

6月14日英法就非洲边界划定事宜签订条约

法绍达事件

1899 年

6月22日瓦尔德克-卢梭组成"保卫共和"内阁

9月雷纳军事法庭仍判德雷福斯有罪,改判10年徒刑,引发国内外不满,卢贝总统宣布对德雷福斯进行赦免

庞加莱发表《麦克斯韦理论与电磁波的变动》

1900 年

2月饶勒斯发表《法国革命的社会主义史》

9月30日关于限制劳动时间的法令通过

12月1日酒吧向女性开放

1901 年

5月民主共和联盟建立

7 月 1 日通过《结社自由法》,承认公民享有结社权

7 月"人民自由行动"建立

法朗士发表《贝杰瑞先生在巴黎》《克兰比尔》

1902 年

3 月 24 日以饶勒斯为首的独立社会主义者与可能派等联合组成法国社会党

6 月 30 日法意签订秘密中立协定

罗曼·罗兰发表《约翰-克利斯朵夫》第一卷

1903 年

5 月英王爱德华七世访问巴黎

6 月第一届环法自行车赛举办

罗曼·罗兰发表《人民剧场》

欧内斯特·拉维斯《法国史》首卷发表

1904 年

4 月 8 日英法两国签订协约

4 月 18 日《人道报》创刊

7 月 7 日颁布禁止一切宗教团体办学的法令

7 月 30 日法国政府正式断绝与梵蒂冈的外交关系

1905 年

2 月初鲁维耶改革纲领通过

3 月颁布两年兵役法

3 月至 1906 年 5 月第一次摩洛哥危机

4 月 23—25 日工人国际法国支部(即法国统一社会党)成立

12 月 9 日《政教分离法》颁布

奥拉尔发表《法国大革命的政治史》

保罗·塞尚《浴女们》问世

1906 年

7 月 12 日最高法院为德雷福斯恢复名誉

7 月 13 日规定星期日休假的原则

10 月 8—14 日全国总工会在亚眠举行代表大会,通过《亚眠宪章》

12 月收购西部铁路公司

柏格森发表《创造进化论》

1907 年

3 月 26 日颁布宗教信仰自由法

3 月 28 日颁布公共集会管理法,准许自由集会,无须事先申请

7 月 3 日关于保障女性工资的法令通过

奥古斯特·卢米埃尔发明彩色摄影技术

1908 年

索雷尔发表《论暴力》

1909 年

2 月 9 日德法签订关于摩洛哥的协定

7 月 24 日白里安任总理

1910 年

4 月 5 日众议院通过"工农养老金法"草案,规定年满 65 岁者领取养老金

1911 年

5 月 4 日法国占领摩洛哥首都非斯城,引起第二次摩洛哥危机

7 月 28 日霞飞将军任陆军总参谋长

11 月 4 日法德就摩洛哥问题签署协定,德国承认法国对摩洛哥的保护权,法国割让其刚果殖民地给德国

1912 年

5 月 30 日法德签订关于非斯的协定,法国拥有对摩洛哥的保护权

涂尔干发表《宗教生活的基本形式》

1913 年

8 月 7 日颁布三年兵役法

1913—1927 年普鲁斯特《追忆逝水年华》首卷问世至最终完成

1914 年

6 月 28 日萨拉热窝事件

7 月 31 日饶勒斯被暗杀

8 月 1 日法国宣布总动员

8 月 3 日德国向法国宣战

9 月 2 日法国政府迁移到波尔多

9 月 5—10 日马恩河战役

9 月 24—25 日埃纳河与索姆河战役

10 月—11 月"奔向海岸"战役

纪德发表《梵蒂冈的地窖》

1915 年

罗曼·罗兰发表《超乎混战之上》

1916 年

2 月 21 日凡尔登战役开始

5 月 1 日《人民报》创刊号

7 月 1 日索姆河战役开始

9 月 25 日首次使用坦克进攻

12 月 13 日白里安内阁改组

1917 年

4 月 6 日贡比涅军事会议

5 月 15 日贝当任法军总司令

11 月 6 日协约国举行拉巴罗会议,法国的"神圣联合"破裂

11 月 16 日克雷孟梭组阁

12 月 15 日俄国战线停战

1918 年

3 月 21 日福煦任协约国军总司令

6 月 20 日协约国与俄国断绝关系

11 月 11 日《贡比涅停战协定》签订,第一次世界大战结束

1919 年

1 月 18 日巴黎和会开幕

3 月 31 日通过关于战争抚恤金的法令

4 月 19—21 日黑海法国水兵起义

4 月 23 日颁布 8 小时工作制法令

6 月 28 日签订《凡尔赛条约》

9 月 10 日签订《圣日耳曼条约》

11 月 1—2 日法国统一总工会(CFTC)成立大会

11 月 16 日"国民联盟"在选举中获胜,组成"天蓝色议会"

1920 年

2 月 25—29 日社会主义者斯特拉斯堡大会

7 月 24 日法国占领大马士革

8 月 10 日《色佛尔条约》签订

12 月 20—26 日社会党图尔代表大会,社会党分裂,左派建立共产党,加入第三国际

1921 年

3 月 1 日通过房租法令

10 月 29 日—12 月 16 日华盛顿会议

12 月底法国共产党在马赛召开第一次代表大会

1922 年

1 月 5—12 日戛纳会议

4 月 10 日热那亚会议开幕

6 月 5 日—7 月 1 日激进共产主义者脱离总工会,成立公会联合会(CGTU)

1923 年

1 月 7 日法、德、比、英四国共产党发表《埃森宣言》,反对鲁尔军事行动

1 月 11 日法、比占领鲁尔

3 月 3 日关于中等教育改革的《莱昂·贝拉尔法令》通过

1924 年

1 月激进党、社会党组成"左翼联盟"

3 月 8 日法郎大幅贬值

4 月 18 日法国接受"道威斯计划"

10 月 29 日法国承认苏联

1925 年

1 月法国经济理事会成立

7 月 1 日法国开始从鲁尔撤兵

8 月政府决定镇压摩洛哥人民起义

10 月 16 日《洛迦诺公约》签订

1926 年

10 月 1 日双轨学校合并条例公布

白里安获年度诺贝尔和平奖

1927 年

1 月 15 日巴黎城市规划工程重新启动

3 月法军撤离萨尔

5 月颁布一年兵役法

12 月 27 日对双轨学校的中学教育实行免费教育

1928 年

3 月关于社会保险的法令通过

6 月 24—25 日国会通过贬值法郎的法令,法郎正式稳定

7 月 13 日关于改善住房的《卢舍尔法令》通过

8 月 27 日《巴黎非战公约》签署

1929 年

12 月 29 日就是否建立"马其诺防线"进行投票

1930 年

1 月 10 日越南殖民军起义

3 月 12 日六年制免费中等教育开始实施

3 月 29 日批准"杨格计划"

6 月 30 日法军撤离莱茵区

7 月 11 日社会保险法开始生效

1932 年

1 月 21 日家庭津贴法通过

11 月 29 日法苏签订互不侵犯条约

1933 年

11 月 5 日社会党内部分裂

12 月 29 日斯达维斯基事件

1934 年

3 月 3 日知识分子反法西斯警惕委员会成立

1935 年

1 月 7 日法意签署《罗马协议》

1 月 13 日萨尔全民公投

7 月 14 日"人民阵线"成立

1936 年

6 月 12 日关于集体谈判、带薪休假、一周 40 小时工作制的法令通过

7 月 24 日法兰西银行改革,银行国有法令通过

8 月 1 日总理勃鲁姆提出"不干涉"西班牙战争

8 月 11 日关于军事工厂国有化的法令通过

1937 年

2 月 13 日勃鲁姆"暂停"公告

3 月 12 日发行国防公债

3 月 24 日巴黎国际博览会开幕

1938 年

3 月德国吞并奥地利

9 月 30 日《慕尼黑协定》正式签订

10 月"人民阵线"破裂

12 月 6 日法德签订《巴黎宣言》

萨特《恶心》问世

1939 年

2 月 27 日法国正式承认西班牙弗朗哥政权

3 月 15 日德国占领捷克斯洛伐克

8 月 23 日德苏签订互不侵犯条约

9 月 1 日德国入侵波兰

9 月 2 日法国总动员

9 月 3 日英法对德宣战

1940 年

5 月 14 日色当陷落

5 月 26 日—6 月 4 日敦刻尔克撤退

6 月 5 日戴高乐任副国防部长

6 月 14 日德军进入巴黎,法国政府迁往波尔多

6 月 16—17 日雷诺辞职,贝当上台

6 月 18 日戴高乐在伦敦发表《告法国人民书》

6月22日德法在贡比涅签订停战协定

6月24日法意签订停战协定

7月1日贝当在维希建立政权

7月10日议会授予贝当全权,第三共和国灭亡

1941 年

1月18日维希政权正式立法宣布成立"青年工场"

2月达尔朗任国民议会副议长,成为维希政权内部的一股政治势力

5月达尔朗同德国秘密签订《巴黎议定书》

6月22日《人道报》发表告人民书,号召全国人民共同与法西斯德国战斗

7月法国共产党在占领区成立"民族阵线秘密委员会"

9月26日苏联政府承认"自由法国"

1942 年

2月"法兰西义勇军游击队"成立

4月19日赖伐尔执掌维希政权

7月14日"自由法国"改称"战斗法国"

11月8日盟军在北非登陆

1943 年

1月戴高乐到卡萨布兰卡与罗斯福见面

5月"全国抵抗运动委员会"第一次全体会议在巴黎召开

6月3日戴高乐在阿尔及尔宣布成立"法兰西民族解放委员会"

7月8日法国抵抗运动领袖让·穆兰被盖世太保秘密杀害

8月26日美国正式承认法兰西民族解放委员会

11月德黑兰会议召开

1944 年

6月3日法兰西民族解放委员会在阿尔及尔改称法兰西共和国临时政府

6月6日盟军登陆诺曼底海滩

8月20日德国当局将贝当及其支持者从维希带到锡格马林根的一座古堡

8月25日巴黎解放

二、参考文献

西文

1. Agulhon, Maurice, André Nouschi, et Ralph Schor, *La France de 1914 à 1940*, Paris: Nathan, 1993.

2. Albertini, Pierre, *L'école en France du XIXe siècle à nos jours de la maternelle à l'université*, Paris: Hachette Supérieur, 1992.

3. Ambrosi, Christian, et Arlette Ambrosi, *La France 1870 - 1990*, Paris: Elsevier Masson, 1995.

4. Asselain, Jean-Charles, *Histoire économique de la France du xviiie siècle à nos jours*, Tome 1: *De l'Ancien Régime à la Première Guerre mondiale*, Paris: Seuil, 1984.

5. Asselain, Jean-Charles, *Histoire économique de la France du xviiie siècle à nos jours*, Tome 2: *Depuis 1918*, Paris: Seuil, 2011.

6. Azéma, Jean-Pierre, et Michel Winock, *La IIIe République (1870 - 1940)*, Paris: Hachette, 2003.

7. Azéma, Jean-Pierre, et Michel Winock, *Naissance et mort. La Troisième République*, Paris: Collection Pluriel, 1978.

8. Baquiast, Paul, *La Troisième République 1870 - 1940*, Paris: L'Harmattan, 2002.

9. Basdevant-Gaudemet, Brigitte, et Germain Sicard, *Les Communes Françaises: L'Enseignement et les Cultes de la Fin de l'Ancien Régime à Nos Jours*, Paris: Honoré Champion, 2005.

10. Baubérot, Jean, *Histoire de la laïcité française*, Paris: Presses Universitaires de France, 2010.

11. Beltran, Alain, et Pascal Griset, *L'économie française 1914 - 1945*, Paris: Armand Colin, 1994.

12. Beltran, Alain, et Pascal Griset, *La croissance économique de la France 1815 - 1914*, Paris: Armand Colin, 1988.

13. Bergeron, Louis, *Les capitalistes en France 1780 - 1914*, Paris: Gallimard, coll. Archives, 1978.

14. Bonin, Hubert, *Histoire économique de la France depuis 1880*, Paris: Elsevier Masson, 1988.

15. Bonnefous, G., *Histoire politique de la Troisième République*, Tome 2: *La Grande Guerre 1914 - 1918*, Paris: Presses Universitaires de France, 1957.

16. Braudel, F., et E. Labrousse (Dir.), *Histoire économique et sociale de la*

France, *Tome 4*, *Volume 1*, Paris: Presses Universitaires de France, 1979.

17. Braudel, F. , et E. Labrousse (Dir.), *Histoire économique et sociale de la France*, *Tome 4*, *Volume 2*, Paris: Presses Universitaires de France, 1980.

18. Broder, Albert, *L'économie française au XIXe siècle*, Paris: Ophtys, 1993.

19. Cahm, Eric, *Politique et société: La France de 1814 à nos jours*, Paris: Flammarion, 1977.

20. Caron, François, *Histoire économique de la France XIXe - XXe*, Paris: Armand Colin, 1981.

21. Charle, Christophe, *La République des universitaires*, *1870 - 1940*, Paris: Seuil, 1994.

22. Charle, Christophe, *Histoire sociale de la France au 19e siècle*, Paris: Seuil, 1991.

23. Chastenet de Castaing, Jacques Albert Antoine Guillaume, *Histoire de la IIIe République*, *Tome I. L'Enfance de la Troisième (1870 -1879)*, Paris: Hachette, 1952; *Tome II. La République des Républicains (1879 - 1893)*, Paris: Hachette, 1954; *Tome III. La République triomphante (1893 - 1906)*, Paris: Hachette, 1955; *Tome IV. Jours inquiets et jours sanglants (1906 - 1918)*, Paris: Hachette, 1957; *Tome V. Les Années d'illusion (1918 - 1931)*, Paris: Hachette, 1960.

24. Chaulanges, M. , *Textes Historiques: la fin du XIXe siècle 1871 - 1914*, *Tome 1*, Paris: Delagrave, 1977.

25. Chevailler, Pierre, *La Séparation de L'église et de l'école*, Paris: Carmeron, 1981.

26. Chevallier, Jean Jacques, *Histoire des institutions et des régimes politiques de la France de 1789 à nos jours*, Paris: Dalloz, 1981.

27. Chiché, Albert, *L'affaire de Panama*, Paris: Bordeaux, 1894.

28. Clémenceau, Georges, *Discours de guerres*, Paris: Société des amis de Georges Clémenceau, 1968.

29. Coguiot, Georges, *Laïcité et reforme democratique de l'enseignement*, Paris: Éditions Sociales, 1974.

30. Cotta, Alain, *Le corporatisme*, *stade ultime du capitalisme*, Paris: Fayard, 2008.

31. Dreyfus, François-Georges, *Histoire de Vichy*, Paris: Fallois, 2004.

32. Dupeux, Georges, *La societe française 1789 - 1970*, Paris: Armand Colin, 1974.

33. Gaillard, J. - M. , *Jules Ferry*, Paris: Fayard, 1989.

34. Garrigues, Jean, *La France de 1848 à 1914*, Paris: Armand Colin, 1995.

35. Garrigues, Jean, *La République des homes d'affaires*, *1870 - 1900*, Paris:

Aubier, 1997.

36. Godechot, Jacques, *Les Constitutions de la France depuis 1789*, Paris: Flammarion, 2006.

37. Guilhaume, Phillippe, *Jules Ferry*, Paris: Ercre, 1980.

38. Halévy, Daniel, et Eémile Pillias, *Lettres de Gambetta 1868 - 1882*, Paris: B. Grasset, 1938.

39. Hanotaux, Gabriel, *Histoire de la France Contemporaine (1871 - 1900): La République Parlementaire*, Paris: Combet, 1903.

40. Hanotaux, Gabriel, *Histoire de la France Contemporaine (1871 - 1900)*, 4 Vol, Paris: Forgotten Books, 2016.

41. Houssel, J. P. , et al. , *Histoire des Paysans Français du XVIIIe siècle à nos jours*, Roanne: Editions Horvath, 1976.

42. Huard, Raymond, et al. , *La France contemporaine: Identité et mutations de 1789 à nos jours*, Paris: Éditions Sociales, 1982.

43. Kaspi, André, *Les Juifs pendant l'Occupation*, Paris: Seuil, 1991.

44. Lavisse, E. , *La deuxieme annee d'Histoire de France et d'Histoire generale*, Paris: Armand Colin, 1894.

45. Lévy-Leboyer, M. , *La France industrielle*, Paris: Larousse, 1996.

46. Louis, Paul, *Histoire du socialisme en France, de la Révolution à nos jours, 1789 - 1936*, Paris: Marcel Riviere et Cie, 1950.

47. Manceron, Gilles, *1885: Le tournant colonial de la République*, Paris: La Decouverte, 2006.

48. Marczewski, Jean, *Introduction à l'histoire quantitative*, Genève: Droz, 1965.

49. Mayeur, Francois, *L'enseignement secondaire des jeunes filles sous la Troisième République*, Paris: Presses de la Fondation nationale des sciences politiques, 1977.

50. Mayeur, Jean-Marie, *Les débuts de la IIIe République 1871 - 1898*, Paris: Seuil, 1973.

51. Mayeur, Jean-Marie, *La Vie politique sous la IIIe République*, Paris: Seuil, 1984.

52. Mayeur, Jean-Marie, *Les débuts de la IIIe République*, Paris: Armand Colin, 1970.

53. Miquel, Pierre, *La Troisième République*, Paris: Fayard, 1989.

54. Noël, Bernard, *Dictionnaire de la Commune*, Paris: Flammarion, 1978.

55. Olivesi, Antoine, et André Nouschi, *La France de 1848 à 1914*, Paris: Nathan Université, collection fac Histoire, 1997.

56. Picard, Emile, *Le Cinquantenaire de l'Ecole Normale Supérieure de Jeunes*

Filles de Sèvres 1881 - 1931，Paris：Printory，1932.

57. Prost，Antoine，*Histoire de l'enseignement en France*（*1800 - 1914*），Paris：Armand Colin，1968.

58. Rebérioux，Madeleine，*La République radicale? 1898 - 1914*，Paris：Seuil，1975.

59. Renan，Ernest，*Qu'est-ce qu'une nation?* Marseille：le Mot et le Reste，2007.

60. Sirinelli，Jean-François，*Histoire des droites en France*，Paris：Gallimard，2006.

61. Sirinelli，Jean-François，dir.，*La France de 1914 à nos jours*，Paris：Presses Universitaires de France，1993.

62. Trotignon，Yves，*La France au XXᵉ siècle*，*Tome I*，Paris：Bordas，1976.

63. Verley，Patrick，*L'industrialisation 1830 - 1914*，Paris：La Découverte，1989.

64. Waldeck-Rousseau，*Questions sociales*，Paris：Charpentier，1900.

65. Waldeck-Rousseau，*La défense Républicaine*，Paris：Charpentier，1902.

66. Waldeck-Rousseau，*Associations et Congrégation*，Paris：Charpentier，1902.

67. Woronoff，Denis，*Histoire de l'industrie en France：du XVIᵉ siècle à nos jours*，Paris：Seuil，1998.

68. Zévaès，Alexandre，*Le socialisme en France depuis 1871*，Paris：Nabu Press，2010.

69. Zévaès，Alexandre，*Au temps du boulangisme*，Paris：Gallimard，1930.

70. Zévaès，Alexandre，*Histoire de La Ⅲᵉ République 1870 - 1940*，Paris：Nouvelle revue critique，1946.

71. Acomb，Evelyn Wartha，*The French Laic Laws*（*1879 - 1889*）：*The First Anti-Clerical Campaign of the Third French Republic*，New York：Columbia University Press，1941.

72. Arnold，Matthew，*Democratic Education*，Ann Arbor：The University of Michigan Press，1962.

73. Cahm，Eric，*Politics and Society in Contemporary France 1789 - 1971：A Documentary History*，London：Harrap，1972.

74. Chadwick，Owen，*The Secularization of the European Mind in the Nineteenth Century*，Cambridge：Cambridge University Press，1975.

75. Horne，Janet Regina，*A Social Laboratory for Modern France：The Musée Social and the Rise of the Welfare State*，Durham：Duke University Press，2002.

76. J. Mcerary，Martin，*The Development of Capitalism in Colonial Indochina 1870—1940*，Berkeley：University of California Press，1984.

77. Johnson，Douglas，*France and the Dreyfus Affair*，London：Blandford，1966.

78. Kohier，Peter，*The Evolution of the Social Insurance*，*1881 - 1981*：

Studies of Germany, France, Great Britain, Austria, and Switzerland, New York: St. Martin's Press, 1982.

79. Lackerstein, Debbie, *National Regeneration in Vichy France: Ideas and Policies, 1930–1944*, London: Routledge, 2012.

80. Maritain, Jacques, *Integral Humanism*, New York: Charles Scribner's Sons, 1968.

81. Moody, Joseph N., *French Education since Napoléon*, Syracuse: Syracuse University Press, 1978.

82. Morley, J., *Memorandum on Resignation, August 1914*, New York: Macmillan, 1928.

83. Reid, R., *Families in Jeopardy: Regulating the Social Body in France, 1750—1910*, Stanford: Stanford University Press, 1993.

84. Shorrock, William, *From Ally to Enemy: The Enigma of Fascist Italy in French Diplomacy*, Kent, OH: Kent State University Press, 1988.

85. Smith, Timothy B., *Creating the Welfare State in France 1880–1940*, Montreal & Kingston: McGill-Queen's University Press, 2003.

86. Zeldin, Theodore, *A History of French Passions: France, 1848–1945: Taste and Corruption*, Oxford: Oxford University Press, 1980.

87. Zwerling, Craig, *The Emergence of the Ecole Normale Superieur as a Centre of Scientific Education in Nineteenth-Century France*, Cambridge, MA: Harvard University Press, 1976.

中文

1. 阿尔蒂尔·阿尔努:《巴黎公社人民和议会史》,中国社会科学院世界历史研究所编译室译,北京:中国社会科学出版社,1981年。

2.《巴黎公社公报集(第一集)》,李平沤等译,北京:商务印书馆,1995年。

3. 杜比:《法国史》,吕一民等译,北京:商务印书馆,2010年。

4. 楼均信主编:《法兰西第三共和国兴衰史》,北京:人民出版社,1996年。

5. 罗新璋编译:《巴黎公社公告集》,上海:上海人民出版社,1978年。

6. 皮埃尔·米盖尔:《法国史》,蔡鸿滨等译,张芝联、桂裕芳校,北京:商务印书馆,1985年。

7. 普·利沙加勒:《一八七一年公社史》,柯新译,北京:人民出版社,1962年。

8. 夏伊勒:《第三共和国的崩溃:1940年法国沦陷之研究》,戴大洪译,北京:新星出版社,2010年。

三、索　引